UN LONG CHEMIN VERS LA LIBERTÉ

NELSON MANDELA

Un long chemin vers la liberté

AUTOBIOGRAPHIE TRADUITE DE L'ANGLAIS (AFRIQUE DU SUD) PAR JEAN GUILOINEAU

FAYARD

Titre original :

LONG WALK TO FREEDOM
édité par Little, Brown and Company, Boston.

ISBN : 978-2-253-14063-4 - 1ʳᵉ publication - LGF

Je dédie ce livre à mes six enfants : Madiba et Maka-ziwe (ma première fille), qui sont maintenant décédés, et Makgatho, Makaziwe, Zenani et Zindzi, dont le soutien et l'amour me sont précieux ; à mes vingt et un petits-enfants et mes trois arrière-petits-enfants qui m'ont apporté beaucoup de joie ; et à tous mes cama-rades, mes amis et mes compagnons sud-africains au service de qui je suis, et dont le courage, la détermina-tion et le patriotisme restent ma source d'inspiration.

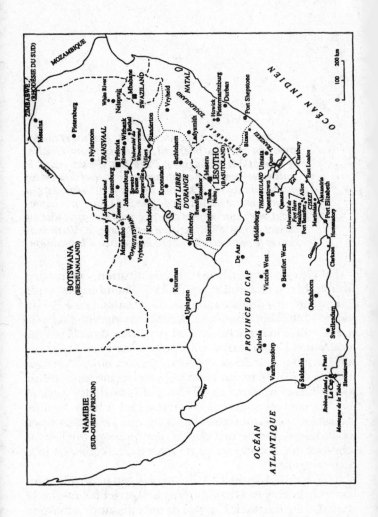

PREMIÈRE PARTIE

Une enfance à la campagne

1

En plus de la vie, d'une forte constitution, et d'un lien immuable à la famille royale des Thembus, la seule chose que m'a donnée mon père à la naissance a été un nom, Rolihlahla. En xhosa, Rolihlahla signifie littéralement « tirer la branche d'un arbre », mais dans la langue courante sa signification plus précise est « celui qui crée des problèmes ». Je ne crois pas que les noms déterminent la destinée ni que mon père ait deviné mon avenir d'une façon ou d'une autre mais, plus tard, des amis et des parents attribueront en plaisantant à mon nom de naissance les nombreuses tempêtes que j'ai déclenchées et endurées. On ne m'a donné mon prénom anglais ou chrétien plus connu qu'au premier jour d'école, mais je vais trop vite.

Je suis né le 18 juillet 1918, à Mvezo, un petit village au bord de la rivière Mbashe, dans le district d'Umtata, la capitale du Transkei. L'année de ma naissance a marqué la fin de la Première Guerre mondiale ; ce fut aussi l'année de l'épidémie de grippe espagnole qui a tué des millions de gens dans le monde entier, et du voyage d'une délégation de l'African National Congress (ANC) à la conférence de la paix à Versailles pour y exprimer les doléances des Africains d'Afrique du Sud. Cependant, Mvezo était un endroit à l'écart, un petit univers clos, loin du monde et des grands événements, où la vie n'avait pas changé depuis des centaines d'années.

Le Transkei est situé à 1 200 km à l'est du cap de Bonne-Espérance et à 900 km au sud de Johannesburg, et s'étend de la rivière Kei à la frontière du Natal, entre les montagnes déchiquetées du Drakensberg au nord et les eaux bleues de l'océan Indien à l'est. C'est un beau pays de collines ondulées, de vallées fertiles où des milliers de rivières et de ruisseaux gardent le paysage toujours vert même en hiver. Le Transkei, qui était la plus grande division territoriale à l'intérieur de l'Afrique du Sud, couvre une superficie à peu près égale à la Suisse, avec une population d'environ trois millions et demi de Xhosas et une petite minorité de Basothos et de Blancs. C'est la patrie du peuple thembu de la nation xhosa, auquel j'appartiens.

Mon père, Gadla Henry Mphakanyiswa, était chef par la naissance et la coutume. Il avait été confirmé chef de Mvezo par le roi de la tribu thembu, mais sous l'administration britannique, ce choix devait être ratifié par le gouvernement, qui à Mvezo était représenté par le magistrat local. En tant que chef nommé par le gouvernement, il touchait un traitement ainsi qu'une partie des taxes que le gouvernement prélevait pour la vaccination du bétail et les pâturages communs. Bien que le rôle de chef fût respecté et estimé, le contrôle d'un gouvernement blanc hostile l'avait rabaissé soixante-quinze ans auparavant déjà.

La tribu thembu remonte au roi Zwide, vingt générations plus tôt. D'après la tradition, le peuple thembu vivait sur les contreforts du Drakensberg, et il s'est déplacé vers la côte au XVIe siècle, où il a été incorporé à la nation xhosa. Les Xhosas appartiennent au peuple nguni, qui a vécu, chassé et pêché dans la région riche et tempérée au sud-est de l'Afrique du Sud, entre le grand plateau intérieur au nord et l'océan Indien au sud, depuis au moins le XIe siècle. On peut diviser les Ngunis en un groupe du nord — les Zoulous et les Swazis — et un groupe du sud composé des amaBaca, des amaBomyana, des amaGcaleka, des amaMfengu, des amaMpodomis, des amaMponde, des abeSotho et des abeThembu qui, ensemble, forment la nation xhosa.

Les Xhosas sont un peuple fier et patrilinéaire avec une langue expressive et mélodieuse et un attachement solide aux lois, à l'éducation et à la politesse. La société xhosa possédait un ordre social équilibré et harmonieux dans lequel chaque individu connaissait sa place. Chaque Xhosa appartient à un clan qui indique son ascendance jusqu'à un ancêtre spécifique. Je suis membre du clan Madiba, d'après un chef thembu qui régnait dans le Transkei au XVIIIᵉ siècle. On m'appelle souvent Madiba, mon nom de clan, ce qui est un terme de respect.

Ngubengcuka, un des plus grands rois thembus, qui unifia la tribu, est mort en 1832. Selon la coutume de cette époque, il avait plusieurs épouses des principales maisons royales : la Grande Maison, où l'on choisissait l'héritier du trône, la Maison de la Main Droite, et l'Ixhiba, une maison inférieure que certains appellent la Maison de la Main Gauche. La tâche des fils de l'Ixhiba ou Maison de la Main Gauche était de régler les querelles royales. Mthikrakra, le fils aîné de la Grande Maison, succéda à Ngubengcuka et, parmi ses fils, il y avait Ngangelizwe et Matanzima. Sabata, qui dirigea le Transkei à partir de 1954, était le petit-fils du premier, et Kaizer Daliwonga, plus connu sous le nom de K.D. Matanzima, l'ancien Premier ministre du Transkei — mon neveu d'après la loi et la coutume —, était un descendant du second. Le fils aîné de l'Ixhiba s'appelait Simakade, dont le plus jeune frère s'appelait Mandela, mon grand-père.

Pendant des décennies, des histoires ont affirmé que j'appartenais à la lignée de succession au trône des Thembus, mais la simple généalogie que je viens d'exposer à grands traits montre que ce n'est qu'un mythe. Bien que membre de la maison royale, je ne faisais pas partie des rares privilégiés formés pour gouverner. A la place, en tant que descendant de l'Ixhiba, j'ai été préparé, comme mon père avant moi, à conseiller les dirigeants de la tribu.

Mon père était un homme grand, à la peau sombre, avec un port droit et imposant dont j'aime à penser que j'ai hérité. Il avait une mèche de cheveux blancs juste au-dessus du front, et quand j'étais enfant je prenais de la cendre blanche et j'en frottais mes cheveux pour l'imiter. Mon père était sévère et il n'hésitait pas à châtier ses enfants. Il pouvait se montrer d'un entêtement excessif, un autre trait de caractère qui malheureusement est peut-être passé du père au fils.

On a parfois parlé de mon père comme du Premier ministre du Thembuland pendant le règne de Dalindyebo, le père de Sabata, au début des années 1900, et celui de son fils, Jongintaba, qui lui a succédé. C'est une erreur d'appellation parce que le titre de Premier ministre n'existait pas, mais le rôle qu'il jouait n'était pas très différent de ce qu'implique cette désignation. En tant que conseiller respecté et apprécié de deux rois, il les accompagnait au cours de leurs voyages et on le voyait en général à leurs côtés au cours d'entretiens avec les représentants du gouvernement. C'était un gardien reconnu de l'histoire xhosa, et c'est en partie pour cette raison qu'on l'appréciait comme conseiller. L'intérêt que je porte moi-même à l'histoire est né très tôt en moi et a été encouragé par mon père. Bien qu'il n'ait jamais su lire ni écrire, il avait la réputation d'être un excellent orateur et il captivait ses auditoires en les amusant et en les instruisant.

Plus tard, j'ai découvert que mon père n'était pas seulement conseiller de roi mais aussi un faiseur de rois. Après la mort prématurée de Jongilizwe, dans les années 20, son fils Sabata, le jeune enfant de sa Grande Epouse, n'avait pas l'âge d'accéder au trône. Une querelle naquit pour savoir lequel des trois fils les plus âgés de Dalindyebo et d'autres mères — Jongintaba, Dabulamanzi et Melithafa — on devait choisir pour lui succéder. On consulta mon père, qui recommanda Jongintaba parce qu'il était le plus instruit. Il expliqua que Jongintaba ne serait pas seulement un gardien parfait de la couronne mais aussi un excellent guide pour le jeune prince. Mon père et quelques chefs influents avaient pour l'éducation le grand respect des gens sans instruction. La recommandation de mon père prêtait à controverse parce que la mère de Jongintaba était d'une maison inférieure, mais finalement son choix fut accepté à la fois par les Thembus et par le gouvernement britannique. Plus tard, Jongintaba devait rendre la faveur qui lui avait été faite d'une façon que mon père ne pouvait imaginer à l'époque.

Mon père avait quatre épouses, dont la troisième, ma mère, Noseki Fanny, la fille de Nkedama du clan ama-Mpemvu des Xhosas, appartenait à la Maison de la Main Droite. Chacune de ces épouses, la Grande Epouse, l'épouse de la Main Droite (ma mère), l'épouse de la Main Gauche et l'épouse de l'Iqadi, ou maison de soutien, avait son propre kraal. Un kraal était la ferme d'une personne et ne comprenait en général qu'un simple enclos pour les animaux, des champs pour la moisson, et une ou plusieurs huttes couvertes de chaume. Les kraals des épouses de mon père étaient séparés par plusieurs kilomètres et il allait de l'un à l'autre. Au cours de ces voyages, mon père engendra treize enfants, quatre garçons et neuf filles. Je suis l'aîné de la Maison de la Main Droite et le plus jeune des quatre fils de mon père. J'ai trois sœurs, Baliwe, qui est la fille la plus âgée, Notancu et Makhutswana. Bien que l'aîné fût Mlahwa, l'héritier de mon père comme chef a été Daligqili, le fils de la Grande Maison, qui est mort au début des années 30. A part moi, tous ses fils sont maintenant décédés et tous m'étaient supérieurs, non seulement en âge mais aussi en statut.

Alors que je n'étais encore qu'un nouveau-né, mon père fut impliqué dans une querelle, ce qui entraîna sa destitution de chef de Mvezo et révéla un trait de son caractère dont, je crois, son fils a hérité. Je suis persuadé que c'est l'éducation plus que la nature qui façonne la personnalité, mais mon père était fier et révolté, avec un sens obstiné de la justice, que je retrouve en moi. En tant que chef, il devait rendre compte de son administration non seulement au roi des Thembus mais aussi au magistrat local. Un jour, un des sujets de mon père porta plainte contre lui parce qu'un bœuf s'était échappé. En conséquence, le magistrat envoya un message pour donner l'ordre à mon père de se présenter devant lui. Quand mon père reçut la convocation, il envoya la réponse suivante : « *Andizi, ndisaqula* »(Je n'irai pas, je suis prêt à me battre). A cette époque-là, on ne défiait pas les magistrats. Une telle conduite était considérée comme le sommet de l'insolence — et dans son cas, ça l'était.

La réponse de mon père exprimait clairement qu'il considérait que le magistrat n'avait aucun pouvoir légitime sur lui. Quand il s'agissait de questions tribales, il n'était pas guidé par les lois du roi d'Angleterre, mais par la coutume thembu. Ce défi n'était pas une manifestation de mauvaise humeur mais une question de principe. Il affirmait ses prérogatives traditionnelles en tant que chef et il défiait l'autorité du magistrat.

Quand le magistrat reçut la réponse de mon père, il l'accusa immédiatement d'insubordination. Il n'y eut aucune enquête ; elles étaient réservées aux fonctionnaires blancs. Le magistrat déposa purement et simplement mon père, mettant fin ainsi aux responsabilités de chef de la famille Mandela.

A l'époque, j'ignorais ces événements, mais ils n'ont pas été sans effet sur moi. Mon père, qui était un aristocrate riche d'après les critères de son époque, perdit à la fois sa fortune et son titre. Il fut dépossédé de la plus grande partie de son troupeau et de sa terre, et du revenu qu'il en tirait. A cause de nos difficultés, ma mère alla s'installer à Qunu, un village un peu plus important au nord de Mvezo, où elle pouvait bénéficier du soutien d'amis et de parents. A Qunu, nous ne menions plus si grand train, mais c'est dans ce village, près d'Umtata, que j'ai passé les années les plus heureuses de mon enfance et mes premiers souvenirs datent de là.

2

Le village de Qunu était situé dans une vallée étroite et herbue, parcourue par de nombreux ruisseaux et dominée par de vertes collines. Il ne comptait pas plus d'une centaine de personnes, qui vivaient dans des huttes aux murs de torchis et en forme de ruche, avec au centre un poteau de bois soutenant un toit de chaume pointu. Le sol était fait de terre de fourmilière écrasée, cette terre séchée extraite du sol au-dessus d'une fourmilière, et on l'aplanissait en y étalant régulièrement une couche de bouse de vache. La fumée du foyer s'échappait par un trou du toit et la seule ouverture était une porte basse qu'on ne pouvait franchir qu'en se penchant. Les huttes étaient en général regroupées dans une zone résidentielle à quelque distance des champs de maïs. Il n'y avait pas de route, seulement des chemins dont l'herbe était usée par les pieds nus des enfants et des femmes vêtus de couvertures teintes en ocre ; seuls les quelques chrétiens du village portaient des vêtements de style occidental. Les vaches, les moutons, les chèvres et les chevaux paissaient ensemble sur des pâturages collectifs. Le paysage autour de Qunu était presque sans arbres, sauf un bouquet de peupliers au sommet d'une colline qui dominait le village. La terre elle-même appartenait à l'Etat. A l'époque, en Afrique du Sud, à part de rares exceptions, les Africains n'aimaient pas la propriété privée de la terre, ils étaient locataires et payaient un loyer annuel au gouvernement. Dans le voisinage, il y avait deux écoles élémentaires, un magasin et un réservoir pour y baigner le bétail afin de le débarrasser des tiques et des maladies.

Le maïs (que nous appelions *mealies*), le sorgho, les haricots et les citrouilles composaient l'essentiel de notre nourriture, non pas à cause d'une préférence que nous aurions eue, mais parce que les gens ne pouvaient pas s'acheter autre chose. Les familles les plus riches de notre village ajoutaient à cela du thé, du café et du sucre mais, pour la plus grande partie des gens de Qunu, il s'agissait de produits luxueux et exotiques au-dessus de leurs moyens. L'eau qu'on utilisait pour la ferme, la cuisine et la lessive, on devait aller la chercher avec des seaux dans les ruisseaux et les sources. C'était le travail des femmes et, en réalité, Qunu était un village de femmes et d'enfants : la plupart des hommes passaient l'essentiel de l'année à travailler dans des fermes éloignées ou dans les mines du Reef, la grande crête de rochers et de schistes aurifères qui forme la limite sud de Johannesburg. Ils revenaient deux fois par an, surtout pour labourer leurs champs. Le travail à la houe, le désherbage et la moisson étaient laissés aux femmes et aux enfants. Dans le village, personne ou presque ne savait lire et écrire, et pour beaucoup l'instruction restait une idée étrangère.

A Qunu, ma mère régnait sur trois huttes qui, autant que je m'en souvienne, étaient toujours pleines des bébés et des enfants de ma famille. En fait, je ne me souviens pas d'avoir été seul pendant mon enfance. Dans la culture africaine, les fils et les filles des tantes ou des oncles sont considérés comme des frères et des sœurs et non comme des cousins. Nous n'établissons pas les mêmes distinctions que les Blancs à l'intérieur de la famille. Nous n'avons pas de demi-frères ni de demi-sœurs. La sœur de ma mère est ma mère ; le fils de mon oncle est mon frère ; l'enfant de mon frère est mon fils ou ma fille.

Parmi les trois huttes de ma mère, une était utilisée pour la cuisine, une autre pour dormir et une autre comme réserve. Dans la hutte où nous dormions, il n'y avait pas de meubles au sens occidental du terme. Nous dormions sur des nattes et nous nous asseyions par terre. Je n'ai découvert les oreillers qu'à Mqhekezweni. Ma mère cuisinait dans une marmite de fer à trois pieds installée sur un feu au centre de la hutte ou à l'extérieur. Tout ce que nous mangions, nous le cultivions et le préparions nous-mêmes. Ma mère semait et récoltait son propre maïs. On le moissonnait quand il était dur et sec. On le conservait dans des sacs ou des trous creusés dans le sol. Les femmes utilisaient plusieurs méthodes pour le préparer. Elles écrasaient les épis entre deux pierres pour faire du pain, ou elles le faisaient bouillir d'abord pour obtenir de l'*umphothulo* (farine de maïs qu'on mange avec du lait caillé) ou de l'*umngqusho* (gruau qu'on mange seul ou mélangé à des haricots). Contrairement au maïs, qui manquait parfois, les vaches et les chèvres nous fournissaient du lait en quantité.

Très jeune, j'ai passé l'essentiel de mon temps dans le veld à jouer et à me battre avec les autres garçons du village. Un garçon qui restait à la maison dans les jupes de sa mère était considéré comme une femmelette. La nuit, je partageais mon repas et ma couverture avec ces mêmes garçons. Je n'avais pas plus de cinq ans quand j'ai commencé à garder les moutons et les veaux dans les prés. J'ai découvert l'attachement presque mystique des Xhosas pour le bétail, non seulement comme source de nourriture et de richesse, mais comme bénédiction de Dieu et source de bonheur. C'est dans les prairies que j'ai appris à tuer des oiseaux avec une fronde, à récolter du miel sauvage, des fruits et des racines comestibles, à boire le lait chaud et sucré directement au pis de la vache, à nager dans les ruisseaux clairs et froids et à attraper des poissons avec un fil et un morceau de fil de fer aiguisé. J'ai appris le combat avec un bâton — un savoir essentiel à tout garçon africain de la campagne — et je suis devenu expert à ses diverses techniques : parer les coups, faire une fausse attaque dans une direction et frapper dans une autre, échapper à un adversaire par un jeu de jambes rapide. C'est de cette époque que date mon amour du veld, des grands espaces, de la beauté simple de la nature, de la ligne pure de l'horizon.

Les garçons étaient pratiquement livrés à eux-mêmes. Nous jouions avec des jouets que nous fabriquions. Nous façonnions des animaux et des oiseaux en argile. Avec des branches, nous construisions des traîneaux que tiraient les bœufs. La nature était notre terrain de jeu. Les collines au-dessus de Qunu étaient parsemées d'énormes rochers que nous transformions en montagnes russes. Nous nous asseyions sur des pierres plates et nous nous laissions glisser sur les rochers jusqu'à ce que nous ayons tellement mal au derrière que nous puissions à peine nous asseoir. J'ai appris à monter sur des veaux sevrés ; quand on a été jeté à terre plusieurs fois, on prend le coup.

Un jour, un âne récalcitrant m'a donné une leçon. Nous montions sur son dos l'un après l'autre et, quand mon tour est arrivé, il a foncé dans un buisson d'épines. Il a baissé la tête pour me faire tomber, ce qui est arrivé, mais seulement après que les épines m'eurent griffé et écorché le visage, en m'humiliant devant mes camarades. Comme les Asiatiques, les Africains ont un sens très développé de la dignité, ce que les Chinois appellent « ne pas perdre la face ». J'avais perdu la face devant mes amis. Ce n'était qu'un âne qui m'avait fait tomber mais j'ai appris qu'humilier quelqu'un, c'est le faire souffrir inutilement. Même quand j'étais enfant, j'ai appris à vaincre mes adversaires sans les déshonorer.

En général, les garçons jouaient entre eux, mais nous permettions parfois à nos sœurs de nous rejoindre. Les garçons et les filles jouaient à des jeux comme *ndize* (cache-cache) et *icekwa* (chat). Mais le jeu auquel je préférais jouer avec les filles était ce que nous appelions *khetha*, ou choisissez-qui-vous-plaît. Ce n'était pas un jeu très organisé mais quelque chose de spontané à quoi nous jouions quand nous rencontrions un groupe de filles de notre âge et que nous exigions que chacune choisisse le garçon qu'elle aimait. D'après nos règles, le choix de la fille devait être respecté et, quand elle avait choisi celui qui lui plaisait, elle était libre de continuer son chemin accompagnée par l'heureux garçon. Mais les filles avaient l'esprit vif — elles étaient bien plus astucieuses que les garçons lourdauds — et elles se concertaient souvent pour choisir le garçon le plus simple, qu'elles taquinaient jusque chez lui.

Le jeu le plus populaire parmi les garçons était le *thinti*, et comme la plupart des jeux de garçons c'était une imitation de la guerre. On plantait deux bâtons dans le sol à une trentaine de mètres l'un de l'autre, et ils servaient de cibles. Pour chaque équipe, le but du jeu consistait à jeter des bâtons sur la cible adverse et à la renverser. Chaque équipe défendait sa propre cible et essayait d'empêcher l'autre équipe de reprendre les

bâtons qui avaient été jetés. Quand nous sommes devenus plus grands, nous avons organisé des matches
contre les garçons des villages voisins, et ceux qui se
distinguaient dans ces batailles fraternelles étaient très
admirés, comme les généraux qui remportent de grandes victoires à la guerre.

Après ces jeux, je revenais dans le kraal où ma mère
préparait le repas du soir. Alors que mon père nous
racontait des batailles historiques et nous parlait des
guerriers xhosas héroïques, ma mère nous enchantait
avec les fables et les légendes xhosas transmises depuis
d'innombrables générations. Ces contes stimulaient
mon imagination d'enfant et, en général, ils contenaient
une leçon morale. Je me souviens d'une histoire que ma
mère nous racontait sur un voyageur qu'aborda une
vieille femme avec une cataracte terrible sur les yeux.
Elle lui demanda de l'aide et l'homme détourna le regard.
Puis un autre homme passa que la vieille femme aborda.
Elle lui demanda de lui laver les yeux et, tout en trouvant
la tâche désagréable, il fit ce qu'elle lui demandait. Alors,
miraculeusement, les yeux de la vieille femme se dessillè-
rent et elle se transforma en une belle jeune fille.
L'homme l'épousa et devint riche et prospère. C'est une
histoire simple mais son message est éternel : la vertu et
la générosité seront récompensées d'une façon que nous
ne pouvons pas connaître.

Comme tous les enfant xhosas, j'ai acquis des connaissances surtout par l'observation. Nous étions censés
apprendre par l'imitation et l'émulation, pas en posant
des questions. Les premières fois où je suis allé chez les
Blancs, j'ai été stupéfait par le nombre et la nature des
questions que les enfants posaient à leurs parents — et
par l'empressement des parents à leur répondre. Chez
moi, les questions étaient considérées comme quelque
chose d'ennuyeux ; les adultes donnaient simplement
l'information qu'ils pensaient nécessaire.

Ma vie, comme celle de la plupart des Xhosas à cette
époque, était façonnée par la coutume, le rituel et les
tabous. C'était l'alpha et l'oméga de notre existence et
cela allait de soi. Les hommes suivaient le chemin tracé

pour eux par leur père ; les femmes menaient la même
vie que leur mère avant elles. Sans qu'on ait besoin de me
le dire, j'ai bientôt assimilé les règles compliquées qui
dirigeaient les relations entre les hommes et les femmes.
J'ai découvert qu'un homme ne pouvait pas entrer dans
une maison où une femme avait récemment accouché et
qu'une femme nouvellement mariée ne pouvait entrer
dans le kraal de sa nouvelle demeure sans une cérémonie
compliquée. J'ai appris que négliger ses ancêtres attirait
malchance et échec dans la vie. Si l'on déshonorait ses
ancêtres, la seule façon d'expier sa faute était de consulter un guérisseur traditionnel ou un ancien de la tribu
qui communiquait avec les ancêtres et leur transmettait
de profondes excuses. Toutes ces croyances me semblaient parfaitement naturelles.

J'ai rencontré quelques Blancs quand j'étais enfant à
Qunu. Le magistrat local, bien sûr, était blanc, comme le
commerçant le plus proche. Parfois des voyageurs ou
des policiers blancs passaient dans la région. Ces Blancs
m'apparaissaient grands comme des dieux et je savais
qu'on devait les traiter avec un mélange de peur et de
respect. Mais le rôle qu'ils jouaient dans ma vie était
lointain, et je ne pensais pas grand-chose de l'homme
blanc en général ou des relations entre mon peuple et ces
personnages étranges et lointains.

La seule rivalité entre différents clans ou tribus dans
notre petit univers de Qunu était celle qui existait entre
les·Xhosas et les amaMfengu, dont un petit nombre
vivait dans notre village. Les amaMfengu arrivèrent dans
l'Eastern Cape après avoir fui les armées zouloues de
Chaka, à une période connue sous le nom d'iMfecane, la
grande vague de batailles et de migrations, entre 1820 et
1840, déclenchée par l'essor de Chaka et de l'Etat zoulou,
au cours duquel les guerriers zoulous cherchèrent à
conquérir et à unifier toutes les tribus sous un gouvernement militaire. Les amaMfengu, qui à l'origine ne
parlaient pas le xhosa, étaient des réfugiés de l'iMfecane
et ils durent faire le travail qu'aucun autre Africain ne
voulait faire. Ils travaillèrent dans les fermes blanches et
dans les commerces blancs, autant de choses que mépri-

saient les tribus xhosas mieux établies. Mais les ama-
Mfengu étaient un peuple industrieux et, grâce à leur
contact avec les Européens, ils étaient souvent plus instruits et plus « occidentaux » que les autres Africains.

Quand j'étais enfant, les amaMfengu formaient la partie la plus avancée de la communauté et c'est d'eux que
venaient nos pasteurs, nos policiers, nos instituteurs,
nos fonctionnaires et nos interprètes. Ils furent aussi
parmi les premiers à devenir chrétiens, à construire de
meilleures maisons, à utiliser des méthodes scientifiques
en agriculture, et ils étaient plus riches que leurs compatriotes xhosas. Ils confirmaient l'axiome des missionnaires selon lequel être chrétien c'était être civilisé et être
civilisé c'était être chrétien. Il existait encore une certaine hostilité envers les amaMfengu, mais rétrospecti-
vement, je l'attribuerais plus à la jalousie qu'à une animosité tribale. Cette forme locale de tribalisme que j'ai
observée quand j'étais enfant était relativement inoffen-
sive. A ce stade, je n'ai pas soupçonné les violentes rivalités tribales qui, plus tard, seraient encouragées par les
dirigeants blancs d'Afrique du Sud, ni n'en ai été témoin.

Mon père ne partageait pas le préjugé local à l'égard
des amaMfengu et il protégeait deux frères amaMfengu,
George et Ben Mbekela. Ces frères représentaient une
exception à Qunu : ils étaient instruits et chrétiens.
George, le plus âgé des deux, était un instituteur à la
retraite et Ben, sergent dans la police. Malgré le prosélytisme des frères Mbekela, mon père resta à l'écart du
christianisme et garda la foi dans le grand esprit des
Xhosas, Qamata, le dieu de ses ancêtres. Mon père était
un prêtre officieux ; il présidait l'abattage rituel de chèvres et de veaux et il officiait dans les rites traditionnels
locaux à propos des semailles, des moissons, des nais-
sances, des mariages, des cérémonies d'initiation et des
enterrements. Il n'avait pas besoin d'avoir été ordonné
parce que la religion traditionnelle des Xhosas se carac-
térise par une totalité cosmique et il y a peu de différence
entre le sacré et le séculier, entre le naturel et le surna-
turel.

Si la foi des frères Mbekela ne déteignit pas sur mon

père, elle inspira ma mère, qui devint chrétienne. En fait,
Fanny était son nom chrétien au sens littéral parce qu'on
le lui avait donné à l'église. C'est à cause de l'influence
des frères Mbekela que j'ai moi-même été baptisé à
l'Eglise méthodiste ou wesleyenne et qu'on m'a envoyé à
l'école. Les frères me voyaient souvent jouer ou m'occuper des moutons et ils venaient me parler. Un jour,
George Mbekela rendit visite à ma mère. « Ton fils est un
garçon intelligent, dit-il. Il devrait aller à l'école. » Ma
mère resta silencieuse. Dans ma famille, personne n'y
était jamais allé et ma mère ne semblait pas préparée à
entendre la proposition de Mbekela. Mais elle la transmit néanmoins à mon père qui, malgré — ou à cause de
— son absence d'instruction, décida immédiatement
que son plus jeune fils irait à l'école.

L'école se composait d'une seule pièce, avec un toit de
style occidental, et était située de l'autre côté de la colline
de Qunu. J'avais sept ans et la veille de la rentrée mon
père m'a pris à part et m'a dit que je devais être habillé
correctement pour aller à l'école. Jusqu'à cette date,
comme tous les garçons de Qunu, je n'avais porté pour
tout vêtement qu'une couverture enroulée autour d'une
épaule et épinglée à la taille. Mon père a pris un de ses
pantalons et a coupé les jambes au genou. Il m'a dit de le
mettre, ce que j'ai fait, et il avait en gros la bonne longueur même s'il était beaucoup trop large. Alors mon
père a attrapé un morceau de ficelle et me l'a serré autour
de la taille. Je devais être comique à voir, mais je n'ai
jamais été aussi fier d'un costume que du pantalon coupé
de mon père.

Le premier jour de classe, mon institutrice,
Miss Mdingane, nous a donné à chacun un prénom
anglais et nous a dit que dorénavant ce serait notre
prénom à l'école. A cette époque, c'était la coutume, sans
doute à cause de la prévention des Britanniques envers
notre éducation. Celle que j'ai reçue était britannique et
les idées britanniques, la culture britannique, les institutions britanniques étaient censées être supérieures. La
culture africaine n'existait pas.

Les Africains de ma génération — et encore ceux

d'aujourd'hui — ont en général un prénom anglais et un prénom africain. Les Blancs ne pouvaient ou ne voulaient pas prononcer un prénom africain, et ils considéraient qu'en porter un était non civilisé. Ce jour-là, Miss Mdingane m'a dit que mon nouveau prénom serait Nelson. Pourquoi m'a-t-elle attribué celui-là en particulier, je n'en ai aucune idée. Cela avait peut-être quelque chose à voir avec le grand capitaine Lord Nelson, mais ce n'est qu'une supposition.

3

Une nuit, alors que j'avais neuf ans, je me suis rendu compte d'une grande agitation dans la maison. Mon père, qui rendait visite tour à tour à ses épouses et qui, en général, passait chez nous une semaine par mois, venait d'arriver. Mais ce n'était pas sa date habituelle et on ne l'attendait que quelques jours plus tard. Je le trouvai dans la hutte de ma mère, allongé par terre sur le dos, au milieu de ce qui semblait être une quinte de toux sans fin. Même avec mes yeux d'enfant, je me suis rendu compte que ses jours étaient comptés. Il avait une sorte de maladie pulmonaire, mais elle n'avait pas été diagnostiquée parce que mon père n'était jamais allé voir un médecin. Il resta dans la hutte pendant plusieurs jours sans bouger ni parler et, une nuit, son état empira. Ma mère et la plus jeune épouse de mon père, Nodayimani, qui était venue s'installer chez nous, le soignaient ; tard dans la nuit, il appela Nodayimani. « Apporte-moi mon tabac », lui dit-il. Ma mère et Nodayimani se concertèrent et décidèrent qu'il n'était pas prudent de lui donner son tabac dans cet état. Mais il continua à le réclamer et finalement Nodayimani lui bourra sa pipe, l'alluma et la lui donna. Mon père fuma et se calma. Il fuma pendant une heure environ, puis, alors que sa pipe était encore allumée, il mourut.

Je me souviens non d'avoir éprouvé un grand chagrin mais de m'être senti abandonné. Si ma mère était le centre de mon existence, je me définissais à travers mon père. Sa mort changea toute ma vie d'une façon que je ne pouvais soupçonner à l'époque. Après une courte période de deuil ma mère m'apprit que je quitterais bientôt Qunu. Je ne lui demandai pas pourquoi ni où j'irais.

J'ai emballé les quelques affaires que je possédais et, un matin de bonne heure, nous sommes partis vers l'ouest, vers ma nouvelle résidence. J'avais moins de chagrin pour mon père que pour le monde que je quittais. Qunu était tout ce que je connaissais et je l'aimais sans réserve, comme un enfant aime le premier lieu où il a vécu. Avant de disparaître derrière les collines, je me suis retourné et j'ai regardé mon village pour ce que je croyais être la dernière fois. J'ai vu les huttes simples et les gens occupés à leurs corvées ; le ruisseau dans lequel j'avais sauté et joué avec les autres garçons ; les champs de maïs et les pâturages bien verts où les vaches et les moutons broutaient paresseusement. J'ai imaginé mes amis en train de chasser les oiseaux, de boire du lait au pis d'une vache, ou de s'amuser dans le réservoir au bout du ruisseau. Mais surtout, mes yeux sont restés fixés sur les trois huttes où j'avais connu l'amour et la protection de ma mère. Ces trois huttes, je les associais à tout mon bonheur, à la vie elle-même et j'ai regretté amèrement de ne pas les avoir embrassées avant de partir. Je ne pouvais imaginer que l'avenir vers lequel je marchais pourrait en tous points se comparer au passé que je quittais.

Nous avons marché en silence jusqu'à ce que le soleil descende lentement à l'horizon. Mais le silence du cœur entre une mère et son enfant n'est jamais celui de la solitude. Ma mère et moi, nous ne parlions jamais beaucoup mais nous n'en avions pas besoin. Je n'ai jamais douté de son amour ni de son soutien. Ce fut un voyage épuisant, sur des chemins boueux et pierreux, en remontant et en descendant les collines, en traversant de nombreux villages, mais nous ne nous arrêtions pas. En fin d'après-midi, au fond d'une petite vallée entourée d'arbres, nous sommes arrivés dans un village au centre duquel se dressait une maison belle et spacieuse, qui était tellement plus grande que tout ce que j'avais connu que je ne pus qu'être émerveillé. L'ensemble des bâtiments comprenait deux *iingxande* — maisons carrées — et sept huttes imposantes, toutes blanchies à la chaux, ce qui les rendait éblouissantes même dans le soleil couchant. Il y avait un grand potager et un champ de maïs bordé de pêchers. Un jardin encore plus grand s'étendait à l'arrière avec des pommiers, des légumes, une planche de fleurs et un carré de mimosas. A côté se trouvait une église blanche en stuc.

Une vingtaine d'anciens de la tribu étaient assis dans l'ombre de deux eucalyptus qui ornaient l'entrée de la maison principale. Autour de la propriété, un troupeau d'au moins cinquante vaches et une centaine de moutons broutait les riches prairies. Tout était merveilleusement entretenu et cette vision de richesse et d'ordre était au-delà de ce que je pouvais imaginer. C'était la Great Place, la Grande Demeure, Mqhekezweni, la capitale provisoire du Thembuland, la résidence royale du chef Jongintaba Dalindyebo, régent du peuple thembu.

Alors que je contemplais cette grandeur, une énorme automobile passa en grondant la porte ouest et les hommes assis à l'ombre se levèrent immédiatement. Ils ôtèrent leur chapeau et sautèrent sur leurs pieds en criant : « *Bayete a-a-a, Jongintaba !* » (Salut, Jongintaba !), le salut traditionnel des Xhosas pour leur chef. Un homme petit et trapu vêtu d'un costume élégant descendit de la voiture (j'appris plus tard que ce véhicule majestueux était une Ford V8). Je vis qu'il avait l'assurance et la stature d'un homme rompu à l'exercice de l'autorité. Son nom lui convenait parfaitement, parce que Jongintaba signifie littéralement « Celui qui regarde les montagnes » et que c'était un homme avec une présence très forte qui attirait tous les regards. Il avait une peau sombre et un visage intelligent et, d'un air distant, il serra la main des hommes qui se trouvaient sous l'arbre, des hommes qui, comme je le découvris plus tard, composaient la plus haute cour de justice thembu. Il s'agissait du régent, qui allait devenir mon tuteur et mon bienfaiteur pour les dix années suivantes.

A cet instant où je contemplais Jongintaba et sa cour, je me sentais comme une jeune pousse qu'on vient d'arracher de terre et qu'on a jetée au milieu d'un ruisseau que le courant emporte irrésistiblement. J'éprouvais un sentiment de crainte mêlée d'ahurissement. Jusqu'alors je n'avais pensé à rien d'autre qu'à mon plaisir, je n'avais eu comme ambition que de manger à ma faim et devenir un champion de combat au bâton. Je n'avais jamais pensé à l'argent, aux classes sociales, à la gloire ou au pouvoir. Brusquement, un nouveau monde s'ouvrait devant moi. Les enfants d'origine pauvre se trouvent souvent séduits par une multitude de tentations quand ils sont soudain confrontés à la grande richesse. Je ne faisais pas exception. Je sentais qu'un grand nombre de mes croyances bien établies commençaient à s'écrouler. Les fragiles fondations construites par mes parents s'ébranlaient. A cet instant, j'ai compris que la vie pouvait me permettre d'être bien plus qu'un champion de combat au bâton.

J'ai appris plus tard qu'après la mort de mon père Jongintaba avait proposé de devenir mon tuteur. Il me traiterait comme ses propres enfants et j'aurais les mêmes avantages qu'eux. Ma mère n'avait pas le choix ; on ne refuse pas une telle proposition venant du régent. Je lui manquerais, mais elle était néanmoins satisfaite de savoir que je bénéficierais d'une meilleure éducation qu'avec elle. Le régent n'avait pas oublié que c'était grâce à l'intervention de mon père qu'il était devenu chef suzerain.

Ma mère resta un jour ou deux à Mqhekezweni avant de rentrer à Qunu. Nous nous sommes séparés sans cérémonie. Elle ne me fit pas de sermon, ne prononça aucun conseil de sagesse, ne me donna pas de baiser. Je pense qu'elle ne voulait pas que je me sente abandonné après son départ et elle se conduisit donc comme tous les jours. Je savais que mon père avait voulu que je fasse des études et que je sois préparé pour un monde plus vaste, et cela était impossible à Qunu. La tendresse du regard de ma mère était toute l'affection et tout le soutien dont j'avais besoin et au moment de partir elle se retourna vers moi et me dit : « *Uqinisufokotho, kwedini !* » (Sois courageux, mon fils !). Les enfants sont souvent les moins sentimentaux de tous les êtres, en particulier s'ils sont absorbés par quelque plaisir nouveau. Même quand ma chère mère et ma plus proche amie s'en allait, j'avais la tête qui flottait dans les délices de ma nouvelle maison. Comment aurais-je pu ne pas être courageux ? Je portais déjà les vêtements neufs et élégants achetés pour moi par mon tuteur.

Je fus rapidement entraîné dans la vie quotidienne de Mqhekezweni. Un enfant s'adapte rapidement ou pas du tout — et je m'étais adapté à la demeure royale comme si j'y avais été élevé. Pour moi, c'était un royaume magique ; tout me semblait enchanteur ; les corvées pénibles à Qunu devinrent une aventure à Mqhekezweni. Quand je n'allais pas à l'école, j'aidais au labour, je menais un chariot, j'étais berger. Je montais des chevaux et je tuais des oiseaux avec une fronde et je trouvais des garçons pour lutter avec eux, et parfois je passais la soirée à danser tandis que les jeunes filles thembu chantaient et tapaient des mains. Qunu et ma mère me manquaient mais bientôt je fus complètement absorbé par mon nouvel univers.

J'allais à l'école, qui n'avait qu'une seule classe, à côté du palais, et j'apprenais l'anglais, le xhosa, l'histoire et la géographie. Nous faisions nos devoirs sur une ardoise. Nos instituteurs, Mr. Fadana, et, plus tard, Mr. Giqwa, me portaient un intérêt particulier. Je réussissais bien, moins par facilité que par obstination. La discipline que je m'imposais était renforcée par ma tante Phathiwe qui habitait à la Grande Demeure et qui, chaque soir, contrôlait mon travail.

Le village de Mqhekezweni, beaucoup plus évolué et occidentalisé que Qunu, était une mission de l'Eglise méthodiste. Les gens portaient des vêtements modernes. Les hommes étaient vêtus de costumes et les femmes imitaient la sévérité du style protestant : de longues jupes épaisses et des corsages boutonnés jusqu'au cou, les épaules enveloppées d'une couverture et une écharpe nouée élégamment autour de la tête.

Si le monde de Mqhekezweni tournait autour du régent, le mien, plus petit, tournait autour de ses deux enfants. Justice, l'aîné, était son seul fils et l'héritier de la Grande Demeure ; Nomafu était sa fille. Je vivais avec eux et j'étais traité exactement comme eux. Nous mangions la même nourriture, nous portions les mêmes vêtements, nous accomplissions les mêmes corvées. Nous fûmes rejoints plus tard par Nxeko, le frère aîné de Sabata, l'héritier du trône. Tous les quatre, nous formions un quatuor royal. Le régent et sa femme No-England m'élevaient comme si j'avais été leur propre enfant. Ils s'inquiétaient pour moi, me conseillaient, et me punissaient, tout cela dans un esprit de justice et d'amour. Jongintaba était sévère mais je n'ai jamais douté de son affection. Ils m'appelaient du nom familier de Tatomkhulu, qui veut dire « grand-père », parce qu'ils disaient que quand j'étais sérieux je ressemblais à un vieil homme.

Justice avait quatre ans de plus que moi et, après mon père, il devint mon premier héros. Je le respectais beaucoup. Il était déjà à Clarkebury, une pension à une centaine de kilomètres. Grand, élégant, musclé, c'était un très bon sportif, excellent en athlétisme, en cricket, en rugby et en football. Aimable et joyeux, c'était un véritable artiste qui réjouissait les gens en chantant et en dansant. Il avait toute une troupe d'admiratrices — mais beaucoup de jeunes filles aussi le critiquaient parce qu'elles le considéraient comme un dandy et un play-boy. Justice et moi, nous sommes devenus les meilleurs amis du monde et pourtant nous étions très différents à bien des égards : il était extraverti, j'étais introverti ; il était gai, j'étais sérieux. Il réussissait sans effort ; je devais travailler dur. Pour moi, il représentait tout ce qu'un jeune homme devait être et tout ce que je désirais devenir. Bien qu'on nous traitât de la même façon, des destinées différentes nous attendaient : Justice hériterait du rang de chef le plus puissant de la tribu des Thembus, tandis que j'hériterais de ce que le régent, dans sa générosité, voudrait bien me donner.

Chaque jour, je quittais la maison du régent pour aller faire des courses. Parmi les corvées, celle que je préférais c'était repasser les costumes du régent, un travail dont je tirais un grand honneur. Il possédait une demi-douzaine de costumes de type occidental et j'ai passé de nombreuses heures à faire soigneusement le pli de ses pantalons. Son palais se composait de deux grandes maisons de style européen avec des toits de tôle. A cette époque, très peu d'Africains avaient des maisons occidentales et elles étaient considérées comme la marque d'une grande richesse. Six huttes étaient disposées en demi-cercle autour de la maison principale. Elles avaient des planchers de bois, quelque chose que je n'avais jamais vu auparavant. Le régent et son épouse couchaient dans la hutte de la main droite ; la sœur de la régente dans celle du centre, et la hutte de la main gauche servait de réserve. Sous le plancher de la hutte du centre, il y avait une ruche et, parfois, nous soulevions une ou deux lames de parquet pour nous régaler de son miel. Peu de temps après mon arrivée à Mqhekezweni, le régent et son épouse s'installèrent dans l'*uxande* (maison du milieu) qui, automatiquement, devint la Grande Demeure. Tout près, il y avait trois petites huttes ; une pour la mère du régent, une pour les visiteurs et une que nous partagions, Justice et moi.

A Mqhekezweni, les deux principes qui gouvernaient ma vie étaient la chefferie et l'Eglise. Ces deux doctrines existaient dans une harmonie difficile, mais à l'époque je ne les considérais pas comme antagonistes. Pour moi, le christianisme était moins un système de croyances que le credo d'un homme : le révérend Matyolo. Sa présence puissante incarnait tout ce qu'il y avait d'attirant dans le christianisme. Il était aussi populaire et aimé que le régent, et le fait qu'il fût le supérieur du régent pour les questions spirituelles me faisait une très forte impression. Mais l'Eglise concernait autant ce monde que l'autre : je voyais que, virtuellement, tout ce qu'avaient accompli les Africains semblait s'être réalisé grâce au travail missionnaire de l'Eglise. Les écoles de mission formaient les fonctionnaires, les interprètes et les policiers qui, à l'époque, représentaient les plus hautes aspirations des Africains.

Le révérend Matyolo était un solide gaillard dans la cinquantaine, avec une voix grave et puissante qui faisait qu'il prêchait et chantait à la fois. Quand il disait un sermon à l'église, à l'extrémité occidentale de Mqhekezweni, la salle était archicomble. L'église résonnait des hosannas des fidèles tandis que les femmes s'agenouillaient à ses pieds pour lui demander le salut. Quand je suis arrivé à la Grande Demeure, on m'a raconté que le révérend avait chassé un dangereux esprit avec comme seules armes une bible et une lanterne. Je ne voyais aucune invraisemblance ni aucune contradiction dans cette histoire. Le méthodisme prêché par le révérend Matyolo était du feu et du soufre assaisonnés d'une touche d'animisme africain. Le Seigneur était sage et omnipotent, mais c'était aussi un dieu vengeur qui ne laissait jamais aucune mauvaise action impunie.

A Qunu, je n'étais allé à l'église que le jour où l'on m'avait baptisé. La religion était un rituel que je supportais pour ma mère et auquel je n'attachais aucune signification. Mais à Mqhekezweni, elle faisait partie de la trame de la vie et, chaque dimanche, j'accompagnais le régent et sa femme à l'église. Le régent prenait la religion très au sérieux. En fait, la seule fois où il m'a donné une raclée c'est quand je ne suis pas allé au service du dimanche pour participer à une bataille contre les garçons d'un autre village, une transgression que je n'ai jamais recommencée.

Ce ne fut pas la seule réprimande qu'on m'ait faite à cause de ma désobéissance à l'égard du révérend. Un après-midi, je me suis glissé dans son jardin pour y voler du maïs que j'ai fait griller et que j'ai mangé sur place. Une petite fille m'a vu et est immédiatement allée le dire au prêtre. La nouvelle s'est rapidement répandue et la femme du régent a été mise au courant. Ce soir-là, elle a attendu l'heure de la prière — ce qui était un rituel quotidien — et elle m'a reproché d'avoir volé le pain d'un pauvre serviteur de Dieu et d'avoir attiré la honte sur ma famille. Elle m'a dit que le diable viendrait sûrement me chercher pour me faire expier mon péché. Je ressentais un désagréable mélange de peur et de honte — la peur de recevoir une punition cosmique bien méritée, et la honte de ne pas avoir été digne de la confiance de ma famille adoptive.

A cause du respect universel dont bénéficiait le régent — de la part à la fois des Noirs et des Blancs — et du pouvoir apparemment sans limites qui était le sien, je considérais que la place du chef était le centre même autour duquel tournait toute la vie. Le pouvoir et l'influence du chef imprégnaient chaque aspect de notre existence à Mqhekezweni et c'était le moyen essentiel par lequel on pouvait obtenir un statut influent.

L'idée que je me ferais plus tard de la notion de commandement fut profondément influencée par le spectacle du régent et de sa cour. J'ai observé les réunions tribales qui se tenaient périodiquement à la Grande Demeure et elles m'ont beaucoup appris. Elles n'étaient pas programmées de façon régulière, on les convoquait selon la nécessité et on y discutait des questions nationales telles que la sécheresse, le tri du bétail, la politique ordonnée par le magistrat et les nouvelles lois décrétées par le gouvernement. Tous les Thembus étaient libres d'y venir — et beaucoup le faisaient, à cheval ou à pied.

Lors de ces occasions, le régent était entouré de ses *amaphakhati*, un groupe de conseillers de haut rang qui jouait le rôle de parlement et de haute cour de justice du régent. Il s'agissait d'hommes sages qui conservaient la connaissance de l'histoire et de la coutume tribales dans leur tête et dont les opinions avaient un grand poids.

Le régent envoyait des lettres pour prévenir ces chefs de la tenue d'une réunion et bientôt la Grande Demeure grouillait de visiteurs importants et de voyageurs venus de tout le Thembuland. Les invités se rassemblaient dans la cour, devant la maison du régent, et c'est lui qui ouvrait la réunion en remerciant chacun d'être venu et en expliquant pourquoi il les avait convoqués. A partir de ce moment, il ne disait plus rien jusqu'à la fin.

Tous ceux qui voulaient parler le faisaient. C'était la démocratie sous sa forme la plus pure. Il pouvait y avoir des différences hiérarchiques entre ceux qui parlaient, mais chacun était écouté, chef et sujet, guerrier et sorcier, boutiquier et agriculteur, propriétaire et ouvrier. Les gens parlaient sans être interrompus et les réunions duraient des heures. Le gouvernement avait comme fondement la liberté d'expression de tous les hommes, égaux en tant que citoyens. (Les femmes, j'en ai peur, étaient considérées comme des citoyens de seconde classe.)

Pendant cette journée, on servait un grand banquet et j'ai eu souvent mal au ventre pour avoir trop mangé en écoutant les orateurs. Je remarquais que certains tournaient en rond et ne semblaient jamais réussir à dire ce qu'ils voulaient. En revanche, d'autres abordaient directement le sujet et présentaient leurs arguments de façon succincte et forte. J'observais que certains orateurs jouaient sur les sentiments et utilisaient un langage dramatique pour émouvoir leur public, tandis que d'autres restaient simples et sobres, et fuyaient l'émotion.

Au début, je fus stupéfait par la véhémence — et la candeur — avec laquelle les gens faisaient des reproches au régent. Il n'était pas au-dessus de la critique — en fait il en était souvent la cible principale. Mais quelle que fût la gravité de l'accusation, le régent se contentait d'écouter, sans chercher à se défendre et sans manifester aucune émotion.

Les réunions duraient jusqu'à ce qu'on soit arrivé à une sorte de consensus. Elles ne pouvaient se terminer qu'avec l'unanimité ou pas du tout. Cependant, l'unanimité pouvait consister à ne pas être d'accord et à attendre un moment plus propice pour proposer une solution. La démocratie signifiait qu'on devait écouter tous les hommes, et qu'on devait prendre une décision ensemble en tant que peuple. La règle de la majorité était une notion étrangère. Une minorité ne devait pas être écrasée par une majorité.

Ce n'est qu'à la fin de la réunion, quand le soleil se couchait, que le régent parlait. Il avait comme but de résumer ce qui avait été dit et de trouver un consensus entre les diverses opinions. Mais on ne devait imposer aucune conclusion à ceux qui n'étaient pas d'accord. Si l'on ne pouvait parvenir à aucun accord, il fallait tenir une autre réunion. A la fin du conseil, un chanteur ou un poète faisait le panégyrique des anciens rois, et un mélange de compliments et de satire des chefs présents, et le public, conduit par le régent, éclatait de rire.

En tant que responsable, j'ai toujours suivi les principes que j'ai vus mis en œuvre par le régent à la Grande Demeure. Je me suis toujours efforcé d'écouter ce que chacun avait à dire dans une discussion avant d'émettre ma propre opinion. Très souvent, ma propre opinion ne représentait qu'un consensus de ce que j'avais entendu dans la discussion. Je n'ai jamais oublié l'axiome du régent : un chef, disait-il, est comme un berger. Il reste derrière son troupeau, il laisse le plus alerte partir en tête, et les autres suivent sans se rendre compte qu'ils ont tout le temps été dirigés par-derrière.

C'est à Mqhekezweni qu'est né mon intérêt pour l'histoire africaine. Jusqu'alors je n'avais entendu parler que des héros xhosas, mais à la Grande Demeure j'ai appris les noms d'autres héros africains comme Sekhukhune, roi des Bapedis, et celui du roi des Basothos, Moshoeshoe, et Dingane, le roi des Zoulous, et d'autres encore comme Bambatha, Hintsa et Makana, Montshiwa et Kgama. J'ai entendu parler de ces hommes par les chefs qui venaient à la Grande Demeure pour régler des disputes et juger des affaires. Bien qu'ils ne fussent pas hommes de loi, ces chefs présentaient des affaires et les jugeaient. Certains jours, ils finissaient de bonne heure et s'asseyaient en rond pour raconter des histoires. Je m'approchais sans rien dire et j'écoutais. Ils parlaient un idiome que je n'avais jamais entendu auparavant. Leur langue était formelle et hautaine, leurs manières lentes et assurées, et les clics traditionnels de notre langue étaient longs et spectaculaires.

Au début, ils m'ont chassé en disant que j'étais trop jeune. Ensuite, ils me faisaient signe pour que j'aille leur chercher du feu ou de l'eau ou que je dise aux femmes qu'ils voulaient du thé, et dans ces premiers mois, j'étais trop occupé à faire les courses pour suivre leur conversation. Mais, finalement, ils m'ont permis de rester et j'ai découvert les grands patriotes qui avaient combattu la domination occidentale. La gloire de ces guerriers africains m'enflammait l'imagination.

Le plus âgé des chefs qui régalaient les anciens avec des contes d'autrefois s'appelait Zwelibhangile Joyi, un fils de la Grande Demeure du roi Ngubengcuka. Le chef Joyi était si vieux que la peau ridée de son dos pendait sur lui comme un manteau trop grand. Il racontait ses histoires lentement et il les ponctuait souvent de quintes de toux qui l'obligeaient à s'arrêter pendant plusieurs minutes. Le chef Joyi était la plus grande autorité sur l'histoire des Thembus, surtout parce qu'il en avait vécu une très grande partie.

Mais aussi âgé qu'il paraissait, les décennies le quittaient quand il parlait des jeunes *impis*, ou guerriers, de l'armée du roi Ngangelizwe qui luttait contre les Britanniques. Le chef Joyi se lançait dans une pantomime, il tirait son épée et rampait sur le veld en racontant les victoires et les défaites. Il parlait de l'héroïsme de Ngangelizwe, de sa générosité et de son humilité.

Les histoires du chef Joyi ne concernaient pas toutes les Thembus. La première fois où il parla de guerriers qui n'étaient pas xhosas, je me demandai pourquoi. J'étais comme un petit garçon qui adore le héros de l'équipe locale de football et qu'une star nationale n'intéresse pas. Ce n'est que plus tard que j'ai été ému par l'immensité de l'histoire africaine, et par les exploits de tous les héros africains quelle que fût leur tribu.

Le chef Joyi s'en prenait à l'homme blanc qui, croyait-il, avait volontairement divisé la tribu xhosa, en séparant le frère du frère. L'homme blanc avait dit aux Thembus que leur véritable chef était la grande reine blanche de l'autre côté de l'océan et qu'ils étaient ses sujets. Mais la reine blanche n'avait apporté que misère et perfidie au peuple noir et si c'était un chef, c'était un chef du mal. Les histoires de guerre du chef Joyi et les accusations qu'il lançait contre les Britanniques faisaient naître en moi de la colère et je me sentais volé, comme si l'on m'avait déjà volé mon droit de naissance.

Le chef Joyi disait que les Africains avaient vécu dans une paix relative jusqu'à l'arrivée des *abelungu*, les Blancs, venus sur la mer avec des armes qui crachaient le feu. Jadis, disait-il encore, les Thembus, les Pondos, les Xhosas et les Zoulous étaient tous les enfants d'un même père et vivaient comme des frères. L'homme blanc avait brisé l'*abantu*, la communauté, des différentes tribus. L'homme blanc avait faim de terre et l'homme noir avait partagé la terre avec lui comme il partageait l'air et l'eau ; la terre n'était pas faite pour que l'homme la possède. Mais l'homme blanc prenait la terre comme on prendrait le cheval d'un autre homme.

Je ne savais pas encore que la véritable histoire de notre pays ne se trouvait pas dans les livres britanniques qui affirmaient que l'Afrique du Sud commençait avec l'arrivée de Jan Van Riebeeck au cap de Bonne-Espérance en 1652. Grâce au chef Joyi j'ai commencé à découvrir que l'histoire des peuples de langue bantoue commençait bien plus au nord, dans un pays de lacs, de plaines et de vallées vertes, et que lentement, au cours des millénaires, nous avions descendu jusqu'à la pointe extrême de ce grand continent. Pourtant, j'ai découvert plus tard que les récits que faisait le chef Joyi de l'histoire africaine manquaient parfois de précision.

A Mqhekezweni, je n'étais pas différent du proverbial garçon de la campagne qui arrive dans la grande ville. Mqhekezweni était beaucoup plus raffiné que Qunu, dont les habitants étaient considérés comme arriérés par ceux de Mqhekezweni. Le régent n'aimait pas que j'aille à Qunu, car il pensait que dans mon ancien village je régresserais et retrouverais de mauvaises fréquentations. Quand j'y allais quand même en visite, je sentais que le régent avait fait la leçon à ma mère car elle m'interrogeait pour savoir avec qui j'allais jouer. Mais, souvent, le régent s'arrangeait pour qu'on aille chercher ma mère et mes sœurs et qu'on les amène à la Grande Demeure.

Quand je suis arrivé à Mqhekezweni, certains des garçons de mon âge me regardaient comme un campagnard désespérément incapable d'exister dans l'atmosphère raréfiée de la Grande Demeure. Comme tous les jeunes gens, je me suis efforcé d'apparaître courtois et à la mode. Un jour, à l'église, j'avais remarqué une jolie jeune femme qui était une des filles du révérend Matyolo. Elle s'appelait Winnie et je lui ai demandé de sortir avec moi, ce qu'elle a accepté. Elle était amoureuse de moi, mais sa sœur aînée, nomaMpondo, me considérait d'une maladresse rédhibitoire. Elle dit à sa sœur que j'étais un barbare, pas assez bon pour la fille du révérend Matyolo. Pour prouver à sa plus jeune sœur à quel point j'étais non civilisé, elle m'invita à déjeuner au presbytère. J'avais encore l'habitude de manger comme chez moi, où nous ne nous servions ni de couteau ni de fourchette. A la table familiale, cette méchante sœur me présenta un plat sur lequel il n'y avait qu'une aile de poulet. Mais au lieu d'être tendre, cette aile était un peu dure et la viande ne se détachait pas facilement des os.

J'ai regardé les autres utiliser leurs couteaux et leurs couverts et j'ai pris lentement les miens. J'ai observé mes voisins pendant quelques instants puis j'ai essayé de découper ma petite aile. Au début, je l'ai simplement fait tourner autour de mon assiette en espérant que la viande allait se détacher toute seule. Puis, j'ai essayé en vain d'y enfoncer ma fourchette pour la couper, mais elle m'a échappé, et dans ma frustration je ne faisais que cogner mon couteau contre mon assiette. J'ai recommencé plusieurs fois et j'ai remarqué que la sœur aînée souriait en jetant à sa sœur des regards entendus qui signifiaient : « Je te l'avais bien dit. » J'ai continué à faire de grands efforts et j'étais couvert de sueur mais, ne voulant pas reconnaître ma défaite, j'ai attrapé la chose infernale avec les mains. Je n'ai pas mangé beaucoup de poulet lors de ce déjeuner.

Ensuite, la sœur aînée a dit à la plus jeune : « Tu gâcherais ta vie si tu tombais amoureuse d'un garçon aussi arriéré », mais je suis heureux de dire que la jeune personne n'a pas écouté — elle m'aimait, même arriéré. En fin de compte, nous avons bien sûr suivi des chemins différents. Elle alla dans une autre école et devint institutrice. Nous avons correspondu pendant quelques années puis j'ai perdu sa trace, mais à ce moment-là j'avais considérablement amélioré mes manières à table.

4

En janvier 1934, alors que j'avais seize ans, le régent décida qu'il était temps que je devienne un homme. Dans la tradition xhosa, on n'y parvient que d'une seule façon : la circoncision. Dans ma tradition, un homme non circoncis ne peut hériter de la richesse de son père, ni se marier, ni officier dans les rituels tribaux. Un Xhosa non circoncis est une contradiction dans les termes car il n'est pas du tout considéré comme un homme mais comme un enfant. Pour les Xhosas, la circoncision représente l'incorporation formelle des hommes dans la société. Ce n'est pas seulement un acte chirurgical, mais un rituel long et élaboré de préparation à l'âge adulte. En tant que Xhosa, je compte mon âge d'homme à partir de ma circoncision.

La cérémonie traditionnelle de l'école de circoncision fut principalement organisée pour Justice. Les autres — vingt-six en tout — étaient là surtout pour lui tenir compagnie. Au début de la nouvelle année, nous sommes allés jusqu'à deux huttes de paille dans une vallée retirée au bord de la rivière Mbashe, connue sous le nom de Tyhalarha, le lieu traditionnel de circoncision des rois thembus. Il s'agissait de huttes de retraite où nous devions vivre isolés de la société. C'était une période sacrée ; j'étais heureux et comblé de prendre part à une coutume de mon peuple et prêt au passage de l'enfance à l'âge adulte.

Nous nous étions installés à Tyhalarha, au bord de la rivière, quelques jours avant la cérémonie de circoncision elle-même. J'ai passé ces derniers jours d'enfance avec les autres initiés et j'ai beaucoup aimé notre camaraderie. Les huttes se trouvaient près de chez Banabakhe Blayi, le garçon le plus riche et le plus populaire de l'école de circoncision. C'était un compagnon attachant, un champion de combat au bâton et un séducteur dont les nombreuses petites amies nous fournissaient des friandises. Il ne savait ni lire ni écrire mais c'était un des plus intelligents du groupe. Il nous racontait ses voyages à Johannesburg, un endroit où aucun de nous n'était jamais allé. Il nous faisait tellement vibrer avec des histoires sur les mines qu'il m'a presque persuadé que devenir mineur était plus alléchant que devenir monarque. Les mineurs avaient une mystique ; être mineur signifiait être fort et audacieux : l'idéal de l'homme adulte. Beaucoup plus tard, je me suis rendu compte que c'était les histoires exagérées par des garçons comme Banabakhe qui entraînaient tant de jeunes à se sauver pour aller travailler dans les mines de Johannesburg où ils perdaient souvent leur santé et leur vie. A cette époque, travailler dans les mines était un rite de passage presque équivalent à l'école de circoncision, un mythe qui aidait plus les propriétaires des mines que mon peuple.

Une des coutumes de la circoncision veut qu'on réalise un exploit audacieux avant la cérémonie. Autrefois, cela pouvait être un vol de bétail ou même une bataille, mais à notre époque les exploits étaient plus malfaisants que martiaux. Deux nuits avant notre arrivée à Tyhalarha, nous avons décidé de voler un porc. A Mqhekezweni, un homme de la tribu possédait un vieux cochon rouspéteur. Pour ne pas faire de bruit et ne pas donner l'alerte, nous nous sommes arrangés pour que le cochon fasse le travail à notre place. Nous avons pris des poignées de résidus de bière africaine artisanale, qui avaient une très forte odeur et que les cochons aimaient beaucoup et nous en avons semé pour attirer l'animal. Le cochon était tellement excité par l'odeur qu'il a réussi à se sauver de son kraal et il a suivi la trace lentement jusqu'à nous, en soufflant, en grognant, et en mangeant les résidus. Quand il est arrivé, nous l'avons attrapé, mis à mort, puis nous avons fait un grand feu et nous l'avons fait rôtir sous les étoiles. Aucun morceau de porc ne m'a jamais semblé aussi bon, ni avant ni depuis.

La nuit qui a précédé la circoncision, il y eut une cérémonie près de nos huttes avec des chants et des danses. Des femmes sont venues des villages voisins et nous avons dansé tandis qu'elles chantaient en battant des mains. Alors que la musique devenait plus rapide et plus forte, notre danse est devenue plus frénétique et, pendant un moment, nous avons oublié ce qui nous attendait.

A l'aube, alors que toutes les étoiles brillaient encore dans le ciel, nous avons entamé les préparatifs. On nous a escortés jusqu'à la rivière pour prendre un bain dans l'eau très froide, un rituel de purification avant la cérémonie. Elle avait lieu à midi, et on nous a donné l'ordre de nous mettre sur une file dans une clairière à quelque distance de la rivière où se trouvait la foule de nos parents, y compris le régent, ainsi que des chefs et des conseillers. Nous ne portions qu'une couverture et quand la cérémonie a commencé et que les tambours ont résonné, on nous a demandé de nous asseoir sur une couverture posée sur le sol, les jambes étendues devant nous. J'étais inquiet et incertain de la façon dont je réagirais au moment critique. Sursauter ou pleurer était un signe de faiblesse et entachait le passage à l'âge adulte. J'avais décidé de ne déshonorer ni le groupe, ni mon tuteur, ni moi. La circoncision est une épreuve de courage et de stoïcisme ; on n'utilise aucun anesthésique ; un homme doit souffrir en silence.

A ma droite, du coin de l'œil, j'ai vu un homme âgé sortir d'une tente et s'agenouiller devant le premier garçon. Il y eut de l'agitation dans la foule, et j'ai légèrement frissonné en sachant que le rituel allait commencer. Le vieil homme était un célèbre *ingcibi*, un spécialiste de la circoncision, venu du Gcalekaland, qui se servait de sa sagaie pour nous transformer d'un seul coup d'enfants en hommes.

Brusquement, j'ai entendu le premier garçon crier : « *Ndiyindoda !* »(Je suis un homme !), les mots qu'on nous avait appris à dire au moment de la circoncision. Quelques secondes plus tard, j'ai entendu la voix étranglée de Justice qui criait la même phrase. Il restait deux garçons avant que l'*ingcibi* arrive à moi, mais mon esprit a dû avoir un passage à vide parce que, avant que je m'en rende compte, le vieil homme était agenouillé devant moi. Je l'ai regardé droit dans les yeux. Il était pâle, et malgré la fraîcheur de la journée, la sueur faisait briller son visage. Ses mains allaient si vite qu'elles semblaient contrôlées par une force d'un autre monde. Sans un mot, il a pris mon prépuce, il l'a tiré et d'un seul geste il a abattu sa sagaie. J'ai eu l'impression que du feu se répandait dans mes veines ; la douleur était si violente que j'ai enfoncé le menton dans la poitrine. De nombreuses secondes ont passé avant que je me souvienne du cri, puis j'ai retrouvé mes esprits et j'ai hurlé : « *Ndiyindoda !* »

J'ai baissé les yeux et j'ai vu une coupure parfaite, propre et ronde comme une bague. Mais j'ai eu honte parce que les autres garçons m'avaient semblé beaucoup plus forts et plus fermes que moi ; ils avaient crié plus rapidement. J'étais désespéré parce que la douleur m'avait réduit à l'impuissance, même brièvement, et je fis de mon mieux pour dissimuler mon angoisse. Un enfant peut pleurer ; un homme cache sa douleur.

J'avais franchi la principale étape de la vie de chaque homme xhosa. Maintenant, je pouvais me marier, fonder un foyer, et labourer mon champ. Je pouvais être admis dans les conseils de ma communauté ; on prendrait mes paroles au sérieux. Au cours de la cérémonie, on m'a donné mon nom de circoncision, Dalibunga, qui signifie « Fondateur du Bungha », l'organe dirigeant traditionnel du Transkei. Pour les Xhosas traditionalistes, ce nom est plus acceptable que mes deux prénoms précédents, Rolihlahla ou Nelson, et j'étais fier d'entendre prononcer ce nouveau prénom : Dalibunga.

Immédiatement après le coup de sagaie, un assistant qui suivait le maître de la circoncision ramassa le prépuce et l'attacha à un coin de la couverture. Ensuite, on appliqua sur la blessure une plante cicatrisante dont les feuilles étaient piquantes à l'extérieur mais douces à l'intérieur, et qui absorbait le sang et les autres sécrétions.

A la fin de la cérémonie, nous sommes revenus dans nos huttes où brûlait un feu de bois vert qui répandait une fumée supposée aider la guérison. On nous a donné l'ordre de nous coucher sur le dos dans nos huttes enfumées, avec une jambe allongée et une autre repliée. Nous étions maintenant des *abakhweta*, des initiés dans le monde adulte. Un *amakhankatha*, ou tuteur, s'occupait de nous et il nous expliqua les règles que nous devions suivre pour entrer comme il faut dans le monde adulte. La première tâche de l'*amakhankatha* fut de peindre nos corps nus et rasés, de la tête aux pieds, avec de l'ocre blanche, ce qui nous transforma en fantômes. La chaux blanche symbolisait notre pureté, et je me souviens encore de la raideur de la terre séchée sur mon corps.

Au cours de cette première nuit, à minuit, un assistant ou *ikhankatha* fit le tour de la hutte pour nous réveiller doucement. On nous dit de nous en aller à petits pas dans la nuit pour enterrer nos prépuces. D'après la tradition ils seraient ainsi cachés avant que des sorciers puissent les utiliser pour faire le mal, mais symboliquement nous enterrions aussi notre jeunesse. Je ne voulais pas quitter la chaleur de la hutte pour m'en aller dans l'obscurité ; mais je suis quand même parti sous les arbres et après quelques minutes, j'ai détaché mon prépuce et je l'ai enfoui dans la terre. J'ai senti que je m'étais débarrassé du dernier reste de mon enfance.

Nous avons habité dans nos deux huttes — treize dans chacune — en attendant la guérison de nos blessures. A l'extérieur, nous étions enveloppés dans une couverture car nous n'avions pas le droit d'être vus par les femmes. Ce fut une période de calme, une sorte de préparation spirituelle aux épreuves de l'âge adulte qui nous attendaient. Le jour de notre réapparition, nous sommes des-

cendus très tôt à la rivière pour nous laver de la terre
blanche dans l'eau de la Mbashe. Quand nous avons été
propres et secs, on nous a enduits d'ocre rouge. La tradition voulait qu'on couche avec une femme qui plus
tard pouvait devenir votre épouse, et elle enlevait la terre
rouge avec son corps. Mais dans mon cas, on l'a enlevée
avec un mélange de graisse et de lard.

A la fin de notre retraite, on a brûlé les huttes et tout ce
qu'elles contenaient, détruisant ainsi nos derniers liens
avec l'enfance, et une grande cérémonie eut lieu pour
nous accueillir dans la société en tant qu'hommes. Nos
familles, nos amis et les chefs locaux se réunirent pour
des discours, des chansons et des cadeaux. On me donna
deux génisses et quatre moutons, après quoi je me sentis
plus riche que je ne l'avais jamais été. Moi qui n'avais
jamais rien possédé, j'avais soudain quelque chose.
C'était une sensation enivrante même si ce que j'avais
reçu représentait bien peu à côté des cadeaux de Justice,
qui avait hérité de tout un troupeau. Je n'étais pas jaloux.
Il était fils de roi ; j'étais, moi, destiné à devenir seulement conseiller du roi. Ce jour-là, je me suis senti fier et
fort. Je me souviens que je marchais différemment, je me
sentais plus droit, plus grand, plus sûr de moi. J'étais
plein d'espoir et je pensais qu'un jour j'aurais peut-être
de la richesse, des propriétés et une place importante
dans la société.

Le principal orateur de la journée fut le chef Meligqili,
le fils de Dalindyebo, et après l'avoir écouté, mes rêves
gaiement colorés se sont brusquement obscurcis. Il commença de façon conventionnelle, en remarquant qu'il
était bien que nous continuions une tradition qui durait
depuis plus longtemps que personne ne pouvait s'en
souvenir. Puis il s'adressa à nous et soudain son ton
changea. « Et voici nos fils, dit-il, jeunes, robustes et
beaux, la fleur de la tribu xhosa, l'orgueil de notre nation.
Nous venons de les circoncire dans un rituel qui leur
promet de devenir des adultes, mais je suis ici pour vous
dire qu'il s'agit d'une promesse vide et illusoire, une
promesse qui ne pourra jamais être remplie. Car nous,

les Xhosas, et tous les Noirs d'Afrique du Sud, nous sommes un peuple conquis. Nous sommes esclaves dans notre propre pays. Nous sommes locataires de notre propre terre. Nous n'avons aucune force, aucun pouvoir, aucun contrôle sur notre propre destinée dans le pays de notre naissance. Ils iront dans les villes où ils vivront dans des taudis et où ils boiront de l'alcool frelaté parce que nous n'avons pas de terre à leur donner sur laquelle ils pourraient prospérer et se multiplier. Ils cracheront leurs poumons au fond des entrailles des mines de l'homme blanc, en ruinant leur santé, sans jamais voir le soleil, pour que l'homme blanc puisse mener une vie de richesse sans pareille. Parmi ces jeunes gens, il y a des chefs qui ne dirigeront jamais parce que nous n'avons pas le pouvoir de nous gouverner ; des soldats qui ne combattront jamais parce que nous n'avons pas d'armes pour lutter ; des élèves qui n'étudieront jamais parce que nous n'avons pas d'endroit où les envoyer. Les capacités, l'intelligence, la promesse de ces jeunes gens seront gaspillées car ils gagneront leur maigre pitance en accomplissant les tâches les plus simples, les plus stupides pour l'homme blanc. Les cadeaux que nous leur faisons aujourd'hui n'ont aucune valeur, car nous ne pouvons leur offrir le plus grand de tous les cadeaux, c'est-à-dire la liberté et l'indépendance. Je sais très bien que Qamata voit tout et ne dort jamais, mais je me demande si Qamata ne somnole pas un peu. Si c'est le cas, plus tôt je mourrai et mieux ça vaudra parce que quand je le rencontrerai, je le réveillerai et je lui dirai que les enfants de Ngubengcuka, la fleur de la nation xhosa, sont en train de mourir. »

L'assistance était devenue de plus en plus silencieuse tandis que le chef Meligqili parlait, et je crois que sa colère montait. Personne ne voulait entendre les mots qu'il prononça ce jour-là. Je sais que moi-même je ne voulais pas les entendre. J'étais plus mécontent qu'enflammé par les remarques du chef, et je les rejetais comme les remarques injurieuses d'un ignorant, incapable d'apprécier la valeur de l'éducation et les avantages que l'homme blanc avait apportés à notre pays. A l'époque, je ne considérais pas l'homme blanc comme un oppresseur mais comme un bienfaiteur et je pensai que le chef était d'une ingratitude colossale. Ce petit chef arrogant avait gâché ma journée et ma fierté avec ses remarques perverses.

Mais sans comprendre exactement pourquoi, ses paroles ont bientôt agi en moi. Il avait semé une graine et, bien que je l'aie laissée dormir pendant une longue saison, elle finit par germer. Au bout du compte, je me suis aperçu que, ce jour-là, l'homme ignorant ce n'était pas le chef mais moi.

Après la cérémonie, je suis revenu au bord de la rivière qui allait se jeter, à des kilomètres de là, dans l'océan Indien et je l'ai regardée serpenter. Je ne l'avais jamais traversée et je ne savais pas grand-chose du monde qui se trouvait au-delà, un monde qui me reconnaissait ce jour-là. C'était bientôt le crépuscule et je me suis précipité vers nos huttes d'isolement. Il était interdit de regarder en arrière pendant que les huttes brûlaient mais je n'ai pas pu résister. Quand je suis arrivé, il ne restait que deux pyramides de cendre à côté d'un grand mimosa. Dedans, il y avait un monde merveilleux et perdu, le monde de mon enfance, le monde des jours tendres et irresponsables de Qunu et de Mqhekezweni. Maintenant j'étais un homme et je ne jouerais plus jamais au *thinti*, je ne volerais plus de maïs et je ne boirais plus de lait au pis d'une vache. Je portais déjà le deuil de ma jeunesse. Quand j'y repense, je sais que ce jour-là je n'étais pas encore un homme et que je ne le serais pas encore pendant de nombreuses années.

5

Contrairement à la plupart de ceux avec qui j'avais été à l'école de circoncision, je n'étais pas destiné à travailler dans les mines d'or du Reef. Le régent m'avait souvent dit : « Tu n'es pas fait pour passer ta vie à travailler dans les mines d'or de l'homme blanc sans savoir écrire ton nom. » Mon destin était de devenir conseiller de Sabata et pour cela je devais être instruit. Après la cérémonie, je suis retourné à Mqhekezweni mais pas pour très long-temps, car je devais traverser la rivière Mbashe pour la première fois afin d'aller en pension à Clarkebury dans le district d'Engcobo.

Je partais à nouveau de chez moi, mais j'avais envie de voir comment je me comporterais dans un monde plus grand. Le régent lui-même me conduisit à Engcobo dans sa majestueuse Ford V8. Avant notre départ, il avait organisé une fête pour mon passage en quatrième et mon admission à Clarkebury. On tua un mouton, on dansa et on chanta — c'était la première fête en mon honneur et cela m'a beaucoup plu. Le régent me donna ma première paire de bottes, le signe que j'étais un adulte, et ce soir-là, je les cirai alors qu'elles brillaient déjà.

Fondé en 1825, le collège de Clarkebury était situé sur une des plus anciennes missions wesleyennes du Transkei. A l'époque, Clarkebury était le meilleur établissement pour Africains du Thembuland. Le régent lui-même y était allé et Justice l'y avait suivi. Il s'agissait à la fois d'un collège et d'une école normale d'instituteurs mais il donnait aussi des cours pour former dans des disciplines plus pratiques : charpente, artisanat du vêtement, travail du fer-blanc.

Au cours du voyage, le régent me donna des conseils sur ma conduite et sur mon avenir. Il insista pour que je me comporte d'une façon qui n'attirerait que du respect à Sabata et à lui-même, et je lui assurai que j'agirais selon son désir. Puis il me parla du révérend C. Harris, le directeur de l'école. Il m'expliqua que c'était un homme unique : un Thembu blanc, un Blanc qui, au plus profond de son cœur, aimait le peuple thembu. Le régent me dit que quand Sabata serait plus grand, il confierait le futur roi au révérend Harris, qui le formerait à la fois comme chrétien et futur dirigeant. Il dit que je devrais apprendre auprès du révérend Harris parce que j'étais destiné à guider le chef que le révérend formerait.

A Mqhekezweni, j'avais rencontré beaucoup de commerçants et de fonctionnaires blancs, y compris des magistrats et des policiers. Il s'agissait d'hommes de haut rang et le régent les recevait avec beaucoup d'égards, mais sans obséquiosité ; il les traitait sur un pied d'égalité comme eux avec lui. Parfois, mais très rarement, je l'avais même vu les réprimander. J'avais très peu d'expérience dans des rapports directs avec les Blancs. Le régent ne m'avait jamais dit comment me comporter avec eux, et je l'avais observé et je suivais son exemple. Mais en parlant du révérend Harris, pour la première fois, le régent m'expliqua longuement comment je devais me comporter. Il me dit que je devais manifester au révérend le même respect et la même obéissance qu'à lui-même.

Clarkebury était beaucoup plus grand que Mqhekezweni. L'école elle-même se composait d'une douzaine de bâtiments élégants de style colonial qui comprenaient à la fois des maisons individuelles, des dortoirs, la bibliothèque et différentes salles de classe. C'était le premier endroit de style occidental où je vivais, et j'ai eu l'impression de pénétrer dans un nouveau monde dont les règles ne m'étaient pas encore claires.

On nous fit entrer dans le bureau du révérend Harris, à qui le régent me présenta. Je lui serrai la main, c'était la première fois que je serrais la main d'un Blanc. Le révérend Harris se montra chaleureux et amical et il manifesta une grande déférence à l'égard du régent. Ce dernier lui expliqua qu'il fallait me former pour que je devienne conseiller du roi et il espérait qu'il me porterait un intérêt particulier. Le révérend approuva ; il ajouta qu'à Clarkebury les élèves devaient faire des tâches manuelles après les heures de classe et qu'il s'arrangerait pour que je travaille dans son jardin.

A la fin de l'entretien, le régent me dit au revoir et me donna un billet d'une livre comme argent de poche, la plus grosse somme d'argent que j'avais jamais possédée. Je lui dis au revoir et je lui promis de ne pas le décevoir.

Clarkebury était un collège thembu, construit sur une terre donnée par le grand roi thembu Ngubengcuka, et je supposais qu'on y accorderait la même déférence à un descendant de Ngubengcuka que celle à laquelle je m'étais habitué à Mqhekezweni. Mais je me trompais lourdement, car on ne me traita pas différemment des autres. Personne ne savait ni n'attachait d'importance au fait que j'étais un descendant de l'illustre Ngubengcuka. Le maître d'internat me reçut sans faire sonner les fanfares et mes camarades ne s'inclinèrent pas devant moi. A Clarkebury, beaucoup étaient d'ascendance remarquable et je n'étais plus unique. Je reçus là une bonne leçon parce que je pense qu'à l'époque j'étais un peu imbu de moi-même. Je me suis vite rendu compte que je devais faire mon chemin en fonction de mes capacités et non de mon héritage. La plupart de mes camarades de classe me dépassaient en sport et en classe et je devais faire un gros effort pour les rattraper.

Les cours commencèrent le lendemain matin et, avec les autres, je montai au premier étage, où se trouvaient les salles de classe. La nôtre avait un plancher bien ciré. J'avais mis mes bottes neuves. Je n'en avais jamais porté et, ce premier jour, je marchais comme un cheval qu'on vient de ferrer. Je faisais un fracas épouvantable en montant et je faillis glisser plusieurs fois. Quand j'entrai en boîtant dans la classe, mes bottes retentissant sur le parquet ciré, je vis deux filles au premier rang qui me regardaient clopiner avec beaucoup d'amusement. L'une d'elles, la plus jolie, se pencha vers sa voisine et lui dit, assez fort pour que je puisse entendre : « Ce petit paysan n'a pas l'habitude de porter des bottes », ce qui fit rire son amie. La colère et la honte m'aveuglèrent.

Elle s'appelait Mathona et c'était un peu mademoiselle je-sais-tout. Je me jurai de ne jamais lui adresser la parole. Mais tandis que mon humiliation disparaissait (et que j'apprenais à marcher avec des bottes), je fis sa connaissance et elle devint ma meilleure amie à Clarkebury. C'est la première fille avec qui j'eus une véritable amitié sur un pied d'égalité et pus partager des secrets. A bien des égards, ce fut un modèle pour les relations amicales que j'eus par la suite avec des femmes, car j'ai découvert que je pouvais me confier aux femmes et leur avouer des faiblesses et des peurs que je n'aurais jamais révélées à un homme.

Je m'adaptai rapidement à la vie de Clarkebury. Je participais aux activités sportives aussi souvent que je le pouvais mais avec de médiocres résultats. J'y participais pour l'amour du sport, pas pour la gloire, car je n'en obtenais aucune. Nous jouions au tennis sur gazon avec des raquettes que nous nous fabriquions nous-mêmes, et au football, pieds nus et dans la poussière.

Pour la première fois, j'avais des professeurs bien formés. Plusieurs d'entre eux avaient un diplôme universitaire, ce qui était extrêmement rare. Un jour, je travaillais avec Mathona et je lui confiai que j'avais peur de ne pas réussir mes examens d'anglais et d'histoire à la fin de l'année. Elle me dit de ne pas m'inquiéter parce que notre professeur, Gertrude Ntlabathi, était la première Africaine à avoir obtenu sa licence. « Elle est trop intelligente pour nous laisser échouer », me dit Mathona. Je n'avais pas appris à feindre des connaissances que je ne possédais pas, et comme je n'avais qu'une vague idée de ce qu'était une licence, je posai la question à Mathona. « Oh, oui, bien sûr, me répondit-elle. Une licence, c'est un livre très long et très difficile. » Je la crus sur parole.

Ben Mahlasela était un autre professeur africain qui avait une licence. Nous l'admirions non seulement pour ses succès universitaires mais aussi parce que le révérend Harris ne l'intimidait pas. Même les enseignants blancs se comportaient de manière servile devant le révérend Harris, mais Mr. Mahlasela entrait sans crainte dans son bureau, et parfois il oubliait même d'ôter son chapeau ! Il parlait au révérend sur un pied d'égalité, en exprimant son désaccord là où les autres se contentaient d'approuver. Je respectais le révérend Harris, cependant j'admirais le comportement de Mr. Mahlasela. A cette époque, on s'attendait à ce qu'un Noir avec une licence courbe la tête devant un Blanc qui n'avait que son bac. Quel que fût le rang auquel accédait un Noir, on le considérait toujours comme inférieur au Blanc le plus bas.

Le révérend Harris dirigeait Clarkebury d'une main de fer et avec un sens absolu de la justice. Clarkebury fonctionnait plus comme une école militaire que comme une école normale d'instituteurs. La moindre infraction était immédiatement punie. Dans les réunions, le révérend Harris avait toujours une expression très sévère et ne se laissait jamais aller à la moindre légèreté. Quand il entrait dans une pièce, les membres du personnel, y compris les directeurs blancs de l'école normale et du collège secondaire et le principal noir du collège technique, se levaient.

Parmi les élèves, on le craignait plus qu'on ne l'aimait. Mais chez lui, je voyais un révérend Harris tout différent. Travailler dans son jardin représentait un double avantage : cela me donna un amour du jardinage qui dure encore, et cela m'aida à connaître le révérend et sa famille — la première famille blanche avec laquelle j'aie eu des liens intimes. C'est ainsi que je me rendis compte que le révérend Harris avait un visage public et des façons privées très différents.

Derrière le masque de sévérité du révérend, il y avait un homme doux et tolérant qui croyait avec ferveur à l'importance de l'éducation des jeunes Africains. Je le trouvais souvent au jardin, perdu dans ses pensées. Je ne le dérangeais pas et je lui parlais rarement, mais il représentait pour moi le modèle de l'homme généreux qui se consacre à une bonne cause. Sa femme était aussi bavarde qu'il était taciturne. Elle était très belle et venait souvent au jardin pour discuter. Je suis absolument incapable de me souvenir de quoi nous parlions, mais j'ai encore le goût des délicieux petits pains chauds qu'elle m'apportait l'après-midi.

Après des débuts lents et médiocres, j'ai réussi à m'accrocher et j'ai mis les bouchées doubles, ce qui m'a permis de passer mon brevet en deux ans au lieu de trois.

J'avais la réputation d'avoir une excellente mémoire mais en fait j'étais simplement un élève appliqué. Quand j'ai quitté Clarkebury j'ai perdu la trace de Mathona. Elle était externe et ses parents n'avaient pas les moyens de lui faire poursuivre ses études. Elle était très intelligente et très douée mais les ressources insuffisantes de sa famille ont limité ses possibilités. Une histoire sud-africaine malheureusement trop courante. Ce n'était pas le manque de capacité, qui limitait mon peuple, mais le manque de moyens.

Les années passées à Clarkebury ont élargi mon horizon mais quand je l'ai quitté, je ne dirai pas que j'étais un jeune homme sans partis pris ni préjugés. J'avais rencontré des étudiants de tout le Transkei ainsi que quelques-uns de Johannesburg et du Basutoland, comme on appelait le Lesotho, et les manières raffinées et urbaines de certains d'entre eux me rendaient conscient de tout ce qu'il y avait de provincial en moi. Je les imitais mais je ne pensais pas qu'un campagnard pouvait rivaliser avec eux. Et pourtant, je ne les enviais pas. Même en quittant Clarkebury j'étais toujours, au plus profond de moi, un Thembu fier de penser et d'agir en tant que tel. Mes racines étaient ma destinée, et je croyais que je deviendrais un conseiller du roi des Thembus, comme le voulait mon tuteur. Mon horizon ne s'étendait pas au-delà du Thembuland et je pensais qu'être un Thembu était le sort le plus enviable du monde.

6

En 1937, alors que j'avais dix-neuf ans, j'ai retrouvé Justice à Healdtown, le lycée wesleyen de Fort Beaufort, à environ 260 kilomètres au sud-est d'Umtata. Au XIXe siècle, Fort Beaufort était un des nombreux avant-postes britanniques construits pendant les guerres dites de la Frontière au cours desquelles les empiétements des

colons blancs dépossédaient systématiquement les différentes tribus xhosas de leurs terres. Pendant un siècle
de conflits, de nombreux guerriers xhosas ont acquis la
gloire par leur courage, des hommes comme Sandile,
Makhanda et Moqoma, dont les deux derniers furent
emprisonnés sur Robben Island où ils moururent. A
l'époque de mon arrivée il restait peu de traces des
batailles du siècle précédent, sauf la principale : là où
autrefois seuls les Xhosas avaient vécu et cultivé les
champs, il y avait maintenant une ville blanche.

Située au bout d'une route sinueuse qui surplombait
une vallée verdoyante, la ville d'Healdtown était beaucoup plus belle et beaucoup plus impressionnante que
Clarkebury. A l'époque, s'y trouvait le plus grand lycée
africain au-dessous de l'équateur, avec plus d'un millier
d'étudiants, filles et garçons. Ses bâtiments coloniaux
élégants, couverts de lierre, et ses cours ombragées donnaient la sensation d'une oasis universitaire privilégiée,
ce qu'il était précisément. Comme Clarkebury, Healdtown était une école de mission de l'Eglise méthodiste où
l'on dispensait un enseignement chrétien et libéral fondé
sur le modèle anglais.

Le directeur d'Healdtown était le Dr. Arthur Wellington, un Anglais robuste et collet monté qui se vantait de
ses liens avec le duc de Wellington. Au début des réunions, il montait sur l'estrade et disait de sa voix grave de
basse : « Je suis le descendant de l'illustre duc de Wellington, aristocrate, homme d'Etat et général, qui a
écrasé le Français Napoléon à Waterloo et a ainsi sauvé
la civilisation pour les Européens — et pour vous, les
Indigènes. » Nous devions applaudir avec enthousiasme, profondément reconnaissants qu'un descendant
de l'illustre duc de Wellington prît la peine d'éduquer des
indigènes comme nous. L'Anglais éduqué était notre
modèle ; nous aspirions à devenir des « Anglais noirs »,
comme on nous appelait parfois par dérision. On nous
enseignait — et nous étions persuadés — que les meilleures idées étaient les idées anglaises, que le meilleur gouvernement était le gouvernement anglais et que les
meilleurs des hommes étaient les Anglais.

A Healdtown on menait une vie rigoureuse. La première cloche sonnait à 6 heures. Nous descendions au réfectoire à 6 h 40 pour un petit déjeuner de pain sec et d'eau chaude sucrée, surveillés par un sombre portrait de George VI, le roi d'Angleterre. Ceux qui avaient les moyens de mettre du beurre sur leur pain en achetaient et le gardaient dans la cuisine. Je mangeais mon pain sec. A 8 heures, nous nous rassemblions dans la cour, devant notre dortoir pour l'« inspection », en restant au garde-à-vous pendant que les filles arrivaient de leurs dortoirs. Nous restions en classe jusqu'à 12 h 45 et nous prenions un repas de gruau, de lait caillé et de haricots avec rarement de la viande. Puis nous retournions en classe jusqu'à 17 heures, ensuite il y avait une heure de récréation pour le sport et le dîner, puis étude de 19 à 21 heures. Extinction des feux à 21 h 30.

Des élèves de tout le pays ainsi que des protectorats du Basutoland, du Swaziland et du Bechuanaland [1] venaient à Healdtown. Il s'agissait d'un établissement essentiellement xhosa mais il accueillait aussi des élèves venant d'autres tribus. Après la classe et pendant les week-ends, les élèves se regroupaient par tribus. Même les membres des différentes tribus xhosas restaient ensemble, les amaMpondo avec les amaMpondo et ainsi de suite. Je faisais de même mais c'est à Healdtown que j'ai eu mon premier ami de langue sotho, Zachariah Molete. Je me souviens de m'être senti tout à fait audacieux d'avoir un ami qui n'était pas xhosa.

Notre professeur de zoologie, Frank Lebentlele, était lui aussi de langue sotho et les élèves l'aimaient beaucoup. Très beau et très simple, Frank n'était pas beaucoup plus âgé que nous et se mêlait librement à ses élèves. Il jouait au football dans l'équipe première du lycée dont il était la vedette. Mais ce qui nous étonna le plus, ce fut son mariage avec une Xhosa d'Umtata. Les mariages intertribaux étaient extrêmement rares. Jusqu'alors, je n'avais jamais connu quelqu'un qui se fût marié en dehors de sa tribu. On nous avait appris que de

---

1. **Actuel Botswana.** (*N.d.T.*)

telles unions étaient taboues. Mais le spectacle de Frank et de sa femme ébranla mon esprit de clocher et l'emprise du tribalisme qui m'emprisonnait encore. Je commençai à ressentir mon identité en tant qu'Africain et pas seulement en tant que Thembu ni même Xhosa.

Notre dortoir comptait quarante lits, vingt de chaque côté d'une allée centrale. Le maître d'internat, le merveilleux révérend S.S. Mokitimi, devint plus tard le premier président africain de l'Eglise méthodiste d'Afrique du Sud. Lui aussi était de langue xhosa et ses élèves l'admiraient parce que c'était quelqu'un de moderne et d'éclairé qui comprenait leurs revendications.

Il nous impressionnait également pour une autre raison : il tenait tête au Dr. Wellington. Un soir, une querelle éclata entre deux préfets dans l'allée principale du lycée. Les préfets étaient chargés d'empêcher les disputes, pas de les provoquer. On appela le révérend Mokitimi pour qu'il rétablisse la paix. Le Dr. Wellington, qui revenait de la ville, apparut soudain au milieu de toute cette agitation et son arrivée créa un choc considérable, comme si un dieu était descendu du ciel pour résoudre un problème bien modeste.

Il prit les choses de très haut et exigea qu'on lui explique ce qui se passait. Le révérend Mokitimi, dont le sommet du crâne n'arrivait pas à l'épaule du Dr. Wellington, lui répondit très respectueusement : « Dr. Wellington, tout va bien et je vous ferai un rapport demain matin. » Aucunement ébranlé, le Dr. Wellington dit avec une pointe d'irritation : « Non, je veux savoir ce qui se passe tout de suite. » Le révérend Mokitimi ne recula pas : « Dr. Wellington, je suis responsable de ce dortoir ; je vous ai dit que je vous ferais un rapport demain matin, et c'est ce que je ferai. » Nous étions stupéfaits. Nous n'avions jamais vu personne, encore moins un Noir, tenir tête au Dr. Wellington et nous nous attendions à une explosion. Mais ce dernier se contenta de répondre : « Très bien », et il s'en alla. Je me rendis compte que le Dr. Wellington n'était pas un dieu, que le révérend Mokitimi était plus qu'un laquais et qu'un Noir ne devait pas automatiquement obéir à un Blanc, même s'il s'agissait de son supérieur.

Le révérend Mokitimi cherchait à introduire des réformes au lycée. Nous soutenions tous ses efforts pour améliorer la nourriture et la façon dont les élèves étaient traités, y compris sa suggestion que les étudiants soient responsables de la discipline. Mais une réforme nous inquiéta, en particulier les élèves de la campagne. Une innovation du révérend Mokitimi fut de faire déjeuner ensemble le dimanche les garçons et les filles. J'étais tout à fait contre pour la simple raison que je me sentais toujours mal à l'aise avec mon couteau et ma fourchette et que je ne voulais pas être humilié devant les filles, à qui rien n'échappait. Mais le révérend Mokitimi insista et organisa les déjeuners et, chaque dimanche, je quittai le réfectoire déprimé et le ventre vide.

Mais j'aimais beaucoup le terrain de sport. Le niveau sportif d'Healdtown était très supérieur à celui de Clarkebury. La première année, je n'étais pas assez adroit pour faire partie d'une des équipes. Mais au cours de la seconde, mon ami Locke Ndzamela, le champion d'Healdtown de courses de haies, m'encouragea à la pratique d'un nouveau sport : la course de fond. J'étais grand et maigre et Locke disait que j'avais la morphologie idéale d'un coureur de fond. Il me donna quelques conseils et je commençai l'entraînement. J'aimais la discipline et la solitude de la course de fond, qui me permettait d'échapper au brouhaha de la vie scolaire. A la même époque, je commençai à pratiquer un sport qui semblait moins me convenir : la boxe. Je m'entraînais sans grande méthode et ce n'est que quelques années plus tard, quand j'eus pris un peu de poids, que je me mis à boxer sérieusement.

Au cours de ma seconde année à Healdtown, le révérend Mokitimi et le Dr. Wellington me nommèrent préfet [1]. Les préfets ont différents niveaux de responsabilité

---

1. Dans les internats britanniques, il s'agit d'élèves responsables de la discipline. *(N.d.T.)*

et les nouveaux sont chargés des tâches les moins agréables. Au début, j'ai surveillé un groupe d'élèves qui, l'après-midi, pendant le travail manuel, lavaient les vitres, ce qui les conduisait chaque jour dans des bâtiments différents.

J'atteignis bientôt le niveau de responsabilité suivant, la surveillance de nuit. Je n'avais jamais eu de problème à rester éveillé mais, une nuit, je me suis retrouvé dans une situation morale embarrassante que j'ai gardée en mémoire. Nous n'avions pas de toilettes au dortoir, et il y en avait à l'extérieur, à une trentaine de mètres. Quand il pleuvait et que quelqu'un se réveillait au milieu de la nuit, personne ne voulait marcher dans l'herbe humide et dans la boue. A la place, les élèves sortaient sur la véranda et urinaient dans les buissons. Mais, cette pratique était strictement interdite par les règlements et le préfet avait pour tâche de prendre le nom des élèves qui ne les respectaient pas. Une nuit, j'étais de service alors qu'il pleuvait, et j'ai surpris des élèves — peut-être une quinzaine — qui se soulageaient depuis la véranda. Au petit matin, j'ai vu un type sortir, regarder à droite et à gauche, et s'installer au bout de la véranda pour uriner. Je me suis avancé et je lui ai annoncé qu'il s'était fait prendre, alors il s'est retourné et je me suis rendu compte que c'était un préfet. En droit et en philosophie, on pose la question : « *Quis custodiet ipsos custodes ?* » (Qui gardera les gardiens ?) Si le préfet ne respecte pas le règlement, comment peut-on espérer que les élèves le fassent ? En effet, le préfet était au-dessus de la loi parce qu'il *était* la loi et un préfet n'était pas censé en dénoncer un autre. Mais je ne trouvai pas juste de ne pas signaler le préfet si je signalais les quinze élèves, aussi je déchirai purement et simplement ma liste et ne dénonçai personne.

Au cours de ma dernière année à Healdtown, il se passa un événement qui me fit l'effet d'une comète traversant le ciel. Vers la fin de l'année, on nous informa que le grand poète xhosa, Krune Mqhayi, allait rendre visite à notre lycée. Mqhayi était vraiment un *imbongi*, un chanteur célèbre, une sorte d'historien qui raconte les événements et l'histoire sous forme poétique, ce qui a une signification particulière pour son peuple.

Les autorités de l'école décidèrent qu'il n'y aurait pas classe le jour de la visite. Le matin, toute l'école, y compris les membres du personnel, noirs et blancs, se réunirent dans le réfectoire où se tenaient les assemblées. Il y avait une scène à une extrémité et une porte qui conduisait chez le Dr. Wellington. En elle-même, elle n'avait rien de spécial mais nous la considérions comme « la porte du Dr. Wellington » car, en dehors de lui, personne ne la franchissait jamais.

Soudain, elle s'ouvrit et ce n'est pas le Dr. Wellington qui en sortit mais un homme noir vêtu d'un *kaross* [1] en peau de léopard et d'un chapeau assorti, avec une lance dans chaque main. Le Dr. Wellington le suivit quelques instants plus tard, mais la vue d'un Noir en costume tribal franchissant cette porte fut électrisant. Il est difficile d'expliquer l'impact que cela eut sur nous. Comme si l'univers s'était renversé. Quand Mqhayi s'assit sur l'estrade à côté du Dr. Wellington, nous eûmes du mal à contenir notre émotion.

Mais quand Mqhayi se leva pour parler, j'avoue que je fus déçu. Je m'étais fait une image de lui, et dans mon imagination de jeune homme je m'attendais à ce qu'un héros xhosa comme Mqhayi soit grand, féroce et qu'il ait l'air intelligent. Or il n'avait rien de remarquable et, à part sa tenue, semblait tout à fait ordinaire. Quand il parlait xhosa, il le faisait lentement et en hésitant, s'arrêtait souvent pour chercher le mot juste et, quand il le trouvait, l'écorchait.

A un moment, pour souligner son propos, il leva sa sagaie et toucha accidentellement le fil du rideau. Il y eut un bruit sec et le rideau se balança. Le poète regarda la pointe de sa lance et le fil du rideau puis, plongé dans ses pensées, il marcha de long en large sur la scène. Au bout d'une minute, il s'arrêta, se tourna vers nous puis, ayant retrouvé une nouvelle énergie, il s'écria que cet incident

1. Couverture de peau. *(N.d.T.)*

— la sagaie touchant le fil — symbolisait le conflit entre la culture africaine et la culture européenne. Sa voix s'éleva et il ajouta : « La sagaie représente ce qui est glorieux et vrai dans l'histoire africaine, c'est le symbole de l'Africain comme guerrier et de l'Africain comme artiste. Le fil de métal, dit-il en tendant le doigt au-dessus de lui, est un exemple de l'industrie occidentale qui est habile mais froide, intelligente mais sans âme.

« Ce dont je parle, poursuivit-il, ce n'est pas d'un bout d'os touchant un morceau de métal, ni même de l'empiétement d'une culture sur une autre, ce dont je vous parle c'est le conflit brutal entre ce qui est indigène et bon et ce qui est étranger et mauvais. Nous ne pouvons permettre à ces étrangers qui ne s'intéressent pas à notre culture de s'emparer de notre nation. Je prédis qu'un jour les forces de la société africaine remporteront une éclatante victoire sur l'intrus. Voilà trop longtemps que nous succombons aux faux dieux de l'homme blanc. Mais nous nous redresserons et nous rejetterons ces idées étrangères. »

Je ne pouvais pas en croire mes oreilles. Avoir la hardiesse de parler de ces questions délicates en présence du Dr. Wellington et d'autres Blancs nous semblait absolument stupéfiant. Pourtant, cela nous réveillait et nous stimulait en même temps, et cela commença à modifier la perception que j'avais d'hommes comme le Dr. Wellington que, jusqu'ici, j'avais automatiquement considérés comme mes bienfaiteurs.

Puis Mqhayi commença à réciter son célèbre poème dans lequel il attribuait les étoiles du ciel aux différentes nations de la terre. Je ne l'avais jamais entendu. Marchant de long en large sur la scène et dressant sa sagaie vers le ciel, il s'adressa aux peuples d'Europe — les Français, les Allemands, les Anglais - : « Je vous donne la Voie lactée, la plus grande constellation, car vous êtes des gens étranges, avides et envieux, qui vous querellez dans l'abondance. » Il attribua certaines étoiles aux nations d'Asie et à l'Amérique du Nord et du Sud. Puis il parla de l'Afrique et sépara le continent en différentes nations, en donnant des constellations particulières aux différentes tribus. Il dansait sur la scène, en agitant sa lance, en modulant sa voix et, brusquement, il s'immobilisa et baissa le ton.

« Maintenant, à toi, ô Maison des Xhosas, dit-il — et, lentement, il se pencha et tomba sur un genou —, je te donne l'étoile la plus importante et la plus transcendante, l'Étoile du Matin, car tu es un peuple fier et puissant. C'est l'étoile qui sert à compter les années — les années de l'humanité. » En prononçant ces derniers mots, il laissa tomber sa tête sur sa poitrine. Nous nous dressâmes en applaudissant et en poussant des cris de joie. Je ne pouvais plus m'arrêter d'applaudir. Je ressentais une telle fierté, non pas en tant qu'Africain mais en tant que Xhosa ; j'avais l'impression de faire partie du peuple élu.

J'étais animé d'une énergie nouvelle mais aussi troublé par les paroles de Mqhayi. Il était passé du thème nationaliste et général de l'unité de l'Afrique à une notion plus étroite adressée au peuple xhosa, dont je faisais partie. Au moment où se terminait mon temps passé à Healdtown, j'avais dans la tête beaucoup d'idées nouvelles et parfois contradictoires. Je commençais à me rendre compte que les Africains de toutes les tribus avaient beaucoup de choses en commun, et pourtant le grand Mqhayi mettait les Xhosas au-dessus de tous les autres ; je voyais qu'un Africain pouvait tenir tête à un Blanc mais je recherchais aussi avec passion les avantages qu'offraient les Blancs et qui souvent exigeaient la soumission. En un sens, la façon dont Mqhayi était passé d'un thème à l'autre reflétait assez bien ce que je pensais parce que j'hésitais entre un sentiment de fierté en tant que Xhosa et un sentiment de parenté avec les autres Africains. Mais même en quittant Healdtown à la fin de l'année, je me considérais d'abord comme un Xhosa et ensuite comme un Africain.

7

Jusqu'en 1960, l'université de Fort Hare, dans la municipalité d'Alice, à une trentaine de kilomètres à l'est d'Healdtown, resta l'unique centre d'enseignement supérieur pour les Noirs d'Afrique du Sud. Mais Fort Hare représentait plus encore : c'était un phare pour les universitaires africains de l'Afrique australe, centrale et de l'est. Pour les jeunes Sud-Africains noirs comme moi, c'était Oxford et Cambridge, Harvard et Yale en même temps.

Le régent tenait absolument à ce que je m'inscrive à Fort Hare et j'eus le plaisir d'y être admis. Avant d'y aller, le régent m'acheta mon premier costume. Un costume gris croisé dans lequel je me sentis adulte et à la mode ; j'avais vingt et un ans et je n'imaginais pas qu'il y eût à Fort Hare quelqu'un plus élégant que moi.

J'avais l'impression qu'on allait me former pour réussir dans le monde. J'étais heureux qu'un membre de la famille du régent obtienne un diplôme universitaire. Justice était resté à Healdtown pour passer son bac. Il préférait le sport aux études et avait des résultats assez médiocres.

Fort Hare avait été fondé en 1916 par des missionnaires de l'Eglise écossaise, sur l'emplacement de ce qui avait été au XIXe siècle le plus grand fort de la frontière à l'est du Cap. Construit sur un plateau rocheux et entouré par un méandre de la rivière Tyume, Fort Hare était parfaitement situé pour permettre aux Britanniques de lutter contre le vaillant guerrier xhosa Sandile, le dernier roi Rharhabe, que les Britanniques avaient vaincu dans l'une des dernières batailles de la Frontière, en 1800.

Fort Hare ne comptait que 150 étudiants et j'en connaissais déjà une douzaine de Clarkebury et d'Healdtown. J'y rencontrai pour la première fois K.D. Matanzima. Bien qu'il fût mon neveu d'après la hiérarchie tribale, j'étais plus jeune et bien moins sûr de moi que lui.

K.D. était étudiant de troisième année et il me prit sous son aile. Je le respectais comme j'avais respecté Justice.

Comme nous étions tous deux méthodistes, on m'a placé dans sa résidence, Wesley House, un bâtiment agréable à un étage à la limite du campus. Sous sa tutelle, j'ai assisté aux services religieux dans la ville toute proche de Loveday, j'ai joué au football (jeu auquel il excellait) et d'une façon générale j'ai suivi ses conseils. Le régent ne voulait pas envoyer d'argent à ses enfants et j'aurais eu les poches vides si K.D. n'avait pas partagé ce qu'il possédait avec moi. Comme le régent, il considérait que je serais le conseiller de Sabata, et il m'encouragea à étudier le droit.

Comme Clarkebury et Healdtown, Fort Hare était un établissement scolaire de mission. On nous exhortait à obéir à Dieu, à respecter les autorités politiques, et à nous montrer reconnaissants envers le gouvernement et l'Eglise qui nous donnaient la possibilité de nous instruire. On reprochait souvent à ces écoles d'avoir des attitudes et des pratiques colonialistes. Cependant, malgré cela, je pense que les bénéfices que nous en tirions l'emportaient sur les désavantages. Ces missionnaires construisaient et dirigeaient des écoles alors que le gouvernement en était incapable ou du moins peu disposé à le faire. L'environnement scolaire des établissements de mission, tout en étant rigide sur le plan moral, était souvent plus ouvert que les principes racistes sous-jacents des écoles gouvernementales.

Fort Hare a accueilli et formé quelques-uns des plus grands universitaires africains que le continent ait connus. Le professeur Z.K. Matthews était le modèle même de l'intellectuel africain. Fils de mineur, il avait été influencé par l'autobiographie de Booker T. Washington, *Up from Slavery*, qui prêchait la réussite par un travail assidu et la modération. Il enseignait l'anthropologie sociale et le droit, et parlait sans ménagement de la politique sociale du gouvernement.

Fort Hare et le professeur D.D.T. Jabavu sont virtuellement synonymes. Il avait été le premier professeur quand l'université avait ouvert ses portes en 1916. Le professeur Jabavu avait obtenu une licence d'anglais à l'université de Londres, ce qui semblait un exploit impossible. Il enseignait le xhosa ainsi que le latin, l'histoire et l'anthropologie. C'était une véritable encyclopédie quand il abordait la généalogie xhosa et il me raconta sur mon père des choses dont je n'avais jamais entendu parler. C'était aussi un défenseur convaincant des droits des Africains, et il devint le président de l'All-African Convention (Convention panafricaine) en 1936, qui s'opposait à la législation destinée à mettre fin au droit de vote des Noirs dans la province du Cap.

Je me souviens qu'une fois, alors que j'allais de Fort Hare à Umtata par le train dans le compartiment réservé aux Africains, où se trouvaient les seules places que les Noirs pouvaient occuper, un Blanc est venu contrôler nos tickets. Quand il a vu que j'étais monté à Alice, il m'a dit : « Tu viens de l'école de Jabavu ? » Je lui ai dit oui, et il a poinçonné mon billet en disant que Jabavu était un homme formidable.

Pendant la première année, j'ai étudié l'anglais, l'anthropologie, la politique, l'administration indigène et le droit hollandais. L'administration indigène traitait des lois relatives aux Africains et était recommandée à tous ceux qui voulaient travailler au ministère des Affaires indigènes. K.D, me conseillait d'étudier le droit mais j'avais envie de devenir interprète ou employé des Affaires indigènes. A cette époque, une carrière de fonctionnaire représentait quelque chose d'extraordinaire pour un Africain et le sommet de ce à quoi il pouvait aspirer. Dans les zones rurales, un interprète au bureau du juge était considéré comme l'adjoint du juge lui-même. Dans ma seconde année à Fort Hare, quand on créa un cours d'interprétariat dispensé par un interprète de tribunal en retraite, Tyamzashe, je fus un des premiers étudiants à m'inscrire.

Fort Hare pouvait être un établissement assez élitiste, comme beaucoup d'institutions de haut niveau. Les élèves des grandes classes considéraient les plus jeunes avec hauteur et dédain. Quand je suis arrivé sur le campus, j'ai remarqué Gamaliel Vabaza de l'autre côté de la cour centrale. Il avait plusieurs années de plus que moi et je l'avais connu à Clarkebury. Je l'ai salué chaleureusement mais il m'a répondu de façon froide et distante et m'a fait une remarque désobligeante sur le fait que je dormirais dans le dortoir des bizuts. Vabaza m'indiqua alors qu'il faisait partie du comité de résidence de mon dortoir même si, en tant que grand, il n'y habitait plus. J'ai trouvé cela étrange et antidémocratique mais c'était la pratique habituelle.

Un soir, peu de temps après, nous étions tout un groupe en train de discuter du fait qu'aucun résident ni aucun nouveau n'était représenté dans le comité de résidence. Nous avons décidé que nous devions abandonner la tradition et élire un comité de résidence composé de ces deux groupes. Nous avons organisé des réunions et nous avons fait campagne auprès de tous les résidents, et quelques semaines plus tard nous avons élu notre propre comité de résidence après avoir vaincu les élèves des classes supérieures. J'étais un des organisateurs et je fus élu dans ce nouveau comité.

Mais les grands ne se laissèrent pas réduire aussi facilement. Ils tinrent une réunion au cours de laquelle l'un d'eux, Rex Tatane, un éloquent orateur de langue anglaise, dit : « Ce comportement de la part de bizuts est inacceptable. Comment des anciens peuvent-ils être renversés par un type arriéré de la campagne comme Mandela, un paysan qui ne parle même pas anglais correctement ! » Puis il se mit à m'imiter en me donnant ce qu'il pensait être un accent gcaleka, et sa claque rit de bon cœur. Le discours moqueur de Tatane ne fit que renforcer notre résolution. Nous, les bizuts, nous constituions maintenant le comité de résidence officiel et nous avons donné les corvées les plus désagréables aux anciens, ce qui était pour eux une humiliation.

Le directeur de l'université, le révérend A.J. Cook, fut mis au courant de la querelle et nous convoqua dans son bureau. Nous avions le sentiment d'avoir le droit de notre côté et nous n'étions pas prêts à céder. Tatane demanda au directeur qu'il nous donne tort mais, au milieu de son discours, il fondit en larmes. Le directeur nous demanda de changer de position mais nous refusâmes de plier. Comme tous les fanfarons, Tatane était brillant mais fragile. Nous informâmes le directeur que s'il nous donnait tort nous démissionnerions tous du comité de résidence, en lui niant toute intégrité ou autorité. A la fin, le directeur décida de ne pas intervenir. Nous étions restés fermes et nous avions gagné. Ce fut une de mes premières batailles avec l'autorité, et je sentis le pouvoir dont on disposait quand on avait le droit et la justice de son côté. Je ne serais pas aussi heureux à l'avenir dans mes combats contre les autorités de l'université.

Mon éducation à Fort Hare se déroulait autant à l'extérieur qu'à l'intérieur des salles de classe. Je faisais beaucoup plus de sport qu'à Healdtown. A cause de deux facteurs : j'étais devenu plus grand et plus fort et, ce qui était plus important, Fort Hare était beaucoup plus petit qu'Healdtown et il y avait moins de concurrence. J'étais capable de faire du football et du cross-country. Courir me donna d'excellentes leçons. Dans les compétitions de cross-country, l'entraînement comptait plus que les capacités naturelles et, avec de l'application et de la discipline, je pouvais compenser un manque d'aptitudes physiques. J'appliquais cette méthode dans tout ce que je faisais. Même étudiant, j'ai vu quantité de jeunes hommes avec de grandes capacités naturelles mais qui manquaient de discipline et de patience pour tirer profit de leurs dons.

Je faisais aussi partie de la troupe théâtrale et j'ai joué dans une pièce sur Abraham Lincoln adaptée par mon camarade de classe, Lincoln Mkentane. Mkentane était issu d'une bonne famille du Transkei et je suivais son exemple. C'était le seul étudiant de Fort Hare plus grand que moi. Mkentane jouait le rôle de celui dont il portait le nom et je jouais celui de Wilkes Booth, son assassin. Mkentane interprétait son personnage avec dignité et solennité et l'un de ses plus grands discours, celui de Gettysburg, remporta une véritable ovation. Mon rôle était le plus court mais j'étais l'élément moteur de la morale de la pièce, selon laquelle les hommes qui prennent de grands risques doivent s'attendre à en supporter souvent les lourdes conséquences.

Je devins membre de l'Association chrétienne des étudiants qui enseignait la Bible le dimanche dans les villages environnants. Au cours de ces expéditions j'avais comme camarade un jeune étudiant en sciences, très sérieux, que j'avais rencontré en jouant au football. Il venait du Pondoland, dans le Transkei, et s'appelait Oliver Tambo. Dès le début, je me suis rendu compte qu'il était d'une intelligence exceptionnelle ; c'était un débatteur pénétrant et il n'acceptait pas les platitudes auxquelles tant de camarades souscrivaient automatiquement. Oliver habitait à Beda Hall, la résidence anglicane, et même si je n'ai pas eu beaucoup de contacts avec lui à Fort Hare, il n'était pas difficile de voir qu'il était destiné à faire de grandes choses.

Le dimanche, nous allions parfois en groupe à Alice, déjeuner dans l'un des restaurants de la ville. L'établissement était dirigé par des Blancs et, à cette époque, il était inconcevable qu'un Noir franchisse la porte d'entrée, et encore moins qu'il déjeune dans la salle de restaurant. Nous mettions nos ressources en commun, nous faisions le tour jusqu'à la cuisine et nous commandions ce que nous voulions.

Je n'étudiais pas que la physique à Fort Hare, mais une autre science physique très précise : la danse. Avec un vieux phono qui grattait, nous passions des heures à nous exercer au fox-trot et à la valse, en conduisant et en suivant chacun notre tour. Notre idole était Victor Sylvester, le champion du monde de danse, et notre professeur était un étudiant, Smallie Siundla, qui semblait être une version plus jeune du maître.

A Siwundla, un village des environs, il y avait une salle de danse africaine, le Ntselamanzi, qui réunissait la crème de la société noire locale et était inaccessible aux étudiants. Mais un soir, voulant à tout prix danser avec le beau sexe, nous avons mis nos costumes, nous sommes sortis clandestinement de nos dortoirs et nous sommes allés au bal. C'était un endroit somptueux et nous nous sentions très audacieux. J'ai remarqué une jolie femme de l'autre côté de la piste et suis allé l'inviter poliment à danser. Quelques instants plus tard, elle était dans mes bras. Nous dansions très bien ensemble et j'imaginais avoir une silhouette extraordinaire. Au bout de quelques minutes, je lui ai demandé son nom. « Mrs. Bokwe », répondit-elle doucement. J'ai failli la laisser là et décamper. J'ai regardé de l'autre côté de la piste et j'ai vu le Dr. Roseberry Bokwe, un des universitaires et des leaders africains les plus respectés de l'époque, qui bavardait avec son beau-frère, mon professeur Z.K. Matthews. Je me suis excusé auprès de Mrs. Bokwe et, l'air penaud, je l'ai raccompagnée sous le regard étonné du Dr. Bokwe et du professeur Matthews. J'aurais voulu disparaître sous le plancher. J'avais violé un grand nombre de règles de l'université. Mais le professeur Matthews, pourtant responsable de la discipline à Fort Hare, ne m'en a jamais parlé. Il tolérait ce qu'il considérait comme un amusement si un travail assidu le compensait. Je pense que je n'ai jamais étudié avec autant de zèle que dans les semaines qui ont suivi la soirée au Ntselamanzi.

Fort Hare se caractérisait par un niveau de raffinement intellectuel et social qui m'était nouveau et étranger. D'après les critères occidentaux, Fort Hare n'aurait peut-être pas semblé très mondain, mais pour un garçon de la campagne comme moi, c'était une révélation. Je portais des pyjamas pour la première fois, ce qu'au début je trouvai désagréable, mais à quoi je finis par m'habituer. Je n'avais jamais utilisé de brosse à dents ni de dentifrice ; chez nous, nous utilisions de la cendre pour nous blanchir les dents et un cure-dent pour les nettoyer. Je découvrais aussi les chasses d'eau des toilettes et les douches d'eau chaude. Pour la première fois, je me lavais avec du savon et non avec le détergent bleu dont je m'étais servi chez moi pendant tant d'années.

Peut-être à cause de toutes ces choses inconnues, je regrettais les plaisirs simples de mon enfance. Je n'étais pas le seul à éprouver cela et je faisais partie d'un groupe de jeunes gens qui organisaient en secret des expéditions nocturnes sur la ferme de l'université pour y faire griller du *mealies*. Nous nous asseyions en cercle et, pendant que les épis de maïs grillaient, nous racontions des histoires. Nous n'étions pas poussés par la faim mais nous avions besoin de retrouver notre enfance et ce qui nous évoquait le plus l'endroit d'où nous venions. Nous nous vantions de nos conquêtes, de nos prouesses sportives et de l'argent que nous gagnerions quand nous aurions réussi à nos examens. Je me sentais un jeune homme raffiné et pourtant j'étais toujours un paysan à qui manquaient les plaisirs de la campagne.

Si Fort Hare était un sanctuaire éloigné du monde, nous nous intéressions quand même au déroulement de la Seconde Guerre mondiale. Comme mes camarades, j'étais un ardent partisan de la Grande-Bretagne et je fus très ému d'apprendre que le grand défenseur de l'Angleterre en Afrique du Sud, l'ancien Premier ministre Jan Smuts, prononcerait le discours lors de la cérémonie de remise des diplômes à la fin de ma première année. C'était un grand honneur pour Fort Hare que d'accueillir un homme reconnu comme un chef d'Etat de stature internationale. Jan Smuts, qui était alors vice-Premier ministre, faisait campagne dans tout le pays pour que l'Afrique du Sud déclare la guerre à l'Allemagne, alors que le Premier ministre, J.B. Hertzog, défendait la neutralité. J'étais extrêmement impatient de voir de près un homme comme Smuts.

Trois ans plus tôt, Hertzog avait mené l'offensive pour supprimer le droit de vote aux derniers Noirs qui l'avaient encore dans la province du Cap, mais je trouvai Smuts sympathique. Il me semblait plus important qu'il ait aidé la Société des Nations à défendre la liberté dans le monde que de l'avoir réprimée en Afrique du Sud.

Smuts parla de l'importance de soutenir la Grande-Bretagne contre les Allemands et dit que l'Angleterre défendait les mêmes valeurs occidentales que nous, les Sud-Africains. Je me souviens que, quand il parlait anglais, il avait un accent aussi mauvais que le mien ! Avec mes camarades, je l'ai chaleureusement applaudi. Je l'ai acclamé quand il nous a appelés à lutter pour la liberté de l'Europe, en oubliant que nous ne jouissions pas de cette même liberté dans notre propre pays.

A Fort Hare, Smuts prêchait des convaincus. Chaque soir, le directeur de la résidence Wesley avait l'habitude de nous décrire la situation militaire en Europe et, tard dans la nuit, nous nous réunissions autour d'un vieux poste de radio pour écouter la BBC, qui retransmettait les discours de Winston Churchill. Mais si nous soutenions la position de Smuts, sa visite entraîna cependant beaucoup de discussions. Au cours de l'une d'elles, un garçon de mon âge, Nyathi Khongisa, qu'on jugeait très intelligent, accusa Smuts d'être raciste. Il dit que nous pouvions nous considérer comme des « Anglais noirs », mais que les Anglais nous avaient opprimés en même temps qu'ils essayaient de nous « civiliser ». Quel que fût l'antagonisme qui opposait les Boers et les Britanniques, dit-il, les deux groupes blancs s'uniraient pour affronter la menace noire. Les conceptions de Khongisa nous stupéfièrent parce qu'elles nous semblaient dangereusement extrémistes. Un camarade me chuchota que Nyathi était membre de l'African National Congress (ANC), une organisation dont j'avais vaguement entendu parler mais dont je ne savais pas grand-chose. Quand l'Afrique du Sud déclara la guerre à l'Allemagne, Hertzog démissionna et Smuts devint Premier ministre.

Au cours de ma seconde année à Fort Hare, j'invitai mon ami Paul Mahabane à passer les vacances d'hiver avec moi dans le Transkei. Paul venait de Bloemfontein et il était célèbre sur le campus parce que son père, le révérend Zaccheus Mahabane, avait été deux fois président national de l'ANC. Ce lien avec l'organisation, à propos de laquelle je ne savais toujours pas grand-chose, lui donnait une réputation de rebelle.

Un jour, pendant les vacances, Paul et moi sommes allés à Umtata, la capitale du Transkei, qui, à l'époque, se composait de quelques rues pavées et des bureaux du gouvernement. Nous étions devant le bureau de poste quand le juge local, un Blanc dans la soixantaine, demanda à Paul d'aller lui acheter des timbres. C'était très habituel que n'importe quel Blanc demande à n'importe quel Noir de lui éviter une corvée. Le juge essaya alors de donner un peu de monnaie à Paul mais ce dernier ne la prit pas. Le juge en fut offensé. « Sais-tu qui je suis ? » demanda-t-il, le visage rouge de colère. « Je n'ai pas besoin de savoir qui vous êtes, je sais ce que vous êtes », répondit Mahabane. Le juge lui demanda ce qu'il entendait par là. « Je veux dire que vous êtes un paresseux ! » répondit Paul en s'emportant. Le juge s'étrangla de colère et s'écria : « Ça va te coûter cher ! » et il s'en alla.

Le comportement de Paul me mettait extrêmement mal à l'aise. Je respectais son courage mais il me semblait aussi très gênant. Le juge savait parfaitement qui j'étais et je savais, moi, qu'à la place de Paul je serais simplement allé acheter les timbres et j'aurais oublié. J'admirais Paul pour ce qu'il avait fait même si je ne me sentais pas capable d'en faire autant. Je commençais à me rendre compte qu'un Noir n'avait pas à accepter les dizaines d'affronts mesquins qu'on lui infligeait chaque jour.

Après les vacances, je suis retourné à l'université au début d'une nouvelle année avec un nouveau sentiment de force. Je me suis concentré sur mes études en prévision des examens d'octobre. J'imaginais que dans un an j'aurais ma licence, comme l'intelligente Gertrude Ntlabathi. Je croyais qu'un diplôme universitaire était un passeport non seulement pour la communauté dirigeante mais aussi pour la réussite financière. Le principal, le Dr. Alexander Kerr, et les professeurs Jabavu et Matthews n'avaient cessé de nous répéter qu'en tant que diplômés de Fort Hare nous serions l'élite africaine. Je croyais que le monde serait à mes pieds.

Titulaire d'une licence, je serais enfin capable de rendre à ma mère la richesse et le prestige qu'elle avait perdus après la mort de mon père. Je lui construirais une maison convenable à Qunu, avec un jardin, un mobilier et les installations modernes. Je pourrais la soutenir ainsi que mes sœurs pour qu'elles s'achètent ce qu'on leur avait refusé pendant si longtemps. Tel était mon rêve et il me semblait à portée de main.

Pendant cette année scolaire, j'ai été désigné pour siéger au Conseil représentatif des étudiants, l'organisme le plus élevé de Fort Hare. Je ne savais pas à l'époque que les événements qui entouraient l'élection d'un étudiant créeraient des difficultés qui changeraient le cours de ma vie. Les élections au CRE avaient lieu au cours du dernier trimestre de l'année, alors que nous étions en pleine préparation des examens. D'après le règlement de Fort Hare, l'ensemble des étudiants élisaient les six membres du CRE. Peu avant l'élection, une assemblée générale eut lieu pour discuter des problèmes et exprimer nos doléances. A l'unanimité, les étudiants pensaient que la nourriture n'était pas satisfaisante et que les pouvoirs du CRE devaient être renforcés afin que, pour l'administration, ce soit autre chose qu'une signature pour accord. J'approuvais ces deux points et quand une majorité d'étudiants vota le boycott des élections si la direction n'acceptait pas nos revendications, je votai avec eux.

Peu de temps après cette réunion, les élections prévues eurent lieu. La majorité des étudiants les boycottèrent, mais vingt-cinq d'entre eux, environ le sixième du total, ne suivirent pas la consigne et élurent six représentants, dont moi. Les six élus se réunirent pour discuter des événements. Nous décidâmes à l'unanimité de présenter notre démission collective sous le prétexte que nous soutenions le boycott et que nous refusions de soutenir les votants. Puis nous rédigeâmes une lettre que nous remîmes au principal, le Dr. Kerr.

Mais le Dr. Kerr était habile. Il accepta notre démission et annonça que de nouvelles élections auraient lieu le lendemain au réfectoire à l'heure du dîner. Il était sûr ainsi que tous les étudiants seraient présents et qu'on ne pourrait plus avancer l'excuse que le CRE n'avait pas le soutien de l'ensemble des étudiants. Les élections eurent bien lieu comme le principal l'avait ordonné mais seuls les mêmes vingt-cinq étudiants votèrent, et réélurent les mêmes six membres du CRE. Nous en étions revenus au point de départ.

Mais cette fois, quand les six élus se réunirent pour décider d'une position, le vote fut très différent. Mes cinq collègues s'accrochèrent à l'aspect technique : ils avaient été élus lors d'une réunion à laquelle assistaient tous les étudiants et par conséquent nous ne pouvions plus soutenir que nous ne représentions pas l'ensemble de nos camarades. Les cinq croyaient que maintenant nous pouvions accepter la charge. Je répliquai qu'en fait rien n'avait changé ; si tous les étudiants étaient bien présents, une majorité n'avait pas voté et il serait moralement incorrect de dire que nous avions leur confiance. Puisque notre but initial de boycotter les élections avait eu leur confiance, notre devoir était de nous en tenir à cette résolution et de ne pas nous laisser détourner par quelque tour de passe-passe du principal. Incapable de persuader mes collègues, je démissionnai pour la seconde fois, seul des six à le faire.

Le lendemain, on me convoqua chez le principal. Le Dr. Kerr, diplômé de l'université d'Edimbourg, était virtuellement le fondateur de Fort Hare, et il était entouré d'un immense respect. Il évoqua calmement les événements des derniers jours puis me demanda de reconsidérer ma démission. Je lui dis que je ne pouvais pas. Il me répondit que, la nuit portant conseil, il valait mieux que je lui donne ma décision le lendemain. Mais il m'avertit cependant qu'il ne pouvait permettre que ses étudiants se conduisent de façon irresponsable, et il ajouta que si je persistais il serait obligé de me renvoyer de Fort Hare.

Ce qu'il m'avait dit m'avait troublé et je passai une mauvaise nuit. Je n'avais jamais eu à prendre de décision aussi lourde de conséquences. Ce soir-là, je consultai mes amis et mon guide, K.D... qui considérait que sur le plan des principes j'avais raison de démissionner et que je ne devais pas capituler. Je dois dire qu'à l'époque, je craignais encore plus K.D, que le Dr. Kerr. Je le remerciai et retournai dans ma chambre.

Je pensais que ce que je faisais était moralement juste ; cependant, je n'étais pas sûr que ce fût la bonne solution.

Etais-je en train de saboter ma carrière universitaire à cause d'un principe moral abstrait qui comptait si peu ? Il m'était difficile d'accepter l'idée de sacrifier ce que je croyais être une obligation envers les étudiants pour mes intérêts personnels. J'avais pris une position et je ne voulais pas apparaître comme un traître à leurs yeux. Dans le même temps, je ne voulais pas ruiner mes études à Fort Hare.

Le lendemain matin, quand j'arrivai au bureau du Dr. Kerr, j'étais toujours très indécis. Ce n'est qu'au moment où il me demanda ce que j'avais décidé que je me résolus. Je lui dis qu'en toute conscience je ne pouvais pas participer au CRE. Le Dr. Kerr parut pris de court. Il réfléchit un instant avant de répondre. « Très bien. Si c'est ce que vous avez décidé. Mais j'ai aussi pensé à cette affaire et voici ce que je vous propose : vous pourrez revenir à Fort Hare l'année prochaine à condition que vous fassiez partie du CRE. Vous avez tout l'été pour y réfléchir, Mr. Mandela. »

D'une certaine façon, j'étais aussi surpris par ma réponse que par celle du Dr. Kerr. Je savais qu'il était extrêmement imprudent pour moi de quitter Fort Hare mais à ce moment-là j'aurais dû accepter un compromis, ce dont j'étais simplement incapable. Quelque chose en moi me l'interdisait. Tout en appréciant la position du Dr. Kerr et sa volonté de me donner une seconde chance, je supportais mal son pouvoir absolu sur moi pour contrôler mon destin. J'aurais dû avoir le droit de démissionner du CRE si je le souhaitais. Cette injustice me restait sur le cœur et à cet instant je considérais moins le Dr. Kerr comme un bienfaiteur que comme un dictateur. Quand je quittai Fort Hare à la fin de l'année, je me sentais très mal à l'aise.

8

En général, quand je revenais à Mqhekezweni, c'était avec un sentiment de calme et d'accomplissement. Mais pas cette fois. Après avoir passé mes examens et être rentré chez moi, j'ai dit au régent ce qui se savait déjà. Il était furieux et n'arrivait pas à comprendre les raisons de mes actes. Il trouvait cela absurde. Sans même écouter mes explications, il m'informa sans ménagements que je devais obéir aux instructions du principal et retourner à Fort Hare en automne. Son ton n'invitait pas à la discussion. Il aurait été inutile et irrespectueux de discuter avec mon bienfaiteur. Je décidai de laisser les choses se calmer un peu.

Justice était aussi revenu à Mqhekezweni et nous fûmes très heureux de nous revoir. Même quand nous avions été séparés pendant longtemps, les liens fraternels qui nous unissaient renaissaient aussitôt. Justice avait quitté l'école l'année précédente et habitait au Cap.

Quelques jours après, je repris mon ancienne vie. Je m'occupais des affaires du régent, y compris son troupeau et ses relations avec les autres chefs. Je ne m'attardai pas sur la situation à Fort Hare mais la vie a une façon de décider pour ceux qui hésitent. Quelque chose de tout à fait différent, sans relation avec mes études, me força la main.

Quelques semaines après mon retour, le régent nous convoqua. « Mes enfants, dit-il d'une voix sombre, j'ai peur qu'il ne me reste plus beaucoup de temps à passer dans ce monde et, avant de partir en voyage vers le pays des ancêtres, mon devoir m'oblige à voir mes deux fils convenablement mariés. J'ai donc arrangé des mariages pour vous deux. »

Cette nouvelle nous prit par surprise et nous nous regardâmes, partagés entre l'étonnement et l'impuissance. Les jeunes filles appartenaient à de très bonnes familles, ajouta le régent. Justice devait épouser la fille de Khalipa, un important aristocrate thembu, et Rolihlahla, comme le régent m'appelait toujours, devait épouser

la fille du prêtre thembu local. Il dit que les mariages
auraient lieu immédiatement. D'habitude, la *lobola* est
payée sous forme de bétail par le père du jeune homme ;
dans le cas de Justice, elle serait payée par la communauté, et dans le mien par le régent lui-même.

Justice et moi, nous n'avons rien dit. Nous n'avions pas
à poser de questions au régent, et en ce qui le concernait,
l'affaire était réglée. Le régent ne souffrit aucune discussion : la fiancée avait déjà été choisie et la *lobola* payée.
C'était définitif.

Justice et moi quittâmes l'entretien la tête baissée,
abasourdis et déprimés. Le régent agissait en accord
avec la loi thembu et l'on ne pouvait rien dire : il voulait
que nous soyons installés pendant sa vie. Nous avions
toujours su que le régent avait le droit d'arranger nos
mariages, mais maintenant ce n'était plus une possibilité
abstraite. Les fiancées n'étaient pas le fruit de l'imagination, mais des femmes de chair et d'os que nous connaissions vraiment.

Avec tout le respect que je devais à la famille de la jeune
femme, j'aurais été malhonnête si j'avais dit que la fille
que le régent avait choisie pour moi était la fiancée de
mes rêves. Sa famille était importante et respectée et elle
était attirante d'une façon tout à fait digne, mais cette
jeune fille, j'en ai peur, était depuis longtemps amoureuse de Justice ! Le régent ne devait pas le savoir, car les
parents ignorent souvent la vie sentimentale de leurs
enfants. Mais ma future femme n'avait sans doute pas
plus envie d'être embarrassée de moi que moi d'elle.

A cette époque, j'avais des idées plus avancées sur le
plan social que sur le plan politique. Alors que je n'aurais
pas envisagé de lutter contre le système politique des
Blancs, j'étais prêt à me révolter contre le système social
de mon propre peuple. De façon ironique, le régent en
personne en était indirectement responsable, car l'éducation qu'il m'avait permis d'acquérir m'avait entraîné à
rejeter de telles coutumes traditionnelles. Pendant des
années j'étais allé au lycée et à l'université avec des femmes et j'avais eu quelques amourettes. J'étais sentimen-

tal et peu disposé à ce que quelqu'un, fût-ce le régent, me
choisisse une épouse.

J'allai voir la femme du régent, et je lui expliquai ma
situation. En aucun cas je ne pouvais lui dire que je
refusais ce mariage arrangé par le régent car elle aurait
été naturellement mal disposée à mon égard. A la place,
je mis au point un plan et lui dis que j'aurais préféré
épouser une parente de la reine que je trouvais désirable.
Cette jeune fille était en effet très belle, mais je ne savais
absolument pas ce qu'elle pensait de moi. Je dis que je
l'épouserais dès que j'aurais terminé mes études. Ce
n'était qu'une demi-ruse, mais je préférais cela aux projets du régent. La reine prit mon parti, mais on ne réussit
pas à dissuader le régent. Il avait pris une décision, il n'en
changerait pas.

J'avais l'impression qu'il ne me laissait aucun choix. Je
ne pouvais accepter ce mariage que je trouvais injuste et
peu judicieux. En même temps, je pensais que je ne
pourrais plus rester sous la tutelle du régent si je devais
refuser son projet de mariage. Justice était d'accord et
nous décidâmes qu'il ne nous restait qu'à nous enfuir, et
que nous ne pouvions aller qu'à Johannesburg.

Aujourd'hui, je me rends compte que nous n'avions
pas épuisé toutes les possibilités. J'aurais pu essayer de
discuter avec le régent en utilisant des intermédiaires
pour tenter d'arriver à une sorte d'accord dans le cadre
de notre tribu et de notre famille. J'aurais pu faire appel
au cousin du régent, le chef Zilindlovu, un des chefs les
plus éclairés et les plus influents de la cour de Mqhekezweni. Mais j'étais jeune et impatient, et je ne trouvais
aucune vertu à l'attente. La fuite me semblait la seule
solution.

Nous avons gardé notre projet secret tout en mettant
les détails au point. Tout d'abord nous avions besoin
d'une occasion. Le régent croyait que Justice et moi
avions la pire influence l'un sur l'autre, ou au moins que
le penchant de Justice pour les aventures et la rigolade
influençait mes dispositions plus sages. En conséquence, il s'efforçait de nous séparer dans la mesure du
possible. Quand le régent partait en voyage, il demandait

généralement à l'un de nous de l'accompagner afin que nous ne restions pas ensemble pendant son absence. Le plus souvent, il emmenait Justice car il préférait que je reste à Mqhekezweni pour m'occuper de ses affaires. Mais nous apprîmes que le régent devait partir pendant toute une semaine pour assister à une session du Bungha, l'assemblée législative du Transkei, sans nous emmener, et nous décidâmes que c'était le moment idéal pour nous enfuir. Nous partirions à Johannesburg dès que le régent serait en route pour le Bungha.

J'avais peu de vêtements et nous réussîmes à mettre tout ce que nous possédions dans une seule valise. Le régent partit de bonne heure le lundi et, en fin de matinée, nous étions prêts. Mais juste au moment où nous nous en allions, il revint à l'improviste. Nous avons vu sa voiture et nous avons couru dans le jardin pour nous cacher dans un champ de maïs. Le régent entra dans la maison et la première question qu'il posa fut : « Où sont les garçons ? » Quelqu'un répondit : « Oh, ils sont par là. » Mais le régent était méfiant et il ne se contenta pas de cette explication. Il dit qu'il était revenu parce qu'il avait oublié de prendre son médicament. Il regarda un peu partout et sembla satisfait. Je me rendis compte qu'il avait dû avoir une sorte de prémonition parce qu'il aurait pu acheter son médicament en ville. Quand sa voiture disparut derrière les collines, nous nous mîmes en route.

Nous n'avions presque pas d'argent mais ce matin-là, nous allâmes voir un marchand local et nous lui vendîmes deux des bœufs de concours du régent. Le marchand supposa que nous les vendions sur l'ordre du régent et nous ne le détrompâmes pas. Il nous en donna un très bon prix et avec l'argent nous louâmes une voiture pour qu'on nous emmène jusqu'à une gare proche où nous pourrions prendre un train pour Johannesburg.

Tout semblait bien se dérouler, mais sans que nous le sachions, le régent nous avait devancés et avait indiqué au chef de gare que si deux garçons correspondant à notre description venaient acheter des billets pour Johannesburg, il devait refuser parce que nous ne devions pas quitter le Transkei. Quand nous sommes arrivés à la gare, nous avons découvert qu'on ne voulait pas nous vendre de billets. Nous avons demandé pourquoi et le chef de gare nous a répondu : « Votre père est venu et il m'a dit que vous vouliez vous sauver. » Stupéfiés par cette révélation, nous avons demandé au chauffeur de la voiture que nous avions louée de nous conduire à la gare suivante. Elle se trouvait à près de cinquante kilomètres et cela nous prit plus d'une heure pour y arriver.

Nous réussîmes à prendre un train mais il n'allait pas plus loin que Queenstown. Dans les années 40, pour un Africain, voyager était une chose difficile. Tous les Africains de plus de seize ans devaient avoir sur eux un *native pass* (un « passeport indigène ») délivré par le ministère des Affaires indigènes, pour le présenter à tout policier, à tout fonctionnaire ou à tout employé blanc. Si l'on ne pouvait pas le faire, cela pouvait signifier l'arrestation, un procès et une condamnation à la prison ou à une amende. Le *pass* indiquait où l'on habitait, qui était son chef, et si l'on avait payé la taxe individuelle, un impôt auquel étaient astreints les seuls Africains. Plus tard, le *pass*, qui avait la forme d'un petit livret, ou « livre de référence » comme on l'appelait, contint d'autres informations et dut être signé chaque mois par l'employeur.

Justice et moi, nous avions chacun un *pass* en ordre, mais quand un Africain quittait son district administratif et entrait dans un autre pour travailler ou y vivre, il devait avoir une autorisation de voyage, un permis et une lettre de son employeur ou, dans notre cas, de notre tuteur — et nous n'avions rien de tout cela. Mais même lorsqu'on avait tout, on pouvait encore être inquiété par un policier parce qu'il manquait une signature ou parce qu'une date était incorrecte. Ne rien avoir était prendre un gros risque. Notre plan consistait à descendre à Queenstown, pour aller jusque chez un parent et prendre les dispositions nécessaires pour obtenir tous les documents. C'était aussi un plan mal conçu, mais nous avons eu un peu de chance parce que dans la maison de Queenstown nous avons rencontré par hasard le chef

Mpondombini, un frère du régent, qui nous aimait beaucoup, Justice et moi.

Il nous accueillit chaleureusement et nous lui expliquâmes que nous avions besoin que le magistrat local nous délivre les documents de voyage nécessaires. Nous lui avons menti en lui racontant que nous étions en mission pour le régent. Le chef Mpondombini était un interprète en retraite qui avait travaillé au ministère des Affaires indigènes et il connaissait bien le magistrat. Il n'avait aucune raison de ne pas croire à notre histoire et il ne se contenta pas de nous accompagner dans le bureau du magistrat, il se porta garant pour nous et expliqua notre situation. Après avoir écouté le chef, le magistrat nous établit rapidement les documents nécessaires pour voyager et y apposa le cachet officiel. Justice et moi, nous nous regardâmes avec un sourire complice. Mais au moment où le magistrat nous tendait les documents, il se rappela quelque chose et nous dit que, par courtoisie, il devait en informer le magistrat en chef à Umtata car nous dépendions de sa juridiction. Cela nous mit mal à l'aise, mais nous restâmes assis dans le bureau. Le magistrat tourna la manivelle du téléphone et appela son collègue à Umtata. Par hasard, le régent rendait justement visite au magistrat et il se trouvait devant lui.

Quand le magistrat de Queenstown expliqua notre situation à celui d'Umtata, ce dernier dit quelque chose comme : « Oh, il se trouve que leur père est ici », et il passa l'appareil au régent. Et quand le magistrat de Queenstown eut parlé au régent, ce dernier explosa. « Arrêtez-les ! » cria-t-il, suffisamment fort pour que nous entendions sa voix dans le récepteur. « Arrêtez-les, et ramenez-les immédiatement ! » Le magistrat reposa le téléphone. Il nous lança un regard furieux. « Vous êtes des voleurs et des menteurs ! nous dit-il. Vous avez abusé de mes bons offices et vous m'avez trompé. Maintenant, je vais vous faire arrêter ! »

Je me suis levé aussitôt pour nous défendre. Grâce à mes études à Fort Hare j'avais quelques connaissances de droit et je m'en suis servi. Je lui ai dit que nous lui avions menti, c'était vrai. Mais nous n'avions commis aucune infraction ni violé aucune loi et on ne pouvait nous arrêter sur la simple demande d'un chef même s'il s'agissait de notre père. Le magistrat recula et ne nous arrêta pas, mais il nous dit de quitter son bureau et de ne plus jamais y remettre les pieds.

Le chef Mpondombini était furieux lui aussi, et il nous laissa à notre propre sort. Justice se souvint qu'il avait un ami à Queenstown, Sidney Nxu, qui travaillait chez un avocat blanc. Nous allâmes le voir, nous lui expliquâmes notre situation et il nous dit que la mère de l'avocat pour qui il travaillait partait pour Johannesburg et qu'il allait lui demander si elle voulait bien nous emmener. La vieille dame nous répondit qu'elle acceptait si nous lui payions 15 livres. C'était une sommes très importante, beaucoup plus qu'un billet de train. Cela représentait à peu près ce que nous possédions mais nous n'avions pas le choix. Nous avons décidé de prendre le risque de faire tamponner notre *pass* et les documents de voyage quand nous serions à Johannesburg.

Nous sommes partis de bonne heure le lendemain matin. A cette époque, il était habituel que les Noirs soient assis à l'arrière si un Blanc conduisait. Nous nous sommes donc installés ainsi, Justice derrière la vieille dame. Il était très ouvert et exubérant et il commença tout de suite à bavarder avec moi. Cela mit la conductrice très mal à l'aise. Manifestement, elle ne s'était jamais trouvée en compagnie de Noirs sans aucune inhibition à l'égard des Blancs. Au bout de quelques kilomètres, elle dit à Justice qu'elle voulait qu'il change de place avec moi afin de pouvoir garder un œil sur lui, et pendant le reste du voyage elle le surveilla comme un faucon. Mais bientôt, le charme de Justice agit sur elle, et parfois elle riait à quelque chose qu'il disait.

Le soir, vers 10 heures, nous avons vu devant nous, étincelant au loin, un labyrinthe de lumières qui semblait s'étendre dans toutes les directions. Pour moi, l'électricité avait toujours été une nouveauté et un luxe et il y avait là un immense paysage d'électricité, une ville de lumière. J'étais très ému de voir la ville dont j'entendais parler depuis mon enfance. On m'avait toujours décrit Johannesburg comme une ville de rêve, un endroit où un pauvre paysan pouvait se transformer en homme riche à la mode, une ville de danger et de possibilités. Je me souvins des histoires que Banabakhe nous avait racontées à l'école de circoncision, les immeubles si hauts qu'on ne pouvait en voir le sommet, les foules parlant des langues qu'on n'avait jamais entendues, les voitures étincelantes, les jolies femmes et les gangsters audacieux. C'était eGoli, la ville de l'or, où j'allais habiter.

Dans les faubourgs, la circulation est devenue plus importante. Je n'avais jamais vu autant de voitures en même temps sur la route — même à Umtata, il n'y en avait que quelques-unes et ici on en voyait des milliers. Nous avons contourné la ville plutôt que de la traverser, mais j'apercevais la silhouette de grands immeubles, encore plus sombres que le ciel obscur de la nuit. Je regardais de grands panneaux d'affichage, qui vantaient des cigarettes, des bonbons et de la bière. Tout semblait fascinant.

Bientôt nous sommes entrés dans un quartier de résidences imposantes, dont la plus petite était plus grande que le palais du régent, avec devant elles d'immenses pelouses et de hautes grilles de fer. C'était la banlieue où habitait la fille de la vieille dame et bientôt nous avons descendu la longue allée d'une de ces belles demeures. On nous conduisit, Justice et moi, vers l'aile des domestiques, où nous devions passer la nuit. Nous avons remercié la vieille dame et nous sommes allongés par terre pour dormir. Mais l'idée de Johannesburg était si excitante que j'ai eu l'impression de dormir dans un beau lit de plume. Les possibilités qui m'attendaient me semblaient infinies. J'avais atteint le terme de ce qui me semblait un long voyage mais ce n'était en réalité que le début d'un parcours bien plus long et bien plus éreintant, qui me mettrait à l'épreuve de bien des façons que j'étais tout à fait incapable d'imaginer.

DEUXIÈME PARTIE

Johannesburg

9

A l'aube, nous sommes arrivés aux bureaux de Crown Mines, situés au sommet d'une haute colline dominant la métropole encore plongée dans l'obscurité. Johannesburg avait été construit autour de la découverte de l'or du Witwatersrand en 1886, et Crown Mines était la plus grande mine d'or de la ville de l'or. Je m'attendais à trouver un immense building, comme les bureaux du gouvernement à Umtata, mais je n'ai vu que des baraques rouillées.

Une mine d'or n'a rien de magique. Autour, tout est aride et sale, de la boue et pas d'arbres, des clôtures de tous les côtés ; cela ressemble à un champ de bataille ravagé par les combats. Un bruit violent venait de partout : le grincement des monte-charge remontant les équipes, le bruit discordant des marteaux-piqueurs, le grondement lointain de la dynamite, les ordres que l'on aboie. Partout, je voyais des Noirs avec des salopettes poussiéreuses, l'air fatigué et courbant le dos. Ils vivaient sur le carreau de la mine dans des baraques sinistres pour célibataires qui comprenaient des centaines de couchettes en ciment séparées seulement de quelques dizaines de centimètres.

L'extraction de l'or dans le Witwatersrand était coûteuse parce que le minerai était de faible teneur et situé à une grande profondeur. Seule la présence d'une main-d'œuvre bon marché sous la forme de milliers d'Africains qui travaillaient de longues heures pour une paie modique, sans aucun droit, rendait les mines rentables pour les compagnies minières — des compagnies possédées par des Blancs qui devenaient plus riches que Crésus sur le dos des Africains. Je n'avais jamais vu une telle entreprise, des machines aussi grandes, une organisation aussi méthodique, et un travail aussi éreintant. Pour la première fois, je voyais le capitalisme africain à l'œuvre et je sus que j'allais y recevoir un nouveau genre d'éducation.

Nous allâmes directement voir l'*induna*, le chef. Il s'appelait Piliso, un type coriace qui en avait vu de dures. Piliso connaissait Justice, car le régent lui avait envoyé une lettre quelques mois plus tôt pour qu'on lui donne un travail de bureau, un des postes les plus enviés et les plus respectés de la mine. Mais il ne me connaissait pas. Justice lui expliqua que j'étais son frère.

« Je n'attendais que Justice, répondit Piliso. La lettre de ton père ne parle pas d'un frère. » Il me regarda d'un air sceptique. Mais Justice le supplia en lui disant que ce n'était qu'un oubli et que le régent avait déjà posté une lettre à mon sujet. Sous une apparence bourrue, Piliso avait de bons côtés, et il m'engagea comme policier de la mine, en me disant que si je m'en tirais bien, il me donnerait un emploi de bureau dans trois mois.

La parole du régent pesait lourd à Crown Mines. C'était vrai de tous les chefs d'Afrique du Sud. Les bureaucrates des mines voulaient recruter de la main-d'œuvre à la campagne et les chefs avaient autorité sur les hommes dont ils avaient besoin. Ils voulaient que les chefs encouragent leurs sujets à venir sur le Reef. Aussi, on les traitait avec beaucoup de déférence ; les compagnies minières leur fournissaient un logement à chaque fois qu'ils venaient en visite. Une lettre du régent suffisait pour assurer un bon emploi à quelqu'un et on nous traita avec un soin particulier à cause de nos liens de parenté. On nous donna des rations gratuites, un endroit pour dormir et un petit salaire. Pour la première nuit nous ne dormîmes pas dans les baraquements. Pendant quelques jours, par égard pour le régent, Piliso nous invita chez lui.

De nombreux mineurs, en particulier ceux du Thembuland, considéraient Justice comme un chef et ils l'accueillirent en lui offrant de l'argent comme le voulait la coutume quand un chef visitait une mine. La plupart de ces hommes habitaient dans le même « hostel [1] » car normalement les mineurs étaient logés en fonction de leur tribu. Les compagnies minières préféraient une telle ségrégation, car elle empêchait les différents groupes ethniques de s'unir sur une même revendication et renforçait le pouvoir des chefs. Cette séparation entraînait aussi des combats entre groupes et clans ethniques que les compagnies ne décourageaient pas.

Justice partagea une partie de son argent avec moi et me donna quelques livres en plus. Pendant ces premiers jours, ma nouvelle richesse sonnait dans mes poches, et j'avais l'impression d'être millionnaire. Je commençais à trouver que j'étais né coiffé, que la chance me souriait et que si je n'avais pas perdu un temps précieux à faire des études j'aurais déjà été riche. Une nouvelle fois, je ne voyais pas que le destin s'amusait à me tendre des pièges.

Je commençai à travailler tout de suite comme veilleur de nuit. On me donna un uniforme, une paire de bottes neuves, un casque, une lampe de poche, un sifflet et un *knobkerrie*, c'est-à-dire un long bâton avec une grosse extrémité. Le travail était simple : j'attendais à l'entrée, à côté d'un panneau où l'on pouvait lire : « Attention : Entrée réservée aux indigènes », et je vérifiais les papiers de ceux qui entraient et qui sortaient. Pendant les premières nuits, j'ai patrouillé sur le carreau de la mine sans incident. Un soir, j'ai interpellé un mineur saoul mais il

1. Foyer pour célibataires. (*N.d.T.*)

m'a montré son *pass* sans discuter et il s'est retiré dans son foyer.

Exaltés par notre succès, Justice et moi nous sommes vantés de notre astuce à un ami que nous avions connu chez nous et qui travaillait aussi dans les mines. Nous lui avons expliqué que nous nous étions enfuis et que nous avions trompé le régent. Nous lui avons demandé qu'il nous jure le secret mais il est allé trouver directement l'*induna* et lui a tout raconté. Le lendemain, Piliso nous a convoqués et il a immédiatement demandé à Justice : où est l'autorisation du régent pour ton frère ? Justice lui a répondu qu'il lui avait déjà expliqué que le régent l'avait postée. Piliso ne se laissa pas attendrir et nous nous sommes aperçus que quelque chose n'allait pas. Il chercha dans son bureau et en sortit un télégramme. « J'ai reçu des nouvelles du régent », dit-il d'une voix grave, en le tendant vers nous. Il ne contenait qu'une phrase : « Renvoyez immédiatement les garçons. »

Puis Piliso laissa éclater sa colère contre nous, en nous accusant de lui avoir menti. Il nous dit que nous avions abusé de son hospitalité et du nom du régent. Il nous expliqua qu'il avait organisé une collecte parmi les mineurs afin de nous mettre dans un train pour le Transkei. Justice refusa de rentrer, en disant qu'il souhaitait travailler à la mine et que nous étions assez grands pour prendre nos décisions. Mais Piliso ne voulut rien entendre. Nous avons quitté son bureau honteux et humiliés mais bien décidés à ne pas retourner au Transkei.

Nous avons mis au point un autre plan. Nous sommes allés voir le Dr. A.B. Xuma, un vieil ami du régent qui était le président de l'ANC. Le Dr. Xuma était né à Engcobo, dans le Transkei et c'était un médecin très apprécié.

Très heureux de nous voir, il nous interrogea poliment sur la famille à Mqhekezweni. Nous lui racontâmes une suite de demi-vérités afin d'expliquer pourquoi nous nous trouvions à Johannesburg et pourquoi nous désirions trouver du travail dans les mines. Le Dr. Xuma nous dit qu'il était content de pouvoir nous aider et il téléphona immédiatement à Mr. Wellbeloved à la Chambre des mines, une puissante organisation qui représentait les compagnies minières et qui exerçait un monopole sur l'embauche de la main-d'œuvre. Le Dr. Xuma dit à Mr. Wellbeloved quels merveilleux garçons nous étions et qu'il devait nous trouver des emplois. Nous remerciâmes le Dr. Xuma et nous allâmes voir Mr. Wellbeloved.

Mr. Wellbeloved était un Blanc et il avait le bureau le plus grand que j'avais jamais vu et une table de travail aussi large qu'un terrain de football. Il se trouvait en compagnie du patron d'une mine qui s'appelait Festile, et nous lui avons débité les mêmes histoires qu'au Dr. Xuma. Mr. Wellbeloved fut impressionné par mon explication pas tout à fait vraie selon laquelle j'étais venu à Johannesburg pour continuer mes études à l'université du Witwatersrand. Très bien, mes garçons, nous dit-il, je vais vous mettre en relation avec le responsable de Crown Mines, un certain Mr. Piliso, et je vais lui demander de vous trouver des emplois de bureau. Il nous dit qu'il avait travaillé avec Mr. Piliso pendant trente ans et que pendant tout ce temps Piliso ne lui avait jamais menti. Justice et moi avons commencé à nous sentir mal à l'aise, mais nous n'avons rien dit. Malgré quelques craintes, nous pensions naïvement que maintenant nous avions l'avantage sur Mr. Piliso car son patron, Mr. Wellbeloved, était de notre côté.

Nous sommes revenus à Crown Mines, où le responsable de la partie blanche de la mine se montra attentif à notre égard à cause de la lettre de Mr. Wellbeloved. Juste à ce moment-là, Mr. Piliso est passé devant le bureau et quand il nous a vus il s'est précipité à l'intérieur. « Ah, vous voilà ! Vous êtes revenus ! nous dit-il avec irritation. Qu'est-ce que vous faites ici ? »

Justice resta calme. « C'est Mr. Wellbeloved qui nous envoie », répondit-il presque sur le ton du défi. Mr. Piliso réfléchit quelques instants. « Vous lui avez dit que vous vous étiez sauvés de chez votre père ? » répliqua-t-il. Justice resta silencieux.

« Vous ne serez jamais embauchés dans une mine que je dirige ! hurla-t-il. Maintenant, disparaissez de ma vue ! » Justice agita la lettre de Mr. Wellbeloved. « Je n'en ai rien à fiche de cette lettre ! » dit Piliso. Je jetai un coup d'œil au directeur blanc en espérant qu'il allait faire taire Piliso, mais il restait immobile comme une statue et avait l'air aussi intimidé que nous. Nous n'avions rien à répondre et nous avons piteusement quitté le bureau, plus humbles encore que la première fois.

Notre chance avait tourné. Nous n'avions plus de travail, plus de perspectives et plus de chambre. Justice connaissait différentes personnes à Johannesburg et il descendit en ville trouver un logement. Pendant ce temps-là, j'allai chercher notre valise chez Piliso et, un peu plus tard, je retrouvai Justice à George Goch, un petit township au sud de Johannesburg. Je persuadai un garçon qui s'appelait Bikitsha et que j'avais connu dans le Transkei de m'aider à porter la valise jusqu'à l'entrée. Là, un gardien nous arrêta et nous dit qu'il devait fouiller cette valise. Bikitsha protesta et lui dit qu'il n'y avait pas de contrebande à l'intérieur. Le gardien répondit que la fouille était habituelle et il regarda de façon superficielle, sans même déplacer les vêtements. Au moment où il refermait la valise, Bikitsha, qui était un type effronté, lui dit : « Pourquoi est-ce que tu te tracasses ? Je t'avais dit qu'il n'y avait rien. » Ces derniers mots agacèrent le gardien, qui décida de passer le contenu de la valise au peigne fin. Mon inquiétude monta au fur et à mesure qu'il ouvrait les différentes poches. Puis il arriva au fond et découvrit ce que je ne voulais pas qu'il découvre : un revolver chargé enveloppé dans un vêtement.

Il se tourna vers mon ami et lui dit : « Tu es en état d'arrestation. » Puis il souffla dans son sifflet, ce qui attira tout un groupe de gardes. Mon ami me regarda avec un mélange de consternation et de honte tandis qu'on l'emmenait au commissariat local. Je les suivis de loin en me demandant ce que je devais faire. Le revolver, un vieux modèle, avait appartenu à mon père, qui me l'avait laissé à sa mort. Je ne m'en étais jamais servi, mais je l'avais apporté en ville, par précaution.

Je ne pouvais pas laisser mon ami être accusé à ma place. Je suis entré à mon tour dans le commissariat et j'ai demandé à voir l'officier de service. On m'a conduit jusqu'à lui et je lui ai parlé aussi franchement que je le pouvais : « Monsieur, c'est mon revolver qu'on a trouvé dans la valise de mon ami. J'en ai hérité de mon père au Transkei et je l'ai apporté ici parce que j'avais peur des gangsters. » Je lui ai expliqué que j'étais étudiant à Fort Hare et que je me trouvais à Johannesburg de façon temporaire. L'officier s'est adouci un peu tandis que je parlais et il m'a dit qu'il allait libérer mon ami tout de suite. Il a ajouté qu'il devait m'inculper pour détention d'arme mais il ne m'arrêterait pas et je devrais me présenter au tribunal le lundi matin. Je lui étais reconnaissant et je lui ai dit que j'irais sans faute au tribunal le lundi. J'y suis allé et je n'ai été condamné qu'à une amende insignifiante.

Dans l'intervalle, je m'étais arrangé pour loger avec mon cousin, Garlick Mbekeni, dans le township de George Goch. Garlick était marchand ambulant et vendait des vêtements ; il habitait une petite maison « boîte d'allumettes ». C'était un homme gentil et attentif, et après avoir passé quelque temps chez lui, je lui ai expliqué que je voulais devenir avocat. Il m'a félicité en me disant qu'il allait y réfléchir.

Quelques jours plus tard, Garlick m'a emmené voir « un de nos meilleurs hommes à Johannesburg ». Nous avons pris le train et nous sommes allés voir un agent immobilier dans Market Street, une rue bruyante et animée avec des trams bourrés de passagers, des vendeurs à chaque pas et le sentiment que l'abondance et la richesse attendaient au coin de la rue.

A cette époque, Johannesburg était un mélange de ville frontière et de ville moderne. Des bouchers débitaient de la viande dans la rue devant un immeuble de bureaux. Des tentes se dressaient à côté des boutiques et des femmes étendaient leur linge près des gratte-ciel. L'industrie fonctionnait à plein à cause de l'effort de guerre. En 1939, l'Afrique du Sud, membre du Commonwealth britannique, avait déclaré la guerre à l'Allemagne nazie. Le pays fournissait des hommes et des biens à l'effort de guerre. Il y avait une grande offre d'emplois et Johannesburg était devenu un véritable aimant pour les Africains de la campagne qui cherchaient du travail. Entre 1941, date de mon arrivée, et 1946, le nombre d'Africains à Johannesburg a doublé. Chaque matin, l'agglomération semblait plus grande. Les hommes trouvaient des emplois dans les usines et habitaient dans les « townships pour non-Européens » de Newclare, Martindale, George Goch, Alexandra, Sophiatown et dans le Western Native township, un ensemble qui ressemblait à une prison, quelques milliers de maisons boîtes d'allumettes sur un terrain sans arbres.

Garlick et moi nous assîmes dans la salle d'attente de l'agence immobilière tandis qu'une jolie réceptionniste africaine nous annonçait à son patron. Après avoir transmis le message, ses doigts agiles recommencèrent à danser sur le clavier de sa machine à écrire, où elle tapait une lettre. Je n'avais jamais vu de dactylo africain, et encore moins une femme effectuant ce travail. Dans les rares bureaux où je m'étais aventuré à Umtata et à Fort Hare, les dactylos étaient toujours des Blancs et des hommes. J'étais particulièrement impressionné par cette jeune femme parce que les Blancs que j'avais vus taper à la machine ne se servaient que de deux doigts malhabiles.

Elle nous fit bientôt entrer dans le bureau, où l'on me présenta à un homme qui semblait proche de la trentaine, avec un visage agréable et intelligent, un teint assez clair et qui portait un costume croisé. Malgré son jeune âge, il me sembla avoir de l'expérience. Il était originaire du Transkei mais parlait l'anglais avec aisance. A en juger par sa salle d'attente bondée et son bureau encombré de piles de dossiers, c'était un homme occupé et prospère. Mais il ne nous pressa pas et parut sincèrement intéressé par notre démarche. Il s'appelait Walter Sisulu.

Il dirigeait une agence immobilière spécialisée dans les propriétés pour Africains. Dans les années 40, il y avait encore quelques zones, comme Alexandra et Sophiatown, où les Africains pouvaient acheter de petites propriétés. Dans certains quartiers, des Africains possédaient leur maison depuis plusieurs générations. Le reste des zones pour Africains, c'étaient les townships municipaux où se trouvaient les maisons boîtes d'allumettes pour lesquelles les résidents payaient un loyer au Conseil municipal de Johannesburg.

Le nom de Sisulu devenait important à la fois comme homme d'affaires et comme responsable local. Il représentait déjà une force dans la communauté. Il m'écouta très attentivement lui expliquer mes difficultés à Fort Hare, mon ambition de devenir avocat et mon intention de m'inscrire à l'université d'Afrique du Sud pour terminer ma licence par correspondance. Je négligeai de lui raconter les circonstances de mon arrivée à Johannesburg. Quand j'eus fini, il se renversa sur le dossier de sa chaise et réfléchit à ce que je venais de dire. Puis il me regarda une nouvelle fois et m'expliqua qu'il connaissait un avocat blanc avec lequel il travaillait, du nom de Lazar Sidelsky, qu'il considérait comme un homme convenable et progressiste. Sidelsky, dit-il, s'intéressait à la formation des Africains. Il lui parlerait de moi pour savoir s'il pouvait m'engager comme stagiaire.

A cette époque, je croyais que seules les études assuraient une bonne connaissance de l'anglais et le succès en affaires et, pour moi, il allait de soi que Sisulu était diplômé de l'université. Après avoir quitté le bureau, j'ai eu la surprise d'apprendre par mon cousin que Walter Sisulu n'avait pas fait d'études. C'était encore une leçon de Fort Hare que je devais oublier à Johannesburg. On m'avait appris qu'avoir une licence signifiait qu'on était un responsable et que pour être un responsable il fallait une licence. Mais à Johannesburg, j'ai découvert que beaucoup des responsables de premier plan n'étaient jamais allés à l'université. J'avais suivi tous les cours nécessaires pour l'obtention d'une licence, mais je n'avais jamais aussi bien parlé que beaucoup d'hommes que je rencontrais à Johannesburg et qui n'avaient même pas un certificat d'études.

Après quelques semaines passées chez mon cousin, je me suis arrangé pour emménager chez le révérend

J. Mabutho de l'Eglise anglicane, dans la Huitième Avenue, dans le township d'Alexandra. Le révérend Mabutho était un Thembu, un ami de ma famille, un homme généreux et pieux. Son épouse, que nous appelions Gogo, était chaleureuse, affectionnée ; c'était aussi une excellente cuisinière très généreuse pour la nourriture. En tant que Thembu qui avait connu ma famille, le révérend Mabutho se sentait responsable de moi. « Nos ancêtres nous ont appris à partager », me dit-il une fois.

Mais je n'avais pas tiré de leçon de mon expérience à Crown Mines, parce que je ne racontai pas au révérend les circonstances de mon départ du Transkei. Cette omission eut des conséquences fâcheuses. Quelques jours après avoir emménagé chez les Mabutho, je prenais le thé avec eux quand arriva un visiteur. Malheureusement, leur ami était Mr. Festile, l'*induna* de la Chambre des mines. Nous nous sommes salués d'une façon qui semblait indiquer que nous nous connaissions. Nous n'avons pas parlé de notre précédente rencontre mais, le lendemain, le révérend Mabutho me prit à part et m'expliqua que je ne pouvais plus rester sous leur toit.

Je me maudis de ne pas lui avoir dit toute la vérité. Je m'étais déjà tellement habitué à me faire avoir que je mentais même quand ce n'était pas nécessaire. Je suis sûr que le révérend Mabutho n'y aurait pas attaché d'importance mais quand Festile l'avait mis au courant, il s'était senti trompé. Au cours de mon bref séjour à Johannesburg, j'avais laissé derrière moi un sillage de méfiance et, dans chaque cas, le mensonge revenait me hanter. Je pensais que je n'avais pas d'autre choix. J'avais peur, je manquais d'expérience et je savais que je n'étais pas parti du bon pied dans ma nouvelle vie. Dans ce cas précis, le révérend Mabutho me prit en pitié et me trouva un logement chez les voisins, la famille Xhoma.

Mr. Xhoma faisait partie de la petite élite de propriétaires africains d'Alexandra. Sa maison — au 46 de la Septième Avenue — était petite, en particulier parce qu'il avait six enfants, mais elle était agréable, avec une véranda et un jardin minuscule. Afin de joindre les deux bouts, Mr. Xhoma, comme beaucoup d'autres résidents d'Alexandra, prenait des locataires. Il avait construit une pièce à toit de tôle à l'arrière de sa maison, pas plus qu'une cabane, avec un sol de terre, sans chauffage, sans électricité, et sans eau courante. Mais j'étais chez moi, et cela me rendait heureux.

Sur la recommandation de Walter, Lazar Sidelsky avait accepté de m'engager comme stagiaire tandis que je terminais ma licence. Witkin, Sidelsky et Eidelman était un des plus grands cabinets d'avocats de la ville et traitait des affaires de Noirs et de Blancs. En plus des études de droit et de certains examens, pour devenir avocat en Afrique du Sud, on devait passer plusieurs années de formation dans un cabinet, ce qu'on appelle un contrat de stagiaire. Mais pour devenir stagiaire, je devais d'abord avoir ma licence. Pour cela j'étudiais le soir à l'UNISA, University of South Africa, une institution respectée qui proposait des cours par correspondance.

En plus des dossiers classiques, le cabinet Witkin, Sidelsky et Eidelman contrôlait des transactions immobilières pour des Sud-Africains. Walter amenait des clients qui avaient besoin d'une hypothèque, le cabinet s'occupait de leur dossier de prêt et prenait une commission qu'il partageait avec l'agent immobilier. En fait, le cabinet prenait la part du lion et ne laissait qu'une maigre rétribution à l'Africain. Les Noirs recevaient les miettes de la table et n'avaient pas d'autre choix que d'accepter.

Même ainsi, le cabinet était beaucoup plus libéral que la plupart des autres. C'était un cabinet dirigé par des juifs et, d'après mon expérience, j'ai toujours trouvé que les juifs avaient l'esprit plus ouvert que le reste des Blancs sur les questions raciales et politiques, peut-être parce qu'eux-mêmes ont été victimes dans l'histoire de préjugés. Le fait que Lazar Sidelsky, un des responsables du cabinet, engage un jeune Africain — quelque chose qui n'existait pas à l'époque — était la preuve de ce libéralisme.

Mr. Sidelsky, pour qui je finis par avoir le plus grand respect et qui me traitait avec énormément de gentillesse, était diplômé de l'université du Witwatersrand et avait une trentaine d'années quand je suis entré dans le cabinet. Il s'occupait d'éducation pour les Africains, en consacrant de l'argent et du temps à des écoles africaines. C'était un homme mince et affable, avec un trait de moustache, et il prenait un intérêt véritable à mon bien-être et à mon avenir, en insistant sur la valeur et l'importance de l'instruction — pour moi personnellement et pour les Africains en général. Seule l'éducation de masse, disait-il souvent, libérerait mon peuple, et il soutenait qu'un homme éduqué ne pouvait être opprimé parce qu'il pouvait penser seul. Il ne cessait de me répéter que devenir avocat, c'est-à-dire un modèle de réussite pour mon peuple, était la voie la plus noble que je pouvais suivre.

Le jour de mon arrivée au cabinet, j'ai rencontré la plupart des autres employés, y compris un autre Africain, Gaur Radebe, avec qui je partageais un bureau. Gaur avait dix ans de plus que moi et il était employé, interprète et coursier. Petit, trapu et musclé, il parlait très bien l'anglais, le sotho et le zoulou, autant de langues dans lesquelles il s'exprimait avec précision, humour et confiance. Il avait des opinions bien arrêtées et des arguments solides pour les étayer et c'était un personnage connu du Johannesburg noir.

Le premier jour, une agréable jeune secrétaire blanche, Miss Lieberman, me prit à part et me dit : « Nelson, il n'y a pas de barrière de couleur dans le cabinet. » Elle m'expliqua qu'en milieu de matinée celui qui préparait le thé arrivait avec un plateau et un certain nombre de tasses. « En l'honneur de votre arrivée, nous avons acheté deux tasses neuves pour vous et pour Gaur, dit-elle. Les secrétaires portent le thé aux avocats mais vous et Gaur, vous prendrez votre thé vous-mêmes, comme nous. Je vous appellerai quand le thé arrivera et vous pourrez le prendre dans les tasses neuves. » Elle ajouta que je devais transmettre ce message à Gaur. Je lui étais reconnaissant pour toutes ses attentions, mais je savais que les « deux tasses neuves » qu'elle avait pris tant de soin à mentionner étaient la preuve de la barrière de couleur qui, d'après elle, n'existait pas. Les secrétaires partageaient peut-être le thé avec deux Africains, mais pas les tasses pour le boire.

Quand je répétai à Gaur ce qu'avait dit Miss Lieberman, je remarquai que son expression changeait tandis qu'il m'écoutait, comme lorsqu'une idée entre dans la tête d'un enfant espiègle. « Nelson, me dit-il, à l'heure du thé, ne t'inquiète pas. Fais exactement comme moi. » A 11 heures, Miss Lieberman nous informa que le thé venait d'arriver. Devant les secrétaires et quelques membres du cabinet, Gaur s'avança vers le plateau et, de façon ostensible, ignora les tasses neuves et en choisit deux anciennes, puis il versa généreusement du sucre, du lait et du thé. Il resta là pour boire, apparemment très content de lui. Les secrétaires regardaient Gaur avec de grands yeux et Gaur me fit un signe de tête comme pour me dire : « A ton tour, Nelson. »

J'étais dans l'embarras. Je ne voulais pas choquer les secrétaires ni laisser tomber mon nouveau collègue, aussi ai-je décidé de faire ce qui me semblait le plus prudent : je n'ai pas pris de thé. J'ai dit que je n'avais pas soif. Je n'avais que vingt-trois ans et je n'étais pas encore très sûr de moi comme homme, comme résident de Johannesburg ni comme employé d'un cabinet d'avocats blancs et j'ai trouvé que la voie médiane était la meilleure et la plus raisonnable. Les choses n'ont pas continué ainsi. Par la suite, à l'heure du thé, j'allais dans la petite cuisine du bureau et j'y prenais mon thé tout seul.

Les secrétaires n'étaient pas toujours attentionnées. Quelque temps plus tard, alors que j'avais une plus grande habitude du cabinet, je dictais une information à une secrétaire blanche quand un client blanc qu'elle connaissait est entré dans le bureau. Elle a eu l'air gênée et, pour montrer qu'un Africain ne lui dictait pas quelque chose, elle a pris six pence dans son porte-monnaie et m'a dit rapidement : « Nelson, vous voulez bien aller m'acheter du shampooing à la pharmacie ? » Je suis allé lui acheter son shampooing.

Au début, mon travail au bureau était très élémentaire. J'étais un mélange d'employé et de coursier. Je recherchais des documents, je les préparais, les classais et j'allais porter des papiers dans tout Johannesburg. Plus tard, j'ai commencé à rédiger des contrats pour des clients africains du cabinet. Cependant, même s'il s'agissait d'une tâche secondaire, Mr. Sidelsky m'expliquait quel était son but et pourquoi je la faisais. C'était un professeur généreux et patient et il cherchait non seulement à m'enseigner les détails de la loi mais aussi la philosophie qui la sous-tendait. Il avait une conception large de la loi et la considérait comme un outil qu'on devait utiliser pour changer la société.

Tout en me transmettant ses idées, Mr. Sidelsky me mettait en garde contre la politique. La politique, me disait-il, fait ressortir ce qu'il y a de pire en l'homme. C'était la source des problèmes et de la corruption et on devait la fuir à tout prix. Il me brossait un tableau effrayant de ce qui m'attendait si je m'égarais dans la politique, et il me conseillait d'éviter la compagnie d'hommes qu'il considérait comme des fauteurs de troubles et des agitateurs, en particulier Gaur Radebe et Walter Sisulu. Si Mr. Sidelsky respectait leurs capacités, il détestait leur engagement politique.

Gaur était vraiment un « fauteur de troubles » au meilleur sens du terme et c'était un homme influent dans la communauté africaine d'une façon que Mr. Sidelsky ne soupçonnait même pas. Il appartenait au Bureau consultatif du Western Native township, un organisme de quatre membres élus qui traitait avec les autorités les questions relatives aux townships. Si le Bureau avait peu de pouvoir, il avait un grand prestige. Et je découvris bientôt que Gaur était aussi un membre éminent de l'ANC et du Parti communiste.

Gaur était indépendant. Il ne traitait pas les employés du cabinet avec une politesse exagérée et il les réprimandait souvent pour leur façon de se comporter avec les Africains. « Vous nous avez volé notre pays, leur disait-il, et vous nous avez réduits en esclavage. Et maintenant vous nous faites payer les yeux de la tête pour qu'on récupère les plus mauvais morceaux. » Un jour, en revenant de course, j'entrai dans le bureau de Mr. Sidelsky et

Gaur lui dit : « Regardez, vous restez assis là comme un seigneur pendant que mon chef fait vos courses. Ce devrait être l'inverse, mais un jour c'est ce qui se passera, on vous rejettera tous à la mer. » Gaur quitta la pièce et Mr. Sidelsky se contenta de hocher tristement la tête.

Gaur était l'exemple même d'un homme sans diplôme mais qui semblait infiniment plus formé que ceux qui quittaient Fort Hare avec des titres ronflants. Il était non seulement plus instruit, mais il avait aussi plus d'audace et plus d'assurance. J'avais l'intention de passer ma licence et d'entrer à la faculté de droit, mais je n'en ai pas moins appris auprès de Gaur qu'un diplôme n'était pas en soi une preuve de supériorité et ne signifiait rien si l'on n'allait pas faire ses preuves dans la société.

Je n'étais pas le seul stagiaire du cabinet Witkin, Sidelsky et Eidelman. Un garçon de mon âge, Nat Bregman, y entra peu après moi. Il était agréable, brillant et réfléchi. Il ne semblait absolument pas voir les différences de couleur et il devint mon premier ami blanc. Il avait des talents d'imitateur, et savait imiter Jan Smuts, Franklin Roosevelt et Winston Churchill. J'ai souvent sollicité son aide sur des questions de droit et de procédure et il m'a toujours été d'une aide indéfectible.

Un jour, à l'heure du déjeuner, nous étions assis dans le bureau et Nat a sorti des sandwiches. Il en a pris un et il m'a dit : « Nelson, attrape l'autre bout. » Je ne savais pas bien pourquoi il me demandait ça mais comme j'avais faim, j'ai obéi. « Maintenant, tire », a-t-il ajouté. J'ai tiré et le sandwich s'est déchiré en deux. « Maintenant, mange. » Comme je commençais à mâcher, Nat m'a dit : « Nelson, ce que nous venons de faire symbolise la philosophie du Parti communiste : partager tout ce que nous avons. » Il m'a annoncé qu'il était membre du Parti communiste et il m'a expliqué les rudiments de ce que défendait ce parti. Je savais que Gaur en était membre, mais il n'avait jamais essayé de me convertir. Ce jour-là et dans beaucoup d'autres occasions, j'ai écouté Nat prêcher les vertus du communisme et essayer de me persuader de rejoindre le Parti. Je l'écoutais, je lui posais des questions mais je ne me suis pas inscrit. Je n'avais nulle envie de rejoindre une organisation politique quelconque et je gardais toujours en tête les conseils de Mr. Sidelsky. J'étais aussi très pieux et l'hostilité du Parti communiste envers la religion me déroutait. Mais j'ai bien aimé ma moitié de sandwich.

J'appréciais la compagnie de Nat et nous sortions souvent ensemble, y compris à des conférences et à des réunions du Parti communiste. J'y allais surtout par curiosité intellectuelle. Je venais seulement de prendre conscience de l'histoire de l'oppression raciale dans mon propre pays et je considérais que la lutte en Afrique du Sud était purement raciale. Mais le Parti communiste voyait les problèmes de l'Afrique du Sud à travers les lunettes de la lutte des classes. Pour les communistes c'était une question de possédants opprimant les non-possédants. Cela m'intriguait mais ne me semblait pas correspondre à la situation du moment en Afrique du Sud. Cela s'appliquait peut-être à l'Allemagne, à l'Angleterre ou à la Russie, mais je ne trouvais pas que ça convenait au pays que je connaissais. Pourtant j'écoutais et j'apprenais.

Nat m'invita à de nombreuses soirées où se trouvait un mélange de Blancs, d'Africains, d'Indiens et de métis. Ces réunions étaient organisées par le Parti et la plupart des invités en étaient membres. Je me souviens de mon anxiété la première fois où j'y suis allé, surtout parce que je pensais que je n'avais pas la tenue adéquate. A Fort Hare, on nous avait appris à porter une cravate et une veste dans n'importe quelle cérémonie. Ma garde-robe était sévèrement limitée mais j'ai cependant réussi à trouver une cravate.

J'ai découvert un groupe de gens pleins d'entrain qui ne semblaient prêter aucune attention aux différences de couleur. Ce fut une des premières réunions mixtes auxquelles j'ai assisté, et je me conduisis bien plus en observateur qu'en participant. J'étais extrêmement timide, inquiet de commettre une maladresse et tout à fait incapable de participer aux conversations rapides et de haut niveau. Mes idées me semblaient infantiles comparées aux conversations raffinées.

A un moment de la soirée, on m'a présenté à Michael Harmel, qui avait un doctorat en anglais de la Rhodes University de Grahamstown. Cela m'impressionnait mais, quand je l'ai rencontré, je me suis dit : « Ce type a un doctorat et il ne porte même pas de cravate ! » Je n'arrivais pas à résoudre cette contradiction. Plus tard, Michael et moi sommes devenus amis et j'ai fini par l'admirer en grande partie parce qu'il rejetait beaucoup des conventions stupides que j'avais respectées autrefois. Ce n'était pas seulement un brillant écrivain, car son engagement communiste était si fort qu'il ne vivait pas très différemment d'un Africain.

10

La vie à Alexandra était merveilleuse et précaire. Il y avait une atmosphère vivante, un esprit aventureux, des gens ingénieux. Le township se vantait de posséder quelques beaux bâtiments mais on pouvait honnêtement le décrire comme un bidonville, le témoignage vivant de la négligence des autorités. Des rues non pavées et boueuses, remplies d'enfants affamés, sous-alimentés, qui couraient partout à demi nus ; la fumée épaisse des braseros et des poêles qui remplissait l'air. Il n'y avait qu'un seul robinet pour plusieurs maisons, et des flaques d'eau stagnante pleines de larves s'étalaient sur le côté de la route. On appelait Alexandra la « ville obscure » à cause de l'absence totale d'électricité. Il était dangereux de rentrer chez soi la nuit car il n'y avait pas de lumière, et des cris, des rires et parfois des coups de feu déchiraient le silence. Une obscurité fort différente de celle du Transkei qui semblait vous envelopper dans une étreinte de bienvenue.

Le township était désespérément surpeuplé ; chaque

mètre carré était occupé soit par une maison délabrée, soit par une cabane au toit de tôle. Comme cela se passe trop souvent dans les endroits de grande pauvreté, les pires éléments étaient au premier plan. La vie ne valait pas cher ; la nuit, le revolver et le couteau faisaient la loi. Les gangsters — les *tsotsis* —, armés de couteaux à cran d'arrêt étaient riches et importants ; à cette époque, ils imitaient les vedettes du cinéma américain et portaient des borsalinos, des costumes croisés et des cravates aux couleurs vives. Les descentes de police rythmaient la vie à Alexandra. Régulièrement, elle arrêtait des quantités de gens pour infraction au *pass*, possession d'alcool ou non-paiement de la taxe individuelle. Presque à chaque coin de rue, il y avait des *shebeens*, des buvettes clandestines où l'on vendait de la bière de fabrication artisanale.

Malgré son aspect infernal, le township d'Alexandra était aussi une sorte de paradis. C'était un des rares endroits du pays où les Africains pouvaient devenir propriétaires et diriger leurs propres affaires, où les gens n'avaient pas à faire de courbettes devant la tyrannie des autorités municipales blanches, une terre promise urbaine, la preuve qu'une partie de notre peuple avait rompu les liens avec les régions rurales pour devenir des habitants permanents de la ville. Le gouvernement, afin de maintenir les Africains à la campagne ou au travail de la mine, soutenait qu'ils formaient par nature un peuple rural, inadapté à la vie citadine. Malgré ses problèmes et ses insuffisances, Alexandra lui apportait un démenti. Sa population, issue de tous les groupes linguistiques africains, était parfaitement adaptée à la vie citadine et politiquement consciente. La vie urbaine tendait à estomper les distinctions tribales et ethniques, et au lieu d'être des Xhosas, des Sothos, des Zoulous ou des Shangaans, nous étions des Alexandriens. Cela créait un sentiment de solidarité qui inquiétait beaucoup les autorités blanches. Vis-à-vis des Africains, le gouvernement avait toujours utilisé la tactique du diviser-pour-régner, et il comptait sur la force des divisions ethniques. Mais dans des endroits comme Alexandra, ces différences s'effaçaient.

Alexandra tient une place de choix dans mon cœur. C'est le premier endroit où j'ai vécu après être parti de chez moi. Plus tard, j'ai habité plus longtemps à Orlando, un quartier de Soweto, qu'à Alexandra et pourtant j'ai toujours considéré Alexandra comme l'endroit où j'étais chez moi sans y avoir de maison, et Orlando comme l'endroit où j'avais une maison mais où je n'étais pas chez moi.

Pendant la première année, j'ai plus appris sur la pauvreté que pendant toute mon enfance à Qunu. J'avais l'impression de ne jamais avoir d'argent et je réussissais à survivre avec de très maigres ressources. Le cabinet d'avocats me payait un salaire de 2 livres par mois, car il avait généreusement refusé l'indemnité que les stagiaires payaient normalement. Avec ces 2 livres, je payais 13 shillings et 4 pence de loyer mensuel pour ma chambre chez les Xhoma. Le moyen de transport le moins cher était le bus « indigène » — réservé aux Africains — qui avec 1,10 livre par mois écornait considérablement mon budget. Je payais aussi des droits à l'université d'Afrique du Sud afin de passer mon diplôme par correspondance. Je dépensais encore un peu plus d'une livre pour ma nourriture. Une partie de mon salaire passait dans quelque chose d'encore plus vital — des bougies, car sans elles, je ne pouvais pas étudier. Je n'avais pas les moyens de m'acheter une lampe à pétrole ; les bougies me permettaient de lire tard la nuit.

Chaque mois, il me manquait inévitablement quelques pence. Très souvent, le matin, je faisais à pied six miles pour descendre en ville et, le soir, six miles pour revenir, afin d'économiser le prix du bus. J'ai souvent passé des journées avec une seule bouchée dans le ventre, et sans vêtements de rechange. Mr. Sidelsky, qui était de la même taille que moi, me donna une fois un de ses vieux costumes et, grâce à de nombreux raccommodages et de nombreuses reprises, je l'ai porté chaque jour pendant près de cinq ans. A la fin, il y avait plus de reprises que de tissu.

Un après-midi que je rentrais à Alexandra par le bus, je me suis assis à côté d'un type de mon âge. C'était un de ces jeunes gens qui portaient des costumes imitant ceux des gangsters américains du cinéma. Je me suis rendu compte que ma veste touchait la sienne. Il l'a remarqué lui aussi et s'est prudemment écarté pour que je ne puisse pas le salir. Quand j'y repense, je trouve que c'était un geste mesquin et comique, mais pénible sur le moment.

Il n'y a pas grand-chose de positif à dire sur la pauvreté, mais elle faisait souvent naître l'amitié. Beaucoup s'empressent autour de vous quand vous êtes riche, mais seules quelques personnes, rares et précieuses, le font quand vous êtes pauvre. Si la richesse est un aimant, la pauvreté est une sorte de repoussoir. Pourtant, quand vous êtes pauvre, les autres vous manifestent souvent une générosité véritable. Un matin, j'ai décidé de descendre en ville à pied pour économiser de l'argent et j'ai aperçu une jeune fille qui avait été avec moi à Fort Hare. Elle s'appelait Phyllis Maseko et elle venait vers moi sur le même trottoir ; j'ai eu honte de mon costume usé jusqu'à la trame et j'ai traversé la rue en espérant qu'elle ne me reconnaîtrait pas. Mais je l'ai entendue qui appelait : « Nelson... Nelson ! » Je me suis arrêté, je suis revenu sur mes pas, en faisant semblant de ne pas l'avoir reconnue. Elle était heureuse de me revoir, mais je me suis aperçu qu'elle observait mon costume râpé. « Nelson, me dit-elle, voici mon adresse, 234 Orlando East. Viens me voir. » J'ai décidé de ne pas m'humilier à nouveau, mais un jour, j'avais besoin d'un bon repas, et je suis allé chez elle. Elle m'a donné à manger sans faire allusion à ma pauvreté, et ensuite j'ai continué à lui rendre visite.

Mon propriétaire, Mr. Xhoma, n'était pas riche, mais c'était une sorte de philanthrope. Chaque dimanche, pendant tout le temps où je lui ai loué une chambre, sa femme et lui m'ont invité à déjeuner, et ces assiettes fumantes de porc et de légumes étaient mon seul repas chaud de la semaine. Quoi que je fasse et où que je sois, je m'arrangeais toujours pour être chez les Xhoma le dimanche. Pendant le reste de la semaine, je me nourrissais de pain et parfois les secrétaires du cabinet m'apportaient à manger.

Je n'étais pas très évolué à l'époque et le mélange de pauvreté et de provincialisme créait des incidents amusants. Un jour, peu de temps après mon installation chez les Xhoma, je revenais de Johannesburg et j'avais très faim. J'avais économisé un peu d'argent et j'ai décidé de me payer de la viande, quelque chose que je n'avais pas mangé depuis longtemps. Il n'y avait pas de boucherie et je suis entré dans une charcuterie, un genre de boutique que je ne connaissais pas avant d'arriver à Johannesburg. Dans la vitrine, j'ai vu un gros morceau de viande appétissante et j'en ai demandé une tranche à l'homme qui se trouvait derrière le comptoir. Il me l'a enveloppée, je l'ai mise sous mon bras, et sur le chemin du retour j'ai rêvé au dîner qui m'attendait.

Quand je suis arrivé dans ma chambre à Alexandra, j'ai appelé une des filles de Mr. Xhoma. Elle n'avait que sept ans, mais elle était astucieuse. Je lui ai dit : « Est-ce que tu veux me prendre ce morceau de viande et demander à une de tes grandes sœurs de me le faire cuire ? » J'ai vu qu'elle essayait de réprimer un sourire mais elle avait trop de respect pour les grands pour rire. Un peu irrité, je lui ai demandé si quelque chose n'allait pas. Très doucement, elle m'a dit : « Cette viande est cuite. » Je lui ai demandé ce qu'elle voulait dire. Elle m'a expliqué que j'avais acheté du jambon fumé et que ça se mangeait comme ça. C'était entièrement nouveau pour moi et plutôt que d'avouer mon ignorance, je lui ai dit que je savais parfaitement qu'il s'agissait de jambon fumé mais je voulais qu'on le réchauffe. Elle savait que je mentais mais elle est partie. La viande fumée avait beaucoup de goût.

A Alexandra j'ai renoué avec Ellen Nkabinde, toujours gaie et pleine d'entrain, que j'avais connue à Healdtown et qui enseignait dans une des écoles du township. En fait, Ellen et moi sommes tombés amoureux. Je ne l'avais pas bien connue à Healdtown et ce n'est qu'en la retrouvant à Alexandra que nos relations se sont développées. Dès que j'avais un moment de libre, je le passais avec

Ellen. C'était difficile d'être seuls tous les deux ; il y avait toujours du monde autour de nous et nous ne savions pas où aller. Nous ne pouvions nous retrouver que dehors, sous le soleil ou les étoiles. Aussi, Ellen et moi nous promenions dans le veld et les collines qui entouraient le township. La plupart du temps, nous nous contentions de marcher, et quand nous en avions le temps, nous faisions un pique-nique.

Ellen était une Swazi et, malgré l'affaiblissement du tribalisme dans le township, un de mes bons amis condamnait notre relation pour des raisons uniquement tribales. C'était quelque chose que je rejetais catégoriquement. Mais nos origines différentes posaient certains problèmes. Mrs. Mabutho, la femme du révérend, ne prêtait pas attention à Ellen, en grande partie parce qu'elle était swazi. Un jour, alors que j'étais chez eux, quelqu'un a frappé et Mrs. Mabutho est allée ouvrir. C'était Ellen qui me cherchait. Mrs. Mabutho lui dit que je n'étais pas là. Plus tard, elle se rappela : « Oh, Nelson, il y a une fille qui te cherchait. » Puis elle ajouta : « Est-ce que ce n'est pas une Shangaan ? » A l'époque, les Shangaans étaient une tribu fière et noble mais on considérait le mot comme péjoratif. Cela m'a froissé et j'ai dit : « Non, ce n'est pas une Shangaan, c'est une Swazi. » Mrs. Mabutho était persuadée que je n'aurais dû sortir qu'avec des filles xhosas.

De tels conseils ne me décourageaient pas. J'aimais et je respectais Ellen et je n'étais pas peu fier de ne pas tenir compte des avis de ceux qui n'étaient pas d'accord. Cette relation représentait pour moi quelque chose de nouveau et je me trouvais audacieux d'être l'ami d'une femme qui n'était pas xhosa. J'étais jeune, un peu perdu dans cette ville, et Ellen ne jouait pas seulement le rôle d'une partenaire sentimentale mais aussi celui d'une mère qui me soutenait, me donnait confiance, force et espoir. Mais au bout de quelques mois, Ellen a déménagé et, tristement, nous nous sommes perdus de vue.

Il y avait cinq filles dans la famille Xhoma, toutes très jolies, mais la plus belle s'appelait Didi. Elle avait à peu près mon âge et pendant presque toute la semaine elle était femme de ménage dans une banlieue blanche de Johannesburg. Quand je suis arrivé dans la maison, je ne la voyais que rarement et brièvement. Mais, plus tard, quand je l'ai mieux connue, je suis tombé amoureux d'elle. Didi me voyait à peine, elle remarquait seulement que je ne possédais qu'un costume rapiécé et une seule cravate et que je n'étais guère différent d'un clochard. Chaque week-end, Didi revenait à Alexandra. Un jeune homme la raccompagnait et je supposais que c'était son petit ami, un type m'as-tu-vu, riche, qui possédait une voiture, quelque chose de rare à l'époque. Il portait des costumes croisés américains très coûteux, des chapeaux à large bord et apportait beaucoup de soin à son apparence. Ce devait être une sorte de gangster mais je ne pouvais en être sûr. Il restait debout dans la cour, les mains dans son gilet, et prenait un air supérieur. Il me saluait très poliment mais je voyais bien qu'il ne me considérait pas comme un rival sérieux.

J'avais envie de dire à Didi que je l'aimais, mais j'avais peur que mes avances ne soient mal reçues. Je n'avais rien d'un Don Juan. Avec les filles, j'étais maladroit et hésitant et je ne connaissais ni ne comprenais rien au jeu de l'amour, que les autres semblaient jouer sans effort. Le week-end, la mère de Didi lui demandait parfois de m'apporter à manger. Didi arrivait à ma porte avec une assiette et je voyais bien que tout ce qu'elle voulait, c'était s'acquitter de sa mission le plus rapidement possible, mais je faisais tout ce que je pouvais pour qu'elle reste un peu. Je lui demandais son opinion sur toutes sortes de choses, je lui posais des questions. « Tu es allée jusqu'à quelle classe ? — Jusqu'en seconde », me répondait-elle. « Pourquoi as-tu arrêté ? — Parce que ça m'ennuyait. — Ah, mais il faut que tu y retournes. Tu as à peu près le même âge que moi, et il n'y a rien de mal à recommencer ses études à cet âge-là. Sinon, tu le regretteras quand tu seras plus vieille. Il faut que tu réfléchisses sérieusement à ton avenir. Tout va bien parce que tu es jeune et belle, et parce que tu as beaucoup d'admirateurs, mais tu as besoin d'avoir une profession indépendante. »

Je me rends compte que ce n'étaient pas les paroles les plus sentimentales qu'un jeune homme pouvait dire à une jeune fille dont il était amoureux, mais en dehors de ça, je ne savais pas de quoi lui parler. Elle m'écoutait avec sérieux, et je voyais bien qu'en réalité je ne l'intéressais pas, qu'elle se sentait même un peu supérieure à moi.

Je voulais me déclarer mais je refusais de le faire parce que je n'étais pas certain qu'elle me dirait oui. Je l'aimais mais je ne voulais pas lui donner la satisfaction de me repousser. Je ne renonçais pas à elle mais j'étais timide et hésitant. En amour, contrairement à la politique, en général la prudence n'est pas une vertu. Je n'étais pas assez confiant pour penser que je pouvais réussir ni assez solide pour supporter l'idée d'un échec.

Je suis resté environ un an dans cette maison, et à la fin, je n'ai rien dit de mes sentiments. Didi ne s'intéressait pas moins à son petit ami et pas plus à moi. J'ai fait mes adieux en la remerciant pour son amitié et pour l'hospitalité de sa famille. Je n'ai pas revu Didi pendant des années. Un jour, alors que j'étais avocat à Johannesburg, une jeune femme et sa mère sont entrées dans mon bureau. La jeune femme avait un enfant et son petit ami ne voulait pas l'épouser, et elle voulait le poursuivre en justice. Cette jeune femme était Didi, mais une Didi devenue décharnée et vêtue d'une robe aux couleurs passées. J'étais désespéré de la voir ainsi et je me disais que les choses auraient pu tourner différemment. Finalement, elle a renoncé à son procès et je ne l'ai jamais revue.

Malgré mes faiblesses sur le plan sentimental, je me suis progressivement adapté à la vie dans le township, et j'ai commencé à prendre conscience d'une certaine force intérieure, à croire que je pouvais très bien me débrouiller en dehors du monde dans lequel j'avais grandi. J'ai découvert lentement que je ne devais pas compter sur mon appartenance à la famille royale ni sur son soutien pour avancer et j'ai noué des relations avec des gens qui ignoraient mon ascendance royale ou que cela n'intéressait pas. J'avais mon propre chez-moi, aussi humble soit-il, et je sentais naître en moi la confiance et l'indépendance nécessaires pour voler de mes propres ailes.

A la fin de 1941, on m'a prévenu que le régent se trouvait à Johannesburg et qu'il voulait me voir. J'étais inquiet mais je savais que je devais le rencontrer et, en fait, j'en avais envie. Il habitait au quartier général de la WNLA, la Witwatersrand Native Labor Association, l'agence de recrutement des mineurs dans le Reef.

Le régent m'a semblé beaucoup changé, ou peut-être était-ce moi qui avais changé. Il n'a pas parlé de ma fuite, du mariage arrangé qui n'aurait pas lieu ni de Fort Hare. Il s'est montré gentil et attentif, en m'interrogeant d'un ton paternel sur mes études et mes projets. Il a reconnu que ma vie prenait un bon départ et qu'elle serait différente de ce qu'il avait imaginé pour moi. Il n'a pas essayé de me dissuader et je lui ai été reconnaissant qu'il m'ait dit de façon implicite que je n'étais plus à sa charge.

Ma rencontre avec le régent a eu un double effet. Je m'étais réhabilité à mes propres yeux et en même temps j'avais retrouvé l'estime que j'avais eue pour lui et pour la famille royale thembu. J'étais devenu indifférent à mes anciennes relations, une attitude que j'avais adoptée en partie pour justifier ma fuite et en partie pour soulager la douleur que me faisait éprouver la séparation avec un monde que j'aimais et que j'estimais. Il était rassurant de retrouver la chaude étreinte du régent.

Si le régent semblait satisfait de moi, il était très mécontent de Justice et disait qu'il devait retourner à Mqhekezweni. Justice avait une liaison avec une jeune femme et je savais qu'il n'avait pas l'intention de rentrer. Après le départ du régent, Bangindawo, un de ses chefs, avait intenté un procès à Justice, et j'ai accepté d'aider celui-ci quand il a été convoqué devant le commissaire aux Affaires indigènes. A l'audition, j'ai fait valoir que Justice était adulte et qu'il n'était pas dans l'obligation de rentrer à Mqhekezweni simplement parce que son père lui en donnait l'ordre. Quand Bangindawo a pris la parole, il n'a pas répondu à mon argument mais il a essayé de jouer sur ma propre loyauté. Il m'a appelé

Madiba, mon nom de clan, ce qui était bien calculé pour réveiller mon héritage thembu. « Madiba, a-t-il dit, le roi s'est occupé de toi, il t'a éduqué et traité comme son propre fils. Maintenant tu veux écarter son fils de lui. C'est contraire aux souhaits de l'homme qui a été ton tuteur fidèle et contraire au chemin qui a été tracé pour Justice. »

Le discours de Bangindawo m'a profondément touché. Justice avait effectivement une destinée différente de la mienne. C'était un fils de chef, et un futur chef lui-même. Après l'audience, j'ai dit à Justice que j'avais changé d'avis, et que je pensais qu'il devait rentrer. Ma réaction l'a dérouté mais il a refusé de m'écouter. Il a décidé de rester et a dû parler de mon conseil à sa petite amie parce que ensuite elle ne m'a plus jamais adressé la parole.

Au début de 1942, afin d'économiser de l'argent et d'être plus près du centre ville, j'ai quitté la chambre à l'arrière de la maison des Xhoma pour aller à la WNLA. J'étais aidé par Mr. Festile, l'*induna* de la Chambre des Mines qui, de nouveau, jouait un rôle capital dans ma vie. De sa propre initiative, il avait décidé de me loger gratuitement à la WNLA.

Il s'agissait d'une communauté multiethnique et polyglotte de l'Afrique du Sud urbaine et moderne. Il y avait là des Sothos, des Tswanas, des Vendas, des Zoulous, des Pedis, des Shangaans, des hommes originaires du Sud-Ouest africain [1], des Mozambicains, des Swazis et des Xhosas. Très peu parlaient anglais et la *lingua franca* était un mélange de beaucoup de langues connu sous le nom de fanagalo. J'y ai vu non seulement l'explosion de violences ethniques mais qu'une bonne entente semblait aussi possible entre hommes venant d'horizons différents. Pourtant, j'étais comme un chien dans un jeu de quilles. Au lieu de passer mes journées sous terre comme les mineurs, j'étudiais ou je travaillais dans un cabinet

---

1. L'actuelle Namibie. *(N.d.T.)*

d'avocats où ma seule activité physique consistait à faire les courses ou à ranger des dossiers dans un classeur.

WNLA était une étape pour les chefs en visite, et j'avais le privilège de rencontrer des chefs de tribu venant de toute l'Afrique du Sud. Je me souviens d'avoir rencontré la reine du Basutoland, Mantsebo Moshweshwe. Elle était accompagnée de deux chefs qui connaissaient tous deux le père de Sabata, Jongilizwe. Je leur ai demandé de me parler de lui et pendant une heure, alors qu'ils me racontaient des histoires sur son enfance, j'ai eu l'impression d'être revenu au Thembuland.

La reine m'avait remarqué et, à un moment, elle s'est adressée à moi, mais elle parlait sesotho, une langue dont je ne connaissais que quelques mots. Le sesotho est la langue des Sothos ainsi que des Tswanas, dont un grand nombre vit au Transvaal et dans l'Etat libre d'Orange. Elle m'a regardé d'un air incrédule puis elle a dit en anglais : « Quel genre d'avocat et de chef espères-tu être si tu ne connais pas la langue de ton propre peuple ? » Je n'ai rien trouvé à répondre. La question m'embarrassait et me ramenait sur terre ; elle me faisait prendre conscience de mon provincialisme et de mon manque de préparation pour me mettre au service de mon peuple. Sans m'en rendre compte je m'étais laissé prendre dans les divisions ethniques entretenues par le gouvernement blanc et je ne savais même pas parler à mes parents et à mes amis. Sans langue commune, on ne peut parler à un peuple ou le comprendre ; on ne peut partager ses espoirs et ses aspirations, saisir son histoire, apprécier sa poésie et ses chansons. Je me suis à nouveau aperçu que nous n'étions pas des peuples différents avec des langues différentes ; nous ne formions qu'un peuple avec des langues différentes.

Moins de six mois après la visite du régent, Justice et moi avons appris sa mort, au cours de l'hiver 1942. Il m'avait semblé fatigué et sa mort n'a pas été une grande surprise. Nous avons appris la nouvelle dans le journal parce que le télégramme qui avait été envoyé à Justice s'était perdu. Nous sommes descendus aussitôt dans le

Transkei, où nous sommes arrivés le lendemain de son enterrement.

Bien que très déçu d'avoir raté les obsèques du régent, j'étais intérieurement heureux de m'être réconcilié avec lui avant sa mort. Mais je me sentais quand même coupable. J'avais toujours su, même quand j'étais brouillé avec lui, que tous mes amis pouvaient m'abandonner, mes plans échouer, mes espoirs s'effondrer, mais que le régent, lui, ne m'abandonnerait jamais. Et pourtant je l'avais repoussé, et je me demandais si ma fuite avait hâté sa fin.

Ainsi disparaissait un homme éclairé et tolérant qui avait atteint l'objectif qui marque le règne de tous les grands leaders : il avait préservé l'unité de son peuple. Gens de gauche et conservateurs, traditionalistes et réformateurs, cols blancs et mineurs, tous étaient restés loyaux à son égard, non parce qu'ils étaient toujours d'accord avec lui mais parce qu'il écoutait et respectait toutes les opinions.

Après l'enterrement, j'ai passé près d'une semaine à Mqhekezweni, des jours de souvenirs et de redécouverte. Rien ne vaut le retour dans un endroit qui n'a pas changé pour découvrir combien on a soi-même, changé. La demeure royale continuait comme auparavant, pas très différente du temps où j'y étais enfant. Mais je me rendais compte que mes idées et ma conception du monde avaient évolué. Je n'étais plus attiré par une carrière de fonctionnaire ou d'interprète au ministère des Affaires indigènes. Je ne considérais plus que mon avenir était lié au Thembuland et au Transkei. On m'a même fait comprendre que mon xhosa n'était plus aussi pur et qu'il subissait maintenant l'influence du zoulou, une des langues dominantes du Reef. Ma vie à Johannesburg, mes contacts avec des hommes comme Gaur Radebe, ce que j'avais vécu au cabinet, tout cela avait radicalement modifié ce que je croyais. Je revoyais le jeune homme qui avait quitté Mqhekezweni alors qu'il n'était qu'un garçon naïf et provincial qui ne connaissait pas grand-chose du monde. Maintenant, je croyais voir les choses comme elles étaient. Cela aussi, bien sûr, était une illusion.

Ma tête et mon cœur étaient toujours en conflit. Mon cœur me disait que j'étais un Thembu, qu'on m'avait élevé et envoyé à l'école afin que je joue un rôle spécifique dans la continuation de la monarchie. N'avais-je aucune obligation envers les morts ? Envers mon père qui m'avait confié au régent ? Envers le régent lui-même qui s'était occupé de moi comme un père ? Mais ma tête me disait que chaque homme avait le droit d'organiser son avenir comme il l'entendait et de choisir sa vie. N'avais-je pas le droit de décider seul ?

La situation de Justice était différente de la mienne, et après la mort du régent de nouvelles et importantes responsabilités lui incombaient. Il devait succéder au régent comme chef de Mqhekezweni et il avait décidé de rester pour faire valoir son droit de naissance. Je devais retourner à Johannesburg et je ne pouvais même pas attendre son installation. En xhosa, on dit : « *Ndiwelimilambo enamagama.* » (J'ai traversé de grands fleuves.) Cela veut dire qu'on a parcouru de longues distances, qu'on en a retiré une grande expérience et qu'on y a gagné une certaine sagesse. C'est à cela que je pensais en rentrant à Johannesburg. Depuis 1934, j'avais traversé des fleuves importants dans mon pays : la Mbashe et le Grand Kei pour aller à Healdtown ; l'Orange et le Vaal pour aller à Johannesburg. Mais il me restait beaucoup de fleuves à traverser.

A la fin de 1942, j'ai passé l'examen final pour ma licence. J'avais enfin atteint ce rang que j'avais considéré autrefois comme tellement élevé. J'étais fier d'avoir obtenu mon diplôme, mais je savais aussi qu'en lui-même il ne représentait ni un talisman ni un passeport pour la réussite.

Au cabinet, j'étais devenu très ami avec Gaur, à la grande exaspération de Mr. Sidelsky. Gaur prétendait que l'éducation était essentielle pour nos progrès mais il faisait remarquer qu'aucun peuple ni aucune nation ne s'était jamais libéré par la seule éducation. « L'éducation, c'est parfait, disait Gaur, mais si nous devons compter dessus, nous devrons attendre mille ans pour obtenir notre liberté. Nous sommes pauvres, nous avons peu d'instituteurs et encore moins d'écoles. Nous n'avons même pas le pouvoir de nous éduquer nous-mêmes. »

Gaur croyait qu'il valait mieux trouver des solutions que produire des théories. Il affirmait que, pour les Africains, le moteur du changement était l'African National Congress ; sa politique offrait la meilleure voie pour conquérir le pouvoir en Afrique du Sud. Il insistait sur la longue histoire de l'ANC dans sa demande de changement, et il faisait remarquer que l'ANC était la plus ancienne organisation nationale africaine du pays, puisque sa fondation remontait à 1912. Sa constitution dénonçait le racisme, ses présidents avaient appartenu à différents groupes tribaux, et l'ANC défendait l'idée que tous les habitants de l'Afrique du Sud devaient être des citoyens à part entière.

Malgré des lacunes dans sa formation, Gaur m'était supérieur dans presque tous les domaines de la connaissance. Pendant la pause du déjeuner, il me faisait souvent des conférences improvisées ; il me prêtait des livres, me recommandait des gens avec qui parler, des réunions auxquelles je devais assister. J'avais suivi des cours d'histoire contemporaine à Fort Hare et, si je connaissais beaucoup de faits, Gaur, lui, était capable d'expliquer les causes des événements particuliers, les raisons pour lesquelles les hommes et les nations avaient agi ainsi. J'avais l'impression d'étudier à nouveau l'histoire.

Ce qui me faisait l'impression la plus profonde, c'était l'engagement total de Gaur dans la lutte de libération. Il vivait et respirait la recherche de la liberté. Parfois, Gaur assistait à plusieurs meetings dans la même journée, où il était un des principaux orateurs. Il ne semblait penser qu'à la révolution.

Je l'accompagnais aux meetings du Conseil consultatif du township et à ceux de l'ANC. J'y allais en tant qu'observateur, pas en tant que participant, car je ne pense pas y avoir jamais parlé. Je voulais comprendre les questions dont on débattait, j'évaluais les arguments, je voyais l'envergure des hommes impliqués. Les réunions

du Conseil consultatif étaient superficielles et bureau-
cratiques mais, dans celles de l'ANC, il y avait des débats
et des discussions animés sur le Parlement, les lois sur le
pass, les loyers, le tarif des bus — tous les sujets qui
concernaient les Africains.

En août 1943, j'ai défilé avec Gaur et 10 000 autres
personnes pour soutenir le boycott des bus d'Alexandra,
une manifestation de protestation contre l'augmentation des tarifs de 4 à 5 pence. Gaur était un des responsables et je l'observais en pleine action. Cette campagne
a eu un grand effet sur moi. De façon modeste, j'avais
quitté mon rôle d'observateur pour devenir participant.
Je trouvais que défiler avec les siens était exaltant et
encourageant. Mais j'ai aussi été impressionné par l'efficacité : après neuf jours, pendant lesquels les autobus
ont circulé à vide, la compagnie a remis les tarifs à 4
pence.

Au cabinet, je ne m'intéressais pas qu'aux idées de
Gaur. Je parlais avec Hans Muller, un agent immobilier
blanc qui travaillait avec Mr. Sidelsky. C'était l'homme
d'affaires typique qui voyait le monde à travers le prisme
de l'offre et de la demande. Un jour, Mr. Muller a tendu le
doigt vers la fenêtre. « Regardez, Nelson, m'a-t-il dit.
Vous voyez ces hommes et ces femmes qui descendent et
remontent la rue en courant ? Qu'est-ce qu'ils poursui-
vent ? Pourquoi est-ce qu'ils travaillent aussi fiévreuse-
ment ? Je vais vous le dire : tous sans exception recherchent la richesse et l'argent. Parce que la richesse et
l'argent, c'est le bonheur. C'est pour cela que vous devez
vous battre : l'argent et rien que l'argent. Quand vous
aurez assez d'argent, vous ne voudrez rien d'autre dans
la vie. »

William Smith, un métis qui travaillait dans l'immo-
bilier pour les Africains, venait souvent au cabinet.
C'était un vétéran de l'ICU (Industrial and Commercial
Workers Union [1]), le premier syndicat noir d'Afrique du
Sud, fondé par Clements Kadalie, mais ses conceptions

---

1. Syndicat des travailleurs du commerce et de l'industrie. *(N.d.T.)*

avaient dramatiquement changé à cette époque. « Nelson, me disait-il, j'ai fait de la politique pendant longtemps et je regrette chaque minute que j'y ai consacrée. J'ai perdu les meilleures années de ma vie en efforts inutiles au service d'hommes vains et égoïstes qui plaçaient leurs intérêts au-dessus de ceux des gens qu'ils prétendaient servir. D'après moi, la politique, ce n'est qu'un racket pour voler de l'argent aux pauvres. »

Mr. Sidelsky ne participait pas à ces discussions. Il semblait considérer qu'on perdait autant de temps à parler de politique qu'à en faire. Il me conseillait continuellement de m'en méfier et me mettait en garde contre Gaur et Walter Sisulu. « Ces hommes vont vous empoisonner l'esprit, me disait-il. Nelson, vous voulez être avocat, hein ? » Je disais : « Oui. — Et si vous êtes avocat, vous voulez réussir, hein ? » A nouveau, je disais : « Oui. — Alors, si vous faites de la politique, votre activité professionnelle va en souffrir. Vous aurez des problèmes avec les autorités qui sont souvent des alliés dans le travail. Vous perdrez tous vos clients, vous ferez faillite, vous ferez le malheur de votre famille et vous finirez en prison. Voilà ce qui vous arrivera, si vous faites de la politique. »

J'écoutais tout le monde et j'évaluais soigneusement les conceptions. Tous les arguments avaient des mérites. Je penchais déjà vers une sorte d'engagement politique mais je ne savais ni quoi ni comment, et je restais sur le bas-côté à hésiter.

En ce qui concernait ma profession, Gaur ne se contentait pas de me donner des conseils. Un jour, au début de 1943, alors que j'étais au cabinet depuis près de deux ans, il m'a pris à part et m'a dit : « Mon vieux, tant que je suis au cabinet, ils ne te nommeront jamais stagiaire, que tu aies ou non un diplôme. » J'ai été effrayé et j'ai dit à Gaur que ça ne pouvait être vrai, puisqu'il ne se destinait pas à être avocat. « Ça ne fait aucune différence, Nelson, a-t-il continué. Ils se diront : "Nous avons Gaur, il sait parler de droit aux gens, pourquoi est-ce qu'on aurait besoin de quelqu'un d'autre ? Gaur nous ramène déjà des clients." Mais ils ne te le diront pas en

face, ils vont simplement retarder la décision et gagner
du temps. Il est important pour l'avenir de notre lutte
dans ce pays que tu deviennes avocat, alors je vais quitter
le cabinet et ouvrir ma propre agence immobilière.
Quand je serai parti, ils n'auront pas d'autre choix que de
te nommer. »

Je l'ai supplié de ne pas démissionner, mais il est resté
inébranlable. Quelques jours plus tard, il a donné sa
démission à Mr. Sidelsky, et ce dernier m'a nommé stagiaire comme il l'avait promis. Je suis incapable de dire
si l'absence de Gaur avait un rapport direct, mais sa
démission a été un exemple supplémentaire de sa générosité.

Au début de 1943, après avoir passé mon examen à
l'UNISA, je suis retourné à Fort Hare pour la remise de
mon diplôme. Avant de partir, j'ai décidé de me payer un
costume correct. Il a fallu que j'emprunte de l'argent à
Walter Sisulu. J'avais eu un costume neuf la première
fois que j'étais allé à Fort Hare, acheté par le régent, et
maintenant j'en aurais encore un neuf pour y retourner.
J'ai emprunté le costume universitaire à Randall
Phethemi, un ami étudiant.

Mon neveu, K.D. Matanzima, qui avait obtenu son
diplôme quelques années auparavant, a conduit ma
mère et No-England, la veuve du régent, en voiture à la
cérémonie. J'étais heureux que ma mère soit là, mais la
présence de No-England faisait comme si le régent lui-
même avait béni l'événement.

Ensuite, j'ai passé quelques jours avec Daliwonga (le
nom de clan de K.D, par lequel je l'appelais), chez lui à
Qamata. Daliwonga avait déjà choisi la voie de la chefferie traditionnelle. Il devait devenir le chef des Thembus
émigrants qui résidaient dans la partie ouest du Transkei
et dans le temps que je passai avec lui il me pressa de
revenir à Umtata après être devenu avocat. « Pourquoi
restes-tu à Johannesburg ? m'a-t-il dit. C'est ici qu'on a
besoin de toi. »

C'était juste : il y avait sans doute plus d'Africains
diplômés dans le Transvaal que dans le Transkei. J'ai

répondu à Daliwonga que sa suggestion était prématurée. Mais au fond de moi, je savais que je me dirigeais vers un engagement différent. Grâce à mon amitié avec Gaur et avec Walter, je commençais à comprendre que mon devoir était envers mon peuple dans son ensemble et pas simplement une partie ou une branche de ce peuple. Je sentais que tous les courants de ma vie m'entraînaient loin du Transkei et vers ce qui ressemblait au centre, un endroit où les loyautés régionales et ethniques cédaient la place à un but commun.

La remise des diplômes à Fort Hare m'offrit un moment d'introspection et de réflexion. J'ai été violemment frappé par la différence qui existait entre mes suppositions anciennes et la réalité qui s'offrait à moi. J'avais abandonné l'idée que les diplômés devenaient automatiquement des leaders et mes liens avec la famille royale thembu me garantissaient le respect. Avoir un bon salaire et réussir ma carrière n'étaient plus mes buts ultimes. Je me trouvais entraîné dans l'univers de la politique parce que mes anciennes idées ne me satisfaisaient plus.

A Johannesburg, je fréquentais des milieux où le sens commun et l'expérience pratique étaient plus importants que les hautes qualifications universitaires. Même au moment où je recevais mon diplôme, je m'étais rendu compte que presque tout ce que j'avais appris à l'université était peu adapté à mon nouvel environnement. A l'université, les professeurs se méfiaient de sujets comme l'oppression raciale, le manque de possibilités pour les Africains, et l'ensemble de lois et de règlements qui asservissaient l'homme noir. Mais dans ma vie à Johannesburg, il s'agissait de choses que j'affrontais quotidiennement. Personne ne m'avait jamais dit comment repousser les maux des préjugés raciaux et je devais apprendre seul par la méthode des essais et des erreurs.

Quand je suis revenu à Johannesburg, au début de 1943, je me suis inscrit à l'université du Witwatersrand pour un LLB, un diplôme de bachelier en droit, la formation universitaire pour être avocat. L'université du

Witwatersrand, connue sous le nom de « Wits », se trouve à Braamfontein, au nord de Johannesburg, et beaucoup la considèrent comme la meilleure université de langue anglaise en Afrique du Sud.

Le travail au cabinet me permettait pour la première fois d'être régulièrement en contact avec des Blancs et l'université me permit d'entrer dans un groupe de Blancs de mon âge. A Fort Hare nous avions des contacts occasionnels avec des étudiants blancs de la Rhodes University de Grahamstown, mais à Wits, j'étais en cours avec des étudiants blancs. Cela était aussi nouveau pour eux que pour moi car j'étais le seul étudiant africain de la faculté de droit.

Les universités de langue anglaise d'Afrique du Sud favorisaient le développement d'idées avancées et elles acceptaient des étudiants noirs. Pour les universités de langue afrikaans, une telle chose était impensable.

Malgré les valeurs libérales de l'université, je ne m'y suis jamais senti vraiment à l'aise. Etre toujours le seul Africain, à part le personnel de service, être considéré au mieux comme une curiosité, au pire comme un intrus, n'est pas une expérience très agréable. Je restais prudent et je rencontrais aussi bien la générosité que l'animosité. Je devais découvrir un petit groupe de Blancs sympathiques avec lesquels je deviendrais ami et plus tard collègue, mais la plupart des Blancs de Wits n'étaient pas ouverts, ni indifférents à la couleur de la peau. Un jour, je suis arrivé en retard de quelques minutes à une conférence et je me suis assis à côté de Sarel Tighy, un étudiant qui plus tard est devenu député de l'United Party. La conférence avait déjà commencé et il restait très peu de places libres, mais il a ramassé ses affaires et est allé s'asseoir loin de moi. Ce type de comportement était plutôt la règle que l'exception. Personne ne prononçait le mot « kaffir » ; l'hostilité restait muette mais je la ressentais tout autant.

Notre professeur de droit, Mr. Hahlo, était un intellectuel strict qui ne tolérait pas beaucoup l'indépendance de ses étudiants. Il avait une curieuse conception du droit quand on en est arrivé aux femmes et aux Africains : ni les uns ni les autres, a-t-il dit, ne pouvaient devenir avocats. Il considérait que la loi était une science sociale et que les femmes et les Africains n'étaient pas suffisamment disciplinés pour en maîtriser les complexités. Il m'a dit une fois que je n'aurais pas dû être à Wits mais que j'aurais dû suivre des cours par correspondance à l'UNISA. Je n'étais pas d'accord avec lui mais je ne faisais pas grand-chose pour le contredire. Mes résultats en tant qu'étudiant en droit étaient fort médiocres.

A Wits, j'ai rencontré beaucoup de gens qui sont devenus des camarades, qui ont partagé avec moi les hauts et les bas de la lutte de libération et sans qui je ne serais pas arrivé à grand-chose. De nombreux étudiants blancs ont changé leurs habitudes pour essayer que je me sente le bienvenu. Au cours du premier trimestre à Wits, j'ai rencontré Joe Slovo et sa future épouse, Ruth First. A cette époque-là comme aujourd'hui, Joe a toujours été un des esprits les plus vifs et les plus mordants que j'ai rencontrés. C'était un communiste convaincu, et il était connu pour ses soirées animées. Ruth avait une personnalité très ouverte et était un écrivain de talent. Tous deux étaient les enfants de juifs immigrés en Afrique du Sud. J'ai noué des amitiés éternelles avec George Bizos et Bram Fischer. George, fils d'immigrés grecs, combinait une nature sympathique et un esprit incisif. Bram Fischer, maître assistant, était le descendant d'une famille afrikaner distinguée : son grand-père avait été Premier ministre de la colonie d'Orange, et son père, juge-président de l'Etat libre d'Orange. Il aurait pu finir Premier ministre d'Afrique du Sud mais il est devenu un des amis les plus courageux et les plus résolus de la lutte de libération. Je me suis lié avec Tony O'Dowd, Harold Wolpe, Jules Brawde et sa femme Selma, qui étaient tous des extrémistes, membres du Parti communiste.

Je suis également devenu l'ami d'un certain nombre d'étudiants indiens. A Fort Hare, il y en avait une poignée, mais ils habitaient dans une résidence séparée et je n'ai eu que de rares contacts avec eux. A Wits j'ai connu et je me suis lié avec Ismail Meer, J.N. Singh, Ahmed Bhoola, Ramlal Bhoolia. Le centre de cette communauté était l'appartement d'Ismail, le numéro 13 dans Kholvad House, quatre pièces dans un immeuble résidentiel du centre ville. Nous y avons étudié, parlé et même dansé jusqu'au petit matin et l'appartement est devenu une sorte de quartier général des jeunes combattants de la liberté. J'y dormais quand il était trop tard pour attraper le dernier train pour Orlando.

Brillant et sérieux, Ismail Meer était né au Natal et, à la faculté de droit de Wits, il est devenu un des principaux membres du Transvaal Indian Congress. J.N. Singh était un garçon beau et populaire, à l'aise avec les gens de toutes couleurs et membre lui aussi du Parti communiste. Un jour, Ismail, J.N, et moi-même, nous nous dépêchions pour rentrer à Kholvad House, et nous sommes montés dans le tram autorisé aux Indiens mais interdit aux Africains. Nous n'étions pas là depuis longtemps quand le conducteur a dit en afrikaans à Ismail et à J.N, que leur « ami kaffir » n'avait pas le droit d'être là. Ismail et J.N, se sont mis en colère et lui ont répondu qu'il ne comprenait même pas le mot « kaffir » et que c'était insultant à mon égard. Le conducteur a immédiatement arrêté le tram et appelé un policier, qui nous a interpellés, conduits au poste et inculpés. On nous a donné l'ordre de nous présenter au tribunal le lendemain. Le soir, Ismail et J.N, ont demandé à Bram Fischer de nous défendre. Le lendemain, le juge semblait avoir peur des relations familiales de Bram. On nous a rapidement acquittés et j'ai vu en direct que la justice n'était pas du tout aveugle.

Wits m'a ouvert un nouveau monde, un monde d'idées, de convictions politiques et de débats, un monde où les gens se passionnaient pour la politique. J'étais parmi des intellectuels blancs et indiens de ma génération, de jeunes hommes qui formeraient l'avant-garde des mouvements politiques les plus importants des prochaines années. Je découvrais pour la première fois des gens de mon âge engagés fermement dans la lutte de libération, disposés, malgré leur situation relativement privilégiée, à se sacrifier pour la cause des opprimés.

TROISIÈME PARTIE

La naissance d'un combattant
de la liberté

11

Je suis incapable d'indiquer exactement le moment où je suis devenu politisé, le moment où j'ai su que je consacrerais ma vie à la lutte de libération. Etre Africain en Afrique du Sud signifie qu'on est politisé à l'instant de sa naissance, qu'on le sache ou non. Un enfant africain naît dans un hôpital réservé aux Africains, il rentre chez lui dans un bus réservé aux Africains, il vit dans un quartier réservé aux Africains, et il va dans une école réservée aux Africains, si toutefois il va à l'école.

Quand il grandit, il ne peut occuper qu'un emploi réservé aux Africains, louer une maison dans un township réservé aux Africains, voyager dans des trains réservés aux Africains et on peut l'arrêter à n'importe quelle heure du jour ou de la nuit pour lui donner l'ordre de présenter un *pass*, et s'il ne peut pas, on le jette en prison. Sa vie est circonscrite par les lois et les règlements racistes qui mutilent son développement, affaiblissent ses possibilités et étouffent sa vie. Telle était la réalité et on pouvait l'affronter de milliers de façons.

Je n'ai pas connu d'instant exceptionnel, pas de révélation, pas de moment de vérité, mais l'accumulation régulière de milliers d'affronts, de milliers d'humiliations, de milliers d'instants oubliés, a créé en moi une colère, un esprit de révolte, le désir de combattre le système qui emprisonnait mon peuple. Il n'y a pas eu de jour particulier où j'aurais dit : à partir de maintenant je vais me consacrer à la libération de mon peuple ; à la place je me suis simplement retrouvé en train de le faire sans pouvoir m'en empêcher.

J'ai mentionné beaucoup de gens qui m'ont influencé mais j'étais de plus en plus sous la tutelle prudente de Walter Sisulu. Walter était fort et raisonnable, pratique et dévoué. Il ne perdait jamais la tête dans une crise ; il restait souvent silencieux quand les autres criaient et hurlaient. Il croyait que l'ANC était un moyen pour créer des changements en Afrique du Sud, une organisation dépositaire des espoirs et des aspirations des Noirs. Parfois, on peut juger un mouvement par les gens qui y appartiennent, et je savais que je serais fier d'appartenir à celui auquel appartenait Walter. A l'époque, on avait peu de choix. L'ANC était la seule organisation qui accueillait tout le monde, qui se considérait comme un grand parapluie sous lequel tous les Africains pouvaient trouver refuge.

Le changement était dans l'air dans les années 40. La charte de l'Atlantique de 1941, signée par Roosevelt et Churchill, réaffirmait la dignité de chaque être humain et soutenait tout un ensemble de principes démocratiques. Certains en Occident considéraient cette charte comme une coquille vide, mais pas nous en Afrique. En s'inspirant de la charte de l'Atlantique et du combat des Alliés contre la tyrannie et l'oppression, l'ANC a rédigé sa propre charte, intitulée « les Revendications des Africains », qui réclamait la citoyenneté pour tous, le droit d'acheter de la terre, et l'abrogation de toute législation discriminatoire. Nous espérions que le gouvernement et les Sud-Africains ordinaires verraient que les principes pour lesquels ils combattaient en Europe étaient les mêmes que ceux que nous défendions chez nous.

La maison de Walter, à Orlando, était la Mecque des militants et des membres de l'ANC. C'était un endroit chaleureux et accueillant et j'y allais souvent pour goûter à une discussion ou à la cuisine de MaSisulu. Un soir, en 1943, j'y ai rencontré Anton Lembede et A.P. Mda. Dès que j'ai entendu parler Lembede, j'ai su qu'il s'agissait d'une personnalité au grand magnétisme avec une pensée originale et souvent stupéfiante. C'était un des rares avocats africains de toute l'Afrique du Sud et il était l'associé du vénérable Dr. Pixley ka Seme, un des fondateurs de l'ANC.

Lembede disait que l'Afrique était un continent d'hommes noirs et que les Africains devaient s'affirmer de nouveau et réclamer ce qui leur appartenait de droit. Il ne supportait pas l'idée du complexe d'infériorité des Noirs et fustigeait ce qu'il appelait l'adoration et l'idolâtrie de l'Occident et de ses idées. Il ne cessait de répéter que ce complexe d'infériorité était le plus grand obstacle à la libération. Il faisait remarquer qu'à chaque fois qu'un Africain avait les mêmes possibilités, il était capable d'arriver aux mêmes résultats que l'homme blanc, et il citait des héros africains comme Marcus Garvey, W.E.B. Du Bois et Hailé Sélassié. « La couleur de ma peau est belle, disait-il, comme la terre noire de ma mère Afrique. » Il croyait que les Noirs devaient améliorer leur image avant d'engager des actions de masse qui puissent réussir. Il prêchait la confiance en soi et l'autodétermination, et il appelait sa philosophie l'africanisme. Nous étions sûrs qu'un jour il dirigerait l'ANC.

Lembede déclarait qu'un esprit nouveau était en train de naître dans le peuple, que les différences ethniques s'estompaient, que les jeunes gens et les jeunes filles se considéraient d'abord et avant tout comme des Africains, pas comme des Xhosas, des Ndebeles ou des Tswanas. Lembede, dont le père était un paysan zoulou illettré du Natal, avait suivi des cours pour être instituteur à Adam's College, un établissement du Conseil américain des missions. Il avait enseigné pendant des années dans l'État libre d'Orange, avait appris l'afrikaans et avait fini par considérer le nationalisme afrikaner comme un modèle pour le nationalisme africain.

Comme l'écrivit plus tard Lembede dans *Inkundla ya Bantu*, un journal africain du Natal :

> L'histoire des Temps modernes est l'histoire du nationalisme. Le nationalisme a été mis à l'épreuve dans les luttes des peuples et dans le feu des batailles, et s'est révélé comme le seul antidote au gouvernement étranger et à l'impérialisme moderne. C'est pour cette raison que les grandes puissances impérialistes s'efforcent fébrilement, avec tout leur pouvoir, de décourager et d'éradiquer toute tendance nationaliste chez leurs sujets étrangers ; pour cette raison, des sommes d'argent fantastiques sont dépensées à profusion en propagande contre le nationalisme méprisé parce que réputé « étroit », « barbare », « inculte », « démoniaque », etc. Certains sujets étrangers sont dupes de cette propagande sinistre et en conséquence deviennent les outils ou les instruments de l'impérialisme qui vante leurs services avec des épithètes telles que « cultivés », « ouverts », « progressistes », « libéraux », etc.

Les conceptions de Lembede faisaient vibrer une corde en moi. Moi aussi, j'avais été sensible au paternalisme du colonialisme britannique et à l'affirmation que les Blancs nous considéraient comme « cultivés », « progressistes » et « civilisés ». J'étais déjà attiré dans l'élite noire que les Britanniques cherchaient à créer en Afrique. C'était ce que tout le monde, du régent à Mr. Sidelsky, avait souhaité pour moi. Mais il s'agissait d'une illusion. Comme Lembede, j'ai fini, moi aussi, par voir l'antidote dans le nationalisme militant africain.

L'ami et l'associé de Lembede était Peter Mda, qu'on appelait A.P. Alors que Lembede avait tendance à l'imprécision et au verbiage, Mda était équilibré et exact. Lembede pouvait rester vague et mystique, Mda était précis et scientifique. La nature pratique de Mda ouvrait une voie parfaite à l'idéalisme de Lembede.

D'autres jeunes pensaient les mêmes choses et nous nous réunissions pour en parler. En plus de Lembede et de Mda, il y avait Walter Sisulu, Oliver Tambo, le Dr. Lionel Majombozi, Victor Mbobo, mon ancien professeur de Healdtown, William Nkomo, un étudiant en médecine, membre du Parti communiste, Jordan Ngubane, un journaliste du Natal qui travaillait pour *Inkundla* et pour le *Bantu World*, le plus fort tirage des journaux africains, David Bopape, secrétaire de l'ANC pour le Transkei et membre du Parti communiste et d'autres. Beaucoup pensaient, peut-être de façon injuste, que l'ANC était devenu le territoire réservé d'une élite africaine fatiguée, non militante et privilégiée, plus attentive à protéger ses propres droits que ceux des masses. Le consensus général était qu'on devait engager une action et le Dr. Majombozi a proposé de créer une Ligue de la Jeunesse afin d'allumer un incendie sous la direction de l'ANC.

En 1943, une délégation, comprenant Lembede, Mda, Sisulu, Tambo, Nkomo et moi-même, est allée voir le Dr. Xuma, président de l'ANC, dans sa résidence de Sophiatown. En plus d'une petite ferme, le Dr. Xuma avait chez lui un cabinet médical. Il avait joué un rôle important à l'ANC. Il l'avait tiré de l'état d'assoupissement dans lequel l'avait laissé le Dr. Seme, au moment où l'organisation s'était réduite en nombre et en importance. Quand il en était devenu président, l'ANC avait 17 shillings et 6 pence en caisse et il en avait monté le contenu à 4 000 livres. Les chefs traditionnels l'admiraient, il avait des relations avec les cabinets ministériels et il donnait un sentiment de sécurité et de confiance. Mais il avait aussi un air hautain qui ne convenait pas à une organisation de masse. Bien que dévoué à l'ANC, son activité de médecin avait la priorité. Xuma présidait les commissions des délégations, des députations, des lettres et des télégrammes. Tout était fait à la façon anglaise, l'idée étant que, malgré les désaccords, nous étions tous des gentlemen. Il aimait les relations qu'il avait établies avec la classe dirigeante blanche et ne voulait pas les compromettre par une action politique.

Lors de notre rencontre, nous lui avons expliqué que nous avions l'intention de créer une Ligue de la jeunesse, et d'organiser une campagne pour mobiliser un soutien de masse. Nous avions apporté un exemplaire du projet de constitution et de manifeste. Nous pensions, et nous l'avons dit au Dr. Xuma, que l'ANC était en danger de se marginaliser si l'organisation ne bougeait pas et n'adoptait pas d'autres méthodes. Le Dr. Xuma s'est senti menacé par notre délégation et s'est vivement opposé à la création d'une Ligue de la jeunesse. Il pensait que cette Ligue ne devait pas être un groupe organisé de façon rigide et qu'elle devait servir principalement de comité de recrutement pour l'ANC. De façon paternaliste, le Dr. Xuma a continué en nous expliquant que les Africains en tant que groupe étaient trop inorganisés et indisciplinés pour participer à une campagne de masse et que cela serait même imprudent et dangereux.

Peu après la rencontre avec le Dr. Xuma, un comité provisoire de la Ligue de la jeunesse a été formé sous la direction de William Nkomo. Les membres du comité se sont rendus à la conférence annuelle de l'ANC à Bloemfontein, en décembre 1943, où ils ont proposé la formation d'une Ligue de la jeunesse afin d'aider au recrutement de jeunes membres pour l'organisation. La proposition a été acceptée.

La formation de la Ligue de la jeunesse a eu lieu effectivement le dimanche de Pâques 1944, au Centre social bantou dans Eloff Street. Il y avait une centaine d'hommes dont certains venaient de Pretoria. C'était un groupe sélectionné, une élite, et un grand nombre d'entre eux étaient diplômés de Fort Hare ; nous étions loin de former un mouvement de masse. Lembede a fait une conférence sur l'histoire des nations, un tour d'horizon depuis la Grèce ancienne jusqu'à l'Europe médiévale et l'époque de la colonisation. Il a insisté sur les exploits historiques de l'Afrique et des Africains et il a montré à quel point il était absurde pour les Blancs de se considérer comme un peuple élu et comme une race intrinsèquement supérieure.

Jordan Ngubane, A.P. Mda et William Nkomo ont parlé chacun à leur tour en soulignant l'émergence du nationalisme africain. Lembede a été élu président, Oliver Tambo secrétaire et Walter Sisulu trésorier. A.P. Mda, Jordan Ngubane, Lionel Majombozi, Congress Mbata, David Bopape et moi-même avons été élus au comité exécutif. Par la suite, de jeunes hommes éminents nous ont rejoints, comme Godfrey Pitje, un étudiant, devenu plus tard professeur puis avocat, Arthur Letele, Wilson Conco, Diliza Mji et Nthatho Motlana, tous médecins, Dan Tloome, un syndicaliste, Joe Matthews, Robert Sobukwe et Duma Nokwe, tous étudiants. On a vite créé des branches dans toutes les provinces.

Les fondements politiques de la Ligue ne différaient pas de la première constitution de l'ANC, datant de 1912. Mais nous réaffirmions et soulignions ses principes d'origine, dont un grand nombre étaient passés à la trappe. Le nationalisme africain était notre cri de guerre, et notre credo la création d'une nation composée de différentes tribus, le renversement de la suprématie blanche et l'établissement d'une forme vraiment démocratique de gouvernement. Nous avons publié un manifeste nationaliste qui disait : « Nous croyons que la libération nationale des Africains sera réalisée par les Africains eux-mêmes... La Ligue de la jeunesse du Congrès doit être un laboratoire d'idées et une source de force pour l'esprit du nationalisme africain. »

Le manifeste rejetait définitivement la notion de tutelle, l'idée selon laquelle le gouvernement blanc défendait les intérêts des Africains. Nous citions la législation paralysante et anti-africaine des quarante dernières années, en commençant avec la Land Act de 1913 qui, en fin de compte, privait les Noirs de 87 % du territoire du pays de leur naissance ; l'Urban Areas Act de 1923, qui créait des bidonvilles surpeuplés pour Noirs, poliment

appelés *native locations* [1], afin de fournir une main-
d'œuvre bon marché à l'industrie blanche ; la Color Bar
Act de 1926, qui interdisait aux Noirs les emplois qualifiés ; la Native Administration Act de 1927 qui faisait de
la couronne britannique, et non plus des chefs suzerains,
le chef suprême de toutes les régions africaines ; et, finalement, en 1936, la Representation of Native Act qui
retirait les Africains des listes électorales de la province
du Cap, détruisant ainsi l'illusion que les Blancs permet-
traient un jour aux Africains de contrôler leur destin.

Nous étions extrêmement méfiants à l'égard du communisme. Le document disait : « Nous pouvons
emprunter... à des idéologies étrangères mais nous reje-
tons l'importation en gros d'idéologies étrangères à
l'Afrique. » C'était le rejet implicite du Parti communiste
que Lembede et d'autres, y compris moi-même, considéraient comme une idéologie « étrangère » ne conve-
nant pas à la situation africaine. Lembede voyait que le
Parti communiste était dominé par des Blancs, ce qui
sapait la confiance et l'initiative des Africains.

Ce jour-là, un grand nombre de comités ont été créés,
mais le but initial de la Ligue de la jeunesse consistait à
donner à l'ANC une direction dans sa quête de liberté
politique. J'étais d'accord sur ce point mais mon engagement dans la Ligue m'inquiétait car j'avais des doutes
sur l'étendue de mes convictions politiques. A ce
moment-là je consacrais tout mon temps à mon travail et
à mes études et je ne pouvais pas faire grand-chose en
dehors. Je n'étais pas non plus très sûr et, politiquement,
je me sentais moins évolué que des gens comme Walter,
Lembede et Mda. Eux savaient ce qu'ils voulaient, moi,
j'étais encore indécis. Je manquais de confiance en moi
comme orateur, et l'éloquence de beaucoup d'hommes
de la Ligue m'intimidait.

L'africanisme de Lembede n'était pas universellement
partagé parce que ses idées se caractérisaient pas un

1. « Quartiers indigènes. » Le terme *location* s'emploie pour la campagne et les petites villes et le terme *township* pour les grands centres
urbains. *(N.d.T.)*.

racisme exclusif qui troublait certains jeunes membres de la Ligue. Ils pensaient qu'un nationalisme qui accepterait des Blancs sympathiques à la cause était meilleur. D'autres, dont moi-même, rétorquaient que si l'on offrait aux Noirs une forme de lutte multiraciale, ils resteraient passionnés par la culture blanche et victimes d'un sentiment d'infériorité. A l'époque, j'étais fermement opposé à l'entrée des communistes ou des Blancs dans la Ligue.

Chez Walter, je me sentais comme chez moi loin de chez moi. Pendant les premiers mois de 1940, j'y ai vraiment habité parce que je n'avais nulle part où aller. La maison était toujours pleine et on avait l'impression qu'une discussion politique s'y déroulait en permanence. Albertina, l'épouse de Walter, était une présence sage et merveilleuse qui apportait un soutien résolu à son activité politique. (A leur mariage, Anton Lembede dit : « Albertina, tu viens d'épouser un homme marié : Walter s'est marié avec la politique bien avant de te connaître. »)

C'est dans la salle de séjour des Sisulu que j'ai rencontré Evelyn Mase, ma première femme. C'était une jeune fille belle et calme qui arrivait de la campagne et qui ne semblait pas effrayée par les allées et venues chez les Sisulu. Elle était dans une école d'infirmières avec Albertina et Rose, l'épouse de Peter Mda, à l'Hôpital général pour non-Européens de Johannesburg.

Evelyn était originaire d'Engcobo, dans le Transkei, à quelques kilomètres à l'ouest d'Umtata. Son père, un mineur, était mort alors qu'elle n'était qu'un bébé, et sa mère quand elle avait douze ans. Après le collège, on avait envoyé Evelyn à Johannesburg pour qu'elle aille au lycée. Elle avait retrouvé son frère, Sam Mase, qui habitait chez MaSisulu. MaSisulu, la mère de Walter, était la sœur de la mère du père d'Evelyn. Les Sisulu la considéraient comme la fille préférée de la maison et ils l'aimaient beaucoup.

J'ai demandé à Evelyn de sortir avec moi tout de suite après notre première rencontre. Nous sommes tombés amoureux presque aussi rapidement. Quelques mois plus tard, je lui ai demandé de m'épouser et elle a accepté. Nous nous sommes mariés civilement, ce qui ne demandait que des signatures et un témoin au tribunal du commissaire aux Affaires indigènes à Johannesburg, car nous n'avions pas les moyens d'organiser un mariage traditionnel ni un repas. Notre problème le plus immédiat était de trouver un endroit pour nous loger. Nous sommes d'abord allés chez son frère à Orlando East et, plus tard, chez la sœur d'Evelyn, à City Deep Mines, où le mari de sa sœur, Msunguli Mgudlwa, travaillait comme employé de bureau.

12

En 1946 ont eu lieu un certain nombre d'événements critiques, qui ont influencé mon évolution politique et la lutte. La grève des mineurs de 1946, suivie par 70 000 mineurs dans le Reef, m'a profondément marqué. A l'initiative de J.B. Marks, Dan Tloome, Gaur Radebe et d'un certain nombre de militants ouvriers de l'ANC, le Syndicat des mineurs africains (AMWU) avait été créé au début des années 40. Quatre cent mille mineurs africains travaillaient dans le veld, dont la plupart ne gagnaient pas plus de 2 shillings par jour. La direction du syndicat n'avait cessé de demander à la Chambre des Mines un salaire minimum de 10 shillings par jour, ainsi qu'un logement pour chaque famille et quinze jours de congés payés. La Chambre avait ignoré les exigences du syndicat.

Dans une des plus grandes grèves de l'histoire de l'Afrique du Sud, les mineurs ont cessé le travail pendant une semaine tout en restant solidaires. La répression a été impitoyable. Les responsables ont été arrêtés, les zones d'habitation encerclées par la police et les bureaux de l'AMWU mis à sac. La police a brutalement dispersé une marche : douze mineurs sont morts. Le Conseil représentatif indigène s'est ajourné en signe de protestation. J'avais de nombreux parents mineurs et, pendant la semaine de grève, je suis allé les voir, pour discuter et leur exprimer mon soutien.

J.B. Marks, membre de l'ANC et du Parti communiste depuis longtemps, était alors président de l'AMWU. Né dans le Transvaal, c'était un personnage charismatique, très grand, avec un teint clair et beaucoup d'humour. Pendant la grève, je l'accompagnais parfois d'une mine à l'autre, pour parler aux ouvriers et mettre la stratégie au point. Du matin au soir, il assurait une direction calme et raisonnée et, grâce à son sens de l'humour, il aplanissait les crises les plus difficiles. J'étais impressionné par les capacités d'organisation du syndicat et de contrôle de ses membres, même face à une opposition aussi sauvage.

A la fin, l'Etat l'a emporté : la grève a été réprimée et le syndicat écrasé. Cette grève a été le début de mes relations étroites avec Marks. J'allais souvent le voir chez lui et nous parlions longuement de mon opposition au communisme. Marks était un membre convaincu du Parti, mais il ne me gardait pas rancune de mes objections, et il trouvait normal qu'un jeune épouse le nationalisme, mais en vieillissant et en acquérant de l'expérience, mes conceptions s'élargiraient. J'avais les mêmes conversations avec Moses Kotane et Yusuf Dadoo, qui croyaient tous deux, comme Marks, qu'on devait adapter le communisme à la situation africaine. Certains communistes de l'ANC nous condamnaient, les autres membres de la Ligue de la jeunesse et moi, mais Marks, Kotane et Dadoo ne l'ont jamais fait.

Après la grève, cinquante-deux personnes dont Kotane, Marks et beaucoup d'autres communistes ont été arrêtées et condamnées, essentiellement pour incitation à la rébellion. C'était un procès politique, une tentative de l'Etat pour montrer qu'il ne faiblissait pas devant le péril rouge.

La même année, d'autres événements m'ont obligé à revoir toute mon approche du travail politique. En 1946, le gouvernement Smuts a fait voter l'Asiatic Land Tenure Act, qui restreignait la liberté de déplacement des

Indiens, délimitait les zones dans lesquelles ils pouvaient résider et commercer et réduisait sévèrement leur droit à acheter de la terre. En retour, ils bénéficiaient d'une représentation au Parlement grâce à des députés blancs. Le Dr. Dadoo, président du Transvaal Indian Congress, a condamné les restrictions et a refusé l'offre de représentation parlementaire comme « une franchise factice ». Cette loi — connue sous le nom de Ghetto Act — était une grave insulte à la communauté indienne et elle annonçait la Group Areas Act (Loi sur l'habitat séparé) qui finalement limiterait la liberté de tout Sud-Africain de couleur.

La communauté indienne était indignée et elle a lancé une campagne de deux ans de résistance passive pour s'opposer aux nouvelles mesures. Conduite par le Dr. Dadoo et le Dr. G.M. Naicker, président du Natal Indian Congress, elle a mené une campagne de masse dont l'organisation et la ferveur nous ont impressionnés. Des ménagères, des prêtres, des médecins, des avocats, des commerçants, des étudiants et des ouvriers ont pris place au premier rang de la lutte. Pendant deux ans, les gens ont suspendu leur existence pour participer à la bataille. Des réunions de masse avaient lieu ; des terres réservées aux Blancs étaient occupées et clôturées. Deux mille volontaires sont allés en prison et le Dr. Dadoo et le Dr. Naicker ont été condamnés à six mois de travaux forcés.

La campagne est restée limitée à la communauté indienne, et la participation d'autres groupes n'a pas été encouragée. Pourtant, le Dr. Xuma et d'autres responsables africains ont pris la parole dans plusieurs meetings et, avec la Ligue de la jeunesse, ont apporté un soutien moral entier à la lutte des Indiens. Le gouvernement a réussi à mettre fin à la rébellion par la dureté des lois et l'intimidation, mais nous, à la Ligue de la jeunesse et à l'ANC, nous avions vu les Indiens organiser une extraordinaire protestation contre l'oppression des gens de couleur comme les Africains et l'ANC ne l'avaient jamais fait. Ismail Meer et J.N. Singh ont arrêté leurs études, ils ont dit au revoir à leurs familles et sont allés en prison.

Ahmed Kathrada, qui était encore au lycée, a fait la même chose. J'allais souvent déjeuner chez Amina Pahad, et brusquement, cette femme charmante a retiré son tablier et est allée en prison pour ses convictions. Si autrefois je m'étais interrogé sur la volonté de la communauté indienne de manifester contre l'oppression, je ne pouvais plus le faire.

Cette campagne indienne est devenue un modèle pour le genre de manifestation que nous défendions à la Ligue de la jeunesse. Elle avait donné un esprit de défi et de radicalisation aux gens, elle a supprimé la peur de la prison et augmenté la popularité et l'influence du Natal Indian Congress et du Transvaal Indian Congress. Ils nous rappelaient que la lutte pour la liberté ne consistait pas seulement à faire des discours, à tenir des meetings, à faire passer des résolutions et à envoyer des délégations : il fallait aussi une organisation méticuleuse, des actions militantes de masse, et par-dessus tout, la volonté de souffrir et de se sacrifier. La campagne indienne faisait écho à la campagne de résistance passive de 1913 dans laquelle Mahatma Gandhi, à la tête d'une foule d'Indiens, avait traversé la frontière entre le Natal et le Transvaal. C'était de l'histoire ; cette dernière campagne s'était déroulée sous mes yeux.

Au début de 1946, Evelyn et moi avons emménagé dans une maison de deux pièces de la municipalité, à Orlando East, et plus tard nous nous sommes installés dans une maison légèrement plus grande, n° 8115, à Orlando West. C'était un quartier poussiéreux et austère de maisons municipales, des « boîtes d'allumettes », qui plus tard ferait partie du Grand Soweto, Soweto étant l'abréviation de South-Western Townships. Notre maison était située dans une zone ironiquement surnommée Westcliff (Falaise Ouest) par ses habitants, du nom de la jolie banlieue blanche au nord.

Le loyer de notre nouvelle maison s'élevait à 17 shillings 6 pence par mois. La maison elle-même était identique aux centaines d'autres maisons construites sur des terrains grands comme des mouchoirs de poche, au bord de routes boueuses. Elle avait le même toit de tôle, le même sol de ciment, une petite cuisine et, au fond, un seau comme toilettes. Il y avait des réverbères à l'extérieur, mais à l'intérieur nous utilisions des lampes à pétrole car les maisons n'avaient pas encore l'électricité. La chambre était si petite qu'un lit à deux places la remplissait presque entièrement. Les autorités municipales avaient construit ces maisons pour les ouvriers qui devaient habiter près de la ville. Pour briser un peu la monotonie, certains plantaient de petits jardins ou peignaient leurs portes de couleurs vives. Malgré sa modestie, j'étais très fier de ma première vraie maison. Un homme n'est pas un homme s'il n'a pas une maison à lui. Je ne savais pas à l'époque qu'il s'agissait de la seule maison qui serait entièrement à moi pendant de très nombreuses années.

L'Etat nous l'avait attribuée, à Evelyn et à moi, parce que nous n'étions plus deux mais trois. Notre premier fils, Madiba Thembekile, venait de naître. On lui avait donné mon nom de clan, Madiba, mais on l'appelait Thembi. C'était un petit garçon solide et joyeux, dont la plupart des gens disaient qu'il ressemblait plus à sa mère qu'à son père. J'avais maintenant un héritier, mais je n'avais pas grand-chose à lui léguer. J'avais quand même perpétué le nom de Mandela et le clan Madiba, ce qui est la principale responsabilité d'un homme xhosa.

J'avais finalement un lieu fixe et après avoir vécu chez les autres, j'avais beaucoup d'invités chez moi. Ma sœur, Leabie, nous a rejoints et je l'ai inscrite au lycée d'Orlando, de l'autre côté de la voie ferrée. Dans ma culture, tous les membres d'une famille peuvent demander l'hospitalité à n'importe quel parent. La combinaison de ma nombreuse parenté et de ma nouvelle maison signifiait un très grand nombre d'hôtes.

J'aimais bien la vie de famille, même si je n'avais pas beaucoup de temps à y consacrer. J'adorais jouer avec Thembi, le baigner, lui donner à manger, et le mettre au lit en lui racontant une histoire. En fait, j'aime jouer et bavarder avec les enfants ; c'est une des choses qui me font le plus me sentir en paix. J'aimais me reposer à la maison, lire, respirer les odeurs douces et savoureuses qui sortaient de la cuisine. Mais dès le début, j'ai peu été à la maison pour en profiter.

Vers la fin de cette même année, le révérend Michael Scott est venu habiter chez nous. Scott, un pasteur angli-can, était aussi un grand défenseur des droits des Afri-cains. Un certain Komo, qui représentait un camp de squatters en dehors de Johannesburg que le gouverne-ment voulait chasser, l'avait contacté. Il voulait que Scott proteste contre le déplacement. Scott avait dit : « Si je dois vous aider, je dois être l'un de vous », et il était allé s'installer dans le camp de squatters où il avait créé une congrégation. Le camp de squatters de Scott pour les sans-abri se trouvait près d'une hauteur rocheuse et les résidents l'avaient baptisé Tobrouk, d'après la bataille d'Afrique du Nord. J'y emmenais parfois Thembi, le dimanche matin, car il aimait jouer à cache-cache dans les rochers. Quand Scott avait installé sa congrégation, il avait découvert que l'argent donné par ceux qui s'oppo-saient au déplacement était détourné par Komo. Il l'avait affronté et celui-ci l'avait chassé du camp en menaçant de le tuer.

Scott était alors venu se réfugier chez nous à Orlando et il avait amené avec lui un prêtre africain du nom de Dlamini, qui avait aussi femme et enfants. Notre maison était minuscule et Scott dormait dans le séjour, Dlamini et sa femme dans une autre chambre et nous mettions tous les enfants dans la cuisine. Le révérend Scott était un homme modeste et effacé, mais nous trouvions Dla-mini un peu difficile à supporter. Au moment des repas, il se plaignait de la nourriture. « Regardez ça, disait-il, c'est dur et mal cuit. Je ne suis pas habitué à manger comme ça. » Scott, horrifié, lui faisait des remontrances, mais Dlamini n'en tenait pas compte. Le lendemain, il disait : « C'est un peu meilleur qu'hier, mais mal préparé. Vous savez, Mandela, votre femme ne sait pas faire la cuisine. »

Dlamini a permis indirectement que la situation trouve une solution parce que j'avais tellement envie de le voir s'en aller de la maison que je suis allé au camp de squatters expliquer aux gens que Scott était leur véritable ami, contrairement à Komo, et qu'ils devaient choisir entre les deux. Alors, ils ont organisé des élections que Scott a remportées triomphalement, ce qui lui a permis de revenir au camp de squatters, en emmenant le père Dlamini avec lui.

Au début de 1947, j'ai terminé la période obligatoire de trois ans comme stagiaire et mon temps chez Witkin, Sidelsky et Eidelman a pris fin. J'ai décidé d'être étudiant à plein temps pour obtenir mon diplôme et devenir avocat. La perte des 8 shillings et 1 penny par mois que je gagnais chez Sidelsky a été fatale. J'ai fait une demande auprès du Bantu Welfare Trust, à l'Institut sud-africain des relations entre races, à Johannesburg, afin d'emprunter 250 livres sterling pour m'aider à payer mes études de droit, ce qui comprenait les droits d'inscription, les livres et une pension mensuelle. On m'a accordé 150 livres.

Trois mois plus tard, j'ai à nouveau écrit, en précisant que ma femme allait prendre un congé de maternité, et que nous allions perdre son salaire de 17 livres par mois, absolument nécessaire pour notre survie. J'ai reçu l'argent supplémentaire, ce dont j'étais reconnaissant, pourtant je ne l'avais obtenu qu'à cause de circonstances malheureuses. La naissance de notre fille Makaziwe s'est passée sans problèmes, mais elle était fragile et souffreteuse. Dès le début, nous avons craint le pire. Pendant de nombreuses nuits, nous nous sommes relayés, Evelyn et moi, pour la veiller. Nous ne connaissions pas le nom de ce qui consumait cette petite fille et les médecins se montraient incapables de nous expliquer la nature du mal. Evelyn s'occupait du bébé, infatigable comme une mère et efficace comme une infirmière. Makaziwe est morte à neuf mois. Evelyn était folle de douleur et la seule chose qui apaisait un peu ma propre douleur, c'était de tenter de soulager la sienne.

En politique, qu'importe les plans qu'on établit, les circonstances dictent souvent les événements. En juillet 1947, pendant une conversation à bâtons rompus avec Lembede sur la Ligue de la jeunesse, il s'est plaint d'une brusque douleur au ventre et d'avoir froid. La douleur a empiré et nous l'avons conduit au Coronation Hospital ; au cours de la nuit, il est mort à l'âge de trente-trois ans. Beaucoup ont été profondément touchés par sa mort. Walter semblait abattu. Cette mort a également marqué un recul pour le mouvement, car Lembede était une source d'idées et il attirait des gens vers l'organisation.

Peter Mda lui a succédé ; son approche analytique, sa capacité à s'exprimer clairement et simplement, et son expérience tactique faisaient de lui un excellent politique et un leader de premier plan pour la Ligue de la jeunesse. Mda était un type mince qui n'avait pas plus de kilos que de paroles en trop. Avec sa tolérance envers les différentes conceptions, il possédait une pensée plus mûre et plus avancée que celle de Lembede. La direction de Mda a fait avancer la cause de Lembede.

Mda croyait que la Ligue de la jeunesse devait fonctionner comme un groupe de pression interne, une aile militante nationaliste à l'intérieur de l'ANC, pour propulser la vieille organisation dans une nouvelle ère. A l'époque, l'ANC n'avait pas un seul employé à plein temps et, d'une façon générale, il était pauvrement organisé, et agissait un peu au hasard. (Plus tard, Walter est devenu le premier et unique membre dirigeant à plein temps, avec un salaire extrêmement faible.)

Le nationalisme de Mda était plus modéré que celui de Lembede, et sa pensée débarrassée de ce soupçon de racisme qui marquait celle de Lembede. Il haïssait l'oppression et la domination blanches, pas les Blancs eux-mêmes. Il était aussi moins extrême dans son opposition au Parti communiste que Lembede — ou que moi-même. Je faisais partie des jeunes de la Ligue qui se méfiaient de la gauche blanche. Tout en étant l'ami de beaucoup de communistes blancs, je me méfiais de l'influence des Blancs dans l'ANC et je m'opposais à des campagnes communes avec le Parti communiste. J'avais peur que les communistes n'aient l'intention de prendre le pas sur nous sous prétexte d'action commune. Je croyais que c'était un nationalisme africain pur, et pas le marxisme ou le multiracisme, qui nous libérerait. Avec quelques-uns de mes collègues de la Ligue, j'ai même interrompu des meetings du Parti communiste en me précipitant sur la tribune, en arrachant les banderoles et en prenant le micro. A la conférence nationale de l'ANC, en décembre, la Ligue de la jeunesse a déposé une motion exigeant l'expulsion de tous les membres du Parti communiste, mais nous avons subi une défaite importante. Malgré l'influence qu'avait eue sur moi la campagne indienne de résistance passive de 1946, j'éprouvais les mêmes sentiments à l'égard des Indiens que des communistes : je pensais qu'ils voulaient dominer l'ANC, en partie à cause de la supériorité de leur éducation, de leur expérience et de leur formation.

En 1947, j'ai été élu au comité exécutif de l'ANC du Transvaal et j'ai travaillé sous les ordres de C.S. Ramohanoe, président pour la région du Transvaal. C'était mon premier poste dans l'ANC et cela a représenté une étape capitale de mon engagement dans l'organisation. Jusqu'à cette date, les sacrifices que j'avais faits se résumaient à être absent de chez moi pendant les week-ends et à rentrer tard le soir. Je n'avais encore jamais participé à une campagne importante et je n'avais pas encore compris les hasards et les difficultés sans fin de la vie d'un combattant de la liberté. J'avais suivi le cours des choses sans avoir à payer pour mon engagement. Dès l'instant où j'ai été élu au comité exécutif du Transvaal, je me suis identifié avec la totalité de l'ANC, avec ses espoirs et ses désespoirs, ses succès et ses échecs ; j'étais maintenant lié de cœur et d'âme.

Ramohanoe est un de ces hommes avec lesquels j'ai beaucoup appris. C'était un nationaliste convaincu et un excellent organisateur, capable de trouver un équilibre entre des conceptions différentes et un compromis acceptable. Si Ramohanoe n'aimait pas les communistes, il pouvait très bien travailler avec eux. Pour lui, l'ANC était une organisation nationale qui devait accueillir tous ceux qui soutenaient notre cause.

En 1947, à la suite de la campagne indienne de résistance passive, les docteurs Xuma, Dadoo et Naicker, respectivement présidents de l'ANC, du Transvaal Indian Congress et du Natal Indian Congress, ont signé le Doctors'Pact (le Pacte des médecins) pour joindre leurs forces contre l'ennemi commun. Cela a été un pas décisif vers l'unité des mouvements indiens et africains. Plutôt que de créer un organisme politique central pour diriger les différents mouvements, ils se sont mis d'accord pour coopérer sur des questions d'intérêt commun. Plus tard, l'APO, l'African People's Organization, une organisation métisse, a rejoint le pacte.

Mais un tel accord était au mieux expérimental car chaque groupe national affrontait des problèmes qui lui étaient spécifiques. Le système du *pass*, par exemple, concernait à peine les Indiens et les métis. La Ghetto Act, qui était à la base des revendications des Indiens, touchait à peine les Africains. A l'époque, les groupes métis étaient bien plus concernés par la classification par races et par les emplois réservés, des questions qui ne touchaient pas les Africains et les Indiens avec la même intensité.

Le Pacte des médecins jetait les bases de la future coopération des Africains, des Indiens et des métis, puisqu'il respectait l'indépendance de chaque groupe, tout en reconnaissant les buts qu'on pouvait atteindre en agissant de conserve. Le Pacte des médecins a précipité une série de campagnes antiraciales et antigouvernementales dans tout le pays, dans le but de réunir les Africains et les Indiens dans la lutte de libération. La première de ces campagnes fut la « Première Assemblée des peuples du Transvaal et de l'État libre d'Orange pour le droit de vote pour tous », une campagne réclamant l'extension de la franchise pour tous les Noirs d'Afrique du Sud. Le Dr. Xuma annonça la participation de l'ANC lors d'une conférence de presse que je présidais. A l'époque, nous pensions que la campagne serait dirigée par l'ANC mais quand nous avons appris que l'ANC n'en prenait pas la tête, le comité de direction pour le Transvaal décida que l'ANC devait se retirer. Je pensais pour ma part que l'ANC ne devait participer qu'aux campagnes qu'il dirigeait. Ce qui m'intéressait, c'était de savoir qui en tirait le bénéfice et non si la campagne réussissait.

Après le retrait de l'ANC, Ramohanoe, le président de l'ANC pour la région du Transvaal, a publié un communiqué de presse appelant tous les Africains de la province à participer à la campagne « le Droit de vote pour tous », en contradiction évidente avec la décision de la direction. Il s'agissait d'un acte de désobéissance que le Comité ne pouvait tolérer. A une conférence convoquée pour résoudre ce conflit, on m'a demandé de présenter une motion de défiance contre Ramohanoe à cause de son acte de désobéissance. J'étais profondément partagé entre le devoir et la loyauté personnelle, entre mes obligations envers l'organisation et mes obligations envers mon ami. Je savais que j'allais condamner l'action d'un homme dont je n'avais jamais mis en doute l'intégrité ni l'attachement à la cause, un homme dont les sacrifices dans la lutte de libération étaient bien supérieurs aux miens. Je savais que l'action à laquelle il avait appelé était noble : il croyait que les Africains devaient aider leurs frères indiens.

Mais la désobéissance de Ramohanoe était trop grave. Si une organisation comme l'ANC est constituée d'individus, elle est plus importante que chacune de ses parties, et la loyauté envers l'organisation passe avant la loyauté envers un individu. J'ai accepté de mener l'attaque et j'ai présenté la motion qui le condamnait, qu'Oliver Tambo a soutenue. Cela a déclenché un tumulte invraisemblable et des batailles oratoires entre ceux qui soutenaient le président et ceux qui étaient du côté de la direction. La réunion s'est achevée dans le désordre.

13

Les Africains n'avaient pas le droit de vote mais cela ne voulait pas dire qu'on ne s'intéressait pas au vainqueur. Les élections générales blanches de 1948 opposaient l'United Party alors au pouvoir, dirigé par le général Smuts, à ce moment-là au sommet de sa reconnaissance internationale, au nouveau National Party. Si Smuts avait engagé l'Afrique du Sud du côté des Alliés dans la Seconde Guerre mondiale, le Parti national avait refusé de soutenir la Grande-Bretagne et avait publiquement sympathisé avec l'Allemagne nazie. La campagne du Parti national se concentra sur le « *Swart Gevaar* » (le péril noir), avec comme slogans : « *Die kaffer op sy plek* »(le nègre à sa place), et « *Die koelies vit die land* » (les coolies à la porte) — coolie étant le terme méprisant pour désigner les Indiens.

Les nationalistes, dirigés par le Dr. Daniel Malan, un ancien pasteur de l'Eglise réformée hollandaise et ancien directeur de journal, formaient un parti animé par l'amertume — amertume envers les Anglais qui, pendant des décennies, les avaient traités comme des inférieurs, et amertume envers les Africains car les nationalistes croyaient qu'ils menaçaient la prospérité et la pureté de la culture afrikaner. Les Africains n'éprouvaient aucune loyauté envers le général Smuts mais encore moins envers le Parti national.

La plate-forme de Malan était connue sous le nom d'*apartheid*. Il s'agissait d'un terme nouveau mais d'une vieille idée. Mot à mot, cela signifie « séparation » et le terme représentait la codification dans un système oppressif de toutes les lois et de tous les règlements qui avaient maintenu les Africains dans une position inférieure aux Blancs pendant des siècles. Ce qui était plus ou moins *de facto* allait devenir *de jure*. La ségrégation pratiquée au hasard au cours des trois derniers siècles allait être consolidée dans un système monolithique, diabolique dans le détail, inéluctable dans son objectif et écrasant dans son pouvoir. Le point de départ de l'apartheid affirmait que les Blancs étaient supérieurs aux Noirs, aux métis et aux Indiens et sa fonction consistait à fixer pour toujours la suprématie blanche. Comme disaient les nationalistes : « *Die Wit man moet altyd baas wees* » (l'homme blanc doit toujours rester le maître). Leur plate-forme reposait sur un seul terme : *baaskap*, littéralement la « maîtrise », mais il s'agissait d'un terme très chargé de sens qui représentait la suprématie blanche dans toute sa dureté. L'Eglise réformée hollandaise soutenait cette politique et fournissait ses fondements religieux à l'apartheid en faisant des Afrikaners le peuple élu de Dieu et des Noirs une espèce subordonnée. Dans la conception du monde des Afrikaners l'apartheid et l'Eglise marchaient main dans la main.

La victoire des nationalistes dans la guerre des Boers avait marqué le début du déclin de la domination des Afrikaners par les Anglais. Depuis, l'afrikaans était la seconde langue officielle à côté de l'anglais. Un slogan nationaliste résumait toute la mission des Afrikaners : « *Eie volk, eie taal, eie land* »(notre peuple, notre langue, notre pays). Dans la cosmologie déformée des Afrikaners, la victoire du Parti national était comme le voyage des Hébreux vers la Terre promise ; l'accomplissement de la parole de Dieu et la justification de leur conception selon laquelle l'Afrique du Sud devait être à jamais un pays d'hommes blancs.

La victoire fut un choc. L'United Party et le général Smuts avaient battu les nazis et ils allaient sans aucun doute triompher du Parti national. Le jour des élections, j'assistais à une réunion à Johannesburg avec Oliver et plusieurs autres. Nous avons à peine parlé de l'éventualité d'un gouvernement nationaliste parce que nous ne pensions pas qu'il y en aurait un. La réunion dura toute la nuit, nous sommes sortis à l'aube et nous avons vu un crieur de journaux qui vendait le *Rand Daily Mail* : les nationalistes avaient triomphé. J'ai été stupéfait et consterné, mais Oliver a eu une position plus réfléchie. « Ça me plaît, a-t-il dit. Ça me plaît. » Je n'arrivais pas à comprendre pourquoi. Il m'a expliqué : « Maintenant nous saurons exactement qui sont nos ennemis et où nous sommes. »

Le général Smuts lui-même se rendait compte des dangers de cette idéologie inflexible, en dénonçant l'apartheid comme « un concept fou, né des préjugés et de la peur ». A partir de la victoire des nationalistes aux élections, nous avons su que notre pays serait désormais un lieu de tension et de luttes. Pour la première fois dans l'histoire de l'Afrique du Sud, un parti exclusivement afrikaner dirigeait le gouvernement. « L'Afrique du Sud nous appartient de nouveau », déclara Malan dans son discours de victoire.

La même année, la Ligue de la jeunesse définit sa politique dans un document rédigé par Mda et publié par le comité directeur de la Ligue. C'était un cri de ralliement lancé à toute la jeunesse patriotique pour renverser la domination blanche. Nous rejetions la notion communiste selon laquelle les Africains étaient opprimés d'abord en tant que classe économique et non en tant que race, en ajoutant que nous avions besoin de créer un puissant mouvement de libération nationale sous la bannière du nationalisme africain et « dirigé par les Africains eux-mêmes ».

Nous préconisions la redistribution de la terre sur une base équitable ; l'abolition des barrières de couleur interdisant aux Africains d'exercer un travail qualifié ; et la nécessité d'un enseignement libre et obligatoire. Le document expliquait également les différences entre les deux théories rivales du nationalisme africain, la conception extrémiste, inspirée par Marcus Garvey, « l'Afrique aux Africains », et l'africanisme de la Ligue de la Jeunesse qui reconnaissait que l'Afrique du Sud était un pays multiracial.

Je sympathisais avec le courant ultra-révolutionnaire du nationalisme africain. J'étais en colère contre les Blancs, pas contre le racisme. Si je ne me sentais pas prêt à les jeter à la mer, j'aurais bien aimé les voir monter à bord de leurs bateaux à vapeur et quitter le pays de leur propre initiative. Il me semblait inutile de regarder vers les Européens pour avoir de l'inspiration ou de l'aide.

Marginalement, la Ligue de la jeunesse était mieux disposée à l'égard des Indiens et des métis, en affirmant que les Indiens étaient opprimés comme les Africains mais qu'ils avaient l'Inde, une mère patrie, et qu'ils pouvaient y retourner. Les métis étaient opprimés eux aussi, mais contrairement aux Indiens ils n'avaient pas d'autre patrie que l'Afrique. J'étais prêt à accepter les Indiens et les métis à condition qu'ils acceptent notre politique ; mais leurs intérêts ne correspondaient pas aux nôtres, et je ne savais pas bien s'ils pourraient embrasser notre cause.

Malan commença immédiatement à mettre en œuvre son programme pernicieux. Dans les semaines qui suivirent son accession au pouvoir, le gouvernement nationaliste amnistia Robey Leibbrandt, le traître de la période de guerre qui avait organisé des soulèvements pour soutenir l'Allemagne nazie. Le gouvernement annonça son intention de restreindre le mouvement syndical et de limiter les droits des Indiens, des métis et des Africains. Le Separate Representation of Voters Bill supprima finalement aux métis leur représentation au Parlement. La loi interdisant les mariages mixtes fut introduite en 1949, suivie rapidement de l'Immorality Act, qui rendait illégales les relations sexuelles entre Blancs et non-Blancs. La Population and Registration Act classait les Sud-Africains par races, faisant de la couleur l'arbitre unique et déterminant entre les individus. Malan fit voter la Group Areas Act — qu'il décrivit comme « l'essence même de l'apartheid » — qui exigeait des zones urbaines séparées pour chaque groupe racial. Dans le passé, les Blancs avaient pris la terre par la force, maintenant ils la protégeaient par la loi.

En réponse à cette nouvelle menace encore plus puissante de l'État, l'ANC s'est engagé dans une voie inhabituelle et historique. En 1949, il entreprit un effort décisif pour se transformer en une véritable organisation de masse. La Ligue de la jeunesse rédigea un programme d'action, dont la pierre angulaire était une campagne de mobilisation de masse.

A la conférence annuelle de l'ANC à Bloemfontein, l'organisation a adopté le programme d'action de la Ligue qui appelait à des boycotts, des grèves, une résistance passive, des manifestations et d'autres formes d'action de masse. Il s'agissait d'un changement radical : la politique de l'ANC avait toujours consisté à maintenir ses activités dans le cadre de la loi. A la Ligue de la jeunesse nous avions vu l'échec des moyens légaux et constitutionnels de lutte contre l'oppression raciale ; maintenant, toute l'organisation était prête à passer à une étape plus militante.

Ces changements n'ont pas eu lieu sans des bouleversements internes. Quelques semaines avant la conférence, Walter Sisulu, Oliver Tambo, A.P. Mda et moi-même, nous avions rencontré en secret le Dr. Xuma, chez lui, à Sophiatown. Nous lui avions expliqué qu'à notre avis le temps était venu des actions de masse en prenant exemple sur les manifestations non violentes de Gandhi, en Inde, et la campagne de résistance passive de 1946, et nous avons affirmé que l'ANC était devenu docile face à l'oppression. Les responsables de l'ANC, avions-nous dit, devaient accepter de violer la loi et, si nécessaire, d'aller en prison pour leurs convictions, comme l'avait fait Gandhi.

Le Dr. Xuma s'opposa radicalement à cette ligne, en prétendant qu'une telle stratégie était prématurée et qu'elle donnerait simplement au gouvernement une excuse pour écraser l'ANC. De telles formes de protestation, dit-il, auraient lieu en Afrique du Sud au moment où elles deviendraient inévitables. Il nous a clairement expliqué qu'il était médecin, qu'il avait un cabinet important et prospère et qu'il ne le mettrait pas en danger en allant en prison.

Nous lui avons adressé un ultimatum : nous nous engagions à le soutenir pour qu'il soit réélu à la présidence de l'ANC s'il soutenait le programme d'action que nous proposions. S'il ne le soutenait pas, nous ne le soutiendrions pas non plus. Le Dr. Xuma s'est échauffé, il nous a accusés de chantage et a posé ses conditions pour que nous votions pour lui. Il nous a dit que nous étions jeunes et arrogants et que nous manquions de respect à son égard. Nous lui avons répondu, mais en vain. Il ne soutiendrait pas notre proposition.

A 11 heures du soir, il nous a mis à la porte sans cérémonie. Il n'y avait pas d'éclairage dans les rues de Sophiatown et c'était une nuit sans lune ; on se voyait à peine les uns les autres. Tous les transports publics s'étaient arrêtés depuis longtemps et nous habitions à Orlando, à plusieurs kilomètres de là. Mda a remarqué avec amertume que le Dr. Xuma aurait pu au moins nous proposer un moyen de transport. Walter connaissait des gens qui habitaient tout près et nous les avons convaincus de nous laisser passer la nuit chez eux.

En décembre, lors de la conférence, nous, les jeunes de la Ligue, nous savions que nous avions assez de voix pour déposer le Dr. Xuma. Comme candidat à la présidence, nous soutenions le Dr. J.S. Moroka. Nous préférions le professeur Z.K. Matthews, mais il nous trouvait trop radicaux et considérait notre plan d'action inapplicable. Il disait que nous étions des boutefeux naïfs et ajoutait que nous allions nous assagir avec l'âge.

Le Dr. Moroka n'était pas un choix très crédible. Il était membre de l'All-African Convention (AAC), dominée à l'époque par des éléments trotskistes. Quand il accepta de se présenter contre le Dr. Xuma, la Ligue de la jeunesse l'admit comme membre de l'ANC. La première fois que nous l'avons contacté, il n'a cessé d'appeler l'ANC l'African National « Council » (le « Conseil » national africain). Il ne connaissait pas grand-chose à l'ANC et ce n'était pas non plus un militant très expérimenté, mais il nous semblait digne de respect et favorable à notre programme. C'était un médecin, comme le Dr. Xuma, et un des Noirs les plus riches d'Afrique du Sud. Il avait fait ses études à Edimbourg et à Vienne. Son arrière-grand-père avait été chef dans l'Etat libre d'Orange et, au XIXᵉ siècle, il avait accueilli les Afrikaners du Grand Trek, les bras ouverts, en leur donnant de la terre, puis on l'avait trahi.

Le Dr. Xuma a été battu et le Dr. Moroka est devenu président de l'ANC. Walter Sisulu a été élu nouveau secrétaire général et Oliver Tambo est entré à la direction nationale.

Le programme d'action approuvé à la conférence annuelle appelait à exiger des droits politiques par les boycotts, les grèves, la désobéissance civile et la non-coopération. En outre, il appelait à une journée de grève nationale pour protester contre la politique raciste et réactionnaire du gouvernement. Il marquait une rupture avec l'époque des manifestations convenables et, dans l'ANC, beaucoup de vieux de la vieille devaient s'effacer dans cette nouvelle ère de fort militantisme. Les membres de la Ligue de la jeunesse, dont j'étais, avaient maintenant des postes dans la vieille organisation. Nous avions entraîné l'ANC dans une voie plus radicale et révolutionnaire.

Je n'ai pu fêter le triomphe de la Ligue de la jeunesse que de loin car je n'avais pas pu assister à la conférence. Je travaillais dans un cabinet d'avocats et on ne m'avait pas donné l'autorisation de prendre deux jours pour aller à Bloemfontein. Ce cabinet était libéral, mais on voulait que je me concentre sur mon travail et que j'oublie la politique. Si j'étais allé à la conférence, j'aurais perdu mon emploi, ce que je ne pouvais me permettre.

L'esprit de l'action de masse s'est répandu mais je ne croyais toujours pas aux actions entreprises avec les communistes et avec les Indiens. En mars 1950, la « Convention pour la liberté d'expression », organisée par l'ANC du Transvaal, le Transvaal Indian Congress, l'African People's Organization et le comité de district du Parti communiste, a attiré 10 000 personnes à Market Square, à Johannesburg. Sans consulter la direction de l'ANC, le Dr. Moroka a accepté de présider la convention, qui a été un succès. Mais je restais méfiant car, en coulisses, le principal animateur était le Parti communiste.

A l'instigation du Parti communiste et de l'Indian Congress, la Convention a pris une résolution décrétant une journée de grève générale appelée Jour de la liberté, le 1ᵉʳ Mai, pour exiger l'abolition des lois sur le *pass* et toute la législation de discrimination. Je soutenais ces objectifs, mais je croyais que les communistes essayaient de couper l'herbe sous le pied à la journée nationale d'action de l'ANC. Je me suis opposé à la grève du 1ᵉʳ Mai parce que l'ANC n'en était pas à l'origine et parce que je croyais que nous devions nous concentrer sur notre propre campagne.

A l'époque, Ahmed Kathrada n'avait que vingt et un ans et, comme tous les jeunes, il avait envie de se faire les muscles. C'était un membre clef du Congrès indien pour la jeunesse du Transvaal et j'avais appris qu'il était opposé à la grève du 1ᵉʳ Mai. Un jour, alors que je descendais Commissioner Street, j'ai rencontré Kathrada, qui m'a accusé, moi et les jeunes de la Ligue, de ne pas vouloir travailler avec les Indiens et les métis. Sur le ton de la provocation, il m'a dit : « Tu es un responsable africain et je suis un jeune Indien. Mais je suis convaincu du soutien des masses africaines pour la grève et je te mets au défi de trouver un township africain pour organiser un meeting. Je suis sûr que les gens me soutiendront. » C'était une menace vide de sens mais cela m'a quand même mis en colère. Je me suis plaint lors d'une réunion conjointe du Comité de direction de l'ANC, du SAIC et du Parti communiste d'Afrique du Sud, mais Ismail Meer m'a rassuré en me disant : « Nelson, il est jeune et emporté, ne sois pas comme lui. » Je me suis senti un peu penaud et j'ai retiré ma plainte. Tout en n'étant pas d'accord avec Kathy, j'admirais son enthousiasme, et c'est un incident dont nous avons fini par rire.

La grève du 1ᵉʳ Mai s'est déroulée sans le soutien de l'ANC. Par anticipation, le gouvernement a interdit tous les meetings et tous les rassemblements le jour du 1ᵉʳ Mai. Plus des deux tiers des ouvriers africains sont restés chez eux pendant la journée de grève. Le soir, j'étais à Orlando West avec Walter, et nous regardions un rassemblement de la Journée de la liberté qui manifestait malgré l'interdiction du gouvernement. La lune brillait et tandis que nous observions les manifestants qui défilaient en bon ordre, nous avons aperçu un groupe de policiers postés de l'autre côté d'un ruisseau à environ cinq cents mètres. Ils ont dû nous voir parce que, brusquement, ils se sont mis à tirer dans notre direction. Nous avons plongé au sol et sommes restés là tandis que la police montée chargeait la foule, en frappant les gens avec des bâtons. Nous nous sommes réfugiés dans une infirmerie, d'où nous entendions les balles qui s'écrasaient sur les murs du bâtiment. Dix-huit Africains ont été tués et beaucoup d'autres blessés dans cette attaque aveugle et déclenchée sans provocation.

Malgré les manifestations et les critiques, la réponse des nationalistes a été de resserrer les vis de la répression. Quelques semaines plus tard, le gouvernement a fait voter la célèbre loi sur l'interdiction du communisme (Suppression of Communism Act) et l'ANC a convoqué immédiatement une conférence à Johannesburg. La loi interdisait le Parti communiste sud-africain et y appartenir ou poursuivre les objectifs du communisme devenait un crime passible d'un maximum de dix années d'emprisonnement. Mais le texte de loi était rédigé d'une façon si large qu'il interdisait la moindre protestation contre l'Etat, considérant comme un crime la défense de toute doctrine qui soutiendrait tout « changement politique, industriel, social ou économique à l'intérieur de l'Union en incitant aux troubles et au désordre ». La loi permettait essentiellement au gouvernement d'interdire toute organisation et d'arrêter toute personne opposées à sa politique.

L'ANC, le SAIC et l'APO se sont à nouveau rencontrés pour discuter de ces mesures et le Dr. Dadoo, parmi d'autres, a dit que ce serait de la folie de laisser les différences du passé empêcher un front uni contre le gouvernement. J'ai pris la parole pour faire écho à son sentiment : il était évident que la répression contre un groupe de libération frappait tous les groupes de libération. C'est à cette réunion qu'Oliver prononça ces paroles prophétiques : « Aujourd'hui le Parti communiste. Demain, ce sera le tour de nos syndicats, de notre Congrès indien, de notre APO, de notre ANC. » Soutenu par le SAIC et l'APO, l'ANC a décidé d'organiser une journée nationale de protestation, le 26 juin, contre l'assassinat de dix-huit Africains le 1er Mai et contre le vote de la loi sur l'interdiction du communisme. La proposition a été ratifiée et, pour préparer la Journée de protestation, nous avons serré les rangs avec le SAIC, l'APO et le Parti communiste, tous ceux qui s'opposaient au gouvernement et à sa politique de répression. Je pensais que la menace était suffisante pour nous obliger à joindre nos efforts avec les collègues indiens et communistes.

Au début de l'année, j'avais été coopté au Comité national de direction de l'ANC, à la place du Dr. Xuma, qui avait démissionné après son échec à l'élection à la présidence. Je n'avais pas oublié que le Dr. Xuma m'avait aidé à obtenir mon premier emploi à mon arrivée à Johannesburg dix ans plus tôt, quand je ne pensais pas faire de politique. Et voilà que, en tant que membre de la direction nationale, j'étais au premier rang avec les plus anciens de l'ANC. J'étais passé du rôle de mouche du coche à un de ces postes de pouvoir contre lesquels je m'étais révolté. C'était un sentiment enivrant, avec tout un mélange d'émotions. D'une certaine façon, il est plus facile d'être dissident, car on n'a pas de responsabilités. En tant que membre de la direction, je devais évaluer les arguments et prendre des décisions, et m'attendre à être critiqué par des jeunots comme moi.

Les actions de masse étaient dangereuses en Afrique du Sud où pour les Africains faire la grève était un acte criminel et où la liberté d'expression et de déplacement était impitoyablement réduite. En faisant la grève, un ouvrier africain risquait non seulement de perdre son emploi mais aussi tout moyen de gagner sa vie et le droit de rester dans la région où il habitait. D'après mon expérience, une grève politique est toujours beaucoup plus risquée qu'une grève économique. Une grève fondée sur une revendication politique est plus précaire que si elle se fonde sur des questions claires comme des augmentations de salaire ou une diminution du temps de travail, et elle nécessite une organisation particulièrement efficace. La Journée de protestation était une grève plus politique qu'économique.

En préparation de la journée du 26 juin, Walter voyageait dans tout le pays pour consulter les responsables. En son absence, j'ai pris en charge le bureau de l'ANC, l'axe central d'une action nationale complexe. Chaque jour, différents responsables venaient voir si les choses se passaient comme prévu : Moses Kotane, le Dr. Dadoo, Diliza Mji, J.B. Marks, président de l'ANC pour le Transvaal, Yusuf Cachalia et son frère Maulvi, Gaur Radebe, secrétaire du Conseil d'action, Michael Harmel, Peter Raboroko, Ntatho Motlana. Je coordonnais les actions dans différentes régions du pays et je parlais au téléphone aux responsables régionaux. Nous avions peu de temps et le planning fut fait à la hâte.

La Journée de protestation était la première tentative de l'ANC de mener une grève politique à l'échelon national et le succès a été modeste. Dans les villes, la majorité des ouvriers sont restés chez eux, et les commerçants noirs ont fermé leur boutique. A Bethal, Gert Sibande, qui est devenu plus tard président de l'ANC pour le Transvaal, a pris la tête d'une manifestation de 5 000 personnes, ce qui lui a valu les gros titres des grands journaux de tout le pays. La Journée de protestation nous a remonté le moral, en nous faisant prendre conscience de notre force, et nous avions adressé un avertissement au gouvernement Malan en lui disant que nous ne resterions pas passifs face à l'apartheid. Depuis, le 26 juin est devenu un point de repère dans la lutte pour la liberté et, à l'intérieur du mouvement de libération, on le considère comme le Jour de la liberté. C'était la première fois que je prenais une part décisive dans une campagne nationale et j'ai eu un sentiment de joie devant une bataille bien organisée contre l'ennemi et ce sens de la camaraderie qui naît de la lutte contre de formidables inégalités.

J'apprenais que la lutte dévorait tout. Un homme qui s'y engageait n'avait plus de vie de famille. C'est au milieu de la préparation de la Journée de protestation que mon second fils, Makgatho Lewanika, est né. J'étais avec Evelyn à l'hôpital quand il est venu au monde, mais ça n'a été qu'un bref répit dans mes activités. On lui avait donné les noms de Sefako Mapogo Makgatho, second président de l'ANC, de 1917 à 1924, et de Lewanika, un chef zambien. Makgatho, fils d'un chef pedi, avait conduit des volontaires pour défier la barrière des couleurs qui interdisait aux Africains de marcher sur les trottoirs de Pretoria, et son nom représentait pour moi l'emblème du courage indomptable.

Un jour, à cette époque, ma femme m'informa que mon fils aîné, Thembi, lui avait demandé : « Où est-ce qu'il habite, papa ? » Je rentrais tard le soir à la maison, quand il dormait déjà depuis longtemps, et je partais très tôt le matin avant qu'il ne se réveille. Je n'aimais pas être privé de la compagnie de mes enfants. Ils me manquaient déjà beaucoup, à une époque où je n'imaginais pas que je passerais de longues décennies loin d'eux.

Je savais beaucoup plus contre quoi je me battais que pour quoi. Ma longue opposition au communisme cédait. Moses Kotane, le secrétaire général du Parti communiste et membre du Comité de direction de l'ANC, venait souvent chez moi et nous parlions toute la nuit. Kotane, fils de fermiers du Transvaal, était un autodidacte avec une pensée claire. « Nelson, me disait-il, qu'est-ce que tu as contre nous ? Nous combattons tous le même ennemi. Nous ne parlons pas de dominer l'ANC ; nous travaillons dans le contexte du nationalisme africain. » A la fin, je n'avais plus de réponses satisfaisantes à opposer à ses arguments.

A cause de mon amitié avec Kotane, Ismail Meer et Ruth First, et des sacrifices que je les voyais faire, je commençais à trouver de plus en plus difficile de justifier mes préjugés contre le Parti communiste. A l'intérieur de l'ANC, des membres du Parti communiste comme J.B. Marks, Edwin Mofusanyana, Dan Tloome, David Bopape parmi d'autres, étaient dévoués et travailleurs et on ne pouvait rien leur reprocher en tant que combattants de la liberté. Le Dr. Dadoo, un des chefs de la résistance en 1946, était un marxiste bien connu et son rôle comme combattant pour les droits de l'homme en avait fait un héros pour tous les groupes. Je ne pouvais pas mettre en cause, et je ne l'ai plus fait, la bonne foi de telles femmes et de tels hommes.

Si je ne pouvais plus douter de leur sincérité, je pouvais toujours m'interroger sur les fondements philosophiques et pratiques du marxisme. Mais je n'en connaissais pas grand-chose et, dans les discussions politiques avec mes amis communistes, j'étais handicapé par mon ignorance. J'ai décidé d'y porter remède.

J'ai acheté les œuvres complètes de Marx et d'Engels, de Lénine, de Staline, de Mao Zedong et d'autres, et j'ai exploré la philosophie du matérialisme historique et dialectique. J'avais peu de temps pour étudier correctement. Le *Manifeste du Parti communiste* m'a stimulé mais *le Capital* m'a épuisé. Pourtant, l'idée d'une société sans classes m'attirait beaucoup, une société qui, dans mon esprit, pouvait se comparer à la société traditionnelle africaine avec une vie commune, fondée sur le partage. J'étais d'accord avec le principe de base de Marx, qui avait la simplicité et la générosité de la règle d'or : « De chacun selon ses capacités ; à chacun selon ses besoins. »

Le matérialisme dialectique semblait offrir à la fois un projecteur qui illuminait la nuit obscure de l'oppression raciale et un outil qu'on pouvait utiliser pour y mettre fin. Cela m'aidait à voir la situation autrement qu'à travers le prisme des relations entre Noirs et Blancs car, si notre lutte devait triompher, nous aurions à dépasser cette différence. J'étais attiré par les fondements scientifiques du matérialisme dialectique car j'ai toujours eu tendance à faire confiance aux choses que je pouvais vérifier. Les analyses matérialistes de l'économie me semblaient sonner vrai. L'idée que la valeur des marchandises était basée sur la quantité de travail incorporée me semblait particulièrement appropriée à l'Afrique du Sud. La classe dirigeante payait à l'ouvrier africain un salaire de subsistance et ajoutait une valeur au prix des marchandises qu'elle gardait.

L'appel du marxisme à l'action révolutionnaire était comme une musique aux oreilles d'un combattant de la liberté. L'idée que l'histoire progresse à travers les luttes et que le changement intervient dans les ruptures révolutionnaires me semblait tout aussi séduisante. En lisant des œuvres marxistes, je trouvais quantité d'informations qui portaient sur le genre de problèmes que rencontre celui qui fait de la politique. Les marxistes avaient prêté une grande attention aux mouvements de libération nationale et l'Union soviétique en particulier soutenait les luttes nationales de beaucoup de peuples colonisés. C'est une autre raison qui m'a amené à réviser l'idée que je me faisais des communistes et à accepter la position de l'ANC, qui accueillait des marxistes dans ses rangs.

Une fois, un ami m'a demandé pourquoi je ne conciliais pas ma foi dans le nationalisme africain avec une adhésion au matérialisme dialectique. Pour moi, il n'y avait pas de contradiction. J'étais d'abord et avant tout un nationaliste africain qui luttait pour notre émancipation contre un gouvernement minoritaire et pour le droit de contrôler notre propre destin. Mais en même temps, l'Afrique du Sud et le continent africain faisaient partie d'un monde plus vaste. Nos problèmes, tout en étant distincts et spécifiques, n'étaient pas entièrement uniques, et une philosophie qui plaçait ces problèmes dans le contexte international et historique était valable. J'étais prêt à utiliser n'importe quel moyen pour accélérer la suppression des préjugés et la fin du nationalisme chauvin et violent. Je n'avais pas besoin de devenir communiste pour travailler avec eux. Je trouvais que le nationalisme africain et le communisme africain avaient bien plus de choses qui les unissaient que de choses qui les divisaient. Les cyniques suggéraient toujours que les communistes nous utilisaient. Mais qui peut dire que nous n'utilisions pas les communistes ?

14

Si nous avions quelques espoirs ou quelques illusions sur le Parti national avant qu'il accède au pouvoir, nous avons été rapidement détrompés. La menace qu'ils proféraient de remettre le kaffir à sa place n'était pas vaine. En plus de celle sur l'interdiction du communisme, les deux autres lois qui furent votées en 1950, la Population and Registration Act et le Group Areas Act, formaient la pierre angulaire de l'apartheid. Comme je l'ai déjà mentionné, la Population and Registration Act autorisait le gouvernement à classifier tout Sud-Africain en fonction de sa race. Si ça n'était pas déjà le cas, la race est devenue l'élément essentiel de la société sud-africaine. Les épreuves arbitraires et absurdes pour distinguer le Noir du métis ou le métis de l'Indien ont souvent eu des résultats tragiques, et des membres de la même famille se retrouvaient dans des classifications différentes, selon qu'un enfant avait une peau plus claire ou plus foncée. Le fait que l'un d'eux avait le droit de vivre et de travailler dépendait de distinctions absurdes comme des cheveux frisés ou l'épaisseur des lèvres.

La Group Areas Act constituait la base de l'apartheid résidentiel. D'après cette loi, chaque groupe racial ne pouvait posséder de la terre, occuper des locaux et avoir une activité que dans une zone séparée. Par conséquent, les Indiens ne pouvaient vivre que dans des zones réservées aux Indiens, les Africains dans des zones africaines et les métis dans des zones réservées aux métis. Si des Blancs voulaient le terrain ou les maisons d'autres groupes, il leur suffisait de déclarer la zone blanche et d'en prendre possession. La Group Areas Act a ouvert l'ère des déplacements forcés, quand les communautés africaines, des villes et des villages situés dans des zones urbaines considérées comme « blanches », ont été violemment déplacées parce que les propriétaires blancs voisins ne voulaient pas que les Africains vivent à côté d'eux ou parce qu'ils voulaient simplement prendre leur terre.

En haut de la liste des déplacements forcés, il y eut Sophiatown, une communauté très vivante de 50 000 personnes, un des plus anciens quartiers noirs de Johannesburg. Malgré sa pauvreté, Sophiatown débordait d'une vie très riche et donnait naissance à beaucoup de choses nouvelles et de valeurs dans la vie et la culture africaines. Avant même les tentatives du gouvernement pour déplacer ce quartier, Sophiatown a pris pour les Africains une importance symbolique disproportionnée par rapport à sa population.

L'année suivante, le gouvernement a fait voter deux nouvelles lois qui attaquaient directement les droits des métis et des Africains. La Separate Representation of Voters Act (Loi sur la représentation séparée du corps électoral), destinée à faire passer les métis sur des listes électorales séparées au Cap, en réduisant ainsi les droits de franchise dont ils avaient bénéficié pendant plus d'un siècle ; la Bantu Authorities Act (Loi sur les autorités bantoues). Cette loi abolissait les conseils représentatifs indigènes, le seul forum de représentation nationale des Africains, et elle les remplaçait par un système hiérarchique de chefs tribaux nommés par le gouvernement. L'idée était de redonner le pouvoir aux chefs ethniques traditionnels, essentiellement conservateurs, afin de perpétuer les différences ethniques qui commençaient à s'estomper. Ces deux lois résumaient l'ethos du gouvernement nationaliste, qui prétendait protéger ce qu'il essayait de détruire. Il présentait les lois qui dépouillaient les gens de leurs droits comme voulant les restaurer.

Les métis se regroupèrent pour lutter contre la Separate Representation of Voters Act, ils organisèrent une manifestation monstre dans la ville du Cap, en mars 1951, et une grève en avril pendant laquelle tous les magasins restèrent fermés et les écoliers n'allèrent pas à l'école. C'est pendant cette période, marquée par le militantisme des Indiens, des métis et des Noirs, que Walter Sisulu lança à un petit groupe d'entre nous l'idée d'une campagne de désobéissance civile. Il esquissa un plan dans lequel des volontaires choisis de tous les groupes accepteraient volontairement la prison en violant certaines lois.

L'idée m'a immédiatement séduit, et les autres aussi, mais il en a été différemment quand Walter a demandé qui y prendrait part. J'étais devenu depuis peu président national de la Ligue de la jeunesse et dans mon nouveau rôle, j'ai insisté pour que la campagne soit exclusivement africaine. J'ai expliqué que l'Africain moyen était toujours circonspect quand il s'agissait de participer à une action avec des Indiens et des métis. Si j'avais fait des progrès en ce qui concernait mon opposition au communisme, je craignais toujours l'influence des Indiens. En outre, beaucoup de nos partisans ruraux considéraient les commerçants et marchands indiens comme des exploiteurs de la main-d'œuvre noire.

Walter manifesta violemment son désaccord, en disant que les Indiens, les métis et les Africains étaient inextricablement liés. La question fut débattue lors d'une réunion du Comité national de direction et le vote me donna tort, même venant de ceux qu'on considérait comme des nationalistes convaincus. Mais j'étais tenace et j'ai à nouveau soulevé le problème à la conférence nationale en décembre 1951, où les délégués repoussèrent ma proposition de façon aussi nette que la direction nationale. Dès lors que mon point de vue avait été rejeté par les plus hautes instances de l'ANC, j'ai accepté la position sur laquelle nous nous étions mis d'accord. Si mon discours défendant une stratégie du allons-y-seuls avait reçu un accueil mitigé, celui que j'ai fait en tant que président de la Ligue de la jeunesse pour apporter mon soutien à la nouvelle politique de coopération reçut, lui, une vibrante ovation.

La conférence de l'ANC approuva une résolution présentée par le Dr. Moroka, Walter, J.B. Marks, Yusuf Cachalia et le Dr. Dadoo, demandant au gouvernement d'abroger la Suppression of Communism Act, la Group Areas Act, la Separate Representation of Voters Act, la Bantu Authorities Act, les lois sur le *pass* et sur la limitation des troupeaux, avant le 29 février 1952. Cette dernière loi avait pour but de réduire l'excès de pâture par le bétail mais elle aurait comme résultat de réduire encore plus la terre disponible pour les Africains. Le Conseil décida que l'ANC organiserait des manifestations le 6 avril 1952, en prélude à la campagne de défi contre les lois injustes. Le même jour, les Sud-Africains blancs célébreraient le trois centième anniversaire de l'arrivée de Jan Van Riebeeck [1] au Cap, en 1652 ; le 6 avril est le jour où chaque année les Sud-Africains blancs commémorent la fondation de leur pays — et les Africains considèrent cette date comme le début de trois siècles d'esclavage.

L'ANC rédigea une lettre au Premier ministre l'informant de ces résolutions et de la date limite d'abrogation des lois. Comme la lettre devait être signée par le Dr. Moroka qui n'avait pas participé à sa rédaction, on me demanda d'aller la lui porter en voiture à Thaba 'Nchu, une ville près de Bloemfontein dans l'Etat libre d'Orange, une région très conservatrice du pays. Mais j'ai failli ne pas arriver jusqu'à lui.

Quelques semaines auparavant, j'avais passé le permis de conduire. A cette époque, ce n'était pas une chose habituelle pour un Africain car très peu de Noirs avaient une voiture. Le jour dit, j'en ai emprunté une pour passer mon permis. Je n'étais pas peu fier et j'ai décidé de conduire moi-même. J'étais en retard et je roulais plus vite que je ne l'aurais dû, et au croisement d'une petite rue et d'une grande avenue, j'ai oublié de regarder de chaque côté et je suis entré en collision avec une voiture qui venait dans l'autre direction. Il y avait peu de dégâts mais maintenant j'étais sûr d'arriver en retard. L'autre conducteur n'a pas fait d'histoires et nous nous sommes mis d'accord pour que chacun paie sa réparation.

Quand je suis arrivé à l'endroit où l'on passait le permis, j'ai remarqué une Blanche au milieu de l'épreuve.

1. Jan Van Riebeeck commandait trois navires qui débarquèrent en 1652 au Cap pour le compte de la Compagnie hollandaise des Indes orientales. Premier gouverneur du Cap. *(N.d.T.)*.

Elle conduisait bien et avec prudence. A la fin, l'inspecteur lui a dit : « Merci, voudriez-vous s'il vous plaît garer votre voiture là-bas ? » Pendant l'épreuve elle avait bien conduit pour réussir, mais en se dirigeant vers le parking, elle a raté une courbe et la roue arrière est montée sur la bordure du trottoir. « Je suis désolé, madame, vous avez raté, veuillez revenir une autre fois. » J'ai senti ma confiance qui faiblissait. Si ce type réussissait à faire rater cette femme blanche, quel espoir me restait-il ? Mais j'ai réussi l'épreuve et quand, à la fin, l'inspecteur m'a dit d'aller ranger ma voiture, j'ai conduit si prudemment que je me suis dit qu'il allait me pénaliser pour rouler trop lentement.

Quand j'ai pu conduire légalement, je suis devenu le chauffeur de taxi de service. On avait l'obligation d'accompagner les amis et les camarades. C'est ainsi qu'on m'a envoyé porter la lettre au Dr. Moroka. Ça ne me coûtait pas beaucoup parce que j'avais toujours aimé conduire et regarder le paysage. Mes meilleures idées semblaient me venir quand je roulais dans la campagne et que le vent me fouettait le visage.

Sur la route de Thaba 'Nchu, j'ai traversé Kroonstad, une ville conservatrice de l'Etat libre d'Orange, à environ 200 kilomètres au sud de Johannesburg. En montant une côte, j'ai vu deux jeunes garçons blancs, à bicyclette, devant moi. Je manquais toujours d'assurance et je suis passé trop près, l'un d'eux a tourné sans prévenir et nous nous sommes heurtés. Il est tombé de bicyclette et il gémissait quand je suis descendu de voiture pour l'aider. Il tendait les bras pour me dire de venir le relever, mais au moment où j'allais le faire, le conducteur blanc d'un camion m'a crié de ne pas le toucher. Il a fait peur au jeune garçon, qui a baissé les bras comme s'il ne voulait plus que je le relève. Il n'était que légèrement blessé et le chauffeur du camion l'a emmené au commissariat qui était fermé.

La police locale est arrivée peu de temps après et le sergent blanc m'a jeté un coup d'œil et m'a dit : « *Kaffir, jy sal kak vandag !* » (Kaffir, tu vas en chier aujourd'hui !) J'étais bouleversé par l'accident et par la violence de ses paroles, mais je lui ai répondu de façon très claire que je chierais quand ça me plairait et pas quand un policier me le dirait. Alors le sergent a sorti son carnet pour noter mon témoignage. Les policiers de langue afrikaans étaient surpris quand un Noir savait parler anglais et encore plus quand il répondait.

Après m'avoir identifié, il est allé voir la voiture qu'il a passée au peigne fin. Sous le tapis de sol, il a trouvé un exemplaire du journal de gauche *The Guardian*, que j'avais caché immédiatement après l'accident. (J'avais glissé la lettre pour le Dr. Moroka sous ma chemise.) Il a regardé le titre puis il a levé le journal en l'air, comme un pirate avec son butin. « *Wragtig ons het'n kommunis gevang !* » (Ma parole, on a attrapé un communiste !) Tout en brandissant le journal, il est parti en courant. Il est revenu une heure plus tard accompagné d'un autre officier. Ce dernier, qui était pourtant lui aussi afrikaner, voulait faire son travail correctement. Il a dit qu'il allait prendre des mesures sur les lieux de l'accident pour le rapport de police. Je lui ai répondu qu'on ne pouvait pas prendre de mesures la nuit alors que l'accident avait eu lieu en plein jour. J'ai ajouté que j'avais l'intention de passer la nuit à Thaba 'Nchu et que je ne pouvais pas rester à Kroonstad. Le sergent m'a regardé avec impatience et m'a dit : « Quel est ton nom ?

— Mandela.

— Non, le prénom. » Je le lui ai dit.

« Nelson, a-t-il continué, comme s'il parlait à un enfant, je veux t'aider à reprendre ton voyage. Mais si tu commences à me créer des difficultés, je n'aurai pas d'autre solution que de te boucler pour la nuit. » Cela m'a ramené sur terre et j'ai accepté qu'on prenne les mesures.

Je suis reparti très tard dans la nuit et le lendemain matin, je traversais le district d'Excelsior quand ma voiture est tombée en panne sèche. Je suis allé jusqu'à une ferme et j'ai expliqué en anglais à une vieille femme blanche que j'aimerais lui acheter un peu d'essence. Elle a refermé sa porte, en disant : « Je n'ai pas d'essence pour toi. » J'ai fait deux kilomètres jusqu'à la ferme suivante et, échaudé par ma première tentative, je m'y suis pris autrement. J'ai demandé à voir le fermier et, quand il est apparu, j'ai pris une attitude humble. Je lui ai dit : « Mon *baas* est tombé en panne d'essence. » « *Baas* » est le terme afrikaans qui veut dire « maître » ou « patron » et qui indique la soumission. Ce fermier amical et serviable était un parent du Premier ministre Strijdom. Pourtant, je pense qu'il m'aurait quand même donné de l'essence si je lui avais dit la vérité et si je n'avais pas employé le mot haï de « *baas* ».

La rencontre avec le Dr. Moroka se révéla moins mouvementée que mon voyage. Il approuva le contenu de la lettre et je suis revenu à Johannesburg sans encombre. Cette lettre adressée au Premier ministre rappelait que l'ANC avait épuisé tous les moyens constitutionnels à sa disposition pour obtenir nos droits légitimes et que nous exigions l'abrogation des six « lois injustes » avant le 29 février 1952, sinon nous engagerions des actions extra-constitutionnelles. La réponse de Malan, signée par son secrétaire particulier, affirmait que les Blancs avaient un droit inhérent de prendre des mesures pour préserver leur propre identité en tant que communauté séparée, et il terminait sur une menace : si nous poursuivions nos actions, le gouvernement n'hésiterait pas à utiliser pleinement tout ce qui était à sa disposition pour étouffer les troubles.

Nous avons considéré la réponse sèche de Malan comme une déclaration de guerre. Nous n'avions maintenant plus d'autre possibilité que la désobéissance civile, et nous nous sommes lancés sérieusement dans la préparation d'actions de masse. Le recrutement et la préparation des volontaires étaient une des tâches essentielles de la campagne et son succès ou son échec en dépendrait en grande partie. Le 6 avril, des manifestations préliminaires ont eu lieu à Johannesburg, Pretoria, Port Elizabeth, Durban et Le Cap. Alors que le Dr. Moroka s'adressait à une foule dans Freedom Square à Johannesburg, je parlais à un groupe de volontaires potentiels au Syndicat des travailleurs du vêtement. J'ai expliqué à plusieurs centaines d'Africains, d'Indiens et de métis qu'être volontaire était une tâche difficile et même dangereuse car les autorités chercheraient à les intimider, à les emprisonner et peut-être à les agresser. Quoi que fassent les autorités, les volontaires ne devaient pas répondre, sinon ils ruineraient la valeur de toute l'entreprise. A la violence, ils devaient répondre par la non-violence ; il fallait maintenir la discipline à n'importe quel prix.

Le 31 mai, les responsables de l'ANC et du SAIC se sont retrouvés à Port Elizabeth et ont annoncé que la campagne de défi commencerait le 26 juin, jour anniversaire de la première journée nationale de protestation. Ils ont également créé un Comité national d'action pour diriger la campagne et un Conseil national des volontaires pour le recrutement et la formation. J'ai été désigné comme volontaire national en chef de la campagne et président du Comité national d'action et du Conseil national des volontaires. J'étais responsable de l'organisation de la campagne, de la coordination des sections régionales, du recrutement des volontaires et de la réunion des fonds.

Nous avons aussi discuté pour savoir si la campagne devait suivre les principes de non-violence de Ghandi, ou ce que le Mahatma appelait *satyagraha*, une non-violence qui tente de convaincre par la discussion. Certains défendaient la non-violence sur des bases purement morales, en affirmant qu'elle était moralement supérieure à toute autre méthode. Cette idée était fermement défendue par Manilal Gandhi, le fils du Mahatma et directeur du journal *Indian Opinion*, qui était un membre éminent du SAIC. Avec son comportement très doux, Gandhi semblait la personnification même de la non-violence, et il insistait pour que la campagne suive une voie identique à celle de son père en Inde.

D'autres disaient que nous devions aborder la question non sous l'angle des principes mais sous celui de la tactique, et que nous devions utiliser la méthode qu'exigeaient les conditions. Si une méthode particulière nous permettait de vaincre l'ennemi, alors il fallait l'employer. En l'occurrence, l'Etat était bien plus puissant que nous et toute tentative de violence de notre part serait impitoyablement écrasée. La non-violence devenait plus une nécessité qu'un choix. Je partageais ce point de vue et je considérais la non-violence du modèle de Gandhi non comme un principe inviolable mais comme une tactique à utiliser quand la situation l'exigeait. La stratégie n'était pas à ce point importante qu'on dût l'employer même si elle menait à la défaite, comme le croyait Gandhi. C'est cette conception qui a prévalu malgré les objections obstinées de Manilal Gandhi.

Le conseil commun d'organisation s'est mis d'accord sur un programme ouvert de non-coopération et de non-violence. Deux étapes ont été proposées pour la campagne de défi. Tout d'abord, un petit nombre de volontaires bien formés violeraient des lois choisies dans quelques régions urbaines. Ils entreraient sans autorisation dans des zones interdites, iraient dans des endroits réservés aux Blancs comme des toilettes, des compartiments de train, des salles d'attente et des entrées de bureaux de poste. Ils resteraient délibérément en ville après le couvre-feu. Chaque vague de volontaires aurait un responsable qui préviendrait la police de l'acte de désobéissance de façon que les arrestations puissent se faire avec un minimum de désordre. La deuxième étape était envisagée comme un défi de masse, accompagné de grèves et d'actions dans l'industrie, à travers tout le pays.

Avant le lancement de la Campagne de défi, un rassemblement a eu lieu à Durban, le 22 juin, qu'on a appelé la Journée des volontaires. Le chef Luthuli, président de l'ANC pour le Transvaal, et le Dr. Naicker, président du Congrès indien pour le Natal, ont pris la parole et se sont engagés dans la campagne. J'étais le principal orateur. Dix mille personnes environ assistaient au meeting et je leur ai dit que la Campagne de défi serait la plus puissante action de masse jamais entreprise par les opprimés d'Afrique du Sud. Je n'avais encore jamais parlé à une foule aussi importante, et c'était une expérience extraordinaire. On ne peut pas s'adresser à une grande masse de gens comme à un public de vingt personnes. Pourtant, que mon auditoire ait été une foule immense ou un groupe restreint, je me suis toujours efforcé d'apporter le même soin à mes explications. J'ai dit aux gens qu'ils allaient faire l'histoire et attirer l'attention du monde sur la politique raciste de l'Afrique du Sud. J'ai insisté sur le fait que l'unité des peuples africain, métis et indien d'Afrique du Sud était devenue une réalité.

Dans tout le pays, ceux qui ont défié la loi le 26 juin l'ont fait avec courage, enthousiasme, et le sens de l'histoire. La campagne a commencé au petit matin à Port Elizabeth, où trente-deux personnes, avec à leur tête Raymond Mhlaba, sont entrées dans une gare de chemin de fer par l'entrée réservée aux Blancs et ont été arrêtées. Elles ont défilé en chantant des chants de liberté, accompagnées par les acclamations de leurs parents et de leurs amis. Les volontaires et la foule criaient en se répondant : « *Mayibuye Africa !* » (Afrique reviens !)

Le matin du 26 juin, j'étais dans les bureaux de l'ANC où je supervisais les manifestations de la journée. Le groupe de volontaires du Transvaal devait entrer en action à midi, dans un township africain près de Boksburg, à l'est de Johannesburg. Conduits par le révérend N.B. Tantsi, les volontaires devaient être arrêtés pour avoir pénétré dans le township sans autorisation. Le révérend Tantsi était un homme âgé, pasteur de l'Eglise épiscopale méthodiste africaine et vice-président de l'ANC pour le Transvaal.

En fin de matinée, j'attendais que le révérend Tantsi arrive de Pretoria quand il m'a téléphoné au bureau. Avec des regrets dans la voix, il m'a informé que son médecin lui avait déconseillé de participer à la Campagne de défi et d'aller en prison. Je lui ai assuré qu'on lui fournirait des vêtements chauds et qu'il ne passerait qu'une nuit en prison, mais en vain. C'était une grande déception parce que le révérend Tantsi était un personnage de marque et nous l'avions choisi pour montrer aux autorités que nous n'étions pas qu'une bande de jeunes agitateurs.

Pour le remplacer, nous avons trouvé quelqu'un de tout aussi vénérable : Nana Sita, le président du Congrès indien pour le Transvaal, qui avait passé un mois en prison à cause de sa résistance passive pendant la campagne de 1946. Malgré son grand âge et une arthrite douloureuse, Sita, qui se conduisait comme un vrai combattant, a accepté de prendre la tête des volontaires.

Dans l'après-midi, alors que nous nous préparions à partir pour Boksburg, je me suis rendu compte que le secrétaire adjoint de l'ANC pour le Transvaal n'était nulle part. Il devait accompagner Nana Sita à Boksburg. Devant ce nouveau contretemps, j'ai dit à Walter : « Il faut que tu y ailles. » C'était notre première grande action dans le Transvaal et il était nécessaire d'avoir des personnages de premier plan en tête des volontaires, sinon les responsables auraient donné l'impression de rester en arrière pendant que les masses subissaient les châtiments. Walter était l'un des organisateurs et on avait prévu qu'il agirait plus tard, mais il a accepté de bon cœur. Mon principal souci, c'était qu'il portait un costume, vêtement très peu pratique en prison, mais nous avons réussi à lui trouver autre chose.

Nous sommes partis pour Boksburg où Yusuf Cachalia et moi avions l'intention de remettre une lettre au juge local pour l'informer que cinquante de nos volontaires entreraient sans autorisation dans le township situé sur son district. En arrivant au bureau du juge, nous avons trouvé un nombre important de journalistes et de photographes. Dès que j'ai tendu la lettre au juge, les photographes sont entrés en action. Le juge s'est soustrait à leurs flashes et nous a invités, Yusuf et moi, à entrer dans son bureau pour discuter en privé. C'était un homme raisonnable et il nous a dit que sa porte nous serait toujours ouverte mais que cette publicité excessive ne ferait qu'empirer les choses.

Nous avons quitté son bureau et nous sommes allés directement au township, où la manifestation devait avoir lieu, et près d'un kilomètre avant d'arriver nous avons entendu les chants vigoureux de nos volontaires et de la foule importante venue les soutenir. En arrivant, nous avons trouvé les hautes grilles métalliques du township fermées et nos volontaires qui attendaient patiemment à l'extérieur, exigeant qu'on les laisse entrer. Il y avait cinquante-deux volontaires en tout, des Africains et des Indiens ; et une foule de plusieurs centaines de spectateurs enthousiastes et de journalistes. Walter se trouvait en tête des volontaires ; sa présence prouvait que nous prenions les choses au sérieux. Nana Sita incarnait l'esprit des manifestants et, malgré son arthrite, il marchait parmi les volontaires, plein d'ardeur, en leur tapant dans le dos et en leur redonnant confiance.

Pendant une heure, chacun est resté sur ses positions. La retenue de la police et son comportement nous ont déconcertés. Etait-ce une tactique pour décourager les volontaires ? Attendaient-ils que les journalistes s'en aillent pour se lancer dans un massacre à la faveur de la nuit ? Ou se trouvaient-ils confrontés au dilemme qu'en nous arrêtant — ce qu'ils auraient fait en temps normal — ils faisaient exactement ce que nous voulions ? Mais alors que nous nous posions encore ces questions, la situation a brusquement changé. La police a fait ouvrir les portes. Les volontaires se sont précipités, violant ainsi la loi. Un lieutenant de police a soufflé dans un sifflet et, quelques secondes plus tard, les policiers ont commencé à encercler les volontaires et à les arrêter. La campagne suivait son cours. Ils ont emmené les manifestants au poste de police où on les a inculpés.

Le même soir, les responsables du Comité d'action, qui comprenait Oliver Tambo, Yusuf Cachalia et moi-même, nous devions assister à une réunion en ville pour discuter des événements de la journée et préparer la semaine suivante. Cela se passait près du quartier où le second groupe de volontaires, conduit par Flag Boshielo, président de la section centrale de l'ANC, allait se faire arrêter. Peu après 11 heures du soir, nous les avons rencontrés qui défilaient dans la rue ; le couvre-feu prenait effet à 23 heures et les Africains avaient besoin d'une autorisation s'ils se trouvaient à l'extérieur.

Nous sommes sortis de la réunion à minuit. J'étais épuisé et je ne pensais plus au défi mais seulement à un bon repas chaud et à une nuit de sommeil. A ce moment-là, un policier s'est approché de Yusuf et de moi. Il était évident que nous étions en train de rentrer chez nous et que nous ne manifestions pas. « Non, Mandela, a crié le policier, tu ne t'échapperas pas. » Il a montré le car de police avec sa matraque et a dit : « En voiture. » J'ai eu envie de lui expliquer que j'étais responsable de la campagne et qu'il était prévu que je manifeste et que je sois arrêté beaucoup plus tard, mais bien sûr, ç'aurait été ridicule. Quand il a été arrêté, Yusuf a éclaté de rire devant l'ironie de la situation. C'était merveilleux de le voir ainsi alors que la police l'emmenait.

Quelques instants plus tard, Yusuf et moi nous sommes retrouvés avec la bonne cinquantaine de volontaires conduits par Flag Boshielo qu'on emmenait en camion au commissariat de police de brique rouge qu'on appelait Marshall Square. En tant que responsables du Comité d'action, nous étions inquiets que les autres s'étonnent de notre absence et je me demandais qui prendrait la direction de la campagne. Mais nous avions bon moral. La camaraderie des volontaires en prison a fait que les deux jours ont passé très vite. Déjà, alors que nous allions en prison, les voix des volontaires qui chantaient *Nkosi Sikelel' iAfrika* (Dieu bénisse l'Afrique), l'hymne national africain à la beauté obsédante, faisaient vibrer les camions.

La première nuit, dans la cour de promenade, l'un de nous a été poussé si violemment par un gardien blanc qu'il est tombé de quelques marches et s'est cassé la cheville. J'ai protesté auprès du gardien, qui m'a donné un coup de pied dans le tibia. J'ai exigé que le blessé reçoive des soins et nous avons organisé une brève manifestation. Mais on nous a sèchement répondu que le blessé pouvait demander à voir le médecin le lendemain s'il le désirait. Pendant toute la nuit nous l'avons entendu souffrir.

Jusqu'alors je n'avais passé que de très brefs moments en prison, et cela a été ma première expérience véritable. Marshall Square était sale, sombre et défraîchi, mais nous étions ensemble et si exaltés, si enthousiastes que j'ai à peine remarqué le décor.

Le premier jour de la Campagne de défi, dans tout le pays, plus de 250 volontaires ont violé différentes lois injustes et ont été mis en prison. C'était un bon début. Nos troupes étaient en ordre, disciplinées et confiantes.

Pendant les cinq mois qui ont suivi, 8 500 personnes ont pris part à la campagne. Des médecins, des ouvriers, des avocats, des enseignants, des étudiants, des pasteurs ont défié les lois et sont allés en prison. Ils chantaient : « Hé, Malan ! Ouvre les portes des prisons. Nous voulons entrer. » La campagne s'est étendue à tout le Witwatersrand, à Durban, à Port Elizabeth et au Cap. La résistance commençait même à pénétrer dans les zones rurales. Dans le plus grand nombre des cas, les infractions étaient mineures et les peines allaient de quelques nuits jusqu'à une semaine de prison, avec la possibilité de payer à la place une amende qui ne dépassait pas 10 livres. La campagne reçut une énorme publicité et le nombre de membres de l'ANC grimpa de 20 000 à 100 000, l'augmentation la plus spectaculaire se situant dans l'Eastern Cape, qui compta la moitié des nouveaux membres.

Pendant les six mois de la campagne, j'ai parcouru tout le pays. Je me déplaçais en général en voiture, en partant le soir ou très tôt le matin. Je suis allé dans la province du Cap, dans le Natal et le Transvaal, pour expliquer la campagne à de petits groupes, parfois allant de maison en maison dans les townships. Souvent, j'avais pour tâche d'atténuer nos différences dans des zones qui s'apprêtaient à lancer des actions ou qui venaient de le faire. A cette époque, alors que la communication de masse pour les Africains restait primitive ou inexistante, la politique se limitait au quartier ou au village. Nous devions convaincre les gens un par un.

Une fois, je suis allé en voiture dans l'Eastern Cape pour résoudre un conflit dans lequel était impliqué Alcott Gwentshe, qui dirigeait la campagne à East London. Gwentshe, un ancien commerçant prospère, avait joué un rôle important en organisant la grève du 26 juin, à East London, deux ans plus tôt. Il était allé en prison au début de la Campagne de défi. C'était un homme solide et capable, mais il se montrait individualiste ; il ignorait les avis de la direction et prenait des décisions de façon unilatérale. Il s'entendait très mal avec sa direction, composée essentiellement d'intellectuels.

Gwentshe savait comment exploiter certains problèmes afin de discréditer ses adversaires. Il s'adressait aux membres locaux, qui étaient des ouvriers, et leur disait en xhosa, jamais en anglais, car l'anglais était la langue des intellectuels : « Camarades, je crois que vous savez que j'ai souffert pour la cause. J'avais une bonne situation mais je suis allé en prison au début de la Campagne de défi et j'ai tout perdu. Maintenant je suis sorti de prison et ces intellectuels arrivent et disent : Gwentshe, nous sommes plus instruits que toi, nous sommes plus capables que toi, laisse-nous diriger la campagne. »

J'ai fait mon enquête et j'ai découvert que Gwentshe avait ignoré les avis de la direction. Mais les gens le soutenaient, et il avait créé un groupe de volontaires disciplinés et bien organisés qui avaient défié la loi très en ordre pendant que Gwentshe était en prison. Je pensais qu'il avait tort de ne pas tenir compte de la direction mais il faisait un excellent travail et était si bien installé qu'on ne pouvait pas le déloger facilement. Quand j'ai rencontré les membres de la direction, je leur ai expliqué qu'on ne pouvait rien faire maintenant mais que s'ils voulaient y porter remède, ils devaient le battre aux prochaines élections. Pour la première fois j'ai vu qu'il était imprudent d'aller contre l'avis d'un grand nombre de gens. Il ne sert à rien de décider d'une action à laquelle les masses sont opposées car il sera impossible de la mettre en œuvre.

Le gouvernement a vu la campagne comme une menace à sa sécurité et à sa politique d'apartheid. Il considérait la désobéissance civile non comme une forme de protestation mais comme un crime et il était inquiet de la collaboration grandissante entre Africains et Indiens. L'apartheid avait pour but de diviser les différents groupes raciaux et nous montrions qu'ils pouvaient travailler ensemble. La perspective d'un front uni réunissant Africains et Indiens, modérés et radicaux, inquiétait beaucoup les nationalistes. Ils affirmaient que la campagne était provoquée et dirigée par des agitateurs communistes. Le ministre de la Justice déclara qu'il ferait bientôt voter une loi pour lutter contre les campagnes de défi, une menace qu'il mit en application au cours de la session parlementaire de 1953, avec le vote de la Public Safety Act (Loi sur la sécurité publique) qui donnait au gouvernement le pouvoir de déclarer la loi martiale et de détenir les gens sans jugement ; et le Criminal Laws Amendement Act (Amendement aux lois réprimant le crime), qui autorisait les châtiments corporels pour ceux qui participaient à la Campagne de défi. Le gouvernement utilisa un certain nombre de moyens clandestins pour interrompre la campagne. Des propagandistes gouvernementaux ne cessaient de répéter que les responsables vivaient dans le confort pendant que les masses languissaient en prison. Cette allégation bien loin de la vérité réussit cependant à se répandre. Le gouvernement infiltra aussi des espions et des agents provocateurs dans l'organisation. L'ANC accueillait pratiquement tous ceux qui voulaient venir militer. Nos volontaires avaient beau être passés au crible avant d'être choisis pour participer à la campagne, la police réussissait à pénétrer non seulement les branches locales mais aussi certains groupes de volontaires. Quand j'ai été arrêté et envoyé à Marshall Square, j'ai remarqué parmi les volontaires deux types dont un que je n'avais jamais vu. Il ne portait pas la tenue habituelle des prisonniers mais un costume, une cravate, un pardessus et une écharpe de soie. Qui va en prison habillé comme ça ? Il s'appelait Ramaila, et le troisième jour, quand on devait nous libérer, il a tout simplement disparu.

On remarquait le deuxième, qui s'appelait Makhanda, à son allure militaire. Nous nous trouvions dans la cour et nous étions de très bonne humeur. Les volontaires défilaient devant Yusuf et moi et nous saluaient. Makhanda, qui était grand et mince, marchait comme un soldat et il nous a fait un salut sec et élégant. Beaucoup l'ont taquiné en lui disant qu'il devait être policier pour saluer aussi bien.

Auparavant, Makhanda avait travaillé comme concierge au quartier général de l'ANC. Il était très débrouillard et très populaire parmi les volontaires parce qu'il se sauvait pour aller chercher du poisson frit et des frites quand quelqu'un avait faim. Mais plus tard, lors d'un procès, nous avons découvert que Makhanda et Ramaila étaient tous deux des espions de la police. Ramaila déposa en disant qu'il avait infiltré les rangs des volontaires, et le loyal Makhanda était en réalité l'inspecteur Motloung.

En général, les Africains qui travaillaient comme espions contre leurs propres frères le faisaient pour de l'argent. En Afrique du Sud, beaucoup de Noirs jugeaient toute tentative pour changer l'homme blanc comme téméraire et vouée à l'échec ; l'homme blanc était trop intelligent et trop fort. Ces espions nous considéraient non comme une menace à la structure du pouvoir blanc, mais comme une menace aux intérêts des Noirs, car les Blancs maltraitaient tous les Noirs à cause de quelques agitateurs.

Cependant, il y avait beaucoup de policiers noirs qui nous aidaient secrètement. Il s'agissait de types convenables qui se retrouvaient dans une impasse. Ils restaient loyaux envers leurs employeurs car ils avaient besoin de conserver leur emploi pour entretenir leur famille, mais ils étaient favorables à notre cause. Nous avions un arrangement avec quelques membres africains de la police de sécurité, qui nous informaient quand il allait y avoir une descente de police. Ces hommes étaient des patriotes qui risquaient leur vie pour aider la lutte.

Le gouvernement n'était pas notre seul adversaire. Certains, qui auraient pu nous aider, nous faisaient obstacle. Au plus fort de la Campagne de défi, l'United Party nous envoya deux de ses députés pour nous presser d'arrêter. Ils nous dirent que si nous suspendions la campagne, en réponse à un appel de J.G.N. Strauss, le chef de l'United Party, cela aiderait le parti à battre les nationalistes aux prochaines élections. Nous avons rejeté cette proposition et Strauss nous a attaqués avec la même morgue que les nationalistes.

Nous avons aussi été attaqués par un groupe minoritaire dans l'ANC et qui s'appelait le National Minded Bloc (le Bloc national ouvert). Dirigé par Selope Thema, un ancien membre de la direction nationale, ce groupe avait immédiatement quitté l'ANC quand J.B. Marks avait été élu président de l'ANC pour le Transvaal. Thema, qui dirigeait le journal *Bantu World*, critiquait violemment la campagne dans ses articles en affirmant que les communistes avaient pris le pouvoir dans l'ANC et que les Indiens exploitaient les Africains. Il soutenait que les communistes étaient plus dangereux maintenant que leur organisation était interdite parce qu'ils travaillaient clandestinement, et que les intérêts économiques des Indiens étaient en contradiction avec ceux des Africains. Bien qu'il fût minoritaire dans l'ANC, ses conceptions recevaient un accueil favorable auprès de certains membres radicaux de la Ligue de la jeunesse.

En mai, au milieu de la Campagne de défi, J.B. Marks subit une interdiction, en application de la loi de 1950 sur l'interdiction du communisme, pour « avoir poursuivi les objectifs du communisme ». L'interdiction était un arrêté du gouvernement qui, en général, entraînait une démission forcée des organisations indiquées et l'interdiction d'assister à toute réunion. Une sorte d'emprisonnement en liberté. Pour imposer une interdiction, le gouvernement n'avait besoin d'aucune preuve ni d'avancer aucune accusation ; un décret du ministre de la Justice suffisait. C'était une stratégie destinée à retirer un individu de la lutte en le laissant vivre une existence étroitement définie, en dehors de la politique. Violer ou ignorer un ordre d'interdiction revenait à chercher la prison.

En octobre de la même année, à la conférence du Transvaal, on a proposé mon nom pour remplacer J.B. Marks, qui avait recommandé que je lui succède. J'étais président national de la Ligue de la jeunesse, et le favori pour remplacer Marks, mais un groupe de l'ANC du Transvaal qui se faisait appeler « Bafabegiya » (Ceux qui meurent en dansant) s'est opposé à ma candidature. Ce groupe se composait principalement d'anciens communistes devenus des nationalistes extrémistes. Ils cherchaient à couper tout lien avec les militants indiens, et poussaient l'ANC à se diriger vers une stratégie d'affrontement. Ils étaient dirigés par MacDonald Maseko, un ancien communiste président de la branche d'Orlando de l'ANC pendant la Campagne de défi, et Sperepere Marupeng, ancien responsable de l'organisation de la Campagne de défi dans le Witwatersrand. Tous deux avaient l'intention de se présenter à la présidence de l'ANC pour le Transvaal.

Marupeng était considéré comme une sorte de démagogue. Il avait l'habitude de porter une tenue kaki de style militaire surchargée d'épaulettes et de boutons dorés et il tenait un stick dans la main comme le célèbre général Montgomery. Il se dressait devant la foule des meetings, le stick coincé sous l'aisselle et disait : « J'en ai assez d'attendre la liberté. Je veux la liberté maintenant ! Je vais aller voir Malan et je vais lui montrer ce que je veux. » Il frappait la tribune avec son stick et s'écriait : « Je veux la liberté maintenant ! »

A cause de discours de ce genre, Marupeng était devenu extrêmement populaire pendant la Campagne de défi, mais la popularité n'est qu'un élément dans une élection. Il pensait que son récent succès lui vaudrait d'être élu à la présidence. Avant le scrutin, quand on a appris que je serais candidat, je suis allé le voir et je lui ai dit : J'aimerais que tu te présentes à la direction afin qu'on travaille ensemble quand je serai président. Il a pris ça comme un affront, comme si je voulais le rabaisser, et il a refusé, en maintenant sa candidature au poste de président. Mais il avait mal calculé et j'ai remporté l'élection avec une majorité écrasante.

Le 30 juillet 1952, au plus fort de la Campagne de défi, je travaillais dans mon bureau au cabinet d'avocats de H.M. Basner quand la police arriva avec un mandat d'arrêt. J'étais accusé d'avoir violé la loi sur l'interdiction du communisme. Une série d'arrestations semblables eurent lieu à Johannesburg. Au début du mois, la police avait fait des descentes au domicile et dans les bureaux de responsables de l'ANC et du SAIC dans tout le pays et saisi des papiers et des documents. Ce genre de descentes était quelque chose de nouveau et annonçait les recherches systématiques et illégales qui, par la suite, deviendraient un trait régulier du comportement gouvernemental.

Mon arrestation et celle des autres aboutirent en septembre au procès à Johannesburg de vingt et un accusés, y compris le président et le secrétaire général de l'ANC, du SAIC, de la Ligue de la jeunesse de l'ANC et du Congrès indien pour le Transvaal. Parmi eux, il y avait le Dr. Moroka, Walter Sisulu et J.B. Marks. Un certain nombre de leaders indiens avaient aussi été arrêtés dont le Dr. Dadoo, Yusuf Cachalia et Ahmed Kathrada.

Notre comparution au tribunal fut l'occasion de rassemblements politiques immenses. Des foules nombreuses de manifestants défilèrent dans les rues de Johannesburg et convergèrent vers le tribunal. Il y avait des étudiants blancs de l'université du Witwatersrand ; d'anciens volontaires de l'ANC d'Alexandra ; des élèves indiens des écoles primaires et des collèges ; des gens de tout âge et de toute couleur. Le tribunal n'avait jamais été envahi par de telles foules, et les cris de « *Mayibuye Afrika !* » ponctuaient les débats.

Ce procès aurait dû être l'occasion de manifester notre détermination et notre solidarité, mais il fut gâché par un manque de foi du Dr. Moroka. Le président général de l'ANC, la figure de proue de la campagne, nous stupéfia en prenant son propre avocat. Nous avions prévu d'être jugés tous ensemble. Mes coaccusés m'ont désigné pour aller en discuter avec le Dr. Moroka afin d'essayer de le persuader de ne pas agir seul. La veille du procès, je suis allé le voir à Village Deep, à Johannesburg.

Au début de notre entretien, je lui ai proposé des solutions, mais ça ne l'intéressait pas et à la place il m'a fait part de plusieurs doléances. Le Dr. Moroka avait le sentiment d'avoir été exclu de la préparation de la campagne. Pourtant, souvent les affaires de l'ANC ne l'intéressaient pas du tout et ça ne le dérangeait pas. Mais il m'a dit que ce qui l'inquiétait avant tout, c'était qu'en restant avec nous on l'associerait à des communistes. Le Dr. Moroka partageait l'animosité du gouvernement à l'égard du communisme. Je l'ai repris en lui rappelant que la tradition de l'ANC voulait qu'on travaille avec tous ceux qui s'opposaient à l'oppression raciale. Mais il resta inébranlable.

Le plus grand choc a été sa défense humiliante devant le juge Rumpff et sa déposition comme témoin afin de renier les principes mêmes sur lesquels avait été fondé l'ANC. Quand on lui a demandé s'il pensait qu'il devrait y avoir une égalité entre Noirs et Blancs en Afrique du Sud, il a répondu que cela n'existerait jamais. Sur nos sièges, nous avions l'impression de sombrer dans le désespoir. Quand son propre avocat lui a demandé si certains d'entre nous étaient communistes, le Dr. Moroka a commencé à tendre le doigt vers quelques-uns, dont Dadoo et Walter. Le juge l'a informé que ce n'était pas nécessaire.

Le spectacle qu'il a donné a été un coup sévère pour l'organisation et nous avons tout de suite compris que les jours du Dr. Moroka comme président de l'ANC étaient comptés. Il avait commis le péché énorme de faire passer ses intérêts personnels avant ceux de l'organisation et du peuple. Il ne voulait pas que ses convictions politiques mettent en danger sa carrière de médecin et sa fortune et il détruisait ainsi l'image qu'il avait construite en trois ans de travail et de courage pour l'ANC et la Campagne de défi. Je considérais cela comme une tragédie car la pusillanimité du Dr. Moroka devant le tribunal enleva un peu de son éclat à la campagne. L'homme qui avait parcouru le pays en prêchant l'importance de cette campagne l'avait trahie.

Le 2 décembre, nous avons tous été reconnus coupables de ce que le juge Rumpff qualifia de « communisme défini par la loi », opposé à ce qui « est communément reconnu comme le communisme ». D'après la loi sur l'interdiction du communisme, toute personne qui s'opposait au gouvernement pouvait virtuellement être dite — et donc accusée d'être — un communiste « défini par la loi », même si elle n'avait jamais été membre du Parti communiste. Le juge, qui était un homme impartial et raisonnable, déclara que, bien qu'ayant organisé des actions qui allaient « du refus d'obéir à la loi jusqu'à quelque chose qui équivalait à la haute trahison », il reconnaissait que nous avions constamment recommandé à nos membres « d'agir de façon calme et d'éviter toute forme de violence ». Nous avons été condamnés à neuf mois de travaux forcés, mais la sentence restait suspendue pendant deux ans.

Nous avions fait beaucoup d'erreurs, pourtant la Campagne de défi a ouvert un nouveau chapitre dans la lutte. Les six lois que nous avions dénoncées n'ont certes pas été abrogées, mais nous n'avions jamais pensé qu'elles le seraient : nous les avions choisies parce qu'elles formaient le fardeau le plus lourd qui écrasait la vie du peuple, et que c'était la meilleure façon d'engager le plus grand nombre de gens dans la lutte.

Avant la campagne, l'ANC brillait plus par ses paroles que par ses actes. Nous n'avions pas d'organisateurs payés, pas de personnel, et un grand nombre d'adhérents qui ne soutenaient notre cause que du bout des lèvres. Le premier résultat de la campagne, c'est que le nombre de membres est monté jusqu'à 100 000. L'ANC est apparu comme une véritable organisation de masse avec un impressionnant groupe de militants expérimentés qui avaient bravé la police, les tribunaux et la prison. Le stigmate qu'on associait à l'emprisonnement avait disparu. Il s'agissait d'un résultat important car la peur de la prison est un obstacle formidable à une lutte de libération. A partir de cette Campagne de défi, aller en prison est devenu un honneur parmi les Africains.

Nous étions extrêmement fiers de ce que pendant les six mois qu'avait duré la campagne il n'y avait pas eu un seul acte de violence de notre côté. La discipline de nos militants était exemplaire. Pendant la dernière partie de la campagne, des émeutes avaient éclaté à Port Elizabeth et à East London au cours desquelles plus de quarante personnes avaient été tuées. Ces explosions n'avaient absolument rien à voir avec la campagne, mais le gouvernement essaya de nous les attribuer. Et il y réussit assez bien car les troubles détournèrent certains Blancs qui sans cela nous auraient été favorables.

A l'intérieur de l'ANC, certains avaient eu des espoirs tout à fait irréalistes en pensant que la campagne pouvait renverser le gouvernement. Nous leur avons rappelé que l'idée de la campagne était d'attirer l'attention sur nos doléances et non pas d'y trouver une solution. Mais ils soutenaient que nous avions amené le gouvernement où nous le voulions et que la campagne devrait durer indéfiniment. Je suis intervenu et j'ai dit que ce gouvernement était trop fort et trop brutal pour être abattu de cette manière. Nous pouvions l'embarrasser mais pas le renverser avec la Campagne de défi.

Déjà la campagne avait duré trop longtemps. Nous aurions dû écouter le Dr. Xuma. Le comité d'organisation l'avait rencontré à la fin et il nous avait dit que la campagne perdrait bientôt de son élan et qu'il serait prudent d'y mettre fin avant qu'elle capote complètement. L'arrêter alors qu'elle était encore sur l'offensive serait perspicace car cela nous vaudrait les gros titres de la presse. Le Dr. Xuma avait raison : la campagne marquait le pas, mais dans notre enthousiasme et même notre arrogance, nous n'avons pas tenu compte de son conseil. Mon cœur me disait de poursuivre la campagne mais ma raison me conseillait de l'arrêter. J'ai soutenu l'arrêt, mais j'ai suivi la majorité. A la fin de l'année, la campagne s'est effondrée.

Elle n'est jamais allée au-delà du stade initial des petits groupes de volontaires essentiellement urbains. Le défi de masse, surtout dans les zones rurales, n'a jamais été réalisé. Nous n'avons réussi à atteindre le second stade que dans l'Eastern Cape, où un important mouvement de résistance est apparu à la campagne. En général, nous n'avons pas réussi à y pénétrer, ce qui était une faiblesse historique de l'ANC. La campagne a été entravée par le fait que nous n'avions pas de militants à plein temps.

J'essayais d'organiser une campagne en exerçant en même temps mon métier d'avocat, et ce n'est pas ainsi qu'on fait. Nous étions encore des amateurs.

J'avais cependant un sentiment très fort de réussite et de satisfaction : je m'étais engagé dans une cause juste et j'avais eu la force de lutter et de vaincre. La campagne m'avait libéré de tout sentiment de doute ou d'infériorité que je pouvais encore avoir ; elle m'avait affranchi de la sensation d'être dépassé par le pouvoir et l'invincibilité apparente de l'homme blanc et de ses institutions. Mais maintenant, l'homme blanc avait senti la puissance de mes coups et je pouvais marcher droit, comme un homme, et regarder tout le monde dans les yeux avec la dignité que je tirais de ne pas avoir succombé à l'oppression et à la peur. J'étais devenu un combattant de la liberté.

QUATRIÈME PARTIE

Le combat est ma vie

15

A la fin de 1952, à la conférence annuelle de l'ANC, il y eut une relève de la garde. On désigna un nouveau président plus énergique, pour une nouvelle ère plus militante : le chef Albert Luthuli. En accord avec la constitution de l'ANC, en tant que président pour le Transvaal, je suis devenu un des quatre vice-présidents. En outre, le National Executive Commitee (NEC) m'a nommé premier vice-président. Luthuli appartenait à une poignée de chefs qui se montraient actifs dans l'ANC et qui avaient fermement résisté à la politique du gouvernement.

Fils d'un missionnaire adventiste du septième jour, Luthuli était né dans ce qui était alors la Rhodésie du Sud et avait été élevé au Natal. Il avait été formé comme professeur à l'Adam's College, près de Durban. C'était un homme grand, fort, avec une peau très noire, un grand sourire et un air d'humilité et de profonde confiance en soi. Il avait une patience infinie et un grand sens moral ; il parlait lentement et clairement comme si chaque mot avait été d'égale importance.

Je l'avais rencontré pour la première fois à la fin des

années 40 alors qu'il était membre du Conseil représentatif des indigènes. En septembre 1952, quelques mois
seulement avant la conférence annuelle, Luthuli avait
été convoqué à Pretoria où on lui avait donné un ultimatum : il devait renoncer à être membre de l'ANC et à
soutenir la Campagne de défi, sinon il était destitué de
son poste de chef élu et payé par le gouvernement. Chef
zoulou très fier, Luthuli était en outre instituteur et chrétien fervent, mais il était encore plus fermement engagé
dans la lutte contre l'apartheid. Il refusa de démissionner de l'ANC et le gouvernement le congédia. En
réponse, il publia une déclaration de principes intitulée
« Le chemin vers la liberté passe par la croix », dans
laquelle il réaffirmait son soutien à la résistance passive
non violente et justifiait son choix avec des mots qui
résonnent encore aujourd'hui comme une plainte : « Qui
niera que j'ai consacré trente années de ma vie à frapper
en vain, patiemment, doucement et modestement contre
une porte fermée et barrée ? »

Je soutenais le chef Luthuli mais je n'ai pas pu assister
à la conférence. Quelques jours avant l'ouverture,
cinquante-deux responsables dans tout le pays ont reçu
l'interdiction d'assister à tout rassemblement et à tout
meeting pendant six mois. J'en faisais partie et mes
déplacements étaient limités, pendant la même période,
à Johannesburg.

L'interdiction dont j'étais victime concernait les réunions de toute nature, pas seulement les réunions politiques. Par exemple, je n'ai pas pu assister à l'anniversaire de mon fils. Je n'avais pas le droit de parler à plus
d'une personne à la fois. Cela faisait partie d'une volonté
systématique du gouvernement pour réduire au silence,
persécuter et immobiliser les leaders de ceux qui combattaient l'apartheid, et c'était la première d'une série
d'interdictions qui se sont poursuivies avec de brefs
intervalles de liberté, jusqu'à ce que je sois privé de toute
liberté quelques années plus tard.

L'interdiction n'enfermait pas seulement physiquement, elle emprisonnait aussi l'esprit. Elle induisait une
sorte de claustrophobie psychologique, et on ne désirait

pas seulement la liberté de mouvement mais aussi une évasion intellectuelle. C'était un jeu dangereux car on n'était pas enchaîné ni enfermé derrière des barreaux ; les barreaux étaient la loi et les règlements qu'on pouvait facilement violer, ce qui arrivait souvent. On pouvait disparaître pendant de courtes périodes et avoir l'illusion passagère de la liberté. L'effet insidieux des interdictions, c'était qu'à un certain moment on commençait à penser que l'oppresseur n'était pas extérieur mais intérieur.

Bien que je n'aie pas pu assister à la conférence de 1952, j'ai immédiatement été informé de ce qui s'y était passé. Une des décisions les plus importantes avait été prise en secret et n'avait pas été rendue publique.

Comme beaucoup d'autres, j'étais convaincu que le gouvernement avait l'intention de déclarer l'ANC et le SAIC illégaux, exactement comme pour le Parti communiste. Il semblait inévitable que l'Etat essaie de nous mettre hors course en tant qu'organisation légale le plus tôt possible. Je suis donc allé à la direction nationale avec l'idée que nous devions élaborer un plan d'urgence en prévision d'une telle éventualité. J'ai dit que ce serait abdiquer nos responsabilités de dirigeants du peuple de ne pas le faire. On m'a demandé d'établir un tel plan, qui permettrait à l'organisation de travailler clandestinement. Cette stratégie a été connue sous le nom de Plan-Mandela ou, simplement, Plan-M.

L'idée consistait à mettre sur pied un mécanisme d'organisation qui permettrait à l'ANC de prendre au plus haut niveau des décisions faciles à transmettre rapidement à l'organisation tout entière sans avoir besoin de réunion. En d'autres termes, cela permettrait à une organisation illégale de continuer à fonctionner et aux responsables sous l'effet d'une interdiction de continuer à diriger. Grâce au Plan-M, l'ANC pourrait recruter de nouveaux membres, réagir aux problèmes locaux et nationaux, et maintenir des contacts réguliers entre les membres et la direction clandestine.

J'ai tenu un certain nombre de réunions secrètes avec

des membres de l'ANC et du SAIC sous le coup d'une interdiction ou non, afin de discuter des éléments du plan. J'y ai travaillé pendant plusieurs mois et j'ai mis au point un système assez général pour qu'il puisse s'adapter aux conditions locales sans entraver les initiatives individuelles mais tout en restant suffisamment détaillé pour faciliter l'ordre. La plus petite unité était la cellule qui, dans les townships urbains, comprenait en gros dix maisons d'une rue. Un délégué de cellule avait la responsabilité de chacune de ces unités. Si une rue comptait plus de dix maisons, un délégué de rue était responsable et les délégués des cellules le tenaient au courant. Un groupe de rues formait une zone dirigée par un délégué en chef qui était à son tour responsable du secrétariat de la branche locale de l'ANC. Le secrétariat était un sous-comité de la direction de la branche locale, et rendait compte au secrétaire provincial. Mon idée, c'était que chaque délégué de cellule et de rue devrait connaître chaque personne et chaque famille dans son secteur, et que les gens lui feraient confiance et qu'il saurait à qui faire confiance. Le délégué de cellule organisait des réunions, des cours de politique et encaissait les cotisations. Il était la cheville ouvrière du plan. Cette stratégie avait été créée à l'origine surtout pour les zones urbaines, mais on pouvait l'adapter à la campagne.

Le plan a été accepté et immédiatement appliqué. On a incité les branches locales à commencer cette restructuration clandestine. Nombre d'entre elles l'ont adoptée tout de suite, mais certaines, dans les avant-postes les plus éloignés, ont pensé qu'il s'agissait d'une tentative de Johannesburg en vue de contrôler les régions.

L'ANC a introduit dans le plan un cours d'initiation à la politique, pour ses membres dans tout le pays. Il s'agissait de conférences destinées non seulement à éduquer mais aussi à maintenir la cohésion de l'organisation. Elles étaient données secrètement par les responsables des branches locales. Ceux qui y assistaient faisaient les mêmes conférences dans leurs communautés. Au début, elles n'étaient pas systématiques, mais après quelques mois on a mis au point un programme.

Il y avait trois grands cours : « Le monde dans lequel nous vivons », « Comment nous sommes gouvernés » et « La nécessité du changement ». Dans le premier cours, nous discutions des différents types de systèmes politiques et économiques dans le monde et en Afrique du Sud. C'était un tour d'horizon du développement du capitalisme et du socialisme. Nous parlions, par exemple, de la façon dont les Noirs sud-africains étaient opprimés en tant que race et en tant que classe économique. Les conférenciers étaient pour la plupart sous le coup d'une interdiction et, moi-même, j'ai souvent donné des conférences le soir. Cette organisation avait l'avantage de permettre aux bannis de rester actifs et de maintenir les adhérents en contact avec ces responsables.

Pendant ce temps, les membres de la direction sous le coup d'une interdiction se rencontraient souvent entre eux et organisaient des réunions avec les responsables en poste. L'ancienne et la nouvelle direction se coordonnaient très bien et la prise de décisions était collective comme auparavant. Parfois, on avait l'impression que rien n'avait changé sauf que nous devions nous retrouver clandestinement.

Le Plan-M était conçu avec les meilleures intentions mais on l'a appliqué avec des succès modestes et jamais sur une grande échelle. Les résultats les plus impressionnants ont de nouveau été dans l'Eastern Cape et à Port Elizabeth. L'esprit de la Campagne de défi s'est poursuivi dans l'Eastern Cape bien après avoir disparu ailleurs et les militants ont saisi le Plan-M comme un moyen de continuer à défier le gouvernement.

Le plan a rencontré de nombreux problèmes : il n'était pas toujours correctement expliqué aux adhérents ; il n'y avait pas d'organisateurs payés pour aider à son application et à son fonctionnement ; et il y avait souvent des discussions à l'intérieur des branches locales qui empêchaient d'arriver à un accord pour la mise en œuvre du plan. Certains responsables de province s'y opposaient parce qu'ils croyaient qu'il remettait en cause leur pouvoir. Pour d'autres, le gouvernement ne semblait pas prêt à prendre une mesure d'interdiction et ils n'ont pas pris les précautions nécessaires pour en atténuer les effets. Quand le poing de fer du gouvernement s'est effectivement abattu ils n'étaient pas préparés.

16

Au cours de la Campagne de défi, ma vie a suivi deux chemins parallèles : mon activité dans la lutte et mon travail comme avocat. Je n'ai jamais été organisateur à plein temps pour l'ANC ; il n'y en avait qu'un, Thomas Titus Nkobi. Le travail que j'accomplissais devait avoir lieu en dehors des heures pendant lesquelles j'étais avocat. En 1951, après avoir terminé mon stage chez Witkin, Sidelsky et Eidelman, je suis entré au cabinet Terblanche et Briggish. Après mon stage, je n'étais pas encore avocat en titre mais je pouvais rédiger des plaidoiries, envoyer des citations à comparaître, entendre des témoins — tout ce qu'un avocat doit faire avant qu'une affaire aille devant le tribunal.

Après avoir quitté Sidelsky, je me suis renseigné sur beaucoup de cabinets — il n'y avait, bien sûr, pas de cabinets d'avocats noirs. Je m'intéressais particulièrement à l'échelle des honoraires et j'ai été scandalisé de découvrir que la plupart des cabinets les plus chics demandaient des honoraires plus élevés aux Africains pour des affaires pénales ou civiles qu'à leurs clients blancs bien plus riches.

Après avoir travaillé pendant un an chez Terblanche et Briggish, je suis entré dans le cabinet Helman et Michel. C'était un cabinet libéral et un des rares à demander des honoraires raisonnables aux Africains. En outre, on s'y vantait de l'importance accordée à l'éducation des Africains, pour laquelle on faisait des dons importants. Mr. Helman, le responsable, était engagé dans la cause des Africains bien avant qu'elle ne soit devenue populaire ou à la mode. Son associé, Rodney Michel, un ancien combattant de la Seconde Guerre mondiale, était aussi extrêmement libéral. Il était pilote et, des années plus tard, il aida des gens à quitter l'Afrique du Sud pendant les pires périodes de répression. Michel n'avait qu'un seul vice, c'était un fumeur invétéré qui allumait les cigarettes l'une après l'autre tout au long de la journée.

Je suis resté au cabinet Helman et Michel pendant de nombreux mois, tout en étudiant pour passer mon certificat d'aptitude grâce auquel je deviendrais avocat en titre. J'avais abandonné mes études à l'université du Witwatersrand après avoir échoué plusieurs fois à mes examens. J'avais choisi de passer le certificat d'aptitude afin d'exercer et de gagner assez d'argent pour entretenir ma famille. A l'époque, ma sœur et ma mère habitaient avec nous, et le salaire d'élève infirmière d'Evelyn ainsi que mon revenu misérable suffisaient à peine pour que tout le monde soit nourri et chauffé.

Après avoir passé mon certificat d'aptitude, je suis entré comme avocat en titre au cabinet H.M. Basner. Basner avait été représentant des Africains au Sénat, un des premiers membres du Parti communiste et un partisan passionné des droits des Africains. En tant qu'avocat, il défendait à la fois des Africains ordinaires, des responsables et des syndicalistes. Pendant les mois où j'ai travaillé au cabinet, je suis souvent allé au tribunal comme avocat de clients africains. Mr. Basner était un excellent patron et, dès l'instant où je faisais mon travail, il m'encourageait dans mes activités politiques. Après l'expérience acquise dans ce cabinet, je me suis senti prêt à voler de mes propres ailes.

En août 1952, j'ai ouvert mon propre cabinet. Les premiers succès que j'ai connus, je les dois à Zubeida Patel, ma secrétaire. Je l'avais rencontrée chez H.M. Basner, où elle remplaçait une secrétaire de langue afrikaans, miss Koch, qui avait refusé de travailler sous ma dictée. Zubeida était la femme de mon ami Cassim Patel, membre de l'Indian Congress, et elle n'avait abso-

lument pas le sens de la barrière des couleurs. Elle avait
beaucoup d'amis, connaissait beaucoup de gens dans le
monde judiciaire, et quand j'ai ouvert mon propre cabinet, elle a accepté de venir avec moi. Elle apporta beaucoup d'affaires avec elle.

Oliver Tambo travaillait alors pour le cabinet Kovalsky
et Tuch. J'allais souvent le voir à l'heure du déjeuner, et je
m'asseyais délibérément sur une chaise réservée aux
Blancs dans la salle d'attente réservée aux Blancs. Oliver
et moi étions d'excellents amis et, pendant ces déjeuners,
nous parlions surtout des affaires de l'ANC. A Fort Hare,
il m'avait impressionné par son intelligence et ses qualités de débatteur. Avec son style froid et logique, il pouvait démolir les arguments d'un adversaire — précisément le genre d'intelligence utile dans un tribunal. Avant
Fort Hare, il avait été un des brillants élèves de St. Peter,
à Johannesburg. Son humeur égale et son objectivité
formaient un antidote à mes réactions plus passionnées.
Oliver était profondément croyant, et avait pensé pendant longtemps à devenir pasteur. C'était aussi un voisin : il était originaire de Bizana dans le Pondoland, une
partie du Transkei, et son visage portait les scarifications
particulières de sa tribu. Il nous a semblé naturel d'exercer ensemble et je lui ai demandé de venir me rejoindre.
Quand il a pu se dégager, nous avons ouvert notre propre
cabinet au centre de Johannesburg.

« Mandela et Tambo », pouvait-on lire sur la plaque de
cuivre fixée sur notre porte, dans Chancellor House, un
petit bâtiment en face des statues de marbre qui se dressaient devant le tribunal de Johannesburg. Notre
immeuble, que possédaient des Indiens, était un des
rares endroits dans lequel les Africains pouvaient louer
des bureaux en ville. Dès le début, le cabinet Mandela et
Tambo a été assiégé par les clients. Nous n'étions pas les
seuls avocats africains du pays, mais nous avions ouvert
le premier cabinet d'avocats africains. Pour beaucoup
nous étions le premier choix et le dernier recours. Chaque matin, pour atteindre nos bureaux, nous devions

nous frayer un chemin dans la foule qui emplissait l'entrée, l'escalier et notre petite salle d'attente.

Les Africains recherchaient désespérément une aide légale : c'était un crime de franchir une porte réservée aux Blancs, de monter dans un bus réservé aux Blancs, de boire à une fontaine réservée aux Blancs, de marcher sur une plage réservée aux Blancs, d'être dans la rue après 11 heures du soir, de ne pas avoir de *pass* et de ne pas y avoir la bonne signature, de ne pas avoir de travail et d'en avoir dans un mauvais quartier, de vivre dans certains endroits et de ne pas avoir d'endroit où vivre. Chaque semaine, nous écoutions des vieillards de la campagne qui nous racontaient que depuis des générations leur famille avait travaillé sur un lopin de terre pauvre dont on les chassait aujourd'hui. Chaque semaine, nous recevions de vieilles femmes qui fabriquaient de la bière africaine pour augmenter leurs maigres ressources et qui maintenant étaient menacées de prison ou d'amendes qu'elles n'avaient pas les moyens de payer. Chaque semaine nous entendions des gens qui, après avoir vécu dans une maison pendant des décennies, avaient subitement découvert qu'il s'agissait d'une zone blanche ; ils devaient la quitter sans aucun dédommagement. Chaque jour, nous voyions et apprenions les milliers d'humiliations que les Africains ordinaires affrontaient dans leur vie quotidienne.

Oliver avait une capacité de travail prodigieuse. Il passait beaucoup de temps avec chaque client, moins pour des raisons professionnelles que parce qu'il avait une patience et une compassion sans limites. Il s'impliquait personnellement dans la vie et les dossiers de ses clients. La condition des masses dans leur ensemble et chaque individu l'émouvaient.

Je me suis vite rendu compte de ce que signifiait le cabinet Mandela et Tambo pour les Africains ordinaires. C'était un lieu où ils pouvaient trouver une oreille attentive et un allié compétent, un endroit où ils pouvaient vraiment être fiers que des hommes qui avaient la même couleur de peau les représentent. A l'origine, j'étais devenu avocat pour cela et grâce à mon travail, je sentais souvent que j'avais pris la bonne décision.

En général, on étudiait une demi-douzaine de dossiers dans une matinée et on faisait des aller et retour toute la journée au tribunal. Là, on nous traitait parfois avec courtoisie ; parfois avec mépris. Mais même si nous exercions, nous battions et gagnions nos procès, nous savions que quelle que fût notre réussite dans notre carrière d'avocats, nous ne serions jamais avocats généraux ou juges. Nous avions à faire à des fonctionnaires dont la compétence ne dépassait pas la nôtre, mais leur autorité était fondée et protégée par la couleur de leur peau.

Nous étions souvent confrontés au racisme dans l'enceinte même du tribunal. Des témoins blancs refusaient de répondre aux questions d'un avocat noir. Au lieu de les inculper pour insulte à la cour, le juge leur posait lui-même la question à laquelle ils n'avaient pas voulu répondre quand je l'avais posée. Par habitude, je faisais comparaître des policiers pour les interroger ; mais je pouvais bien faire ressortir leurs contradictions et leurs mensonges, ils ne me considéraient pas moins comme un « avocat kaffir ».

Une fois, au début d'un procès, je me souviens qu'un juge m'a demandé de me présenter. C'était l'habitude. J'ai dit : « Nelson Mandela, je représente l'accusé. » Le juge m'a répondu : « Je ne vous connais pas. Où est votre diplôme ? » Le diplôme, c'est le papier qu'on encadre et qu'on accroche au mur ; ce n'est pas quelque chose qu'un avocat a toujours sur lui. J'ai demandé au juge de bien vouloir ouvrir le procès et ajouté que je lui apporterais mon diplôme le plus rapidement possible. Mais il a refusé et il est allé jusqu'à demander à un garde de m'expulser.

C'était une violation manifeste des usages du tribunal. Finalement, l'affaire est allée jusque devant la Cour suprême et mon ami George Bizos m'a représenté. A l'audience, le président a critiqué la conduite du juge et a ordonné que quelqu'un d'autre entende l'affaire.

Etre avocat ne garantissait pas non plus le respect en

dehors du tribunal. Un jour, près du cabinet, j'ai vu une vieille femme blanche dont la voiture en stationnement était coincée entre deux autres. Je suis allé immédiatement pousser sa voiture pour la dégager. La vieille dame, qui parlait anglais, s'est tournée vers moi et m'a dit : « Merci, John », « John » étant le nom que les Blancs donnaient aux Noirs qu'ils ne connaissaient pas. Puis elle m'a tendu une pièce de six pence que j'ai refusée poliment. Mais elle a insisté et j'ai dit non de nouveau. Alors elle s'est écriée : « Tu refuses une pièce de six pence. Tu veux sans doute un shilling mais tu ne l'auras pas ! » Puis elle m'a jeté la pièce et a démarré.

Au bout d'un an, Oliver et moi avons découvert qu'aux termes de l'Urban Areas Act nous n'avions pas le droit d'occuper de locaux en ville sans une autorisation gouvernementale. Notre demande a été rejetée et nous avons reçu à la place un permis temporaire, qui a bientôt expiré. Les autorités ont refusé de le renouveler et ont exigé qu'on déménage nos bureaux dans un quartier africain à des kilomètres de là, et pratiquement inaccessible pour nos clients. Nous avons interprété cela comme une volonté de la part des autorités de nous mettre en infraction en occupant nos locaux illégalement, avec une menace d'expulsion constamment suspendue au-dessus de nos têtes.

Etre avocat en Afrique du Sud signifiait qu'on agissait dans un système judiciaire perverti, avec un code qui ne posait pas comme principe l'égalité mais son contraire. Un des exemples les plus pernicieux en est la Population and Registration Act qui définissait cette inégalité. J'ai eu à défendre un métis qui avait été classifié par erreur comme Africain. Il avait combattu pour l'Afrique du Sud pendant la Seconde Guerre mondiale en Afrique du Nord et en Italie, mais après son retour, un bureaucrate blanc l'avait reclassifié africain. C'était le genre d'affaire, pas du tout rare en Afrique du Sud, qui offrait une sorte d'énigme morale. Je ne reconnaissais ni ne soutenais les principes de la Population and Registration Act, mais mon client avait besoin d'être défendu, et il avait été classifié comme quelqu'un qu'il n'était pas. Il y avait beaucoup plus d'avantages à être classifié métis plutôt qu'Africain, par exemple le fait que les métis n'étaient pas obligés de porter un *pass*.

En son nom, j'ai saisi la commission de classification qui jugeait les affaires régies par la Population and Registration Act. Elle se composait d'un magistrat et de deux fonctionnaires, tous blancs. J'avais quantité de preuves pour établir la demande de mon client et le procureur indiqua formellement qu'il ne s'opposerait pas à notre requête. Mais ni mes preuves ni l'attitude du procureur ne semblaient intéresser le magistrat. Il regardait fixement mon client et il lui demanda d'un ton bourru de faire demi-tour afin de tourner le dos au tribunal. Après avoir observé ses épaules, qui tombaient fortement, il hocha la tête en direction des fonctionnaires et accepta la requête. D'après la conception des autorités blanches de l'époque, les épaules tombantes étaient une des caractéristiques physiques des métis. Et c'est ainsi que le cours de la vie de cet homme fut décidé uniquement d'après l'opinion d'un magistrat sur la forme de ses épaules.

Nous plaidions beaucoup d'affaires à propos de brutalités policières mais notre taux de réussite était extrêmement bas. Nous avions toujours beaucoup de mal à prouver les agressions de la police. Elle était suffisamment astucieuse pour retenir un prisonnier pendant une durée telle que les blessures ou la marque des coups aient eu le temps de guérir et, souvent, c'était la parole d'un policier contre celle de notre client. Les magistrats se mettaient naturellement du côté de la police. Dans le cas d'une mort en détention, le verdict du juge d'instruction était souvent : « Causes de la mort multiples », ou une vague explication qui permettait à la police de se tirer du mauvais pas.

A chaque fois que je devais plaider une affaire en dehors de Johannesburg, je demandais que mon interdiction soit temporairement levée, ce que j'obtenais souvent. Par exemple, j'allais dans l'est du Transvaal pour défendre un client dans la ville de Carolina. Mon arrivée créait une certaine sensation parce que beaucoup de gens n'avaient jamais vu d'avocat africain. Le juge et le procureur me recevaient chaleureusement et le procès tardait à commencer parce qu'ils m'interrogeaient sur ma carrière et sur la façon dont j'étais devenu avocat. Des gens de la ville, venus par curiosité, remplissaient la salle.

Dans un village proche, j'ai défendu un guérisseur, accusé de sorcellerie. Cette affaire attira aussi beaucoup de monde, mais pas pour me voir, pour découvrir si les lois de l'homme blanc pouvaient s'appliquer à un *sangoma*. Le guérisseur exerçait un pouvoir extraordinaire dans la région et beaucoup le vénéraient et le craignaient. A un moment, mon client éternua violemment, ce qui créa une véritable débandade dans le public parce que la plupart des spectateurs crurent qu'il jetait un sort. On l'a ensuite acquitté et je soupçonne que les gens du coin n'ont pas attribué cela à mon habileté d'avocat mais au pouvoir des herbes du guérisseur.

En tant qu'avocat, je pouvais être assez brillant devant un tribunal. Je n'agissais pas comme un Noir devant une cour blanche, mais comme si tous les autres — les Noirs et les Blancs — étaient mes invités dans mon tribunal. Au cours d'un procès, je faisais souvent de grands gestes et j'utilisais un langage déclamatoire. Je me montrais très pointilleux sur les questions de procédure, mais parfois j'employais des tactiques non orthodoxes avec les témoins. J'aimais beaucoup les contre-interrogatoires et je jouais parfois des tensions raciales. En général, la galerie du public était bondée car les gens du township assistaient aux procès comme à une sorte de spectacle.

Je me souviens d'avoir défendu une Africaine qui travaillait en ville comme femme de ménage. Elle était accusée d'avoir volé des vêtements de sa « madame ». Les vêtements prétendument volés étaient étalés sur une table. Quand la « madame » eut témoigné, je commençai mon interrogatoire en m'avançant vers la table des pièces à conviction. Je regardai les vêtements puis, du bout de mon crayon, je ramassai un sous-vêtement féminin. J'allai vers le témoin en le lui brandissant sous le nez et je lui demandai : « Madame, est-ce que cela... vous appartient ? — Non », répliqua-t-elle vivement, trop gênée pour admettre la vérité. A cause de sa réponse et d'autres contradictions dans son témoignage, le juge prononça un non-lieu.

17

Situé à six kilomètres du centre de Johannesburg, sur un affleurement rocheux qui surplombait la ville, il y avait le township africain de Sophiatown. Le père Trevor Huddleston, un des plus grands amis du township, compara une fois Sophiatown à une ville italienne construite sur une colline, et il est vrai que, de loin, la ville avait beaucoup de charme. Les maisons au toit rouge, serrées les unes contre les autres ; les volutes de fumée qui s'élevaient dans le ciel rose ; les grands eucalyptus qui entouraient le township. De près, on voyait la pauvreté et la saleté dans lesquelles vivaient trop de gens. Les rues étaient étroites et non pavées, et sur chaque lotissement, des douzaines de baraques s'entassaient les unes contre les autres.

Sophiatown faisait partie, avec Martindale et New-clare, de ce qu'on appelait les townships ouest. A l'origine, il s'agissait d'une zone destinée aux Blancs et un promoteur immobilier y avait effectivement construit un certain nombre de maisons pour des acheteurs blancs. Mais à cause d'une décharge d'ordures municipale, les Blancs avaient choisi de vivre ailleurs. Sophiatown était un des rares endroits du Transvaal où les Africains avaient pu acheter des terrains avant l'Urban Areas Act de 1923. Beaucoup de ces vieilles maisons de brique et de pierre, avec des vérandas couvertes de tôle, tenaient encore debout et donnaient à Sophiatown un air ancien et agréable. Avec le développement de l'industrie à Johannesburg, Sophiatown était devenu un quartier de main-d'œuvre africaine et avait connu une rapide extension. C'était pratique et proche de la ville. Les ouvriers habitaient dans des cabanes construites dans les jardins, devant et derrière les vieilles maisons. Quarante personnes pouvaient partager le même robinet. Plusieurs familles pouvaient s'entasser dans la même cabane. Malgré la pauvreté, Sophiatown avait un caractère spécial ; pour les Africains, c'était la Rive gauche de Paris, ou Greenwich Village, c'est là qu'habitaient les écrivains, les artistes, les médecins et les avocats. Il y avait une atmosphère à la fois conventionnelle et de bohème, animée et calme. C'était là que le Dr. Xuma habitait et avait son cabinet et qu'exerçaient différents *tsotsis* (gangsters), les « Berlinois » et les « Américains » qui avaient pris des noms d'acteurs d'Hollywood comme John Wayne ou Humphrey Bogart. Sophiatown se vantait de posséder la seule piscine pour enfants africains de Johannesburg.

A Johannesburg, le projet de déplacement des zones ouest prévoyait l'évacuation de Sophiatown, de Martindale et de Newclare, dont la population totale se situait entre 60 000 et 100 000 personnes. En 1953, le gouvernement nationaliste avait acheté une étendue de terre appelée Meadowlands, à une quinzaine de kilomètres de la ville. Les gens y seraient réinstallés en sept « groupes ethniques » différents. Le gouvernement avançait comme excuse la suppression des bidonvilles, un écran de fumée pour dissimuler la politique gouvernementale qui considérait que toute zone urbaine était blanche et que les Africains n'étaient que des résidents temporaires.

Le gouvernement subissait la pression de ses partisans des environs, de Westdene et Newlands, qui étaient des zones blanches relativement pauvres. Ces Blancs de la classe ouvrière lorgnaient sur les belles maisons que possédaient certains Noirs à Sophiatown. Le gouvernement voulait contrôler les déplacements de tous les Africains et cela se révélait beaucoup plus difficile dans les townships urbains où les Noirs étaient propriétaires et où les gens allaient et venaient à leur guise. Bien que le système fût toujours en vigueur, on n'avait besoin d'aucune autorisation particulière pour entrer dans un township de propriétaires, contrairement aux *locations* municipales. Les Africains habitaient et étaient propriétaires à Sophiatown depuis plus de cinquante ans ; et maintenant le gouvernement envisageait impitoyablement de reloger tous les Africains de Sophiatown dans un autre township noir. Le plan du gouvernement manifestait un tel cynisme que le déplacement était prévu avant même que les maisons qui devaient accueillir les gens aient été construites. Le déplacement de Sophiatown fut la première grande épreuve de force pour l'ANC et ses alliés après la Campagne de défi.

Le projet de déplacement de Sophiatown avait débuté en 1950, mais les efforts de l'ANC pour s'y opposer n'ont pas commencé vraiment avant 1953. Vers le milieu de l'année, les branches locales de l'ANC, le Transvaal Indian Congress et l'Association des contribuables ont mobilisé les gens pour résister. En juin 1953, la direction provinciale de l'ANC et le TIC ont organisé une réunion publique au cinéma Odin de Sophiatown pour discuter de la mobilisation. La réunion a été animée et exubérante et a rassemblé plus de 1 200 personnes qui ne semblaient pas intimidées par la présence de plusieurs douzaines de policiers armés jusqu'aux dents.

Mon ordre d'interdiction et celui de Walter avaient expiré quelques jours seulement avant la réunion. Cela signifiait que rien ne nous empêchait plus d'assister ou de parler dans des rassemblements, et nous avons rapidement pris les dispositions nécessaires pour que je prenne la parole dans le cinéma.

Juste avant de commencer, un officier de la police nous vit, Walter et moi, devant la salle, en train de parler au père Huddleston, un des responsables de l'opposition au déplacement. Il nous informa que nous étions sous le coup d'une interdiction et que par conséquent nous n'avions pas le droit de nous trouver là, et donna l'ordre à ses subordonnés de nous arrêter. Le père Huddleston hurla à l'adresse des policiers qui se dirigeaient vers nous : « Non, c'est moi que vous allez arrêter à la place, mes chers. » L'officier lui donna l'ordre de s'écarter mais il refusa. Tandis que les policiers le repoussaient, j'ai dit à l'officier : « Vous devez vous assurer que nous sommes sous le coup d'une interdiction. Faites bien attention parce que si nos interdictions avaient expiré, ce serait une arrestation abusive. Vous croyez vraiment que nous serions ici ce soir si elles n'avaient pas expiré ? »

Il était bien connu que la police avait peu d'archives et qu'elle se trouvait souvent dans l'incapacité de vérifier la durée des interdictions. L'officier le savait aussi bien que moi. Il a réfléchi à ce que je venais de dire, puis il a ordonné à ses hommes de reculer. Ils se sont écartés pour nous laisser entrer dans la salle.

A l'intérieur, les policiers étaient provocateurs et méprisants. Armés de pistolets et de fusils, ils déambulaient dans la salle en bousculant les gens et en faisant des remarques insultantes. J'étais assis à la tribune avec d'autres responsables et, au moment où la réunion allait commencer, j'ai vu le major Prinsloo entrer sur la scène en se pavanant, accompagné de plusieurs policiers armés. Nos regards se sont croisés et j'ai fait un geste comme pour demander : « Moi ? » Il a secoué la tête pour répondre « non ». Il s'est dirigé vers la tribune où Yusuf Cachalia avait déjà commencé à parler et il a donné l'ordre à ses hommes de l'arrêter. Ils l'ont saisi par les bras et l'ont traîné de force. A l'extérieur, la police avait déjà arrêté Robert Resha et Ahmed Kathrada.

La foule s'est mise à hurler et à huer les policiers et j'ai compris que les choses allaient très mal tourner si elle ne gardait pas son calme. J'ai bondi au micro et j'ai entonné une chanson de protestation bien connue ; dès les premières paroles, la foule s'est jointe à moi. J'avais eu peur que la police n'ouvre le feu si la foule s'était trop agitée.

A ce moment-là, l'ANC tenait des réunions chaque dimanche à Freedom Square, au centre de Sophiatown, pour mobiliser l'opposition au déplacement. Il y avait des moments vibrants, ponctués par les cris sans cesse répétés de « *Asihambi !* » (Nous ne bougerons pas !) et la chanson « *Sophiatown likhaya lam asihambi* » (Sophiatown, c'est chez moi ; nous ne bougerons pas). Des membres de l'ANC, des propriétaires, des locataires, des conseillers municipaux et souvent le père Huddleston, qui ignorait les avertissements de la police de s'en tenir aux affaires de l'Eglise, prenaient la parole.

Un dimanche soir, peu de temps après l'incident du cinéma Odin, il était prévu que je parle à Freedom Square. La foule était ardente et son émotion m'influençait certainement. Il y avait beaucoup de jeunes en colère qui avaient envie de passer à l'action. Comme d'habitude, les policiers entouraient la place. Comme d'habitude, ils étaient armés de fusils et de stylos pour noter le nom de ceux qui parlaient et ce qu'ils disaient. C'était un fléau auquel on s'habituait. Nous essayions d'en faire une vertu en étant aussi francs que possible avec la police, pour montrer qu'en fait nous n'avions rien à cacher, même pas notre mépris à son égard.

J'ai commencé à parler de la répression grandissante du gouvernement à la suite de la Campagne de défi. J'ai dit que, maintenant, le gouvernement avait peur de la force du peuple africain. Tout en parlant, je sentais mon indignation monter. A cette époque, j'étais un orateur qui avait tendance à mettre le feu aux poudres. J'aimais exciter un public et c'est ce que je faisais.

Alors que je condamnais le gouvernement pour sa brutalité et sa façon de ne pas respecter la loi, je suis allé trop loin : j'ai dit que le temps de la résistance passive était terminé, que la non-violence était une stratégie vaine et qu'elle ne renverserait jamais une minorité blanche prête à maintenir son pouvoir à n'importe quel prix. J'ai dit que la violence était la seule arme qui détruirait l'apartheid et que nous devions être prêts, dans un avenir proche, à l'employer.

La foule était transportée ; les jeunes en particulier applaudissaient et criaient. Ils étaient prêts à agir comme je venais de le dire. A ce moment-là, j'ai entonné un chant de liberté dont les paroles disaient : « Voici nos ennemis, prenons les armes, attaquons-les. » Je chantais et la foule s'est jointe à moi et, à la fin, j'ai montré la police et j'ai dit : « Regardez, les voici, nos ennemis ! » La foule a recommencé à crier des hourras et a fait des gestes agressifs en direction des policiers. Ces derniers étaient inquiets et beaucoup me désignaient du doigt comme pour me dire : « Mandela, tu vas nous le payer ! » Ça m'était égal. Dans la chaleur du moment, je ne pensais pas aux conséquences.

Mais ce que j'avais dit ce soir-là ne tombait pas du ciel. J'avais pensé à l'avenir. Le gouvernement ne cessait de prendre des mesures pour que des choses comme la Campagne de défi ne se reproduisent pas. J'avais commencé à analyser la lutte dans des termes différents. L'ANC avait pour ambition de lancer une lutte de masse, d'engager les ouvriers et les paysans d'Afrique du Sud dans une campagne si vaste et si puissante qu'elle devrait mettre à bas le statu quo de l'oppression blanche. Mais le gouvernement nationaliste rendait impossible toute expression légale différente ou toute protestation. Je voyais qu'il réprimerait impitoyablement toute manifestation légitime de la part de la majorité africaine. Un Etat policier ne semblait plus très loin.

J'ai soupçonné que les manifestations légales et non constitutionnelles deviendraient bientôt toutes deux impossibles. En Inde, Gandhi avait eu à faire à une puissance étrangère qui en fin de compte s'était montrée plus réaliste et plus clairvoyante. Ce n'était pas le cas des Afrikaners en Afrique du Sud. La résistance passive non violente est efficace tant que votre adversaire adhère aux mêmes règles que vous. Mais si la manifestation pacifique ne rencontre que la violence, son efficacité prend fin. Pour moi, la non-violence n'était pas un principe moral mais une stratégie. Il n'y a aucune bonté morale à utiliser une arme inefficace. Mais sur ce sujet, ma réflexion n'avait pas encore abouti, et j'avais parlé trop vite.

C'était sans doute l'opinion du Comité national de direction. Quand il a été mis au courant du contenu de mon discours, j'ai été sévèrement critiqué pour avoir défendu une rupture aussi radicale avec la politique de l'ANC. Certains membres de la direction pensaient comme moi mais personne n'a soutenu la méthode irréfléchie avec laquelle j'avais parlé. La direction m'en a fait le reproche en soulignant que la politique que j'avais défendue n'était pas seulement prématurée mais dangereuse. De tels discours pouvaient inciter l'ennemi à écraser entièrement l'organisation puisque l'ennemi était fort et que nous étions toujours faibles. J'ai accepté la critique, et ensuite j'ai fidèlement défendu la politique de non-violence en public. Mais au fond de moi, je savais que la non-violence n'était pas la réponse.

A ce moment-là, j'avais beaucoup de problèmes avec la direction nationale. Au début de 1953, le chef Luthuli, Z.K. Matthews et une poignée d'autres responsables de haut rang de l'ANC ont été invités à rencontrer un groupe de Blancs qui s'apprêtaient à créer le Parti libéral. Une réunion de la direction de l'ANC a eu lieu juste après et nous avons été plusieurs à demander un rapport sur la rencontre avec les Blancs libéraux. Ceux qui y avaient assisté ont refusé, en disant qu'ils avaient été invités à titre privé et non en tant que membres de l'ANC. Nous avons continué à les presser et, finalement, le professeur Matthews a dit qu'il s'agissait d'une conversation privée. Dans un mouvement d'indignation, j'ai répondu : « Quel genre de responsables êtes-vous ? Vous pouvez discuter avec un groupe de Blancs libéraux et ne pas partager cette information avec vos collègues de l'ANC ? Le problème avec vous, c'est que vous avez peur et que vous êtes intimidés par l'homme blanc. Vous appréciez plus sa compagnie que celle de vos camarades africains. »

Cette sortie a provoqué la colère du professeur Matthews et du chef Luthuli. Tout d'abord, le professeur Matthews m'a dit : « Mandela, que savez-vous des Blancs ? Je vous ai appris tout ce que vous savez sur eux et vous êtes encore ignorant. Même maintenant, vous avez à peine quitté votre uniforme d'étudiant. » Luthuli était sur des charbons ardents et a ajouté : « Très bien, si vous m'accusez d'avoir peur de l'homme blanc, alors il ne me reste qu'à démissionner. Si c'est ce que vous dites, c'est ce que je vais faire. » Je ne savais pas si Luthuli bluffait ou non mais cette menace m'a effrayé. J'avais parlé trop vite, sans réfléchir, de façon irresponsable et maintenant, je le regrettais. J'ai immédiatement retiré mon accusation et je me suis excusé. J'étais un jeune homme qui essayait de compenser son ignorance par son militantisme.

A l'époque de mon discours de Sophiatown, Walter m'a dit qu'on venait de l'inviter au Festival de la jeunesse et des étudiants pour la paix à Bucarest, comme hôte d'honneur. Les dates ne lui laissaient pratiquement pas le temps de consulter la direction nationale. Je voulais absolument qu'il puisse y aller et je l'ai poussé à partir, qu'il ait ou non le temps d'en parler à la direction. Walter a pris la décision de partir et je l'ai aidé pour qu'il ait un substitut de passeport, un certificat indiquant son nom et sa citoyenneté. (Le gouvernement ne lui en aurait jamais délivré un véritable.)

Le groupe, avec à sa tête Walter Sisulu et Duma Nokwe, voyageait sur un avion de la seule compagnie qui acceptait un tel certificat : la compagnie israélienne El Al.

Malgré les critiques que m'avait adressées la direction nationale, j'étais persuadé que la politique des nationalistes ferait de la non-violence une stratégie encore plus limitée et inefficace. Walter savait ce que je pensais et avant son départ, je lui ai fait une suggestion : qu'il essaie d'aller en République populaire de Chine afin d'y évoquer la possibilité que les Chinois nous fournissent des armes pour la lutte armée. L'idée a plu à Walter et il m'a promis d'essayer.

J'avais pris cette décision absolument tout seul et mes méthodes n'étaient pas orthodoxes. Dans une certaine mesure, il s'agissait de l'activité d'un révolutionnaire exalté qui n'avait pas analysé les choses et qui ne respectait pas la discipline. Il s'agissait de l'activité d'un homme frustré par l'immoralité de l'apartheid et la brutalité de l'Etat qui le protégeait.

La visite de Walter créa une tempête à l'intérieur de la direction nationale. J'entrepris de présenter ses excuses. Je ne mentionnai pas ma demande secrète. Luthuli répondit que le code de conduite de l'ANC avait été bafoué, et le professeur Matthews exprima sa consternation en apprenant que Walter allait visiter des pays socialistes. La direction restait sceptique sur les motivations de Walter, et elle mettait en doute mes explications sur les circonstances. Quelques-uns voulaient nous adresser un blâme, à Walter et à moi, mais il n'en fut rien.

Walter réussit à aller en Chine. Ses interlocuteurs l'assurèrent de leur soutien à la lutte mais ils restèrent circonspects et prudents quand il aborda l'idée d'une lutte armée. Ils l'avertirent que la lutte armée était une entreprise sérieuse et ils se demandaient si le mouvement de libération était assez mûr pour justifier un tel effort. Walter revint avec des encouragements mais pas d'armes.

18

A Johannesburg, j'étais devenu un citadin. Je portais des costumes élégants ; je conduisais une énorme Oldsmobile et je savais me diriger dans les petites ruelles. Chaque jour, j'allais à mon bureau en ville. Mais au fond de moi, je restais un garçon de la campagne, et rien ne me rendait plus heureux que le ciel bleu, l'immensité du veld et l'herbe verte. En septembre, mon ordre d'interdiction s'est terminé, et j'ai décidé de profiter de ma liberté pour m'éloigner un peu de la ville. J'ai accepté de plaider une affaire dans la petite ville de Villiers, dans l'Etat libre d'Orange.

Le voyage depuis Johannesburg durait en général plusieurs heures et je suis parti d'Orlando à 3 heures du matin, ce qui avait toujours été mon heure de départ préférée. D'une façon générale, je suis quelqu'un qui se lève tôt, et à 3 heures, il n'y a personne sur les routes, on peut donc être seul avec ses pensées. J'aime voir l'aube se lever, le passage entre la nuit et le jour est toujours majestueux. En outre, c'était une heure commode parce que en général on ne voyait pas de policiers.

La province de l'Etat libre d'Orange a toujours eu un effet magique sur moi, même si certains des éléments les plus racistes de la population blanche disent qu'ils y sont chez eux. Avec ses paysages poussiéreux et plats aussi loin que l'œil peut voir, l'immense ciel bleu, les étendues infinies de champs de maïs jaunes, de buissons et d'arbustes, l'Etat libre me rend heureux quelle que soit mon humeur. Quand j'y suis, j'ai l'impression que rien ne peut m'enfermer, que mes pensées peuvent errer aussi loin que l'horizon.

Le paysage gardait l'empreinte du général Charles R. De Wet, le commandant boer de talent qui réussit à vaincre les Britanniques dans des quantités d'engagements au cours des derniers mois de la guerre des Boers ; intrépide, fier et clairvoyant, ç'aurait été un de mes héros s'il avait combattu pour les droits de tous les Sud-Africains et pas seulement pour ceux des Afrikaners. Il manifestait le courage et l'ingéniosité des opprimés et le pouvoir d'une armée moins bien équipée mais patriotique contre une machine de guerre éprouvée. Tout en conduisant, j'imaginais les cachettes de l'armée du général De Wet et je me demandais si elles abriteraient bientôt des rebelles africains.

Aller en voiture jusqu'à Villiers m'avait redonné du courage et, le matin du 3 septembre, j'éprouvais une fausse sensation de sécurité en entrant dans le petit tribunal. J'ai découvert un groupe de policiers qui m'attendaient. Sans un mot, ils m'ont remis un ordre qui, en application de la loi sur l'interdiction du communisme, exigeait que je démissionne de l'ANC, limitait mes déplacements au district de Johannesburg et m'interdisait d'assister à tout meeting ou rassemblement pendant deux ans. Je savais que de telles mesures ne tarderaient pas mais je ne m'attendais pas à recevoir mon interdiction dans la petite ville de Villiers.

J'avais trente-cinq ans, et ces nouvelles interdictions très sévères mettaient fin à près de dix ans d'engagement dans l'ANC, des années qui avaient correspondu à mon éveil et à ma formation politiques, et mon implication toujours plus forte dans la lutte était devenue ma vie. Par conséquent, toutes mes actions, tous mes projets au nom de l'ANC et de la lutte de libération deviendraient secrets et illégaux. Une fois informé, je devais immédiatement rentrer à Johannesburg.

L'interdiction me faisait passer du centre de la lutte à la périphérie, d'un rôle essentiel à un rôle secondaire. Tout en étant souvent consulté et capable d'influencer la direction des événements, j'intervenais de loin et seulement quand on me demandait expressément mon avis. Je n'avais plus l'impression d'être un organe vital — le cœur, les poumons ou la colonne vertébrale — mais un membre coupé. Même les combattants de la liberté, au moins à l'époque, devaient obéir aux lois, et me retrouver en prison pour avoir violé mon interdiction aurait été tout à fait inutile pour l'ANC et pour moi-même. Nous n'en étions pas encore à être officiellement des révolutionnaires combattant ouvertement le système quel que soit le prix à payer. Nous avons pensé qu'il valait mieux nous organiser de façon clandestine qu'aller en prison. Comme j'étais obligé de démissionner de l'ANC, on a dû me remplacer, et quoi que j'aie pu souhaiter, je n'avais plus mon autorité d'autrefois. Sur le chemin du retour vers Johannesburg, le paysage de l'Etat libre n'avait plus du tout sur moi le même effet exaltant.

19

Quand j'ai reçu mon ordre d'interdiction, la conférence de l'ANC du Transvaal devait se tenir le mois suivant et j'avais déjà rédigé mon discours en tant que président. Andrew Kunene, membre de la direction, l'a lu à la conférence. Dans ce discours, qui par la suite a été connu sous le titre de « Le chemin vers la liberté n'est pas aisé », une phrase tirée de Jawaharlal Nehru [1], je disais que maintenant les masses devaient se préparer à de

---

1. *No Easy Walk to Freedom*, J. Nehru, *The Unity of India : Collected Writings 1937/1940*, Lindsay Drummond, Londres, 1942. *(N.d.T.)*

nouvelles formes de luttes politiques. Les nouvelles lois et la nouvelle tactique du gouvernement avaient rendu les anciennes formes de protestation de masse — réunions publiques, déclarations à la presse, grèves à domicile — extrêmement dangereuses et suicidaires. Les journaux ne publiaient plus nos déclarations ; les imprimeries refusaient de fabriquer nos tracts, par crainte de la loi sur l'interdiction du communisme. J'écrivais : « Ces développements exigent la mise sur pied de nouvelles formes de lutte politique. Les anciennes méthodes sont maintenant stupides et suicidaires.

« Les opprimés et les oppresseurs sont en conflit violent. Le jour du règlement entre les forces de la liberté et celles de la réaction n'est plus très éloigné. Je n'ai pas le moindre doute que, lorsque ce jour arrivera, la vérité et la justice prévaudront... Les opprimés n'ont jamais ressenti autant d'amertume. La gravité de la situation dans laquelle se trouve le peuple le contraint même à résister jusqu'à la mort à la politique ignoble des gangsters qui dirigent ce pays... Le renversement de l'oppression a été approuvé par le genre humain et c'est l'aspiration la plus élevée de tout homme libre. »

En avril 1954, l'ordre des avocats du Transvaal demanda à la Cour suprême que mon nom soit rayé de la liste des avocats accrédités parce que les activités politiques pour lesquelles j'avais été condamné à la suite de la Campagne de défi équivalaient à une conduite non professionnelle et déshonorante. Cela se passait à un moment où le cabinet Mandela-Tambo prospérait et où j'allais au tribunal des dizaines de fois par semaine.

On est venu m'apporter les documents au bureau et dès que la demande qui me visait a été déposée et rendue publique, j'ai commencé à recevoir des offres de soutien et d'aide. Certaines venaient même d'avocats afrikaners connus. Beaucoup d'entre eux étaient favorables au Parti national mais ils considéraient que la démarche était partiale et injuste. Leur réponse me fit comprendre que même dans l'Afrique du Sud raciste, la solidarité professionnelle pouvait parfois transcender la barrière de couleur et qu'il y avait encore des juges et des avocats qui refusaient d'être les valets d'un régime immoral.

Mon dossier fut défendu par l'avocat Walter Pollack, président du Conseil de l'ordre de Johannesburg. Quand j'avais demandé à Walter Pollack d'assurer ma défense, on m'avait conseillé de demander également à quelqu'un qui n'avait pas de rapports avec la lutte pour influencer positivement l'ordre du Transvaal. Nous avons donc sollicité comme avocat consultant William Aaronsohn, qui dirigeait l'un des plus anciens cabinets de Johannesburg. Tous deux me défendirent sans honoraires. Nous avons soutenu que la demande était un affront à l'idée de justice et que j'avais un droit intangible de lutter pour mes convictions politiques, qui était le droit de tout homme dans un Etat où existaient des lois.

Mais l'argument de Pollack qui eut le plus de poids fut l'exemple d'un homme du nom de Strijdom, qui avait été détenu pendant la Seconde Guerre mondiale, avec B.J. Vorster (qui plus tard devint Premier ministre). Tous deux furent emprisonnés pour leurs positions pronazies. A la suite de l'échec d'une tentative d'évasion, Strijdom avait été reconnu coupable de vol de voiture. Ensuite, après sa libération, il avait déposé une demande pour être admis au barreau. Malgré ses crimes et les fortes objections du Conseil de l'ordre, le tribunal avait décidé de l'admettre parce que ses actions délictueuses étaient de nature politique et qu'on ne pouvait empêcher un homme d'exercer la profession d'avocat à cause de ses convictions politiques. Pollack dit : « Il y a, bien sûr, des différences entre Strijdom et Mandela. Mandela n'est pas nationaliste et Mandela n'est pas blanc. »

Le juge Ramsbottom, qui présidait, refusait d'être le porte-parole des nationalistes et défendait l'indépendance du pouvoir judiciaire. Il soutint entièrement notre point de vue selon lequel j'avais le droit de faire campagne pour mes convictions politiques même si elles étaient opposées au gouvernement et il rejeta la demande de l'ordre des avocats. Ce fut un des rares cas où il dut payer les dépens.

20

La campagne contre le déplacement de Sophiatown fut une bataille de longue haleine. Nous restions sur nos positions, le gouvernement aussi. Tout au long de 1954 et au début de 1955, des réunions ont eu lieu deux fois par semaine, le mercredi et le dimanche soir. Les orateurs dénonçaient les uns après les autres les projets du gouvernement. L'ANC et l'Association des contribuables, sous la direction du Dr. Xuma, protestaient auprès du gouvernement avec des lettres et des pétitions. Nous avons conduit la campagne contre le déplacement avec le slogan « sur nos cadavres », un thème souvent crié du haut des tribunes et repris par la foule. Un soir, cela poussa même le Dr. Xuma, d'habitude fort prudent, à hurler le slogan mobilisateur utilisé au siècle dernier pour entraîner les guerriers à la bataille : « *Zemk'inkomo magwalandini !* » (L'ennemi a pris le bétail, bande de lâches !)

Le gouvernement avait prévu que le déplacement aurait lieu le 9 février 1955. Au fur et à mesure que la date approchait, Oliver et moi allions chaque jour dans le township, pour rencontrer les responsables locaux, discuter les plans et agir dans notre domaine professionnel en faveur de ceux qui étaient expulsés ou poursuivis en justice. Nous cherchions à prouver au tribunal que la documentation du gouvernement était souvent incorrecte et que beaucoup d'ordres d'expulsion étaient par conséquent illégaux. Mais ce n'était qu'une mesure temporaire ; le gouvernement ne laisserait pas quelques illégalités lui faire obstacle.

Peu avant la date prévue, une réunion de masse particulière fut organisée à Freedom Square. Dix mille personnes se réunirent pour entendre le chef Luthuli. Mais au moment de son arrivée à Johannesburg, on lui remit un ordre d'interdiction qui l'obligeait à retourner au Natal.

La veille du déplacement, Joe Modise, un des responsables locaux de l'ANC les plus engagés, prit la parole devant un rassemblement de plus de 500 jeunes militants qui attendaient un ordre de l'ANC. Ils espéraient qu'on leur dirait d'engager la bataille avec la police et l'armée. Ils étaient prêts à dresser des barricades dans la nuit et, le lendemain, à attaquer la police avec des armes et tout ce qui leur tomberait sous la main. Ils prenaient notre slogan au pied de la lettre : on ne déplacerait Sophiatown qu'en passant sur nos cadavres.

Mais après des discussions avec la direction de l'ANC, y compris avec moi, Joe dit aux jeunes de ne pas bouger. Ils étaient furieux et se sentaient trahis. Mais nous pensions que la violence aurait conduit au désastre. Nous avons insisté sur le fait qu'une insurrection exigeait une organisation minutieuse sinon cela tournait au suicide. Nous n'étions pas encore prêts à nous engager sur le même terrain que l'ennemi.

Le 9 février, dans la brume du petit matin, 4 000 policiers et soldats ont évacué le township tandis que des ouvriers rasaient les maisons vides et que les camions commençaient à transporter les familles de Sophiatown à Meadowlands. La nuit précédente, l'ANC avait regroupé plusieurs familles dans des locaux préparés avec l'aide de familles pro-ANC, à l'intérieur de Sophiatown. Mais c'était insuffisant et trop tardif et ce ne pouvait être qu'un pis-aller. L'armée et la police se montrèrent d'une efficacité impitoyable. Au bout de quelques semaines, notre résistance s'effondra. La plupart de nos responsables locaux avaient été interdits ou arrêtés et, à la fin, Sophiatown est mort non pas dans les détonations des fusils mais dans le bruit des camions et des marteaux-piqueurs.

On peut toujours faire une analyse correcte d'une action politique qu'on lit dans le journal du lendemain, mais quand on se trouve au cœur d'un combat politique, on n'a guère le temps de réfléchir. Nous avons fait beaucoup d'erreurs dans la campagne contre le déplacement et nous en avons tiré beaucoup de leçons. « Sur nos cadavres » était un slogan mobilisateur mais qui se révéla autant un obstacle qu'une aide. Un slogan est un lien vital entre l'organisation et les masses qu'elle tente de conduire. Il doit synthétiser une revendication précise en une phrase simple et nerveuse, tout en mobilisant les gens pour le combat. Notre slogan frappait l'imagination des gens mais il les incitait à croire que nous allions nous battre jusqu'à la mort pour nous opposer au déplacement. En fait, l'ANC n'y était pas du tout préparé.

Nous n'avons jamais proposé d'autre solution. Quand les habitants de Sophiatown se sont rendu compte que nous ne pouvions ni arrêter le gouvernement ni leur fournir de logements ailleurs, leur propre résistance a faibli et le flot de ceux qui allaient à Meadowlands n'a cessé de croître. Beaucoup de locataires sont partis volontairement quand ils ont découvert qu'à Meadowlands ils auraient des logements plus grands. Nous n'avions pas pris en considération les situations différentes des propriétaires et des locataires. Les propriétaires avaient des raisons de rester, mais beaucoup de locataires étaient incités à partir. L'ANC était critiqué par beaucoup de ses membres africanistes, qui reprochaient aux responsables de protéger les intérêts des propriétaires aux dépens des locataires.

J'ai retiré de cette campagne la leçon qu'au bout du compte nous n'avions pas d'autre choix que la résistance armée et violente. Nous avions utilisé toutes les armes non violentes de notre arsenal — discours, délégations, menaces, arrêts de travail, grèves à domicile, emprisonnement volontaire —, tout cela en vain, car quoi que nous fassions, une main de fer s'abattait sur nous. Un combattant de la liberté apprend de façon brutale que c'est l'oppresseur qui définit la nature de la lutte, et il ne reste souvent à l'opprimé d'autre recours que d'utiliser les méthodes qui reflètent celles de l'oppresseur. A un certain moment, on ne peut combattre le feu que par le feu.

L'éducation est le grand moteur du développement personnel. C'est par l'éducation qu'une fille de paysans devient médecin, que le fils d'un mineur peut devenir directeur de la mine, qu'un enfant d'ouvrier agricole peut devenir président d'une grande nation. C'est ce que nous faisons avec ce que nous avons et non ce qu'on nous donne qui fait la différence entre les gens.

Depuis le début du siècle, les Africains pouvaient faire des études essentiellement grâce aux Eglises et aux missions étrangères qui avaient créé et entretenu les écoles. Sous le gouvernement du Parti uni, les programmes des collèges pour Africains et ceux des collèges pour Blancs étaient les mêmes. Les écoles de mission dispensaient un enseignement de type occidental en langue anglaise, celui que j'ai reçu. Nous étions limités par des installations inférieures mais pas par ce que nous pouvions lire ou rêver.

Cependant, même avant l'arrivée des nationalistes au pouvoir, les disparités de moyens signifiaient l'existence d'un racisme dans l'éducation. Le gouvernement dépensait six fois plus pour l'éducation d'un Blanc que pour celle d'un Africain. L'éducation n'était pas obligatoire pour les Africains et seulement facultative pour l'école élémentaire. Moins de la moitié des enfants africains d'âge scolaire n'allaient pas du tout à l'école et seulement un tout petit nombre allait au lycée.

Mais même cela déplaisait aux nationalistes. Les Afrikaners ont toujours été défavorables à l'éducation des Africains. Pour eux, il s'agissait d'un simple gaspillage, car les Africains étaient ignorants et paresseux de nature et aucun enseignement ne pouvait y porter remède. Traditionnellement, les Afrikaners étaient hostiles à ce que les Africains apprennent l'anglais, car c'était pour eux une langue étrangère et pour nous la langue de l'émancipation.

En 1953, le Parlement à majorité nationaliste vota la Bantu Education Act (Loi sur l'éducation bantoue), une tentative pour marquer l'éducation du sceau de l'apartheid. La loi transférait le contrôle de l'éducation des Africains du ministère de l'Education nationale au ministère des Affaires indigènes que tout le monde méprisait. D'après la nouvelle loi, les écoles primaires et les collèges pour Africains dirigés par les Eglises et les missions avaient le choix entre transférer leurs établissements au gouvernement ou voir chaque année une diminution de leurs subventions ; soit le gouvernement prenait en main l'éducation des Africains, soit il n'y aurait plus du tout d'éducation pour les Africains. Toute activité politique était interdite aux enseignants africains et ils ne pouvaient pas critiquer le gouvernement ni aucune autorité scolaire. C'était un « basskap » intellectuel, une institutionnalisation de l'infériorité.

Le Dr. Hendrik Verwoerd, le ministre de l'Education bantoue, expliquait que l'éducation « devait former et instruire les gens en fonction des possibilités qui leur étaient offertes dans la vie. » Dans sa bouche cela voulait dire que les Africains n'avaient aucune possibilité ; en conséquence, pourquoi fallait-il les éduquer ? « Il n'y a pas de place pour les Bantous dans la communauté européenne au-dessus du niveau de certaines formes de travail », déclara-t-il. En un mot, les Africains devaient être formés pour occuper des emplois non qualifiés, pour rester éternellement subordonnés à l'homme blanc.

Pour l'ANC, cette loi était une mesure extrêmement menaçante destinée à retarder le développement de la culture africaine dans son ensemble et, si elle était mise en pratique, à faire reculer la lutte pour la liberté du peuple africain. L'avenir intellectuel des générations futures était en jeu. Comme l'écrivit alors le professeur Matthews : « L'éducation pour l'ignorance et pour l'infériorité dans les écoles de Verwoerd est pire que pas d'éducation du tout. »

Cette loi et les déclarations brutales de Verwoerd soulevèrent une indignation générale aussi bien chez les Noirs que chez les Blancs. A part l'Eglise réformée hollandaise, qui soutenait l'apartheid, et la mission luthérienne, toutes les Eglises chrétiennes s'opposèrent à la nouvelle mesure. Mais cette opposition ne faisait que condamner cette politique, elle n'envisageait pas d'y résister. Les anglicans, les critiques les plus cohérents et les plus courageux de la nouvelle politique, étaient divisés. Ambrose Reeves, évêque de Johannesburg, alla jusqu'à fermer toutes ses écoles, qui accueillaient en tout

100 000 enfants. Mais l'archevêque de l'Eglise anglicane en Afrique du Sud, refusant de laisser les enfants dans la rue, transféra le reste des écoles au gouvernement. Malgré leurs protestations, toutes les autres Eglises firent de même, à l'exception de l'Eglise catholique romaine, des adventistes du septième jour et de la Congrégation unie juive réformée. Ces trois dernières continuèrent sans l'aide de l'Etat. Même ma propre Eglise, l'Eglise wesleyenne, transféra ses 200 000 élèves africains au gouvernement. Si toutes les Eglises avaient suivi l'exemple de celles qui résistaient, le gouvernement se serait retrouvé dans une impasse, ce qui l'aurait obligé à trouver un compromis. A la place, le gouvernement nous a écrasés.

Le transfert du contrôle de l'éducation des Africains au ministère des Affaires indigènes devait avoir lieu le 1er avril 1955, et l'ANC commença à envisager un boycott des écoles à partir de cette date. Dans nos discussions secrètes au sein de la direction nous nous demandions si nous devions proposer aux gens de protester pendant une période limitée ou si nous devions proclamer un boycott permanent afin de détruire l'éducation bantoue avant qu'elle ait pu prendre racine. La discussion était animée et les deux côtés avaient des avocats énergiques. Ceux qui défendaient un boycott illimité affirmaient que l'éducation bantoue était un poison qu'on ne pouvait boire même si l'on allait mourir de soif. L'accepter sous quelque forme que ce soit causerait des dégâts irréparables. Ils soutenaient que le pays était au bord de l'explosion et que les gens attendaient avec impatience autre chose qu'une simple protestation.

Bien qu'ayant la réputation d'être un boutefeu, j'avais toujours pensé que l'organisation ne devait jamais promettre plus qu'elle ne pouvait tenir sinon les gens ne lui feraient plus confiance. Je défendis l'idée que nos actions ne devaient pas se fonder sur des considérations idéalistes mais pratiques. Un boycott illimité eût exigé une énorme organisation et de vastes ressources que nous n'avions pas, et nos précédentes campagnes ne montraient pas que nous étions prêts pour une telle entreprise. Il nous était tout à fait impossible de créer assez rapidement nos propres écoles pour accueillir des centaines de milliers d'élèves, et nous devions offrir une solution à notre peuple. Avec d'autres, j'étais pour une semaine de boycott.

La direction nationale décida qu'elle commencerait le 1er avril. C'est ce qu'elle proposa à la conférence annuelle, en décembre 1954, à Durban, mais les délégués rejetèrent la proposition et votèrent un boycott illimité. La conférence était l'autorité suprême, avec plus de pouvoirs même que la direction nationale, et nous nous sommes retrouvés chargés d'un boycott à peu près impossible à mettre en place. Le Dr. Verwoerd annonça que le gouvernement fermerait définitivement les écoles qui seraient boycottées et qu'on ne réadmettrait pas les enfants absents.

Pour que le boycott fonctionne, il faudrait que la communauté y participe et remplace les écoles. J'ai parlé à des parents et à des membres de l'ANC pour leur dire que chaque maison, chaque cabane, chaque structure de la communauté devait devenir un lieu d'éducation pour nos enfants.

Le boycott commença le 1er avril avec des résultats mitigés. Il était souvent sporadique, désorganisé et inefficace. Dans l'est du Rand, il concernait environ 7 000 écoliers. Au petit matin, des manifestations demandaient aux parents de garder leurs enfants à la maison. Des femmes faisaient des piquets de grève devant les écoles et récupéraient les enfants qui y erraient.

A Germiston, un township au sud-est de la ville, Joshua Makue, président de la branche locale de l'ANC, organisa une école pour 800 enfants, qui fonctionna pendant trois ans. A Port Elizabeth, Barrett Tyesi quitta son poste d'enseignant du gouvernement pour diriger une école d'enfants participant au boycott. En 1956, il présenta 70 d'entre eux au certificat d'études ; seuls 3 échouèrent. Dans beaucoup d'endroits, des écoles improvisées (appelées « clubs culturels » pour ne pas attirer l'attention des autorités) accueillaient des enfants. En conséquence, le gouvernement fit voter une loi qui rendait l'enseignement non autorisé passible d'amende ou d'emprisonnement. La police harcela ces clubs culturels mais beaucoup d'entre eux poursuivirent leur activité clandestine. A la fin, les écoles de la communauté disparurent, et les parents, devant choisir entre une éducation au rabais et pas d'éducation du tout, choisirent la première solution. Mes enfants fréquentaient une école des adventistes du septième jour qui était privée et qui ne dépendait pas des subventions gouvernementales.

Il fallait juger la campagne sur deux niveaux : si l'objectif immédiat avait été atteint, et si la campagne avait politisé un plus grand nombre de gens en les entraînant dans la lutte. Sur le premier point, la campagne avait manifestement échoué. Nous n'avions pas réussi à fermer les écoles africaines dans tout le pays et nous ne nous étions pas débarrassés de la Bantu Education Act. Mais le gouvernement avait été suffisamment ébranlé par notre protestation pour modifier la loi et à un moment Verwoerd fut obligé de déclarer que l'éducation serait la même pour tout le monde. Le projet de programme scolaire que le gouvernement présenta en novembre 1954 traduisait un recul par rapport à la conception première consistant à modeler le système scolaire sur des bases tribales. A la fin, nous avons dû choisir le moindre mal, c'est-à-dire un enseignement inférieur. Mais les conséquences de l'éducation bantoue sont revenues hanter le gouvernement de façon inattendue. Car c'est l'éducation bantoue qui a produit la génération des années 70 de la jeunesse noire, la plus violente et la plus révoltée que le pays avait jamais connue. Quand ces enfants de l'éducation bantoue eurent vingt ans, ils se soulevèrent avec ardeur.

Plusieurs mois après l'élection du chef Luthuli à la présidence de l'ANC, Z.K. Matthews, qui venait de passer un an comme professeur invité aux Etats-Unis, revint en

Afrique du Sud avec une idée qui devait donner une nouvelle forme à la lutte de libération. Dans un discours à la conférence annuelle de l'ANC au Cap, le professeur Matthews dit : « Je me demande si le moment n'est pas venu pour l'ANC d'envisager de réunir une convention nationale, un congrès du peuple, représentant tous les gens de ce pays, sans préoccupation de race ni de couleur, afin de rédiger Charte de la liberté pour l'Afrique du Sud démocratique de l'avenir. »

En quelques mois, la conférence nationale de l'ANC accepta la proposition et un Conseil du congrès du peuple fut créé, avec le chef Luthuli comme président, Walter Sisulu et Yusuf Cachalia comme secrétaires. Le Congrès du peuple devait déterminer un ensemble de principes pour la fondation d'une nouvelle Afrique du Sud. Les propositions pour une nouvelle constitution devaient venir des gens eux-mêmes et les responsables de l'ANC dans tout le pays étaient invités à noter les idées émises dans leur secteur. La charte serait un document issu du peuple.

Le Congrès du peuple représentait un des deux principaux courants de pensée à l'intérieur de l'organisation. Il semblait inévitable que le gouvernement finirait par déclarer l'ANC illégal et beaucoup soutenaient l'idée que l'organisation devait se préparer pour opérer clandestinement et illégalement. En même temps, nous ne voulions pas abandonner la politique et les activités publiques qui attiraient l'attention sur l'ANC et lui valaient le soutien des masses. Le Congrès du peuple serait une démonstration de force.

Nous rêvions que le Congrès soit un jalon dans l'histoire de la lutte de libération — une convention qui réunirait tous les opprimés et toutes les forces progressistes d'Afrique du Sud pour lancer un appel au changement. Nous espérions que ce jour serait considéré avec le même respect que la convention fondatrice de l'ANC en 1912.

Nous avons cherché à attirer le soutien le plus large possible et nous avons demandé à 200 organisations — blanches, noires, indiennes, métisses — qu'elles envoient des représentants à une conférence d'organisation à Tongaat, près de Durban, en mars 1954. Le Conseil national d'action qui y fut créé se composait de huit membres de chacune des quatre organisations qui soutenaient le Congrès. Le président en était le chef Luthuli et au secrétariat on trouvait Walter Sisulu (remplacé plus tard par Oliver quand une interdiction l'obligea à démissionner), Yusuf Cachalia du SAIC, Stanley Lollan de la SACPO (Organisation des métis *[coloured]* d'Afrique du Sud) et Lionel Bernstein du Congrès des démocrates.

Formée au Cap en septembre 1953 par des responsables et des syndicalistes métis, la SACPO était issue tardivement de la lutte pour défendre le vote des métis dans la province du Cap et pour représenter leurs intérêts. Inspirés par la Campagne de défi, Oliver Tambo et Yusuf Cachalia prirent la parole lors de la fondation de la SACPO. Le Congrès des démocrates (COD) avait été constitué à la fin de 1952 en tant que parti pour les Blancs de la gauche radicale et antigouvernementale. Mais, bien que comptant peu de membres et étant essentiellement limité à Johannesburg et au Cap, le COD avait une influence disproportionnée. Ses membres, tels Michael Harmel, Bram Fischer, Rusty Bernstein, étaient d'éloquents avocats de notre cause. Le COD s'identifiait étroitement à l'ANC et au SAIC et militait pour le suffrage universel et l'égalité totale entre Noirs et Blancs. Nous considérions le COD comme un moyen par lequel nos conceptions pouvaient atteindre directement le public blanc. Le COD avait une importante fonction symbolique pour les Africains. Les Noirs, entrés dans la lutte parce que anti-Blancs, découvraient qu'en fait il y avait des Blancs de bonne volonté qui traitaient les Africains comme leurs égaux.

Le Conseil national d'action invita toutes les organisations participantes et tous ceux qui leur faisaient confiance à envoyer des propositions pour une Charte de la liberté. On expédia des circulaires dans tous les townships et tous les villages du pays. « SI VOUS POUVIEZ FAIRE LES LOIS... QUE FERIEZ-VOUS ? » y lisait-on. « COMMENT VOUS Y PRENDRIEZ-VOUS POUR FAIRE DE L'AFRIQUE DU

SUD UN ENDROIT OÙ TOUT LE MONDE POURRAIT VIVRE HEU-
REUX ? » Le texte de certains tracts était rédigé avec
l'idéalisme poétique qui caractérisait le projet :

> NOUS LANÇONS UN APPEL AU PEUPLE D'AFRIQUE DU
> SUD NOIR ET BLANC. — PARLONS ENSEMBLE DE
> LIBERTÉ […] QUE LA VOIX DE TOUS SE FASSE ENTEN-
> DRE. QUE LES EXIGENCES POUR QUE NOUS SOYONS
> LIBRES SOIENT NOTÉES. QUE CES EXIGENCES SOIENT
> RÉUNIES DANS UNE GRANDE CHARTE DE LA LIBERTÉ.

L'appel mobilisa l'imagination des gens. On reçut des
propositions de clubs sportifs et culturels, d'associations
de fidèles, de contribuables, d'organisations féminines,
d'écoles, de sections syndicales. Elles étaient écrites sur
des serviettes de papier, sur des pages déchirées dans des
cahiers d'écolier, sur du papier à lettres, au dos de nos
propres tracts. Il était humiliant de voir que les suggestions des gens simples étaient souvent plus avancées que
celles des responsables. La plus souvent citée était : un
homme, une voix. Et on reconnaissait que le pays appartenait à tous ceux qui y vivaient.

Les différentes branches locales de l'ANC contribuè-
rent beaucoup à la rédaction de la Charte et les deux
meilleurs projets vinrent de Durban et de Pietermar-
ritzburg. On envoya une synthèse dans les différentes
régions et les différents comités pour commentaires et
critiques. La Charte elle-même fut rédigée par un comité
restreint du Conseil national d'action et revue par la
direction nationale de l'ANC.

La Charte serait présentée au Congrès du Peuple et
chacun de ses éléments soumis aux délégués pour approbation. En juin, quelques jours avant la date prévue du
Congrès, un petit groupe d'entre nous a revu le projet.
Nous n'y avons apporté que quelques changements car il
restait peu de temps et que le document était déjà satis-
faisant.

Le Congrès du peuple s'est tenu à Kliptown, un village
multiracial sur un bout de veld, à quelques kilomètres au

sud de Johannesburg, pendant deux jours clairs et enso-
leillés, les 25 et 26 juin 1955. Ses trois mille et quelques
délégués ont bravé les intimidations de la police pour se
rassembler et approuver le document final. Ils étaient
venus en autocar, en bus, en camion, à pied. La majorité
écrasante des délégués étaient noirs mais il y avait plus
de 300 Indiens, 200 métis et 100 Blancs.

Je suis allé à Klipton en voiture avec Walter. Nous
étions tous les deux sous le coup d'un ordre d'interdiction et nous nous sommes placés aux limites de la foule,
là où nous pouvions voir sans nous mêler aux gens ni être
vus. La foule était impressionnante à la fois par son
importance et sa discipline. Les « volontaires de la
liberté », qui portaient des brassards vert, jaune et noir,
accueillaient les délégués et leur trouvaient un siège. De
vieilles femmes portaient des jupes, des corsages et des
doekies (écharpes) du Congrès ; des hommes jeunes ou
âgés portaient des brassards et des chapeaux du Congrès.
Partout, on pouvait lire sur des banderoles : « LA LIBERTÉ
PENDANT NOTRE VIE, VIVE LA LUTTE ». La tribune était un
arc-en-ciel de couleurs, des délégués blancs du COD, des
Indiens du SAIC, des représentants métis de la SACPO,
tous assis sur une seule ligne comme une réplique de la
roue à quatre rayons qui représentait les quatre organisations de l'Alliance des congrès. Des policiers blancs et
africains et des membres de la Special Branch (police
politique) rôdaient partout en prenant des photos, en
écrivant dans des carnets, et essayaient sans succès
d'intimider les délégués.

Il y eut des dizaines de chansons et de discours. On
servait des repas. Il régnait une atmosphère à la fois de
fête et de travail. L'après-midi du premier jour, la Charte
fut lue à haute voix, chapitre après chapitre, en anglais,
en sesotho, et en xhosa. A chaque pause, la foule hurlait
son approbation aux cris de « *Afrika !* » et « *Mayibuye !* ». Le premier jour fut un succès.

Le second jour fut semblable au premier. Chaque chapitre de la Charte avait été adopté par acclamations et à
15 h 30, on allait voter le dernier quand une brigade de la
police et de la Special Branch armée de pistolets

mitrailleurs a fait irruption sur l'estrade. D'une voix rébarbative au fort accent afrikaner, un des policiers a annoncé au micro qu'on soupçonnait un complot contre la sûreté de l'Etat et que personne n'avait le droit de quitter le rassemblement sans autorisation. Les policiers ont commencé à faire descendre les gens de la tribune, en confisquant les documents et les photos, et même des panneaux sur lesquels on pouvait lire : *Soupe avec viande* et *soupe sans viande*. D'autres policiers armés de fusils ont formé un cordon autour de la foule. Les gens ont répliqué de façon magnifique en entonnant *Nkosi Sikelel' iAfrika*. Les délégués ont été autorisés à s'en aller un par un, chacun étant interrogé par un policier qui notait son nom. J'étais un peu à l'écart de la foule au début de l'intervention de la police et, bien que d'instinct j'eusse envie de rester pour aider, la discrétion me sembla la voie la plus sage — sinon on m'aurait immédiatement arrêté et jeté en prison. Une réunion d'urgence avait été convoquée à Johannesburg et j'y suis allé. Sur la route du retour, j'ai compris que cette descente de police était le signe d'un nouveau raidissement de la part du gouvernement.

Malgré l'interruption du Congrès du peuple, la Charte de la liberté devint un phare pour la lutte de libération. Comme d'autres textes politiques durables tels la Déclaration d'indépendance américaine, la Déclaration des droits de l'homme française et le Manifeste communiste, la Charte de la liberté est une synthèse entre des objectifs pratiques et un langage poétique. Elle exalte l'abolition de la discrimination raciale et l'établissement de droits égaux pour tous. Elle accueille tous ceux qui acceptent la liberté de participer à la création d'une Afrique du Sud démocratique et non raciale. Elle réunit les espoirs et les rêves du peuple et joue le rôle d'un projet pour la lutte de libération et l'avenir de la nation. Le préambule dit :

> Nous, le peuple d'Afrique du Sud, nous déclarons pour que tout notre pays et le monde le sachent :

Que l'Afrique du Sud appartient à tous ceux qui y vivent, Noirs et Blancs, et qu'aucun gouvernement ne peut équitablement revendiquer une autorité qui ne serait pas fondée sur la volonté du peuple ;

Que notre peuple a été dépossédé de son droit de naissance à la terre, de la liberté et de la paix par une forme de gouvernement fondée sur l'injustice et l'inégalité ;

Que notre pays ne sera jamais ni prospère ni libre tant que tout notre peuple ne vivra pas dans la fraternité et ne bénéficiera pas d'une égalité de droits et de chances ;

Que seul un Etat démocratique, fondé sur la volonté du peuple, peut assurer à tous leurs droits naturels sans distinction de couleur, de race, de sexe ou de croyance ;

Et, par conséquent, nous, le peuple d'Afrique du Sud, Noirs et Blancs ensemble — égaux, compatriotes et frères —, nous adoptons cette CHARTE DE LA LIBERTÉ. Et nous nous engageons à ne ménager ni notre force ni notre courage tant que les changements démocratiques énoncés ici n'auront pas été réalisés.

Ensuite la Charte expose les exigences pour une Afrique du Sud libre et démocratique.

LE PEUPLE GOUVERNERA !

Chaque homme et chaque femme aura le droit de voter et de se présenter comme candidat à tous les organismes qui font les lois ;

Tous les gens auront le droit de participer à l'administration du pays ;

Les droits des gens seront les mêmes sans tenir compte de la race, de la couleur ou du sexe ;

Toutes les institutions du gouvernement minoritaire, les comités consultatifs, conseils et autorités, seront remplacés par les organes représentatifs d'un gouvernement autonome.

TOUS LES GROUPES NATIONAUX AURONT DES DROITS ÉGAUX !

Tous les groupes nationaux et toutes les races auront des droits égaux dans les organes de l'Etat, dans les tribunaux et dans les écoles ;

Tous les groupes nationaux seront protégés par la loi contre les affronts à leur race et à leur fierté nationale ;

Chaque peuple aura le droit d'utiliser sa propre langue et de développer sa propre culture et ses coutumes nationales ;

La propagation et la pratique de la discrimination ou du mépris national, racial et ou de couleur seront un crime passible de sanctions ;

Toutes les lois d'apartheid seront supprimées.

LE PEUPLE AURA SA PART DE LA RICHESSE NATIONALE !

La richesse nationale de notre pays, l'héritage de tous les Sud-Africains, sera rendue au peuple ;

La propriété des richesses minérales enfouies dans le sol, des banques et des industries en situation de monopole sera transférée au peuple dans son ensemble ;

Le reste de l'industrie et du commerce sera contrôlé pour qu'il concoure au bien-être du peuple ;

Tous les citoyens auront des droits égaux de commercer à l'endroit de leur choix, d'avoir une activité industrielle et d'exercer tout commerce, artisanat ou profession.

LA TERRE SERA PARTAGÉE ENTRE CEUX QUI LA TRAVAILLENT !

La limitation de la propriété de la terre sur une base raciste prendra fin et toute la terre sera redis-

tribuée entre ceux qui la travaillent, afin de bannir
la famine et répondre au besoin de terre...

Certains membres de l'ANC, en particulier le groupe
nationaliste, qui étaient anticommunistes et anti-
Blancs, faisaient remarquer que la Charte était un projet
pour une Afrique du Sud radicalement différente de celle
que l'ANC avait défendue tout au long de son histoire. Ils
affirmaient que la Charte annonçait un ordre socialiste
et ils pensaient que le COD et les communistes blancs
avaient eu une influence disproportionnée sur son idéologie. En juin 1956, dans le mensuel _Liberation_, j'ai fait
remarquer que la Charte appuyait l'entreprise privée et
permettrait au capitalisme de se développer parmi les
Africains pour la première fois. La Charte garantissait
qu'avec la liberté les Africains auraient l'occasion de
posséder leur propre affaire à leur nom, de posséder leur
maison, en bref de prospérer en tant que capitalistes et
entrepreneurs. La Charte ne parle pas de la suppression
des classes et de la propriété privée, ni de la propriété par
l'Etat des moyens de production, et ne promulgue aucun
des dogmes du socialisme scientifique. La clause qui
demande la nationalisation possible des mines, des banques et des industries en situation de monopole n'aurait
pas été une décision nécessaire si des Blancs n'avaient
pas entièrement possédé et dirigé l'économie. La Charte
demandait la fin des limitations de la propriété de la
terre sur une base raciale, et non une propriété d'Etat.

La Charte était un document révolutionnaire précisément parce que les changements qu'elle envisageait ne
pourraient pas être réalisés sans modifier radicalement
les structures politiques et économiques de l'Afrique du
Sud. Elle n'avait pas pour but d'être capitaliste ou socialiste, mais d'être une synthèse des demandes du peuple
pour mettre fin aux différentes oppressions. En Afrique
du Sud, pour atteindre la simple équité, on devait
détruire l'apartheid car c'était l'incarnation même de
l'injustice.

21

Mon interdiction s'achevait au début de septembre 1955. Je n'avais pas pris de vacances depuis 1948, époque à laquelle je n'étais qu'un poids plume dans l'ANC, avec guère d'autres responsabilités que celles d'assister aux réunions de la direction du Transvaal et de prendre la parole dans quelques meetings. Agé maintenant de trente-huit ans, j'avais rejoint la catégorie des poids mi-lourds, je pesais plus et j'avais plus de responsabilités. J'étais resté confiné dans Johannesburg pendant deux ans, enchaîné à mon travail d'avocat et d'homme politique et j'avais négligé les affaires de la famille Mandela, là-bas, dans le Transkei. J'avais envie de retourner à la campagne, de me retrouver dans le veld ouvert et l'ondulation des collines de mon enfance. Je désirais voir ma famille et parler avec Sabata et Daliwonga de certains problèmes concernant le Transkei, et l'ANC souhaitait que j'aborde avec eux certaines questions politiques. J'aurais des vacances de travail, les seules qui me convenaient.

La nuit qui a précédé mon départ, un certain nombre d'amis sont venus me dire au revoir chez moi. Duma Nokwe, le jeune et jovial avocat qui était alors secrétaire général de la Ligue de la jeunesse, se trouvait parmi eux. Duma avait accompagné Walter dans son voyage à la Conférence de la jeunesse à Bucarest et ce soir-là il nous a régalés avec des chansons russes et chinoises qu'il avait apprises pendant son voyage. A minuit, alors que mes invités s'apprêtaient à partir, ma fille Makaziwe, qui avait deux ans, s'est réveillée et m'a demandé si elle pouvait venir avec moi. Je n'avais pas passé suffisamment de temps avec ma famille et la demande de ma fille a éveillé en moi les affres de la culpabilité. Brusquement, ma joie de partir en voyage a disparu. Mais je l'ai remise au lit, je l'ai embrassée en lui disant bonne nuit et tandis qu'elle se rendormait, j'ai achevé mes préparatifs.

Je partais pour une mission d'information à laquelle j'ajouterais le plaisir de revoir mon pays, mes anciens amis et mes camarades. J'étais resté éloigné de ce qui s'était passé là-bas et j'avais envie de voir l'intérieur du pays par moi-même. Je lisais beaucoup de journaux de toutes les régions, mais ils ne donnent qu'une pauvre image de la réalité ; les informations qu'ils donnent sont importantes pour un combattant de la liberté non pas parce qu'elles disent la vérité, mais parce qu'elles révèlent les préjugés et les préventions à la fois de ceux qui écrivent les articles et de ceux qui les lisent. Au cours de ce voyage je voulais parler directement avec notre peuple, sur le terrain.

Je suis parti peu après minuit et une heure plus tard j'étais sur la route de Durban. Il n'y avait personne en vue et seules les étoiles et la douce brise du Transkei m'accompagnaient. Bien que n'ayant pas dormi, je me sentais le cœur léger et en pleine forme. Au lever du jour, je suis passé du Volksrust au Natal, le pays de Cetywayo, le dernier roi indépendant des Zoulous, dont l'armée avait vaincu une colonne britannique à Isandhlwana en 1879. Mais le roi n'avait pas pu soutenir la puissance de feu des Britanniques et il avait fini par livrer son royaume. Peu après avoir franchi la rivière qui forme la frontière du Natal, j'ai aperçu les Majuba Hills, l'escarpement où un petit commando boer en embuscade avait anéanti une garnison de tuniques rouges britanniques moins de deux ans après la défaite de Cetywayo. A Majuba Hills, les Afrikaners avaient vaillamment défendu leur indépendance contre l'impérialisme britannique au nom de leur nationalisme. Aujourd'hui, les descendants de ces mêmes combattants de la liberté persécutaient mon peuple qui luttait précisément pour défendre exactement ce pour quoi les Afrikaners avaient combattu et étaient morts. Je traversai ces collines historiques en pensant moins à l'ironie de l'histoire qui fait que l'opprimé devient l'oppresseur qu'au fait que les Afrikaners sans pitié méritaient de connaître leur propre Majuba Hills devant mon peuple.

Ma réflexion a été interrompue par la joyeuse musique de Radio Bantou sur mon autoradio. Si je méprisais la politique de Radio Bantou, définie par la très gouvernementale South African Broadcasting Corporation, j'aimais beaucoup la musique qu'elle diffusait. (En Afrique du Sud, les artistes africains faisaient de la musique mais les compagnies de disques blanches empochaient l'argent.) J'écoutais un programme de musique populaire intitulé « Service de rediffusion » où l'on présentait la plupart des grands chanteurs africains d'Afrique du Sud : Myriam Makeba, Dolly Rathebe, Dorothy Masuku, Thoko Shukuma et la voix douce des Manhattan Brothers. J'aime tous les genres de musique, mais celle née de ma chair et de mon sang me va droit au cœur. Ce qu'il y a d'étrange et de beau dans la musique africaine, c'est qu'elle vous redonne courage même si elle raconte une histoire triste. Vous pouvez être pauvre, habiter dans une maison délabrée, avoir perdu votre travail, elle vous redonne espoir. La musique africaine concerne souvent les aspirations du peuple, et elle peut enflammer les résolutions politiques de ceux qui sans elle resteraient indifférents. Il suffit d'observer l'effet contagieux des chants dans un rassemblement africain. La politique peut être renforcée par la musique, mais la musique a une puissance qui défie la politique.

Je me suis arrêté un certain nombre de fois au Natal, pour rencontrer secrètement des responsables de l'ANC. Avant d'arriver à Durban, j'ai profité de l'occasion pour m'arrêter à Pietermaritzburg, où j'ai passé la nuit avec le Dr. Chota Motale, Moses Mabhida et quelques autres afin de parler de la situation politique du pays. Puis je suis allé à Groutville pour rencontrer le chef Luthuli. A cause d'un ordre d'interdiction, il ne pouvait plus se déplacer depuis un an, mais il n'en était pas moins très bien informé des activités de l'ANC. La centralisation toujours plus forte de l'organisation à Johannesburg et le pouvoir déclinant des régions ne lui plaisaient pas. Je l'ai rassuré en lui disant que nous voulions garder des régions fortes. Mon étape suivante a été une rencontre à Durban avec le Dr. Naicker et le comité de direction du Natal Indian Congress, où j'ai abordé un problème très délicat : la direction nationale pensait que dernièrement le Congrès indien était devenu inactif. Je n'avais pas très envie de le faire car le Dr. Naicker était mon aîné et il avait beaucoup plus souffert que moi, mais nous avons discuté des moyens pour mettre en échec les restrictions imposées par le gouvernement.

De Durban, j'ai continué vers le sud en suivant la côte par Port Shepstone et Port St. Johns, de jolies petites villes coloniales sur les plages de l'océan Indien. J'étais fasciné par la beauté de la région, mais les immeubles et les rues portant le nom d'impérialistes blancs qui avaient opprimé ceux dont les noms étaient d'ici me ramenaient continuellement sur terre. A cet endroit, j'ai tourné vers l'intérieur, vers Umzumkulu, pour rencontrer le Dr. Conco, le trésorier général de l'ANC.

Puis j'ai senti la joie monter en moi quand j'ai pris la route d'Umtata.

Quand je me suis engagé dans York Road, la rue principale d'Umtata, je me suis senti envahi par un flot de souvenirs comme lorsqu'on rentre chez soi après un long exil. J'étais parti depuis treize ans, et bien qu'il n'y eût ni drapeaux ni veau gras pour accueillir le retour du fils prodigue, j'étais extraordinairement heureux de revoir ma mère, mon humble maison et mes amis d'enfance. Mais mon voyage au Transkei avait un autre but : mon arrivée coïncidait avec la réunion d'un comité spécial nommé pour contrôler le passage du système du Bungha à celui des Autorités bantoues.

Le rôle du Bungha, composé de 108 membres dont un quart de Blancs et trois quarts d'Africains, était de conseiller le gouvernement pour la législation concernant les Africains de la région, et pour régler les questions locales comme les impôts et les routes. Le Bungha était l'organisme le plus influent du Transkei mais il n'avait qu'un rôle consultatif et des magistrats blancs pouvaient revoir les décisions qu'il prenait. Son pouvoir était celui que les Blancs lui permettaient d'avoir. Pourtant la Bantu Authorities Act le remplacerait par un système encore plus répressif : un ordre féodal s'appuyant sur des distinctions héréditaires et tribales décidées par l'Etat. Le gouvernement laissait entendre que la Bantu Authorities Act libérerait les gens du contrôle des magistrats blancs, mais ce n'était qu'un écran de fumée qui cachait la liquidation de la démocratie et le renforcement des rivalités tribales. L'ANC considérait que l'acceptation de la Bantu Authorities Act était une capitulation devant le gouvernement.

Le soir de mon arrivée, j'ai rencontré brièvement un certain nombre de conseillers du Transkei et mon neveu, K.D. Matanzima, que j'appelais Daliwonga. Il jouait un rôle déterminant en essayant de persuader le Bungha d'accepter le système des Autorités bantoues, car le nouvel ordre renforcerait et même augmenterait ses pouvoirs comme chef des Thembus émigrants. Daliwonga et moi nous étions opposés sur cette question épineuse. Nous avions eu une évolution différente : il avait choisi un rôle de chef traditionnel et il coopérait avec le système. Mais il était tard, et plutôt que de nous lancer dans une longue discussion, nous avons décidé de nous retrouver le lendemain.

J'ai passé la nuit en ville, dans une pension de famille, je me suis levé de bonne heure, et deux chefs locaux sont venus prendre un café dans ma chambre pour parler de leur rôle dans les nouvelles Autorités bantoues. Au milieu de notre conversation, la patronne de la pension de famille, inquiète, a fait entrer un Blanc dans ma chambre.

« Etes-vous Nelson Mandela ? m'a-t-il demandé.

— Qui êtes-vous pour me le demander ? »

Il m'a donné son nom et m'a dit qu'il était inspecteur de la police de sécurité.

« Puis-je voir votre carte ? » lui ai-je demandé. Il était évident que mon audace lui déplaisait mais, à contrecœur, il m'a montré un document officiel. Oui, j'étais Nelson Mandela, lui ai-je dit. Il m'a informé que son chef voulait me voir. Je lui ai répondu que s'il voulait me voir, il savait où me trouver. Alors, il m'a donné l'ordre de l'accompagner au commissariat. Je lui ai demandé si j'étais en état d'arrestation et il m'a répondu que je ne l'étais pas.

« Alors, dans ce cas, je n'irai pas. » Il est resté interloqué par mon refus, mais il savait que j'étais inattaquable

sur le plan légal. Il m'a posé toute une série de questions :
quand avais-je quitté Johannesburg, où étais-je allé, avec
qui avais-je parlé, avais-je une autorisation pour entrer
au Transkei et combien de temps devais-je rester ? Je lui
ai dit qu'au Transkei j'étais chez moi et que je n'avais pas
besoin d'autorisation pour y entrer. Le sergent a quitté
ma chambre d'un pas lourd.

Les chefs étaient déconcertés par mon comportement
et ils m'ont reproché ma brutalité. Je leur ai expliqué que
je l'avais simplement traité comme il m'avait traité lui-
même. Je ne les ai pas convaincus et ils pensaient manifestement que j'étais un jeune homme exalté, capable de
s'attirer des ennuis, et c'étaient ces hommes que
j'essayais de persuader de rejeter les Autorités bantoues ;
apparemment, je n'avais pas fait une très bonne impression. L'incident me fit prendre conscience que l'homme
qui revenait chez lui était différent de celui qui en était
parti treize ans plus tôt.

Au Transkei, la police n'était pas très évoluée et, quand
j'eus quitté la pension de famille, on me suivit partout où
j'allais. Dès que j'avais parlé à quelqu'un, des policiers
allaient le trouver pour lui dire : « Si vous parlez encore
avec Mandela, nous viendrons vous arrêter. »

J'ai rencontré un responsable de l'ANC et j'ai été consterné d'apprendre que l'organisation n'avait plus
d'argent, mais à ce moment-là, je pensais moins à l'ANC
qu'à ma prochaine étape : Qunu, le village où j'avais
grandi et où habitait toujours ma mère.

J'ai réveillé ma mère qui, tout d'abord, eut l'air de voir
un fantôme. Mais elle était folle de joie. J'avais apporté
de quoi manger — des fruits, de la viande, du sucre, du
sel et un poulet — et ma mère a allumé le feu pour
préparer du thé. Nous ne nous sommes pas serrés dans
les bras ni embrassés ; ce n'était pas notre coutume. Si
j'étais très heureux d'être de retour, je me sentais coupable de voir ma mère vivre seule dans une si grande
pauvreté. J'ai essayé de la persuader de venir vivre avec
nous à Johannesburg mais elle m'a juré qu'elle ne quitterait jamais le pays qu'elle aimait. Je me demandais —
une nouvelle fois — s'il était ou non justifié de négliger le

bien-être de sa famille afin de lutter pour le bien-être des autres. Peut-il y avoir quelque chose de plus important que de veiller sur sa mère âgée ? La politique n'est-elle qu'un prétexte pour se dérober à ses responsabilités, une excuse pour notre incapacité à pourvoir aux besoins de quelqu'un comme on le voudrait ? Après avoir passé une heure ou deux avec ma mère, je suis allé à Mqhekezweni. Il faisait nuit quand je suis arrivé et, dans mon enthousiasme, j'ai klaxonné. Je n'avais pas imaginé comment ce bruit allait être interprété et les gens sont sortis effrayés de leurs huttes en pensant qu'il s'agissait de la police. Quand ils m'ont reconnu, beaucoup de villageois ont manifesté leur joie et leur surprise. Mais au lieu de dormir comme un enfant dans mon ancien lit, je n'ai cessé de me tourner et de me retourner en me demandant si j'avais ou non pris le bon chemin. Mais je ne doutais pas de mon choix. Je ne veux pas laisser entendre que la lutte de libération est d'un ordre moral plus élevé que de prendre soin de sa famille. Elle ne l'est pas ; ce sont simplement des choses différentes.

De retour à Qunu le lendemain matin, j'ai passé la journée à évoquer le passé avec des gens, et à marcher dans les champs autour du village. J'ai aussi bavardé avec Mabel, la plus pratique et la plus douce de mes sœurs, que j'aimais beaucoup. Elle était mariée, mais son mariage était toute une histoire. Ma sœur Baliwe, qui était plus âgée que Mabel, avait été fiancée et on avait déjà payé la *lobola*. Mais quinze jours avant la cérémonie, Baliwe, qui était une fille intrépide, s'était sauvée. Nous ne pouvions pas rendre la *lobola* puisque nous l'avions acceptée et la famille a décidé que Mabel prendrait la place de Baliwe.

En fin d'après-midi je suis retourné à Mqhekezweni. En arrivant de nuit j'ai annoncé ma présence en klaxonnant bruyamment, mais cette fois les gens sont sortis de chez eux en pensant que c'était Justice, leur chef, qui revenait. Le gouvernement l'avait déposé de sa fonction et il vivait maintenant à Durban. Quelqu'un d'autre avait été nommé à sa place, mais un chef est un chef de naissance et il n'a d'autorité que par son sang. Ils étaient contents de me revoir, mais ils l'auraient été plus encore d'accueillir Justice.

Ma deuxième mère, No-England, la veuve du régent, dormait profondément quand je suis arrivé, mais elle est apparue en chemise de nuit et, quand elle m'a vu, elle était si heureuse qu'elle m'a demandé de la conduire tout de suite chez un parent pour faire la fête. Elle a sauté dans ma voiture et nous sommes partis à travers le veld pour atteindre la hutte éloignée de son parent. En arrivant, nous avons éveillé une autre famille et je suis enfin allé dormir, fatigué et heureux, juste avant l'aube.

Pendant les quinze jours suivants je n'ai cessé d'aller et venir entre Qunu et Mqhekezweni, en restant tour à tour avec ma mère et No-England en allant voir et en recevant des amis et des parents. Je retrouvais la nourriture de mon enfance, je parcourais les mêmes champs, et je contemplais le même ciel le jour, les mêmes étoiles la nuit. Pour un combattant de la liberté, il est important de garder des racines, car le tohu-bohu de la vie en ville a tendance à effacer le passé. La visite m'a permis de me retrouver et a fait renaître en moi mon amour pour l'endroit où j'avais grandi. Dans la maison de ma mère, j'étais à nouveau son fils ; dans la Grande Demeure, j'étais à nouveau le fils adoptif du régent.

Ma visite me permettait aussi de mesurer la distance que j'avais parcourue. Je voyais comment les miens étaient restés au même endroit alors que j'avais bougé, vu de nouveaux horizons et acquis de nouvelles idées. Si je ne m'en étais pas rendu compte avant, je comprenais que j'avais eu raison de ne pas rentrer au Transkei après Fort Hare. Si j'étais revenu, mon évolution politique aurait été arrêtée.

Comme on avait ajourné le comité spécial qui examinait la mise en place des Autorités bantoues, Daliwonga et moi, nous sommes allés rendre visite à Sabata à l'hôpital d'Umtata. J'avais espéré évoquer les Autorités bantoues avec Sabata, mais son état de santé m'en empêcha. Je voulais que Sabata et son frère Daliwonga commencent à en parler dès que Sabata irait mieux et qu'ils éclaircissent les choses. J'étais fier d'organiser une rencontre entre les descendants de Ngubengcuka, et j'ai réfléchi à ce qu'il y avait d'ironique dans le fait que finalement je remplissais le rôle de conseiller de Sabata pour lequel j'avais été formé des années plus tôt.

Depuis Umtata, Daliwonga et moi sommes allés en voiture à Qamata, où nous avons rencontré son jeune frère qui était avocat. Je connaissais bien ses deux stagiaires et je les ai revus avec plaisir : A.P. Mda et Tsepo Letlaka. Tous deux étaient toujours d'ardents partisans de l'organisation et avaient abandonné l'enseignement pour devenir avocats. A Qamata, nous avons parlé du problème des Autorités bantoues.

Ma mission consistait à persuader Daliwonga — un homme destiné à jouer un rôle majeur dans la politique du Transkei — de s'opposer à la mise en place des Autorités bantoues. Je ne voulais pas que notre rencontre soit une mise au point, ni même un débat ; je ne voulais aucun discours de tribune, aucun sermon, mais une discussion sérieuse entre des hommes qui avaient à cœur l'intérêt de leur peuple et de leur nation.

A bien des égards, Daliwonga me considérait toujours comme son cadet, en fonction à la fois de mon rang dans la hiérarchie des Thembus mais aussi de mon évolution politique. Si j'étais resté effectivement son cadet dans le premier domaine, je pensais qu'en politique j'avais dépassé mon mentor d'autrefois. Alors que ses préoccupations ne concernaient que sa tribu, j'étais engagé avec ceux qui pensaient à la nation tout entière. Je ne voulais pas compliquer la discussion en y introduisant de grandes théories politiques ; je comptais sur le bon sens et sur notre histoire. Avant de commencer, Daliwonga a invité Mda, Letlaka et son frère George à participer à l'entretien mais ils ont hésité et ont préféré nous écouter. « Que le neveu et l'oncle conduisent le débat », a dit Mda en signe de respect. L'étiquette voulait que j'expose mes arguments le premier sans qu'il m'interrompe ; il me répondrait ensuite et j'écouterais.

Tout d'abord, ai-je dit, le système des Autorités bantoues était inapplicable car de plus en plus d'Africains quittaient les homelands ruraux pour aller dans les villes. Le gouvernement tentait de mettre les Africains dans des enclaves ethniques parce qu'il avait peur de la force de leur unité. Le peuple, ai-je dit, voulait la démocratie et une direction politique basée sur le mérite et non sur la naissance. Les Autorités bantoues étaient un recul par rapport à la démocratie.

Daliwonga m'a répondu qu'il essayait de restaurer le statut de sa maison royale écrasée par les Britanniques. Il a insisté sur l'importance et la vitalité du système tribal et des chefs traditionnels et il refusait de rejeter un système qui contenait ces choses. Lui aussi voulait une Afrique du Sud libre mais il pensait qu'il pouvait atteindre son but plus rapidement et de façon pacifique grâce à la politique du gouvernement de développement séparé. L'ANC, a-t-il dit, allait déclencher un bain de sang et causer de l'amertume. Il a terminé en disant qu'il était étonné et troublé que, malgré ma position dans la maison royale thembu, je ne soutienne pas le principe des chefs traditionnels.

Quand Daliwonga eut fini, je lui ai répondu que tout en comprenant très bien sa position personnelle en tant que chef je croyais que ses intérêts étaient en conflit avec ceux de la communauté. Je lui ai dit que si je m'étais trouvé dans une position semblable à la sienne j'aurais essayé de subordonner mes propres intérêts à ceux du peuple. J'ai immédiatement regretté ce que je venais de dire parce que j'avais découvert que, dans les discussions, il ne sert à rien de prendre un ton moralement supérieur à son adversaire. J'ai remarqué que Daliwonga se raidissait et je suis immédiatement passé à des questions d'ordre plus général.

Nous avons parlé toute la nuit, mais nos positions ne se sont pas rapprochées. Nous nous sommes quittés quand le soleil se levait. Nous avions pris des routes différentes qui nous dressaient l'un contre l'autre. Ceci m'attristait parce que peu d'hommes m'avaient influencé comme Daliwonga et rien ne m'aurait donné plus de joie que de me battre à ses côtés. Mais cela ne devait pas être. Sur les questions familiales, nous restions amis, mais sur le plan politique nous nous retrouvions dans des camps opposés.

Je suis rentré à Qunu ce matin-là, où j'ai encore passé quelques jours. J'ai traversé le veld pour aller voir des parents et des amis, mais le monde magique de mon enfance s'était enfui. Un soir, j'ai dit au revoir à ma mère et à ma sœur. Je suis allé voir Sabata à l'hôpital pour lui souhaiter un prompt rétablissement et à 3 heures du matin je suis parti pour Le Cap. Le clair de lune et le vent m'ont tenu éveillé jusqu'à la rivière Kei. La route serpentait sur les flancs escarpés des montagnes et quand le soleil s'est levé, j'ai retrouvé le moral. J'avais parcouru cette route pour la première fois dix-huit ans plus tôt, quand Jongintaba m'avait conduit au collège à Healdtown.

Je roulais lentement quand je vis un homme qui boitait sur le bord de la route lever la main vers moi. Instinctivement, je me suis arrêté et je lui ai proposé de l'emmener. Il avait à peu près mon âge, n'était pas très grand et assez négligé ; il n'avait pas pris de bain depuis longtemps. Il m'a dit que sa voiture était tombée en panne avant Umtata et qu'il marchait depuis plusieurs jours en direction de Port Elizabeth. J'ai relevé un certain nombre de contradictions dans son histoire, et je lui ai demandé la marque de sa voiture. Une Buick, m'a-t-il répondu. Et l'immatriculation ? Il m'a indiqué un numéro. Quelques minutes plus tard, je lui ai redemandé l'immatriculation. Il m'a donné un numéro un peu différent. Je l'ai soupçonné d'être un policier et j'ai décidé de dire le moins de choses possible.

Mon compagnon n'a rien remarqué car il a parlé jusqu'à Port Elizabeth. Il m'a montré diverses curiosités et il semblait assez bien connaître l'histoire de la région. A aucun moment il ne m'a demandé qui j'étais, et je ne le lui ai pas dit. Mais il était amusant et j'ai trouvé sa conversation utile et intéressante.

Je me suis arrêté à East London pour parler à des gens de l'ANC dans le township. Avant de repartir j'ai eu une conversation avec d'autres personnes dont l'une m'a semblé être un policier clandestin. Mon compagnon de voyage avait appris mon identité et, quand nous sommes remontés en voiture, il m'a dit : « Tu sais, Mandela, je crois qu'un des types était un policier. » Cela a augmenté mes soupçons et je lui ai dit à mon tour : « Ecoute, comment est-ce que je peux être sûr que tu n'en es pas un toi-même ? Il faut que tu me dises qui tu es, sinon je te laisse sur le bord de la route. »

Il a protesté et m'a répondu : « Je vais te dire qui je suis vraiment. » Il m'a avoué qu'il faisait de la contrebande et qu'il transportait du *dagga* (marijuana) depuis la côte du Pondoland quand il avait rencontré un barrage de police. Dès qu'il l'avait vu, il avait sauté de voiture et avait essayé de se sauver. La police avait tiré et l'avait blessé à la jambe. Cela expliquait sa claudication et le fait qu'il n'eût plus de voiture. Il m'avait fait signe parce qu'il supposait que la police le recherchait.

Je lui ai demandé pourquoi il avait choisi un moyen aussi dangereux pour gagner sa vie. A l'origine, il voulait être instituteur, m'a-t-il raconté, mais ses parents étaient trop pauvres pour qu'il fasse des études. Après l'école, il avait travaillé en usine mais le salaire était trop faible pour en vivre. Il avait commencé à trouver un complément dans le trafic du *dagga*, et bientôt c'était devenu tellement rentable qu'il avait quitté l'usine. Il m'a dit que dans n'importe quel pays du monde il aurait trouvé la possibilité d'exploiter ses talents. « J'ai vu des Blancs qui m'étaient inférieurs en capacités et en intelligence et qui gagnaient cinquante fois plus que moi. » Après un long silence, il m'a annoncé d'un ton solennel : « Je suis aussi membre de l'ANC. » Il m'a raconté qu'il avait participé à la Campagne de défi en 1952 et qu'il avait milité dans des comités locaux à Port Elizabeth. Je l'ai questionné sur différentes personnes et il semblait les connaître, et, plus tard, à Port Elizabeth, j'ai eu la confirmation qu'il me disait la vérité. En fait, c'était un des militants les plus sérieux parmi ceux qui étaient allés en prison pendant la Campagne de défi. Les portes de la lutte de libération sont ouvertes à tous ceux qui veulent les franchir.

En tant qu'avocat, j'avais une assez grande expérience des dossiers criminels et de telles histoires m'étaient familières. Je ne cessais de rencontrer des hommes aussi brillants et aussi talentueux que mon compagnon qui avaient recours à la délinquance afin de joindre les deux bouts. Si je pense que certains individus ont des dispositions au crime à cause de leur héritage génétique ou d'une mauvaise éducation, je suis convaincu que l'apartheid a transformé en criminels beaucoup de citoyens qui sans cela auraient respecté la loi. Il est tout à fait logique qu'un système légal injuste et immoral fasse naître le mépris pour ses lois et ses règlements.

Nous sommes arrivés à Port Elizabeth le soir, et Joe Matthews, le fils de Z.K. Matthews, a trouvé de quoi me loger. Le lendemain matin, j'ai rencontré Raymond Mhlaba, Frances Baard et Govan Mbeki. Je voyais ce dernier pour la première fois, mais je connaissais son travail car, quand j'étais étudiant, j'avais lu son opuscule : « La genèse du Transkei ». Il avait dirigé un magasin coopératif dans le Transkei qu'il avait rapidement abandonné pour devenir le directeur de l'hebdomadaire *New Age*. Govan était sérieux, réfléchi et parlait d'une voix douce ; il se sentait à l'aise aussi bien dans le monde du savoir que dans celui du militantisme politique. Il avait joué un rôle important dans l'organisation du Congrès du peuple et il était destiné à monter aux plus hauts échelons de l'organisation.

Je suis parti pour Le Cap en fin de matinée, avec ma radio comme seule compagnie. Je n'étais jamais allé de Port Elizabeth au Cap et je contemplais ce paysage admirable. Il faisait chaud et la route était bordée de chaque côté par une végétation dense. J'étais à peine sorti de la ville que j'ai roulé sur un énorme serpent qui traversait la route. Je ne suis pas superstitieux et je ne crois pas aux présages, mais la mort de ce serpent ne m'a pas plu. Je n'aime pas tuer des créatures vivantes, même celles qui remplissent certains de crainte.

Après avoir passé Humansdorp, les forêts sont devenues plus denses et pour la première fois de ma vie j'ai vu des éléphants et des babouins sauvages. Un grand babouin a traversé la route devant moi et j'ai arrêté la voiture. Il se tenait là et me regardait attentivement comme un inspecteur de la Special Branch. C'était ironique que moi, un Africain, je voie pour la première fois l'Afrique des livres d'histoire et des légendes. Un si beau pays, me disais-je, et hors d'atteinte, possédé par des Blancs et inaccessible à l'homme noir. Je ne pouvais pas plus choisir de vivre dans une telle beauté que me présenter au Parlement.

Des pensées séditieuses accompagnent un combattant de la liberté où qu'il aille. Je me suis arrêté dans la ville de Knysna, à 150 kilomètres à l'ouest de Port Elizabeth, pour contempler le paysage. De la route, on pouvait voir à perte de vue. Les forêts s'étendaient dans toutes les directions ; pourtant, je ne m'attardais pas sur leur verdure, mais sur le fait que c'étaient autant d'endroits où une armée de guérilla pouvait vivre et s'entraîner sans qu'on la repère.

A minuit, je suis arrivé au Cap, où je devais rester quinze jours. J'ai habité chez le révérend Walter Teka, un responsable de l'Eglise méthodiste, mais j'ai passé l'essentiel de mes journées avec Johnson Ngwevela et Greenwood Ngotyana. Ngwevela était président de l'ANC pour la région du Western Cape et Ngotyana membre de la direction. Tous deux étaient communistes et responsables de l'Eglise wesleyenne. Chaque jour j'allais voir des membres de l'ANC à Worcester, Paarl, Stellenbosch, Simonstown et Hermanus [1]. J'avais prévu de travailler chaque jour et quand j'ai demandé ce qu'on avait organisé le dimanche — un jour de travail pour moi, dans le Transvaal —, ils m'ont répondu que ce jour-là était réservé pour aller à l'église. J'ai protesté en vain. Le communisme et le christianisme, au moins en Afrique, ne s'excluaient pas.

Un jour, en me promenant en ville, j'ai remarqué une Blanche assise par terre qui rongeait une arête de poisson. Elle était très pauvre et apparemment sans domicile, mais elle était jeune et assez jolie. Je savais évidemment qu'il y avait des Blancs pauvres, aussi pauvres que des Africains, mais on en voyait rarement. J'avais l'habi-

---

1. Des villes dans la région du Cap. *(N.d.T.)*

tude de rencontrer des mendiants noirs dans la rue et cela m'a étonné de voir une Blanche. Alors que normalement je ne donnais rien aux mendiants noirs, j'ai eu envie de donner quelque chose à cette Blanche. Tout de suite je me suis rendu compte des mauvais tours que jouait l'apartheid ; si j'acceptais les maux quotidiens des Africains, une Blanche en guenilles me touchait aussitôt. En Afrique du Sud, être noir et pauvre était normal, mais être pauvre et blanc devenait une tragédie.

Alors que je m'apprêtais à quitter Le Cap, je suis allé dans les bureaux de *New Age* voir quelques vieux amis pour parler avec eux de leur politique éditoriale. *New Age*, qui succédait à d'anciennes publications de gauche interdites, était favorable à l'ANC. C'était le 27 septembre, en début de matinée, et alors que je gravissais les marches, j'ai entendu le bruit de meubles qu'on déplaçait et la voix d'hommes en colère. J'ai reconnu celle de Fred Carneson, le directeur du journal et son maître à penser. J'ai aussi entendu les voix brutales des hommes de la police de sécurité qui perquisitionnaient les bureaux. Je suis parti discrètement et, plus tard, j'ai découvert qu'il ne s'agissait pas d'un incident isolé mais que cela faisait partie de la plus grande opération de police de toute l'histoire d'Afrique du Sud. Avec des mandats l'autorisant à saisir tout ce qu'elle considérait comme des preuves de menaces pour la sécurité de l'Etat, de sédition ou de violation de la loi interdisant le communisme, la police avait perquisitionné au domicile ou dans les bureaux de plus de 500 personnes dans tout le pays. Mon bureau à Johannesburg avait été perquisitionné, ainsi que le domicile du Dr. Moroka, du père Huddleston et du professeur Matthews.

Cette opération jeta une ombre sur mon dernier jour au Cap car c'était la première manifestation de la nouvelle stratégie encore plus répressive de l'Etat. On pouvait s'attendre au minimum à une nouvelle série d'interdictions et j'étais sûr d'en faire partie. Ce soir-là, le révérend Teka et sa femme avaient invité beaucoup de gens pour me dire au revoir et, sous la conduite du révérend, nous nous sommes agenouillés et avons prié pour ceux qui avaient subi une perquisition. Je suis parti à mon heure préférée, et une demi-heure plus tard j'étais sur la route de Kimberley, la ville brutale où l'industrie sud-africaine du diamant avait débuté au siècle dernier.

Je devais passer une nuit chez le Dr. Arthur Letele. Celui qui deviendrait le trésorier général de l'ANC était un médecin très scrupuleux. J'avais un rhume et, dès mon arrivée, il m'a mis au lit. C'était un homme courageux et dévoué et, pendant la Campagne de défi, il avait conduit un groupe de volontaires en prison. Cela représentait une action risquée pour un médecin dans une ville conservatrice où le militantisme politique était rare chez les Noirs. A Johannesburg, on a le soutien de centaines ou de milliers de camarades engagés dans les mêmes activités dangereuses, mais dans un endroit conservateur comme Kimberley, sans presse libérale ni magistrature pour contrôler la police, ce genre d'action exige un grand courage. A Kimberley, pendant la Campagne, un des membres responsables de l'ANC avait été condamné au fouet par le juge local.

Malgré mon rhume, Arthur m'a permis de prendre la parole lors d'une réunion de l'ANC qui avait lieu chez lui, le lendemain soir. Je m'apprêtais à partir à 3 heures du matin, mais Arthur et sa femme ont insisté pour que je reste jusqu'au petit déjeuner, ce que j'ai fait. J'ai bien roulé jusqu'à Johannesburg et, juste avant l'heure du dîner, je suis arrivé à la maison, où j'ai été accueilli par les cris de joie de mes enfants, qui savaient bien que je leur rapportais des cadeaux. J'ai distribué ce que j'avais acheté au Cap et j'ai répondu patiemment à leurs questions sur mon voyage. Je n'avais pas vraiment pris de vacances, mais cela m'avait fait le même effet : je me sentais rajeuni et prêt à reprendre la lutte.

22

Tout de suite après mon retour, j'ai rendu compte de mon voyage au Comité de travail de l'ANC. Son principal souci était de savoir si l'Alliance des congrès était assez forte pour s'opposer aux projets du gouvernement. Je ne rapportais pas de bonnes nouvelles. J'ai dit que dans le Transkei l'ANC n'avait pas une très bonne organisation et que la puissance de la police de sécurité anéantirait vite l'influence qu'il pouvait avoir.

J'ai avancé une possibilité qui, je le savais, serait impopulaire. Pourquoi l'ANC ne participerait-il pas aux nouvelles structures des Autorités bantoues afin de rester en contact avec le peuple ? Avec le temps, une telle participation deviendrait une tribune pour nos idées et notre politique.

Toute proposition de participation aux structures de l'apartheid rencontrait immédiatement une opposition furieuse. Autrefois, j'aurais moi aussi énergiquement refusé. Mais d'après la connaissance que j'avais du pays, je savais que relativement peu de gens se sentaient prêts à consentir les sacrifices nécessaires pour rejoindre la lutte. Nous devions retrouver les gens sur leur propre terrain même si cela signifiait une apparente collaboration. Je pensais que notre mouvement devait être un très grand abri pour y accueillir le plus de gens possible.

Cependant, à l'époque, mon rapport a été vite expédié, à cause d'un autre, aux conséquences bien plus importantes. La publication du rapport de la commission Tomlinson avait lancé un débat dans tout le pays. Cette commission créée par le gouvernement proposait un plan pour le développement des prétendues régions bantoues ou bantoustans. Il s'agissait en fait d'un projet de « développement séparé » ou grand apartheid.

Le système des bantoustans avait été conçu par le Dr. H.F. Verwoerd, le ministre des Affaires indigènes, afin de faire taire les critiques internationales sur la politique raciale de l'Afrique du Sud, mais en même temps afin

d'institutionnaliser l'apartheid. Les bantoustans, ou les
« réserves » comme on les appelait parfois, seraient des
enclaves ethniques séparées, ou des homelands (foyers
nationaux) pour tous les citoyens sud-africains. Les Africains, disait Verwoerd, « devaient avoir les deux pieds
dans les réserves » où ils « se développeraient en suivant
leur propre voie ». L'idée était de préserver le statu quo
selon lequel trois millions de Blancs possédaient 87 % du
pays et de reléguer les huit millions d'Africains dans les
13 % restants.

Le rapport avait comme thème central le rejet de toute
idée d'intégration entre les races, au profit d'une politique de développement séparé des Noirs et des Blancs.
Dans ce but, il recommandait l'industrialisation des
zones africaines et insistait sur le fait que tout programme qui n'avait pas pour objectif de fournir aux
Africains des possibilités de développement dans leurs
propres régions était voué à l'échec. La commission faisait remarquer que la configuration géographique exis-
tante des zones africaines était par trop fragmentaire et
recommandait leur consolidation en créant ce qu'elle
appelait sept homelands « logico-historiques » des principaux groupes ethniques.

Mais la création de bantoustans indépendants,
comme le proposait la commission, était burlesque. Le
Transkei, qui servait d'exemple pour étayer la démonstration du système des homelands, serait divisé en trois
blocs géographiques séparés. Les bantoustans Swazi,
Lebowa et Venda étaient composés chacun de trois morceaux ; le Gazankule de quatre, le Ciskei de dix-sept, le
Bophuthatswana de dix-neuf et le KwaZulu de vingt-
neuf. Les nationalistes dessinaient un puzzle cruel avec
la vie des gens.

En créant le système des homelands, le gouvernement
avait comme intention de maintenir le Transkei — et les
autres zones africaines — en réservoirs de main-d'œuvre
bon marché pour l'industrie blanche. En même temps, le
gouvernement avait comme but caché de créer une
classe moyenne africaine afin d'affaiblir l'attrait qu'exerçaient l'ANC et la lutte de libération.

L'ANC dénonça le rapport de la commission Tomlinson malgré certaines recommandations plus libérales. Comme je l'avais dit à Daliwonga, le développement séparé était une fausse solution à un problème que les Blancs ne savaient absolument pas contrôler. A la fin, le gouvernement approuva le rapport, mais rejeta certaines de ses propositions comme étant trop progressistes.

Malgré l'obscurité qui gagnait du terrain et mon pessimisme devant la politique gouvernementale, je réfléchissais à l'avenir. En février 1956, je suis retourné au Transkei pour acheter un terrain à Umtata. J'avais toujours pensé qu'un homme devait posséder une maison à l'endroit de sa naissance, où il pourrait trouver un repos qui lui échappait partout ailleurs.

Je suis allé au Transkei avec Walter. Tous deux, nous avons rencontré plusieurs membres de l'ANC à Umtata et à Durban où nous nous sommes arrêtés en premier. A nouveau, nous avons été maladroitement filés par des hommes de la Special Branch. A Durban, nous avons rendu visite à nos homologues du Natal Indian Congress pour tenter de relancer le militantisme dans la région.

A Umtata, avec l'aide de Walter, j'ai acheté à C.K. Sakwe un terrain que celui-ci possédait en ville et que j'ai payé en liquide. Sakwe était membre du Bungha et avait siégé au Conseil représentatif indigène. Il nous a raconté un incident qui avait eu lieu, le samedi précédent, à Bumbhane, la demeure royale de Sabata, lors d'une rencontre entre des représentants du gouvernement et des chefs, à propos des bantoustans. Un certain nombre de chefs s'étaient opposés à la politique du gouvernement et avaient violemment critiqué le magistrat. La réunion s'était achevée dans la colère ; cela nous donnait une idée de la profondeur des objections à la Bantu Authorities Act.

En mars 1956, après quelques mois de liberté relative, j'ai reçu mon troisième ordre d'interdiction ; je ne pouvais quitter Johannesburg pendant cinq ans ni assister à aucune réunion pendant la même période. Au cours des six premiers mois je ne pouvais même pas sortir du quartier, et j'étais condamné à voir chaque jour les mêmes rues, les mêmes terrils à l'horizon et le même ciel. Je devais compter sur les journaux et sur les autres pour savoir ce qui se passait en dehors de Johannesburg, une perspective qui ne me réjouissait guère.

Mais j'ai changé radicalement d'attitude envers mon interdiction. Les premières fois, je m'étais conformé aux lois et aux règlements de mes persécuteurs. Désormais, je n'avais plus que du mépris pour ces limitations. Je n'allais pas laisser l'ennemi que je combattais déterminer mon engagement dans la lutte et le champ de mes activités politiques. Le laisser faire revenait à reconnaître ma défaite et j'ai décidé de ne pas devenir mon propre geôlier.

Bientôt, je me suis retrouvé dans un rôle de médiateur au milieu d'une querelle politique à Johannesburg. Elle mettait en présence deux camps qui cherchaient mon appui. Chacun, à l'intérieur de l'organisation, avait des griefs légitimes et chacun s'opposait implacablement à l'autre. L'altercation risquait de dégénérer en guerre civile et j'ai fait de mon mieux pour empêcher la rupture. Je parle bien sûr de la lutte au club de boxe et d'haltères du Centre communautaire Donaldson à Orlando, où je m'entraînais presque chaque soir.

Je m'étais inscrit à ce club en 1950, et depuis j'y avais passé presque toutes mes soirées libres. Ces dernières années j'avais emmené avec moi mon fils Thembi ; en 1956, il avait dix ans et c'était un poids papier-à-cigarettes ardent mais un peu maigrichon. Le club était dirigé par Johannes (Skipper Adonis) Molotsi et ses membres étaient des boxeurs amateurs et professionnels et haltérophiles passionnés. Notre boxeur vedette, Jerry (Uyinja) Moloi est devenu plus tard champion du Transvaal des poids légers et prétendant au titre national.

Le matériel était très pauvre. Nous n'avions pas les moyens de nous acheter un ring, et nous nous entraînions sur un sol de ciment, particulièrement dangereux quand un boxeur était mis KO. Nous n'avions qu'un seul sac de sable, quelques paires de gants de boxe, pas de medicine-balls ni de shorts ni de chaussures de boxe et pas de protège-dents. Malgré tout, le club produisait des champions comme Eric (Black Material) Ntsele, champion d'Afrique du Sud des poids coq, et Freddie (Tomahawk) Ngidi, champion du Transvaal des poids mouche, qui travaillait comme assistant au cabinet Mandela et Tambo. En tout, nous étions peut-être vingt ou trente membres.

Si j'avais un peu pratiqué la boxe à Fort Hare, ce n'est qu'après plusieurs années passées à Johannesburg que je me suis mis à vraiment aimer ce sport. Je n'ai jamais été un grand boxeur. J'appartenais à la catégorie des poids lourds et je n'ai jamais eu la puissance qui aurait compensé mon manque de rapidité, ni assez de rapidité pour compenser mon manque de puissance. C'était moins la violence que la science de la boxe qui me plaisait. J'étais fasciné par la façon dont on déplaçait son corps pour se protéger, et par la stratégie qui permettait d'attaquer et de reculer à la fois. La boxe, c'est l'égalité. Sur le ring, le rang, l'âge, la couleur de la peau et la richesse n'ont plus cours. Quand on tourne autour de son adversaire, en cherchant ses points forts et ses points faibles, on ne pense pas à la couleur de sa peau ni à son statut social. Je n'ai jamais fait de vrais combats après être entré en politique. Ce qui m'intéressait avant tout, c'était l'entraînement ; je trouvais dans la rigueur de l'exercice une excellente façon de me décharger de la tension et du stress. Après une séance énergique, je me sentais mentalement et physiquement plus léger. C'était un moyen de me perdre dans autre chose que la lutte. Quand je m'étais entraîné le soir, je me réveillais le lendemain matin frais et dispos, prêt à reprendre le combat.

J'allais au gymnase une heure et demie chaque soir, du lundi au jeudi. Après le travail, je rentrais directement à la maison, et avec Thembi nous allions en voiture jusqu'au Centre communautaire. Nous faisions une heure d'exercice, un mélange de jogging, de corde à sauter, de gymnastique, d'entraînement du geste, suivi de quinze minutes de musculation et d'haltères pour finir par un match amical. Si l'on s'entraînait pour un vrai match ou pour un tournoi, la séance durait deux heures et demie.

Nous dirigions les séances d'entraînement chacun à notre tour, pour développer l'autorité, la confiance en soi et l'initiative. Thembi aimait particulièrement diriger. Ces soirs-là, les choses étaient un peu dures pour moi parce que mon fils me choisissait pour faire ses critiques. Il avait beaucoup d'autorité et me reprenait tout de suite quand je devenais paresseux. Au gymnase, tout le monde m'appelait « chef », un titre honorifique qu'il évitait soigneusement d'employer, préférant dire « monsieur Mandela », et, parfois, quand il avait de la sympathie pour son père, « mon bra », qui en argot des townships signifiait « mon frère » *(brother)*. Quand il me voyait tirer au flanc, il disait d'une voix sévère : « Monsieur Mandela, vous nous faites perdre notre temps ce soir. Si vous ne pouvez pas suivre, vous n'avez qu'à rentrer chez vous pour vous asseoir avec les femmes. » Tout le monde adorait ce genre de plaisanteries et voir mon fils si heureux et si sûr de lui me rendait heureux.

La camaraderie qui régnait entre nous s'est effondrée cette année-là à cause d'une querelle entre Skipper Molotsi, le directeur, et Jerry Moloi, notre boxeur vedette. Jerry et les autres boxeurs avaient l'impression que Skipper ne s'occupait pas bien du club. Skipper avait de grandes qualités d'entraîneur mais il était rarement présent pour nous faire partager son savoir. C'était un historien de l'art de la boxe et il pouvait nous raconter les vingt-six rounds du célèbre combat de Jack Johnson, à La Havane en 1915, quand le premier champion du monde noir des poids lourds avait perdu son titre. Mais Skipper avait tendance à ne se montrer qu'avant un match ou un tournoi pour encaisser le peu d'argent qu'on lui devait. Moi-même, j'étais assez d'accord avec Jerry mais j'ai fait ce que j'ai pu pour rabibocher les adversaires afin de ne pas rompre l'harmonie. A la fin, même mon fils était d'accord avec Jerry pour critiquer Skipper et je n'ai pas pu empêcher la rupture.

Les boxeurs, sous la direction de Jerry, menaçaient de faire sécession et d'ouvrir un autre club. J'ai organisé une réunion de tous les membres et la séance a été très animée — on y parlait en sesotho, en zoulou, en xhosa et en anglais. En attaquant les boxeurs rebelles, Skipper a même cité Shakespeare, accusant Jerry de le trahir comme Brutus avait trahi César. « Qui c'est, César et Brutus ? » a demandé mon fils. Avant que j'aie eu le temps de lui répondre, quelqu'un a dit : « Ils sont pas morts ? — Oui, a répondu Skipper. Mais la vérité à propos de leur trahison est toujours vivante ! »

La réunion n'a rien résolu, les boxeurs ont déménagé et les haltérophiles sont restés au centre communautaire. J'ai suivi les boxeurs et pendant les premières semaines de séparation nous nous sommes entraînés dans un endroit très inconfortable pour un combattant de la liberté : le gymnase de la police. Ensuite, l'Eglise anglicane nous a offert des locaux avec un loyer bon marché à Orlando East et nous nous sommes entraînés sous la direction de Simon (Mshengu) Tshabalala qui, plus tard, est devenu un des responsables clandestins de l'ANC.

Nos nouvelles installations ne valaient guère mieux que les anciennes et le club n'a jamais été reconstitué. Les boxeurs africains, comme tous les athlètes et artistes noirs, se heurtaient au double handicap de la pauvreté et du racisme. L'argent que gagnait un boxeur africain lui servait à payer sa nourriture, son loyer, ses vêtements, et il utilisait le reste pour son équipement et son entraînement. Il n'avait pas la possibilité d'être membre d'un club de boxe pour Blancs avec l'équipement et les entraîneurs nécessaires pour former un boxeur de premier plan et de classe internationale. Contrairement aux professionnels blancs, les professionnels noirs travaillaient à plein temps. Les sparring-partners étaient peu nombreux et mal payés ; les résultats souffraient d'un manque de pratique et d'exercice. Pourtant, un certain nombre de boxeurs africains étaient capables de triompher de ces difficultés et obtenaient de grands succès. Des hommes comme Elijah (Maestro) Mokone, Enoch (Schoolboy) Nhlapo, Kangaroo Macto, un des plus grands stylistes du ring, Levi (Golden Boy) Madi, Nkosana Mgxaji, Mackeed

Mofokeng et Norman Sekgapane ont tous remporté d'éclatantes victoires, et Jake Tuli, notre plus grand héros, a remporté le titre de champion de Grande-Bretagne et de l'Empire des poids mouche. C'est là l'exemple le plus éloquent de ce que pouvaient faire les boxeurs africains quand on leur en donnait la possibilité.

CINQUIÈME PARTIE

Le procès de trahison

23

Le matin du 5 décembre 1956, juste après l'aube, des coups violents à ma porte m'ont réveillé. Aucun voisin ni aucun ami n'avait jamais frappé de façon aussi péremptoire et j'ai su immédiatement qu'il s'agissait de la police de sécurité. Je me suis habillé en vitesse et j'ai trouvé le commissaire Rousseau, un visage connu dans notre quartier, et deux policiers.

Il m'a montré un mandat de perquisition et ils ont commencé immédiatement à passer la maison au peigne fin, à la recherche de documents ou de papiers compromettants. Mais les enfants se sont réveillés et, d'un regard sévère, je leur ai indiqué de rester calmes. Ils me regardaient pour que je les rassure. Les policiers fouillaient les tiroirs, les placards, les meubles, partout où l'on aurait pu cacher des documents interdits. Au bout de quarante minutes, Rousseau m'a dit d'un ton très naturel : « Mandela, nous avons un mandat d'arrêt. Suivez-moi. » J'ai regardé son mandat et les mots m'ont sauté au visage : « Hoogverraad — Haute Trahison ».

Je les ai accompagnés jusqu'à leur voiture. Ce n'est pas agréable d'être arrêté devant ses enfants, même si l'on sait que ce qu'on fait est juste. Mais les enfants ne comprennent pas la complexité de la situation ; ils voient simplement leur père emmené par les autorités blanches, sans aucune explication.

Rousseau conduisait et j'étais assis à côté de lui, sans menottes. Il avait aussi un mandat de perquisition pour mon bureau en ville, où nous sommes allés après avoir laissé les deux autres policiers dans un quartier voisin. Pour rejoindre le centre ville, nous devions prendre une route désolée qui traversait une zone non habitée. J'ai fait remarquer à Rousseau qu'il fallait qu'il soit sûr de lui pour rouler seul avec moi sans menottes. Il est resté silencieux.

« Que se passerait-il si je sautais sur vous et si je vous maîtrisais ? » lui ai-je demandé.

Rousseau a eu l'air mal à l'aise. « Vous jouez avec le feu, Mandela.

— J'en ai l'habitude.

— Si vous continuez sur ce ton, je vais être obligé de vous mettre les menottes, a-t-il répondu d'un ton menaçant.

— Et si je refuse ? »

Nous avons continué ainsi pendant quelque temps, mais quand nous sommes entrés dans une zone habitée près du commissariat de Langlaagte, Rousseau m'a dit : « Mandela, je vous ai bien traité, j'espère que vous allez en faire autant avec moi. Je n'aime pas vos plaisanteries. »

Après un bref arrêt au commissariat, accompagnés d'un autre policier, nous sommes allés à mon bureau, qu'ils ont fouillé pendant trois quarts d'heure. Puis ils m'ont emmené à Marshall Square, la prison en brique rouge et aux nombreux recoins, de Johannesburg, dans laquelle j'avais passé quelques nuits en 1952, pendant la Campagne de défi. Un certain nombre de mes amis étaient déjà là car on les avait arrêtés et internés avant moi, plus tôt le matin. Au cours des heures suivantes, on a continué à amener d'autres camarades. Le gouvernement préparait depuis longtemps cette rafle. Quelqu'un a apporté en fraude un exemplaire de *The Star* et les gros titres nous ont appris que l'opération avait eu lieu dans tout le pays, qu'on avait arrêté les principaux responsables de l'Alliance des congrès — le chef Luthuli, Monty Naicker, Reggie September, Lilian Ngoyi, Piet Beyleveld — et qu'on les accusait de haute trahison et de prétendue conspiration dans le but de renverser le gouvernement. On les ramenait à Johannesburg par avions militaires. Cent quarante-quatre personnes avaient été arrêtées. Le lendemain, nous avons comparu devant le tribunal et nous avons été formellement inculpés. Une semaine plus tard, Walter Sisulu et 11 autres personnes ont été arrêtés à leur tour, ce qui portait le total à 156. Il y avait 105 Africains, 21 Indiens, 23 Blancs et 7 métis. Presque toute la direction nationale de l'ANC — ceux qui étaient sous le coup d'une interdiction et les autres — se trouvait dans le groupe. Le gouvernement avait enfin bougé.

On nous a bientôt transférés au Fort, la prison de Johannesburg, un bâtiment sinistre en forme de château, construit au centre de la ville. Pour l'admission, on nous a conduits dans une cour carrée et on nous a ordonné de nous déshabiller entièrement puis de nous aligner contre le mur. Nous avons dû rester là pendant plus d'une heure, à frissonner dans le vent — des prêtres, des professeurs, des médecins, des avocats, des commerçants, des hommes âgés qu'on traitait d'habitude avec déférence et respect. Malgré ma colère, je n'ai pas pu m'empêcher de rire quand j'ai observé ceux qui m'entouraient. Pour la première fois, la formule « l'habit ne fait pas le moine » m'est apparue complètement fausse. Si un beau corps et un physique impressionnant avaient été essentiels pour devenir un leader, j'en voyais peu qui auraient eu les qualités requises.

Finalement, un médecin blanc est arrivé et nous a demandé si certains d'entre nous étaient malades. Personne ne s'est plaint d'aucun trouble. On nous a ordonné de nous rhabiller puis on nous a escortés dans deux grandes cellules vides, au sol de ciment. On les avait repeintes récemment et l'odeur était épouvantable. On nous a donné à chacun trois couvertures très minces et une natte de sisal. Il n'y avait qu'une latrine au niveau du sol, complètement exposée. On dit qu'on ne connaît jamais un pays tant qu'on n'est pas allé dans ses prisons. On ne devrait pas juger une nation sur la façon dont elle traite ses citoyens les plus riches mais sur son attitude vis-à-vis de ses citoyens les plus pauvres — et l'Afrique du Sud traitait ses citoyens africains emprisonnés comme des animaux.

Nous sommes restés au Fort pendant quinze jours et, malgré les épreuves, nous avons gardé un excellent moral. On nous a permis d'avoir des journaux et nous avons pu y lire avec reconnaissance que notre arrestation soulevait des vagues d'indignation. Des meetings et des manifestations avaient lieu dans toute l'Afrique du Sud ; les gens portaient des banderoles sur lesquelles on pouvait lire : « Nous sommes avec nos chefs. » Des protestations s'élevaient dans le monde entier.

Notre cellule collective est devenue une sorte de congrès des combattants de la liberté. Beaucoup d'entre nous en effet vivaient sous de sévères restrictions et le fait de rencontrer les autres était pour eux illégal. Or, voilà que notre ennemi commun venait de nous rassembler sous le même toit pour ce qui est devenu la plus large et la plus longue réunion non interdite de l'Alliance des congrès pendant des années. De jeunes responsables rencontraient leurs anciens dont ils n'avaient lu que les textes. Des hommes du Natal se mêlaient aux responsables du Transvaal. Pendant quinze jours, dans l'attente du procès, nous avons profité de l'occasion pour échanger des idées et des expériences.

Chaque jour, nous définissions un programme d'activités. Patrick Molaoa et Peter Nthite, deux responsables importants de la Ligue de la jeunesse, organisaient des séances de gymnastique. Des débats sur les sujets les plus divers avaient lieu ; le professeur Matthews nous a parlé à la fois de l'histoire de l'ANC et des Noirs américains, Debi Singh nous a fait une conférence sur l'histoire du SAIC, Arthur Letele sur les guérisseurs africains, et le révérend James Catala sur la musique africaine — il chantait aussi d'une belle voix de ténor. Chaque jour, Vuyisile Mini, qui des années plus tard a été pendu par le gouvernement pour crimes politiques, dirigeait le groupe qui chantait des chants de liberté. Un des plus populaires était : « *Nans' indod' emnyama Strijdom, Bhasobha nans' indod' emnyama Strijdom* » (Voici l'homme noir, Strijdom, attention à l'homme noir, Strijdom). Nous chantions à gorge déployée et cela nous donnait un moral d'acier.

Une fois, Masabalala Yengwa, plus connu sous le nom de M.B. Yengwa, le fils d'un ouvrier zoulou, et secrétaire de l'ANC pour la province du Natal, participa à une conférence consacrée à la musique en récitant un poème en l'honneur de Chaka, le roi et guerrier zoulou légendaire. Yengwa s'est drapé dans une couverture, il a roulé un journal en guise d'épée, et a commencé à marcher de long en large en déclamant les vers. Nous étions tous subjugués, même ceux qui ne comprenaient pas le zoulou. Puis il a fait une pause avant de déclamer : « *Inyoni edlezinya ! Yathi isadezinye, yadiezinya !* » Ces vers comparent Chaka à un oiseau de proie qui tue impitoyablement ses ennemis. Une clameur s'est élevée. Le chef Luthuli, qui jusque-là était resté silencieux, s'est dressé en hurlant : « *Ngu Shaka lowo !* » (Voici Chaka !) et il s'est mis à danser et à chanter. Ses mouvements nous ont électrisés et nous nous sommes tous redressés. Les danseurs accomplis des dancings et les paresseux qui ne connaissaient ni les danses traditionnelles ni les danses occidentales ont tous rejoint l'*Indlamu*, la danse de guerre traditionnelle zouloue. Soudain, il n'y avait plus de Xhosas, de Zoulous, d'Indiens, d'Africains, de responsables de gauche ou de droite, religieux ou politiques ; nous étions tous des nationalistes et des politiques liés par l'amour de notre histoire, de notre culture, de notre pays et de notre peuple. A cet instant, quelque chose s'animait au plus profond de nous, quelque chose d'intime et de fort, qui nous liait les uns aux autres. A cet instant, nous sentions le passé immense qui nous avait faits tels que nous étions et le pouvoir de la grande cause qui nous réunissait.

Deux semaines plus tard, le 19 décembre, nous avons comparu pour l'interrogatoire préliminaire, au Drill Hall de Johannesburg, un bâtiment militaire que, d'ordinaire, on n'utilisait pas comme tribunal. Il s'agissait d'une grande bâtisse qui ressemblait à une grange, avec un toit de tôle ondulée, et qui était le seul immeuble public assez grand pour accueillir autant d'accusés.

On nous a emmenés dans des cars de police fermés à clef, escortés par une demi-douzaine de transports de troupes remplis de soldats en armes. A cause de toutes ces précautions, on aurait pu croire que la guerre civile avait éclaté. Une foule immense de partisans bloquait la circulation dans Twist Street ; nous les entendions crier et chanter et ils nous entendaient leur répondre de l'intérieur des fourgons. Le voyage s'est transformé en cortège triomphal et la foule balançait les véhicules qui avançaient lentement. Des soldats et des policiers, l'arme au poing, encerclaient tout le périmètre de Drill Hall. Les fourgons se sont rangés derrière le bâtiment de telle façon qu'en descendant nous entrions directement dans la salle.

A l'intérieur, nous avons été accueillis par une foule de partisans et la salle ressemblait plus à un meeting de protestation qu'à un tribunal. Nous sommes entrés en levant le pouce, le salut de l'ANC, et nous avons fait signe à nos partisans assis dans la partie réservée aux non-Blancs. Les accusés se sont mêlés aux journalistes et aux amis et l'atmosphère était plus à la fête qu'à la répression.

Le gouvernement nous accusait de haute trahison et de conspiration à l'échelon national, dans le but de renverser le gouvernement par la violence et de le remplacer par un Etat communiste. La période couverte par l'accusation allait du 1er octobre 1952 au 13 décembre 1956 : cela comprenait la Campagne de défi, le déplacement de Sophiatown et le Congrès du peuple. La loi sud-africaine sur la haute trahison n'était pas fondée sur le droit anglais, mais sur des antécédents hollandais, et définissait la haute trahison comme une intention hostile de troubler, d'affaiblir ou de mettre en danger l'indépendance ou la sécurité de l'Etat. Le châtiment était la peine de mort.

L'interrogatoire préliminaire avait pour objectif de déterminer si les accusations du gouvernement suffisaient pour nous traduire devant la Cour suprême. Il y avait alors deux étapes supplémentaires pour établir les preuves. La première était un tribunal d'instance. Si le magistrat jugeait les preuves suffisantes, on renvoyait l'affaire devant la Cour suprême. Si le magistrat décidait du contraire, les accusés étaient acquittés.

Le juge, Mr. F.C. Wessels, était le premier président de Bloemfontein. Le premier jour, quand il a commencé à parler d'une voix plutôt douce, il a été impossible de l'entendre.

On avait oublié d'installer des micros et des haut-parleurs, et l'on a suspendu la séance pendant deux heures, le temps de trouver une sonorisation. Rassemblés dans une cour, nous avons fait quelque chose qui ressemblait à un pique-nique, avec de la nourriture qu'on nous avait apportée de l'extérieur. Il régnait presque une atmosphère de fête. Deux heures plus tard, on a suspendu la séance parce qu'on n'avait pas trouvé les haut-parleurs qui convenaient. Nous avons été raccompagnés au Fort sous les acclamations de la foule.

Le lendemain, il y avait encore plus de monde à l'extérieur et la police se montrait plus nerveuse. Cinq cents hommes armés entouraient le Drill Hall. Quand nous sommes entrés, nous avons découvert qu'on avait construit une énorme cage métallique pour nous y enfermer. Elle était faite de grillage attaché à des poteaux et d'un échafaudage, avec une grille devant et au-dessus. On nous a fait entrer et asseoir sur des bancs, entourés par seize gardes en armes.

En plus de son effet symbolique, la cage nous empêchait de communiquer avec nos avocats, qui n'avaient pas le droit d'y entrer. Un de mes collègues a griffonné sur un morceau de papier qu'il a affiché sur le côté de la cage : « Dangereux. Nourriture interdite. »

Nos partisans et l'organisation avaient réuni une extraordinaire équipe de défenseurs, dont Bram Fischer,

Norman Rosenberg, Israel Maisels, Maurice Franks et Vernon Berrangé. Aucun d'eux n'avait jamais vu un tel tribunal. Franks a élevé une puissante protestation contre l'accusation qui humiliait ses clients d'une façon aussi « extravagante » en les traitant, a-t-il dit, « comme des animaux sauvages ». Il a exigé qu'on enlève la cage sur-le-champ sinon tous les défenseurs quitteraient le tribunal. Après une brève suspension, le magistrat a décidé d'enlever la cage ; en attendant, on a retiré la grille de devant.

Le procès n'a commencé qu'à ce moment-là. Le procureur, Mr. Van Niekerk, a entamé la lecture d'une partie de l'acte d'accusation de 18 000 mots. On l'entendait à peine à cause des cris et des chants au-dehors et à un moment un groupe de policiers s'est précipité à l'extérieur. Nous avons entendu un coup de revolver suivi de cris et d'autres coups de feu. Le juge a suspendu la séance pour se concerter avec les avocats. Il y avait vingt blessés.

La lecture de l'acte d'accusation continua pendant les deux jours suivants. Van Niekerk dit qu'il prouverait à la cour que les accusés, avec l'aide de pays étrangers, avaient prévu de renverser le gouvernement en place par la violence et d'imposer un Etat communiste à l'Afrique du Sud. C'était l'accusation de haute trahison. Le ministère public cita la Charte de la liberté à la fois comme preuve de nos intentions communistes et de notre complot. Le troisième jour, on avait démonté l'essentiel de la cage. Enfin, le quatrième jour, nous avons été libérés sous caution. La caution était un autre exemple de l'échelle mobile de l'apartheid : 250 livres pour les Blancs, 100 livres pour les Indiens et 25 livres pour les Africains et les métis. La trahison était sensible aux différences de couleur. Des partisans appartenant à tous les milieux sociaux se sont proposés pour payer les cautions de tous les accusés, des gestes de soutien qui plus tard ont formé la base du Fonds de soutien du procès de trahison, lancé par l'évêque Reeves, Alan Paton et Alex Hepple. Nous étions libérés à la condition de nous présenter une fois par semaine au commissariat de police.

et il nous était interdit d'assister à toute réunion publique. Le procès devait reprendre début janvier.

Le lendemain, je suis allé au bureau aux aurores. Oliver et moi, nous sortions tous deux de prison et nos dossiers nous attendaient. Alors que j'essayais de travailler, j'ai reçu la visite d'un vieil ami, Jabavu, un interprète professionnel que je n'avais pas vu depuis plusieurs mois. Avant les arrestations, j'avais décidé de maigrir, dans la perspective de la prison, où l'on doit être maigre et capable de vivre de peu. Pendant ma détention, j'avais continué mes exercices et j'étais content d'être en forme. Mais Jabavu m'a regardé d'un œil soupçonneux. « Madiba, m'a-t-il dit, pourquoi est-ce que tu es si mince ? » Dans la culture africaine, on associe souvent l'embonpoint à la richesse et la santé. Et il a crié : « Tu as eu peur de la prison. Tu nous as fait honte, à nous, les Xhosas ! »

24

Avant le procès, mon mariage avait commencé à aller mal. En 1953, Evelyn avait décidé de suivre des cours pour devenir sage-femme et compléter son diplôme d'infirmière par une spécialité. Elle s'est inscrite à une école de sage-femmes au King Edward VII Hospital de Durban, ce qui l'obligerait à être absente pendant plusieurs mois. Ma mère et ma sœur habitaient avec nous, elles pouvaient donc s'occuper des enfants. Pendant son séjour à Durban, je suis allé lui rendre visite au moins une fois.

Elle est revenue après avoir passé ses examens. Elle était de nouveau enceinte et elle a donné naissance à Makaziwe, qui portait le nom de la petite fille que nous avions perdue six ans plus tôt. Dans notre culture, donner à un nouveau-né le nom d'un enfant décédé est considéré comme une façon d'honorer sa mémoire et de conserver un attachement mystique à l'enfant parti trop tôt.

Au cours de l'année suivante, Evelyn s'est engagée dans l'organisation de la Tour de garde, qui faisait partie des Témoins de Jéhovah. Je ne sais pas si cela résultait d'une insatisfaction dans sa vie à ce moment-là. Les Témoins de Jéhovah considéraient la Bible comme la seule loi et croyaient à un grand conflit futur entre le bien et le mal. Evelyn a commencé à distribuer avec zèle leur publication, *La Tour de garde*, et à essayer de me convaincre de transformer mon engagement dans la lutte en un engagement pour Dieu. Même si je trouvais certains aspects du système de la Tour de garde intéressants et de valeur, je ne pouvais partager sa dévotion. Il y avait un élément obsessionnel qui me déconcertait. D'après ce que je pouvais comprendre, sa foi lui enseignait la passivité et la soumission en face de l'oppression, quelque chose que je ne pouvais pas accepter.

Mon engagement dans l'ANC et dans la lutte était irrémédiable, et cela troublait Evelyn. Elle avait toujours pensé que la politique était un amusement de jeunesse et que je rentrerais un jour au Transkei pour exercer mon métier d'avocat. Quand cette possibilité s'est éloignée, elle ne s'est jamais résignée au fait que nous continuerions à habiter à Johannesburg, et elle n'a jamais abandonné l'idée que nous allions rentrer à Umtata. Elle pensait qu'une fois au Transkei, au sein de ma famille, je reprendrais mon rôle de conseiller de Sabata et que la politique ne me manquerait pas. Elle encourageait les efforts de Daliwonga qui cherchait à me persuader de revenir à Umtata. Nous nous disputions souvent à ce sujet, et je lui expliquais patiemment que la politique ne représentait pas un amusement mais le travail de ma vie, qu'il s'agissait d'une part essentielle et fondamentale de mon être. Elle ne pouvait l'accepter. Un homme et une femme qui ont des conceptions si différentes de leur rôle respectif dans la vie ne peuvent rester proches l'un de l'autre.

J'essayais de la persuader de la nécessité de la lutte et elle tentait de me persuader de la valeur de la foi. Quand je voulais lui dire que j'étais au service de la nation, elle me répondait qu'être au service de Dieu était supérieur. Nous n'avions plus grand-chose en commun et je commençais à être convaincu qu'on ne pouvait plus sauver notre couple.

Nous nous battions également pour l'esprit et le cœur des enfants. Elle voulait qu'ils soient religieux et je pensais qu'ils devaient être politisés. A chaque occasion, elle les emmenait à l'église et leur lisait la littérature de *La Tour de garde*. Elle donnait même aux garçons des tracts à distribuer dans le township. Je parlais politique avec les garçons. Thembi était membre des pionniers, la section des enfants de l'ANC, et il s'y connaissait déjà en politique. Avec les termes les plus simples, j'expliquais à Makgatho comment l'homme noir était persécuté par l'homme blanc.

Accrochées aux murs de la maison, il y avait des photos de Roosevelt, de Churchill, de Staline, de Gandhi, et celle de la prise du palais d'Hiver à Saint-Pétersbourg en 1917. J'expliquais aux garçons qui était chacun de ces hommes et ce qu'il défendait. Ils savaient que les responsables blancs d'Afrique du Sud défendaient quelque chose de très différent. Un jour, Makgatho est entré dans la maison en courant et a dit : « Papa, papa, il y a Malan en haut de la côte ! » Malan avait été le premier Premier ministre nationaliste et le garçon l'avait confondu avec un ministre de l'Education bantoue, Willie Maree, qui avait annoncé qu'il prendrait la parole lors d'un meeting public dans le township. Je suis sorti pour voir de quoi parlait Makgatho, parce que l'ANC avait organisé une contre-manifestation. Dehors, j'ai vu tout de suite deux cars de police qui escortaient Maree jusqu'à l'endroit où il avait l'intention de parler, mais il y a eu des problèmes dès le début et le ministre s'est sauvé sans avoir fait son discours.

A cette époque, j'avais un emploi du temps épouvantable. Je quittais la maison très tôt le matin et je rentrais tard le soir. En général, après ma journée de travail, j'avais des réunions. Evelyn ne comprenait pas, et elle me soupçonnait de voir d'autres femmes quand je rentrais très tard. Je lui expliquais de quelle réunion il s'agissait, pourquoi j'y avais assisté et de quoi on avait parlé. Mais rien ne pouvait la faire changer d'avis. En 1955, elle m'a donné un ultimatum : je devais choisir entre elle et l'ANC.

Walter et Albertina étaient très proches d'Evelyn et ils souhaitaient ardemment que nous restions ensemble. Evelyn se confiait à Albertina. Un jour, Walter a abordé la question et j'ai été très sec avec lui. Je lui ai dit de ne pas se mêler de ça. Je regrette la façon dont je lui ai répondu parce que Walter a toujours été un frère pour moi et son amitié et son soutien n'ont jamais failli.

Un jour il m'a dit qu'il voulait amener quelqu'un au bureau pour que je le rencontre. Il ne m'a pas dit qu'il s'agissait de mon beau-frère et j'ai été surpris de le voir, mais non contrarié. J'étais pessimiste à propos de notre mariage et j'ai pensé qu'il était normal que je lui en fasse part.

Nous parlions cordialement tous les trois et l'un de nous, Walter ou moi, utilisa une phrase comme « des hommes tels que nous ». Le frère d'Evelyn était un commerçant opposé à la politique et aux hommes politiques. Il s'est vexé et nous a dit : « Si vous croyez que vous êtes comme moi, c'est ridicule. Ne vous comparez pas à moi. » Après son départ, Walter et moi nous sommes regardés et avons éclaté de rire.

En décembre, quand on nous a arrêtés et emprisonnés pendant quinze jours, j'ai reçu la visite d'Evelyn. Mais quand, à ma libération, j'ai découvert qu'elle était partie en emmenant les enfants, je fus désespéré. Elle avait même emporté les rideaux et, je ne sais pas pourquoi, ce petit détail m'a brisé. Son frère, qui l'avait accueillie, m'a dit : « C'est sans doute mieux comme ça, quand les choses se seront tassées vous vous remettrez peut-être ensemble. » C'était raisonnable mais ça n'a pas eu lieu.

Evelyn et moi avions des différences inconciliables. Je ne pouvais pas abandonner ma vie dans la lutte et elle ne pouvait pas supporter mon attachement à autre chose qu'elle et la famille. C'était une femme très bien, charmante, forte et fidèle, une excellente mère. J'ai toujours gardé le respect et l'admiration que j'avais pour elle mais nous n'avons pas réussi notre couple.

La rupture de tout mariage est un traumatisme, surtout pour les enfants. Notre famille n'y a pas fait exception et les enfants en ont souffert. Makgatho dormait dans mon lit. C'était un enfant très gentil, un médiateur naturel et il essayait de trouver le moyen de nous réconcilier, sa mère et moi. Makaziwe était encore petite, et je me souviens d'un jour, alors que je n'étais ni en prison ni au tribunal, où je suis allé la voir à la crèche sans prévenir. Elle avait toujours été très affectueuse mais quand elle m'a vu, elle s'est figée. Elle ne savait pas si elle devait courir vers moi ou se sauver, sourire ou se renfrogner. Un conflit lui déchirait le cœur et elle ne savait pas comment le résoudre. C'était très douloureux.

Thembi, qui avait dix ans à l'époque, fut le plus affecté. Il cessa de travailler en classe et se renferma. Avant, il aimait beaucoup l'anglais et Shakespeare, mais après la séparation, le travail scolaire n'a plus semblé l'intéresser. Le directeur de son école m'en a parlé une fois, mais je ne pouvais pas faire grand-chose. Je l'emmenais au gymnase chaque fois que je le pouvais et parfois il se déridait un peu. Mais j'étais rarement là et, plus tard, quand je suis passé dans la clandestinité, Walter l'a pris chez lui, avec son fils. Une fois, Walter l'a emmené dans une réunion sportive et ensuite il m'a dit : « Il est drôlement calme, le petit. » Après la séparation, Thembi portait souvent mes vêtements même s'ils étaient beaucoup trop grands pour lui ; il avait l'impression d'être avec son père, trop souvent absent.

25

Le 9 janvier 1957, on nous a de nouveau rassemblés dans le Drill Hall. C'était au tour de la défense de réfuter les arguments de l'accusation. Après avoir résumé les charges qui pesaient contre nous, Vernon Berrangé, notre principal avocat, a pris la parole : « La défense va repousser énergiquement l'affirmation selon laquelle les termes de la Charte de la liberté sont de nature criminelle ou constituent une forme de haute trahison. Tout au contraire, la défense soutiendra que les idées et les convictions exprimées dans cette charte, même si elles sont incompatibles avec la politique de l'actuel gouvernement, sont partagées par l'immense majorité de l'humanité, de toutes races et de toutes couleurs, ainsi que par l'immense majorité des citoyens de ce pays. » En accord avec nos avocats, nous avions décidé que nous ne nous contenterions pas de prouver notre innocence, et montrerions qu'il s'agissait d'un procès politique dans lequel le gouvernement nous persécutait pour avoir décidé d'actions moralement justifiées.

Mais l'affrontement des arguments a bientôt cédé la place aux tactiques de procédure. Le premier mois a été consacré à la présentation des preuves de l'accusation. On a produit un par un et numéroté chaque journal, tract, livre, carnet, lettre, magazine et coupure de presse ; 12 000 documents en tout. Cela allait de la Déclaration universelle des droits de l'homme des Nations unies jusqu'à un livre de cuisine russe. L'accusation a même présenté les deux pancartes saisies au Congrès du peuple : « Soupe avec viande » et « Soupe sans viande ».

Pendant l'examen préparatoire, qui devait durer des mois, nous avons écouté jour après jour des inspecteurs de police africains et afrikaners lire leurs notes prises lors de réunions de l'ANC, ou des transcriptions de discours. Les comptes rendus dénaturaient toujours la réalité et étaient souvent absurdes ou carrément mensongers. Plus tard, Berrangé a montré dans son contre-interrogatoire que beaucoup d'inspecteurs de police africains ne pouvaient ni comprendre ni écrire l'anglais, la langue dans laquelle les discours avaient été prononcés.

Pour soutenir l'allégation invraisemblable selon laquelle nous avions prévu de remplacer le gouvernement par un Etat de type soviétique, l'accusation s'appuya sur les preuves avancées par le professeur Andrew Murray, directeur du département de sciences politiques à l'université du Cap. Murray désigna comme « communistes » quantité de documents saisis, y compris la Charte de la liberté.

Au début, le professeur Murray semblait relativement bien informé, mais c'était avant que Berrangé l'interroge. Ce dernier lui dit qu'il allait lui lire des extraits de différents documents et Murray devrait dire s'ils étaient communistes ou non. Berrangé lui lut le premier extrait qui concernait la nécessité pour les travailleurs ordinaires de coopérer et de ne pas s'exploiter mutuellement. Communiste, dit Murray. Berrangé dit alors qu'il s'agissait d'une déclaration de l'ancien Premier ministre d'Afrique du Sud, le Dr. Malan. Berrangé lui lut deux autres déclarations que le professeur Murray jugea communistes. Ces textes avaient en fait été prononcés par les présidents des Etats-Unis Abraham Lincoln et Woodrow Wilson. Mais on atteignit le sommet quand Berrangé lut à Murray un passage que le professeur n'hésita pas à qualifier d'« entièrement communiste ». Berrangé lui dit alors qu'il s'agissait d'un texte que le professeur Murray lui-même avait écrit dans les années 30.

Au septième mois du procès, l'accusation annonça qu'elle allait produire la preuve qu'on avait organisé des violences pendant la Campagne de défi. Elle appela le premier de ses grands témoins, Solomon Ngubase dont le témoignage sensationnel semblait impliquer l'ANC. Ngubase était un type mielleux d'à peine quarante ans ; il possédait mal la langue anglaise et il purgeait une condamnation pour fraude. Dans son témoignage, il expliqua à la cour qu'il avait obtenu une licence à l'université de Fort Hare et qu'il était avocat. Il dit qu'il avait été secrétaire de la branche de Port Elizabeth de l'ANC ainsi que membre de la Direction nationale. Il prétendit avoir assisté à une réunion de la Direction nationale au cours de laquelle on avait pris la décision d'envoyer

Walter Sisulu et David Bopape en Union soviétique pour qu'ils s'y procurent des armes en vue de l'organisation d'une révolution violente en Afrique du Sud. Il dit avoir été présent à une réunion qui avait préparé l'émeute de 1952 à Port Elizabeth et qu'il se trouvait là quand l'ANC avait décidé de tuer tous les Blancs du Transkei comme les Mau Mau au Kenya. Le témoignage spectaculaire de Ngubase créa un remous à l'intérieur et à l'extérieur du tribunal. C'était enfin la preuve de la conspiration.

Mais quand Berrangé l'interrogea, Ngubase apparut à la fois comme un fou et un menteur. Berrangé, à qui son habileté dans les contre-interrogatoires avait valu le sur-nom d'Isangoma (devin ou guérisseur qui exorcise une maladie), établit rapidement que Ngubase n'avait jamais été diplômé de l'université et encore moins membre de la Direction nationale. Berrangé prouva qu'il s'était fabri-qué de faux diplômes universitaires, qu'il avait pratiqué illégalement le métier d'avocat pendant plusieurs années et qu'une autre affaire de fraude le concernant allait bientôt éclater. Au moment où, selon ses dires, il avait assisté à la réunion pour préparer l'émeute de Port Eli-zabeth, il purgeait une peine de prison à Durban. Aucun élément du témoignage de Ngubase n'avait de rapport avec la vérité. A la fin du contre-interrogatoire, Berrangé lui demanda : « Savez-vous ce qu'est un escroc ? » Ngu-base dit qu'il ne savait pas. Alors Berrangé s'écria : « Vous, vous êtes un escroc ! »

Joe Slovo, un des accusés et un avocat extraordinaire, assura lui-même sa défense. Il irritait beaucoup l'accu-sation à cause de ses questions précises et de sa façon de montrer que c'était l'Etat qui violait la loi et pas l'ANC. Le contre-interrogatoire de Joe Slovo fut souvent aussi ravageur que celui de Berrangé. L'inspecteur Jeremiah Mollson, un des rares Africains membres de la Special Branch, prétendait se souvenir de phrases entières de discours de l'ANC qu'il avait entendus. Mais en général il ne citait que du charabia ou une pure invention.

> SLOVO : « Comprenez-vous l'anglais ? »
> MOLLSON : « Pas très bien. »

SLOVO : « Voulez-vous dire que vous citez ces discours en anglais et que vous ne comprenez pas très bien l'anglais ? »

MOLLSON : : « Oui, monsieur. »

SLOVO : « Reconnaissez-vous que vos notes sont des sottises ? »

MOLLSON : : « Je ne sais pas. »

La dernière réponse déclencha un éclat de rire parmi les accusés et la défense. Je me souviens du président qui nous réprimanda pour avoir ri en nous disant : « Ce procès n'est pas si drôle qu'il y paraît. »

A un moment, le juge Wessels dit à Slovo qu'il portait atteinte à l'honneur du tribunal et il lui infligea une amende pour outrage. Ceci entraîna la colère de la plupart des accusés et seul le chef Luthuli put empêcher qu'un grand nombre d'entre eux soient également accusés d'outrage.

Alors que se poursuivaient les dépositions des témoins, dont la plupart n'étaient que de lassantes manœuvres de procédure, nous avons commencé à nous occuper d'autre chose. J'apportais souvent un livre ou un dossier pour travailler. D'autres lisaient des journaux, faisaient des mots croisés, jouaient aux échecs ou au scrabble. Parfois, le président nous reprochait de ne pas suivre les débats, et les livres et les mots croisés disparaissaient. Mais, lentement, tandis que les dépositions reprenaient leur rythme d'escargot, les jeux et les journaux revenaient.

Au fur et à mesure que se déroulait l'examen préparatoire, l'accusation perdait espoir. Elle multipliait les témoignages — souvent fabriqués de toutes pièces — pour l'aider dans ce qui semblait une cause perdue.

Finalement, le 11 septembre, dix mois après avoir été rassemblés dans le Drill Hall, le procureur annonça la fin de l'examen préparatoire. Le président donna quatre mois à la défense pour passer au peigne fin les 8 000 pages dactylographiées et les 10 000 documents et préparer son dossier.

L'examen préparatoire avait duré toute l'année 1957.

Le procès fut ajourné en septembre et la défense se mit à examiner les preuves. Trois mois plus tard, sans avertissement ni explication, la cour annonça l'abandon des accusations contre soixante et un accusés. Il s'agissait pour la plupart de personnages relativement secondaires de l'ANC, mais parmi eux il y avait aussi le chef Luthuli et Oliver Tambo. Cette décision nous plut mais nous stupéfia.

En janvier, date à laquelle le ministère public devait résumer ses accusations, il présenta un nouveau procureur, le redoutable Oswald Pirow, ancien ministre de la Justice et de la Défense, et aussi ardent partisan de la politique du Parti national. Afrikaner nationaliste depuis toujours, il avait soutenu la cause des nazis ; il avait décrit Hitler comme « le plus grand homme de son temps ». C'était un anticommuniste virulent. La nomination de Pirow prouvait une nouvelle fois l'inquiétude du gouvernement et l'importance considérable qu'il attachait à la victoire.

Avant que Pirow dépose ses conclusions, Berrangé annonça qu'il demanderait un non-lieu parce que l'accusation n'avait pas apporté de preuves suffisantes contre nous. Pirow s'y opposa et cita plusieurs discours incendiaires des accusés, en informant la cour que la police avait découvert d'autres preuves d'une conspiration extrêmement dangereuse. Le pays, dit-il d'un ton solennel, était assis sur un volcan. Son intervention fut efficace et très dramatique. Pirow modifia l'atmosphère du procès. Nous avions trop confiance et on nous rappelait que nous nous trouvions devant une accusation très grave. Ne vous y trompez pas, nous dirent nos avocats, vous pouvez très bien finir en prison.

Après treize mois d'examen préparatoire, le président décida qu'il avait trouvé « une raison suffisante » pour nous traduire devant la Cour suprême du Transvaal pour haute trahison. Le procès fut ajourné en janvier ; quatre-vingt-quinze personnes restaient accusées. Mais nous ne savions pas quand commencerait le véritable procès.

Evelyn, j'ai dit à Winnie qu'elle devrait aller voir Ray Harmel, la femme de Michael Harmel, pour essayer une robe de mariée. Ray n'était pas seulement une militante, c'était aussi une excellente couturière. J'ai demandé à Winnie combien elle voulait de demoiselles d'honneur et je lui ai proposé d'aller à Bizana informer ses parents que nous allions nous marier. Winnie a toujours dit en riant que je ne l'avais jamais demandée en mariage, mais je lui ai toujours assuré que je l'avais demandée lors de notre tout premier rendez-vous et qu'à partir de ce jour-là j'ai considéré la chose comme entendue.

Le procès de trahison en était dans sa seconde année et il pesait de façon écrasante sur l'exercice de mon métier d'avocat. Le cabinet Mandela et Tambo allait à vau-l'eau car nous ne pouvions pas être là et nous avions de sérieux problèmes financiers. Depuis l'abandon des accusations contre lui, Oliver avait pu rattraper un certain nombre de choses ; mais le mal était fait. Notre cabinet, qui avait refusé des clients, suppliait maintenant pour en avoir. Je n'ai même pas pu payer les 50 livres que je devais toujours sur le terrain d'Umtata et j'ai dû y renoncer.

J'ai expliqué tout cela à Winnie. Je lui ai dit que nous devrions vraisemblablement vivre sur son petit salaire d'assistante sociale. Elle a compris et m'a répondu qu'elle acceptait de partager mon sort. Je ne lui ai jamais promis d'or ou de diamants, et je n'ai jamais pu lui en offrir.

Nous nous sommes mariés le 14 juin 1958. J'ai demandé une levée de mon ordre d'interdiction et on m'a donné une autorisation d'absence de Johannesburg de six semaines. J'ai payé la *lobola*, la dot traditionnelle, au père de Winnie.

Les invités au mariage ont quitté Johannesburg, très tôt le matin du 12 juin, pour se rendre à Bizana, que nous avons atteint en fin d'après-midi. J'ai d'abord signalé mon arrivée au commissariat de police. A la tombée de la nuit, nous sommes allés chez la fiancée, à Mbongweni, comme le voulait la coutume. Un chœur de femmes qui poussaient des youyous de joie nous ont accueillis, et Winnie et moi avons été séparés ; Winnie est entrée dans la maison de la fiancée, tandis que je rejoignais les jeunes gens chez l'un de ses cousins.

La cérémonie elle-même s'est déroulée dans l'église locale et ensuite nous avons fait la fête chez le frère aîné de Winnie, qui habitait dans la maison ancestrale du clan Madikizela. On avait décoré la voiture des mariés aux couleurs de l'ANC. On a dansé et chanté, et la grand-mère de Winnie, qui débordait de santé, nous a fait une danse spéciale. Nous avions invité toute la direction de l'ANC, mais des interdictions limitaient les présences. Parmi ceux qui sont venus, il y avait Duma Nokwe, Lilian Ngoyi, le Dr. James Njongwe, le Dr. Wilson Conco et Victor Tyamzashe.

La dernière réception eut lieu à la mairie de Bizana. Je me souviens surtout du discours du père de Winnie. Il remarqua, comme tout le monde, que parmi les convives que l'on n'avait pas invités, il y avait beaucoup de membres de la police de sécurité. Il parla de son amour pour sa fille, de mon engagement pour le pays, et de ma dangereuse carrière d'homme politique. Quand Winnie lui avait parlé de ce mariage pour la première fois, il s'était écrié : « Mais tu épouses un gibier de potence ! » Lors de la cérémonie, il dit qu'il n'était pas optimiste sur l'avenir, et qu'une telle union, dans des temps aussi difficiles, connaîtrait continuellement des épreuves. Il dit à Winnie qu'elle épousait un homme qui avait déjà épousé la lutte. Il souhaita bonne chance à sa fille et il conclut en disant : « Si ton mari est un magicien, il faudra que tu deviennes une sorcière ! » Une façon de dire qu'une femme doit toujours suivre le chemin que choisit son mari. Ensuite, Constance Mbekeni, ma sœur, parla en mon nom.

Après la cérémonie, on a enveloppé un morceau du gâteau de mariage afin que la jeune mariée le rapporte dans la maison ancestrale du jeune marié, pour la seconde partie du mariage. Mais cette seconde partie n'a jamais eu lieu, parce que mon autorisation s'achevait et que nous devions rentrer à Johannesburg. Chez moi, au numéro 8115 d'Orlando West, beaucoup d'amis et de parents nous attendaient pour nous accueillir. On avait tué un mouton et il y eut un festin en notre honneur.

Nous n'avons pas eu le temps d'avoir de lune de miel et la vie a immédiatement repris son train-train, dominé par le procès. Nous nous levions chaque jour très tôt, en général vers 4 heures. Winnie préparait le petit déjeuner puis je partais. Ensuite, je prenais l'autocar pour Pretoria où se déroulait désormais le procès, ou bien je passais au bureau. Autant que possible, j'y allais l'après-midi et le soir, en essayant de faire marcher le cabinet et de gagner un peu d'argent. Le travail politique et les réunions prenaient souvent les soirées. L'épouse d'un combattant de la liberté est un peu comme une veuve, même quand son mari n'est pas emprisonné. Malgré le procès de trahison, Winnie me donnait beaucoup d'espoir. J'avais l'impression d'avoir une nouvelle chance dans la vie. Mon amour pour elle me donnait une force supplémentaire pour les combats qui m'attendaient.

27

Le principal événement du pays en 1958 fut les élections générales — « générales » uniquement parce que trois millions de Blancs pouvaient y participer mais aucun des treize millions d'Africains. Nous débattions pour savoir s'il fallait organiser une riposte. Nous devions répondre à la question centrale suivante : est-ce que des élections auxquelles seuls les Blancs pouvaient participer changeaient quelque chose pour les Africains ? En ce qui concernait l'ANC, nous ne pouvions pas rester indifférents même si nous ne participions pas au système. Nous étions exclus mais pas insensibles : la défaite du Parti national irait dans le sens de notre intérêt et de celui de tous les Africains.

L'ANC se joignit aux autres congrès et au SACTU, le South African Congress of Trade Unions (Congrès sud-africain des syndicats), pour appeler à une grève de trois jours pendant les élections d'avril. On distribua des tracts dans les usines et les magasins, dans les gares et les stations de bus, dans les cafés et les hôpitaux et au porte-à-porte. Le principal slogan de la campagne était : « Les nationalistes à la porte ! » *(The Nats must go !)* Nos préparatifs inquiétèrent le gouvernement ; quatre jours avant le scrutin, il décréta illégal tout rassemblement de plus de dix Africains dans une zone urbaine.

La nuit qui précédait une manifestation, un boycott ou une grève à domicile, les responsables passaient toujours dans la clandestinité afin de mettre en échec les rafles qui avaient lieu à coup sûr. La police nous surveillait pourtant vingt-quatre heures sur vingt-quatre, mais il était facile de disparaître pendant un jour ou deux. Walter, Oliver, Moses Kotane, J.B. Marks, Dan Tloome, Duma Nokwe et moi-même avons passé la nuit d'avant la grève chez le Dr. Nthatho Motlana, mon médecin, d'où nous pouvions rester en contact par téléphone avec les autres responsables dans toute la ville.

Les communications n'étaient pas très efficaces à cette époque, en particulier dans les townships où peu de gens avaient le téléphone, et superviser une grève était une tâche frustrante. Le lendemain matin de bonne heure, nous sommes allés dans une autre maison du voisinage et nous avons envoyé des hommes dans les endroits stratégiques des townships pour surveiller les trains, les bus et les taxis afin de savoir si les gens allaient ou non au travail. Ils sont revenus avec de mauvaises nouvelles : les bus et les trains étaient pleins ; les gens ignoraient l'ordre de grève. Ce n'est qu'à ce moment-là que nous nous sommes rendu compte que celui chez qui nous nous trouvions avait disparu — lui-même s'était éclipsé pour aller travailler. La grève s'annonçait comme un échec.

Nous avons décidé de l'annuler. Une grève de trois jours qu'on annule le premier n'est un échec que d'une journée ; une grève qui est un échec de trois jours se transforme en fiasco. Nous nous sentions humiliés de le faire, mais nous pensions que le contraire serait pire. Moins d'une heure après avoir publié un communiqué appelant à la fin de la grève, la radio gouvernementale sud-africaine le diffusait *in extenso*. D'habitude, la SABC

(South African Broadcasting Corporation) ignorait totalement l'ANC ; elle ne diffusait que nos défaites. Cette fois, on allait jusqu'à nous complimenter. Cela déplut beaucoup à Moses Kotane. « Etre félicité par la SABC, c'est vraiment trop », disait-il en secouant la tête. Il se demandait si nous n'avions pas agi trop rapidement et si nous n'avions pas joué le jeu du gouvernement. C'était un souci légitime, mais il ne fallait jamais prendre de décision sous le coup de l'orgueil ou de l'embarras, seulement dans un but purement stratégique — et ici la stratégie exigeait qu'on arrête la grève. Le fait que l'ennemi eût exploité notre reddition ne voulait pas dire que nous avions eu tort.

Mais certaines zones n'avaient pas été informées de la suspension de la grève et d'autres n'en ont pas tenu compte. A Port Elizabeth, une forteresse de l'ANC, la grève a été plus suivie les deuxième et troisième jours que le premier et dans beaucoup de régions de la province du Cap l'appel a été largement observé. Cependant, en général, nous n'avons pu dissimuler notre échec. Comme si cela ne suffisait pas, les nationalistes ont amélioré leurs résultats de 10 %.

Nous avons eu des discussions très vives pour savoir si nous aurions dû utiliser des mesures coercitives, comme des piquets de grève qui empêchent les gens d'entrer sur leur lieu de travail ? Les plus durs affirmaient que si nous l'avions fait la grève aurait été un succès. Mais je n'ai jamais aimé ce genre de méthodes. Il vaut mieux compter sur un soutien librement consenti sinon les résultats sont fragiles et passagers. L'organisation devait apparaître comme un refuge et non comme une prison. Cependant, si la majorité de l'organisation ou le peuple soutient une décision, on peut, dans certains cas, user de coercition contre la minorité dissidente dans l'intérêt de la majorité. Une minorité, même bruyante, ne devrait pas pouvoir aller contre la volonté de la majorité.

Chez moi, j'ai essayé d'utiliser une autre forme de coercition, mais sans succès. Nous avions une femme de ménage de langue sotho du même âge que moi, Ida Mthimkhulu. C'était plus un membre de la famille qu'une employée et je l'appelais Kgaitsedi, un terme d'affection qui signifie « sœur ». Ida faisait régner dans la maison une discipline militaire et, Winnie et moi, nous lui obéissions de bon cœur ; j'allais souvent faire les courses quand elle me l'ordonnait.

La veille de la grève, en raccompagnant Ida et son fils de douze ans, je lui ai dit qu'il fallait qu'elle me lave et me repasse des chemises le lendemain. Un long silence inhabituel a suivi. Puis Ida s'est tournée vers moi et m'a dit avec un mépris à peine dissimulé : « Vous savez très bien que je ne peux pas.

— Pourquoi ? » ai-je répondu, étonné par la violence de sa réaction.

— Vous avez oublié que, moi aussi, je suis une travailleuse ? m'a-t-elle dit avec une certaine satisfaction. Demain, je fais grève avec les miens et mes camarades ouvriers ! »

Son fils a vu mon embarras et, d'une façon enfantine, il a essayé de diminuer la tension en disant qu'« Oncle Nelson » l'avait toujours considéré comme une sœur, pas comme une ouvrière. Elle s'est tournée mécontente vers son fils et lui a répondu : « Mon garçon, où étais-tu quand je luttais pour mes droits dans cette maison ? Si je ne m'étais pas battue contre ton "Oncle Nelson", aujourd'hui, il ne me traiterait pas comme une sœur ! » Ida n'est pas venue travailler le lendemain et on ne m'a pas repassé de chemise.

28

Il y avait peu de questions aussi sensibles que celle du *pass* pour les femmes. Le gouvernement était resté ferme dans sa volonté de leur imposer un *pass* et elles étaient restées fermes dans leur volonté de s'y opposer. Le gouvernement appelait maintenant le *pass* le « livre de référence », mais les femmes ne se laissaient pas tromper :

on pouvait toujours les condamner à une amende de 10 livres ou à un mois de prison si elles n'avaient pas leur « livre de référence ».

En 1957, poussées par la Ligue des femmes de l'ANC, des femmes des zones rurales et des villes de tout le pays ont réagi avec violence à l'insistance du gouvernement. Les femmes étaient courageuses, opiniâtres, enthousiastes, infatigables et leur façon de manifester fut un modèle jamais égalé de manifestation antigouvernementale. Comme l'a dit le chef Luthuli : « Quand les femmes commenceront à prendre une part active à la lutte comme elles le font actuellement, aucun pouvoir sur terre ne pourra nous empêcher d'atteindre la liberté pendant notre vie. »

Dans tout le Transvaal du Sud, à Standerton, Heidelberg, Balfour, et dans d'autres villages, des milliers de femmes manifestèrent. Pendant une suspension du procès pour trahison, Frances Baard et Florence Matomela organisèrent une manifestation de refus du *pass* dans leur ville, Port Elizabeth. En octobre, à Johannesburg, un important groupe de femmes se réunit au service central du *pass* et chassa les femmes venues chercher le leur ainsi que les employés qui travaillaient à l'intérieur, bloquant tout le service. La police arrêta des centaines de manifestantes.

Peu de temps après ces arrestations, nous venions de souper, et Winnie m'informa qu'elle voulait rejoindre le groupe des femmes d'Orlando qui devaient manifester le lendemain devant le service du *pass*. J'ai été pris au dépourvu, mais si son engagement et son courage me plaisaient, ils m'inquiétaient aussi. Depuis notre mariage, Winnie s'était de plus en plus politisée et elle appartenait à la branche d'Orlando de la Ligue des femmes de l'ANC, ce que j'avais encouragé.

Je lui ai dit que sa décision me plaisait mais que je devais la mettre en garde sur la gravité de son acte. Cela changerait radicalement sa vie. D'après les critères africains, elle était originaire d'une famille aisée et elle avait vécu à l'abri de certaines des réalités les plus désagréables d'Afrique du Sud. En tout cas, elle n'avait jamais eu à s'inquiéter pour son prochain repas. Avant notre mariage, elle avait vécu dans des cercles d'une richesse et d'un confort relatifs, une vie bien différente de l'existence précaire d'un combattant de la liberté.

Je lui ai dit que, si on l'arrêtait, son employeur, l'administration provinciale, la licencierait — nous savions tous deux que son maigre revenu nous faisait vivre — et qu'elle ne retrouverait sans doute jamais de travail comme assistante sociale parce que le stigmate de l'incarcération empêcherait les services publics de l'engager. Enfin, elle était enceinte et je l'ai informée de la dureté physique et des humiliations de la prison. Mon attitude semblera peut-être dure, mais j'éprouvais la responsabilité, à la fois comme mari et comme responsable de la lutte, d'être aussi clair que possible sur les conséquences de son action. Moi-même, j'avais des sentiments partagés, parce que les préoccupations d'un mari et celles d'un responsable ne coïncident pas toujours.

Mais Winnie est quelqu'un de déterminé et je pense que mon pessimisme n'a fait que renforcer sa résolution. Elle a écouté tout ce que j'avais à dire et elle m'a informé qu'elle avait pris sa décision. Le lendemain matin, je me suis levé de bonne heure pour lui préparer son petit déjeuner et nous sommes allés en voiture chez les Sisulu pour retrouver Albertina, la femme de Walter, une des responsables de la manifestation. Puis je les ai conduites à la gare de Phefeni à Orlando où elles devaient prendre le train pour aller en ville. J'ai embrassé Winnie avant qu'elle monte dans le wagon. Je l'ai sentie inquiète mais résolue tandis qu'elle me disait au revoir par la portière, et j'ai eu l'impression qu'elle partait pour un long et périlleux voyage dont ni l'un ni l'autre ne connaissions l'issue.

Des centaines de femmes ont convergé vers le service central du *pass* au centre de Johannesburg. Il y en avait des vieilles et des jeunes, certaines portaient leur bébé sur le dos, d'autres des couvertures tribales et d'autres encore des robes élégantes. Elles chantaient et marchaient. En quelques minutes, des dizaines de policiers armés les ont entourées, arrêtées, entassées dans des camions et conduites au commissariat de Marshall Square. Elles sont restées de bonne humeur ; pendant que les policiers les emmenaient, certaines criaient aux journalistes : « Dites à Madame que nous n'irons pas travailler demain ! » Plus de 1 000 femmes ont été arrêtées.

Je l'ai su non pas en tant que mari d'une des détenues, mais parce qu'on a demandé au cabinet Mandela et Tambo de représenter la plupart des femmes arrêtées. Je me suis rendu rapidement à Marshall Square pour aller voir les prisonnières et discuter des cautions. J'ai réussi à rencontrer Winnie, qui a souri en me voyant, l'air aussi heureux qu'on peut l'avoir dans une cellule de commissariat. C'était comme si elle m'offrait un merveilleux cadeau dont elle savait qu'il me plairait. Je lui ai dit que j'étais fier d'elle mais je n'ai pas pu rester car j'avais beaucoup de travail.

A la fin de la seconde journée, le nombre de femmes arrêtées s'élevait à près de 2 000 et la plupart ont été transférées au Fort en attendant leur procès. Cette situation a créé de formidables problèmes, non seulement à Oliver et à moi mais aussi à la police et aux autorités pénitentiaires. Il n'y avait pas assez de place pour autant de détenues. On manquait de couvertures, de matelas et de toilettes, et aussi de nourriture. Au Fort, les femmes vivaient entassées dans la saleté. Alors que beaucoup de membres de l'ANC, dont moi-même, voulaient obtenir leur libération sous caution, Lilian Ngoyi, la présidente nationale de la Ligue des femmes, et Helen Joseph, la secrétaire de la Fédération des femmes d'Afrique du Sud, pensaient que, pour que la manifestation soit totale et efficace, les femmes devaient purger la peine que le juge prononcerait. J'ai protesté mais elles m'ont dit en termes très clairs que c'était l'affaire des femmes et que l'ANC — ainsi que les maris inquiets — ne devait pas s'en mêler. J'ai répondu à Lilian qu'elle devait en parler avec les femmes elles-mêmes avant de prendre une décision et je l'ai accompagnée dans les cellules où elle a pu recueillir leurs avis. Beaucoup attendaient désespérément d'être libérées sous caution et n'avaient pas été préparées à ce qui les attendait. J'ai proposé un compromis à Lilian : les femmes passeraient quinze jours en prison et ensuite on les libérerait sous caution. Elle a accepté.

Pendant les deux semaines suivantes, j'ai passé de nombreuses heures au tribunal à régler la question des cautions pour les femmes. Quelques-unes étaient mécontentes et s'en prenaient à moi. « Mandela, j'en ai assez de votre procès, m'a dit une femme. Si ce n'est pas terminé aujourd'hui, je ne remettrai jamais les pieds au tribunal. » Avec l'aide des familles et d'organisations qui ont réuni de l'argent, nous avons réussi à payer toutes les cautions et à faire sortir les femmes en deux semaines.

Winnie ne semblait pas la plus affectée par cette expérience. Si elle avait souffert elle ne m'en a pas parlé. En prison, elle s'était liée d'amitié avec deux gardiennes afrikaners adolescentes, sympathiques et curieuses, et après la libération de Winnie, nous les avons invitées. Elles ont accepté et sont venues en train à Orlando. Nous avons déjeuné à la maison et, ensuite, Winnie les a emmenées se promener dans le township. Elles avaient à peu près le même âge que Winnie et toutes trois s'entendaient bien. Elles riaient ensemble comme des sœurs. Les deux jeunes filles ont passé une bonne journée et ont remercié Winnie en lui disant qu'elles aimeraient la revoir. Mais en venant à Orlando, elles avaient voyagé dans un wagon pour non-Européens par la force des choses. (Il n'y avait pas de trains réservés aux Blancs pour Orlando pour la simple raison qu'aucun Blanc ne venait à Orlando.) Elles avaient donc attiré l'attention et bientôt tout le monde a su que deux gardiennes afrikaners du Fort étaient venues voir les Mandela. Pour nous, ce n'était pas un problème, mais pour elles si, car les autorités pénitentiaires les ont renvoyées. Nous n'avons plus jamais entendu parler d'elles.

29

Pendant six mois — depuis la fin des auditions préparatoires en janvier —, nous avions attendu le procès qui devait commencer en août 1958. Le gouvernement créa une haute cour spéciale composée de trois juges : le juge F.L. Rumpff, président, le juge Kennedy et le juge Ludorf. Une telle liste ne promettait rien de bon : trois Blancs, tous très liés au parti au pouvoir. Si le juge Rumpff était un homme capable et mieux informé que la moyenne des Sud-Africains blancs, on le soupçonnait d'appartenir au Broederbond, une organisation secrète afrikaner qui avait pour but de renforcer le pouvoir en place. Le juge Ludorf était un membre connu du Parti national, ainsi que le juge Kennedy. Kennedy avait une réputation de bourreau car il avait envoyé un groupe de vingt-trois Africains à la potence pour le meurtre de deux policiers blancs.

Juste avant la reprise du procès, le ministère public nous joua un autre tour désagréable. On annonça que l'affaire était renvoyée devant le tribunal de Pretoria, à cinquante-cinq kilomètres de Johannesburg. Le procès se tiendrait dans une ancienne synagogue transformée en cour de justice. Tous les accusés ainsi que leurs défenseurs habitaient à Johannesburg et devaient donc faire le voyage chaque jour. Le procès allait désormais nous prendre beaucoup plus de temps et d'argent — et nous en avions peu. Ceux qui avaient réussi à conserver leur travail n'avaient pu le faire que parce que le tribunal se trouvait à côté. Le changement de lieu avait aussi pour but de nous démoraliser en nous séparant de nos partisans naturels. Pretoria était le fief du Parti national et l'ANC y était à peine présent.

Les quatre-vingt-douze accusés allaient presque tous à Pretoria dans un vieil autocar inconfortable, avec des sièges faits de lattes de bois. Il partait chaque matin à six heures et mettait deux heures pour arriver à l'ancienne synagogue. L'aller et retour nous prenait près de cinq heures, un temps qu'on aurait mieux utilisé à gagner de l'argent pour payer le loyer, la nourriture et les vêtements des enfants.

Une nouvelle fois, nous avions le privilège de bénéficier d'une équipe de défenseurs brillants et agressifs, remarquablement dirigée par l'avocat Israel Maisels et composée de Bram Fischer, Rex Welsh, Vernon Berrangé, Sydney Kentridge, Tony O'Dowd et G. Nicholas. Le jour de l'ouverture du procès, ils montrèrent leur combativité dans une manœuvre juridique risquée, décidée avec un certain nombre d'entre nous. Issy Maisels se leva de façon théâtrale et dit qu'il récusait les juges Ludorf et Rumpff en s'appuyant sur le fait que tous deux avaient des conflits d'intérêt qui les empêchaient d'être les arbitres impartiaux de notre procès. Un murmure parcourut le tribunal. La défense soutenait que le juge Rumpff, en tant que juge de la Campagne de défi de 1952, s'était déjà prononcé sur certains aspects de l'actuel acte d'accusation et qu'en conséquence il n'était pas dans l'intérêt de la justice qu'il juge cette affaire. Nous affirmions d'autre part que Ludorf ne pouvait être impartial car il avait représenté le ministère public en 1954, en tant qu'avocat de la police, quand Harold Wolpe avait tenté d'obtenir une décision du tribunal lui permettant de chasser la police lors d'un meeting du Congrès du peuple.

C'était une stratégie dangereuse parce que nous pouvions facilement remporter cette bataille juridique mais perdre la guerre du procès. Nous considérions Ludorf et Rumpff comme de chauds partisans du Parti national mais des juges bien pires qu'eux pouvaient les remplacer. En fait, si nous souhaitions nous débarrasser de Ludorf, nous espérions secrètement que Rumpff, que nous respections en tant qu'intermédiaire honnête, déciderait de ne pas se récuser. Rumpff respectait toujours la loi, quelles que soient ses opinions politiques, et nous étions convaincus qu'au regard de la loi nous étions innocents.

Ce lundi-là, tout le monde retenait son souffle quand les trois juges en robe rouge entrèrent solennellement dans le prétoire. Le juge Ludorf annonça qu'il se retirait, ajoutant qu'il avait totalement oublié l'autre affaire.

Mais Rumpff refusa de se récuser et assura que son jugement dans le procès de la Campagne de défi n'aurait aucune influence sur celui-ci. Le juge Bekker, un homme que nous avons aimé dès le début et qui n'avait aucun lien avec le Parti national, a été nommé en remplacement de Ludorf. La décision de Rumpff nous convenait.

Après le succès de cette première manœuvre, nous en avons tenté une seconde, presque aussi risquée. Nous nous sommes lancés dans un long débat détaillé pour contester le chef d'inculpation lui-même. Nous prétendions entre autres qu'il manquait de précision. Nous soutenions aussi que la violence organisée était nécessaire pour prouver la haute trahison, et l'accusation devait fournir des exemples montrant que nous avions eu l'intention d'utiliser la violence. A la fin de notre démonstration, les trois juges semblèrent d'accord. En août, la cour cassa une des deux accusations selon la loi sur l'interdiction du communisme. Le 13 octobre, après deux autres mois de combats juridiques, le ministère public annonça brusquement qu'il retirait complètement l'accusation. C'était extraordinaire, mais nous connaissions trop bien les méthodes tortueuses du gouvernement pour nous réjouir. Un mois plus tard, l'accusation présenta un nouveau chef d'inculpation, rédigé avec plus de soin, et annonça que seuls trente accusés seraient poursuivis, les autres étant jugés plus tard. Je faisais partie des trente premiers, tous membres de l'ANC.

D'après le nouveau chef d'inculpation, l'accusation devait maintenant prouver la volonté d'action violente. Pirow dit que les accusés savaient bien que la réalisation des objectifs de la Charte de la liberté « impliquait nécessairement le renversement du gouvernement par la violence ». Mais l'affrontement juridique se poursuivit jusqu'au milieu de l'année 1959, date à laquelle le tribunal abandonna les poursuites contre les soixante deux accusés restants. Pendant des mois, l'activité dans le tribunal se résuma aux manœuvres juridiques les plus dures. Malgré les succès de la défense, qui montraient la fragilité des arguments de l'accusation, le ministère public s'entêtait. Le ministre de la Justice déclara : « Ce procès ira à son terme, même s'il doit coûter des millions de livres. Qu'importe combien de temps il va durer ! »

Un peu après minuit, le 4 février 1958, je suis rentré à la maison après une réunion et j'ai trouvé Winnie seule qui souffrait, car les premières douleurs de l'accouchement avaient commencé. Je l'ai conduite immédiatement au Baragwanath Hospital, où l'on m'a dit que cela prendrait encore des heures. J'ai attendu jusqu'au moment où j'ai dû partir au tribunal à Pretoria. Dès que les délibérations ont pris fin, je suis revenu très vite avec Duma Nokwe pour trouver la mère et la fille qui se portaient tout à fait bien. J'ai pris la petite dans mes bras et j'ai déclaré que c'était une vraie Mandela. Mon cousin, le chef Mdingi, proposa le nom de Zenani, ce qui signifie « Qu'as-tu apporté au monde ? » — un nom poétique, qui incarne un défi en suggérant qu'on doit apporter quelque chose à la société. C'est un nom qu'on ne fait pas que porter : il oblige à mener une vie qui en soit digne.

Ma mère est venue du Transkei pour aider Winnie ; elle avait l'intention d'organiser pour Zenani un baptême xhosa en faisant appel à un *inyanga*, un guérisseur tribal, afin de donner à l'enfant un bain traditionnel aux herbes. Mais Winnie s'y est opposée résolument, considérant cela comme malsain et dépassé ; à la place elle enduisait le corps de Zenani d'huile d'olive et de talc, et lui faisait boire de l'huile de requin.

Dès que Winnie a été remise sur pied, j'ai entrepris de lui apprendre à conduire. A cette époque, la conduite était une affaire d'hommes ; on voyait très peu de femmes, et en particulier de femmes africaines, au volant d'une voiture. Mais Winnie avait l'esprit indépendant et voulait apprendre ; en outre, ce serait utile puisque j'étais presque tout le temps absent et que je ne pouvais la conduire nulle part. Je suis peut-être un professeur impatient ou j'avais peut-être une élève entêtée, mais quand j'ai essayé de donner des leçons à Winnie dans une rue relativement calme d'Orlando, elle ne pouvait pas changer de vitesse sans que nous nous querellions. En fin de compte, elle a ignoré un conseil de trop et je suis rentré à pied. Elle semblait s'en sortir mieux sans moi car elle a continué à tourner toute seule dans le township pendant une heure. A ce moment-là, nous étions prêts à nous réconcilier et, par la suite, cette histoire nous a fait rire.

Winnie devait s'adapter à la vie conjugale et à la maternité. C'était alors une jeune femme de vingt-cinq ans qui n'avait pas encore entièrement formé sa personnalité. La mienne l'était et je me montrais plutôt têtu. Je savais que les autres considéraient souvent Winnie comme « la femme de Mandela ». Trouver sa propre identité dans mon ombre ne lui facilitait assurément pas les choses. Je faisais de mon mieux pour la laisser s'épanouir et elle y réussit bientôt sans mon aide.

30

Le 6 avril 1959, jour anniversaire du débarquement de Jan Van Riebeeck au Cap, une nouvelle organisation fut créée ; elle cherchait à rivaliser avec l'ANC comme principale organisation politique africaine du pays et refusait la domination blanche qui avait commencé trois siècles plus tôt. Avec quelques centaines de délégués venus de tout le pays, dans la salle commune d'Orlando, le Pan Africanist Congress (PAC) se présenta comme une organisation africaniste qui rejetait expressément la dimension multiraciale de l'ANC. Comme ceux d'entre nous qui avaient formé la Ligue de la jeunesse de l'ANC quinze ans plus tôt, les fondateurs de la nouvelle organisation pensaient que l'ANC n'était pas suffisamment militant, que ce mouvement n'avait plus de contact avec les masses et qu'il était dominé par des non-Africains.

Robert Sobukwe fut élu président et Potlako Leballo secrétaire national, tous deux anciens responsables de la Ligue de la jeunesse de l'ANC. Le PAC publia un manifeste ainsi que le discours de Sobukwe dans lequel il se prononçait pour « un gouvernement des Africains, par les Africains et pour les Africains ». Le PAC déclara qu'il avait l'intention de renverser la suprématie blanche et d'établir un gouvernement africaniste dans ses origines, socialiste dans son contenu et démocratique dans sa forme. Ses responsables désavouaient le communisme et considéraient les Blancs et les Indiens comme des « groupes minoritaires étrangers », qui n'avaient aucune place naturelle en Afrique du Sud. L'Afrique du Sud pour les Africains et personne d'autre.

La naissance du PAC ne fut pas pour nous une surprise. A l'intérieur de l'ANC, les africanistes exprimaient bruyamment leurs doléances depuis plus de trois ans. En 1957, ils avaient appelé à un vote de défiance dans la direction du Transvaal lors de la conférence nationale, mais ils avaient perdu. Ils s'étaient opposés à la grève à domicile le jour des élections en 1958 et leur leader, Potlako Leballo, avait été exclu de l'ANC. A la conférence de l'ANC, en novembre 1958, un groupe d'africanistes avaient déclaré leur opposition à la Charte de la liberté, affirmant qu'elle violait les principes du nationalisme africain.

Les responsables du PAC déclarèrent qu'ils s'inspiraient des principes qui avaient présidé à la fondation de l'ANC en 1912, mais leurs conceptions s'inspiraient principalement du nationalisme africain exposé par Anton Lembede et A.P. Mda au moment de la fondation de la Ligue de la jeunesse en 1944. Le PAC reprenait les axiomes et les slogans de cette époque-là : l'Afrique aux Africains et des Etats-Unis d'Afrique. Mais la raison de leur scission était leur opposition à la Charte de la liberté et à la présence de Blancs et d'Indiens dans la direction de l'Alliance des congrès. Ils s'opposaient à la coopération inter-raciale, en grande partie parce qu'ils croyaient que les communistes blancs et indiens avaient fini par dominer l'ANC.

Je connaissais très bien les fondateurs du PAC. Robert Sobukwe, le premier président, était un vieil ami. C'était le gentleman et l'universitaire classique (ses collègues l'appelaient le « Prof »). Sa façon d'accepter de payer pour ses principes forçait mon respect. Potlako Leballo, Peter Raboroko et Zephania Mothopeng étaient tous des amis et des collègues. Je fus stupéfait et un peu atterré d'apprendre que mon mentor politique Gaur Radebe avait rejoint le PAC. Je trouvais étrange qu'un ancien membre du Comité central du Parti communiste ait décidé d'entrer dans une organisation qui, à l'époque, rejetait explicitement le marxisme.

Parmi ceux qui avaient lié leur destin au PAC, beaucoup le firent à cause de rancunes et de déceptions personnelles ; ils pensaient moins aux progrès de la lutte qu'à leurs sentiments de jalousie ou de revanche. J'avais toujours cru que pour être un combattant de la liberté on devait étouffer la plupart de ses sentiments personnels ; à cause d'eux on se sentait comme un individu séparé plutôt que membre d'un mouvement de masse. On lutte pour la libération de millions de gens, pas pour la gloire d'un individu. Je ne veux pas dire qu'un homme doit devenir un robot et se débarrasser de toute motivation ou de tout sentiment personnel. Mais de la même façon qu'un combattant de la liberté fait passer sa propre famille après la grande famille qu'est le peuple, il doit subordonner ses sentiments personnels au mouvement.

Je trouvais que les conceptions et le comportement du PAC étaient immatures. Un philosophe a dit qu'il y avait quelque chose d'étrange à ne pas être de gauche quand on est jeune, et conservateur quand on est vieux. Je ne suis pas conservateur, mais on mûrit et l'on considère certaines façons de penser de sa jeunesse comme immatures et juvéniles. J'avais de la sympathie pour les conceptions des africanistes que j'avais partagées autrefois, mais je pensais que la lutte de libération exigeait des compromis et un type de discipline auquel on résistait quand on était plus jeune et plus impulsif.

Le PAC publia un programme spectaculaire et trop ambitieux qui promettait des solutions rapides. D'après sa promesse la plus spectaculaire — et la plus naïve — la libération serait réalisée à la fin de 1963 et il demandait aux Africains de se préparer pour ce moment historique.

« En 1960, nous atteindrons la première étape, promettait-il, et en 1963, la dernière vers la liberté et l'indépendance. » Bien que cette prédiction fît naître espoir et enthousiasme chez ceux qui en avaient assez d'attendre, il est toujours dangereux pour une organisation de faire des promesses irréalistes, parce qu'elle risque de perdre ceux qu'elle a convaincus si elles ne sont pas tenues.

A cause de son anticommunisme, le PAC est devenu le favori de la presse occidentale et du Département d'Etat américain, qui saluèrent sa naissance comme un coup de poignard dans le cœur de la gauche africaine. Le Parti national lui-même vit le PAC comme un allié potentiel : les nationalistes considéraient qu'il reflétait leur anticommunisme et qu'il soutenait leur conception du développement séparé. Les nationalistes rejetaient eux aussi toute coopération inter-raciale et le Parti national et le Département d'Etat américain jugèrent bon d'exagérer la taille et l'importance de la nouvelle organisation, en fonction de leurs propres intérêts.

Nous accueillions toute personne que le PAC entraînait dans la lutte, mais l'organisation eut presque toujours un rôle destructeur. Les responsables divisaient les masses à un moment critique, et ce fut difficile de l'oublier. Ils demandaient aux gens d'aller travailler quand nous appelions à la grève générale, et faisaient des déclarations trompeuses pour s'opposer à tout ce que nous pouvions dire. Pourtant je gardais l'espoir que, même si les responsables du PAC étaient des dissidents de l'ANC, l'unité entre nos deux organisations restait possible. Je pensais qu'une fois apaisées les polémiques, la lutte en commun nous rapprocherait. Animé par cette idée, je prêtais une attention particulière à leurs déclarations et à leurs activités politiques en m'efforçant de trouver des affinités plutôt que des différences.

Le lendemain de la conférence inaugurale du PAC, j'ai contacté mon ami Sobukwe pour avoir le texte de son discours ainsi que les statuts du PAC et d'autres documents politiques. Je pense que Sobukwe a apprécié mon intérêt et il m'a dit qu'il veillerait à ce que je reçoive ce que j'avais demandé. Je l'ai revu peu de temps après et je lui ai rappelé ma demande ; il m'a dit que j'allais bientôt recevoir les documents. Ensuite, j'ai rencontré Potlako Leballo et je lui ai dit : « Vous me promettez toujours de m'envoyer des documents mais personne ne me donne rien. » Il m'a répondu : « Nelson, nous avons décidé de ne rien te donner parce que nous savons que tu ne t'en servirais que pour nous attaquer. » Je l'ai détrompé et il s'est laissé convaincre et m'a fourni tout ce que j'avais demandé.

31

En 1959, le Parlement a voté la Bantu Self Government Act (Loi sur l'autonomie bantoue) qui créait huit bantoustans ethniques séparés. Cette loi marquait la fondation de ce que le gouvernement appelait le *groot* ou grand apartheid. A peu près à la même époque, le gouvernement a fait adopter une loi au nom trompeur, l'Extension of University Education Act (Loi sur l'extension de l'enseignement universitaire), un nouveau pilier du grand apartheid, qui interdisait aux non-Blancs les universités racialement « ouvertes ». En faisant adopter la Bantu Self Governement Act, De Wet, le ministre de l'Administration et du Développement bantous, dit que le bien-être de chaque individu et de chaque groupe de la population trouverait un meilleur développement dans sa propre communauté nationale. Les Africains, dit-il, ne pourraient jamais être intégrés à la communauté blanche.

L'immoralité de la politique des bantoustans, à cause de laquelle 70 % de la population seraient regroupés sur 13 % du pays, sautait aux yeux. D'après cette nouvelle politique, même si deux tiers d'Africains vivaient dans les prétendues zones « blanches », ils ne pouvaient avoir que la citoyenneté de leur « homeland tribal ». Le projet

ne nous donnait ni liberté dans les zones « blanches » ni
indépendance dans ce qu'ils considéraient comme
« nos » zones. Verwoerd dit que la création des bantoustans engendrerait tant de bien qu'ils ne deviendraient
jamais des terrains favorables à la rébellion.

En réalité, il se passa exactement l'inverse. Les zones
rurales étaient en ébullition. Peu d'entre elles résistèrent
avec autant d'obstination que la région de Zeerust, où le
chef Abram Moilwa (avec l'aide de l'avocat George
Bizos) poussa son peuple à s'opposer aux soi-disant
Autorités bantoues. En général, la presse ignore ces
régions, et le gouvernement se sert de leur caractère
inaccessible pour cacher la cruauté de ses actions. Des
quantités de gens innocents furent arrêtés, condamnés,
emprisonnés, bannis, frappés, torturés et assassinés. Les
habitants du Sekhukhuneland se révoltèrent également,
et le chef suzerain Moroamotsho Sekhukhune, Godfrey
Sekhukhune, et d'autres conseillers furent arrêtés et
bannis. Un chef sekhukhune, Kolane Kgoloko, considéré
comme un laquais du gouvernement, fut assassiné. En
1960, la résistance dans le Sekhukhuneland était devenue ouverte et les habitants refusaient de payer leurs
impôts.

A Zeerust et au Sekhukhuneland, les branches locales
de l'ANC jouèrent un rôle essentiel dans les manifestations de refus. Malgré la sévère répression, un très grand
nombre de nouvelles branches de l'ANC apparurent dans
la région de Zeerust, l'une d'entre elles réunissant jusqu'à
2 000 membres. Les régions du Sekhukhuneland et de
Zeerust furent les premières d'Afrique du Sud où le gouvernement interdit l'ANC, preuve de notre pouvoir dans
ces zones éloignées.

Des manifestations éclatèrent dans le Pondoland où
l'on agressa et tua des partisans du gouvernement. Le
Thembuland et le Zululand résistèrent violemment, et
furent parmi les dernières régions à céder. Les gens
furent battus, arrêtés, déportés et emprisonnés. Au
Thembuland, la résistance durait depuis 1955, avec
Sabata qui appartenait aux forces d'opposition.

Il m'était particulièrement douloureux de voir qu'au

Transkei la colère du peuple était dirigée contre mon neveu et ancien mentor, K.D. Matanzima. Il ne faisait aucun doute qu'il collaborait avec le gouvernement. Il avait ignoré tous les appels que je lui avais lancés au cours des années. On racontait que des *impis* (guerriers traditionnels) du quartier général de Matanzima avaient brûlé des villages qui s'opposaient à lui. K.D. échappa à plusieurs tentatives d'assassinat. Il m'était également douloureux de savoir que le père de Winnie appartenait au conseil de Matanzima et comptait parmi ses partisans. C'était terriblement difficile pour Winnie. Son père et son mari se trouvaient dans des camps opposés. Elle aimait son père mais elle rejetait ses idées politiques.

Très souvent, des membres de ma tribu ou de ma famille venaient du Transkei pour me voir à Orlando, pour se plaindre des chefs qui collaboraient avec le gouvernement. Sabata, opposé aux Autorités bantoues, refusait de capituler, mais ceux qui venaient me voir avaient peur que Matanzima ne le dépose, ce qui finit par arriver. Une fois, K.D, lui-même est venu me rendre visite pendant le procès pour trahison, et je l'ai emmené avec moi à Pretoria. Dans la salle du tribunal, Issy Maisels l'a présenté aux juges qui lui ont accordé une place d'honneur. Mais à l'extérieur, parmi les accusés, il ne fut pas traité avec autant de prévenances. Il commença à demander de façon agressive aux différents accusés, qui le considéraient comme un traître, pourquoi ils s'opposaient au développement séparé. Lilian Ngoyi dit : « *Tyhini, uyadelela lo mntu* » (Mon Dieu, cet homme est un provocateur).

32

On dit que les moulins de Dieu tournent très lentement, mais les machinations de Dieu elles-mêmes ne peuvent lutter contre celles du système judiciaire sud-africain. Le 3 août 1958, deux ans et huit mois après notre arrestation, et au bout d'une année entière de manœuvres juridiques, le véritable procès commença dans l'ancienne synagogue de Pretoria. Nous étions enfin inculpés et trente d'entre nous plaidèrent non coupables.

Issy Maisels dirigeait de nouveau notre défense, assisté de Sydney Kentridge, Bram Fischer et Vernon Berrangé. Cette fois, le procès était devenu sérieux. Pendant les deux premiers mois, l'accusation présenta quelque 2 000 documents et appela 210 témoins, dont deux cents étaient membre de la Special Branch. Les policiers reconnurent s'être cachés dans des placards et sous des lits, s'être fait passer pour des membres de l'ANC, et avoir utilisé toute tromperie qui leur permettait d'obtenir des informations sur notre organisation. Cependant, beaucoup de documents présentés et de discours transcrits étaient publics et accessibles à tous. Comme auparavant, l'essentiel des preuves de l'accusation se composait de livres, de lettres et de documents saisis chez les accusés au cours de nombreuses perquisitions entre 1952 et 1956, ainsi que de notes prises par des policiers pendant des réunions de l'ANC à la même époque. Comme avant, les comptes rendus de nos discours rédigés par des membres de la Special Branch étaient confus. Nous plaisantions en disant qu'entre la mauvaise acoustique de la salle et les rapports inexacts des inspecteurs de la Special Branch nous pouvions très bien nous retrouver condamnés à des amendes pour des propos que nous n'avions pas tenus, emprisonnés pour ce que nous ne pouvions pas entendre et pendus pour ce que nous n'avions pas fait.

Chaque jour, à l'heure du déjeuner, nous avions le droit de nous asseoir dans le grand jardin du presbytère voisin où l'on nous servait un repas préparé par la redoutable Mrs. Thayanagee Pillay et ses amis. Nous avions presque chaque jour des plats indiens très épicés ainsi que du thé, du café et des sandwiches pendant les pauses du matin et de l'après-midi. Ces brefs instants de repos ressemblaient à de minuscules vacances et nous donnaient l'occasion de parler politique. Ces moments, passés à l'ombre des jacarandas, sur la pelouse du presbytère, étaient la partie la plus agréable du procès, car de bien des façons cette affaire était plus une épreuve pour tester notre endurance qu'un véritable procès en justice.

Le 11 octobre au matin, alors que nous nous préparions à aller au tribunal, nous avons entendu à la radio que le procureur, Oswald Pirow, venait de mourir subitement. Cet événement était une terrible déconvenue pour le gouvernement et, à partir de ce moment, l'efficacité et l'agressivité de l'accusation diminuèrent. Ce jour-là, au tribunal, le juge Rumpff prononça un éloge attendri de Pirow, en vantant sa perspicacité et son sérieux. Son absence allait nous profiter mais nous ne nous sommes pas réjouis de sa mort. Nous avions fini par éprouver une certaine affection pour notre adversaire, car en dépit de ses conceptions politiques nuisibles, c'était un homme compatissant qui ne partageait pas le racisme du gouvernement pour lequel il travaillait. Sa façon polie de parler de nous comme des « Africains » (alors qu'un de nos avocats se trompait parfois et nous appelait « indigènes ») contrastait avec ses tendances politiques hégémoniques. De façon curieuse, notre petit univers à l'intérieur de l'ancienne synagogue semblait équilibré quand, chaque matin, nous observions Pirow lisant le journal de droite *Nuwe Order* et Bram Fisher lisant le journal de gauche *New Age*. Dans un geste généreux, il nous avait offert les cent volumes de l'examen préparatoire et cela permit à la défense d'économiser beaucoup d'argent. L'avocat De Vos devint le nouveau responsable de l'accusation, mais il n'avait ni l'éloquence ni le mordant de son prédécesseur.

Peu de temps après la mort de Pirow, l'accusation cessa l'examen des preuves et passa à l'audition des experts en commençant par le professeur Murray, le soi-disant expert en communisme qui avait révélé une telle stupidité pendant l'examen préparatoire. Au cours du contre-interrogatoire impitoyable de Maisels, Murray reconnut que la Charte de la liberté était en fait un document humanitaire qui pouvait parfaitement représenter la réaction et les aspirations naturelles des non-Blancs devant leurs dures conditions de vie en Afrique du Sud.

Murray ne fut pas le seul témoin de l'accusation à lui faire défaut. Malgré la quantité de preuves et les centaines de pages des experts, l'accusation n'avait pas réussi à fournir un seul élément définitif concernant la violence préméditée de l'ANC et elle le savait. Puis, en mars, l'accusation reprit soudain confiance. Elle était sur le point de produire la preuve la plus écrasante. En fanfare et avec de longs roulements de tambour dans la presse, l'accusation transmit à la cour un discours de Robert Resha enregistré clandestinement. Il l'avait prononcé en tant que responsable des volontaires du Transvaal devant une salle comble de volontaires de la Liberté, en 1956, quelques semaines avant notre arrestation. Un grand silence régnait dans le tribunal et, malgré les craquements de l'enregistrement et les bruits de fond, nous avons parfaitement compris les paroles de Robert.

Si vous êtes discipliné et si l'organisation vous dit de ne pas être violent, il ne faut pas être violent... mais si vous êtes un véritable volontaire et si on vous donne l'ordre d'être violent, vous devez absolument être violent, vous devez tuer ! Tuer ! C'est tout !

L'accusation croyait avoir bouclé son dossier. Les journaux publièrent le discours de Resha en bonne place et se firent l'écho de l'émotion de l'accusation. Pour elle, ce texte révélait l'intention secrète et véritable de l'ANC, et démasquait sa prétendue non-violence. Mais en fait, le discours de Resha était une erreur. Excellent orateur, Robert se laissait parfois emporter et ses paroles avaient été malheureuses. Mais, comme le montrerait la défense, il insistait simplement sur l'importance de la discipline et sur le fait que les volontaires devaient obéir à tout ce qu'on leur commandait, même si cela leur était désagréable. L'un après l'autre, nos témoins montrèrent que le discours de Resha n'était pas seulement retiré de son contexte mais qu'en outre on ne pouvait pas le considérer comme représentatif de la politique de l'ANC. Les comptes rendus de nos discours étaient une longue exhortation à la non-violence.

L'accusation déposa ses conclusions le 10 mars 1960, et nous devions appeler notre premier témoin quatre jours plus tard. Nous avions été mis à mal pendant des mois, mais en nous préparant à témoigner nous avions envie de passer à l'offensive. Cela faisait trop longtemps que nous nous contentions de parer les coups de l'ennemi.

Il y avait eu de grandes spéculations dans la presse pour savoir si notre premier témoin serait le chef Luthuli. Apparemment l'accusation le croyait également, car la consternation s'installa dans ses rangs, quand, le 14 mars, elle vit qu'on n'appelait pas Luthuli mais le Dr. Wilson Conco.

Conco était le fils d'un éleveur zoulou originaire du très beau district d'Ixopo dans le Natal. Non seulement il était médecin mais il avait appartenu au groupe des fondateurs de la Ligue de la jeunesse, avait participé activement à la Campagne de défi et était trésorier de l'ANC. Avant son audition, on l'a interrogé sur ses brillantes études à l'université du Witwatersrand, où il avait été reçu premier à ses examens, avant les fils et les filles des Blancs privilégiés. Tandis qu'on citait les titres de Conco, j'eus l'impression très nette que le juge Kennedy, également originaire du Natal, semblait fier. Les gens du Natal sont connus pour leur attachement à leur région et parfois ces liens particuliers peuvent même transcender la couleur. En fait, beaucoup de gens du Natal se considéraient comme des Zoulous blancs. Le juge Kennedy m'avait toujours paru un honnête homme et je sentais que, grâce à l'exemple de Wilson Conco, il commençait à nous considérer non plus comme des fauteurs de troubles irresponsables mais comme des hommes animés d'ambitions respectables qui pouvaient aider le pays si le pays les aidait. A la fin de la déposition de Conco, alors qu'on le citait pour un exploit médical, Kennedy dit en zoulou, langue qu'il parlait couramment : « *Sinjalo thina maZulu* », ce qui signifie : « Nous, les Zoulous, nous sommes comme ça. » Le Dr. Conco fut un témoin calme et précis qui réaffirma l'engagement de l'ANC dans la non-violence.

Le témoin suivant était le chef Luthuli. Avec sa dignité et sa sincérité habituelles, il fit une profonde impression sur la cour. Il souffrait de tension artérielle et le tribunal accepta de ne siéger que le matin pendant son audition. Sa déposition dura plusieurs jours et son contre-interrogatoire près de trois semaines. Il souligna avec soin l'évolution de la ligne politique de l'ANC, en disant les choses simplement et clairement, et ses anciennes fonctions de professeur et de chef ajoutèrent une gravité et une autorité supplémentaires à ses paroles. Chrétien très pieux, il était la personne idéale pour expliquer comment l'ANC souhaitait sincèrement une harmonie entre les races.

Le chef affirma qu'il croyait en la bonté innée de l'homme et il pensait que la persuasion morale et la pression économique pouvaient très bien entraîner un changement dans le cœur d'une partie des Sud-Africains blancs. En expliquant la politique de non-violence de l'ANC, il insista sur le fait qu'il y avait une différence entre la non-violence et le pacifisme. Les pacifistes refusaient de se défendre même quand on les attaquait avec violence, mais ce n'était pas nécessairement le cas avec ceux qui avaient choisi la non-violence. Parfois, les hommes et les nations, même non violents, devaient se défendre quand on les attaquait.

Tout en écoutant Conco et Luthuli, je me disais que les juges, sans doute pour la première fois de leur vie, écoutaient non pas leurs domestiques, qui ne disaient que ce que leurs maîtres aimaient leur entendre dire, mais des Africains indépendants et clairs, exprimant leurs convictions politiques et comment ils espéraient les réaliser.

L'avocat Trengrove mena le contre-interrogatoire et essaya obstinément de lui faire dire que les communistes dominaient l'ANC qui avait une politique double, un discours non violent destiné au public et un plan secret pour lancer une révolution violente. Le chef repoussa fermement tout ce que suggérait Trengrove. Lui-même était un exemple de modération, en particulier quand Trengrove semblait s'énerver. A un moment, Trengrove accusa le chef d'hypocrisie. Ce dernier ignora la calomnie et fit calmement remarquer au président : « Monsieur le président, je crois que l'accusation perd la tête. »

Mais le 21 mars 1960, le témoignage du chef fut interrompu par un événement terrible qui venait de se passer à l'extérieur. Ce jour-là, le pays fut tellement ébranlé que lorsque le chef Luthuli revint témoigner un mois plus tard, le tribunal — et avec lui toute l'Afrique du Sud — n'était plus le même.

33

La conférence annuelle de décembre 1959 se tint à Durban pendant les manifestations contre le *pass*, qui avaient lieu dans la ville. La conférence vota à l'unanimité l'organisation d'une campagne massive contre le *pass;* elle aurait lieu dans tout le pays et commencerait le 31 mars pour s'achever le 26 juin avec un immense feu de *passes*.

L'organisation de la campagne commença immédiatement. Le 31 mars, des délégations furent envoyées auprès des autorités locales. Des responsables de l'ANC allèrent dans tout le pays pour parler de la campagne avec les branches locales. Des militants de l'ANC répandirent l'information dans les townships et les usines. On imprima des tracts, des autocollants et des affiches qu'on distribua et qu'on mit dans les trains et les bus.

L'atmosphère du pays était assez sombre. Le gouvernement menaçait d'interdire l'organisation et des ministres prévenaient l'ANC qu'on l'écraserait bientôt à mains nues. Partout en Afrique la lutte d'indépendance était en marche : la naissance de la république du Ghana en 1957 et l'apparition de son leader panafricaniste et anti-apartheid, Kwame Nkrumah, avaient inquiété les nationalistes et les avaient renforcés dans leur volonté de mettre fin à toute dissidence intérieure. En 1960, en Afrique, dix-sept anciennes colonies devaient devenir des Etats indépendants. En février, le Premier ministre britannique Harold Macmillan vint en visite en Afrique du Sud et, dans un discours au Parlement, il parla « des vents du changement » qui soufflaient sur l'Afrique.

A ce moment, le PAC semblait perdu ; ce n'était qu'une direction en quête de partisans, et ses responsables cherchaient à lancer une action qui leur donnerait une existence sur l'échiquier politique. Ils étaient au courant de la campagne de l'ANC contre le *pass* et avaient été invités à y participer, mais au lieu de nous donner la main, ils tentèrent de nous saboter en annonçant qu'ils lançaient leur propre campagne contre le *pass*, le 21 mars, dix jours avant le démarrage de la nôtre. Ils n'avaient tenu aucune conférence pour discuter de la date et ils n'avaient entrepris aucun travail significatif d'organisation. C'était un cas manifeste d'opportunisme. Leur action était plus motivée par le désir d'éclipser l'ANC que par celui de vaincre l'ennemi.

Quatre jours avant la manifestation prévue, Sobukwe nous invita à nous associer au PAC. Son offre n'était pas un geste d'unité mais une tactique pour qu'on ne puisse pas reprocher au PAC de nous avoir exclus. Il faisait sa proposition à la dernière minute, et l'ANC refusa. Le matin du 21 mars, Sobukwe et la direction du PAC se rendirent au commissariat d'Orlando afin d'être arrêtés. Les dizaines de milliers d'hommes et de femmes qui allaient travailler ignorèrent les responsables du PAC. Devant le tribunal, Sobukwe déclara que le PAC n'essaierait pas de se défendre, en application de son slogan : « Pas de caution, pas de défense, pas d'amende. » Ils pensaient que les volontaires seraient condamnés à des peines légères. Mais Sobukwe fut condamné, non pas à trois semaines, mais à trois ans de prison sans possibilité d'amende.

A Johannesburg, la réponse à l'appel du PAC fut très peu importante. Il n'y eut aucune manifestation à Durban, à Port Elizabeth ou à East London. Mais à Evaton, Z.B. Molete, très bien secondé par Joe Molefi et Vusumuzi Make, réussit à mobiliser tout le township et plusieurs centaines d'hommes se présentèrent au commissariat sans *pass* pour se faire arrêter. La ville du Cap vit une de ses plus importantes manifestations contre le *pass* de son histoire. Dans le township de Langa, près du Cap, quelque 30 000 personnes menées par le jeune étudiant Philip Kgosana se rassemblèrent et une charge de la police déclencha une émeute. Deux personnes furent tuées. Mais le dernier endroit où eut lieu une manifestation fut le plus désastreux et son nom porte encore les accents de la tragédie : Sharpeville.

Sharpeville était un petit township à une cinquantaine de kilomètres au sud de Johannesburg, dans la banlieue industrielle sinistre qui entoure Vereeniging. Les militants du PAC y avaient fait un excellent travail d'organisation. En début d'après-midi, une foule de plusieurs milliers de personnes entoura le commissariat de police. Les manifestants étaient contrôlés et sans armes. Les forces de police, qui comptaient 75 hommes, se sentirent dépassées par le nombre et paniquèrent. Personne n'entendit de coups de semonce ni l'ordre de tirer, mais brusquement les policiers ouvrirent le feu sur la foule et ils continuèrent à tirer alors qu'elle s'enfuyait effrayée. Quand la place fut dégagée, 69 Africains étaient morts, la plupart touchés dans le dos pendant leur fuite. Plus de 700 coups de feu avaient été tirés dans la foule en blessant 400 personnes dont des dizaines de femmes et d'enfants. C'était un massacre et, le lendemain en première page, les photos publiées dans la presse du monde entier en montrèrent la sauvagerie.

Les coups de feu de Sharpeville entraînèrent une agitation dans tout le pays et une crise gouvernementale. Des protestations indignées arrivèrent du monde entier, y compris du Département d'Etat américain. Elles condamnaient le gouvernement pour la fusillade et exigeaient qu'il prenne des mesures pour réaliser l'égalité raciale. La Bourse de Johannesburg chuta et les capitaux commencèrent à s'enfuir du pays. La gauche demanda au gouvernement Verwoerd de faire des concessions aux Africains. Le gouvernement affirma que Sharpeville était le résultat d'une conspiration communiste.

Le massacre de Sharpeville créa une situation nouvelle dans le pays. Malgré l'amateurisme et l'opportunisme de leurs responsables, les militants de base du PAC firent preuve d'un grand courage et d'une grande force d'âme au cours des manifestations de Sharpeville et de Langa. En une seule journée, ils étaient passés aux premiers rangs de la lutte et Robert Sobukwe était salué dans le pays et à l'extérieur comme le sauveur du mouvement de libération. A l'ANC, nous dûmes faire de rapides adaptations exigées par cette nouvelle situation.

Quelques-uns d'entre nous — Walter, Duma Nokwe, Joe Slovo et moi — nous sommes réunis pendant toute une nuit à Johannesburg pour préparer une réponse. Nous savions que, d'une façon ou d'une autre, nous devions reconnaître les événements et donner aux gens un moyen d'exprimer leur colère et leur douleur. Nous transmîmes nos projets au chef Luthuli qui les accepta tout de suite. Le 26 mars, à Pretoria, il brûla publiquement son *pass* et appela les autres à en faire autant. Il annonça que le 28 mars serait une journée de grève à domicile, et une journée nationale de deuil et de protestation contre les atrocités de Sharpeville. A Orlando, Duma Nokwe et moi, nous brûlâmes nos *passes* devant des centaines de gens et des dizaines de photographes.

Deux jours plus tard, le 28 mars, le pays répondit de façon magnifique car plusieurs centaines de milliers d'Africains obéirent au chef Luthuli. Seule une véritable organisation de masse pouvait coordonner de telles activités et c'est ce que fit l'ANC. Au Cap, une foule de 50 000 personnes se rassembla dans le township de Langa pour protester contre la fusillade. Des émeutes éclatèrent dans beaucoup d'endroits. Le gouvernement décréta l'état d'urgence, suspendit l'*habeas corpus* et se

donna des pouvoirs exceptionnels pour agir contre toute
forme de subversion. L'Afrique du Sud était maintenant
sous la loi martiale.

34

Le 30 mars, à 1 h 30 du matin, j'ai été réveillé par des
coups violents frappés contre ma porte, la signature très
nette de la police. « Le moment est arrivé », me suis-je dit
en ouvrant et en découvrant une demi-douzaine d'hommes de la police de sécurité armés. Ils ont tout mis sens
dessus dessous dans la maison en prenant chaque morceau de papier qu'ils trouvaient, y compris les feuilles sur
lesquelles je venais de transcrire les souvenirs de ma
mère sur l'histoire de la famille et des fables tribales. Je
ne devais jamais les revoir. Ils m'ont arrêté sans mandat
et sans me laisser la possibilité d'appeler mon avocat. Ils
ont refusé de dire à ma femme où ils m'emmenaient. J'ai
simplement fait un signe de tête à Winnie ; ce n'était pas
le moment des paroles de réconfort.

Trente minutes plus tard, nous sommes arrivés au
commissariat de Newlands, que je connaissais bien
parce que j'y étais venu souvent voir des clients. Il se
trouvait à Sophiatown — ou plutôt ce qu'il en restait, car
de l'ancien township très animé ne subsistaient plus que
des ruines de maisons détruites au bulldozer et des terrains vagues. A l'intérieur, j'ai retrouvé beaucoup de collègues qu'on avait tirés du lit comme moi et, au cours de
la nuit, il en est arrivé d'autres ; au matin, nous étions
quarante. On nous a entassés dans une petite cour avec
le ciel comme toit et une ampoule nue pour nous éclairer,
un espace si petit et si humide que nous sommes restés
debout toute la nuit.

A 7 h 15, on nous a mis dans une cellule minuscule
avec un seul trou dans le sol qu'on ne pouvait laver que

de l'extérieur. On ne nous a donné ni couvertures, ni matelas, ni nourriture, ni papier de toilette. Le trou se bouchait régulièrement et dégageait une puanteur insupportable. Nous n'avons cessé de protester en exigeant en particulier d'avoir de quoi manger. N'ayant obtenu que des réponses maussades, nous avons décidé que la prochaine fois que la porte s'ouvrirait nous sortirions en force dans la cour contiguë et refuserions de réintégrer la cellule tant que nous n'aurions pas eu à manger. Le jeune policier de service a pris peur et s'est sauvé tandis que nous nous précipitions à l'extérieur. Quelques minutes plus tard, un sergent costaud avec les pieds sur terre est entré dans la cour et nous a crié : « Rentrez ! Sinon je fais venir cinquante hommes avec des matraques et on va vous défoncer le crâne ! » Après les horreurs de Sharpeville, la menace ne semblait pas vaine.

Le responsable du commissariat s'est approché de la porte de la cour pour nous observer, et il s'est avancé vers moi parce que j'avais les mains dans les poches. « C'est comme ça que tu te tiens devant un officier ? a-t-il hurlé. Retire tes sales pattes de tes poches ! » J'ai laissé mes mains solidement au fond de mes poches, comme si je me promenais par une matinée très froide et lui ai répondu que je condescendrais à les en sortir si l'on nous donnait à manger.

A 3 heures de l'après-midi, soit plus de douze heures après notre arrivée, on nous a apporté une marmite de bouillie de maïs, mais sans couverts. En temps ordinaire, j'aurais considéré cela comme immangeable, mais nous y avons plongé nos mains pas lavées et nous avons mangé comme s'il s'agissait du mets le plus délicat de la terre. Après le repas, nous avons élu un comité chargé de nous représenter dans lequel se trouvaient Duma Nokwe et Z.B. Molete, le responsable des relations extérieures du PAC, et moi. J'ai été désigné comme porte-parole. Nous avons rédigé une pétition pour protester contre nos conditions de détention inacceptables et pour exiger notre libération immédiate, car nous considérions notre détention comme illégale.

A 6 heures, nous avons reçu des matelas et des couvertures. Je ne pense pas que les mots peuvent rendre compte de l'état de crasse de cette literie. Les couvertures, recouvertes de vomissures et de sang séchés, étaient infestées de poux, de vermine et de cafards et dégageaient une puanteur qui faisait concurrence à celle de la tinette.

Vers minuit, on nous a dit qu'on allait nous appeler mais sans nous faire savoir pourquoi. Certains souriaient car ils espéraient être libérés. D'autres ne se faisaient pas d'illusions. On m'a appelé le premier et on m'a conduit à la porte de la prison où on m'a libéré devant un groupe de policiers. Mais avant que j'aie pu faire un pas, un officier a crié :

« Nom !

— Mandela, ai-je dit.

— Nelson Mandela, a-t-il répondu, je vous arrête en fonction des pouvoirs qui me sont conférés par l'état d'urgence. » Nous n'allions pas du tout être libérés mais arrêtés de nouveau d'après ce que nous découvrions comme étant l'état d'urgence. Nous avons tous connu le même sort tour à tour. Nous avions été arrêtés illégalement avant le début de l'état d'urgence qui prenait effet à minuit ; maintenant nous l'étions dans les formes. Nous avons rédigé un mémorandum adressé au commandant pour savoir quels étaient nos droits.

Le lendemain, j'ai été convoqué dans le bureau du commandant où j'ai retrouvé Robert Resha que le commandant interrogeait. Quand je suis entré, Resha lui a demandé pourquoi il m'avait menacé la nuit précédente. Il a eu une réponse typique de *baas* : « Mandela était insolent. » J'ai répondu : « Je ne suis pas obligé de retirer mes mains de mes poches devant des gens comme vous, ni hier ni maintenant. » Le commandant a jailli de son fauteuil mais les autres officiers l'ont retenu. A cet instant, le sergent Helberg, un inspecteur de la Special Branch, est entré et a dit : « Salut Nelson ! » d'un ton aimable. Je lui ai répondu : « Pour vous, je ne m'appelle pas Nelson, mais monsieur Mandela. » Une bataille rangée allait éclater quand on est venu nous prévenir que nous devions partir pour assister au procès de trahison à Pretoria. Je ne savais pas s'il fallait rire ou pleurer, mais après trente-six heures de mauvais traitements et la déclaration de l'état d'urgence, le gouvernement jugeait encore utile de nous ramener à Pretoria afin de poursuivre ce procès désespéré et maintenant apparemment dépassé. On nous a conduits directement à la prison de Pretoria où nous avons été enfermés.

35

Pendant ce temps, le procès avait repris en notre absence le 31 mars, mais la barre des témoins resta vide. N'y assistaient que les accusés que la police n'avait pas réussi à arrêter en fonction de l'état d'urgence. Le chef Luthuli en était au milieu de sa déposition et le juge Rumpff demanda pourquoi il était absent. On lui dit que le chef avait été arrêté la nuit précédente. Cette information irrita le juge ; il dit qu'il ne voyait pas pourquoi l'état d'urgence devait empêcher le déroulement de son procès. Il exigea que la police amène le chef Luthuli devant le tribunal pour qu'il poursuive sa déposition et l'audience fut ajournée.

Par la suite, nous avons découvert qu'après son arrestation le chef avait été frappé. Alors qu'il montait un escalier, un gardien l'avait bousculé en faisant tomber son chapeau. Il s'était baissé pour le ramasser, on l'avait giflé sur la tête et sur le visage. En apprenant cela, nous avons eu du mal à le supporter. Un homme exceptionnel d'une très grande dignité, malade du cœur, chrétien très pieux, était traité comme un animal de basse-cour par des hommes qui n'étaient pas dignes de lacer ses chaussures.

Quand l'audience reprit ce matin-là, le juge Rumpff fut informé que la police refusait d'amener le chef Luthuli. Alors, le juge suspendit l'audience pour toute la journée et nous nous attendions à rentrer chez nous. Mais après être sortis de l'enceinte du tribunal pour trouver un moyen de transport, nous avons été de nouveau arrêtés.

Or, dans son excès de zèle et son manque d'organisation habituels, la police fit une erreur comique. Un des accusés, Wilton Mkwayi, un très ancien responsable syndical et membre de l'ANC, était venu de Port Elizabeth à Pretoria pour le procès. Il avait été séparé des autres et, quand il s'approcha de la porte, il vit l'agitation autour de ses compagnons qu'on arrêtait ; il demanda à un policier ce qui se passait. Ce dernier lui ordonna de s'en aller. Wilton resta là. Le policier répéta son ordre et Wilton lui expliqua qu'il était un des accusés. Le policier le traita de menteur en le menaçant de l'arrêter pour obstruction à la justice. Et il lui ordonna de nouveau de s'en aller. Wilton haussa les épaules, franchit la porte, et ce fut la dernière fois qu'on le vit dans un tribunal. Il passa dans la clandestinité pendant les deux mois suivants, puis il quitta le pays en fraude pour réapparaître comme représentant étranger du congrès des syndicats et plus tard il alla suivre un entraînement militaire en Chine.

Cette nuit-là, des détenus venant d'autres régions du Transvaal nous ont rejoints. La rafle nationale de la police avait conduit en détention sans procès plus de 2 000 personnes. Ces hommes et ces femmes appartenaient à toutes les races et à tous les partis anti-apartheid. On avait rappelé des soldats, et des unités de l'armée avaient été mobilisées et disposées dans des zones stratégiques du pays. Le 8 avril, l'ANC et le PAC ont été déclarés illégaux d'après la loi sur l'interdiction du communisme. Du jour au lendemain, être membre de l'ANC était devenu une infraction passible d'une peine de prison et d'une amende. Poursuivre les objectifs de l'ANC entraînait une condamnation qui pouvait aller jusqu'à dix ans de prison. Maintenant, même une manifestation non violente qui respectait la loi, mais qu'organisait l'ANC, était illégale. La lutte venait d'entrer dans une nouvelle phase. Nous étions tous des hors-la-loi.

Pendant la durée de l'état d'urgence, nous sommes restés dans la prison de Pretoria Local dans des conditions aussi mauvaises qu'à Newlands. Des groupes de cinq prisonniers étaient entassés dans des cellules de deux mètres sur trois, très sales, avec peu de lumière et encore moins d'aération. Nous n'avions qu'un seau en guise de toilettes avec un couvercle non attaché, et des couvertures infestées de vermine. Nous n'étions autorisés à sortir qu'une heure sur vingt-quatre.

Le deuxième jour, nous avons envoyé une délégation se plaindre de nos conditions de détention auprès du commandant de la prison, le colonel Snyman. Sa réponse a été brève et brutale. Il a exigé des preuves en traitant nos plaintes de mensonges. « La vermine vient de vos maisons crasseuses, vous l'avez apportée avec vous », a-t-il ajouté en se moquant.

J'ai dit que nous avions aussi besoin d'une salle calme et bien éclairée pour que nous puissions préparer notre défense. Le colonel s'est de nouveau montré méprisant : « Les règlements ne vous autorisent pas à lire de livres, si toutefois vous savez lire. » Malgré l'attitude dédaigneuse du colonel, on a bientôt repeint et désinfecté les cellules et on nous a fourni des couvertures propres et des seaux hygiéniques. Nous avons eu le droit de rester dans la cour presque toute la journée, et les inculpés du procès de trahison ont disposé d'une grande cellule pour des consultations et ont été autorisés à avoir des livres de droit.

Nous resterions à Pretoria Local pour l'avenir immédiat. Nous partions le matin pour le procès et nous revenions à la prison l'après-midi. En application des principes de l'apartheid, les détenus étaient séparés en fonction de leur couleur. Evidemment, nous étions déjà séparés de nos compagnons blancs, mais la séparation d'avec les camarades métis et indiens à l'intérieur du même bâtiment nous semblait de la folie. Nous avons exigé d'être logés ensemble et on nous a donné toutes sortes de raisons stupides pour refuser. Quand la routine administrative proverbialement inflexible se combine à l'étroitesse d'esprit et à la mesquinerie de l'apartheid, le résultat peut dépasser l'imagination. Mais les autorités ont fini par céder et ont regroupé les détenus du procès de trahison.

Si nous étions ensemble, notre nourriture restait déterminée par notre race. Au petit déjeuner, les Africains, les Indiens et les métis avaient la même quantité de nourriture, mais les Indiens, eux, recevaient en plus une demi-cuillerée de sucre. Pour le soir, on nous donnait à nouveau la même nourriture, mais les Indiens et les métis recevaient cent grammes de pain et nous pas du tout. Cette dernière distinction était faite d'après la supposition étrange que les Africains n'aimaient pas le pain, qui avait un goût « européen » plus subtil. La nourriture des Blancs était bien supérieure à celle des Africains. Les autorités faisaient tellement attention au problème de la couleur que même le type de sucre et de pain fourni aux Blancs et aux autres n'était pas le même : les prisonniers blancs avaient du sucre et du pain blancs, les prisonniers métis et indiens du sucre brun et du pain noir.

Nous nous sommes plaints avec vigueur de la mauvaise qualité de la nourriture et notre avocat Sydney Kentridge a déposé une plainte officielle devant le tribunal. J'ai déclaré que la nourriture était impropre à la consommation humaine. Le juge Rumpff a accepté de la goûter lui-même et ce jour-là, il est sorti pour le faire. Le gruau de maïs et de haricots était le meilleur plat que préparait la prison, et pour cette occasion, les responsables y avaient mis plus de haricots et de sauce que d'habitude. Le juge Rumpff goûta quelques cuillers de gruau et déclara que cette nourriture était bien cuite et savoureuse. Il reconnut qu'il fallait la servir chaude. Nous avons ri entre nous à l'idée d'une nourriture « chaude » en prison ; c'était une contradiction dans les termes. Finalement, les autorités ont fourni aux détenus ce qu'elles ont appelé une « nourriture améliorée » : les Africains ont eu du pain et les métis ont reçu la même nourriture que celle des Blancs.

Pendant notre détention, j'ai bénéficié d'un privilège extraordinaire : des voyages le week-end à Johannesburg. Mais il ne s'agissait que d'un congé très studieux.

Peu de temps avant l'état d'urgence, Oliver avait quitté l'Afrique du Sud sur ordre de l'ANC. Nous soupçonnions depuis longtemps qu'un verrouillage nous menaçait, et l'ANC avait décidé que certains membres devaient quitter le pays pour renforcer l'organisation de l'étranger, dans la perspective de l'interdiction totale.

Le départ d'Oliver fut chemin une des actions les mieux organisées et les plus heureuses de l'organisation. A l'époque nous n'imaginions pas que la branche extérieure allait devenir absolument vitale. Avec sa sagesse et son calme, sa patience, ses talents d'organisateur, sa capacité à diriger et à animer sans écraser personne, Oliver était un choix parfait pour cette tâche.

Avant de partir, il avait engagé un de nos amis, l'avocat Hymie Davidoff, pour fermer notre cabinet et régler les dossiers de nos clients. Davidoff demanda au colonel Prinsloo qu'il m'autorise à aller à Johannesburg pendant le week-end pour que je l'aide à mettre les choses en ordre. Dans un accès de générosité, le colonel accepta qu'on me conduise à Johannesburg le vendredi après-midi pour travailler au bureau pendant tout le week-end et qu'on me raccompagne au procès le lundi matin. Je quittais donc le tribunal le vendredi à une heure avec le sergent Kruger et j'allais à Johannesburg pour travailler avec Davidoff et notre comptable Nathan Marcus. Je passais les nuits à la prison de Marshall Square et les journées au bureau.

Le sergent Kruger, un grand type impressionnant, nous traitait de façon correcte. Sur la route entre Pretoria et Johannesburg, il s'arrêtait et il allait acheter du *biltong* [1], des oranges et du chocolat, et me laissait seul dans la voiture. J'imaginais que je me sauvais, en particulier le vendredi soir quand les rues et les trottoirs étaient pleins de monde et qu'on pouvait se perdre dans la foule. Quand j'étais au bureau, je descendais au café et, une ou deux fois, il a tourné la tête quand Winnie est venue me voir. Nous avions une sorte de code de bonne

---

1. Viande séchée. *(N.d.T.)*

conduite : je ne m'évaderais pas, je ne lui créerais pas de problèmes, et lui me laissait une certaine liberté.

36

Le 25 avril, la veille de la reprise du procès, Issy Maisels nous réunit pour que nous parlions des graves conséquences de l'état d'urgence sur la conduite du procès. Les consultations entre les accusés et les avocats étaient devenues pratiquement impossibles. Nos avocats, qui habitaient Johannesburg, avaient des difficultés à nous voir en prison et se trouvaient dans l'impossibilité d'organiser notre défense. Souvent ils venaient nous voir en voiture pour s'entendre dire que c'était impossible. Même quand nous pouvions les rencontrer, les consultations étaient perturbées et tournaient court. Plus important encore, Maisels nous expliqua que pendant l'état d'urgence ceux qui se trouvaient déjà en détention s'exposaient à une détention supplémentaire simplement en témoignant, car ils feraient inévitablement des dépositions considérées comme « subversives ». Les témoins de la défense, qui n'étaient pas emprisonnés, risquaient de l'être s'ils témoignaient.

Nos défenseurs nous proposèrent de se retirer en signe de protestation. Maisels nous expliqua les graves implications d'un tel retrait et les conséquences si nous assurions nous-mêmes notre défense. Dans l'atmosphère d'hostilité du moment, nous dit-il, les juges trouveraient peut-être à propos de nous infliger de plus longues peines de prison. Nous avons discuté entre nous de la proposition, et chacun des vingt-neuf accusés — Wilton Mkwayi n'était plus là — donna son opinion. La décision fut prise à l'unanimité : Duma Nokwe et moi-même, nous remplacerions nos avocats. J'étais en faveur de ce geste spectaculaire car il mettait en lumière l'iniquité de l'état d'urgence.

Le 26 avril, Duma Nokwe, le premier avocat africain du Transvaal, se leva et fit la déclaration sensationnelle suivante : les accusés demandaient à leurs avocats de ne plus assurer leur défense. Alors Maisels dit simplement : « Nous n'avons plus de mandat des accusés et, par conséquent, monsieur le président, nous ne vous importunerons plus. » A la suite de quoi, l'équipe des défenseurs sortit en silence de la synagogue. Cela ébranla les trois juges, qui nous avertirent dans les termes les plus clairs des dangers que nous prenions à assurer nous-mêmes notre défense. Mais nous étions en colère et nous avions envie de nous battre contre l'accusation. Pendant les cinq mois suivants, presque jusqu'à la fin de l'état d'urgence, nous avons conduit notre propre défense.

Notre stratégie était simple et défensive : faire durer le procès jusqu'à ce que l'état de siège soit levé et que nos avocats puissent revenir. Le procès se poursuivait déjà depuis si longtemps que ça ne semblait pas avoir beaucoup d'importance s'il s'allongeait encore. En pratique, cette stratégie devint assez comique. D'après la loi, chacun de nous avait maintenant le droit d'assurer sa propre défense ainsi que d'appeler chaque autre accusé comme témoin ; et chaque accusé avait le droit de procéder à un contre-interrogatoire avec chaque témoin. Nous étions classés par ordre alphabétique et l'accusé numéro un était Farid Adams, du Congrès indien de la jeunesse du Transvaal. Farid commença en appelant l'accusée numéro deux, Helen Joseph, comme premier témoin. Après avoir été interrogée par Farid, Helen dut répondre aux questions des vingt-sept autres coaccusés. Ensuite, l'accusation procéda à un contre-interrogatoire et l'accusé numéro un la réinterrogea. Adams appela alors l'accusé numéro trois, et ainsi de suite, et toute la procédure se démultiplia ainsi jusqu'à ce que le dernier accusé soit appelé. A cette allure, le procès durerait jusqu'à la fin du millénaire.

Il n'est jamais facile de préparer un procès en prison, et en l'occurrence nous étions gênés par les barrières habituelles de l'apartheid. Tous les accusés avaient besoin de se rencontrer, mais le règlement de la prison interdisait les réunions entre prisonniers hommes et femmes, et entre Noirs et Blancs, et nous n'avions pas le droit de nous consulter avec Lilian Ngoyi, Leon Levy, Bertha Mashaba et Helen Joseph.

Helen, en tant que premier témoin à être appelé, avait besoin de préparer sa déposition en présence de Duma, de moi et de Farid Adams puisque nous devions l'interroger. Après de longues négociations avec la direction de la prison, nous avons pu avoir des consultations dans des conditions très strictes. Helen Joseph, Lilian, Leon et Bertha étaient ramenées de leurs différentes prisons et sections (séparées par la race et le sexe) et conduites dans le bâtiment des Africains. Comme première condition, il ne devait y avoir aucun contact entre prisonniers blancs et noirs et entre hommes et femmes. Les autorités firent poser une grille pour séparer Helen et Leon (en tant que Blanches) de nous, et une seconde grille pour les séparer de Lilian qui participait aussi aux préparations. Même un grand architecte aurait eu du mal à concevoir une telle structure. En prison, nous étions séparés les uns des autres par ce dispositif métallique élaboré, alors qu'au tribunal nous pouvions nous mêler librement.

Nous avons d'abord dû enseigner à Farid le cérémonial du tribunal et faire répéter à Helen son témoignage. Pour aider Helen, je jouai le rôle que Farid jouerait devant la cour. Je fis semblant d'être au tribunal et je commençai l'interrogatoire.

« Nom ?

— Helen Joseph.

— Age ? »

Silence. Je répétai : « Age ? »

Helen fit la moue et attendit. Puis, après quelques instants, elle me regarda de travers et me dit sèchement : « Je ne vois pas ce que mon âge vient faire dans ce procès, Nelson. »

Helen était aussi charmante qu'elle était courageuse, mais elle avait aussi un côté intraitable. C'était une femme d'un certain âge, très sensible sur cette question. Je lui expliquai que c'était l'habitude de noter tous les détails concernant le témoin, tels que son âge, son adresse et son lieu de naissance. L'âge d'un témoin aide la cour à évaluer un témoignage et influence la sentence.

Je repris : « Age ? »

Helen se raidit : « Nelson, dit-elle, je le dirai quand je serai devant le tribunal mais pas avant. Continuons. »

Je lui posai alors une série de questions auxquelles elle pouvait s'attendre de la part de l'accusation, mais d'une façon peut-être trop réaliste pour elle, parce qu'à un certain moment elle se tourna vers moi et me dit : « Tu es Mandela ou tu es le procureur ? »

Il y eut d'autres moments drôles, dont certains nous réconfortaient. J'avais le droit d'aller voir Helen Joseph pendant le week-end pour lui apporter ses comptes rendus des débats. A ces occasions, je rencontrais d'autres détenues et je parlais avec elles pour en faire des témoins éventuels. J'étais toujours très aimable avec les gardiennes blanches et je remarquai que mes visites déclenchaient un très grand intérêt. Les gardiennes ne savaient pas qu'il existait des avocats ou des médecins noirs et elles me regardaient comme une créature exotique. Mais quand elles me connurent mieux, elles devinrent plus amicales et plus à l'aise et je plaisantai avec elles en leur disant que je réglerais tous leurs problèmes juridiques. Voir des femmes blanches instruites parler de choses sérieuses avec un Noir sur une base d'égalité parfaite ne pouvait qu'affaiblir la croyance en l'apartheid des gardiennes.

Une fois, pendant une longue conversation avec Helen, j'ai dit à la gardienne qui devait rester assise près de nous : « Je suis désolé de vous ennuyer avec cette consultation interminable. — Non, a-t-elle répondu. Vous ne m'ennuyez pas du tout, ça m'intéresse. » Je voyais qu'elle suivait notre conversation et une fois ou deux elle a même fait de petites suggestions. Je considérais cela comme le côté positif du procès. La plupart de ces gardiennes ne savaient absolument pas pourquoi nous étions en détention et, petit à petit, elles découvraient les raisons de notre combat et pourquoi nous acceptions de risquer la prison.

C'était précisément pour cela que le Parti national s'opposait violemment à toute forme d'intégration. Seul un électorat blanc qu'on avait endoctriné avec le péril noir et qui ignorait les idées et la politique des Africains pouvait soutenir la monstrueuse philosophie raciste du Parti national. Dans ce cas, la familiarité n'engendrait pas le mépris mais la compréhension et même au bout du compte l'harmonie.

En prison, les moments heureux ne compensaient pas les moments tristes. Winnie eut l'autorisation de venir me voir plusieurs fois quand j'étais à Pretoria et elle amenait Zenani, qui commençait à parler et à marcher. Si les gardiens me le permettaient, je la prenais dans mes bras et l'embrassais et, vers la fin de la rencontre, je la redonnais à Winnie. Nous nous disions au revoir ; Zenani me faisait souvent signe de venir avec elles, et je voyais sur son petit visage étonné qu'elle ne comprenait pas pourquoi je restais là.

Au tribunal, Farid Adams menait très adroitement la déposition d'Helen. Il s'opposait fréquemment aux juges avec beaucoup de compétence. Nous avions trouvé une nouvelle énergie : personne ne faisait plus de contre-interrogatoire pour passer le temps. Au fur et à mesure que les accusés interrogeaient les témoins, le ministère public et l'accusation commencèrent à se rendre compte pour la première fois de la véritable dimension des hommes et des femmes qu'on jugeait.

D'après la législation sud-africaine concernant la Cour suprême, Duma, en tant que responsable de la défense, avait seul le droit de s'adresser directement aux juges. Moi, en tant qu'avocat, je pouvais lui donner des informations mais, techniquement, je n'avais pas le droit de m'adresser à la cour, ni à aucun des autres défenseurs. Nous avions récusé nos avocats parce que les accusés, en l'absence de représentation, devaient pouvoir s'adresser à la cour. Je m'étais adressé à la cour et le juge Rumpff, dans l'espoir de nous contrecarrer, m'avait interrompu. « Vous reconnaîtrez, monsieur Mandela, que M. Nokwe, en sa qualité de responsable de la défense, est le seul

autorisé à s'adresser à la cour. » Je lui avais répliqué :
« Très bien, monsieur le président, je crois que nous
sommes tous d'accord pour respecter ce principe si vous
êtes disposé à payer les honoraires de M. Nokwe. » A
partir de là, personne ne s'opposa plus à ce que les
accusés s'adressent tous aux juges.

Tandis que Farid interrogeait Helen et les témoins
suivants, Duma et moi, nous étions assis de chaque côté
de lui, et nous lui proposions des questions en l'aidant à
résoudre les problèmes juridiques au fur et à mesure
qu'ils se posaient. En général, il n'avait pas besoin qu'on
le pousse beaucoup. Mais un jour, alors que nous subissions une forte pression, nous ne cessions de lui souffler
des propositions. Farid avait l'air épuisé et, Duma et moi,
nous ne trouvions plus rien à dire. Puis, sans nous
consulter, Farid demanda soudain une suspension, en
disant qu'il était fatigué. Les juges refusèrent, trouvant la
raison insuffisante, et ils renouvelèrent l'avertissement
qu'ils nous avaient adressé le jour où nos avocats
s'étaient retirés.

Ce jour-là, nous n'avons pas chanté en revenant à la
prison, et chacun restait assis, le visage triste. Une crise
couvait entre nous. Au moment de notre arrivée en prison, un petit groupe d'accusés demanda qu'on se réu-
nisse. Je rassemblai tous les hommes et J. Nkampeni, un
commerçant de Port Elizabeth, qui avait aidé les familles
des volontaires pendant la Campagne de défi, prit la tête
de ce qui se révéla être une attaque.

« Madiba, dit-il, en utilisant mon nom de clan en signe
de respect, je veux que tu nous dises pourquoi tu as
renvoyé nos avocats. » Je lui rappelai qu'aucun d'entre
nous n'avait personnellement renvoyé nos avocats ; leur
retrait avait été approuvé par tous, y compris lui-même.
« Mais que connaissons-nous des procédures juridiques,
Madiba ? Nous faisions confiance à nos avocats. »

Un grand nombre d'hommes partageaient les doutes
de Nkampeni. Je les ai mis en garde contre les dangers du
découragement et j'ai insisté sur le fait que nous nous en
sortions très bien. Je leur ai expliqué que nous venions de
connaître un échec mineur et que nous rencontrerions

de pires difficultés. Notre procès était beaucoup plus qu'un simple conflit sur des questions juridiques entre le ministère public et un groupe de gens accusés d'avoir violé la loi. Il s'agissait d'une épreuve de force, l'affrontement entre une idée morale et une idée immorale, et je dis que nous ne devions pas seulement nous inquiéter de la technique juridique de nos avocats. La protestation en resta là.

Après l'interrogatoire et le contre-interrogatoire d'Helen Joseph, ce fut au tour de l'accusé numéro trois, Ahmed Kathrada. C'est pendant la déposition du second témoin de Kathy, l'accusé numéro quatre, Stanley Lollan, membre de la direction du Coloured People's Congress, que le Premier ministre Verwoerd annonça qu'on lèverait bientôt l'état d'urgence. Le gouvernement n'avait jamais eu l'intention de le faire durer indéfiniment et il croyait qu'il avait réussi à étouffer la lutte de libération. A partir de ce moment-là, nos avocats revinrent, au grand soulagement de tout le monde, mais nous restâmes encore en prison pendant quelques semaines. Nous avions été emprisonnés et nous nous étions passés de nos avocats pendant plus de cinq mois.

Mon témoignage commença le 3 août. Je me sentais bien préparé pour avoir préparé les autres. Après trois ans de silence, d'interdiction et d'exil intérieur, j'attendais d'avoir l'occasion de parler devant ceux qui essayaient de me juger. Pendant ma déposition, je défendis la modération de l'ANC et je réaffirmai son engagement dans la lutte non violente. Quand on me demanda si je pensais qu'on pouvait atteindre la démocratie de façon graduelle, je répondis que je le pensais.

Nous exigeons le suffrage universel et nous sommes disposés à exercer des pressions économiques pour atteindre nos exigences. Nous lancerons des campagnes de défi, des grèves à domicile, soit l'une après l'autre soit ensemble, jusqu'à ce que le gouvernement nous dise : « Messieurs, nous ne pouvons continuer ainsi, avec les lois non respectées, et toute cette situation créée par des grèves à domicile. Parlons ensemble. » Pour moi, je répondrai : « Oui, parlons ensemble. » Et le gouvernement dira : « Nous pensons qu'actuellement les Européens ne sont pas prêts à accepter un type de gouvernement dans lequel ils seraient dominés par des non-Européens. Nous pensons que nous devrions vous donner soixante sièges. La population africaine élira soixante Africains pour les représenter au Parlement. Nous laisserons les choses ainsi pendant une période de cinq années. » A mon avis, ce sera une victoire, monsieur le président ; nous aurons franchi une étape significative vers le suffrage universel pour les Africains, et nous dirons que pendant les cinq années suivantes nous allons suspendre la désobéissance civile.

L'accusation voulait absolument prouver que j'étais un dangereux communiste tenant de la violence. Je n'étais ni communiste ni membre du Parti communiste mais je refusais de laisser croire que je prenais mes distances vis-à-vis de nos alliés communistes. J'aurais pu être renvoyé en prison pour de telles conceptions, mais je n'hésitai pas à réaffirmer l'extraordinaire soutien que les communistes nous avaient apporté. Le président me demanda si je pensais qu'un régime de parti unique était une possibilité envisageable pour l'Afrique du Sud.

Monsieur le président, ce n'est pas une question de forme, c'est une question de démocratie. Si la démocratie s'exprimait mieux dans un système à parti unique, j'étudierais cette proposition avec le plus grand soin. Mais si une démocratie trouvait une meilleure expression dans un système à plusieurs partis, alors c'est une proposition que j'étudierais aussi avec beaucoup de soin. Dans ce pays, par exemple, nous avons actuellement un système multiparti mais, en ce qui concerne les non-Européens, il s'agit du despotisme le plus violent qu'on peut imaginer.

Je me suis énervé quand le juge Rumpff a fait la même erreur que beaucoup de Sud-Africains blancs, sur la question du suffrage universel. Ils pensaient que pour pouvoir exercer cette responsabilité, les électeurs devaient être « éduqués ». Il est difficile d'expliquer à quelqu'un qui a des idées étroites qu'être « éduqué » ne signifie pas seulement savoir lire et écrire et avoir une licence, mais qu'un illettré peut être un électeur bien plus « éduqué » que quelqu'un qui possède des diplômes.

LE JUGE RUMPFF : Quelle est la valeur de la participation au gouvernement d'un Etat de gens ignorants ?

NELSON MANDELA : Monsieur le président, que se passe-t-il quand des Blancs illettrés votent...

LE JUGE RUMPFF : Ne subissent-ils pas l'influence des responsables politiques comme des enfants ?

NELSON MANDELA : Monsieur le président, voici ce qui arrive en pratique. Un homme se porte candidat dans une circonscription donnée ; il rédige un programme dans lequel il dit : « Voici quelles sont les idées que je défends. » C'est une zone rurale et il dit : « Je suis contre la limitation des troupeaux. » Alors en l'écoutant, vous décidez que cet homme défendra vos intérêts si vous l'envoyez au Parlement et, sur cette base, vous votez pour tel ou tel candidat. Cela n'a rien à voir avec l'éducation.

LE JUGE RUMPFF : Il ne pense qu'à ses intérêts ?

NELSON MANDELA : Non, un homme regarde celui qui est le plus capable de défendre son point de vue et il vote pour lui.

Je dis à la cour que nous pensions pouvoir atteindre nos objectifs sans violence à cause de notre supériorité numérique.

Nous pensons que dans un avenir proche, il nous sera possible d'atteindre nos objectifs et nous avons travaillé sur l'idée que les Européens eux-

mêmes, malgré le mur de préjugés et de haine
auquel nous nous heurtons, ne pourront pas rester
éternellement indifférents à nos demandes, parce
que notre politique de pressions économiques les
frappe au ventre. Les Européens n'osent pas la
considérer avec indifférence. Ils devront y répondre et, en réalité, monsieur le président, ils y répon-
dent.

L'état d'urgence fut levé le dernier jour d'août. Nous
allions rentrer chez nous après cinq mois de détention. A
Johannesburg, quand les gens apprirent la fin de l'état
d'urgence, ils vinrent à Pretoria persuadés qu'on allait
nous libérer ; quand nous sommes sortis, les amis et la
famille nous ont accueillis avec joie. Winnie était là et
nous nous sommes retrouvés avec bonheur. Depuis cinq
mois, je n'avais pas tenu ma femme dans mes bras et je
ne lui avais pas vu un tel sourire. Pour la première fois,
depuis cinq mois, cette nuit-là, j'ai dormi dans mon lit.

Quand on est allé en prison, ce qu'on apprécie le plus,
ce sont les petites choses : être capable d'aller se promener quand on le veut, entrer dans une boutique, acheter
un journal, parler ou choisir de rester silencieux. Le
simple fait d'être maître de ses actes.

Même après la levée de l'état d'urgence, le procès a
encore continué pendant neuf mois, jusqu'au 29 mars
1961. A bien des égards, ce fut une période de gloire pour
les accusés parce que les nôtres, à la barre, exposaient
sans crainte la politique de l'ANC. Robert Resha réfuta
l'affirmation absurde selon laquelle nous poussions ce
dernier à utiliser la violence afin que nous puissions
l'utiliser à notre tour contre lui. Gert Sibande raconta
avec éloquence la vie de misère des paysans africains. Le
vénérable Isaac Behndy de Ladysmith, âgé de quatre-
vingt-un ans, un prêcheur laïque de l'African Native Mission Church, expliqua pourquoi nous choisissions les
grèves à domicile plutôt que sur le tas.

En octobre, le redoutable professeur Matthews fut
appelé comme notre dernier témoin. Il resta impertur-

bable à la barre et s'adressa aux procureurs comme à des
étudiants dans l'erreur qu'il convient de gronder sévèrement. Il répondait souvent au procureur subjugué par
quelque chose du genre : « Ce que vous voulez vraiment
me faire dire, c'est que le discours, dont vous prétendez
qu'il est violent, représente la politique de mon organisation. Tout d'abord, ce que vous prétendez est faux, et
ensuite je ne suis pas disposé à le dire. »

Il expliqua dans une langue magnifique que le peuple
africain savait qu'une lutte non violente entraînerait des
souffrances, mais il l'avait choisie parce que pour lui la
liberté n'avait pas de prix. Les gens, dit-il, accepteront
volontairement les pires souffrances afin de se libérer de
l'oppression. Avec le professeur Matthews, la défense
termina en fanfare. A la fin de son témoignage, le juge
Kennedy lui serra la main et lui dit qu'il espérait le
rencontrer une nouvelle fois dans de meilleures conditions.

37

Après la levée de l'état d'urgence, la direction nationale
de l'ANC se réunit clandestinement en septembre pour
parler de l'avenir. Il s'agissait de notre première rencontre formelle, même si en prison, pendant le procès, nous
avions eu des discussions. Le gouvernement ne se donnait pas d'armes contre une menace extérieure mais
intérieure. Nous n'allions pas dissoudre le mouvement,
nous allions continuer à agir dans la clandestinité. Pour
cela, nous devions abandonner les procédures démocratiques prévues dans les statuts de l'ANC, avec des conférences, des réunions à l'échelon des branches et des
rassemblements publics. Nous devions créer de nouvelles structures pour communiquer avec les organisations
du Congrès non interdites. Toutes ces nouvelles structures étaient illégales et les participants seraient menacés

d'arrestation et d'emprisonnement. Le Comité de direction et les structures qui étaient sous ses ordres devraient donc être sévèrement simplifiés pour s'adapter aux conditions de l'illégalité. Par la force des choses, nous avons dissous la Ligue de la jeunesse et la Ligue des femmes de l'ANC. Certains s'opposèrent violemment à ces changements ; mais nous étions maintenant une organisation illégale. Pour ceux qui continueraient à y participer, la politique ne serait plus une activité risquée mais dangereuse.

Le cabinet Mandela et Tambo avait fermé ses portes et réglé ses comptes. Cependant je continuais à faire tout le travail légal que je pouvais. De nombreux collègues me proposèrent d'utiliser leurs bureaux, leur personnel et leur téléphone mais, la plupart du temps, je préférais travailler dans l'appartement n° 13 de Kholvad House, celui d'Ahmed Kathrada. Je n'avais plus de clientèle mais j'avais gardé ma réputation en tant qu'avocat. Bientôt, le salon de Kathrada et le couloir qui y conduisait furent remplis de clients. Quand Kathrada rentrait chez lui, il découvrait effaré qu'il ne pouvait être seul que dans la cuisine.

A cette époque, j'avais à peine le temps de manger et je voyais très peu ma famille. Je restais très tard à Pretoria pour préparer notre défense ou je revenais très vite pour m'occuper d'un dossier. Quand je pouvais m'asseoir pour dîner avec ma famille le téléphone sonnait et je devais repartir. Winnie était de nouveau enceinte et infiniment patiente. Elle espérait que son mari pourrait être à l'hôpital quand elle mettrait son enfant au monde. Mais ça ne devait pas se produire.

A Noël 1960, pendant la suspension du procès, j'appris que Makgatho était malade au Transkei, où il allait à l'école, et malgré mon ordre d'interdiction je suis allé le voir. J'ai roulé toute la nuit, en ne m'arrêtant que pour faire le plein. Makgatho avait besoin d'être opéré et j'ai décidé de le ramener avec moi à Johannesburg. J'ai de nouveau conduit toute la nuit, je l'ai laissé chez sa mère pendant que je prenais les dispositions pour son opération. Quand je suis revenu, j'ai appris que Winnie était déjà en train d'accoucher. Je me suis précipité dans l'aile réservée aux non-Européens du Bridgman Memorial Hospital, où j'ai trouvé la mère et la fille qui m'attendaient. L'enfant nouveau-née se portait bien mais Winnie était très faible.

Nous avons appelé notre nouvelle petite fille Zindziswa, comme la fille du poète xhosa, Samuel Mqhayi, qui m'avait tant fait rêver, il y avait des années, à Healdtown. Le poète était revenu chez lui après un long voyage et il avait découvert que sa femme avait donné naissance à une petite fille. Il ne savait pas qu'elle était enceinte et il avait cru que l'enfant avait un autre père. Dans notre culture, quand une femme donne naissance à un enfant, le mari n'entre pas dans la maison où elle est enfermée pendant dix jours. Mais le poète, trop furieux pour observer cette coutume, se précipita dans la maison avec une sagaie, prêt à en transpercer la mère et la fille. Mais, quand il regarda la petite fille et qu'il vit qu'elle lui ressemblait comme deux gouttes d'eau, il s'en alla en disant « *U zindzinle* », ce qui signifie « Tu es bien établie ». Il l'appela Zindziswa, la version féminine de ce qu'il avait dit.

38

L'accusation mit plus d'un mois pour déposer ses conclusions et fut souvent interrompue par la cour qui lui faisait remarquer les insuffisances de son raisonnement. En mars, ce fut notre tour. Issy Maisels refusa catégoriquement l'accusation de violence. « Nous reconnaissons qu'il y a une question de non-coopération et de résistance passive, dit-il. Nous dirons très franchement que si la non-coopération et la résistance passive constituent un crime de haute trahison, alors nous sommes coupables. Mais ces faits ne sont pas compris dans la loi de haute trahison. »

La thèse de Maisels fut reprise par Bram Fischer, mais le 23 mars, la cour interrompit la plaidoirie de Bram. Nous en avions encore pour très longtemps, pourtant les juges décidèrent d'une semaine de suspension. Malgré l'irrégularité de la procédure, il s'agissait d'un signe d'espoir car cela laissait penser qu'ils s'étaient déjà forgé une opinion. Nous devions revenir au tribunal six jours plus tard et nous pensions que ce serait pour entendre le verdict. Dans l'intervalle, j'avais du travail.

Mes interdictions devaient s'achever deux jours après la suspension du procès. J'étais à peu près sûr que la police ne s'en rendrait pas compte parce que, comme je l'ai déjà dit, elle gardait rarement trace de la date d'expiration des interdictions. Ce serait la première fois depuis cinq ans que j'aurais la liberté de quitter Johannesburg, la liberté d'assister à un meeting. Ce week-end-là avait lieu à Pietermaritzburg l'All-in Conference prévue depuis longtemps. On devait y envisager la possibilité d'une convention nationale pour une constitution. Il était secrètement prévu que je sois le principal orateur. Je devais faire en voiture les 450 kilomètres séparant Johannesburg de Pietermaritzburg durant la nuit qui précédait mon intervention.

La veille de mon départ, le Comité national se réunit secrètement pour parler de stratégie. Après plusieurs réunions en prison et à l'extérieur, nous avions décidé de travailler dans la clandestinité, en suivant les grandes lignes du Plan-M. L'organisation passerait dans la clandestinité. On décida que si nous n'étions pas condamnés, je passerais dans la clandestinité pour parcourir le pays afin d'organiser la convention nationale. Seul quelqu'un travaillant à plein temps dans la clandestinité serait libéré des interdictions imposées par l'ennemi et qui nous paralysaient. On décida que je réapparaîtrais lors de certains événements, en espérant un maximum de publicité pour montrer que l'ANC luttait toujours. Cette proposition ne m'a pas surpris et elle ne m'a pas particulièrement plu, mais je savais que je devais le faire. Je mènerais une vie de hasard, séparé de ma famille, mais quand on refuse à un homme de mener la vie dans laquelle il croit, il n'a pas d'autre choix que de devenir un hors-la-loi.

Quand je suis rentré à la maison après la réunion, ce fut comme si Winnie pouvait lire dans mes pensées. En voyant mon visage, elle sut que j'étais prêt à m'embarquer dans une vie que nous ne souhaitions ni l'un ni l'autre. Je lui ai expliqué ce qui s'était passé et que je partais le lendemain. Elle a compris que je devais le faire, mais ça ne lui facilitait pas la tâche. Je lui ai demandé de me préparer une petite valise. Je lui ai dit que des amis et des parents s'occuperaient d'elle pendant mon absence. Je ne lui ai pas dit combien de temps elle durerait et elle ne me l'a pas demandé. C'était aussi bien parce que je ne connaissais pas la réponse. Je retournais à Pretoria le lundi, sans doute pour entendre le verdict. Quel qu'il fût, je ne rentrerais pas à la maison : si nous étions condamnés, j'irais directement en prison ; si nous étions acquittés, je passerais immédiatement dans la clandestinité.

Mon fils aîné, Thembi, était à l'école au Transkei, aussi je ne pouvais pas lui dire au revoir, mais cet après-midi-là, je suis allé chercher Makgatho et ma fille Makaziwe chez leur mère à Orlando East. Nous avons passé plusieurs heures ensemble, nous avons marché dans le veld en dehors de la ville, nous avons parlé et joué. Je leur ai dit au revoir sans savoir quand je les reverrais. Les enfants d'un combattant de la liberté apprennent aussi à ne pas poser trop de questions à leur père et je voyais dans leurs yeux qu'ils comprenaient qu'il se passait quelque chose de grave.

A la maison, j'ai embrassé mes deux petites filles. Elles m'ont regardé monter en voiture avec Wilson Conco et le long voyage pour le Natal a commencé.

Mille quatre cents délégués venant de tout le pays et représentant cent cinquante organisations religieuses, sociales, culturelles et politiques différentes convergeaient vers Pietermaritzburg pour la conférence. Le samedi 25 mars au soir, quand je suis apparu sur la scène devant ce public loyal et enthousiaste, cela faisait près de cinq ans que je n'avais pas eu la liberté de faire un discours sur une tribune. Une réaction de joie m'a accueilli. J'avais presque oublié l'intensité de l'émotion qu'on ressent quand on s'adresse à une foule.

Dans mon discours, j'ai lancé un appel pour la réunion d'une convention nationale dans laquelle tous les Sud-Africains, les Noirs et les Blancs, les Indiens et les métis, pourraient s'asseoir ensemble en toute fraternité et rédiger une constitution qui refléterait les aspirations de tout le pays. J'ai lancé un appel à l'unité et j'ai dit que nous serions invincibles si nous parlions d'une seule voix.

La conférence demanda la réunion d'une convention nationale composée de représentants élus de tous les hommes et de toutes les femmes adultes sur une base d'égalité afin de définir une nouvelle constitution démocratique et non raciale pour l'Afrique du Sud. Un conseil national d'action fut élu, dont j'étais secrétaire honoraire, afin de transmettre cette demande au gouvernement. S'il refusait de convoquer une telle convention, nous appellerions à une grève à domicile de trois jours qui commencerait le 29 mai pour que cela coïncide avec la proclamation de la République sud-africaine. Je ne croyais absolument pas qu'il accepterait notre proposition.

En octobre 1960, le gouvernement avait organisé un référendum réservé aux Blancs pour savoir si l'Afrique du Sud devait devenir une république. C'était un des vieux rêves des nationalistes afrikaners, couper les liens avec le pays contre lequel ils s'étaient battus pendant la guerre des Boers. Les partisans de la république l'avaient emporté avec 52 % des voix et la proclamation devait avoir lieu le 31 mai 1961. Nous avions fixé notre grève le jour de la proclamation de la république pour montrer qu'un tel changement était de pure forme.

Immédiatement après la conférence, j'ai envoyé une lettre au Premier ministre Verwoerd, dans laquelle je lui enjoignais formellement de convoquer une convention nationale constituante. Je le prévenais que s'il refusait nous organiserions la plus grande grève à domicile de trois jours de l'histoire du pays à partir du 29 mai. J'écrivais : « Nous ne nous faisons aucune illusion sur les contre-mesures que prendra le gouvernement. Pendant les douze derniers mois nous avons connu une période de dictature brutale. » J'ai également publié des communiqués de presse pour affirmer que la grève serait pacifique et non violente. Verwoerd ne répondit pas, il dit seulement devant le Parlement que ma lettre était « arrogante ». A la place, le gouvernement organisa une des plus impressionnantes démonstrations de force de toute l'histoire du pays.

39

Avant même que s'ouvrent les portes de l'ancienne synagogue, le matin du 29 mars 1961, le jour du verdict tant attendu du procès de trahison, une foule de partisans et de journalistes se bousculaient pour pouvoir entrer. Des centaines de personnes furent refoulées. Quand les juges eurent ramené l'ordre, la galerie du public et le banc de la presse étaient combles. Le juge Rumpff fit tomber son marteau et quelques instants plus tard, le ministère public fit une demande extraordinaire pour changer l'accusation. C'était la cinquante-neuvième minute de la onzième heure et c'était deux ans trop tard. La cour rejeta la demande et un sourd murmure d'approbation s'éleva dans la galerie.

« Silence ! » hurla l'huissier et le juge Rumpff annonça que les trois juges avaient déterminé un verdict. On aurait entendu une mouche voler. De sa voix grave et unie, le juge Rumpff rappela les conclusions du tribunal. Oui, le Congrès national africain avait travaillé pour remplacer le gouvernement par une forme d'Etat « radicalement et fondamentalement différente » ; oui, le Congrès national africain avait utilisé des moyens illégaux pour manifester pendant la Campagne de défi ; oui, certains responsables de l'ANC avaient fait des discours dans lesquels ils défendaient la violence ; et oui, il y avait une forte tendance de gauche dans l'ANC qui se révélait par des prises de position anti-impérialistes, anti-occidentales et prosoviétiques.

> D'après toutes les preuves présentées devant elle, il est impossible à cette cour d'arriver à la conclusion que le Congrès national africain a acquis ou adopté une politique destinée à renverser l'Etat par la violence, c'est-à-dire dans le sens que les masses aient dû être préparées ou conditionnées pour commettre des actes de violence directs contre l'Etat.

La cour dit que l'accusation n'avait pas réussi à prouver que l'ANC était une organisation communiste ni que la Charte de la liberté envisageait un Etat communiste. Après avoir parlé pendant quarante minutes, le juge Rumpff conclut : « En conséquence, les accusés sont déclarés non coupables et acquittés. »

Dans la galerie du public ce fut une explosion de joie. Nous nous sommes levés pour nous prendre dans les bras et faire des signes à la salle. Nous avons tous défilé dans la cour en souriant, en riant, en pleurant. La foule a hurlé et chanté quand nous sommes sortis. Un grand nombre d'entre nous ont hissé nos défenseurs sur leurs épaules, ce qui ne fut pas facile avec Issy Maisels, qui était très gros. Les flashes des appareils photos éclataient autour de nous. Nous cherchions nos amis, nos épouses, nos parents. J'ai serré Winnie dans mes bras tout en sachant que je ne pourrais pas savourer longtemps ma liberté. Alors que nous étions tous à l'extérieur, les accusés du procès de trahison et la foule, nous avons entonné *Nkosi Sikelel' iAfrika*.

Après plus de quatre années et des douzaines de procureurs, des milliers de documents et des dizaines de milliers de pages de témoignages, l'accusation avait échoué dans sa mission. Le verdict embarrassait le gouvernement autant dans le pays qu'à l'étranger. Mais ce résultat ne fit que renforcer sa détermination contre nous. Il n'en tira pas la leçon que nos plaintes étaient légitimes mais qu'il devait se montrer beaucoup plus brutal.

Je n'ai pas considéré le verdict comme une justification du système juridique ni comme la preuve qu'un Noir pouvait bénéficier d'un procès honnête dans un tribunal de Blancs. Ce verdict correct et juste n'était dû en grande partie qu'à la supériorité d'une équipe de défenseurs et à l'impartialité de trois juges en particulier.

Cependant, les tribunaux restaient peut-être les seuls endroits en Afrique du Sud où on pouvait écouter un Africain de façon impartiale et où on appliquait la loi. Cela était particulièrement vrai dans les tribunaux présidés par des juges éclairés nommés par l'United Party. Beaucoup de ces hommes défendaient la loi.

Quand j'étais étudiant, on m'avait enseigné qu'en Afrique du Sud la loi était souveraine et s'appliquait à tous, quel que soit leur statut social ou leur position officielle. J'y croyais sincèrement et j'envisageais une vie fondée sur ce postulat. Mais ma carrière d'avocat et de militant m'avait dessillé les yeux. J'avais vu qu'il y avait une énorme différence entre ce qu'on m'avait enseigné dans les salles de cours et ce que j'avais appris dans les salles des tribunaux. Si, autrefois, j'avais considéré la loi de façon idéaliste, comme l'épée de la justice, aujourd'hui, je la voyais comme un outil utilisé par la classe au pouvoir pour façonner la société dans un sens qui lui était favorable. Je ne m'attendais jamais à la justice dans un tribunal même si je luttais pour elle et même si parfois je la rencontrais.

Dans le cas du procès de trahison, les juges s'étaient élevés au-dessus de leurs préjugés, de leur éducation et de leur passé. Il y a une lueur de bonté en l'homme, qui peut être cachée ou enterrée, mais qui peut apparaître sans qu'on s'y attende. Pendant tout le procès, le juge Rumpff, avec ses manières distantes, avait donné l'impression de partager le point de vue de la minorité blanche au pouvoir. Pourtant, au bout du compte, une impartialité fondamentale avait dominé son jugement. Kennedy était moins conservateur que ses collègues et semblait attiré par l'idée d'égalité. Une fois, par exemple, il s'était retrouvé dans le même avion que Duma Nokwe pour aller de Durban à Johannesburg et quand, à l'arrivée, le bus de la compagnie aérienne avait refusé de prendre Duma, Kennedy avait refusé d'y monter. Le juge Bekker m'avait toujours frappé par son ouverture d'esprit et il semblait savoir ce que les accusés qui se trouvaient devant lui avaient enduré à cause de l'accusation. Je fais l'éloge de ces trois hommes en tant qu'individus, pas en tant que représentants du tribunal ni de l'Etat, ni même de leur race, mais comme exemplaires de la décence humaine qu'on peut rencontrer chez l'adversaire. L'épouse du juge Bekker était une personne sensible aux besoins des autres. Pendant l'état d'urgence, elle organisait des collectes pour les accusés.

Mais, pour le gouvernement, la conséquence de cette défaite humiliante fut qu'il décida que cela n'arriverait plus jamais. A partir de ce jour-là, il ne fit plus confiance à des juges qu'il n'avait pas lui-même nommés. Il ne respecta plus ce qu'il appelait les subtilités juridiques, qui protégeaient les terroristes ou assuraient certains droits aux prisonniers. Pendant le procès de trahison, il n'y eut aucun exemple d'accusés isolés, battus ou torturés pour obtenir des informations. Mais tout cela est devenu monnaie courante tout de suite après.

SIXIÈME PARTIE

Le Mouron noir

40

Je ne suis pas rentré à la maison après le verdict. Les autres étaient d'humeur joyeuse et avaient envie de faire la fête, mais je savais que les autorités pouvaient frapper à tout moment et je ne souhaitais pas leur en donner l'occasion. Je voulais disparaître avant de recevoir un ordre d'interdiction ou être arrêté, et j'ai passé la nuit dans une maison sûre à Johannesburg, une nuit agitée dans un lit inconnu ; et je sursautais à chaque bruit de voiture, en pensant que c'était la police.

Walter et Duma m'ont accompagné pendant la première étape de mon voyage qui devait me conduire à Port Elizabeth. J'y ai rencontré Govan Mbeki et Raymond Mhlaba pour parler des nouvelles structures clandestines de l'organisation. Nous nous sommes retrouvés chez le Dr. Masla Pather, ce qui lui a valu plus tard d'être condamné à deux ans de prison. Dans des lieux sûrs, j'ai rencontré le directeur du journal de gauche, le *Port Elizabeth Morning Post*, afin de parler de la campagne pour une convention nationale, un objectif que par la suite plusieurs journaux ont soutenu. Ensuite, j'ai rendu visite à Patrick Duncan, le directeur de l'hebdomadaire de gauche *Contact*, un membre fondateur du Parti libéral et un des premiers volontaires blancs pendant la Campagne de défi. Son journal n'avait cessé de dénoncer la politique de l'ANC en prétendant qu'elle était dictée par les communistes, mais quand il m'a vu, la première chose qu'il m'a dite c'est qu'une lecture attentive des comptes rendus du procès de trahison l'avait détrompé et qu'il rectifierait sa position dans son journal.

Ce soir-là, j'ai pris la parole dans une réunion de pasteurs africains des townships du Cap. Je le signale parce que pendant des années je me suis souvenu de la prière d'ouverture d'un des pasteurs et elle a été pour moi une source de force dans les moments difficiles. Il remercia le Seigneur pour Sa bonté et Sa générosité, pour Sa miséricorde et pour l'intérêt qu'Il portait à tous les hommes. Puis il prit la liberté de rappeler au Seigneur que certains de Ses sujets étaient plus opprimés que d'autres et que parfois il semblait qu'Il ne faisait pas très attention. Et le pasteur dit que si le Seigneur ne manifestait pas un peu plus d'initiative pour conduire l'homme noir vers le salut, ce dernier devrait prendre les choses en main. Amen.

Lors de la dernière matinée au Cap, au moment de quitter l'hôtel en compagnie de George Peake, membre fondateur de la Coloured People's Organization d'Afrique du Sud, je me suis arrêté pour remercier le directeur métis de l'hôtel qui avait si bien pris soin de moi. Il m'en fut reconnaissant mais aussi se montra curieux. Il avait découvert mon identité et il me dit que la communauté métisse craignait d'être autant opprimée sous un gouvernement africain que sous le gouvernement blanc actuel. C'était un commerçant appartenant à la classe moyenne, il avait sans doute peu de contacts avec les Africains car il les craignait à peu près autant que les Blancs. C'était une peur très répandue dans la communauté métisse, en particulier au Cap et, bien qu'étant en retard, j'ai expliqué la Charte de la liberté à cet homme, en insistant sur notre refus du racisme. Un combattant de la liberté doit saisir chaque occasion de défendre sa cause.

Le lendemain, j'ai participé à une réunion clandestine de la direction nationale de l'ANC et des directions des organisations du Congrès, à Durban, pour décider si l'action prévue devait prendre la forme d'une grève à domicile ou d'une grève habituelle, avec piquets aux portes des usines et manifestations. Ceux qui étaient pour la seconde solution disaient que la stratégie de la grève à domicile que nous utilisions depuis 1950 avait perdu son efficacité, et qu'à une époque où le PAC plaisait aux masses il était nécessaire de proposer des formes de lutte plus militantes. L'autre conception, que je défendais, soutenait que la grève à domicile nous permettait de frapper l'ennemi en l'empêchant de répondre. J'ai expliqué que la confiance des gens dans nos campagnes avait grandi précisément parce qu'ils avaient compris que nous n'étions pas imprudents avec leurs vies. J'ai dit que Sharpeville, malgré l'héroïsme des manifestants, avait permis à l'ennemi de tuer les nôtres. Je défendais la grève à domicile même si j'avais conscience que dans tout le pays les gens devenaient impatients devant les formes passives de lutte, car je ne pensais pas que nous devions abandonner nos tactiques éprouvées sans organisation d'ensemble — ce que nous n'avions jamais le temps ni les moyens de faire. On décida d'une grève à domicile.

La vie dans la clandestinité exige un changement psychologique radical. On doit prévoir chaque action, même si elle est apparemment insignifiante. Rien n'est innocent. Chaque chose est remise en question. On ne peut être soi-même ; on doit incarner chaque rôle qu'on épouse. D'une certaine façon, en Afrique du Sud, les Noirs n'ont pas tellement besoin de s'adapter. Sous l'apartheid, un Noir menait une vie mal définie entre la légalité et l'illégalité, entre la franchise et la dissimulation. Etre noir en Afrique du Sud signifiait qu'on ne devait avoir confiance en rien, ce qui ne différait pas beaucoup de passer toute sa vie dans la clandestinité.

Je suis devenu une créature de la nuit. Je restais dans ma planque pendant la journée et je n'en sortais qu'à la

nuit tombée pour faire mon travail. Je travaillais principalement à partir de Johannesburg mais je voyageais
autant qu'il était nécessaire. J'habitais dans des apparte-
ments vides, dans des maisons, partout où je pouvais
rester seul sans me faire remarquer. Je suis quelqu'un qui
recherche la compagnie mais j'aime encore plus la solitude. J'accueillais cette possibilité d'être seul, pour réfléchir et organiser. Mais on peut aussi avoir trop de solitude. Ma femme et ma famille me manquaient
terriblement.

La clef de la clandestinité c'est d'être invisible. Tout
comme il y a une façon de marcher dans une pièce pour
se faire remarquer, il y a une façon de marcher et de se
conduire qui vous font passer inaperçu. En tant que
responsable, on cherche souvent à se mettre en avant ;
quand on est hors la loi, le contraire est vrai. Quand
j'étais dans la clandestinité, je ne me tenais pas aussi
droit pour marcher. Je parlais plus doucement, de façon
moins claire et moins précise. J'étais plus passif, plus
discret ; je ne demandais rien et je laissais les gens me
dire ce qu'il fallait faire. Je ne me rasais pas et je ne me
faisais pas couper les cheveux. Mon déguisement le plus
courant était celui de chauffeur ou de jardinier. Je portais une salopette d'ouvrier agricole ainsi que des lunettes sans monture qu'on appelait des lunettes Mazzawati.
J'avais une voiture et je portais une casquette de chauffeur avec ma salopette. Le rôle de chauffeur était commode parce que je pouvais voyager en prétextant
conduire la voiture de mon maître.

Au cours des premiers mois, alors qu'on avait lancé un
mandat d'arrêt contre moi et que j'étais recherché par la
police, mon existence de proscrit excita l'imagination de
la presse. On publiait en première page des articles qui
affirmaient qu'on m'avait vu ici ou là. On dressait des
barrages routiers dans tout le pays mais la police rentrait
toujours bredouille. On m'avait surnommé le Mouron
noir, une version un peu péjorative du personnage de la

baronne Orczy, le Mouron rouge, qui échappait de façon
téméraire à la capture pendant la Révolution française [1]

Je voyageais secrètement dans tout le pays ; j'étais
avec les musulmans au Cap ; avec les ouvriers du sucre
dans le Natal ; avec les ouvriers d'usine à Port Elizabeth ;
je traversais les townships dans différentes régions du
pays et j'assistais à des réunions clandestines la nuit.
J'entretenais même la mythologie du Mouron noir en
téléphonant à des journalistes depuis des cabines pour
leur raconter ce que nous allions faire ou pour leur parler
de la sottise de la police. J'apparaissais ici ou là au grand
dam des autorités et pour le plus grand plaisir des gens.

On racontait beaucoup d'histoires folles ou inexactes
sur ma vie de clandestin. Les gens aiment embellir les
hauts faits de bravoure. Cependant, en de nombreuses
occasions, je m'étais échappé de justesse, ce que tout le
monde ignorait. Une fois, je roulais en ville et je me suis
arrêté à un feu rouge. J'ai jeté un coup d'œil à gauche et
dans la voiture d'à côté, j'ai vu le colonel Spengler, le chef
de la police de sécurité pour la région du Witwatersrand.
Cela aurait été une aubaine pour lui d'attraper le Mouron noir. Je portais une casquette d'ouvrier, ma salopette
bleue et mes lunettes. Il n'a pas regardé dans ma direction, mais les quelques secondes pendant lesquelles j'ai
attendu que le feu passe au vert m'ont semblé durer des
heures.

Un après-midi, à Johannesburg, j'étais déguisé en
chauffeur de maître, avec un long manteau et une casquette, et j'attendais à un coin de rue qu'on vienne me
prendre en voiture ; à ce moment-là, j'ai vu un policier
africain qui s'avançait délibérément vers moi. J'ai
regardé où je pouvais me sauver mais, avant que j'aie eu
le temps de le faire, il m'a souri en me faisant le salut de
l'ANC, le pouce levé et il a disparu. Des incidents de ce
genre arrivaient souvent et j'étais rassuré de voir la

1. Le Mouron rouge (en anglais, *The Scarlet Pimpernel*) : héros d'une
série de romans créé par la baronne Emmuska Orczy (1865-1947),
romancière anglaise d'origine hongroise, dont le premier titre parut en
1905. *(N.d.T.)*

loyauté de nombreux policiers africains. Un sergent noir avait l'habitude de renseigner Winnie sur ce qu'allait faire la police. Il lui murmurait : « Que Madiba ne soit pas à Alexandra mercredi soir parce qu'il va y avoir une descente de police. » On a souvent critiqué les policiers noirs pendant la lutte, mais beaucoup ont joué un rôle discret de grande importance.

Dans la clandestinité, je restais aussi négligé que possible. Ma salopette semblait avoir connu toute une vie de dur labeur. La police avait une photo de moi avec la barbe, qu'elle avait largement diffusée, et mes collègues voulaient que je me rase. Mais j'aimais bien ma barbe et j'ai résisté malgré leur insistance.

Non seulement on ne me reconnaissait pas mais parfois on me mettait à la porte. Un jour, j'avais prévu d'assister à une réunion dans un quartier éloigné de Johannesburg et un prêtre connu s'est arrangé avec des amis pour que je sois hébergé pendant la nuit. Je suis arrivé devant la porte et, avant que j'aie eu le temps de dire qui j'étais, la dame âgée qui m'a répondu s'est écriée : « Non, nous n'avons pas besoin de quelqu'un comme vous ici ! » et elle a claqué la porte.

41

Le temps que j'ai passé dans la clandestinité a surtout été consacré à l'organisation de la grève à domicile du 29 mai. Cela s'annonçait comme une guerre virtuelle entre le mouvement de libération et le gouvernement. A la fin de mai, celui-ci a lancé dans tout le pays des rafles contre les responsables de l'opposition. Les meetings furent interdits, les imprimeries fermées, et l'on fit voter très vite par le Parlement une loi permettant à la police de détenir des prisonniers inculpés pendant douze jours sans possibilité de caution.

Verwoerd déclara que ceux qui soutenaient la grève, y

compris les journaux sympathisants, « jouaient avec le feu », une affirmation de mauvais augure étant donné la nature impitoyable du gouvernement. Il exhorta les industriels à fournir aux ouvriers de quoi dormir sur place afin qu'ils ne soient pas obligés de rentrer chez eux pendant la grève. Deux jours avant, il organisa la plus importante démonstration de force en temps de paix de toute l'histoire de l'Afrique du Sud : l'armée lança la plus grande mobilisation depuis la guerre. Les congés des policiers furent supprimés. Des unités militaires furent placées aux entrées et aux sorties des townships, des tanks roulèrent dans les rues boueuses et des hélicoptères, qui, la nuit, éclairaient les maisons avec des projecteurs, s'abattaient sur tout rassemblement.

La presse de langue anglaise avait abondamment parlé de la campagne jusqu'aux jours ayant précédé la grève. Mais la veille, elle craqua et demanda aux gens d'aller travailler. Le PAC joua un rôle de saboteur et distribua des milliers de tracts qui demandaient aux gens de s'opposer à la grève et traitaient les responsables de l'ANC de lâches. L'attitude du PAC nous scandalisait. Critiquer est une chose et cela nous pouvions l'accepter, mais essayer de briser une grève en demandant aux gens d'aller travailler sert directement les intérêts de l'ennemi.

La veille du premier jour de la grève, je devais rencontrer la direction de l'ANC dans une planque à Soweto. Pour éviter les barrages routiers, je suis entré dans le township par Kliptown où, d'habitude, il n'y avait pas de patrouilles. Mais à un virage, je suis tombé droit dans ce que j'essayais d'éviter : un barrage routier. Un policier blanc m'a fait signe d'arrêter. Je portais ma salopette habituelle et ma casquette de chauffeur. Il m'a regardé par la fenêtre, puis il s'est avancé et a inspecté la voiture lui-même. Normalement, c'était le travail des policiers africains. Il n'a rien trouvé et m'a demandé mon *pass*. Je lui ai dit que je l'avais oublié chez moi et, négligemment, je lui ai donné un faux numéro. Il a eu l'air satisfait et m'a fait signe de passer.

Le lundi 29 mai, le premier jour de la grève, des centaines de milliers de personnes ont risqué de perdre leur travail et leur moyen de subsistance en n'allant pas travailler. A Durban, les travailleurs indiens ont quitté les usines tandis qu'au Cap des milliers de métis sont restés chez eux. A Johannesburg, plus de la moitié des employés en ont fait autant et à Port Elizabeth le taux de participation était encore plus élevé. Je dis à la presse que cette réponse était « magnifique », et je fis l'éloge de notre peuple qui avait « défié les mesures d'intimidation sans précédent du gouvernement ». Notre manifestation éclipsa la proclamation de la république.

Les rapports de la première journée de grève évoquaient de fortes réactions dans différentes régions du pays, mais dans l'ensemble la réponse semblait moins importante que ce que nous avions espéré. Les communications étaient difficiles et les mauvaises nouvelles semblaient voyager plus vite que les bonnes. Au fur et à mesure que les rapports arrivaient, je me sentais déçu. Ce soir-là, un peu démoralisé et en colère, j'eus une conversation avec Benjamin Pogrund du *Rand Daily Mail* dans laquelle je lui laissai entendre que l'époque de la lutte non violente était terminée.

Le deuxième jour, après avoir consulté mes collègues, j'appelai à un arrêt de la grève. Le matin, je rencontrai les membres de la presse locale et étrangère dans un appartement d'une banlieue blanche, et je leur dis que la grève avait été « un énorme succès ». Mais je ne dissimulai pas le fait que je croyais qu'on entrait dans une nouvelle époque. Je leur dis : « Si la réaction du gouvernement consiste à écraser par la force notre lutte non-violente, nous aurons à reconsidérer notre tactique. A mon avis, nous achevons un chapitre sur cette question de la politique de non-violence. » C'était une déclaration très grave et je le savais. Je fus critiqué par notre direction pour avoir fait cette remarque avant toute discussion par l'organisation, mais parfois on doit rendre publique une idée pour pousser une organisation peu disposée à s'engager dans la direction où l'on veut aller.

Le débat sur l'utilisation de la violence durait entre

nous depuis le début de 1960. J'avais parlé pour la première fois de la lutte armée avec Walter dès 1952. Je lui en parlai à nouveau et nous fûmes d'accord pour reconnaître que l'organisation devait s'engager dans une nouvelle voie. Le Parti communiste s'était secrètement reconstitué dans la clandestinité et envisageait de former sa propre branche militaire. Nous avons décidé que je poserais le problème de la lutte armée au Comité de travail et je le fis au cours d'une réunion en juin 1961.

J'avais à peine commencé à formuler ma proposition que Moses Kotane, le secrétaire du Parti communiste, et l'un des personnages les plus puissants de la direction de l'ANC, lança une contre-attaque en m'accusant de ne pas avoir suffisamment réfléchi à ma proposition. Il dit que j'avais été dépassé et paralysé par la réaction du gouvernement, et que maintenant, en désespoir de cause, j'avais recours au langage révolutionnaire. « y a encore de la place, insista-t-il, pour les vieilles méthodes si nous avons assez d'imagination et de détermination. Si nous nous embarquons dans la voie que Mandela propose, nous exposerons des gens innocents à être massacrés par l'ennemi. »

Moses parlait de façon convaincante et je voyais que j'avais perdu. Walter lui-même ne prenant pas la parole pour me soutenir, j'ai renoncé ; je lui ai ensuite dit mon mécontentement et lui ai reproché de ne pas être venu à mon aide. Il a ri et m'a répondu que ç'aurait été stupide de vouloir lutter contre l'orgueil de deux lions en colère. Walter est un homme plein de ressource et de diplomatie. « Laisse-moi arranger une rencontre entre Moses et toi, me dit-il, et tu pourras défendre ton point de vue. » J'étais dans la clandestinité mais Walter réussit à nous réunir dans une maison du township et nous avons parlé toute la journée.

J'ai été franc et j'ai expliqué pourquoi je croyais que nous n'avions pas d'autre choix que de nous tourner vers la violence. J'ai utilisé une vieille expression africaine : « *Sebatana ha se bokwe ka diatla* » (On ne peut détourner l'attaque d'une bête sauvage les mains nues). Moses était un communiste de la vieille école, et je lui dis qu'en s'opposant à moi, il était comme le Parti communiste de Cuba sous Batista. Le Parti avait insisté en disant que les conditions n'étaient pas réunies et il attendit parce qu'il suivait simplement le manuel de définitions de Lénine et de Staline. Castro n'attendit pas, il agit — et triompha. Si l'on attend que les conditions du manuel soient réunies, cela n'arrivera jamais. J'ai dit à Moses que son esprit sortait du vieux moule de l'ANC organisation légale. Les gens formaient déjà des groupes militaires dans leur coin et seul l'ANC avait la poigne suffisante pour les diriger. Nous avions toujours affirmé que le peuple était en avance sur nous et actuellement il l'était.

Nous avons parlé toute la journée, et à la fin, Moses m'a dit : « Nelson, je ne te promets rien, mais repose la question au Comité et nous verrons ce qui arrivera. » Une réunion était prévue une semaine plus tard et j'ai posé de nouveau la question. Cette fois, Moses est resté silencieux, et un consensus s'est dégagé pour que je fasse la proposition à la Direction nationale à Durban. Walter s'est contenté de sourire.

La réunion de la Direction à Durban, comme toutes les réunions de l'ANC à l'époque, eut lieu en secret et la nuit, afin d'éviter la police. Je pensais rencontrer des difficultés parce que le chef Luthuli serait présent et je connaissais son engagement moral envers la non-violence. Je me méfiais aussi du moment : je soulevais la question de la violence tout de suite après le procès de trahison où nous avions soutenu que pour l'ANC la non-violence était un principe inviolable et non pas une tactique dont on pouvait changer en fonction des circonstances. Moi-même, je croyais exactement l'inverse ; que la non-violence était une tactique qu'on devrait abandonner quand elle ne serait plus efficace.

A la réunion, j'ai soutenu que le gouvernement ne nous laissait pas d'autre choix que la violence. J'ai dit qu'il était faux et immoral d'exposer notre peuple aux attaques armées du gouvernement sans lui offrir une sorte d'alternative. J'ai signalé de nouveau que le peuple avait pris les armes tout seul. La violence commencerait, que nous en prenions ou non l'initiative. Ne vaudrait-il pas mieux guider cette violence nous-mêmes, d'après nos principes selon lesquels nous attaquions les symboles de l'oppression, et non le peuple ? Si nous ne prenions pas maintenant la direction de la lutte armée, dis-je, nous serions des retardataires et les suiveurs d'un mouvement que nous ne contrôlerions pas.

Au début, le chef s'opposa à mes arguments. Pour lui, la non-violence n'était pas simplement une tactique. Mais nous avons continué à lui parler toute la nuit ; et je pense qu'au plus profond de lui il s'est rendu compte que nous avions raison. Il a finalement accepté l'idée qu'une campagne militaire était inévitable. Quand, plus tard, quelqu'un insinua que peut-être le chef n'était pas préparé pour un tel changement de direction, il répliqua : « Si quelqu'un pense que je suis un pacifiste, qu'il vienne prendre mes poulets, et il verra qu'il se trompe ! »

La Direction nationale accepta formellement la décision préparatoire du Comité de travail. Le chef et d'autres suggérèrent que nous traitions de cette nouvelle résolution comme si l'ANC n'en avait pas encore discuté. Le chef ne voulait pas mettre en danger la légalité de nos alliés non interdits. D'après lui, un mouvement militaire devait être un organisme séparé et indépendant, lié à l'ANC et sous le contrôle général de l'ANC, mais fondamentalement autonome. Ce seraient deux courants de la lutte. Nous avons tout de suite accepté la suggestion du chef. Avec d'autres, il nous a mis en garde afin que cette nouvelle phase ne soit pas une excuse pour négliger les tâches essentielles de l'organisation et les méthodes traditionnelles de lutte. Cela aussi serait autodestructeur parce que la lutte armée, au moins au début, ne serait pas l'élément central du mouvement.

La nuit suivante, une réunion des différentes directions était prévue à Durban. Y participaient le Congrès indien, le Congrès métis, le Congrès des syndicats sud-africains et le Congrès des démocrates. En général, ces autres groupes acceptaient les décisions de l'ANC mais je savais que certains collègues indiens s'opposeraient énergiquement à ce changement vers la violence.

La réunion commença de façon malheureuse. Le chef

Luthuli, qui présidait, annonça que, même si l'ANC avait accepté une décision sur la violence, c'était une question d'une telle gravité qu'il aimerait que ses « collègues présents ici ce soir reposent à nouveau la question ». Il était évident qu'il n'avait pas encore entièrement accepté notre nouvelle décision. La réunion commença à 8 heures dans une atmosphère houleuse. Je donnai les mêmes explications et plusieurs personnes firent des réserves. Yusuf Cachalia et le Dr. Naicker nous supplièrent de ne pas nous embarquer dans cette voie, en soutenant que le gouvernement allait massacrer tout le mouvement de libération. J.N. Singh, un orateur redoutable, prononça cette nuit-là des mots qui me résonnent encore dans la tête : « La non-violence ne nous a pas mal servis, dit-il, c'est nous qui avons mal servi la non-violence. » Je lui ai répondu que c'était bien la non-violence qui ne nous avait pas servis car elle n'avait rien fait pour arrêter la violence de l'Etat ou pour changer le cœur de nos oppresseurs.

Nous avons parlé toute la nuit, et au petit matin, j'ai commencé à sentir que nous faisions des progrès. Beaucoup de responsables indiens envisageaient maintenant avec tristesse la fin de la non-violence. Puis brusquement, M.D. Naidoo, membre du Congrès indien d'Afrique du Sud, s'est levé et a dit à ses collègues indiens : « Vous avez peur d'aller en prison, c'est tout ! » Sa réplique a créé le désordre dans la réunion. Quand on remet en cause l'intégrité d'un homme, on peut s'attendre à un conflit. Le débat en est revenu à son point de départ. Mais au lever du soleil, nous avons abouti à une résolution. Le Congrès m'autorisait à former une nouvelle organisation militaire, séparée de l'ANC. La politique de l'ANC resterait la non-violence. J'étais autorisé à réunir tous ceux que je voulais ou dont j'avais besoin pour créer cette organisation et je ne dépendrais pas du contrôle direct de l'organisation mère.

Nous avions franchi une étape décisive. Pendant cinquante ans, l'ANC avait considéré la non-violence comme un principe central. Désormais, l'ANC serait une organisation d'un genre différent. Nous nous engagions dans une voie nouvelle et plus dangereuse, la voie de la violence organisée, dont nous ne pouvions connaître les résultats d'avance.

42

Moi qui n'avais pas été soldat, qui n'avais jamais combattu, qui n'avais jamais tiré un coup de feu sur un ennemi, on m'avait confié la tâche d'organiser une armée. Cela aurait été une entreprise intimidante pour un général en retraite mais beaucoup moins pour un novice. Cette nouvelle organisation s'appelait Umkhonto we Sizwe (La lance de la nation), abrégé en MK. On avait choisi le symbole de la lance parce qu'avec cette simple arme les Africains avaient résisté aux Blancs pendant des siècles.

La direction de l'ANC n'admettait pas de Blancs, mais MK n'avait pas ce genre de contrainte et j'ai immédiatement recruté Joe Slovo, et, avec Walter Sisulu, nous avons constitué le Haut Commandement, dont j'étais le président. Par l'intermédiaire de Joe, je me suis appuyé sur les efforts de membres blancs du Parti communiste, déjà engagés sur la voie de la violence, et qui avaient réalisé des actes de sabotage comme la coupure de lignes téléphoniques et de voies de communication du gouvernement. Nous avons recruté Jack Hodgson, qui avait combattu dans la Seconde Guerre mondiale avec la légion Springbok, et Rusty Bernstein, tous deux membres du Parti communiste. Jack est devenu notre premier expert en destruction par explosifs. Notre mandat était de commettre des actes de violence contre l'Etat, mais nous n'avions pas encore décidé de la forme que prendraient ces actes. Nous avions l'intention de commencer par ce qui était le moins violent pour les individus et qui causait le plus de dommages pour l'Etat.

J'ai commencé par ce que je connaissais, en lisant et en

parlant à des experts. Ce que je voulais trouver c'était les principes fondamentaux pour commencer une révolution. J'ai découvert qu'on avait abondamment écrit sur le sujet et je me suis lancé dans la littérature disponible sur la lutte armée et en particulier la guerre de guérilla : comment créer, entraîner et maintenir une force de guérilla ; comment devait-elle être armée ; où trouvait-elle ses approvisionnements — autant de questions élémentaires et fondamentales.

Chaque source de renseignements m'intéressait. J'ai lu le rapport de Blas Roca, le secrétaire général du Parti communiste cubain, sur les années d'illégalité pendant le régime de Batista. Dans _Commando_ de Deneys Reitz, j'ai lu les tactiques de la guérilla non conventionnelle des généraux boers pendant la guerre des Boers. J'ai lu des livres de et sur Che Guevara, Mao Zedong, Fidel Castro. Dans le très beau _Etoile rouge sur la Chine_ d'Edgar Snow, j'ai vu que c'était la détermination et la pensée non traditionnelle de Mao Zedong qui l'avaient conduit à la victoire. J'ai lu _La Révolte_ de Menahem Begin et j'ai été encouragé en voyant que le leader israélien avait mené une guerre de guérilla dans un pays sans montagnes et sans forêts, ce qui était une situation semblable à la nôtre. J'avais envie d'en savoir plus sur la lutte armée du peuple d'Ethiopie contre Mussolini et sur les armées de guérilla du Kenya, d'Algérie et du Cameroun.

Je suis remonté dans le passé de l'Afrique du Sud. J'ai étudié notre histoire à la fois avant et après l'arrivée des Blancs. J'ai analysé les guerres des Africains contre les Africains, des Africains contre les Blancs et des Blancs contre les Blancs. J'ai fait un relevé des plus importantes régions industrielles du pays, du système national de transport, du réseau de communications. J'ai accumulé les cartes détaillées et j'ai systématiquement analysé le terrain des différentes régions du pays.

Le 26 juin 1961, le jour de la fête nationale, j'ai envoyé une lettre aux journaux sud-africains, dans laquelle je faisais l'éloge du peuple pour son courage pendant la récente grève à domicile et dans laquelle je demandais de nouveau la convocation d'une convention nationale constituante. J'y annonçais également qu'une campagne de non-coopération serait lancée à l'échelon du pays entier si l'Etat refusait de convoquer cette convention. Ma lettre disait en particulier :

> Je suis informé qu'un mandat d'arrêt a été délivré contre moi et que la police me recherche. Le Conseil national d'action a réfléchi sérieusement à cette question et il m'a conseillé de ne pas me constituer prisonnier. J'ai suivi ce conseil et je ne me rendrai pas à un gouvernement que je ne reconnais pas. Tout homme politique sérieux comprendra que dans les conditions quotidiennes actuelles de notre pays, rechercher un martyre bon marché en me livrant à la police serait naïf et criminel [...].
>
> J'ai choisi cette voie qui est plus difficile et qui entraîne plus de risques et d'épreuves plutôt que d'être enfermé dans une prison. J'ai dû me séparer de ma chère femme et de mes enfants, de ma mère et de mes sœurs pour vivre comme un proscrit dans mon propre pays. J'ai dû décider de fermer mon cabinet d'avocat, d'abandonner mon métier, et de vivre dans la pauvreté comme le font tant de gens... Je combattrai le gouvernement à vos côtés, pas après pas, mètre après mètre, jusqu'à ce que nous remportions la victoire. Qu'allez-vous faire ? Allez-vous venir avec nous, ou allez-vous coopérer avec le gouvernement dans sa tentative de réprimer les revendications et les aspirations de votre propre peuple ? Allez-vous rester silencieux et neutres dans ce qui est une question de vie et de mort pour mon peuple, pour notre peuple ? En ce qui me concerne, j'ai déjà fait mon choix. Je ne quitterai pas l'Afrique du Sud et je ne me rendrai pas. Nous ne pourrons remporter la victoire que par les épreuves, le sacrifice et l'action militante. La lutte est ma vie. Je continuerai à combattre pour la liberté jusqu'à la fin de ma vie.

43

Au cours de ces premiers mois de clandestinité, j'ai vécu pendant quelques semaines chez une famille dans Market Street, après quoi j'ai partagé l'appartement d'une pièce au rez-de-chaussée de Wolfie Kodesh, à Berea, une banlieue blanche et tranquille pas très loin, au nord du centre ville. Wolfie était membre du Congrès des démocrates et reporter à *New Age*. Il avait combattu en Afrique du Nord et en Italie pendant la Seconde Guerre mondiale. Sa connaissance de la guerre et son expérience personnelle du combat m'ont été extrêmement utiles. Sur son conseil, j'ai lu *De la guerre* du général prussien Carl von Clausewitz. La thèse centrale de Clausewitz, à savoir que la guerre est la continuation de la diplomatie par d'autres moyens, rejoignait ce que je pensais instinctivement. Je demandais à Wolfie de me fournir de quoi lire et je crains d'avoir empiété sur sa vie, aussi bien sur son travail que sur ses loisirs. Mais c'était quelqu'un de si aimable et de si réservé qu'il ne s'est jamais plaint.

J'ai passé près de deux mois chez lui ; je dormais sur un lit de camp, en restant enfermé toute la journée, avec les rideaux tirés, à lire et à faire des plans, et je ne sortais que le soir pour des réunions ou des séances d'organisation. Je dérangeais Wolfie chaque matin parce que je me réveillais à 5 heures, j'enfilais un survêtement et je courais sur place pendant plus d'une heure... Wolfie a fini par se mettre au même régime que moi et s'est entraîné le matin avant d'aller au travail.

A ce moment-là, MK s'exerçait aux explosions. Un soir, j'ai accompagné Wolfie dans une vieille briqueterie aux limites de la ville où avait lieu une démonstration. C'était une infraction à la sécurité, mais je voulais assister au premier essai d'un dispositif de mise à feu de MK. Il y avait souvent des explosions dans cette briqueterie car on se servait de dynamite pour dégager l'argile avant de la ramasser pour fabriquer des briques. Jack Hodgson

avait apporté un bidon de pétrole rempli de nitroglycé-
rine ; il avait mis au point un mécanisme à retardement
avec l'intérieur d'un stylobille. Il faisait sombre, nous
avions peu de lumière et nous nous tenions sur le côté
tandis que Jack travaillait. Quand il a été prêt, nous nous
sommes reculés et nous avons compté trente secondes. Il
y a eu un énorme grondement et beaucoup de terre
déplacée. L'explosion avait été un succès ; nous sommes
revenus rapidement vers les voitures pour partir dans
des directions différentes.

Je me sentais en sécurité à Berea. Je ne sortais pas et,
du fait qu'il s'agissait d'une banlieue blanche, la police ne
s'attendait sûrement pas à me trouver là. Pendant la
journée, je lisais et je posais une bouteille de lait sur
l'appui de la fenêtre pour le laisser fermenter. J'aime
beaucoup le lait caillé qu'on appelle *amasi* chez les Xhosas, qui le considèrent comme une boisson très saine et
très nourrissante. C'est très simple à préparer car il suffit
de laisser le lait à l'air libre et d'attendre qu'il caille. Il
devient épais et acide, un peu comme du yaourt. J'ai
même réussi à convaincre Wolfie d'y goûter, mais il a fait
la grimace.

Un soir, Wolfie était rentré et nous bavardions dans
l'appartement quand j'ai surpris une conversation de
l'autre côté de la fenêtre. Deux jeunes hommes parlaient
zoulou, mais je ne pouvais pas les voir car les rideaux
étaient tirés. J'ai fait signe à Wolfie de se taire.

« Pourquoi est-ce qu'il y a "notre lait" sur le rebord de
la fenêtre ? a demandé l'un d'eux.

— De quoi tu parles ? a répondu l'autre.

— Du lait caillé *amasi*, sur le rebord de la fenêtre.
Qu'est-ce que ça fait là ? » Puis il y a eu un silence. Le
type au regard perçant laissait entendre que seul un Noir
pouvait poser du lait sur l'appui d'une fenêtre, mais que
faisait un Noir dans un quartier blanc ? Je me suis rendu
compte que je devais déménager. La nuit suivante je suis
parti dans une autre planque.

J'ai habité à Johannesburg chez un médecin où, la
nuit, je dormais avec les domestiques et, le jour, je tra-

vaillais dans le bureau dudit médecin. Dans la journée, à chaque fois que quelqu'un venait, je sortais par-derrière et je faisais semblant d'être un jardinier. Puis j'ai passé une quinzaine de jours sur une plantation de canne à sucre au Natal, où je vivais avec un groupe d'ouvriers agricoles africains et leurs familles, dans une petite communauté qui s'appelait Tongaat, sur la côte, au-dessus de Durban. J'habitais dans un foyer où je me faisais passer pour un technicien agricole envoyé par le gouvernement pour analyser la terre. L'organisation m'avait fourni les outils nécessaires et, chaque jour, je passais plusieurs heures à analyser le sol et à réaliser des expériences. Je ne comprenais pas bien ce que je faisais et je ne pense pas que je trompais les gens de Tongaat. Mais ces hommes et ces femmes, principalement des ouvriers agricoles, avaient une sorte de discrétion naturelle et ne posaient pas de questions sur mon identité, même quand des gens, dont certains hommes politiques locaux, ont commencé à venir la nuit en voiture. Souvent j'assistais à des réunions jusqu'au petit matin et je dormais toute la journée — ce qui n'est pas l'emploi du temps habituel d'un technicien agricole. Mais bien qu'impliqué dans d'autres affaires, je me sentais proche de cette petite communauté. J'assistais au service le dimanche et j'aimais beaucoup le style un peu démodé des pasteurs de Sion qui martelaient la Bible. Peu avant mon départ, j'ai remercié un vieil homme d'avoir pris soin de moi. Il m'a demandé : « Tu es naturellement le bienvenu, mais *kwedeni* (jeune homme), s'il te plaît, dis-nous ce que veut le chef Luthuli ? » Cela m'a surpris mais j'ai immédiatement répondu : « Eh bien, il vaudrait mieux que vous le lui demandiez vous-même, je ne peux pas parler en son nom, mais d'après ce que je comprends, il veut qu'on nous rende notre terre, il veut que nos rois retrouvent leur pouvoir, et il veut que nous soyons capables de définir notre avenir et de mener nos vies comme nous l'entendons.

— Et comment va-t-il s'y prendre s'il n'a pas d'armée ? » m'a demandé le vieil homme.

J'avais très envie de lui dire que j'essayais justement

d'en constituer une, mais je ne le pouvais pas. Si les sentiments du vieil homme me donnaient du courage, j'avais peur que d'autres n'aient aussi découvert ma mission. Une nouvelle fois, j'étais resté trop longtemps au même endroit et la nuit suivante, je suis parti aussi discrètement que j'étais arrivé.

44

Mon adresse suivante tenait plus du sanctuaire que de la planque : la ferme de Liliesleaf, à Rivonia, une banlieue bucolique au nord de Johannesburg, où je m'installai en octobre. A cette époque, Rivonia se composait surtout d'exploitations agricoles. Le mouvement avait acheté la ferme et la propriété pour avoir une planque destinée aux clandestins. C'était une vieille maison qui avait besoin de travaux et où personne n'habitait.

Je m'y suis installé en prétextant être le gardien qui s'occuperait de la maison dans l'attente du propriétaire. J'avais pris le pseudonyme de David Motsamayi, le nom d'un de mes anciens clients. Je portais une salopette bleue qui était l'uniforme des domestiques. Pendant la journée, des ouvriers, des maçons, des peintres réparaient le bâtiment principal et les dépendances. Nous voulions ajouter de petites pièces à la maison pour qu'un plus grand nombre de gens puissent y séjourner. Les ouvriers étaient tous des Africains venant du township d'Alexandra et ils m'appelaient « boy » ou « garçon » (ils ne m'ont jamais demandé mon nom). Je leur préparais le petit déjeuner et du thé dans la matinée et l'après-midi. Ils m'envoyaient aussi faire des courses à la ferme et me demandaient de balayer ou de ramasser les ordures.

Un après-midi, je leur ai dit que j'avais préparé le thé dans la cuisine. Ils sont venus et j'ai fait le tour avec le plateau garni de tasses, de thé, de lait et de sucre. Chacun s'est servi. Je suis arrivé devant un type qui racontait une histoire. Il a pris une tasse mais il était plus concentré sur son histoire que sur moi et il tenait sa cuiller en l'air tout en parlant, en faisant des gestes sans prendre de sucre. Je suis resté là pendant plusieurs minutes et finalement, exaspéré, j'ai commencé à m'en aller. A ce moment-là, il m'a remarqué et m'a dit sèchement : « Garçon, reviens ici, je ne t'ai pas dit de partir ! »

Beaucoup de gens ont brossé des tableaux idylliques de la nature égalitaire de la société africaine, et si je suis d'accord en général, il n'en reste pas moins vrai que les Africains ne se traitent pas toujours mutuellement en égaux. L'industrialisation a joué un grand rôle en introduisant chez les Africains urbanisés la perception d'un statut commun à la société blanche. Pour ces hommes, j'étais un inférieur, un domestique, un être sans profession et on pouvait par conséquent me traiter avec mépris. Je jouais si bien mon rôle qu'aucun ne me soupçonnait d'être quelqu'un d'autre.

Chaque soir, les ouvriers rentraient chez eux et je restais seul jusqu'au lendemain matin. J'aimais ces heures de tranquillité mais, presque tous les soirs, je quittais la ferme pour assister à des réunions et je ne revenais qu'au milieu de la nuit. Je me sentais souvent inquiet de rentrer aussi tard dans un endroit que je ne connaissais pas bien et où je vivais dans l'illégalité sous un faux nom. Je me souviens d'avoir eu peur une nuit en croyant apercevoir quelqu'un caché dans les buissons, mais quand je suis allé vérifier je n'ai rien trouvé. Un combattant de la liberté clandestin ne dort que d'un œil.

Après plusieurs semaines, Raymond Mhlaba est venu me rejoindre depuis Port Elizabeth. C'était un syndicaliste à toute épreuve, membre de la direction locale de l'ANC pour Le Cap et du Parti communiste, le premier responsable de l'ANC à avoir été arrêté pendant la Campagne de défi. L'ANC l'avait choisi comme une des premières recrues d'Umkhonto we Sizwe. Il venait préparer son départ avec trois autres en République populaire de Chine pour y suivre un entraînement militaire ; nous avions renoué les contacts que Walter avait pris en 1952. Ray resta avec moi pendant une quinzaine de jours et me fournit une image très claire des problèmes de l'ANC dans l'Eastern Cape. Je lui ai aussi demandé son aide pour la rédaction de la constitution de MK. Joe Slovo et Rusty Bernstein nous ont rejoints et y ont collaboré eux aussi.

Après le départ de Raymond, Michael Harmel m'a rejoint pendant quelque temps ; c'était un personnage clef dans le Parti communiste clandestin, membre fondateur du Congrès des démocrates et directeur du magazine *Liberation*. Michael était un brillant théoricien qui travaillait sur les questions politiques pour le Parti communiste et il avait besoin d'un endroit calme et sûr pour poursuivre son activité à plein temps.

Pendant la journée, je gardais mes distances parce qu'il aurait été extrêmement curieux qu'un Blanc et un domestique africain aient des conversations régulières. Mais le soir, après le départ des ouvriers, nous avions de longues discussions sur les relations entre le Parti communiste et l'ANC. Une nuit, je suis rentré très tard après une réunion. Quand j'étais seul, je vérifiais que les portes étaient fermées à clef et les lumières éteintes. Je prenais un certain nombre de précautions parce qu'un Noir conduisant une voiture la nuit vers une petite ferme de Rivonia, cela aurait pu soulever des questions désagréables. Mais j'ai vu les lumières allumées et, en m'approchant de la maison, j'ai entendu une radio qui hurlait. La porte d'entrée était ouverte, je suis entré et j'ai trouvé Michael qui dormait profondément dans son lit. Ce manquement à la sécurité m'a rendu furieux. « Pourquoi as-tu laissé les lumières et la radio ? » Il était saoul et en colère. « Nel, pourquoi tu me réveilles ? Ça pouvait pas attendre demain matin ? » Je lui ai dit que c'était une question de sécurité et je lui ai reproché sa négligence.

Peu après, Arthur Goldreich et sa famille se sont installés dans la maison principale comme locataires officiels et j'ai pris possession d'un petit pavillon nouvellement construit. La présence d'Arthur fournissait une excellente couverture à nos activités. Arthur était un artiste et un dessinateur de profession, militant du Congrès des démocrates et l'un des premiers membres de MK. La police ne savait rien de ses activités politiques et il n'avait jamais subi d'interrogatoire ni de perquisition. Dans les années 40, il avait combattu avec le Palmach, la branche armée du Mouvement national juif en Palestine. Il connaissait bien la guerre de guérilla et m'a beaucoup aidé à combler mes lacunes. C'était un personnage extraordinaire, qui fit régner une atmosphère d'optimisme.

Le dernier membre du groupe permanent de la ferme était Mr. Jelliman, un aimable retraité blanc et un vieil ami du mouvement, qui devint contremaître. Mr. Jelliman amena plusieurs ouvriers du Sekhukhuneland et l'endroit ressembla bientôt à n'importe quelle autre ferme. Jelliman n'était pas membre de l'ANC, mais il était loyal, discret et travailleur. Je lui préparais le petit déjeuner et le souper et il était toujours aimable. Plus tard, il risqua sa vie et ses moyens d'existence en essayant de m'aider.

Les moments les plus heureux à la ferme, c'était quand ma femme et ma famille venaient me voir. Quand les Goldreich habitaient là, Winnie venait tous les week-ends. Nous faisions très attention à ses déplacements ; un chauffeur l'emmenait, la déposait à un endroit où un second chauffeur l'attendait pour la conduire jusqu'à la ferme. Plus tard, elle vint seule avec les enfants par le chemin le plus compliqué possible. La police ne suivait pas encore chacun de ses mouvements.

Pendant ces week-ends, le temps semblait s'arrêter quand nous faisions comme si ces instants volés étaient la règle et non l'exception dans nos vies. De façon ironique, nous connaissions plus d'intimité à la ferme qu'à la maison. Les enfants jouaient dehors et, dans cette bulle idyllique, nous étions en sûreté.

Winnie m'apporta un vieux fusil à air comprimé que j'avais à Orlando, et Arthur et moi nous nous en servîmes pour tirer sur une cible ou pour chasser les tourterelles. Un jour, je me trouvais sur la pelouse devant la propriété et j'ai visé un moineau perché dans un arbre. Hazel Goldreich, la femme d'Arthur qui m'observait, me dit en

plaisantant que je ne le toucherais jamais. Mais elle avait
à peine fini sa phrase que l'oiseau tomba par terre. Je me
suis tourné vers elle, prêt à me vanter, quand Paul, le fils
de Goldreich, qui avait environ cinq ans, me regarda les
larmes aux yeux et me dit : « David, pourquoi est-ce que
tu as tué cet oiseau ? Sa maman va être triste. » Mon
orgueil a fait place à la honte ; je sentais que ce petit
garçon était beaucoup plus humain que moi. C'était une
sensation étrange pour le leader d'une armée de guérilla
naissante.

45

En organisant la direction et la forme que prendrait
MK, nous avons envisagé quatre types d'action violente :
le sabotage, la guerre de guérilla, le terrorisme et la
révolution ouverte. Pour une armée limitée et novice, la
révolution ouverte était inconcevable. Inévitablement, le
terrorisme donnait une mauvaise image à ceux qui
l'employaient et détruisait le soutien public qu'ils
auraient pu recueillir. La guerre de guérilla était une
possibilité, mais comme l'ANC avait hésité à adopter la
violence, il semblait logique de commencer avec la
forme de violence qui causait le moins de tort aux individus : le sabotage.

Etant donné qu'il n'impliquait pas la perte de vies
humaines, il laissait le meilleur espoir pour la réconciliation entre les races par la suite. Nous ne voulions pas
faire éclater une guerre à mort entre Noirs et Blancs.
L'animosité entre les Afrikaners et les Anglais était
encore vive cinquante ans après la guerre des Boers ; que
seraient les relations entre Noirs et Blancs si nous pro-
voquions une guerre civile ? Le sabotage avait l'avantage
supplémentaire d'exiger peu d'effectifs.

Notre stratégie consistait à faire des raids sélectifs
contre des installations militaires, des centrales électri-

ques, des lignes téléphoniques, et des moyens de transport ; des cibles, qui non seulement entraveraient l'efficacité militaire de l'Etat, mais qui en plus effraieraient les partisans du Parti national, feraient fuir les capitaux étrangers et affaibliraient l'économie. Nous espérions ainsi amener le gouvernement à la table des négociations. On donna des instructions strictes aux membres de MK : nous n'acceptions aucune perte de vies humaines. Mais si le sabotage ne produisait pas les effets escomptés, nous étions prêts à passer à l'étape suivante : la guerre de guérilla et le terrorisme.

La structure de MK s'inspirait de celle de l'organisation mère. Le Haut Commandement national se trouvait au sommet ; au-dessous, il y avait les commandements régionaux, un dans chaque province, en dessous les commandements locaux et les cellules. Les commandements régionaux étaient répartis dans tout le pays et une zone comme l'Eastern Cape avait plus de cinquante cellules. Le Haut Commandement déterminait la tactique et les cibles générales et avait la responsabilité de l'entraînement et des finances. A l'intérieur du cadre établi par le Haut Commandement, les commandements régionaux avaient toute autorité pour choisir les cibles locales à attaquer. Il était interdit aux membres de MK de participer armés à une opération et, malgré tout, ils ne devaient pas mettre leur vie en danger.

Nous nous sommes heurtés très vite au problème de la double loyauté envers MK et l'ANC. La plupart de nos recrues étaient membres de l'ANC, actifs dans les branches locales, mais nous avons découvert que, quand ils commençaient à travailler pour MK, ils cessaient de le faire pour l'ANC. Le secrétaire de la branche locale s'apercevait que quelqu'un n'assistait plus aux réunions. Il venait le voir et lui disait : « Pourquoi est-ce que tu n'es pas venu à la réunion hier soir ? » et l'autre lui répondait : « Ah, j'en avais une autre.

— Quel genre de réunion ? demandait le secrétaire.

— Oh, je ne peux pas le dire.

— Tu ne peux pas me le dire, à ton propre secrétaire ? » Mais le secrétaire découvrait l'autre engagement. Après quelques malentendus, nous avons décidé que si nous recrutions quelqu'un dans une branche locale, il fallait informer le secrétaire qu'un de ses membres était maintenant à MK.

Par un chaud après-midi de décembre, dans la cuisine de Liliesleaf, j'ai entendu à la radio que le chef Luthuli venait de recevoir le prix Nobel de la paix lors d'une cérémonie à Oslo. Le gouvernement lui avait délivré un visa de dix jours pour qu'il puisse quitter le pays et recevoir son prix. J'étais — nous étions tous — extraordinairement heureux. Il s'agissait d'abord d'une reconnaissance de notre lutte, et des exploits du chef en tant que responsable de notre combat et en tant qu'homme. L'Occident reconnaissait que notre lutte, trop longtemps ignorée par les grandes puissance, était morale. Cette récompense était un affront aux nationalistes, dont la propagande présentait Luthuli comme un dangereux agitateur à la tête d'une conspiration communiste. Les Afrikaners en restèrent abasourdis ; pour eux, ce prix était un nouvel exemple de la perversité des libéraux d'Occident et de leurs préventions à leur égard. Au moment de l'annonce du prix, le chef était dans la troisième année d'une interdiction qui l'empêchait de sortir du district de Stanger au Natal. Il n'allait pas bien. Il souffrait du cœur et perdait la mémoire. Mais le prix lui redonna le moral et à nous aussi.

Cet honneur arrivait à un mauvais moment, car il coïncidait avec une déclaration qui semblait le remettre en question. Le lendemain du retour de Luthuli d'Oslo, MK annonça de façon spectaculaire son existence. Sur l'ordre du Haut Commandement, aux premières heures du 16 décembre — le jour où les Blancs d'Afrique du Sud célébraient la fête de Dingane —, des bombes artisanales explosèrent dans des centrales électriques et des bureaux du gouvernement à Johannesburg, Port Elizabeth et Durban. Un de nos hommes, Petrus Molife, fut tué par mégarde — la première mort d'un soldat de MK. Mourir à la guerre est une chose malheureuse mais inévitable. Chaque homme qui rejoignait MK savait qu'on pouvait lui demander le sacrifice ultime.

À l'heure des explosions, des milliers de tracts avec le nouveau manifeste de MK furent distribués dans tout le pays, annonçant la naissance d'Umkhonto we Sizwe :

> Des unités d'Umkhonto we Sizwe ont exécuté aujourd'hui des attaques prévues, dirigées contre des installations gouvernementales, en particulier en relation avec la politique d'apartheid et de discrimination raciale. Umkhonto we Sizwe est une nouvelle organisation indépendante formée par des Africains. Elle comprend dans ses rangs des Sud-Africains de toutes les races. Umkhonto we Sizwe continuera le combat pour la liberté et la démocratie par d'autres méthodes, nécessaires pour venir en complément du mouvement de libération nationale.
>
> Dans la vie de toute nation, il vient un moment où il ne reste que deux choix : se soumettre ou combattre. Ce moment est arrivé en Afrique du Sud. Nous ne nous soumettrons pas et nous n'avons pas d'autre choix que de répondre par tous les moyens en notre pouvoir pour défendre notre peuple, notre avenir et notre liberté [...].
>
> Les responsables d'Umkhonto ont toujours recherché — comme l'ensemble du mouvement de libération — à atteindre la libération sans effusion de sang ni guerre civile. Nous espérons encore maintenant que nos premières actions réveilleront tout le monde et feront prendre conscience de la situation désastreuse à laquelle conduit la politique nationaliste. Nous espérons que le gouvernement et ses partisans reprendront leurs esprits avant qu'il soit trop tard afin qu'on change de gouvernement et de politique pour que les choses n'atteignent pas le stade désespéré de la guerre civile.

Nous avions choisi le 16 décembre, la fête de Dingane, pour une raison précise. Ce jour-là, les Sud-Africains blancs célébraient la défaite du grand chef zoulou Dingane, à la bataille de la Blood River (le fleuve de sang) en 1838. Dingane, le demi-frère de Chaka, dirigeait alors l'Etat africain le plus puissant qui ait jamais existé au sud du fleuve Limpopo. Ce jour-là, les balles des Boers furent trop nombreuses pour les lances des *impis* et leur sang rougit l'eau du fleuve proche. Les Afrikaners célèbrent le 16 décembre comme leur triomphe sur les Africains et la preuve que Dieu était de leur côté ; alors que ce jour-là, les Africains pleurent le massacre de leur peuple. Nous avions choisi le 16 décembre pour montrer que les Africains avaient seulement commencé la lutte et que le bon droit — et la dynamite — était de notre côté.

Les attentats prirent par surprise le gouvernement, qui les condamna comme des crimes odieux tout en les ridiculisant comme l'œuvre d'amateurs stupides. Ces sabotages firent également prendre dramatiquement conscience aux Sud-Africains blancs qu'ils étaient assis sur un volcan. Quant aux Sud-Africains noirs, ils comprirent que l'ANC n'était plus une organisation de résistance passive, mais une lance puissante qui porterait la lutte au cœur du pouvoir blanc. Nous organisâmes et exécutâmes une autre série d'attentats, quinze jours plus tard, pendant la nuit du Jour de l'an. Le bruit combiné des cloches qui sonnaient et des sirènes qui hurlaient n'était pas seulement une cacophonie pour fêter le Nouvel an, mais un bruit qui symbolisait une nouvelle ère dans notre lutte de libération.

La déclaration d'Umkhonto déclencha une contre-offensive haineuse et implacable de la part du gouvernement, à une échelle que nous n'avions encore jamais vue. La Special Branch de la police se fixa comme mission prioritaire la capture des membres de MK et elle ne ménagea aucun effort. Nous leur avions montré que nous ne resterions plus inactifs ; ils allaient nous montrer que rien ne les arrêterait dans leur volonté d'extirper ce qu'ils considéraient comme la plus grande menace pour leur survie.

46

Quand Winnie venait me voir, j'avais l'illusion, même fugitive, que la famille n'était pas affectée. Ses visites se faisaient moins fréquentes car la police devenait plus vigilante. Elle amenait Zindzi et Zenani avec elle, mais les petites étaient trop jeunes pour savoir que je me cachais. Makgatho, qui avait onze ans, était assez âgé pour comprendre, et on lui avait dit de ne jamais révéler mon vrai nom devant quelqu'un. Je peux assurer qu'il était bien résolu, à sa façon d'enfant, à garder mon identité secrète. Mais un jour, vers la fin de l'année, Makgatho jouait à la ferme avec Nicholas Goldreich, le fils d'Arthur, qui avait onze ans. Winnie m'avait apporté un exemplaire du magazine *Drum* et Makgatho et Nicholas le découvrirent. Ils commencèrent à le feuilleter et brusquement Makgatho s'arrêta sur une photo de moi avant que j'entre dans la clandestinité. « C'est mon père », s'écria-t-il. Nicholas ne le crut pas et ses doutes poussèrent Makgatho à prouver qu'il avait raison. Il dit à son ami que mon vrai nom était Nelson Mandela. « Non, ton père s'appelle David », répondit Nicholas. Et il courut demander à sa mère si mon nom était bien David. Sa mère lui répondit : « Oui, c'est David. » Alors Nicholas lui expliqua que Makgatho lui avait affirmé que le vrai nom de son père était Nelson. Hazel s'inquiéta et on m'informa de cette indiscrétion. De nouveau, j'eus la sensation que j'étais depuis trop longtemps au même endroit. Mais je restai quand même, parce qu'une semaine plus tard, je partais en mission dans des lieux dont je n'avais fait que rêver. Pour la première fois, la lutte me ferait franchir les frontières de mon pays.

En décembre, l'ANC avait reçu une invitation du Mouvement panafricain de libération de l'Afrique orientale, centrale et australe (PAFMECSA), pour assister à sa conférence d'Addis-Abeba en février 1962. Le PAFMECSA, qui deviendrait plus tard l'Organisation de l'unité africaine (OUA), avait pour but de réunir les Etats indépendants d'Afrique et de promouvoir les mouvements de libération sur le continent. La conférence apporterait d'importantes relations à l'ANC et serait la première et la meilleure occasion de trouver un soutien, de l'argent et un entraînement militaire pour MK.

La direction clandestine me demanda de conduire la délégation de l'ANC à la conférence. Bien qu'ayant très envie de voir le reste de l'Afrique et de rencontrer les combattants de la liberté de mon continent, j'étais très embarrassé de violer la promesse que j'avais faite de ne pas quitter mon pays pour lutter dans la clandestinité. Mes collègues, y compris le chef Luthuli, insistaient pour que j'y aille mais ils exigeaient que je rentre immédiatement après. J'ai donc décidé de faire le voyage.

Ma mission en Afrique ne consistait pas seulement à assister à la conférence ; je devais trouver un soutien politique et financier à notre nouvelle force militaire et, plus important, des possibilités d'entraînement pour nos hommes dans le plus grand nombre d'endroits possible sur le continent. J'étais aussi déterminé à œuvrer pour la réputation de notre mouvement, qui restait encore relativement inconnu en Afrique. Le PAC avait lancé sa propre campagne de propagande et j'étais chargé de défendre notre cause.

Avant de partir, je suis allé clandestinement en voiture à Groutville pour m'entretenir avec le chef Luthuli. Notre rencontre — dans une planque — fut déconcertante. Comme je l'ai dit, le chef avait assisté à la création de MK et était informé de son développement comme chaque membre du Comité national de direction. Mais il n'allait pas bien et n'avait plus une aussi bonne mémoire. Il me reprocha de ne pas l'avoir consulté sur la création de MK. J'essayai de lui rappeler les discussions que nous avions eues à Durban sur la violence mais il ne s'en souvenait pas. C'est en grande partie la raison pour laquelle l'histoire a cru que le chef Luthuli n'avait pas été informé de la création de MK et qu'il était profondément opposé à ce que l'ANC s'engage dans la voie de la violence. Rien n'est plus loin de la vérité.

J'ai passé la nuit qui précédait mon départ avec Winnie, chez des amis blancs dans la banlieue nord de Johannesburg où elle m'apporta une valise neuve qu'elle m'avait préparée. Mon départ l'inquiétait mais elle restait stoïque. Elle se conduisait autant comme un soldat que comme une épouse.

L'ANC avait organisé mon voyage jusqu'à Dar es-Salaam au Tanganyika [1]. Walter, Kathrada et Duma Nokwe devaient me retrouver en secret à Soweto et me donner les documents pour le voyage. Ce serait aussi l'occasion d'une consultation de dernière minute avant que je quitte le pays.

Ahmed Kathrada arriva à l'heure fixée mais Walter et Duma étaient très en retard. Je dus prendre d'autres dispositions et Kathy réussit à trouver quelqu'un qui me conduisit au Bechuanaland où je devais prendre mon avion. J'appris plus tard que Walter et Duma avaient été arrêtés en chemin.

Aller au Bechuanaland était fatigant et je m'inquiétais à la fois à cause de la police et parce que je n'avais jamais franchi les frontières de mon pays. Notre destination était Lobatse, près de la frontière sud-africaine que nous avons franchie sans problème pour arriver en fin d'après-midi. J'ai trouvé un télégramme en provenance de Dar es-Salaam qui reportait mon voyage de quinze jours. Je me suis installé avec Fish Keitsing, un compagnon du procès de trahison qui, depuis, avait fui à Lobatse.

Cet après-midi-là, j'ai rencontré le professeur K.T. Motsete, le président du Parti populaire du Bechuanaland, constitué principalement d'anciens membres de l'ANC. J'avais devant moi un temps libre inattendu que j'ai consacré à lire, à préparer mon discours à la conférence, et à me promener dans les collines sauvages et magnifiques qui entourent la ville. Je n'étais pas très loin de la frontière de mon pays, mais j'avais l'impression d'être dans un pays exotique. Max Mlonyeni, fils d'un ami du Transkei et jeune membre du PAC, m'accompa-

---

1. Actuelle Tanzanie. *(N.d.T.)*

gnait souvent. Cela ressemblait à un safari parce que nous rencontrions toutes sortes d'animaux sauvages, dont un bataillon de babouins très vifs que j'ai suivis en admirant leur organisation et leurs déplacements presque militaires.

Joe Matthews, qui venait du Basutoland, m'a bientôt rejoint et j'ai insisté pour que nous partions au plus vite pour Dar es-Salaam. Un collègue de l'ANC à Lobatse venait d'être kidnappé par la police sud-africaine et je pensais que plus tôt nous nous en irions mieux cela vaudrait. On trouva un avion et notre première destination fut Kasane, une ville au nord du Bechuanaland, stratégiquement située près du point où se rencontraient quatre frontières — Bechuanaland, Rhodésie du Nord et du Sud [1] et Sud-Ouest africain [2]. La piste d'atterrissage de Kasane était inondée et nous avons trouvé une piste sèche à plusieurs kilomètres de là, au milieu de la savane. Le patron d'un hôtel local est venu nous chercher, armé de fusils, et nous a dit qu'il avait été retardé par un troupeau d'éléphants. Il avait une camionnette à l'arrière ouvert ; c'est là que nous nous sommes installés Joe et moi, et j'ai vu une lionne qui sortait des buissons. Je me sentais bien loin des rues de Johannesburg ; pour la première fois, je me trouvais dans l'Afrique mythique et légendaire.

Le lendemain matin, de bonne heure, nous sommes partis pour Mbeya, une ville du Tanganyika, près de la frontière de la Rhodésie du Nord. L'avion est passé près des chutes Victoria puis a filé vers le nord au-dessus des montagnes. Pendant que nous les survolions, le pilote a essayé de contacter Mbeya mais il n'a pas obtenu de réponse. Il n'arrêtait pas de dire dans son micro : « Mbeya ! Mbeya ! » Les conditions météo avaient changé et nous rencontrions beaucoup de trous d'air où l'avion était ballotté comme un bouchon sur une mer démontée. Nous traversions des nuages et de la brume

---

1. Rhodésie du Nord, actuelle Zambie ; Rhodésie du Sud, actuel Zimbabwe.
2. Actuelle Namibie. *(N.d.T.)*

et, en désespoir de cause, le pilote est descendu et a suivi une route sinueuse dans les montagnes. La brume est devenue si épaisse qu'on n'a plus vu la route et, quand le pilote a tourné brusquement, je me suis rendu compte qu'on venait d'éviter un pic qui avait semblé jaillir de nulle part. Le signal d'alarme s'est déclenché et je me souviens de m'être dit : « C'en est fini de nous. » Même Joe, d'ordinaire si bavard, était muet comme une tombe. Mais au moment où l'on ne voyait plus rien et où j'imaginais qu'on allait s'écraser contre une paroi rocheuse, nous avons quitté le mauvais temps pour sortir dans un ciel clair. Je n'ai jamais beaucoup aimé l'avion, et si ce voyage fut un des plus éprouvants que j'ai connus, je m'efforce parfois d'apparaître courageux et de faire comme si j'étais indifférent. Nous avons pris des chambres dans un hôtel local où nous avons trouvé une foule de Noirs et de Blancs assis sur la véranda en train de parler agréablement. Je n'avais jamais vu de lieu public ou d'hôtel sans barrière de couleur. Nous attendions Mr. Mwakangale du Syndicat national africain du Tanganyika, membre du Parlement qui, sans que nous le sachions, était déjà passé pour nous rencontrer. Un Africain alla voir la réceptionniste blanche : « Madame, est-ce qu'un monsieur Mwakangale a demandé ces deux messieurs ? lui demanda-t-il. — Je suis désolée, monsieur, répondit-elle. Il les a demandés, mais j'ai oublié de le leur dire. — Faites attention, s'il vous plaît, madame, lui dit-il d'un ton poli mais ferme. Ces messieurs sont nos hôtes et nous aimerions qu'ils soient bien reçus. » Je me suis vraiment rendu compte que nous étions dans un pays dirigé par des Africains. Pour la première fois de ma vie, j'étais un homme libre. J'avais beau être un fugitif recherché dans mon propre pays, j'ai senti que le fardeau de l'oppression quittait mes épaules. Partout où je suis allé au Tanganyika, la couleur de ma peau était automatiquement acceptée et non méprisée. Pour la première fois, on ne me jugeait pas d'après elle, mais d'après moi-même. J'ai eu souvent le mal du pays pendant mes voyages, mais je me sentais quand même chez moi pour la première fois.

Nous sommes arrivés à Dar es-Salaam le lendemain, et j'ai rencontré Julius Nyerere, le premier président de ce pays nouvellement indépendant. Nous étions chez lui et ce n'était pas très grand, je me souviens aussi qu'il conduisait lui-même sa voiture, une petite Austin. Cela m'a impressionné parce qu'on pensait à lui comme à un homme du peuple. Nyerere disait toujours que la notion de classe était étrangère à l'Afrique ; un socialisme indigène.

Je lui ai expliqué notre situation, et j'ai terminé en lui demandant son aide. C'était un homme sage qui parlait doucement et qui se montrait bien disposé à l'égard de notre mission, mais la perception qu'il avait de la situation m'a surpris et épouvanté. Il m'a suggéré de retarder la lutte armée jusqu'à ce que Sobukwe sorte de prison. C'est la première fois que j'ai constaté l'attrait qu'exerçait le PAC dans toute l'Afrique. Je lui ai décrit la faiblesse du PAC et je lui ai expliqué qu'un report signifierait un recul de la lutte dans son ensemble. Il m'a conseillé de rechercher l'appui de l'empereur Hailé Sélassié en me promettant de m'organiser une entrevue.

A Dar es-Salaam, je devais retrouver Oliver, mais, à cause de mon retard, il n'avait pas pu m'attendre ; il m'avait laissé un message pour que je le suive à Lagos, où il devait assister à la Conférence des Etats indépendants.

Dans l'avion pour Accra, j'ai rencontré Hymie Basner et sa femme. Basner, qui m'avait employé autrefois, avait trouvé un travail à Accra. En Afrique du Sud, ses activités politiques l'avaient rendu *persona non grata* et il allait chercher l'asile politique au Ghana.

L'avion fit une escale à Khartoum et nous avons fait la queue pour passer le contrôle de police. Joe Matthews marchait en tête, puis moi et ensuite Basner et sa femme. Je n'avais pas de passeport et au Tanganyika on m'avait fourni un document un peu rudimentaire qui disait simplement : « Nelson Mandela est citoyen de la République d'Afrique du Sud. Il est autorisé à quitter le Tanganyika et à y revenir. » Je l'ai tendu au vieux Soudanais assis derrière le comptoir des contrôles. Il a levé les yeux et m'a souri : « Bienvenue au Soudan, mon fils. » Il m'a serré la main et a tamponné mon document. Basner, qui se tenait derrière moi, a tendu au vieil homme le même genre de document. Ce dernier l'a inspecté un moment puis lui a dit, énervé : « Qu'est-ce que c'est que ça ? Qu'est-ce que c'est ce papier ? Ce n'est pas officiel ! »

Basner lui a expliqué calmement qu'on lui avait fourni ce document au Tanganyika parce qu'il n'avait pas de passeport. « Pas de passeport ? » lui a dit le fonctionnaire du contrôle avec dédain. « Comment pouvez-vous ne pas avoir de passeport, vous êtes blanc ! » Basner lui a répondu qu'il était persécuté dans son propre pays parce qu'il avait combattu pour les droits des Noirs. Le Soudanais l'a regardé d'un air sceptique : « Mais vous êtes blanc ! » Joe m'a regardé et il savait ce que je pensais : il m'a chuchoté de ne pas intervenir, car nous étions invités au Soudan et il ne voulait pas offenser l'hospitalité de nos hôtes. Mais Basner n'avait pas seulement été mon employeur, il avait aussi fait partie de ces rares Blancs qui avaient vraiment pris des risques pour l'émancipation des Noirs et je ne pouvais pas l'abandonner. Au lieu de partir avec Joe, je suis resté en me tenant près du policier et à chaque fois que Basner disait quelque chose, je faisais un petit signe de tête en guise d'approbation. Quand le vieil homme s'est aperçu de mon manège, il s'est adouci et a finalement tamponné le document en disant tranquillement : « Bienvenue au Soudan ! »

Je n'avais pas vu Oliver depuis bientôt deux ans, et quand nous nous sommes retrouvés à l'aéroport d'Accra, je l'ai à peine reconnu. Lui, autrefois toujours rasé et vêtu de façon classique, avait maintenant une barbe et des cheveux longs et portait des vêtements de style militaire, comme les combattants de la liberté sur tout le continent. (Il eut sans doute la même réaction à mon égard.) Nous étions heureux de nous revoir et je l'ai complimenté pour l'énorme travail qu'il avait accompli à l'étranger. Il avait déjà installé des bureaux de l'ANC au Ghana, en Angleterre, en Egypte et au Tanganyika, et avait établi des contacts importants dans beaucoup d'autres pays. Partout où j'ai voyagé par la suite, j'ai découvert l'impression très positive qu'il avait faite aux diplomates et aux hommes d'Etat. C'était le meilleur ambassadeur possible pour notre organisation.

L'objectif de la Conférence des Etats indépendants de Lagos était l'union des Etats africains, mais elle se termina dans des querelles pour savoir quels Etats accepter ou exclure. Je suis resté discret et j'ai évité la conférence car nous ne voulions pas que le gouvernement sud-africain sache que je me trouvais à l'étranger avant mon apparition à la conférence du PAFMECSA, à Addis-Abeba.

Dans l'avion d'Accra à Addis-Abeba, nous avons retrouvé Gaur Radebe, Peter Molotsi et d'autres membres du PAC qui se rendaient aussi au PAFMECSA. Tous furent surpris de me voir et, immédiatement, nous nous sommes plongés dans des discussions sur l'Afrique du Sud. L'atmosphère était agréable et détendue. J'avais été consterné d'apprendre que Gaur quittait l'ANC mais cela ne diminuait pas mon plaisir de le revoir. Haut dans le ciel et loin de chez nous, nous avions beaucoup plus de choses qui nous réunissaient que de choses qui nous séparaient.

Nous avons fait une rapide escale à Khartoum où nous avons pris un vol de l'Ethiopian Airways pour Addis-Abeba. A ce moment-là, j'ai connu une sensation assez étrange. En montant dans l'avion, j'ai vu que le pilote était noir. Je n'avais jamais vu de pilote noir et, sur le moment, j'ai dû réprimer ma panique. Comment un Noir pouvait-il piloter un avion ? Mais je me suis repris : j'étais tombé dans l'état d'esprit de l'apartheid, en imaginant les Africains inférieurs et le pilotage un travail réservé aux Blancs. Je me suis assis dans mon siège en me reprochant d'avoir eu de telles pensées. Après le décollage mon inquiétude m'a quitté et j'ai regardé l'Ethiopie en me demandant comment les forces de la guérilla s'étaient cachées dans ces forêts pour combattre les impérialistes italiens.

47

La tradition dit que l'Ethiopie, qui s'appelait autrefois l'Abyssinie, a été fondée bien avant la naissance du Christ par le fils de Salomon et de la reine de Saba. Bien qu'elle ait été conquise des dizaines de fois, c'est en Ethiopie qu'est né le nationalisme africain. Contrairement à tant d'autres Etats africains, elle n'a cessé de combattre le colonialisme. Menelik a repoussé les Italiens au XIXe siècle. En 1930, Hailé Sélassié, devint empereur et détermina l'histoire de l'Ethiopie contemporaine. J'avais dix-sept ans quand Mussolini attaqua l'Ethiopie, une invasion qui fit naître ma haine non seulement pour ce despote mais pour le fascisme en général. Hailé Sélassié fut obligé de fuir quand les Italiens conquirent le pays en 1936, mais il revint quand les forces alliées eurent chassé les Italiens en 1941.

L'Ethiopie a toujours tenu une place à part dans mon imagination et la perspective de la visiter m'attirait encore plus qu'un voyage en France, en Angleterre ou aux Etats-Unis. J'avais l'impression d'aller visiter le pays de mes origines, de retrouver les racines qui avaient fait de moi un Africain. Rencontrer l'empereur, ce serait pour moi comme de serrer la main de l'histoire.

Notre première escale fut Addis-Abeba, la ville impériale, qui n'était pas à la hauteur de son titre, car elle n'avait rien de majestueux, et comptait seulement quelques rues goudronnées et plus de chèvres que d'automobiles. En dehors du palais impérial, de l'université et du Ras Hotel où nous logions, peu de bâtiments pouvaient se comparer même aux immeubles les moins impressionnants de Johannesburg. L'Ethiopie contemporaine n'était pas non plus un modèle de démocratie. Il n'y avait pas de partis politiques, ni d'organismes populaires de gouvernement, aucune séparation des pouvoirs ; il n'y avait que l'empereur tout-puissant.

Avant l'ouverture de la conférence, les délégués se réunirent dans la petite ville de Debra Zeyt. On avait érigé une tribune sur la place centrale, et Oliver et moi nous

nous sommes installés sur le côté, loin du podium. Brusquement, nous avons entendu la musique lointaine d'une trompette solitaire, puis les accents d'une fanfare accompagnée par les roulements réguliers des tambours africains. Quand la musique s'est approchée j'ai entendu — et senti — le grondement de centaines de pieds qui marchaient au pas. De derrière un bâtiment à la limite de la place, un officier est apparu en brandissant une épée étincelante ; derrière lui s'avançaient cinq cents soldats noirs en rangées de quatre et chacun portait un fusil brillant sur l'épaule de son uniforme. Quand le détachement est arrivé devant la tribune, on a crié un ordre en amharique et les cinq cents soldats se sont arrêtés comme un seul homme, ils ont fait demi-tour et ont salué dans un ordre impeccable un vieil homme dans un uniforme éblouissant, Son Altesse l'empereur d'Ethiopie, Hailé Sélassié, le Lion de Juda.

Pour la première fois de ma vie, je voyais des soldats noirs, commandés par des généraux noirs, applaudis par des responsables noirs qui étaient tous les invités d'un chef d'Etat noir. C'était un moment enivrant. J'espérais seulement que cela annonçait l'avenir de mon pays.

Le lendemain matin, Oliver et moi, nous avons assisté à une réunion où chaque organisation devait faire une demande d'accréditation. Nous avons eu la désagréable surprise de découvrir que notre demande était bloquée par une délégation de l'Ouganda qui prétendait que nous étions une organisation tribale xhosa. Mon premier mouvement fut de rejeter cette plainte avec mépris, mais Oliver pensait que nous devions simplement expliquer que notre organisation avait été formée pour unir tous les Africains et que nos membres venaient de tous les groupes de la population. C'est ce que je fis, en ajoutant que le président de l'ANC était le chef Luthuli, un Zoulou. Notre demande fut acceptée. Je me rendis compte que sur le continent africain beaucoup de gens ne savaient de l'ANC que ce qu'en avait dit le PAC.

La conférence fut officiellement ouverte par Sa Majesté impériale, qui portait un uniforme orné d'un brocart très élaboré. Je fus surpris de voir que l'empereur était petit, mais sa dignité et son assurance lui donnaient l'allure du géant africain qu'il était. Pour la première fois, je voyais un chef d'Etat dans l'exercice de ses fonctions et cela me fascinait. Il se tenait parfaitement droit, et penchait simplement la tête pour indiquer qu'il écoutait. La dignité marquait toutes ses actions.

Je devais parler après l'empereur, seul autre orateur de la matinée. Pour la première fois depuis des mois, j'ai abandonné l'identité de David Motsamayi pour redevenir Nelson Mandela. Dans mon discours, j'ai rappelé l'histoire de la lutte de libération en Afrique du Sud et j'ai évoqué les massacres commis contre notre peuple, depuis Bulhoek en 1921, quand l'armée et la police avaient tué 183 paysans sans armes, jusqu'à Sharpeville quarante ans plus tard. J'ai remercié les nations présentes des pressions qu'elles exerçaient sur l'Afrique du Sud en citant en particulier le Ghana, le Nigeria et le Tanganyika qui avaient été à l'origine de l'exclusion de l'Afrique du Sud du Commonwealth. J'ai retracé la naissance d'Umkhonto we Sizwe en expliquant qu'on nous avait interdit toute possibilité de lutte pacifique. « Les responsables commettent un crime contre leur peuple s'ils hésitent à affûter leurs armes politiques quand elles sont devenues moins efficaces. Pendant la nuit du 16 décembre dernier, toute l'Afrique du Sud a vibré sous les coups puissants d'Umkhonto we Sizwe. » J'avais à peine fini de dire cela que le Premier ministre d'Ouganda s'écria : « Il faut encore les frapper ! »

J'ai alors parlé de ma propre expérience :

> Je viens de sortir d'Afrique du Sud et, ces dix derniers mois, j'ai vécu dans mon pays comme un proscrit, loin de ma famille et de mes amis. Quand j'ai été contraint de mener ce genre de vie, j'ai fait une déclaration publique dans laquelle j'annonçais que je ne quitterais pas mon pays et que je continuerais à lutter dans la clandestinité. Je le pensais et j'honorerai cet engagement.

L'annonce de mon retour en Afrique du Sud a été saluée par de vifs applaudissements. On nous avait encouragés à parler les premiers pour que le PAFMECSA puisse juger notre cause et décider du soutien à lui apporter. De nombreux Etats africains hésitaient toujours à soutenir les luttes violentes dans les autres pays ; mais mon discours réussit à convaincre qu'en Afrique du Sud les combattants de la liberté n'avaient pas d'autre choix que de prendre les armes.

Oliver et moi, nous eûmes un entretien privé avec Kenneth Kaunda, le chef du Parti uni de l'indépendance nationale de la Rhodésie du Nord et futur président de la Zambie. Comme Julius Nyerere, Kaunda s'inquiétait de l'absence d'unité parmi les combattants pour la liberté sud-africaine et il nous suggéra d'unir nos forces lorsque Sobukwe sortirait de prison. Parmi les Africains, le PAC avait occupé le centre de la scène à Sharpeville d'une façon qui dépassait de beaucoup son influence réelle en tant qu'organisation. Kaunda, qui autrefois avait été membre de l'ANC, nous expliqua qu'il s'interrogeait sur notre alliance avec les communistes blancs et nous informa que cela nous donnait une mauvaise image en Afrique. Le communisme était tenu pour suspect non seulement en Occident mais aussi en Afrique. Ce fut pour moi comme une révélation et c'est une conception que je devais entendre sans cesse pendant le reste de mon voyage.

Quand j'ai essayé de lui expliquer que le soutien de l'UNIP au PAC était une erreur, Kaunda m'a posé la main sur l'épaule et m'a confié : « Me dire cela à moi, c'est porter de l'eau à la mer. Je suis un de vos partisans et un admirateur du chef Luthuli. Mais je ne suis pas la seule voix de l'UNIP. Vous devez parler aussi à Simon Kapwepwe. Si vous le persuadez, vous me faciliterez la tâche. » Kapwepwe était le second de l'UNIP et j'ai organisé une rencontre pour le lendemain. J'ai demandé à Oliver de m'accompagner, mais il m'a dit : « Nel, il faut que tu le voies seul. Comme ça tu pourras être entièrement sincère. »

J'ai passé toute la journée avec Kapwepwe et je l'ai

entendu raconter l'histoire la plus étonnante : « Nous avons été fortement impressionnés par votre discours, m'a-t-il dit, et par toute la délégation de l'ANC. Si nous devions juger votre organisation sur ces deux éléments, nous serions sans aucun doute dans votre camp. Mais le PAC nous a fait des rapports troublants d'après lesquels Umkhonto we Sizwe serait une idée du Parti communiste et du Parti libéral et consisterait simplement à utiliser les Africains comme chair à canon. »

Je ne savais plus quoi dire, et j'ai laissé échapper que j'étais stupéfait qu'il ne se rende pas compte combien cette histoire était fausse. « Premièrement, ai-je dit, tout le monde sait que le Parti libéral et le Parti communiste sont les pires ennemis et qu'ils ne peuvent s'entendre pour faire jeu commun. Deuxièmement, je suis ici pour vous dire, au risque de sembler immodeste, que j'ai été le principal artisan de la formation de MK. » J'ai conclu en lui disant que j'étais très déçu de voir que le PAC répandait de tels mensonges.

A la fin de la journée, j'avais convaincu Kapwepwe et il me dit qu'il allait convoquer une réunion et nous défendre lui-même — et c'est ce qu'il a fait. Mais c'était un nouvel exemple du manque de connaissance de l'Afrique du Sud dans le reste de l'Afrique et de ce que pouvait faire le PAC pour salir l'ANC. Kapwepwe me souhaita bonne chance car la conférence était terminée. Cela avait été un succès mais une tâche immense nous attendait.

En tant qu'étudiant, j'avais rêvé de visiter l'Egypte, le berceau de la civilisation africaine, le reliquaire de tant de beauté en art, j'avais rêvé de voir les pyramides et le Sphinx, de traverser le Nil, le plus grand fleuve africain. D'Addis-Abeba, Oliver, Robert Resha — qui devait m'accompagner pendant le reste de mon voyage — et moi, nous sommes allés en avion au Caire. J'ai passé ma première matinée au musée à regarder les œuvres d'art, à prendre des notes sur les hommes qui fondèrent la civilisation antique de la vallée du Nil. Il ne s'agissait pas d'un intérêt d'archéologue amateur ; il est important pour des nationalistes africains d'être armés de preuves pour contredire les affirmations fictives des Blancs qui prétendent que les Africains n'ont pas de passé civilisé comparable à celui de l'Occident. En une seule matinée, j'ai découvert que les Egyptiens avaient créé de grandes œuvres d'art et d'architecture à une époque où les Blancs vivaient encore dans des cavernes.

Pour nous, l'Egypte était un modèle important car nous pouvions constater par nous-mêmes le programme de réformes économiques socialistes lancé par le président Nasser. Il avait réduit la propriété privée de la terre, nationalisé certains secteurs de l'économie, engagé une industrialisation rapide, démocratisé l'éducation, et bâti une armée moderne. Beaucoup de ces réformes étaient précisément ce que l'ANC espérait réaliser un jour. Cependant, à l'époque, pour nous, il était plus important que l'Egypte soit le seul Etat africain avec une armée de terre, une marine et une aviation qu'on pouvait comparer à celles de l'Afrique du Sud.

Le lendemain, Oliver s'en alla pour Londres, en me promettant de nous rejoindre au Ghana. Avant de partir, Robbie et moi avons discuté de la présentation que nous ferions dans chaque pays. Je penchais pour une explication de la situation politique de façon aussi vraie et aussi objective que possible sans omettre les réalisations du PAC. A chaque nouvelle étape, je m'enfermais dans notre hôtel pour me familiariser avec les informations sur la politique, l'histoire et le gouvernement du pays. Robbie faisait le contraire. Naturellement extraverti, il quittait l'hôtel dès que nous arrivions, se promenait dans les rues, et se renseignait en regardant et en parlant avec les gens. Nous formions un couple étrange, car habitué pendant la clandestinité aux tenues négligées, je portais des treillis alors que Robbie avait toujours des costumes élégants.

A Tunis, notre première étape, nous avons rencontré le ministre de la Défense, qui ressemblait étonnamment au chef Luthuli. Mais, j'en ai peur, la ressemblance s'arrêtait là, car pendant que je lui expliquais la situation dans notre pays, avec des responsables comme Robert

Sobukwe en prison, il m'a interrompu pour me dire : « Quand ce type va sortir, il va tous vous liquider ! » Robbie a levé les sourcils (plus tard, il m'a dit : « Tu défendais mieux la cause du PAC qu'eux-mêmes ! ») mais j'ai insisté pour faire un tableau complet au ministre. Le lendemain, quand nous avons rencontré le président Habib Bourguiba, sa réponse a été entièrement positive et immédiate : il a offert d'entraîner nos soldats et 5 000 livres pour acheter des armes.

Rabat, au Maroc, avec ses murs anciens et mystérieux, ses boutiques élégantes et ses mosquées médiévales, m'est apparu comme un mélange d'Afrique, d'Europe et de Moyen-Orient. Apparemment, les combattants pour la liberté pensaient de même, car Rabat était le carrefour de presque tous les mouvements de libération du continent. Nous y avons rencontré des combattants du Mozambique, d'Angola, d'Algérie et du Cap-Vert. Le quartier général de l'armée révolutionnaire algérienne s'y trouvait aussi et nous avons passé plusieurs jours avec le Dr. Mustafa, le chef de la mission algérienne au Maroc, qui nous a parlé de la résistance algérienne aux Français.

La situation en Algérie était pour nous le modèle le plus proche du nôtre parce que les rebelles affrontaient une importante communauté de colons blancs qui régnait sur la majorité indigène. Le Dr. Mustafa nous a raconté comment le FLN avait commencé la lutte avec quelques attentats en 1954, ayant été encouragé par la défaite des Français à Diên Biên Phu, au Vietnam. Au début, le FLN croyait pouvoir vaincre les Français militairement, nous a dit le Dr. Mustafa, puis il s'est rendu compte qu'une victoire purement militaire était impossible.

Les responsables du FLN ont donc eu recours à la guerre de guérilla. Il nous a expliqué que ce genre de guerre n'avait pas comme objectif de remporter une victoire militaire mais de libérer les forces économiques et politiques qui feraient tomber l'ennemi. Le Dr. Mustafa nous a conseillé de ne pas négliger le côté politique de la guerre tout en organisant les forces militaires.

L'opinion publique internationale, nous a-t-il dit, vaut parfois plus qu'une escadrille d'avions de combat à réaction.

Au bout de trois jours, il nous a envoyés à Oujda, une petite ville poussiéreuse près de la frontière algérienne, et quartier général de l'armée du FLN au Maroc. Nous avons visité une unité sur le front ; à un moment j'ai pris une paire de jumelles et j'ai vu des soldats français de l'autre côté de la frontière. J'avoue que j'ai pensé voir les uniformes des forces de défense sud-africaines.

Un ou deux jours plus tard, j'ai été invité à un défilé militaire en l'honneur d'Ahmed Ben Bella, qui allait devenir le premier Premier ministre de l'Algérie indépendante et qui venait de sortir d'une prison française. Un écho lointain du défilé militaire que j'avais vu à Addis-Abeba ; ce défilé n'était pas la force impeccable, très bien alignée, aux uniformes élégants d'Ethiopie mais une sorte d'histoire en marche du mouvement de guérilla en Algérie.

En tête déambulaient les vétérans fiers et aguerris, portant des turbans, de longues tuniques et des sandales, qui avaient commencé la lutte de nombreuses années auparavant. Ils portaient les armes qu'ils avaient utilisées : des sabres, de vieux fusils à pierre, des haches et des lances. Des soldats plus jeunes et tout aussi fiers les suivaient avec des armes modernes. Certains avaient des armes antichars et antiaériennes. Mais même eux ne défilaient pas avec l'élégance et la précision des Ethiopiens. C'était une armée de guérilla composée de combattants qui avaient gagné leurs galons dans le feu des batailles, qui s'intéressaient plus à la guerre et à la tactique qu'aux uniformes et aux défilés. Encore sous l'impression des soldats d'Addis-Abeba, je savais que nos propres forces ressembleraient plus aux soldats d'Oujda et je pouvais seulement espérer qu'elles combattraient aussi vaillamment.

A l'arrière, il y avait une fanfare militaire, assez désordonnée, dirigée par un homme qui s'appelait Sudani. Grand, bien bâti et sûr de lui, il était aussi noir que la nuit. Il lançait une canne de tambour-major et quand nous l'avons vu, tout notre groupe s'est levé et a applaudi. J'ai vu que les autres autour de moi nous regardaient et je me suis rendu compte que nous ne l'applaudissions que parce qu'il était noir et les visages noirs étaient assez rares au Maroc. A nouveau, le pouvoir du nationalisme et de l'ethnicité m'a frappé. Nous avions réagi immédiatement, car nous avions eu l'impression de voir un frère africain. Plus tard, nos hôtes nous ont expliqué que Sudani avait été un soldat légendaire, et on disait même qu'il avait capturé seul toute une unité de Français. Mais nous l'avions applaudi à cause de sa couleur et non de ses exploits.

Du Maroc, j'ai survolé le Sahara pour aller à Bamako, la capitale du Mali, et de là en Guinée. Du Mali en Guinée nous avons volé dans quelque chose qui ressemblait plus à un autobus qu'à un avion. Des poulets se promenaient dans le couloir, des femmes marchaient de long en large avec des paquets sur la tête et vendaient des cacahuètes et des légumes séchés. C'était un vol de style démocratique et j'aimais beaucoup cela.

L'étape suivante fut la Sierra Leone ; quand je suis arrivé j'ai découvert que le Parlement était en session et j'ai décidé d'y assister. Je suis entré comme n'importe quel touriste et l'on m'a donné un siège pas très loin du président. L'huissier s'est approché de moi et m'a demandé de m'identifier. Je lui ai chuchoté : « Je suis le représentant du chef Luthuli d'Afrique du Sud. » Il m'a serré la main avec chaleur et il est allé parler au président. L'huissier m'a alors expliqué qu'on m'avait donné par erreur un siège qui, normalement, n'était pas destiné aux visiteurs, mais ils considéraient comme un honneur de faire une exception.

Au bout d'une heure, il y eut une suspension de séance et, tandis que je buvais un thé au milieu des parlementaires et des dignitaires, une file s'est formée devant moi et j'ai vu à mon plus grand étonnement que tout le Parlement attendait pour me serrer la main. Je trouvais cela très agréable, mais à la troisième ou quatrième poignée de main la personne a murmuré : « C'est un grand honneur de serrer la main du vénéré chef Luthuli, lauréat du prix Nobel de la paix. » J'étais un imposteur. L'huissier avait mal compris. Le Premier ministre, Sir Milton Margai, arriva pour me rencontrer, et l'huissier me présenta comme étant le chef. J'ai immédiatement essayé de lui dire que je n'étais pas le chef Luthuli mais il n'a rien voulu savoir et j'ai décidé qu'au nom de l'hospitalité je continuerais. Plus tard, quand j'ai rencontré le président, je lui ai expliqué l'erreur d'identité, et il m'a offert généreusement une aide matérielle.

Au Liberia, j'ai rencontré le président Tubman, qui non seulement m'a donné 5 000 dollars pour des armes et de l'entraînement, mais m'a aussi demandé d'une voix calme : « Avez-vous de l'argent de poche ? » Je lui ai avoué qu'il ne me restait pas grand-chose, alors immédiatement un aide de camp est venu avec une enveloppe contenant 400 dollars en liquide. Du Liberia, je suis allé au Ghana où j'ai retrouvé Oliver, et nous avons été reçus par l'ambassadeur de Guinée, Abdoulaye Diallo. Quand je lui ai dit qu'en Guinée je n'avais pas vu Sékou Touré, il a immédiatement organisé notre retour dans ce pays aride. Touré nous a impressionnés, Oliver et moi. Il habitait dans une maison modeste et portait un vieux costume aux couleurs passées qui aurait eu besoin d'aller chez le teinturier. Nous lui avons expliqué l'histoire de l'ANC et de MK et nous lui avons demandé 5 000 dollars en soutien à MK. Il nous a écoutés calmement et nous a répondu de façon formelle, comme s'il faisait un discours : « Le gouvernement et le peuple de Guinée soutiennent entièrement la lutte de nos frères d'Afrique du Sud et nous avons fait des déclarations à l'ONU en ce sens. » Il est allé jusqu'à une bibliothèque dans laquelle il a pris deux livres de lui qu'il nous a dédicacés. Puis il nous a dit merci et nous a raccompagnés.

Nous étions très ennuyés : on nous avait rappelés d'un autre pays et tout ce qu'il nous avait donné c'étaient deux exemplaires dédicacés de son livre ? Nous avions perdu notre temps. Peu de temps après, nous étions dans notre chambre d'hôtel quand un fonctionnaire du ministère des Affaires étrangères a frappé à notre porte et nous a tendu une valise. Nous l'avons ouverte pour découvrir qu'elle était remplie de billets de banque : nous nous sommes regardés, très contents. Mais Oliver a changé de visage : « Nelson, c'est de l'argent guinéen, a-t-il dit. Il ne vaut rien en dehors d'ici ; ce n'est que du papier. » Mais Oliver a eu une idée : nous avons emporté l'argent à l'ambassade de Tchécoslovaquie où il avait un ami qui l'a échangé contre une monnaie convertible.

La grâce des bateaux de pêche très fins qui glissaient dans le port de Dakar n'avait d'égale que l'élégance des Sénégalaises qui se glissaient dans la ville vêtues de robes flottantes et la tête recouverte d'un turban. Je me promenais sur la place du marché voisin, enivré par les épices et les senteurs exotiques. Les Sénégalais sont beaux et j'ai beaucoup aimé notre bref séjour dans leur pays. La société montre comment des éléments très disparates — français, islamiques et africains — peuvent se mêler pour former une culture unique et distincte.

En allant voir le président Léopold Senghor, Oliver a été victime d'une violente crise d'asthme. Il a refusé de rentrer à l'hôtel et je l'ai porté sur mon dos pour monter dans le bureau du président. Senghor était très inquiet de voir Oliver dans cet état et il a insisté pour que son médecin personnel le soigne.

On m'avait conseillé de me méfier de Senghor, car on disait que des soldats sénégalais combattaient avec les Français en Algérie et que le président lui-même aimait un peu trop les coutumes et les charmes de l'ancien régime. Dans les nouvelles nations, il y aura toujours une attirance durable pour le mode de vie des colonisateurs — moi-même je n'en étais pas exempt. Le président Senghor était un universitaire et un poète ; il nous dit qu'il réunissait des documents sur Chaka et il nous flatta en nous posant quantité de questions sur ce grand guerrier sud-africain. Nous lui fîmes un résumé de la situation de notre pays et nous lui demandâmes une aide pour l'entraînement de nos soldats ainsi que de l'argent. Senghor nous répondit qu'il avait les mains liées jusqu'à la réunion du Parlement.

En attendant, il voulait que nous parlions avec le

ministre de la Justice, M. Daboussier, des problèmes d'entraînement militaire, et le président me présenta une très belle jeune fille française qui, m'expliqua-t-il, serait notre interprète. Je n'ai rien dit, mais j'étais gêné. Je ne me sentais pas à l'aise à l'idée de parler de questions très délicates d'entraînement militaire devant une jeune femme que je ne connaissais pas et dont je ne savais pas si je pouvais lui faire confiance. Senghor a compris mon embarras car il m'a dit : « Ne vous inquiétez pas, Mandela, les Français d'ici s'identifient tout à fait avec nos aspirations d'Africains. »

Quand nous sommes arrivés chez le ministre, nous avons rencontré des secrétaires africaines à la réception. L'une d'elles a demandé à la Française ce qu'elle faisait là. Elle lui a répondu que le président l'avait envoyée pour servir d'interprète. Une discussion s'ensuivit et une des secrétaires se tourna vers moi pour me demander : « Parlez-vous anglais, monsieur ? » Je lui dis oui et elle répondit : « Le ministre parle anglais, vous pourrez discuter directement avec lui. Vous n'avez pas besoin d'interprète. » La jeune Française resta là pendant que j'allais parler au ministre, qui nous promit de répondre à nos demandes. Au bout du compte, Senghor ne nous fournit pas ce que nous étions venus chercher, mais il me procura un passeport diplomatique et nous paya le voyage en avion de Dakar à Londres.

48

J'avoue être un peu anglophile. Quand je pensais à la démocratie occidentale et à la liberté, je pensais au système parlementaire britannique. De bien des façons, pour moi, le modèle du gentleman était l'Anglais. Bien que la Grande-Bretagne fût la patrie de la démocratie parlementaire, c'était cette démocratie qui avait aidé à imposer à mon peuple un système inique et pernicieux.

Si j'abhorrais la notion d'impérialisme britannique, je n'avais jamais rejeté l'apparat du style et des manières britanniques.

J'avais plusieurs raisons pour vouloir aller en Grande-Bretagne, en plus de mon désir de voir le pays dont j'avais tant entendu parler et sur lequel j'avais lu tant de choses. La santé d'Oliver m'inquiétait et je voulais le persuader de se faire soigner. J'avais aussi très envie de voir sa femme Adélaïde et leurs enfants, ainsi que Yusuf Dadoo qui maintenant habitait Londres où il représentait le mouvement du Congrès. Je savais aussi que je pourrais m'y procurer de la littérature sur la guerre de guérilla que je n'avais pas trouvée ailleurs.

A Londres, j'ai repris mon ancienne vie clandestine car je ne voulais pas qu'en Afrique du Sud on apprenne où je me trouvais. Les tentacules des forces de sécurité sud-africaines s'étendaient jusqu'à Londres. Mais je ne vivais pas en reclus ; les dix jours que j'y ai passés ont été partagés entre les problèmes de l'ANC, la rencontre de vieux amis et quelques promenades en touriste. Avec Mary Benson, une amie anglaise qui avait écrit sur notre lutte, nous avons visité la ville qui, autrefois, avait commandé près des deux tiers de la planète : Westminster Abbey, Big Ben, le Parlement. Tout en étant fier de la beauté de ces monuments, j'avais des doutes sur ce qu'ils représentaient. Quand nous avons vu la statue du général Smuts près de Westminster Abbey, Oliver et moi, nous avons plaisanté en disant qu'un jour on mettrait peut-être la nôtre à sa place.

Beaucoup de gens m'avaient dit que l'*Observer*, dirigé par David Astor, avait des sympathies pour le PAC et disait que l'ANC appartenait au passé. Oliver organisa une rencontre chez Astor et nous avons longuement parlé de l'ANC. Je ne sais pas si j'eus une influence mais le ton du journal changea. Il me recommanda également de parler avec un certain nombre d'hommes politiques de premier plan et, en compagnie du député travailliste Dennis Healey, je rencontrai Hugh Gaitskell, le chef du Parti travailliste, et Joe Grimond, le chef du Parti conservateur.

Ce n'est qu'à la fin de mon séjour que j'ai vu Yusuf, mais ce ne fut pas une réunion agréable. Tout au long de notre voyage, Oliver et moi avions rencontré la même difficulté : tous les responsables africains nous avaient interrogés sur nos relations avec les communistes blancs et indiens, en laissant parfois entendre qu'ils contrôlaient l'ANC. Notre attitude non raciste aurait moins posé de problèmes sans la formation du PAC explicitement nationaliste et antiblanc. Dans le reste de l'Afrique, la plupart des responsables africains comprenaient mieux les conceptions du PAC que celles de l'ANC. Oliver et Yusuf en avaient déjà parlé, et Yusuf n'aimait pas nos conclusions. Oliver avait décidé que l'ANC devait apparaître plus indépendant en lançant certaines actions unilatéralement sans la participation des autres membres de l'Alliance, et j'étais d'accord.

J'ai passé ma dernière nuit à Londres à discuter de ces questions avec Yusuf. Je lui ai expliqué que maintenant que nous nous engagions dans la lutte armée, nous devions compter sur d'autres nations africaines pour l'argent, l'entraînement et le soutien, et que par conséquent, nous devions plus tenir compte de leur point de vue que par le passé. Yusuf croyait qu'Oliver et moi étions en train de changer la politique de l'ANC, que nous nous préparions à abandonner la conception non raciste qui avait été au centre de la Charte de la liberté. Je lui ai dit qu'il se trompait ; nous ne rejetions pas l'antiracisme, nous disions simplement que l'ANC devait s'affirmer seul et faire des déclarations qui n'étaient pas celles de l'Alliance des congrès. Souvent, l'ANC, le SAIC (Indien) et le CPC (métis) faisaient une déclaration commune sur une question qui ne concernait que les Africains. Cela ne plaisait pas à Yusuf. « Et la politique ? » répétait-il en permanence. Je lui ai dit que je ne parlais pas de politique mais d'image. Nous continuerions à travailler ensemble mais l'ANC devait apparaître le premier parmi ses pairs.

J'étais triste de quitter mes amis de Londres, mais je partais maintenant dans la partie de mon voyage qui m'était la moins familière : l'entraînement militaire. J'avais prévu de recevoir un entraînement de six mois à Addis-Abeba. Là-bas, je retrouvai le ministre des Affaires étrangères, qui m'accueillit chaleureusement et qui m'emmena dans une banlieue appelée Kolfe, le quartier général du Bataillon révolutionnaire éthiopien où je devais apprendre l'art et la science des armes. Bien qu'étant boxeur amateur, je connaissais à peine les rudiments du combat. Mon instructeur était le lieutenant Wondoni Befikadu, un soldat expérimenté qui avait combattu les Italiens dans la clandestinité. Notre programme était très dur : entraînement de 8 heures à 13 heures ; douche et déjeuner ; puis nouvelle séance de 14 à 16 heures. A partir de 16 heures, le colonel Tadesse me donnait des cours de science militaire ; c'était l'adjoint du préfet de police et il avait réussi à faire échouer une tentative de coup d'Etat contre l'empereur.

J'ai appris à tirer avec un fusil automatique et un pistolet et je me suis entraîné au tir à la fois à Kolfe avec la garde de l'empereur, et sur un champ de tir à une cinquantaine de kilomètres avec tout le bataillon. On m'a enseigné la démolition et l'utilisation d'un mortier, ainsi que la fabrication de petites bombes et de mines — et la façon de les éviter. Je me sentais transformé en soldat et je commençais à penser comme un soldat — ce qui est loin de la façon de penser d'un politicien.

Ce que je préférais, c'étaient les marches, quand on n'a qu'un fusil, des munitions et un peu d'eau et qu'on doit parcourir une certaine distance dans un temps donné. Au cours de ces marches, je découvrais le très beau paysage avec des forêts épaisses et des hauts plateaux secs. Le pays était extrêmement arriéré : les gens utilisaient des charrues de bois et avaient un régime alimentaire très simple auquel ils ajoutaient de la bière de fabrication domestique. Leur existence était semblable à celle des régions rurales d'Afrique du Sud ; partout dans le monde, les pauvres ont plus de points communs que de différences.

Pendant les cours, le colonel Tadesse traitait de questions comme la création d'une force de guérilla, le commandement d'une armée et la discipline. Un soir, pendant le dîner, il me dit : « Ecoutez, Mandela, vous créez une armée de libération, pas une armée capitaliste conventionnelle. Une armée de libération est égalitaire. On doit traiter ses hommes d'une façon tout à fait différente de la façon dont on les traiterait dans une armée capitaliste. Quand on est de service, on doit exercer son autorité avec assurance et contrôle. Ce n'est pas différent d'un commandement dans une armée capitaliste. Mais quand on n'est pas de service, on doit se conduire sur la base d'une égalité parfaite, même avec le soldat le moins gradé. On doit manger comme ses hommes ; on ne doit pas aller dans son bureau mais manger et boire avec eux, ne pas s'isoler. »

Tout cela me semblait admirable et sensé, mais tandis qu'il me parlait, un sergent est entré dans la salle et a demandé au colonel où il pouvait trouver un certain lieutenant. Le colonel l'a regardé avec un mépris mal dissimulé et lui a répondu : « Tu ne vois pas que je parle à quelqu'un d'important ? Tu ne sais pas qu'il ne faut pas m'interrompre quand je mange ? Maintenant, hors de ma vue ! » Puis il a repris sur le même ton didactique.

L'entraînement devait durer six mois, mais au bout de huit semaines, j'ai reçu un télégramme de l'ANC qui me demandait de rentrer de toute urgence. La lutte armée prenait de l'ampleur et ils avaient besoin du commandant de MK.

Le colonel me fit conduire en avion jusqu'à Khartoum. Avant que je parte, il m'offrit un pistolet automatique et deux cents cartouches. Je lui fus très reconnaissant, pour son enseignement et pour le pistolet. Malgré mes marches, je trouvai les munitions très lourdes à porter. Une seule balle a un poids étonnant : transporter deux cents balles, c'est comme porter un petit enfant sur son dos.

A Khartoum, j'ai rencontré un employé de la British Airways qui m'a dit que mon avion pour Dar es-Salaam ne partirait pas avant le lendemain et qu'on avait pris la liberté de me retenir une chambre dans un hôtel chic. J'étais épouvanté, car j'aurais préféré descendre dans un hôtel de troisième catégorie plus discret.

On m'a déposé devant l'hôtel et j'ai dû traverser la longue véranda élégante de l'hôtel où des dizaines de Blancs étaient installés. C'était bien avant les détecteurs d'objets métalliques et les contrôles de sécurité, et je portais mon pistolet dans un holster sous ma veste et les deux cents balles enroulées autour de la taille, dans mon pantalon. J'avais aussi plusieurs milliers de livres en liquide. Tous ces Blancs bien habillés me semblaient avoir des yeux comme des rayons X et j'avais l'impression qu'on allait m'arrêter à chaque instant. Mais on m'a accompagné sans encombre jusqu'à ma chambre ; même le bruit des pas des serveurs me mettait les nerfs à vif.

De Khartoum, je suis allé directement à Dar es-Salaam où j'ai accueilli le premier groupe de vingt et une recrues d'Umkhonto qui se rendaient en Éthiopie pour y suivre un entraînement militaire. Ce fut un moment de fierté, car ces hommes s'étaient portés volontaires pour entrer dans une armée que j'essayais de créer. Ils risquaient leur vie dans un combat qui ne faisait que commencer, un combat qui serait du plus grand danger pour les premiers soldats. C'étaient de jeunes hommes fiers et impatients, venant essentiellement des villes. Le soir, nous avons mangé ensemble et ils ont tué une chèvre en mon honneur ; je leur ai parlé de mon voyage et de la nécessité d'une bonne conduite et de la discipline à l'étranger, parce qu'ils représentaient la lutte de libération de l'Afrique du Sud. Je leur ai expliqué que l'entraînement militaire devait s'accompagner d'une formation politique car la révolution ne consiste pas seulement à appuyer sur la détente d'un fusil ; son but est de créer une société honnête et juste. Ce fut la première fois que mes soldats m'ont salué.

Le président Nyerere a mis à ma disposition un avion privé pour Mbeya et de là je suis allé directement à Lobatse. Le pilote m'a informé que nous atterririons à Kanye. Cela m'inquiéta : pourquoi ce changement ? A Kanye, le magistrat local et un homme de la sécurité, tous les deux blancs, m'attendaient. Le magistrat s'est approché et m'a demandé mon nom. J'ai répondu :

David Motsamayi. « Non, a-t-il dit, votre vrai nom, s'il vous plaît. » J'ai répété : David Motsamayi. Le magistrat a dit : « S'il vous plaît, donnez-nous votre vrai nom parce qu'on m'a donné l'ordre de rencontrer Mr. Mandela et de lui fournir une aide et un moyen de transport. Si vous n'êtes pas Mr. Mandela, j'ai peur d'être obligé de vous arrêter pour être entré dans le pays sans autorisation. Etes-vous Nelson Mandela ? »

C'était une situation très embarrassante ; je pouvais être arrêté dans les deux cas. « Si vous tenez à ce que je sois Nelson Mandela et non David Motsamayi, ai-je dit, je ne vais pas vous contrarier. » Il a souri et a conclu : « Nous vous attendions hier. » Et il m'a offert de m'emmener là où étaient mes camarades. Nous sommes allés à Lobatse, où j'ai rencontré Joe Modise et un partisan de l'ANC, Jonas Matlou, qui vivait là. Le magistrat m'a dit que la police sud-africaine était au courant de mon retour et il m'a conseillé de partir le lendemain. Je l'ai remercié mais en arrivant chez Matlou, j'ai dit que je voulais partir le soir même. Je devais rentrer en Afrique du Sud avec Cecil Williams, un Blanc, directeur de théâtre et membre de MK. J'ai pris le volant, déguisé en chauffeur, et nous sommes partis pour Johannesburg.

SEPTIÈME PARTIE

Rivonia

48

Après avoir passé la frontière, j'ai respiré un grand coup. L'air du pays natal semble toujours plus doux quand on en est resté absent un certain temps. Dans la claire nuit d'hiver, les étoiles elles-mêmes me paraissaient plus accueillantes que sur le reste du continent. Je quittais un monde où pour la première fois j'avais connu la liberté et je revenais là où je vivais comme un fugitif, mais j'étais quand même profondément soulagé de me retrouver dans le pays de ma naissance et de mon destin.

Entre le Bechuanaland et le nord-ouest du Transvaal, des dizaines de routes traversaient la frontière, et Cecil savait exactement lesquelles prendre. Pendant que nous roulions, il me raconta les événements que j'avais ratés. Nous avons voyagé toute la nuit, traversant la frontière vers minuit et arrivant à la ferme de Liliesleaf à l'aube. Je portais encore ma tenue kaki d'entraînement.

A la ferme, je n'ai pas eu le temps de me reposer ni de réfléchir car le lendemain soir nous avions une réunion secrète pour que je parle de mon voyage au comité de travail. Walter, Moses Kotane, Govan Mbeki, Dan Tloome, J.B. Marks et Duma Nokwe sont tous arrivés à la ferme, une réunion exceptionnelle. J'ai fait un compte rendu général de mon voyage, en indiquant l'argent que j'avais reçu ainsi que les offres d'entraînement. En même temps, j'ai fait part des réserves qu'on avait faites sur la collaboration de l'ANC avec les Blancs, les Indiens et en particulier avec les communistes. J'avais encore dans les oreilles ce que m'avaient dit les responsables zambiens lors de notre dernière rencontre : ils savaient que l'ANC était plus fort et plus populaire que le PAC, mais ils comprenaient le nationalisme africain intransigeant du PAC et étaient stupéfiés par le refus du racialisme de l'ANC et par ses liens avec les communistes. Je les ai informés qu'Oliver et moi pensions que l'ANC devait apparaître plus indépendant afin de rassurer nos alliés du continent, car seuls ils assureraient le financement et l'entraînement d'Umkhonto we Sizwe. J'ai proposé une refonte de l'Alliance des congrès de façon que l'ANC apparaisse vraiment comme le leader, en particulier sur les questions concernant directement les Africains.

C'était une proposition grave et il fallait consulter toute la direction. Le Comité de travail m'a demandé de descendre à Durban pour informer le chef. Tous étaient d'accord sauf Govan Mbeki qui, à l'époque, ne vivait pas à la ferme mais assistait à la réunion comme membre du Haut Commandement de MK. Il me demanda d'envoyer quelqu'un d'autre. C'était simplement trop risqué, a-t-il dit, et l'organisation ne devait pas m'exposer, en particulier au moment où je venais de rentrer et où je m'apprêtais à développer MK. Personne, même pas moi, n'a tenu compte de ce conseil de prudence.

Je suis parti le lendemain soir en compagnie de Cecil, de nouveau déguisé en chauffeur. J'avais prévu une série de rencontres secrètes à Durban, tout d'abord avec Monty Naicker et Ismail Meer pour leur rendre compte de mon voyage et parler avec eux des nouvelles propositions. Monty et Ismail étaient très proches du chef, qui leur faisait confiance. Je voulais pouvoir dire à Luthuli que j'avais parlé à ses amis et lui faire part de leur réaction. Cependant, Ismail et Monty furent troublés quand je leur expliquai ma conviction que l'ANC devait prendre la direction de l'Alliance des congrès et faire des déclarations sur les affaires concernant les Africains. Ils étaient contre tout ce qui affaiblissait l'Alliance.

On m'a emmené à Groutville, où habitait le chef, et nous nous sommes rencontrés chez une Indienne, en ville. J'ai expliqué longuement la situation au chef, qui m'a écouté sans rien dire. Quand j'ai eu fini, il m'a dit qu'il n'aimait pas l'idée que des hommes politiques étrangers dictent la politique de l'ANC. Il m'a expliqué qu'il avait développé la politique non raciale de l'ANC pour de bonnes raisons et qu'il ne pensait pas que nous devions en changer parce qu'elle ne convenait pas à quelques responsables étrangers.

J'ai expliqué au chef que ces hommes politiques étrangers ne nous dictaient pas notre conduite mais disaient simplement qu'ils ne la comprenaient pas. Mon plan consistait simplement à effectuer des modifications de pure forme afin de rendre l'ANC plus compréhensible — et plus attractif — à nos alliés. Je voyais cela comme une manœuvre défensive, car si les Etats africains décidaient de soutenir le PAC, cette organisation petite et faible pouvait brusquement devenir importante et forte.

Le chef ne prenait pas de décision sur le moment. J'ai compris qu'il voulait réfléchir à ce que j'avais dit et en parler à certains de ses amis. Je l'ai quitté et il m'a conseillé d'être prudent. Ce soir-là, j'ai eu d'autres réunions clandestines en ville et dans le township, dont la dernière avec le commandement régional de MK à Durban.

Ce commandement régional était dirigé par un expert en sabotage, Bruno Mtolo, que je n'avais encore jamais rencontré mais que je reverrais dans des circonstances plus dramatiques. J'ai parlé de mon voyage en Afrique, du soutien et des propositions d'entraînement. J'ai expliqué que pour le moment MK se limitait au sabotage mais que, si cela n'avait pas l'effet souhaité, nous passerions sans doute à la guerre de guérilla.

Plus tard dans la soirée, chez le photographe de presse G.R. Naidoo, où je devais coucher, Ismail et Fatima

Meer, Monty Naicker et J.N. Singh sont venus pour une petite fête à la fois de retrouvailles et d'adieu, car je devais repartir le lendemain à Johannesburg. Ce fut la première soirée agréable et de détente depuis bien longtemps. J'ai bien dormi et j'ai retrouvé Cecil le dimanche après-midi — 5 août — pour le long trajet jusqu'à Johannesburg dans son Austin.

Je portais mon cache-poussière blanc et je me suis assis à côté de Cecil, qui conduisait. Nous prenions souvent le volant chacun à notre tour. La journée était claire et fraîche et je regardais la beauté du paysage du Natal ; la région reste verte même en hiver. Je rentrais à Johannesburg et je passerais quelque temps avec Winnie et les enfants. J'avais souvent souhaité que Winnie puisse découvrir avec moi les merveilles de l'Afrique, mais je ne pourrais que lui raconter ce que j'avais vu et fait.

Quand nous avons quitté la zone industrielle de Durban, nous avons traversé les collines avec des panoramas magnifiques sur les vallées environnantes et les eaux de l'océan Indien d'un bleu profond. Durban est le principal port de la principale région industrielle du pays et la route nationale qui conduit à Johannesburg suit pendant assez longtemps la ligne de chemin de fer. J'ai cessé de contempler le paysage pour réfléchir au fait que la voie ferrée très proche de la route était un endroit commode de sabotage. Je l'ai noté dans le petit carnet que je portais toujours sur moi.

Nous avons traversé Howick, à trente kilomètres au nord de Pietermaritzburg, plongés dans une discussion sur des plans de sabotage. A Cedara, une petite ville située juste après Howick, j'ai remarqué une Ford V-8 remplie de Blancs qui nous doublait à droite [1]. Instinctivement, je me suis retourné et j'ai vu deux autres voitures avec des Blancs derrière nous. Soudain, la voiture devant nous a fait signe de nous arrêter. J'ai su à cet instant que ma vie de fugitif était terminée ; mes dix-sept mois de « liberté » allaient prendre fin.

Cecil a ralenti et s'est tourné vers moi : « Qui sont ces

---

1. En Afrique du sud, on roule à gauche. *(N.d.T.)*

hommes ? » Je n'ai pas répondu mais nous savions très bien qui ils étaient. Ils avaient parfaitement bien choisi l'endroit ; à gauche, il y avait un talus à pic et boisé contre lequel ils auraient pu nous coincer si nous avions cherché à leur échapper. J'étais sur le siège du passager, à gauche et, pendant un instant, j'ai pensé sauter de voiture pour m'enfuir dans les bois, mais je me serais fait descendre en quelques secondes.

Quand notre voiture s'est arrêtée, un homme grand et mince, avec un visage sévère, est venu directement à la portière du passager. Il n'était pas rasé et semblait n'avoir pas dormi depuis quelque temps. Immédiatement, j'ai pensé qu'il nous attendait depuis plusieurs jours. D'une voix calme, il s'est présenté comme étant le sergent Vorster de la police de Pietermaritzburg et il m'a montré un mandat d'arrêt. Il m'a demandé mon nom. Je lui ai dit que je m'appelais David Motsamayi. Il a hoché la tête et, de façon très correcte, il m'a demandé d'où je venais et où j'allais. J'ai répondu sans donner d'information précise. Cela a semblé l'irriter et il a dit : « Ag, vous vous appelez Nelson Mandela et vous Cecil Williams, et vous êtes en état d'arrestation ! »

Il nous a informés qu'un commandant de la police qui se trouvait dans l'autre voiture nous ramènerait à Pietermaritzburg. La police n'était pas aussi vigilante à cette époque et le sergent n'a pas pris la peine de me fouiller. J'avais mon revolver chargé et de nouveau j'ai pensé à m'enfuir, mais j'aurais vite été dépassé par le nombre. Sans me faire remarquer, j'ai glissé mon revolver — et mon carnet — entre le siège de Cecil et le mien. Pour une raison inconnue, la police ne les a jamais trouvés, ce qui fut une chance car beaucoup de gens auraient été arrêtés.

Au commissariat, on m'a conduit dans le bureau du sergent Vorster, où j'ai vu un certain nombre de policiers ; l'un d'eux était l'adjudant Truter qui avait témoigné au procès de trahison. Truter avait laissé une impression favorable aux accusés parce qu'il avait précisément expliqué la politique de l'ANC sans exagérer ni mentir. Nous nous sommes salués amicalement.

Je n'avais encore reconnu qu'une chose : le nom de David Motsamayi, et Truter m'a dit : « Allez, Nelson, pourquoi est-ce que tu continues cette farce ? Tu sais que je sais qui tu es. Nous savons tous qui tu es. » Je lui ai simplement répondu que j'avais donné un nom et que je m'en tenais là. J'ai demandé à voir un avocat, ce qu'on m'a poliment refusé. Alors, j'ai refusé à mon tour de faire une déposition.

Nous avons été mis dans des cellules séparées. Désormais, j'avais tout le temps de réfléchir à ma situation. J'avais toujours su que je pouvais me faire arrêter, mais les combattants de la liberté eux-mêmes nient ce genre de possibilité et, cette nuit-là, dans ma cellule, je me suis rendu compte que je n'étais pas préparé à la réalité de l'arrestation et de l'emprisonnement. J'étais bouleversé et inquiet. Quelqu'un avait renseigné la police sur mes allées et venues ; ils savaient que je m'étais rendu à Durban et que je retournerais à Johannesburg. Pendant des semaines avant mon retour, la police avait cru que j'étais déjà revenu dans le pays. En juin, les journaux titraient « Le retour du Mouron noir » alors que je me trouvais encore à Addis-Abeba. C'était peut-être du bluff ?

Les autorités avaient harcelé Winnie en croyant qu'elle saurait si j'étais rentré ou non. On m'avait dit que la police l'avait suivie et avait fouillé la maison plusieurs fois. Elle avait dû supposer que j'irais voir le chef Luthuli immédiatement après mon retour, et elle ne s'était pas trompée. Mais je soupçonnais aussi qu'on l'avait informée de ma présence à Durban. Des informateurs avaient infiltré le mouvement et même ceux qui avaient les meilleures intentions n'étaient pas aussi muets qu'il l'aurait fallu. Moi aussi j'avais été négligent. Trop de gens avaient su que je me trouvais à Durban. Il y avait même eu une petite fête la veille de mon départ et je me suis reproché d'avoir baissé ma garde. J'envisageais toutes les hypothèses. Etait-ce un informateur à Durban ? Quelqu'un à Johannesburg ? Quelqu'un du mouvement ? Ou même un ami ou un membre de la famille ? Mais ce genre de spéculations sur ce qu'on ignore est vain, et sous l'effet de la fatigue physique et morale, je me

suis endormi profondément. Au moins, cette nuit-là —
celle du 5 août 1962 —, je ne me suis pas inquiété pour
savoir si la police allait me trouver. C'était déjà fait.

Le matin, je me suis senti reposé et me suis préparé
pour la nouvelle épreuve qui m'attendait. Il n'était pas
question que j'apparaisse désespéré ni même triste
devant mes geôliers. A 8 h 30, on m'a présenté au juge
local qui m'a renvoyé à Johannesburg. Tout s'est passé
simplement et le magistrat ne semblait pas plus intéressé
que pour une infraction au Code de la route. La police
n'avait pas pris de précautions exceptionnelles pour le
voyage de retour à Johannesburg, ni pour ma sécurité, et
on m'a installé à l'arrière d'une voiture, sans menottes,
avec deux policiers à l'avant. Mes amis avaient appris
mon arrestation ; Fatima Meer m'avait apporté de quoi
manger à la prison, et je l'ai partagé avec les deux policiers dans la voiture. Nous nous sommes même arrêtés à
Volkrust, une ville sur la route, et ils m'ont permis de
faire quelques pas pour me dégourdir les jambes. Je
n'imaginais pas m'enfuir quand les gens étaient gentils
avec moi ; je ne voulais pas tirer avantage de leur
confiance.

Mais en approchant de Johannesburg, l'atmosphère a
changé. J'ai entendu à la radio de la voiture de police
l'annonce de ma capture et l'ordre de lever tous les barrages routiers sur la route du Natal. A la nuit tombante,
dans la banlieue de Johannesburg, nous avons rencontré
une imposante escorte de police. Brusquement, on m'a
mis les menottes, on m'a fait descendre de voiture pour
me mettre dans un fourgon cellulaire avec de petites
vitres opaques renforcées par une grille de fer. Puis le
cortège a emprunté un itinéraire compliqué et inhabituel pour Marshall Square, comme s'il craignait une
embuscade.

On m'a placé seul dans une cellule. Dans le calme, j'ai
commencé à mettre au point ma stratégie pour le lendemain, quand j'ai entendu tousser dans la cellule d'à côté.
Je n'avais pas compris qu'il y avait un prisonnier tout

près, mais surtout quelque chose de familier m'a frappé dans cette toux. Je l'ai reconnue et j'ai crié :

« Walter ?

— Nelson, c'est toi ? » a-t-il répondu, et nous avons ri avec un incroyable mélange de soulagement, de surprise, de déception et de bonheur. J'ai appris qu'il avait été arrêté peu de temps après moi. Nous avons pensé que nos arrestations devaient avoir un rapport. On aurait pu choisir un autre endroit pour une réunion du Comité de travail, mais c'était commode et la nuit est vite passée tandis que je lui faisais le compte rendu complet de mon arrestation ainsi que de mes rencontres à Durban.

Le lendemain, j'ai comparu devant un juge pour un renvoi formel. Harold Wolpe et Joe Slovo sont venus après avoir appris la nouvelle, et nous avons pu parler dans les sous-sols. J'avais souvent rencontré ce magistrat en tant qu'avocat et nous avions fini par nous respecter. Beaucoup d'autres avocats étaient aussi présents, dont certains que je connaissais très bien. Il est curieux de voir comment, dans certaines situations, des incidents normalement insignifiants peuvent être ressentis comme flatteurs. Dans des circonstances normales, je ne suis absolument pas insensible à la flatterie mais j'étais là comme un fugitif, le numéro un sur la liste des personnes recherchées, un hors-la-loi menottes aux poignets, qui venait de passer plus d'un an dans la clandestinité, et pourtant, le juge, les avocats et les autres personnes m'accueillaient avec une déférence et une politesse professionnelles. Ils me connaissaient en tant que Nelson Mandela avocat à la Cour, et non Nelson Mandela hors-la-loi. Cela m'a remonté le moral.

Pendant la comparution, le juge s'est montré hésitant et mal à l'aise, et il évitait de me regarder directement. Les avocats semblaient eux aussi très embarrassés et, à ce moment-là, j'ai eu une sorte de révélation. Ces hommes n'étaient pas mal à l'aise simplement parce que j'étais leur collègue déchu, mais parce que j'étais un homme ordinaire puni pour ses convictions. D'une certaine façon, que je n'avais jamais bien comprise auparavant, je me suis rendu compte du rôle que je pouvais jouer devant un tribunal et des possibilités qui m'étaient offertes comme défenseur. J'étais le symbole de la justice dans le tribunal de l'oppresseur, le représentant des grandes idées de liberté, d'équité et de démocratie dans une société qui déshonorait ces vertus. En un instant, j'ai compris que je pouvais continuer la lutte à l'intérieur de la forteresse de l'ennemi.

Quand on m'a demandé le nom de mon avocat, j'ai répondu que j'assurerais ma défense moi-même, avec Joe Slovo comme avocat-conseil. En assurant ma propre défense, je renforcerais l'aspect symbolique de mon rôle. J'utiliserais mon procès comme une vitrine pour montrer l'opposition morale de l'ANC au racisme. Je tenterais moins de me défendre que de mettre l'Etat en accusation. Ce jour-là, je n'ai répondu qu'aux questions concernant mon nom et le choix de mon avocat. J'ai écouté silencieusement l'acte d'accusation : j'avais incité les ouvriers africains à faire grève, et j'avais quitté le pays sans documents de voyage. Dans l'Afrique du Sud de l'apartheid, la sanction pour de tels « crimes » pouvait aller jusqu'à dix ans de prison. Pourtant, j'ai été soulagé en entendant les charges : manifestement, l'Etat n'avait pas assez de preuves pour établir un lien entre moi et Umkhonto we Sizwe, sinon j'aurais été accusé des crimes beaucoup plus graves de trahison et de sabotage.

Ce n'est qu'en quittant le tribunal que j'ai vu Winnie dans la galerie du public. Elle avait l'air désespérée et sombre ; elle devait sans doute penser aux mois et aux années difficiles qui l'attendaient, à sa vie solitaire, en élevant deux jeunes enfants dans une ville souvent dure et hostile. Ce sont deux choses différentes que d'imaginer des difficultés qui vous attendent et d'y être confronté. En descendant l'escalier vers les sous-sols, je n'ai pu lui faire qu'un grand sourire comme pour lui dire que je n'étais pas inquiet et qu'elle ne devait pas l'être non plus. Je ne pense pas que ça ait pu beaucoup l'aider.

On m'a conduit au Fort de Johannesburg. Quand je suis sorti du tribunal pour monter dans le fourgon cellulaire, une foule de plusieurs centaines de personnes m'a acclamé en hurlant *« Amandla ! »*, suivi de

« *Ngawethu* », un slogan populaire de l'ANC qui signifie « Le pouvoir ! » et « nous appartient ! » Les gens ont crié, chanté, cogné du poing sur le fourgon tandis qu'il se frayait un chemin dans la foule. Mon arrestation avait fait les gros titres de tous les journaux : « La police met fin à deux ans de cavale » ; « Nelson Mandela arrêté ». Le soi-disant Mouron noir n'était plus en liberté.

Quelques jours plus tard, Winnie a obtenu une autorisation de visite. Elle s'était très bien habillée et semblait, au moins en apparence, moins sombre. Elle m'a apporté un pyjama très coûteux et une robe de chambre en soie plus appropriée à un salon qu'à une prison. Je n'ai pas eu le courage de lui dire que je ne pouvais pas porter de telles choses dans ma cellule. Mais je savais que c'était une façon de me dire son amour et un gage de solidarité. Je l'ai remerciée et, malgré le temps très court, nous avons parlé de la famille et de la façon dont elle s'en sortait avec les enfants. Je lui ai donné le nom d'amis qui l'aideraient et de clients qui me devaient encore de l'argent. Je lui ai demandé de dire la vérité aux enfants, sur mon arrestation, sur mon absence qui serait longue. Je lui ai assuré que nous n'étions pas la première famille dans cette situation et que ceux qui vivaient de telles épreuves en sortaient plus forts. Je lui ai rappelé la valeur de notre cause et la loyauté de nos amis, et que son amour et son dévouement m'aideraient à franchir ce qui m'attendait. Le gardien a détourné les yeux et nous nous sommes jetés dans les bras l'un de l'autre avec la force et l'émotion refoulées en chacun de nous, comme pour un dernier adieu. Et, d'une certaine façon, ça l'était, car nous allions être séparés pour beaucoup plus longtemps qu'aucun de nous ne l'imaginait alors. L'officier m'a autorisé à raccompagner Winnie sur une partie du chemin et je l'ai vue disparaître seule et fière, par la porte principale.

50

Au Fort, j'étais sous la responsabilité du colonel Minnaar, un Afrikaner d'une politesse très raffinée, considéré comme un libéral par ses collègues *verkrampte* (crispés). Il m'expliqua qu'il me plaçait dans l'hôpital de la prison parce que c'était l'endroit le plus confortable, où je pourrais avoir une table et une chaise pour préparer ma défense. L'hôpital était bien l'endroit le plus confortable — je dormais dans un vrai lit ce que je n'avais pas fait avant d'entrer en prison —, mais il avait montré autant de générosité parce que c'était l'endroit le plus sûr pour me garder. Pour y arriver, on devait franchir deux murs avec des gardes armés à chaque passage ; quand on était à l'intérieur, il fallait ouvrir quatre portes massives pour atteindre l'endroit où je me trouvais. La presse se demandait si le mouvement n'allait pas tenter de me récupérer et les autorités faisaient le maximum pour empêcher cette éventualité.

Dans les journaux et dans les rangs de l'ANC, on disait aussi que j'avais été trahi par quelqu'un du mouvement. Je savais que certains accusaient G.R. Naidoo, chez qui j'avais habité à Durban, une supposition que je crois infondée. La presse avançait l'idée que j'avais été trahi par des communistes blancs et indiens, troublés par ma volonté de réorienter l'ANC vers un africanisme plus marqué. Mais je pensais qu'il s'agissait d'histoires répandues par le gouvernement pour diviser l'Alliance des congrès, et je considérais cela comme une mauvaise action. Plus tard, j'en ai parlé non seulement avec Walter, Duma, Joe Slovo, et Ahmed Kathrada, mais aussi avec Winnie et j'ai eu la satisfaction de voir qu'ils partageaient mes sentiments. Winnie avait été invitée à ouvrir la conférence annuelle du Congrès indien de la jeunesse pour le Transvaal et, à ma demande, elle a rejeté ces rumeurs de façon très claire. Les journaux ne parlaient que de sa beauté et de son éloquence. « Nous ne perdrons pas notre temps à chercher des preuves pour savoir qui a trahi Mandela, dit-elle à la conférence. Ce genre de propagande a pour but de nous opposer les uns aux autres plutôt que de nous unir pour combattre l'oppression des nationalistes. »

La rumeur la plus persistante était qu'un fonctionnaire du consulat américain ayant des liens avec la CIA avait renseigné les autorités. Cette histoire n'a jamais été confirmée et je n'ai jamais vu aucune preuve crédible qui aurait pu l'étayer. Même si la CIA porte la responsabilité de quantité d'actions méprisables dans son soutien à l'impérialisme américain, je ne peux pas l'accuser de mon arrestation. En vérité, j'avais été imprudent en ne maintenant pas un secret absolu sur mes déplacements. En y repensant, je me suis rendu compte que les autorités avaient eu des milliers de façons de me localiser lors de mon voyage à Durban. En fait, il est même étonnant que je n'aie pas été capturé plus tôt.

Je n'ai passé que quelques jours à l'hôpital du Fort avant d'être transféré à Pretoria. A Johannesburg, les visites n'étaient pas limitées, et des gens venaient me voir en permanence. En prison, les visites permettent de garder le moral et leur absence peut être profondément déprimante. En me transférant à Pretoria, les autorités voulaient m'éloigner de chez moi pour me placer dans un endroit où moins de gens viendraient me voir.

On m'a mis les menottes et on m'a conduit à Pretoria dans un vieux fourgon cellulaire en compagnie d'un autre détenu. L'intérieur était sale et nous nous sommes assis sur un vieux pneu graisseux qui glissait d'un côté à l'autre. Le choix de ce compagnon était curieux : il s'appelait Nkadimeng et appartenait à l'un des gangs les plus violents de Soweto. Normalement, on n'aurait pas permis qu'un prisonnier politique partage le même véhicule qu'un criminel de droit commun, mais je soupçonnais les autorités d'espérer que je serais intimidé par Nkadimeng qui, je pense, était un informateur de la police. J'étais sale et mécontent en arrivant à la prison, et mon irritation s'est aggravée quand j'ai vu qu'on me mettait dans la même cellule que lui. J'ai exigé une cellule séparée pour pouvoir préparer ma défense, ce que j'ai fini par obtenir.

Je n'avais plus droit qu'à deux jours de visites par semaine. Malgré la distance, Winnie venait régulièrement et m'apportait du linge et une nourriture délicieuse. C'était une façon de me montrer son soutien, et à chaque fois que je mettais une chemise propre, je ressentais son amour et son dévouement. Je savais à quel point c'était difficile de venir à Pretoria en milieu de journée et de semaine avec deux petits enfants à la maison. Je recevais la visite de beaucoup d'autres personnes qui me donnaient de quoi manger, en particulier la toujours fidèle Mrs. Pillay, qui m'apportait un repas épicé chaque jour.

A cause de la générosité de mes visiteurs, j'avais beaucoup trop de choses et je voulais partager avec les autres prisonniers de mon étage. C'était strictement interdit. Afin de contourner la difficulté, j'ai offert de la nourriture aux gardiens pour les adoucir. Avec cette idée derrière la tête, j'ai proposé une pomme brillante et rouge à un gardien africain qui l'a regardée et qui m'a répondu d'un ton glacial : « *Angiyifuni* » (Je n'en veux pas). Les gardiens africains étaient soit plus sympathiques que les Blancs, soit plus sévères, comme pour surpasser leurs maîtres. Mais, peu après, le gardien noir a vu le gardien blanc prendre la pomme qu'il avait refusée et il a changé d'avis. Bientôt, je donnais de la nourriture à tous mes compagnons de détention.

Par la rumeur de la prison, j'ai appris que Walter avait lui aussi été transféré à Pretoria ; nous étions tenus à distance l'un de l'autre mais nous avons cependant réussi à communiquer. Walter avait demandé une libération sous caution — décision que je soutenais entièrement. La caution était depuis longtemps une question sensible dans l'ANC. Certains pensaient que nous devions toujours refuser cette possibilité parce que cela pouvait laisser croire que nous étions lâches et que nous acceptions les restrictions racistes du système. Je ne croyais pas que cette conception devait être systématiquement appliquée mais qu'on devait étudier la question cas par cas. Depuis que Walter était devenu secrétaire général de l'ANC, je pensais qu'on devait tout tenter pour le faire libérer sous caution. Il était tout bonnement vital à l'organisation de ne pas le laisser languir en prison. Dans son cas, il s'agissait d'une question pratique et non théorique. Dans le mien, les choses étaient différentes. J'avais été clandestin ; pas Walter. J'étais devenu un symbole public de révolte et de lutte ; Walter travaillait en coulisses. Il était d'accord pour qu'on ne demande pas une libération sous caution dans mon cas. Tout d'abord, on n'était pas sûrs de l'obtenir, et je ne voulais rien faire qui puisse laisser penser que je n'étais pas préparé aux conséquences de la vie de clandestin que j'avais choisie.

Peu de temps après avoir pris cette décision, j'ai de nouveau été transféré à l'hôpital du Fort. Une audience avait été fixée en octobre. Il y a peu de chose à dire en faveur de la prison, mais l'isolement est propice aux études. J'ai commencé un doctorat en droit par correspondance, ce qui me permettrait d'exercer en tant qu'avocat indépendant. Dès mon arrivée à la prison de Pretoria, j'avais envoyé une lettre aux autorités leur signifiant mon intention et leur demandant l'autorisation d'acheter un *Law of Torts* [1] qui faisait partie de mon programme.

Quelques jours plus tard, le colonel Aucamp, le commandant de la prison et un des plus célèbres fonctionnaires des services pénitentiaires, entra dans ma cellule et me dit d'un air méchant : « Mandela, nous vous tenons enfin ! Pourquoi avez-vous besoin d'un livre sur les torches, vous voulez l'utiliser pour vos damnés sabotages ? » Je ne savais absolument pas de quoi il voulait parler, jusqu'à ce qu'il me montre ma lettre demandant un livre qu'il appelait « Le livre des torches ». J'ai souri et il s'est mis en colère parce que je ne le prenais pas au sérieux. Le terme afrikaans pour « torche » est *toorts*, qui ressemble à *torts* et je lui ai expliqué qu'en anglais les

---

1. Manuel de droit privé qui concerne la responsabilité civile « *Tort* » signifie « dommage » ou « préjudice ». *(N.d.T.)*

torts étaient une partie du droit et non un morceau de bois enflammé. Il est parti vexé.

Un jour, je faisais mes exercices quotidiens dans la cour du Fort, c'est-à-dire du jogging, de la course sur place et des tractions, quand un Indien grand et élégant, Moosa Dinath, que j'avais vaguement connu quand c'était un commerçant prospère et même riche, est venu me voir. Il purgeait une peine de deux ans de prison pour fraude. A l'extérieur nous serions restés de vagues relations, mais la prison favorise l'amitié. Dinath m'accompagnait souvent autour de la cour dans mon jogging. Un jour, il m'a demandé si je ne voyais pas d'inconvénient à ce qu'il demande à être près de moi à l'hôpital. Je lui ai dit qu'il serait le bienvenu mais je pensais que les autorités n'accepteraient jamais. Je me trompais.

C'était tout à fait inhabituel qu'un prisonnier de droit commun comme Dinath soit autorisé à fréquenter un prisonnier politique en attente de procès. Mais je n'ai rien dit parce que j'étais content d'avoir de la compagnie. Dinath était riche et donnait de l'argent aux autorités de la prison. En échange, il recevait de nombreux privilèges : il portait des vêtements destinés aux prisonniers blancs, mangeait comme eux, et ne travaillait absolument pas.

Une nuit, à mon plus grand étonnement, j'ai vu le colonel Minnaar, le directeur de la prison, et un défenseur très connu de la cause afrikaner, venir le chercher. Dinath a quitté la prison et n'est revenu que le lendemain matin. Si je ne l'avais pas vu de mes propres yeux, je ne l'aurais jamais cru.

Dinath me racontait des histoires d'escroqueries financières et de corruption parmi les ministres que je trouvais fascinantes. Cela me confirmait que l'apartheid était un poison qui entraînait une décadence morale dans tous les secteurs. J'évitais soigneusement d'aborder avec lui les questions politiques ou sensibles par crainte qu'il ne soit un informateur. Une fois, il me demanda de lui parler de mon voyage africain et je suis resté dans les généralités. Finalement, Dinath tira suffisamment de ficelles pour accélérer sa libération et il s'en alla après avoir accompli seulement quatre mois de sa peine de deux ans.

L'évasion sert un double objectif : elle permet à un combattant de la liberté de sortir de prison pour reprendre le combat mais elle donne aussi un extraordinaire élan psychologique à la lutte et une grande publicité contre l'ennemi. Quand j'étais prisonnier, j'ai toujours pensé à l'évasion et au cours de mes différents aller et retour au bureau du commandement, j'observais attentivement les murs, les mouvements des gardes, les types de clefs et de serrures. J'ai fait un croquis détaillé de la prison en notant particulièrement la localisation exacte de l'hôpital et des portes qui permettaient d'en sortir. On a sorti ce plan en fraude et on l'a remis au mouvement avec l'ordre de le détruire dès qu'on en aurait pris connaissance.

Il existait deux plans d'évasion, un mis au point par Moosa Dinath que j'ignorais ; un deuxième conçu par l'ANC et que m'a communiqué Joe Slovo. Il comprenait des pots-de-vin, des copies de clefs, et même une fausse barbe qu'on devait coudre dans l'épaulette d'une des vestes qu'on m'apporterait en prison. L'idée, c'était que je mettrais la fausse barbe après m'être évadé. J'ai étudié le plan avec attention et j'ai conclu que d'une part il était prématuré et que d'autre part les possibilités de réussite étaient vraiment trop faibles. Un échec dans ce domaine aurait été fatal à l'organisation. Quand j'ai rencontré Joe, je lui ai passé une note où j'exprimais mon point de vue. J'écrivais que MK n'était pas prêt pour ce genre d'opérations ; même une force d'élite entraînée n'aurait sûrement pas été capable d'accomplir une telle mission. Je suggérais qu'on retarde le coup jusqu'à ce que je sois condamné, quand les autorités seraient moins vigilantes. A la fin j'écrivais : « Veuillez détruire cette note quand vous l'aurez lue. » Joe et les autres suivirent mon conseil sur la tentative d'évasion mais ils décidèrent de conserver la note en tant que document historique et elle réapparut plus tard, à un moment tout à fait inopportun.

51

La première audition fut fixée au lundi 15 octobre 1962. L'organisation avait formé un « Comité pour la libération de Mandela » et elle lança une campagne très active avec le slogan « Libérez Mandela ». Des manifestations eurent lieu dans tout le pays et on commença à voir le slogan écrit sur les murs des immeubles. Le gouvernement répondit en interdisant toute réunion en relation avec mon emprisonnement, mais le mouvement de libération l'ignora.

En préparation de l'audition du lundi 15 octobre, le Comité pour la libération de Mandela avait organisé une manifestation de masse au tribunal. L'objectif était de disposer une file de gens de chaque côté de la route que devait emprunter mon fourgon cellulaire. D'après les articles de presse, des conversations avec des gens venus en visite et même des remarques de gardiens, je savais qu'on attendait une foule importante et bruyante.

Le samedi, alors que je me préparais pour l'audition, on m'a donné l'ordre de ranger immédiatement mes affaires : l'audition avait été déplacée à Pretoria. Les autorités n'avaient fait aucune déclaration, et si je n'avais pas réussi à faire passer le mot grâce à un gardien sympathisant, personne n'aurait su que j'avais quitté Johannesburg.

Le mouvement réagit très vite et quand mon procès commença le lundi matin, l'ancienne synagogue était remplie de partisans. Je m'y sentais comme chez moi après les quatre années du procès de trahison. Mon conseiller juridique Joe Slovo ne pouvait être présent car il était sous le coup d'une interdiction qui l'empêchait de quitter Johannesburg et ce fut Bob Hepple qui m'assista à sa place.

Le lundi matin, je suis entré dans le tribunal vêtu d'un *kaross* traditionnel xhosa en peau de léopard au lieu d'un costume et d'une cravate. La foule de mes partisans se dressa comme un seul homme en levant le poing et en criant « *Amandla !* » et « *Ngawethu !* ». Le *kaross* électrisa le public, dont beaucoup étaient des amis et des parents, et certains avaient fait la route depuis le Transkei. Winnie portait elle aussi une coiffure de perles et une longue jupe xhosa.

J'avais choisi de revêtir un costume traditionnel pour souligner le symbolisme de l'Africain noir dans un tribunal d'homme blanc. Je portais littéralement sur mon dos l'histoire, la culture et l'héritage de mon peuple. Ce jour-là, je me suis senti comme l'incarnation du nationalisme africain, l'héritier du passé difficile mais noble de l'Afrique et de son avenir incertain. Le *kaross* était aussi un signe de mépris envers les subtilités de la justice des Blancs. Je savais parfaitement que les autorités se sentiraient menacées par mon *kaross* comme la plupart des Blancs se sentent menacés par la véritable culture de l'Afrique.

Quand la foule s'est calmée et que l'audience a été ouverte, j'ai salué le procureur, Mr. Bosch, que j'avais connu à l'époque où j'étais avocat, et le juge, Mr. von Heerden, qui lui aussi m'était familier. J'ai immédiatement demandé un renvoi de quinze jours parce que j'avais été transféré à Pretoria sans avoir eu la possibilité d'en avertir mes avocats. On m'a accordé une semaine.

Alors que je revenais dans ma cellule, un gardien blanc très intimidé m'a dit que le commandant, le colonel Jacobs, me donnait l'ordre de lui remettre mon *kaross*. Je lui ai répondu : « Vous pouvez lui dire qu'il ne l'aura pas. » Ce gardien était un être faible et il se mit à trembler. Il me supplia littéralement, en m'affirmant qu'il se ferait mettre à la porte s'il ne le rapportait pas. Je me sentais désolé pour lui et je lui ai conseillé : « Ecoutez, allez dire à votre commandant que c'est Mandela qui parle et pas vous. » Un petit moment plus tard, le colonel Jacobs est venu en personne et m'a ordonné de lui donner ce qu'il appelait ma « couverture ». Je lui ai répliqué qu'il n'avait aucune compétence concernant les vêtements que je portais au tribunal et que s'il essayait de me confisquer mon *kaross* je porterais l'affaire jusque devant la Cour suprême. Le colonel n'essaya plus jamais de me reprendre ma « couverture » mais les autorités ne m'autorisèrent à la porter qu'au tribunal, et non pour y aller ou en revenir, de peur que cela ne donne des idées à d'autres prisonniers.

Quand l'audience reprit, une semaine plus tard, on me donna l'autorisation de m'adresser à la cour avant qu'on m'ait invité à plaider. « J'espère être capable de montrer, expliquai-je, que ce procès est celui des aspirations du peuple africain, et à cause de cela j'ai pensé qu'il valait mieux que j'assure ma défense moi-même. » Je voulais qu'il soit clair pour la cour, pour le public et pour la presse que j'avais l'intention de faire le procès de l'Etat. Puis je demandai la récusation du président au motif que je ne me considérais pas moralement contraint d'obéir à des lois faites par un Parlement dans lequel je n'avais aucune représentation. Et parce qu'il n'était pas possible non plus de bénéficier d'un procès honnête de la part d'un juge blanc :

> Pourquoi est-ce que, dans ce tribunal, je suis devant un magistrat blanc, confronté à un procureur blanc et escorté dans le box des accusés par des gardes blancs ? Quelqu'un peut-il honnêtement et sérieusement dire que, dans ce type d'atmosphère, les plateaux de la balance de la justice sont correctement équilibrés ? Comment se fait-il que dans toute l'histoire de ce pays, aucun Africain n'ait jamais eu l'honneur d'être jugé par les siens, par sa chair et son sang ? Je vais vous dire pourquoi, monsieur le président : le véritable but de cette barrière de couleur rigide, c'est de s'assurer que la justice rendue par les tribunaux soit conforme à la politique du pays, même si cette politique est en contradiction avec les normes de justice acceptées par les magistratures du monde civilisé. Monsieur le président, je hais les discriminations raciales avec la plus grande fermeté, ainsi que toutes leurs manifestations. Je les ai combattues toute ma vie. Je les combats en ce moment, et je les combattrai jusqu'à la fin de mes jours. Je déteste tout ce qui m'entoure ici. Cela me fait sentir

que je suis un homme noir dans un tribunal d'homme blanc. Cela ne devrait pas être.

Au cours du procès, le procureur appela plus de cent témoins venus de tout le pays, y compris du Transkei et du Sud-Ouest africain. Il y avait des policiers, des journalistes, des directeurs de townships, des imprimeurs. La plupart d'entre eux apportèrent des preuves techniques qui montraient que j'avais quitté le pays illégalement et que j'avais incité des ouvriers africains à suivre la grève de trois jours à domicile en mai 1961. Il était indiscutable — et en réalité je ne le discutais pas — que j'étais coupable des deux chefs d'inculpation.

Le procureur avait appelé comme témoin Mr. Barnard, le secrétaire privé du Premier ministre, pour témoigner que la lettre que j'avais envoyée au Premier ministre demandait la convocation d'une convention nationale et l'informait qu'en cas de refus nous organiserions une grève de trois jours. Au cours de mon contre-interrogatoire de Mr. Barnard, j'ai d'abord lu la lettre qui demandait la convocation d'une convention nationale de tous les Sud-Africains pour rédiger une nouvelle constitution non raciale.

N.M. : Avez-vous présenté cette lettre au Premier ministre ?

TÉMOIN : Oui.

N.M. : Le Premier ministre y a-t-il répondu ?

TÉMOIN : Il n'a pas répondu à l'expéditeur.

N.M. : Il n'a pas répondu. Maintenant, êtes-vous d'accord pour reconnaître que cette lettre soulève des questions vitales pour l'immense majorité des citoyens de ce pays ?

TÉMOIN : Je ne suis pas d'accord.

N.M. : Vous n'êtes pas d'accord ? Vous n'êtes pas d'accord que la question des droits de l'homme, des libertés civiles, est d'une importance vitale pour le peuple africain ?

TÉMOIN : Si, ça l'est, en effet.

N.M. : Ces choses sont-elles mentionnées ici ?

TÉMOIN : Oui, je le crois.

N.M. : Vous avez déjà reconnu que cette lettre soulève des questions comme le droit à la liberté, les libertés civiles, etc. ?

TÉMOIN : Oui, la lettre soulève ces questions.

N.M. : Vous savez, bien entendu, que les Africains ne jouissent pas des droits que réclame cette lettre ? Ces droits leur sont refusés ?

TÉMOIN : Certains droits.

N.M. : Aucun Africain n'est membre du Parlement ?

TÉMOIN : C'est vrai.

N.M. : Aucun Africain ne peut être membre d'un conseil provincial ou d'un conseil municipal ?

TÉMOIN : Oui.

N.M. : Les Africains n'ont aucun droit de vote dans ce pays ?

TÉMOIN : Ils n'ont aucun droit de vote en ce qui concerne le Parlement.

N.M. : Oui, c'est ce dont je parle, je parle du Parlement et des autres organes de gouvernement du pays, les conseils provinciaux, les conseils municipaux. Ils n'ont aucun droit de vote ?

TÉMOIN : C'est exact.

N.M. : Serez-vous d'accord avec moi pour reconnaître que dans n'importe quel pays civilisé, il serait scandaleux qu'un Premier ministre ne réponde pas à une lettre soulevant des questions vitales affectant la majorité des citoyens de ce pays ? Etes-vous d'accord sur ce point ?

TÉMOIN : Non, je ne suis pas d'accord.

N.M. : Vous n'êtes pas d'accord pour reconnaître qu'il serait anormal qu'un Premier ministre ignore une lettre soulevant des questions vitales affectant l'immense majorité des citoyens de ce pays ?

TÉMOIN : Le Premier ministre a répondu à la lettre.

N.M. : Mr. Barnard, je ne veux pas être grossier avec vous. Pouvez-vous vous contenter de répondre aux questions ? La question que je vous pose est la suivante : Etes-vous d'accord pour reconnaître qu'il est tout à fait incorrect de la part d'un Premier ministre de ne pas répondre à une communication soulevant des questions vitales affectant l'immense majorité du pays ?

Mr. Barnard et moi n'avons pu nous mettre d'accord. A la fin, il a dit que le ton de la lettre était agressif et discourtois et que c'était pour cette raison que le Premier ministre n'y avait pas répondu.

Tout au long du procès, le procureur et le juge n'ont cessé de me demander le nombre de témoins que j'avais l'intention d'appeler. Je répondais toujours : « Je prévois d'appeler autant de témoins que l'accusation, sinon plus. » Quand, finalement, l'accusation en eut fini, il y eut un grand silence dans le tribunal, car on attendait que je commence ma défense. Je me levai alors et, au lieu d'appeler mon premier témoin, je dis sur le ton le plus naturel que je n'en appellerais aucun et, sur ce, je déclarai brusquement que j'avais terminé. Il y eut un murmure dans la salle et le procureur ne put s'empêcher de s'écrier : « « Mon Dieu ! »

J'avais trompé la cour depuis le début parce que je savais que l'accusation était valable et le dossier du procureur solide, et je ne voyais pas pourquoi j'aurais appelé des témoins pour me défendre. Au cours des contre-interrogatoires et de mes tentatives pour obliger le juge à se récuser, j'avais fait les déclarations que je voulais sur la partialité du tribunal. Je ne voyais aucun avantage à appeler des témoins pour essayer de contrer quelque chose qui était indiscutable.

Le juge fut pris au dépourvu et me demanda un peu incrédule : Vous n'avez rien d'autre à dire ?

— Je plaide que je ne suis coupable d'aucun crime.

— Est-ce tout ce que vous avez à dire ?

— Monsieur le président, avec votre respect, si j'avais quelque chose d'autre à dire, je le dirais. »

Le procureur fouilla dans ses papiers à la recherche d'un réquisitoire qu'il ne s'attendait pas à devoir faire. Il parla brièvement, demandant au juge de me reconnaître coupable des deux chefs d'inculpation. Le procès fut ajourné jusqu'au lendemain, et j'aurais alors l'occasion de m'adresser au tribunal pour ce qu'on appelle la demande en réduction de dommages-intérêts avant que le juge rende sa sentence.

Le lendemain matin, avant la reprise du procès, je me trouvais dans un bureau hors de la salle d'audience, avec Bob Hepple qui m'avait conseillé, et nous nous réjouissions du fait que, la veille, l'Assemblée générale des Nations unies avait voté pour la première fois en faveur de sanctions contre l'Afrique du Sud. Bob me dit aussi qu'il y avait eu des actes de sabotage à Port Elizabeth et à Durban, à la fois pour célébrer le vote de l'ONU et pour protester contre mon procès. Nous étions en pleine conversation quand le procureur, Mr. Bosch, entra dans la pièce et demanda à Bob de bien vouloir l'excuser.

« Mandela, me dit-il quand Bob fut parti, je ne voulais pas venir au tribunal aujourd'hui. Pour la première fois de ma carrière, je méprise ce que je fais. Cela me fait du mal de devoir demander au tribunal de vous envoyer en prison. » Puis il me serra la main et exprima l'espoir que tout se passerait bien pour moi. Je le remerciai et lui assurai que je n'oublierais jamais ce qu'il venait de me dire.

Ce jour-là, les autorités étaient en alerte. La foule dans la salle semblait encore plus importante que le premier jour du procès. Les cent cinquante sièges réservés aux « non-Européens » étaient occupés. Winnie se trouvait là, dans une robe xhosa, ainsi que des membres de ma famille du Transkei. Des centaines de manifestants se tenaient à une rue du tribunal et il semblait y avoir autant de policiers que de spectateurs.

En entrant dans le prétoire, j'ai levé le poing droit et j'ai crié « *Amandla !* », à quoi a répondu un puissant « *Ngawethu !* ». Le juge a frappé la table avec son marteau et a réclamé le silence. Quand le calme est revenu, il a rappelé les charges et j'ai eu la possibilité de parler. Ma demande en réduction a duré plus d'une heure. Ce n'était pas un appel juridique mais un testament politique. Je voulais expliquer à la cour comment et pourquoi j'étais devenu celui que j'étais aujourd'hui, pourquoi j'avais fait ce que j'avais fait et pourquoi, si j'en avais encore l'occasion, je le referais.

Il y a de nombreuses années, quand j'étais enfant dans mon village du Transkei, j'écoutais les anciens de la tribu qui racontaient des histoires sur l'ancien temps, avant l'arrivée de l'homme blanc. Alors, notre peuple vivait en paix sous le règne démocratique de ses rois et de ses *amapakati* [littéralement les « initiés », mais le terme désigne ceux qui sont les plus proches du roi] et se déplaçait en toute liberté et en toute confiance d'un bout à l'autre du pays sans entraves. Le pays était à nous, par le nom et le droit. Nous occupions la terre, les forêts, les fleuves ; nous extrayions les richesses minérales cachées dans le sol et toutes les autres richesses de ce beau pays. Nous installions et exercions notre propre gouvernement, nous contrôlions nos armes et nous organisions le commerce. Les anciens racontaient des histoires de guerres dans lesquelles nos ancêtres avaient combattu pour défendre notre patrie, ainsi que les actes de bravoure des généraux et des soldats dans ces temps épiques... La structure et l'organisation des premières sociétés africaines de ce pays me fascinaient et elles ont eu une grande influence sur l'évolution de mes conceptions politiques. La terre, principale ressource à l'époque, appartenait à la tribu tout entière et la propriété privée n'existait pas. Il n'y avait pas de classes, pas de riches ni de pauvres, pas d'exploitation de l'homme par l'homme. Tous les hommes étaient libres et égaux, tel était le principe directeur du gouvernement, principe qui se traduisait également dans l'organisation du Conseil qu'on appelait « Imbizo » ou « Pitso » ou « Kgotla », qui gérait les affaires de la tribu. Le Conseil était parfaitement démocratique et tous les membres de la tribu pouvaient participer à ses délibérations. Chef et sujet, guerrier et sorcier, tous étaient présents, tous avaient leur mot à dire. C'était un organisme si puissant et si influent qu'aucune mesure d'importance ne pouvait être prise sans son avis.

Cette société comprenait encore bien des éléments primitifs ou peu élaborés et, à l'heure actuelle, elle ne serait plus viable, mais elle contenait les germes de la démocratie révolutionnaire, où il n'y aura plus ni esclavage ni servitude, et d'où la pauvreté, l'insécurité, le besoin seront bannis. C'est cette histoire qui nous soutient, mes camarades et moi, dans notre lutte.

J'ai dit à la cour que j'avais rejoint l'ANC et que sa politique de démocratie et d'antiracisme reflétait mes convictions les plus profondes. J'ai expliqué qu'en tant qu'avocat j'avais souvent été obligé de choisir entre l'obéissance à la loi et l'accord avec ma conscience.

Je dirais que la totalité de la vie de tout Africain qui pense dans ce pays est placée sous le signe d'un conflit entre sa conscience d'un côté et la loi de l'autre. Ce n'est pas un conflit spécifique à ce pays. Ce conflit apparaît pour les hommes de conscience, pour les hommes qui pensent et qui ont des sentiments profonds dans chaque pays. Récemment, en Grande-Bretagne, un pair du royaume, le comte [Bertrand] Russell, sans doute le philosophe le plus respecté d'Occident, a été jugé et condamné précisément pour s'être livré au genre d'activité qui m'a amené devant vous aujourd'hui — parce qu'il avait suivi sa conscience en défiant la loi, pour protester contre la politique d'armes nucléaires poursuivie par le gouvernement de son pays. Il ne pouvait faire autrement que s'opposer à la loi et en subir les conséquences. De même pour moi. De même pour beaucoup d'Africains de ce pays. La loi telle qu'elle est appliquée, la loi telle qu'elle s'est développée au cours d'une longue période historique, et en particulier la loi telle qu'elle est rédigée et conçue par le gouvernement nationaliste, est une loi qui, d'après nos conceptions, est immorale, injuste et intolérable. Notre conscience nous dit que nous devons protester contre elle, que nous devons nous opposer à elle et que nous devons essayer de la changer. Je pense que les hommes ne peuvent rester sans rien faire, sans rien dire, sans réagir devant l'injustice, qu'ils ne peuvent rester sans protester devant l'oppression, sans essayer de réaliser une société et une vie correctes comme ils les envisagent.

J'ai rappelé en détail les nombreuses fois où le gouvernement avait utilisé la loi pour faire obstacle à ma vie, à ma carrière et à mon travail politique avec des interdictions, des limitations et des procès.

La loi a fait de moi un criminel non pas à cause de ce que j'ai fait mais à cause de ce que je défendais, de ce que je pensais, à cause de ma conscience. Peut-on s'étonner que de telles conditions fassent d'un homme un hors-la-loi ? Peut-on s'étonner qu'un tel homme, ayant été mis hors la loi par le gouvernement, soit prêt à mener une vie de hors-la-loi, comme celle que j'ai menée pendant quelques mois d'après les preuves apportées devant cette cour ?

Pendant la dernière période, il ne m'a pas été facile de me séparer de ma femme et de mes enfants, de dire au revoir au bon vieux temps quand, à la fin d'une journée épuisante au bureau, je rejoignais ma famille à la table du dîner et, à la place, de mener l'existence épuisante d'un homme continuellement chassé par la police, de vivre séparé de ceux qui me sont le plus proches, dans mon propre pays, exposé chaque instant aux hasards d'être découvert et arrêté. Mener cette vie a été infiniment plus difficile que de purger une peine de prison. Aucun homme sensé ne choisirait volontairement de mener ce genre de vie plutôt qu'une vie familiale, sociale, normale qui existe dans toute communauté.

Mais il vient un moment où, comme dans ma vie, on nie à un homme le droit de mener une existence normale, où il ne peut mener qu'une existence de hors-la-loi parce que le gouvernement a décidé d'utiliser la loi pour lui imposer cet état. J'ai été conduit à cette situation, et je ne regrette pas d'avoir pris les décisions que j'ai prises. D'autres gens seront conduits dans ce pays, par ces mêmes forces de répression policière et par l'action administrative du gouvernement, à suivre le chemin que j'ai pris, de cela je suis sûr.

J'ai énuméré les nombreuses fois où nous avions présenté nos doléances au gouvernement et le nombre égal de fois où nous avions été ignorés ou repoussés. J'ai décrit la grève à domicile de 1961 comme un dernier recours après le refus du gouvernement de faire un geste soit pour parler avec nous soit pour écouter nos demandes. C'était le gouvernement qui provoquait la violence, en utilisant la violence pour répondre à nos demandes non violentes. J'ai expliqué que c'était à cause des actions du gouvernement que nous avions choisi de prendre une voie plus militante. J'ai dit que, tout au long de ma vie politique, j'avais eu le privilège de combattre avec des compagnons dont les capacités et les contributions étaient bien plus importantes que les miennes. Beaucoup d'autres avant moi avaient payé le prix de leurs convictions et beaucoup d'autres le feraient encore après moi.

Avant d'entendre le verdict, j'ai informé la cour que, quelle que soit la sentence, cela ne changerait rien à mon engagement envers la lutte.

Monsieur le président, je ne crois pas que cette cour, en m'infligeant des sanctions pour les crimes dont je suis accusé, doive penser que ces sanctions vont détourner des hommes de la voie qu'ils croient juste. L'histoire montre que les sanctions pénales ne détournent pas les hommes quand leur conscience est éveillée, comme elles ne détourneront pas mon peuple ou les compagnons avec qui j'ai travaillé, de la voie qu'ils ont choisie.

Je suis prêt à subir votre sanction, même si je connais la situation dure et désespérée d'un Africain dans les prisons de ce pays. J'y suis allé et je connais la brutalité de la discrimination, même derrière les murs de la prison, envers les Africains. Cependant, ces considérations ne me font pas hésiter devant la voie que j'ai choisie pas plus qu'elles n'en feront hésiter d'autres. Pour eux, la liberté dans leur propre pays est le sommet de leurs ambitions, et personne ne peut en détourner des hommes de conviction. Plus puissante que ma peur des conditions terribles auxquelles je serai peut-être soumis en prison, il y a ma haine des conditions terribles auxquelles est soumis mon peuple dans la prison qu'est ce pays. [...]

Quelle que soit la sentence que vous jugerez bon de m'infliger pour le crime dont j'ai été reconnu coupable devant cette cour, je serai toujours animé, comme les hommes le sont toujours, par ma conscience ; je serai toujours animé par ma haine de la discrimination raciale à l'égard de mon peuple, quand j'aurai fini de purger ma peine, pour reprendre du mieux que je le pourrai la lutte pour la suppression de ces injustices jusqu'à ce qu'elles soient finalement abolies une fois pour toutes. [...] J'ai fait mon devoir envers mon peuple et envers l'Afrique du Sud. Je ne doute pas que la postérité dira que j'étais innocent et que les criminels qu'on aurait dû amener devant ce tribunal sont les membres du gouvernement.

Quand j'eus fini, le juge ordonna une suspension de dix minutes pour délibérer. Je me suis retourné et j'ai regardé la foule avant de sortir. Je ne me faisais aucune illusion sur ma condamnation. Dix minutes plus tard exactement, dans le tribunal tendu par l'émotion, le juge prononça la sentence : trois ans de prison pour avoir incité les gens à faire grève et deux ans pour avoir quitté le pays sans passeport ; cinq ans en tout, sans possibilité d'appel. C'était une sanction sévère et il y eut des pleurs dans la salle. Quand la cour s'est levée, je me suis tourné vers la foule et j'ai de nouveau levé le poing en criant « *Amandla !* » trois fois. Puis, de lui-même le public s'est mis à chanter notre hymne magnifique, *Nkosi Sikelel'iAfrika*. Les gens chantaient et dansaient, les femmes poussaient des youyous tandis qu'on m'emmenait. Pendant un instant, le vacarme de la salle me fit oublier que j'allais en prison purger la peine la plus dure jamais infligée en Afrique du Sud pour raison politique.

En bas, on m'a autorisé à dire rapidement adieu à Winnie, qui n'était absolument pas triste : elle souriait et ne versait pas de larmes. Elle semblait confiante, et avait autant l'air d'une camarade que d'une épouse. Elle voulait me donner du courage. Tandis que les policiers m'entraînaient dans le fourgon cellulaire, j'entendais les gens à l'extérieur qui chantaient *Nkosi Sikelel' iAfrica*.

52

La prison ne vous vole pas seulement votre liberté, elle essaie aussi de vous déposséder de votre identité. Chacun porte le même uniforme, mange la même nourriture, suit le même emploi du temps. C'est par définition un état purement autoritaire qui ne tolère ni indépendance ni individualité. En tant que combattant de la liberté et en tant qu'homme, on doit lutter contre la tentative de la prison de vous dépouiller de ces qualités.

Du tribunal, on m'a conduit directement à Pretoria Local, la sinistre monstruosité de brique rouge que je connaissais si bien. Maintenant je n'étais plus un détenu provisoire en attente de procès mais un condamné, et l'on m'a traité sans même cette petite déférence qu'on m'accordait avant. On m'a enlevé mes vêtements et le colonel Jacobs a pu enfin me confisquer mon *kaross*. Puis on m'a donné le costume réservé aux Africains : un short, une chemise kaki, une veste de toile, des chaussettes, des sandales et une casquette de tissu. Seuls les Africains avaient un short car les autorités les considéraient comme des « boys [1] ».

J'ai informé les autorités qu'en aucun cas je ne porterais de short et je leur ai dit que j'étais prêt à aller au tribunal pour protester. Plus tard, quand on m'a apporté le repas du soir, une bouillie froide et dure, avec une cuillerée de sucre, j'ai refusé de manger. Le colonel Jacobs a réfléchi et m'a proposé une solution : je porterais un pantalon long et j'aurais des repas spéciaux, si j'acceptais d'être mis en isolement. « Nous voulions vous mettre avec les autres politiques, m'a-t-il dit, mais maintenant vous serez seul. J'espère que ça vous plaira. » Je lui ai assuré que la solitude me convenait dans la mesure où je pouvais porter et manger ce que j'avais choisi.

Pendant les semaines suivantes, je suis resté complètement et totalement seul. Je n'ai pas vu le visage ni entendu la voix d'un autre prisonnier. J'étais enfermé vingt-trois heures par jour, avec trente minutes d'exercice le matin et le soir. Je n'avais jamais vécu dans l'isolement et chaque heure me semblait une année. Il n'y avait pas de lumière naturelle dans ma cellule ; une ampoule nue restait allumée vingt-quatre heures sur vingt-quatre. Je n'avais pas de montre et, souvent, je me croyais au milieu de la nuit alors que ce n'était que la fin de l'après-midi. Je n'avais rien à lire, rien pour écrire et personne à qui parler. L'esprit commence à se retourner sur lui-même, et on désire désespérément quelque chose de l'extérieur pour y fixer son attention. J'avais connu des hommes qui avaient préféré recevoir une demi-douzaine de coups de fouet plutôt que d'être enfermés seuls. Au

---

1. A la fois « enfants » et « serviteurs ». *(N.d.T.)*

bout d'un certain temps de solitude, je me réjouissais même de la présence d'insectes dans la cellule, et j'étais sur le point d'entreprendre des conversations avec les cafards.

J'avais parfois la possibilité de voir un gardien africain entre deux âges et, une fois, j'ai essayé de le corrompre avec une pomme pour qu'il me parle. Je lui ai dit : « Baba — un terme de respect qui signifie "père" —, est-ce que je peux te donner une pomme ? » Il s'est détourné et a gardé le silence à toutes mes autres tentatives. En fin de compte, il m'a dit : « Tu voulais un pantalon et une meilleure nourriture et maintenant que tu les as tu n'es toujours pas heureux. » Il avait raison. Il n'y a rien de plus déshumanisant que l'absence de contact humain. Au bout de quelques semaines, j'ai pu ravaler mon orgueil et dire au colonel Jacobs que je voulais bien échanger mon pantalon contre de la compagnie.

Au cours de ces semaines de solitude, j'ai eu beaucoup de temps pour réfléchir à mon destin. La place d'un combattant de la liberté est à côté de son peuple, pas derrière des barreaux. Les contacts que j'avais acquis récemment en Afrique allaient rester enfermés ici plutôt que d'être utilisés dans la lutte. Je maudissais le fait que mes connaissances ne seraient pas utilisées pour la création d'une armée.

J'ai commencé à protester violemment contre mes conditions d'incarcération et j'ai exigé d'être mis avec les autres prisonniers politiques. Parmi eux se trouvait Robert Sobukwe. Le colonel Jacobs finit par accepter, mais il me mit sévèrement en garde en me disant que les conséquences seraient très graves si je me conduisais de nouveau de façon imprudente. Je ne pense pas avoir autant désiré manger de la bouillie de maïs froide.

Non seulement je souhaitais de la compagnie, mais je voulais aussi parler avec Sobukwe et les autres prisonniers, la plupart du PAC, parce que je pensais qu'en prison nous pourrions forger une unité impossible à l'extérieur. Les conditions de vie en prison tempèrent les polémiques et les gens voient plus ce qui les unit que ce qui les sépare.

Quand on m'a emmené dans la cour avec les autres, nous nous sommes salués chaleureusement. En plus de Sobukwe, il y avait John Gaetsewe, un des dirigeants du Congrès des syndicats d'Afrique du Sud (SACTU) ; Aaron Molete, un membre de l'ANC qui travaillait à *New Age* ; et Stephen Tefu, un syndicaliste, membre important du Parti communiste. Robert me demanda de leur faire un compte rendu de mon voyage en Afrique, et je m'exécutai avec joie. Je leur dis franchement comment l'ANC et le PAC étaient perçus dans les autres pays. A la fin de mon récit, je leur expliquai que je voulais que nous examinions certaines questions. Mais après nous avoir permis d'être ensemble, les autorités s'efforcèrent de nous séparer, Sobukwe et moi. Nous étions seuls dans des cellules tout au long d'un couloir et la sienne et la mienne se trouvaient aux deux extrémités.

Parfois, on nous laissait parler ensemble, assis côte à côte, par terre, dans la cour de la prison, pendant que nous cousions ou que nous raccommodions des sacs postaux. J'avais toujours respecté Sobukwe et je le trouvais équilibré et raisonnable. Mais nous différions entièrement sur un sujet essentiel : les conditions de vie en prison. Il croyait que nous battre à ce sujet revenait à reconnaître à l'Etat le droit de nous garder enfermés. Je lui répondais qu'il était toujours inacceptable de vivre dans des conditions dégradantes et que, dans l'histoire, les prisonniers politiques avaient considéré comme leur devoir de lutter pour les améliorer. Sobukwe pensait que les conditions de vie en prison resteraient les mêmes tant que le pays ne changerait pas. J'étais entièrement d'accord mais je ne voyais pas pourquoi cela devait nous empêcher de lutter dans le seul domaine où nous pouvions le faire maintenant. Nous n'avons jamais résolu ce différend, mais nous avons fait des progrès quand nous avons adressé une lettre commune à l'officier commandant la prison pour lui exposer nos doléances.

Sobukwe n'a jamais craqué en prison. Mais à Pretoria, il était un peu sensible et sur les nerfs, et j'attribuais cela à Stephen Tefu. Ce dernier était devenu une sorte d'aiguillon pour Sobukwe. Il l'excitait, se moquait de lui et le provoquait. Même aux meilleurs moments, Tefu était un type difficile : mélancolique, raisonneur, arrogant. Mais en même temps, il savait parler, était bien informé et connaissait parfaitement l'histoire de la Russie. C'était avant tout un combattant, mais il s'opposait à tout le monde, même à ses amis. Tefu et Sobukwe se querellaient chaque jour.

J'aimais beaucoup parler politique avec Robert Sobukwe et je l'interrogeai sur le slogan du PAC : « La liberté en 1963 ». Nous étions déjà en 1963 et il n'y avait de liberté nulle part. « Mon frère, lui dis-je, il n'y a rien d'aussi dangereux qu'un leader qui formule une demande qu'il sait inaccessible. Cela crée de faux espoirs dans le peuple. »

J'avais dit ça de façon très respectueuse, mais Tefu intervint et commença à faire des reproches à Sobukwe. « Bob, lui dit-il, tu as trouvé à qui parler avec Mandela. Tu sais qu'il a raison. » Tefu continua dans la même veine, en agaçant Sobukwe jusqu'à ce que ce dernier lui réponde : « Laisse-moi tranquille. » Mais Tefu ne s'arrêta pas. « Bob, des gens t'attendent. Ils vont te tuer parce que tu les as trompés. Tu n'es qu'un amateur. Tu n'es pas un véritable homme politique. »

Tefu cherchait aussi à m'asticoter. Chaque matin, quand les gardiens venaient nous voir, il se plaignait toujours de quelque chose — la nourriture, la chaleur ou le froid. Un jour, un gardien lui dit : « Ecoute, vieux, pourquoi est-ce que tu te plains chaque matin ?

— Je me plains parce que c'est mon devoir de me plaindre, répondit Steve.

— Regarde Mandela, lui dit le gardien, il ne se plaint pas tous les jours.

— Ah, dit Tefu, Mandela est un petit garçon qui a peur des Blancs. Je ne sais même pas d'où il sort. Un matin, je me suis réveillé, et j'ai vu que tous les journaux disaient : Mandela, Mandela, Mandela. Et je me suis demandé : Qui c'est Mandela ? Eh bien, je vais te dire qui c'est Mandela. C'est un type que vous avez fabriqué de toutes pièces, vous les Blancs, pour une raison que je ne comprends pas. Voilà qui c'est Mandela ! »

Quinze jours plus tard, Walter est venu nous rejoindre. Le tribunal de Johannesburg l'avait jugé pour incitation à la grève pendant que je me trouvais à Pretoria. On l'avait condamné à six ans de prison. Nous avons eu un certain nombre d'occasions de parler en prison, en particulier de sa demande de mise en liberté sous caution dans l'attente du jugement en appel, quelque chose que je soutenais de tout cœur. Au bout de quinze jours, il a été libéré sous caution et le mouvement lui a donné l'ordre de passer dans la clandestinité, d'où il continuerait à diriger la lutte, ce qu'il fit avec efficacité.

Peu de temps après le départ de Walter, j'allais à l'hôpital de la prison avec Sobukwe quand j'ai aperçu Nana Cita dans la cour, à une trentaine de mètres. C'était le volontaire indien qui avait dirigé la Campagne de défi, en 1952, à Boksburg. Un juge de Pretoria venait de le condamner parce qu'il avait refusé de quitter sa maison — dans laquelle il vivait depuis plus de quarante ans — qui se trouvait dans une zone qu'on venait de déclarer « blanche », aux termes de la Group Areas Act. Il était accroupi et quand je l'ai vu pieds nus malgré ses rhumatismes, je me suis senti mal à l'aise dans mes sandales. J'aurais voulu aller le saluer mais une demi-douzaine de gardiens nous accompagnaient.

Brusquement et sans avertissement, j'ai eu une syncope. Je me suis effondré sur le sol en ciment en me faisant au-dessus de l'œil gauche une entaille profonde qui a nécessité trois points de suture. Au Fort, on avait diagnostiqué une tension artérielle trop forte et on m'avait donné des pilules. La cause de l'évanouissement, c'était bien sûr un excès de ces pilules ; on me les a retirées et on m'a ordonné un régime sans sel, ce qui a résolu le problème.

Cet après-midi-là, Winnie venait me voir pour la première fois depuis ma condamnation. Points de suture ou pas, je n'allais pas la rater. Quand elle m'a vu, elle s'est inquiétée, mais je lui ai assuré que j'allais bien et je lui ai expliqué ce qui s'était passé. Mais des rumeurs ont circulé disant que ma santé déclinait.

53

En octobre 1962, pendant mon procès, l'ANC tint sa première conférence annuelle depuis 1959. Comme l'organisation était maintenant illégale, la conférence eut lieu à Lobatse, juste de l'autre côté de la frontière du Bechuanaland. Cette conférence marqua un tournant parce qu'on y associa explicitement l'ANC et MK. Le Comité national de direction déclara : « Pour nous l'essentiel reste l'action politique de masse », cependant il parlait d'Umkhonto comme de « la branche militaire de notre lutte ». Cela fut fait en partie pour mettre fin aux actes irresponsables de terrorisme commis par Poqo. Poqo, qui signifie « indépendant » ou « rester seul » en xhosa, était vaguement lié au PAC et il commettait des actes de terrorisme visant à la fois les Blancs et les collaborateurs noirs. L'ANC voulait que les gens voient son nouveau militantisme mais aussi qu'il était contrôlé et responsable.

Le gouvernement avait décidé d'accélérer le programme de « développement séparé » pour montrer au monde que l'apartheid accordait aux différentes races leur « liberté » individuelle. Le prototype devait en être le Transkei. En janvier 1962, Verwoerd avait annoncé que l'Afrique du Sud avait l'intention d'accorder l'autonomie au Transkei. En 1963, la région devint un homeland « autonome ». En novembre 1963 eurent lieu les élections législatives pour désigner l'assemblée du Transkei. Mais les électeurs élurent plus de deux tiers de députés hostiles à la politique des homelands.

Le système du bantoustan fut cependant institué ; les

électeurs s'y étaient opposés mais ils y avaient participé simplement en votant.

Malgré ma haine du système, je pensais que l'ANC devait l'utiliser, ainsi que ceux qui s'y trouvaient, comme plate-forme pour notre politique, en particulier maintenant, alors que nous étions réduits au silence à cause des emprisonnements, des interdictions et de l'exil.

Les actes de terrorisme contre les Autorités bantoues augmentèrent ainsi que la vigilance du gouvernement. John Vorster, le nouveau ministre de la Justice, qui avait lui-même été emprisonné pendant la Seconde Guerre mondiale pour son opposition à l'action du gouvernement en faveur des Alliés, était un homme dépourvu de tout sentiment. Pour lui, une main de fer représentait la meilleure réponse à la subversion.

Le 1er mai 1963, le gouvernement prit un décret destiné à « briser les reins » d'Umkhonto, comme le dit Vorster. La General Law Amendment Act, plus connue sous le nom de Ninety-Day Detention Law (Loi de détention de quatre-vingt-dix jours), abandonnait le droit de l'*habeas corpus* et donnait le pouvoir à tout officier de police de détenir sans aucun mandat toute personne soupçonnée de crime politique. Ceux qui étaient arrêtés pouvaient être détenus, sans procès, sans chef d'inculpation, sans possibilité de contacter un avocat et sans aucune protection contre une inculpation à cause des propos tenus pendant l'arrestation, et cela pendant quatre-vingt-dix jours. Mais cette détention de quatre-vingt-dix jours pouvait être prolongée, comme l'expliqua Vorster de façon inquiétante, pendant toute la durée de « ce côté de l'éternité ». La loi transformait le pays en Etat policier ; aucun dictateur ne pouvait aspirer à plus de pouvoir que celui que cette loi donnait aux autorités. En conséquence, la police devint encore plus féroce : les prisonniers furent systématiquement battus et nous avons bientôt entendu parler de tortures à l'électricité, d'étouffement, etc. Au Parlement, Helen Suzman, la représentante du Parti progressiste, fut la seule à voter contre la loi.

On infligea des peines de plus en plus lourdes pour

appartenance à une organisation illégale ; de cinq ans de prison jusqu'à la peine de mort pour ceux qui « favorisaient les objectifs » du communisme ou d'autres organisations interdites. Les prisonniers étaient à nouveau détenus, comme je le découvris en 1963, quand la peine de trois ans d'emprisonnement de Sobukwe s'acheva ; au lieu de le libérer, le gouvernement le remit en prison sans accusation, et l'envoya à Robben Island.

Vorster défendit aussi la Sabotage Act (Loi sur le sabotage), de juin 1962, qui permettait les assignations à résidence et des interdictions plus rigoureuses sans possibilité d'aller devant un tribunal, et qui limitait les libertés des citoyens comme dans les dictatures les plus fascistes. Les peines sanctionnant les actes de sabotage allaient d'un minimum de cinq ans de prison, sans possibilité d'appel, jusqu'à la peine de mort. La rédaction de la loi était si large que la possession illégale d'armes pouvait constituer un sabotage. Une autre loi interdisait la reproduction de toute déclaration faite par une personne sous le coup d'une interdiction. Les journaux n'avaient plus le droit de citer ce que je disais ou ce que j'avais dit. *New Age* fut interdit à la fin de l'année 1962, et la possession d'une publication interdite devenait une infraction passible de deux ans de prison. Le gouvernement prit également des dispositions pour permettre l'assignation à résidence, dont la victime la plus célèbre fut la militante politique blanche Helen Joseph.

54

Une nuit, vers la fin du mois de mai, un gardien est entré dans ma cellule et m'a ordonné d'emballer mes affaires. Je lui ai demandé pourquoi mais il ne m'a pas répondu. Dix minutes plus tard, il m'a escorté jusqu'au bureau d'entrée où j'ai retrouvé trois autres prisonniers : Tefu, John Gaetsewe et Aaron Molete. Le colonel

Aucamp m'a informé sèchement que nous étions transférés. Où ? a demandé Tefu. Dans un très bel endroit, a répondu Aucamp. Où ? a répété Tefu. « *Die Eiland* », a dit Aucamp. L'île. Il n'y en avait qu'une. Robben Island.

On nous a enchaînés les uns aux autres et enfermés dans un fourgon sans fenêtres qui n'avait qu'un seau hygiénique. Nous avons roulé toute la nuit vers Le Cap, où nous sommes arrivés en fin d'après-midi. Ce n'est pas une tâche facile ni agréable pour des hommes enchaînés que d'utiliser un seau hygiénique dans un véhicule qui roule.

Les docks du Cap grouillaient de policiers en tenue et en civil. Toujours enchaînés, nous avons dû rester debout dans le cachot du vieux ferry de bois, ce qui était difficile parce que le bateau se balançait dans la houle. Seul un petit hublot laissait entrer l'air et la lumière. Le hublot servait aussi à autre chose : les gardiens s'amusaient à nous uriner dessus d'en haut. Il faisait encore jour quand on nous a fait monter sur le pont et c'est alors que nous avons vu l'île pour la première fois. Elle était verte et belle et ressemblait plus à une station balnéaire qu'à une prison.

Esiquithini. Sur l'île. C'est ainsi que les Xhosas décrivent l'étroite bande de rocher battue par les vents qui se trouve à vingt-sept kilomètres de la côte, devant Le Cap. Chacun sait de quelle île on parle. J'en ai d'abord entendu parler quand j'étais enfant. Les Xhosas connaissaient bien Robben Island depuis que Makana (aussi connu sous le nom de Nxele), qui mesurait un mètre quatre-vingt-quinze, le chef de l'armée xhosa, lors de la quatrième guerre xhosa, y avait été exilé par les Britanniques après avoir dirigé dix mille guerriers contre Grahamstown, en 1819. Il essaya de s'évader de Robben Island en bateau, mais il se noya avant d'atteindre la côte. Son souvenir est encore présent dans la langue de mon peuple qui, pour « espoir perdu », dit « *Ukuza kuka Nxele* ».

Makana ne fut pas le seul héros africain à avoir été enfermé dans cette île. En 1658, Autshumao, connu par les historiens européens sous le nom de Harry le Strandloper [1], fut exilé par Jan Van Riebeeck pendant une guerre entre les Khoi Khoi et les Hollandais. Je trouvais une consolation dans le souvenir d'Autshumao qui a la réputation d'être le premier et le seul prisonnier à s'être évadé de Robben Island, en ramant jusqu'à la côte dans un petit bateau.

L'île tire son nom d'un mot hollandais qui veut dire phoque, dont des centaines jouaient autrefois dans le courant glacé de Benguela qui coule le long de ses côtes. L'île avait par la suite été transformée en colonie de lépreux, puis en asile de fous et en base navale. Ce n'est que récemment que le gouvernement en avait fait de nouveau une prison.

Nous avons été accueillis par un groupe de gardiens blancs très costauds qui ont hurlé : « *Dis die Eiland ! Hier julle gaan vrek !* »(Voici l'île ! C'est ici que vous allez mourir !) Devant nous, il y avait une enceinte flanquée d'un certain nombre de postes de garde. Des gardiens armés étaient alignés de chaque côté du chemin qui conduisait à l'enceinte. Il y avait une très forte tension. Un gardien très grand au visage rougeaud nous a crié : « *Hier ek is you baas !* »(Ici, je suis votre baas !) C'était un des célèbres frères Kleynhans, connus pour leur brutalité envers les prisonniers. Les gardiens ne parlaient qu'en afrikaans. Si on leur répondait en anglais, ils disaient : « *Ek verstaan nie daardie kaffirboetie se taal nie.* » (Je ne comprends pas cette langue des copains des kaffirs.)

Tandis que nous nous dirigions vers la prison, les gardes ont hurlé : « Deux — deux ! Deux — deux ! » — ce qui voulait dire que nous devions marcher deux par deux. Je me suis mis à côté de Tefu. Les gardes se sont mis à crier : « *Haak... Haak !* » le mot *haak* signifie « avancez » en afrikaans, mais en général on le réserve au bétail.

Les gardiens nous donnaient l'ordre de courir ; je me suis tourné vers Tefu et je lui ai dit entre mes dents que

---

1. **Strandloper** : nom donné aux Khoin qui vivaient près des plages, où ils ramassaient des fruits de mer. *(N.d.T.)*

nous devions marquer le coup ; si nous cédions maintenant, nous serions à leur merci. Tefu approuva d'un
signe de tête. Nous devions leur montrer que nous
n'étions pas des criminels ordinaires mais des prisonniers politiques, punis pour nos convictions.

J'ai fait signe à Tefu pour lui dire que nous devions
passer devant. Une fois en tête, nous avons nettement
ralenti, en marchant de moins en moins vite et de façon
délibérée. Les gardiens n'en croyaient pas leurs yeux.
« Ecoutez, a dit Kleynhans, vous n'êtes pas à Johannesburg, vous n'êtes pas à Pretoria, vous êtes à Robben
Island, et nous ne tolérerons pas l'insubordination.
Haak ! Haak ! » Mais nous avons continué à marcher du
même pas. Kleynhans nous a donné l'ordre de nous
arrêter et il s'est planté devant nous : « Ecoutez, les
mecs, on va vous tuer, on rigole pas, vos femmes, vos
enfants, vos mères et vos pères ne sauront jamais ce qui
vous est arrivé. C'est le dernier avertissement. *Haak !*
Haak ! »

Je lui ai répondu : « Faites votre devoir, nous faisons le
nôtre. » J'étais bien décidé à ne pas céder, et nous n'avons
pas cédé car nous étions arrivés aux cellules. On nous a
fait entrer dans un bâtiment rectangulaire en pierre et on
nous a conduits dans une grande pièce. Le sol était
recouvert de plusieurs centimètres d'eau. Les gardiens
ont hurlé : « *Trek uit ! Trek uit !* » (Déshabillez-vous !
Déshabillez-vous !) Au fur et à mesure que nous enle-
vions un vêtement, les gardiens s'en saisissaient, le
fouillaient rapidement et le jetaient dans l'eau. Puis ils
nous ont ordonné de nous rhabiller, c'est-à-dire de
remettre nos vêtements mouillés.

Deux officiers sont entrés. Le moins âgé, un capitaine,
s'appelait Gericke. Nous avons vu immédiatement qu'il
avait l'intention de nous maltraiter. Il a tendu le doigt
vers Aaron Molete, le plus jeune de nous quatre, un
homme très doux et très gentil, et il lui a dit : « Pourquoi
est-ce que tu as les cheveux si longs ? » Aaron n'a rien
répondu. Le capitaine a hurlé : « Je te parle ! Pourquoi
est-ce que tu as les cheveux si longs ? C'est contre le
règlement. Tu aurais dû avoir les cheveux coupés. Pour-

quoi est-ce qu'ils ne sont pas... » Il s'est tourné vers moi, et il a dit : « ...comme ceux de ce boy ? » Alors j'ai commencé à parler : « Ecoutez, la longueur de nos cheveux est déterminée par le règlement... »

Avant que j'aie pu finir, il a hurlé, stupéfait : « Ne me parle jamais sur ce ton, boy ! » et il s'est avancé. J'étais terrifié ; ce n'est pas une sensation agréable de savoir que quelqu'un va vous frapper et que vous êtes incapable de vous défendre.

Quand il est arrivé à quelques centimètres de moi, j'ai dit, aussi fermement que j'ai pu : « Si vous portez simplement la main sur moi je vous mènerai devant la plus haute cour de ce pays et quand j'en aurai fini avec vous, vous serez aussi pauvre qu'une souris d'église. » A l'instant où j'ai commencé à parler, il s'est arrêté, et à la fin de ma phrase, il me regardait étonné. J'étais surpris moi-même. J'avais eu peur et je n'avais pas parlé par courage mais un peu par bravade. Dans un moment semblable, il faut prendre un air audacieux malgré ce qu'on ressent au fond de soi.

« Où est ta fiche ? » m'a-t-il demandé, et je la lui ai tendue. Je voyais qu'il était inquiet. « Quel est ton nom ? » Je lui ai indiqué la fiche d'un signe de tête. « C'est écrit dessus. — Tu en as pour combien ? » De nouveau, j'ai montré la fiche. « C'est écrit dessus. » Il a baissé les yeux et a dit : « Cinq ans ! Tu en as pour cinq ans et tu es arrogant à ce point ! Tu sais ce que ça veut dire, tirer cinq ans ? » Je lui ai dit : « Ça me regarde. Je suis prêt à faire cinq ans mais je ne suis pas prêt à me laisser brutaliser. Vous devez agir en accord avec la loi. »

Personne ne lui avait dit que nous étions des prisonniers politiques, ni que j'étais avocat. Je ne l'avais pas remarqué, mais l'autre officier, un homme grand et calme, avait disparu pendant l'affrontement ; j'ai découvert plus tard qu'il s'agissait du colonel Steyn, le commandant de Robben Island. Le capitaine s'en alla plus calme qu'il n'était entré.

Nous nous sommes retrouvés seuls et Steve, qui avait les nerfs qui lâchaient, ne pouvait plus s'arrêter de parler.

« Nous avons provoqué les Boere [1], dit-il. On va passer un mauvais quart d'heure. » Au milieu de sa phrase, un type trapu, le lieutenant Pretorius, est entré. A notre grande surprise, il nous a parlé en xhosa, langue qu'il semblait assez bien connaître. « Nous avons regardé vos fiches, ce n'est pas mal. Tous, sauf la sienne, a-t-il dit en regardant Steve. Ta fiche est immonde. »

Steve a explosé. « Qui êtes-vous pour me parler comme ça ? Vous dites que ma fiche est immonde. Vous avez lu mon dossier, hein. Eh bien, vous verrez qu'on m'a infligé toutes ces condamnations parce que je luttais pour les droits de mon peuple. Je ne suis pas un criminel. Le criminel, c'est vous ! » Le lieutenant a averti Steve qu'il lui ferait un rapport si jamais il lui parlait de nouveau comme ça. Avant de partir, le lieutenant nous a dit qu'il nous mettait dans une grande cellule avec des fenêtres donnant sur l'extérieur, et il a ajouté d'un ton menaçant : « Mais je ne veux pas que vous parliez à quelqu'un par ces fenêtres, surtout toi, Mandela. »

On nous a emmenés dans notre cellule, une des plus vastes que j'avais connues, avec de grandes fenêtres, facilement accessibles. Par l'une d'elles, on pouvait voir d'autres prisonniers et des gardiens qui passaient. Cette cellule spacieuse était assez grande pour nous quatre et comportait des toilettes et des douches.

La journée avait été épuisante et au bout de quelques instants, après un souper de bouillie froide, les autres sont allés dormir. J'étais allongé par terre, sur ma couverture, quand j'ai entendu qu'on tapait à la fenêtre. J'ai levé les yeux et j'ai vu un Blanc qui me faisait signe derrière la vitre. Je me suis souvenu de l'avertissement du lieutenant et je n'ai pas bougé.

Alors, j'ai entendu le type murmurer : « Nelson, viens ici. » Le fait qu'il connaisse mon nom m'a intrigué et j'ai décidé de risquer le coup. Je suis allé à la fenêtre et je l'ai regardé. Il devait s'être rendu compte que je le prenais pour un Blanc parce qu'il a murmuré : « Je suis un gardien métis de Bloemfontein. » Puis il m'a donné des

---

1. Gardiens de prison. *(N.d.T.)*

nouvelles de ma femme. Il y avait eu des articles dans la presse de Johannesburg disant qu'elle était venue me voir à Pretoria Local mais-ils ne l'avaient pas informée de mon transfert à Robben Island. Je l'ai remercié pour l'information.

« Tu fumes ? » m'a-t-il demandé. Je lui ai dit non et il a eu l'air déçu. Et j'ai eu une idée. « Mais mes camarades fument, eux. » Son visage s'est éclairé et il m'a dit qu'il allait revenir dans quelques minutes avec du tabac et des sandwiches. Tout le monde était réveillé. Tefu et John Gaetsewe fumaient ; j'ai partagé le tabac entre eux et nous avons divisé les sandwiches.

Pendant quelques semaines, le gardien métis est venu presque chaque soir avec du tabac et des sandwiches. Et chaque nuit, je partageais le tabac entre Tefu et Gaetsewe. Le gardien prenait de grands risques et il m'a averti qu'il voulait traiter directement avec moi, sinon l'arrangement ne tenait plus.

Quand nous sommes arrivés sur l'île, nous ne savions absolument pas combien de prisonniers s'y trouvaient. Au bout de quelques jours nous avons su qu'il y en avait environ un millier, tous africains, arrivés récemment. La plupart étaient des prisonniers de droit commun, mais je savais qu'il y avait des politiques parmi eux. Je voulais les contacter mais nous étions complètement isolés. Pendant les premiers jours nous sommes restés enfermés dans notre cellule sans avoir le droit de sortir. Nous avons demandé à aller travailler comme les autres, ce qu'on nous a bientôt permis, mais nous sommes sortis seuls, sous la surveillance de Kleynhans. Notre premier travail a consisté à recouvrir de terre un tuyau qu'on venait d'installer dans une tranchée ; nous nous trouvions sur une hauteur et nous pouvions voir une partie de l'île, sauvage et très jolie.

Le premier jour, nous avons travaillé dur, mais les jours suivants, Kleynhans nous a obligés à travailler plus dur encore. Il faisait cela brutalement, comme on pousse un cheval ou une vache. « *Nee, man. Kom aan ! Gaan aan !* » (Non. Allez. Continue.) A un moment, Steve, qui était le plus âgé, a posé sa pelle. Kleynhans l'a immédiatement menacé. Mais Steve lui a répondu en afrikaans : « Ignorant, tu ne sais même pas parler correctement ta propre langue. Tu n'as pas à me dire ce que j'ai à faire. Je travaillerai à mon rythme, c'est ce que je suis disposé à faire et c'est tout ce que je peux faire. » Puis, avec beaucoup de dignité, il a repris sa pelle et a recommencé son travail. Steve avait été professeur d'afrikaans et non seulement il le parlait parfaitement, mais il connaissait aussi son ancêtre, le hollandais. Il s'adressait aux gardiens dans un style condescendant et très recherché qu'ils ne comprenaient sans doute pas. Mais ils avaient mieux à faire que de s'engager dans des batailles orales avec lui.

Il y avait deux Kleynhans sur l'île, et on disait qu'ils avaient frappé violemment des prisonniers. Nous étions surveillés par le plus âgé des deux, et on avait dû le prévenir de se contrôler car il n'a jamais levé la main sur nous. Le plus jeune n'avait pas besoin de se contenir. Un jour, nous revenions du travail sur une route et nous avons croisé une équipe de plusieurs centaines de prisonniers qui charriaient du sable dans des brouettes. Il s'agissait de prisonniers de droit commun et les deux frères nous ont donné l'ordre de nous arrêter pour pouvoir bavarder ; le plus jeune frère a ordonné à un de ses hommes de cirer ses bottes pendant qu'il parlait. Parmi les hommes de l'autre équipe, j'ai reconnu certains de ceux qui avaient été condamnés à mort après la révolte paysanne du Sekhukhuneland, en 1958, et je me suis retourné pour mieux les voir. Le plus jeune des deux frères m'a dit brutalement de regarder de l'autre côté. Je ne sais pas comment j'aurais réagi si je n'avais pas été devant tous les autres prisonniers, mais mon honneur était en jeu. J'ai refusé de me retourner. Le jeune Kleynhans s'est avancé avec l'intention évidente de me frapper mais, quand il a été à quelques pas de moi, son frère s'est précipité, l'a saisi par le bras, lui a murmuré quelques mots et l'incident a été clos.

Un jour, nous avons reçu la visite du directeur de la prison ; il avait la responsabilité de tout Robben Island et il venait entendre nos doléances. Il s'appelait Theron, c'était un type revêche qui n'aimait pas traiter directement avec les prisonniers. Je ne voulais pas l'irriter mais je n'allais pas m'aplatir devant lui. « Nous vous sommes très reconnaissants d'être venus nous voir, lui ai-je dit en parlant au nom du groupe, parce que nous avons un certain nombre de problèmes que, j'en suis sûr, vous aurez à cœur de résoudre. » J'ai énuméré les problèmes en question et, quand j'ai eu fini, il a dit : « Je vais voir ce que je peux faire. »

Peut-être pensait-il avoir été trop aimable parce que, avant de sortir, il s'est tourné vers Tefu, qui avait un gros ventre, et lui a dit : « *Jou groot pens sal in die plek verbruin.* » (Vous allez perdre votre gros ventre en prison.) *Pens* veut dire ventre ou estomac, mais on ne l'emploie que pour les moutons ou les vaches. Pour un homme, le mot qui convient est *maag*.

Steve n'a pas apprécié la remarque du directeur de la prison et il a été incapable de laisser l'insulte sans réponse : « Vous savez, mon capitaine, a-t-il dit, vous ne pouvez rien dire qui me touche vraiment parce que j'appartiens à l'organisation politique la plus révolutionnaire du monde, le Parti communiste, qui a un très bel état de service dans la défense des opprimés tout autour de la terre. Vous et votre pauvre Parti national, on vous jettera dans les poubelles de l'histoire quand nous dirigerons le monde. On me connaît plus sur le plan international que votre stupide président. Qui êtes-vous ? Un petit fonctionnaire qui ne vaut même pas la peine qu'on s'intéresse à lui. Quand je quitterai la prison, je ne connaîtrai même pas votre nom. » Theron a tourné les talons et est sorti.

Les visites nocturnes de notre gardien métis jouaient un grand rôle pour adoucir la dureté des conditions de vie sur l'île. Mais malgré ces petits luxes, Steve n'était pas content. C'était un gros fumeur ; parfois il fumait toute la nuit et ne gardait pas de tabac pour le lendemain. Gaetsewe, lui, ménageait son tabac, et n'en manquait jamais. Un soir, alors qu'il était particulièrement de mauvaise humeur, Tefu m'a agressé. « Nelson, m'a-t-il dit, tu me voles. Tu donnes plus de tabac à Gaetsewe qu'à moi. »

Ce n'était pas vrai mais j'ai pensé que je pouvais jouer un petit jeu avec lui. Je lui ai dit : « Très bien. Chaque nuit, quand j'aurai le tabac, je le diviserai d'abord en deux et tu choisiras la part que tu veux. » Cette nuit-là et les nuits suivantes, j'ai partagé le tabac en deux tas égaux et j'ai dit à Steve : « Choisis. »

Il se retrouvait en proie aux affres de l'indécision. Son regard allait d'un tas à l'autre. Finalement, en désespoir de cause, il en prenait un et se mettait à fumer. Cette façon de faire me semblait tout à fait juste — et aussi assez drôle — mais Tefu était toujours mécontent. Quand le gardien arrivait à la fenêtre, il rôdait autour de moi pour vérifier que je ne cachais pas de tabac. Cela mettait le gardien mal à l'aise. « Ecoute, m'a-t-il dit, je ne traite qu'avec toi. C'est une question de sécurité. » Je lui ai répondu que je comprenais et j'ai demandé à Tefu de ne pas rester là quand je parlais avec le gardien.

Mais la nuit suivante, Tefu s'est avancé vers les barreaux et a dit au gardien : « A partir de maintenant, je veux mon tabac. Donne-le-moi directement. » Le gardien a pris peur. « Mandela, a-t-il dit, tu as rompu notre accord. C'est fini. Je ne t'apporterai plus rien. » J'ai demandé à Tefu de s'éloigner et j'ai sermonné le gardien. « Ecoute, c'est un vieux copain. Et il n'est pas très normal. Fais une exception. » Alors, il s'est adouci et m'a donné le tabac et les sandwiches, mais il m'a averti que si ça se reproduisait, ce serait fini.

Cette nuit-là, j'ai pensé qu'il était nécessaire de punir Tefu. Je lui ai dit : « On a failli perdre nos provisions à cause de toi. Tu n'auras ni tabac ni sandwiches. Tu n'auras plus rien tant que tu ne feras pas un effort. » Tefu n'a pas répondu.

Nous nous sommes installés dans un coin de la cellule pour manger nos sandwiches et lire le journal que le gardien nous avait aussi apporté. Tefu était assis tout seul dans le coin opposé. Nous sommes allés dormir. Vers minuit, j'ai senti une main sur mon épaule qui me secouait pour me réveiller. « Nelson... Nelson. » C'était

Tefu. « Tu m'as touché à mon point faible. Tu m'as privé de tabac. Je suis un vieil homme. J'ai souffert à cause de mon engagement envers mon peuple. Ici, en prison, tu es le chef, et tu me punis comme ça. Ce n'est pas juste, Nelson. »

Lui, à son tour, m'avait touché à mon point faible. J'ai eu l'impression d'avoir abusé de mon pouvoir. Il avait vraiment souffert, bien plus que moi. Il me restait une moitié de sandwich que je lui ai tout de suite donnée. J'ai réveillé Gaetsewe — je lui avais donné tout le tabac — et je lui ai demandé s'il ne voulait pas le partager avec Tefu. Tefu est resté difficile, mais à partir de cette nuit-là, il s'est beaucoup mieux conduit.

Quand nous avons commencé à travailler, j'ai un peu mieux compris à quoi ressemblait la vie des autres prisonniers sur l'île. Les autorités avaient amené quelques jeunes prisonniers politiques du PAC dans les cellules en face de la nôtre. La nuit nous pouvions parler à travers les portes. Parmi eux, j'ai découvert Nqabeni Menye, un de mes neveux de Mqhekezweni que j'avais vu pour la dernière fois en 1941 quand il n'était qu'un bébé.

Nous avons parlé du Transkei et de l'histoire de la famille. Une nuit, alors que ses amis étaient réunis autour de lui, il m'a demandé : « Oncle, à quelle organisation appartiens-tu ? » Je lui ai dit : « L'ANC, bien sûr. » Ma réponse a créé la consternation parmi ces jeunes gens et brusquement leurs visages ont disparu. Après quelque temps, mon neveu a réapparu et m'a demandé si je n'avais jamais été membre du PAC. Je lui ai répondu non. Alors, il m'a dit qu'il avait cru que j'avais rejoint le PAC pendant mon voyage en Afrique. Je lui ai assuré qu'il n'en était rien, que j'avais toujours été membre de l'ANC et que je le serais toujours. Cela a créé de nouveau la consternation parmi eux et ils ont disparu.

Plus tard, j'ai appris que la propagande du PAC affirmait que j'avais rejoint l'organisation pendant mon voyage sur le continent. Cela ne m'a pas plu mais en même temps je n'ai pas été étonné. En politique, on ne doit jamais sous-estimer à quel point les gens connaissent peu de choses d'une situation. Mon neveu est revenu quelque temps plus tard et m'a demandé si j'avais rencontré Robert Sobukwe à Pretoria Local et si j'avais parlé avec lui. Je lui ai dit qu'effectivement nous avions eu des discussions très intéressantes. Cela leur a plu, ils m'ont souhaité bonne nuit, et je ne les ai jamais revus.

Ce même soir, un capitaine est entré dans notre cellule et nous a donné l'ordre de faire nos paquets. Quelques minutes plus tard, mes camarades sont partis en me laissant seul. En prison, on s'estime heureux de pouvoir dire au revoir à ses camarades. On peut vivre de façon extraordinairement intime avec quelqu'un pendant plusieurs mois et ne jamais le revoir ; c'est quelque chose de déshumanisant parce que cela oblige à devenir plus réservé et à s'isoler.

J'étais angoissé de me retrouver seul. On éprouve une certaine sécurité dans un groupe ; quand on est seul, il n'y a pas de témoins. Je me suis rendu compte qu'on ne m'avait pas donné à manger et j'ai cogné sur la porte : « Gardien, je n'ai pas eu mon souper.

— Tu dois m'appeler *baas* », a-t-il crié. Cette nuit-là j'ai eu faim.

Le lendemain, très tôt, on m'a emmené à Pretoria. Le département des prisons a publié un communiqué de presse disant qu'on m'avait retiré de l'île pour des raisons de sécurité, parce que des prisonniers du PAC avaient prévu de m'agresser. C'était manifestement faux ; ils m'avaient ramené à Pretoria pour des raisons précises qui deviendraient bientôt claires.

On m'a tenu en isolement complet à Pretoria Local. Mais les prisonniers sont ingénieux et bientôt j'ai reçu un message de Henry Fazzie, un des cadres de MK qui avait suivi clandestinement un entraînement militaire en Ethiopie et qu'on avait arrêté alors qu'il essayait de rentrer en Afrique du Sud, et d'autres notes secrètes de membres de l'ANC, les premiers à être jugés d'après la loi sur le sabotage.

Par les moyens de communication de la prison, j'ai essayé de les aider pour leur défense et je leur ai conseillé de contacter Harold Wolpe. J'ai appris plus tard que Wolpe était détenu par la police. Pour la première fois, j'ai eu l'intuition qu'il s'était passé quelque chose de grave. Un jour, alors que je quittais la cour après un exercice, j'ai vu Andrew Mlangeni. Je l'avais rencontré pour la dernière fois en septembre 1961, quand il quittait le pays pour aller suivre un entraînement militaire. Wolpe, Mlangeni — qui d'autre était arrêté ?

Au début de 1961, Winnie avait reçu deux ans d'interdiction. J'ai appris par un prisonnier qu'on venait de l'accuser d'avoir violé cette interdiction, ce qui entraînerait pour elle un emprisonnement ou une assignation à résidence. Winnie était obstinée ; une interdiction était exactement le genre de sanction qui devait la mettre en colère. Je ne doutais pas qu'elle l'avait violée et je ne lui aurais jamais conseillé de ne pas le faire mais j'étais très inquiet à l'idée qu'elle puisse aller en prison.

Un matin, en juillet 1963, je marchais dans un couloir en direction de ma cellule, et j'ai vu Thomas Mashifane, qui avait été contremaître dans la ferme de Liliesleaf. Je l'ai salué chaleureusement tout en me rendant compte que les autorités l'avaient sans aucun doute conduit sur mon passage pour voir si je le reconnaissais. Je n'ai pas pu m'empêcher de faire autrement. Sa présence ne pouvait signifier qu'une chose : les autorités avaient découvert Rivonia.

Un jour ou deux plus tard, j'ai été convoqué au bureau de la prison où j'ai trouvé Walter, Govan Mbeki, Ahmed Kathrada, Andrew Mlangeni, Bob Hepple, Raymond Mhlaba, membre du Haut Commandement de MK qui venait de rentrer de Chine où il avait suivi un entraînement militaire, Elias Motsoaledi, également membre de MK, Dennis Goldberg, un ingénieur membre du Congrès des démocrates, Rusty Bernstein, un architecte, lui aussi membre du COD, et Jimmy Kantor, un avocat, beau-frère de Harold Wolpe. Nous étions accusés de sabotage et nous devions comparaître le lendemain au tribunal. Je n'avais purgé que neuf mois de mes cinq ans de prison.

J'ai appris par bribes ce qui s'était passé. L'après-midi du 11 juillet, la camionnette d'une blanchisserie avait pris le long chemin qui conduisait à la ferme. Personne n'attendait de livraison. Un jeune garde africain avait arrêté les véhicules mais des dizaines de policiers en armes et plusieurs chiens policiers avaient jailli des véhicules et l'avaient entouré. Ensuite, ils avaient encerclé la propriété et une poignée d'entre eux avaient pénétré dans le bâtiment principal et dans les dépendances. Ils avaient découvert une douzaine d'hommes autour d'une table qui discutaient d'un document. Walter avait sauté par la fenêtre mais un chien l'avait arrêté.

Arthur Goldreich, qui revenait à la ferme en voiture, avait lui aussi été arrêté.

La police avait fouillé toute la ferme et confisqué des centaines de documents et de papiers mais elle n'avait pas trouvé d'armes. Le document le plus important se trouvait sur la table : Opération Mayibuye, un plan de guerre de guérilla en Afrique du Sud. En un seul coup de filet, la police avait capturé tout le Haut Commandement d'Umkhonto we Sizwe. Tous étaient détenus en application de la loi des quatre-vingt-dix jours.

Joe Slovo et Bram Fischer eurent la chance de ne pas se trouver là au moment de la descente de police. Pourtant Joe et Bram allaient souvent à la ferme, deux ou trois fois par jour. Après coup, il semble extraordinaire que la ferme de Liliesleaf n'ait pas été découverte plus tôt. Le régime était devenu plus strict et plus perfectionné. Les écoutes téléphoniques étaient monnaie courante comme la surveillance vingt-quatre heures sur vingt-quatre. Le coup de filet était un exploit pour le gouvernement.

Le premier jour, au tribunal, nous n'avons pas eu la possibilité de consulter un avocat. On nous a présentés à un juge qui nous a inculpés de sabotage. Quelques jours plus tard, nous avons pu rencontrer Bram, Vernon Berrangé, Joel Joffe, George Bizos et Arthur Chaskalson qui nous représentaient. J'étais toujours séparé des autres en tant que prisonnier condamné et ces audiences furent mes premières occasions de parler avec mes camarades.

Bram était très sombre. De sa voix calme, il nous dit que le procès qui nous attendait était extrêmement grave et que l'accusation l'avait informé qu'elle demanderait la sanction maximale prévue par la loi, la peine de mort. Etant donné l'atmosphère générale, expliqua Bram, il s'agissait d'une possibilité tout à fait vraisemblable. A partir de cet instant, nous avons vécu à l'ombre des potences. La simple possibilité d'une condamnation à mort change tout. Depuis le début, nous avons considéré que c'était l'issue la plus vraisemblable. Récemment, certains avaient été condamnés à mort pour des crimes bien moins graves que les nôtres.

Les gardiens de prison ne nous laissaient pas oublier que nous pouvions être pendus. Ce soir-là, l'un d'eux a frappé à ma porte à l'heure du coucher. « Mandela, ne te fais pas de souci pour le sommeil. Tu vas bientôt dormir longtemps, très longtemps. » J'ai attendu quelques instants et je lui ai répondu : « On va tous dormir longtemps, très longtemps, toi compris. » C'était une maigre consolation.

55

Le 9 octobre 1963, on nous a fait monter dans un fourgon cellulaire lourdement blindé. Au centre, il y avait une cloison métallique qui séparait les prisonniers blancs des Africains. On nous a conduits au palais de justice de Pretoria où siège la Cour suprême, pour l'ouverture du « Procès du Haut Commandement national et autres », ce qui plus tard est devenu le « Procès de Nelson Mandela et autres », et qu'on connaît mieux sous le nom de « Procès de Rivonia ». Près du tribunal se dresse une statue de Paul Kruger, le président de la république du Transvaal qui a combattu l'impérialisme britannique au XIXe siècle. En dessous de ce héros afrikaner, il y a une citation tirée d'un de ses discours. « En toute confiance, nous présentons notre cause au monde entier. Que nous soyons victorieux ou que nous mourions, la liberté se lèvera sur l'Afrique du Sud comme le soleil se lève en sortant des nuages du matin. »

Notre fourgon se trouvait au milieu d'un convoi de camions de police. En tête, il y avait des limousines qui transportaient des officiers supérieurs de la police. Le palais de justice grouillait de policiers en armes. Pour éviter l'immense foule de nos partisans, on nous a conduits à l'arrière du bâtiment et on nous a fait entrer par un énorme portail de fer. Il y avait des policiers au garde-à-vous avec des pistolets mitrailleurs. Quand nous sommes descendus du fourgon, nous avons entendu la foule qui chantait. A l'intérieur, on nous a enfermés dans des cellules en dessous de la salle du tribunal avant l'ouverture de ce que les journaux nationaux et internationaux ont décrit comme le procès politique le plus important de l'histoire de l'Afrique du Sud.

En sortant des cellules, deux gardes armés ont escorté chaque prisonnier. Quand nous sommes entrés dans la salle d'audience, nous nous sommes tournés vers le public en faisant le salut de l'ANC, le poing levé. Dans la salle, nos partisans ont crié : « *Amandla Ngawethu !* » et « *Mayibuye Afrika !* ». C'était réconfortant mais dangereux : la police prenait les noms et les adresses de ceux qui se trouvaient dans la salle et les photographiait quand ils s'en allaient. Le tribunal était rempli de journalistes sud-africains et internationaux et de dizaines de représentants de gouvernements étrangers.

Quand nous avons tous été réunis, un groupe de policiers a formé un cordon entre nous et le public. Devoir me présenter devant le tribunal dans le costume de la prison, avec un short kaki et des sandales de mauvaise qualité, me donnait la nausée.

En tant que condamné, je n'avais pas la possibilité de porter des vêtements corrects. Beaucoup de gens parlaient de ma pauvre allure, et pas seulement à cause de ma garde-robe. Pendant des mois, j'avais connu sans cesse des périodes d'isolement et j'avais perdu plus de douze kilos. Je faisais des efforts pour sourire au public quand j'entrais dans la salle d'audience et voir nos partisans était pour moi la meilleure médecine.

Il y avait une sécurité particulièrement sévère car, quelques semaines plus tôt, Arthur Goldreich, Harold Wolpe, Mosie Moola et Abdulhay Jassat avaient acheté un jeune gardien et réussi à s'évader. Arthur et Harold avaient gagné le Swaziland déguisés en pasteurs et étaient partis au Tanganyika en avion. Leur évasion avait eu lieu dans un moment d'hystérie à propos des mouvements clandestins et les journaux en avaient fait leurs gros titres. C'était gênant pour le gouvernement mais très bon pour notre moral.

Le juge du procès de Rivonia, Mr. Quartus De Wet, le premier président du Transvaal, siégeait dans son ample robe rouge, sous un dais de bois. De Wet était l'un des derniers juges nommés par l'United Party avant l'arrivée au pouvoir des nationalistes et on ne le considérait pas comme un laquais du gouvernement. Il avait un visage impassible et ne tolérait pas qu'on se moque de lui. Le procureur était le Dr. Percy Yutar, substitut du procureur général du Transvaal, qui avait comme ambition de devenir procureur général d'Afrique du Sud. C'était un petit homme chauve et coquet dont la voix devenait aiguë quand il s'énervait ou quand il était ému. Il avait un penchant pour le langage théâtral et ampoulé et pas toujours très précis.

Yutar se leva et s'adressa à la cour. « Monsieur le président, je représente le ministère public contre le Haut Commandement et autres. » J'étais le premier accusé. Yutar déposa l'acte d'accusation et accepta que nous soyons accusés immédiatement et jugés sommairement. Nous voyions l'acte d'accusation pour la première fois. Le ministère public ne nous l'avait pas donné mais l'avait transmis au *Rand Daily Mail* qui l'avait publié *in extenso* dans son édition du jour. Tous les onze, nous étions accusés de complicité dans plus de deux cents actes de sabotage destinés à faciliter une révolution violente et une invasion armée du pays. L'accusation soutenait que nous appartenions à un complot visant à renverser le gouvernement.

Nous n'étions pas accusés de haute trahison mais de sabotage et de complot parce que, dans ces cas-là, la loi n'exige pas un long examen préparatoire (extrêmement utile à la défense). Mais la peine maximale est la même — la condamnation à mort. Dans un procès de haute trahison, le ministère public doit prouver son accusation sans aucun doute possible et il a besoin de deux témoins pour chaque accusation. D'après la loi sur le sabotage, c'était à la défense de prouver l'innocence des accusés.

Bram Fischer se leva et demanda un renvoi parce que la défense n'avait pas eu le temps de préparer son dossier. Il fit remarquer qu'un grand nombre d'accusés avaient été maintenus en isolement pendant des périodes invraisemblables. L'accusation avait disposé de trois mois mais nous n'avions reçu l'accusation que le jour même. Le juge De Wet accepta un renvoi à trois semaines, jusqu'au 29 octobre.

L'absence de Winnie, dans l'impossibilité d'assister à l'audience, me troubla. A cause de l'ordre d'interdiction qui l'empêchait de quitter Johannesburg, elle avait besoin d'une autorisation de la police pour venir au tribunal. Elle avait déposé une demande qu'on avait rejetée. J'avais appris également que la police avait perquisitionné chez nous et qu'elle avait arrêté un jeune cousin de Winnie. Elle n'était pas la seule épouse harcelée par la police. Albertina Sisulu et Caroline Motsoaledi étaient détenues d'après la loi des quatre-vingt-dix jours et Max, le jeune fils de Walter, avait lui aussi été arrêté. Il s'agissait d'une des techniques les plus barbares du gouvernement pour exercer des pressions : l'emprisonnement des femmes et des enfants des combattants de la liberté. En prison, beaucoup d'hommes étaient capables de tout accepter, mais ils ne supportaient pas l'idée que les autorités infligent la même chose à leur famille.

Par la suite, Winnie déposa une demande auprès du ministre de la Justice, qui lui accorda l'autorisation d'assister au procès à condition qu'elle ne porte pas de vêtements traditionnels. De façon ironique, ce même gouvernement qui nous disait de suivre notre culture dans les homelands interdisait à Winnie de porter une robe xhosa au tribunal.

On nous a autorisés à passer les trois semaines suivantes ensemble pour préparer notre défense. Je me suis retrouvé parmi mes coaccusés et leur présence agissait sur moi comme un tonique. En tant que prisonniers en attente de jugement, nous avions droit à deux visites d'une demi-heure par semaine et on pouvait recevoir chaque jour un repas de l'extérieur. J'ai vite repris mes kilos grâce aux délicieux petits plats de Mrs. Pillay.

Pendant que nous préparions notre défense, le gouvernement nous jugeait dans les journaux. Normalement, une affaire qui est *sub judice* ne peut être commentée dans la presse ou en public. Mais comme les hommes arrêtés à Rivonia étaient détenus d'après la loi des quatre-vingt-dix jours, et que, techniquement, ils n'étaient pas accusés de crime, ce principe judiciaire passait à la trappe. Tout le monde, y compris le ministre de la Justice, nous traitait de révolutionnaires violents. Les journaux titraient régulièrement : « La Révolution avec des méthodes militaires. »

Le 29 octobre, nous sommes revenus au palais de justice. De nouveau, l'immense foule impatiente ; de nouveau, une sécurité très stricte ; de nouveau, la salle d'audience remplie de représentants de nombreuses ambassades étrangères. Après trois semaines passées avec mes camarades, je me sentais rajeuni et bien plus à l'aise vêtu d'un costume. Nos avocats s'étaient opposés à ce qu'on vienne dans la tenue de la prison et nous avions obtenu le droit de porter nos vêtements personnels. De nouveau, nous avons levé le poing vers la salle et on nous a avertis que si nous recommencions on nous obligerait à comparaître en tenue de prison. Pour empêcher de telles manifestations, les autorités inversèrent l'ordre normal d'entrée. Après la première journée, le juge entra avant les prisonniers et ainsi la séance était déjà ouverte quand nous arrivions.

Nous passâmes immédiatement à l'attaque : Bram Fischer critiqua l'acte d'accusation, disant qu'il le trouvait peu sérieux, mal rédigé, et qu'il contenait des absurdités comme ma participation à des actes de sabotage à des dates où je me trouvait à Pretoria Local. Yutar en fut déconcerté. Le juge De Wet le regarda répondre à Bram Fischer mais, au lieu de fournir des détails, Yutar se lança dans ce que le juge De Wet lui-même appela par dérision un « discours politique ». De Wet se montra impatient devant les maladresses du procureur et lui dit : « Si je comprends bien, Mr. Yutar, l'essentiel de votre argumentation c'est que vous êtes convaincu que les accusés sont coupables. » Alors, De Wet annula l'acte d'accusation et déclara que le procès était clos.

A partir de ce moment, nous étions techniquement libres et il y eut un désordre indescriptible dans le tribunal. Mais nous avons été de nouveau arrêtés avant même que le juge De Wet ait quitté son siège. Le lieutenant Swanepoel tapa sur l'épaule de chacun de nous en disant : « Je vous arrête pour sabotage », et on nous ramena dans nos cellules. Mais même ainsi, le gouvernement avait subi un contretemps car il devait maintenant refaire l'acte d'accusation s'il voulait que ce procès soit le dernier.

L'acte d'accusation fut reformulé et nous revînmes au tribunal début décembre. Nous avons tous ressenti que, dans l'intervalle, le juge De Wet nous était devenu hostile. Nous avons pensé que son indépendance antérieure avait entraîné le courroux du gouvernement et qu'il avait subi des pressions. Nous étions maintenant accusés d'avoir recruté des personnes pour des actes de sabotage et la guerre de guérilla dans le but de déclencher une révolution violente ; nous avions prétendument conspiré pour aider des unités militaires étrangères à envahir la république afin de soutenir une révolution communiste ; et, dans ce but, nous avions sollicité et reçu des fonds de pays étrangers. Les munitions commandées par les accusés, dit Yutar d'un ton dramatique, auraient suffi à faire sauter Johannesburg.

Puis le greffier nous demanda si nous plaidions coupables ou non coupables. Nous nous étions mis d'accord pour ne pas nous défendre de façon traditionnelle mais d'utiliser cet instant pour montrer notre mépris de la procédure.

« Accusé numéro un, Nelson Mandela, plaidez-vous coupable ou non coupable ? »

Je me suis levé et j'ai dit : « Ce n'est pas moi mais le gouvernement qui devrait se trouver dans le box des accusés. Je plaide non coupable. »

« Accusé numéro deux, Walter Sisulu, plaidez-vous coupable ou non coupable ? »

Sisulu : « Le gouvernement est responsable de ce qui est arrivé dans ce pays. Je plaide non coupable. »

Le juge De Wet dit que les discours politiques ne l'intéressaient pas, et que nous devions simplement indiquer si nous plaidions coupables ou non coupables.

Pour renforcer le côté théâtral du procès, le gouvernement avait prévu une retransmission en direct du discours de Yutar sur la SABS (South African Broadcasting System, radiodiffusion sud-africaine). On avait disposé des micros sur la table du procureur et sur celle du juge. Mais au moment où Yutar s'éclaircissait la gorge, Bram Fischer se leva et demanda au tribunal qu'on enlève les micros parce que la radiodiffusion donnerait un préjugé défavorable à l'affaire et que cela n'était pas en accord avec la dignité de la cour. Malgré les protestations de Yutar, le juge De Wet ordonna qu'on retire les micros.

Dans sa déclaration, Yutar soutint qu'à partir du moment où l'ANC était passé dans la clandestinité l'organisation s'était lancée dans une politique de violence destinée à aller du sabotage à la guerre de guérilla et à l'invasion armée du pays. Il affirma que nous avions prévu de déployer des milliers d'unités de guérilleros entraînés dans tout le pays, ces unités n'étant que le fer de lance d'un soulèvement qui serait suivi de l'invasion armée d'unités militaires appartenant à une puissance étrangère. « Au milieu du chaos, des troubles et du désordre qui en auraient résulté, proclama Yutar, les accusés avaient prévu d'instaurer un gouvernement révolutionnaire provisoire pour s'assurer de l'administration et prendre le contrôle du pays. » Le moteur de ce vaste projet, c'était Umkhonto we Sizwe, sous la direction de l'ANC et du Parti communiste ; le quartier général d'Umkhonto se trouvait à Rivonia.

Dans sa prose emphatique, Yutar décrivit comment nous recrutions les membres de MK, comment nous avions planifié le soulèvement national en 1963 (là, il confondait avec le PAC), comment nous avions construit un puissant émetteur radio à Rivonia et comment nous étions collectivement responsables de deux cent vingt-deux actes de sabotage. Il expliqua qu'Elias Motsoaledi et Andrew Mlangeni étaient chargés du recrutement des membres et que Dennis Goldberg dirigeait une école spéciale pour recrues au Cap. Il donna en détail la production de différentes sortes de bombes ainsi que les demandes d'argent à l'étranger.

Au cours des trois mois suivants, l'accusation appela cent soixante-treize témoins et versa au dossier des milliers de documents et de photos, y compris des œuvres classiques du marxisme, des histoires de la guerre de guérilla, des cartes, des plans, et un passeport au nom d'un certain David Motsamayi. Le premier témoin était un photographe de la police qui avait pris des photos de Rivonia et les témoins suivants étaient des ouvriers de la famille Goldreich, qui avaient été détenus pendant tout ce temps, bien qu'ils n'eussent aucun lien avec les activités politiques de Rivonia. Ces domestiques nous identifièrent pour la plupart en nous montrant du doigt, mais le vieux Mr. Jelliman essaya courageusement de m'aider en prétendant ne m'avoir jamais vu quand on lui demanda de montrer l'accusé numéro un. « Regardez encore, lui dit le procureur. Observez bien tous les visages. — Je ne crois pas qu'il soit ici », répondit calmement Jelliman.

Nous nous demandions de quels éléments disposait le gouvernement pour prouver ma culpabilité. Je me trouvais à l'étranger ou en prison pendant la plus grande partie de l'organisation de Rivonia. Quand j'avais vu Walter à Pretoria Local juste après ma condamnation, je lui avais demandé qu'il s'assure que tous mes livres et mes papiers avaient été retirés de la ferme. Mais au cours de la première semaine du procès, quand Rusty Bernstein demanda une libération sous caution, Yutar produisit de façon spectaculaire le croquis du Fort et la note sur l'évasion qui l'accompagnait et que j'avais rédigée alors que je m'y trouvais. Yutar s'écria que c'était la preuve que tous les accusés avaient l'intention de s'échapper. Cela signifiait qu'on n'avait pas enlevé mes affaires de Rivonia. Plus tard, on m'a dit que mes camarades avaient décidé de conserver ma note sur l'évasion parce qu'ils pensaient que dans l'avenir elle deviendrait un document historique. Mais dans le présent, elle coûta à Rusty Bernstein sa libération sous caution.

Le témoin vedette de l'accusation était Bruno Mtolo, ou « Mr. X », comme on l'appelait au tribunal. En le présentant, Yutar informa la cour que son interrogatoire prendrait trois jours, puis, d'un ton mélodramatique, il ajouta que le témoin était « en danger mortel ». En conséquence, il demanda que celui-ci puisse déposer à huis clos et que la presse soit admise à condition qu'elle ne révèle pas son identité.

Mtolo, un homme grand, bien bâti, et doué d'une excellente mémoire, était un Zoulou de Durban devenu responsable de MK pour la région du Natal. C'était un saboteur bien formé et il était venu à Rivonia. Je ne l'avais rencontré qu'une fois, quand j'avais parlé à un groupe de cadres du Natal après mon retour du continent. Son témoignage me concernant, en particulier, me fit comprendre que l'accusation pourrait sans doute nous déclarer coupables.

Il commença en disant qu'il était un saboteur de MK et qu'il avait fait sauter une mairie, un pylône et une ligne électriques. Avec une précision impressionnante, il expliqua le maniement des bombes, des mines et des grenades, et la façon dont MK travaillait dans la clandestinité. Mtolo dit que s'il n'avait jamais perdu la foi dans les idéaux de l'ANC, il n'avait plus cru à l'organisation quand il avait compris que l'ANC et MK étaient dirigés par le Parti communiste.

Il témoignait avec simplicité et avec ce qui ressemblait à de la franchise, pourtant il ne put s'empêcher d'embellir son témoignage, sans aucun doute sur les instructions de la police. Il dit à la cour que dans les conseils que j'avais donnés au commandement régional du Natal, j'avais affirmé que tous les cadres de MK devaient être de bons communistes sans le dévoiler publiquement. Evidemment, je n'avais jamais rien dit de la sorte, mais son témoignage avait pour but d'établir un lien entre MK et moi, d'une part, et le Parti communiste, de l'autre. Sa mémoire semblait si précise que quelqu'un d'ordinaire aurait pensé qu'elle l'était en toutes circonstances, mais ce n'était pas le cas.

La trahison de Mtolo me stupéfiait. Je n'avais jamais imaginé que des responsables de l'ANC pouvaient craquer sous la torture. Mais, en tout état de cause, la police n'avait pas touché Mtolo. A la barre, il alla jusqu'à impliquer des gens que le dossier ne mentionnait même pas. Je sais qu'on peut changer d'opinion, mais trahir tant de personnes, dont beaucoup d'innocents, me semblait inexcusable.

Au cours du contre-interrogatoire, nous avons appris que Mtolo avait été un petit délinquant avant de rejoindre MK et qu'il avait fait plusieurs fois de la prison pour vol. Malgré ces révélations, il restait un témoin redoutable, parce que le juge le trouva sincère et digne de confiance et que son témoignage nous incriminait presque tous.

La clef de voûte de l'accusation, c'était le plan d'action de six pages saisi à Rivonia. Les responsables du Haut Commandement avaient ce document devant eux sur la table quand la police avait envahi la ferme. « Opération Mayibuye » traçait les grandes lignes du plan pour le déclenchement possible des opérations de guérilla et essayait de définir la façon dont une masse armée pouvait se soulever contre le gouvernement. Le plan envisageait au préalable le débarquement de petites forces de guérilleros dans quatre régions d'Afrique du Sud et l'attaque de cibles choisies à l'avance. Le document définissait un chiffre de 7 000 recrues de MK dans le pays

pour accueillir une force initiale extérieure de 120 guérilleros entraînés.

L'accusation s'appuyait en grande partie sur l'affirmation que la direction de l'ANC avait approuvé l'Opération
Mayibuye, qui était devenue le plan d'action de MK.
Nous avons insisté sur le fait que l'ANC n'avait pas
encore adopté formellement l'Opération, qui était simplement en discussion au moment des arrestations. Pour
ma part, je considérais l'Opération Mayibuye comme un
projet non seulement pas encore approuvé mais tout à
fait irréaliste dans ses objectifs et sa réalisation. Je ne
pensais pas que la guerre de guérilla était une option
viable à se stade.

On avait ébauché le plan en mon absence, aussi je le
connaissais fort peu. Mais même parmi les accusés de
Rivonia, tous n'étaient pas d'accord. Govan, qui l'avait
rédigé avec Joe Slovo, affirmait qu'il avait été adopté et
tous deux pensaient que c'était une erreur de soutenir
devant le tribunal qu'il était toujours en discussion. Tous
les autres accusés soutenaient que, si le document avait
bien été rédigé par le Haut Commandement, il n'avait
pas été adopté par la direction de l'ANC ; le chef Luthuli
ne l'avait pas vu.

Bien qu'un procès soit quelque chose de grave, nous
étions en général de bonne humeur. Nous faisions beaucoup d'humour noir. Dennis Goldberg, le plus jeune des
accusés, était très drôle et il nous faisait souvent rire
quand nous n'aurions pas dû. Quand un des témoins de
l'accusation expliqua comment Raymond Mhlaba avait
porté un col de pasteur pour se déguiser, Dennis l'appela
révérend Mhlaba.

Dans la salle en bas, nous communiquions souvent par
écrit et nous brûlions les notes avant de les jeter dans la
corbeille. Nous étions surveillés par un officier de la
Special Branch, le lieutenant Swanepoel, un type costaud, au visage rougeaud, qui était convaincu que nous
nous payions sa tête. Un jour, alors que Swanepoel nous
observait depuis la porte, Govan Mbeki a écrit un mot en
se cachant de façon très visible. Puis il me l'a passé avec

la même attitude. Je l'ai lu, j'ai hoché la tête d'un air
entendu, puis je l'ai passé à Kathy, qui a sorti ostensible-
ment ses allumettes comme pour le brûler mais Swanepoel s'est précipité, a saisi le morceau de papier en bre-
douillant quelque chose sur le danger de faire du feu à
l'intérieur. Puis il a quitté la pièce pour lire son butin ;
quelques secondes plus tard, il est revenu en disant :
« Vous me le paierez ! » Govan avait écrit en lettres capi-
tales : « TU NE TROUVES PAS QUE SWANEPOEL EST JOLI GAR-
ÇON ? »

Nous passions notre vie en prison et au tribunal, mais
à l'extérieur, une nouvelle vie s'épanouissait. La femme
de Jimmy Kantor allait donner naissance à un enfant.
Jimmy était avocat et l'accusation l'avait intégré dans le
procès pour la simple raison que c'était le beau-frère
d'Harold Wolpe.

Un matin, alors que nous nous trouvions dans le box
des accusés, on m'a passé une note depuis l'autre extrémité de la rangée.

« Barbara et moi, nous avons longuement parlé du
choix d'un parrain et nous sommes arrivés à la conclusion que, fille ou garçon, ce serait pour nous un honneur
si tu acceptais d'ajouter cette charge aux fonctions dés-
honorantes que tu as prises dans le passé. »

J'ai répondu par retour du courrier :

« Je serais enchanté, et l'honneur est pour moi, pas
pour le bébé. Maintenant, ils n'oseront plus me pendre. »

56

L'accusation a poursuivi ses auditions pendant la
période de Noël 1963 et a terminé le 29 février 1964.
Nous avons eu un peu plus d'un mois pour examiner les
témoignages et préparer notre défense. Ces témoignages
ne nous impliquaient pas tous de la même façon. Il n'y en
avait aucun contre James Kantor ; il ne faisait même pas

partie de notre organisation et n'aurait absolument pas dû se trouver parmi les accusés. Pour Rusty Bernstein, Raymond Mhlaba et Ahmed Kathrada, les témoignages qui les impliquaient étaient faibles et nous avons pensé qu'ils ne devaient pas s'accuser eux-mêmes. En ce qui concernait Rusty, ils semblaient négligeables ; on l'avait seulement trouvé à Rivonia avec les autres. Les six accusés restants reconnaîtraient leur culpabilité pour certaines accusations.

Bram était profondément pessimiste. Il dit que même s'il réussissait à prouver que la guerre de guérilla n'avait pas été décidée et que notre politique de sabotage était conçue pour ne pas sacrifier de vies humaines, l'accusation imposerait quand même la peine de mort. L'équipe de défense était divisée pour savoir si nous devions ou non témoigner. Certains affirmaient que nos témoignages ne feraient qu'aggraver notre dossier. Mais George Bizos expliqua que si par nos témoignages nous ne réussissions pas à convaincre le juge que nous n'avions pas choisi la guerre de guérilla, il déciderait sans aucun doute la peine capitale.

Dès le début, nous avions clairement montré que nous voulions utiliser le procès non comme une application de la loi mais comme une tribune pour exprimer nos convictions. Par exemple, nous ne nierions pas notre responsabilité dans des actes de sabotage. Nous ne nierions pas qu'une partie d'entre nous avait abandonné la non-violence. Ce qui nous intéressait, ce n'était pas d'échapper à une condamnation ni l'atténuer, mais d'utiliser le procès pour renforcer la cause pour laquelle nous combattions — quel que soit le prix à payer. Nous allions moins nous défendre au sens légal du terme qu'au sens moral. Nous considérions le procès comme une continuation de la lutte par d'autres moyens. Nous accepterions de reconnaître ce que l'accusation savait être vrai mais nous refuserions de donner toute information que nous jugions susceptible d'en impliquer d'autres.

Nous contesterions l'affirmation centrale de l'accusation selon laquelle nous nous étions lancés dans la guerre de guérilla. Nous accepterions de reconnaître que nous avions établi des plans pour entreprendre éventuellement une guerre de guérilla au cas où les sabotages échoueraient. Mais nous affirmerions qu'ils n'avaient pas encore échoué parce qu'on ne les avait pas encore suffisamment utilisés. Nous nierions les accusations d'assassinat et de torts causés à des victimes innocentes ; il s'agissait d'affirmations entièrement mensongères, ou ces incidents étaient l'œuvre de quelqu'un d'autre. Nous n'avions jamais envisagé l'intervention de forces armées étrangères. Afin d'étayer nos affirmations, nous avons pensé que nous devions expliquer l'Opération Mayibuye.

En ce qui me concernait, la cour avait suffisamment de preuves pour me condamner. Des documents écrits de ma main montraient que j'avais quitté le pays illégalement, que j'avais organisé l'entraînement militaire de nos hommes et que j'avais été derrière la formation d'Umkhonto we Sizwe. Il y avait aussi un document écrit de ma main, intitulé « Comment devenir un bon communiste », que l'accusation présentait comme la preuve de mon inscription au Parti communiste. En fait, le titre de ce document était celui du livre d'un théoricien chinois, Liu Shaochi, et je l'avais rédigé pour prouver quelque chose à Moses Kotane. Nous discutions de l'intérêt du communisme pour les Africains ordinaires. J'avais longuement expliqué que la littérature communiste était, pour la plus grande part, ennuyeuse, ésotérique, centrée sur l'Occident, et qu'elle aurait dû être plus simple, claire et adaptée aux masses africaines. Moses affirmait que c'était impossible. Pour prouver ce que je disais, j'avais pris l'essai de Liu Shaochi et je l'avais réécrit pour un public africain.

Je serais le premier témoin et par conséquent je donnerais le ton de la défense. En Afrique du Sud, les dépositions des témoins ne peuvent être que la réponse précise à une question. Je ne voulais pas m'enfermer dans ces limites. Nous avons décidé qu'au lieu de déposer comme témoin je lirais une déclaration dans le box, tandis que les autres témoigneraient et répondraient à un contre-interrogatoire.

Parce qu'un témoin qui fait une déclaration dans le box des accusés n'a pas à répondre à un contre-interrogatoire ni aux questions du juge, sa déclaration n'a pas le même poids juridique qu'un témoignage ordinaire. En général, ceux qui choisissent cette procédure le font pour échapper à un contre-interrogatoire. Nos avocats m'avertirent que cela me mettrait dans une situation juridique plus précaire ; tout ce que je dirais dans ma déclaration concernant mon innocence ne serait pas pris en compte par le juge. Mais ce n'était pas notre principale priorité. Nous pensions qu'il était important d'ouvrir notre défense avec l'exposé de notre politique et de nos idéaux afin de définir le contexte de tout ce qui en découlait. J'aurais bien aimé croiser le fer avec Percy Yutar, mais il nous apparaissait plus important d'utiliser cette tribune pour éclairer nos revendications.

Nous nous mîmes d'accord sur tout cela principalement par des notes, à cause des micros de notre salle de consultations. Nous avons même utilisé ces écoutes à notre avantage en fournissant une désinformation. Nous avons indiqué à voix haute que j'allais témoigner afin que l'accusation perde son temps à préparer un contre-interrogatoire. Dans une fausse conversation, j'ai dit à notre avocat Joel Joffe que j'avais besoin du dossier du procès de trahison pour préparer ma déposition. L'image de Yutar plongé dans la centaine de volumes du procès de trahison nous fit sourire.

J'ai passé environ quinze jours à rédiger ma déclaration, en travaillant surtout le soir dans ma cellule. Quand j'ai eu fini, je l'ai d'abord lue à mes coaccusés. Ils l'ont approuvée en me proposant quelques modifications, puis j'ai demandé à Bram Fischer de la lire à son tour. Cette lecture l'a inquiété et il a passé le texte à un avocat respecté, Hal Hanson. Ce dernier a dit à Bram : « Si Mandela fait cette déclaration devant la cour, ils vont l'emmener immédiatement derrière le tribunal pour le pendre. » Cela confirma les craintes de Bram et le lendemain il m'exhorta à modifier mon texte. J'avais l'impression que, quoi qu'on fasse, on risquait la pendaison, alors nous pouvions aussi bien affirmer ce dont nous étions profondément convaincus. A l'époque, l'atmosphère était extrêmement menaçante, et les journaux se demandaient chaque jour si on allait ou non nous condamner à mort. Bram m'a supplié de ne pas lire le dernier paragraphe mais je n'ai pas cédé.

Le lundi 20 avril, sous très haute surveillance, on nous a conduits au palais de justice, cette fois pour que nous commencions notre défense. Winnie se trouvait là avec ma mère et je leur ai fait signe en entrant dans une salle de nouveau pleine.

Bram annonça qu'un certain nombre de témoignages de l'accusation seraient acceptés par les accusés, et il y eut un murmure dans le public. Mais il continua en disant que la défense nierait un certain nombre d'assertions de l'accusation, y compris l'affirmation selon laquelle Umkhonto we Sizwe était la branche militaire de l'ANC. Il déclara que les responsables de MK et de l'ANC « s'étaient efforcés de maintenir ces deux organisations tout à fait séparées. Ils n'y ont pas toujours réussi, dit-il, mais ils n'ont ménagé aucun effort pour atteindre cet objectif ». Il nia énergiquement que l'ANC recevait ses ordres du Parti communiste. Il affirma que la défense réfuterait l'affirmation selon laquelle Goldberg, Kathrada, Bernstein et Mhlaba étaient membres d'Umkhonto et qu'elle montrerait qu'en fait Umkhonto n'avait pas adopté l'Opération Mayibuye et que MK n'avait pas entamé de préparatifs pour la guerre de guérilla.

« Vous allez le nier ? demanda le juge De Wet sur un ton incrédule.

— Nous allons le nier, répondit Bram. Les témoignages montreront que si des préparatifs pour la guerre de guérilla avaient bien commencé, aucun plan n'a jamais été adopté. Tout le temps, on a espéré que cette étape ne serait pas franchie. »

Puis, de sa voix douce, Bram dit : « La défense, monsieur le président, commencera par une déclaration de l'accusé numéro un, qui a pris part personnellement à la création d'Umkhonto we Sizwe et qui sera en mesure d'informer la cour sur l'origine de cette organisation. »

En entendant cela, Yutar se leva et s'écria : « Monsieur le président ! Monsieur le président ! » Il était totalement affligé d'apprendre que je ne déposerais pas comme témoin car il avait sans doute préparé mon contre-interrogatoire. « Monsieur le président, ajouta-t-il d'un air découragé, une déclaration n'a pas la même valeur qu'un témoignage sous serment.

— Dr. Yutar, répondit sèchement le juge De Wet, je pense que la défense a suffisamment d'expérience pour conseiller ses clients sans votre aide. » Yutar se rassit.

« Nos clients et nous-mêmes connaissons les dispositions du Code pénal, répondit Bram. J'appelle Nelson Mandela. »

Je me suis levé, je me suis tourné vers la cour et j'ai commencé à lire lentement.

> Je suis le premier accusé.
>
> J'ai obtenu une licence en droit et j'ai exercé en tant qu'avocat à Johannesburg pendant un certain nombre d'années, en association avec Mr. Oliver Tambo. Je suis actuellement condamné et prisonnier et je purge une peine de cinq ans de prison pour avoir quitté le pays sans autorisation et avoir incité des gens à faire grève, fin mai 1961.
>
> Je reconnais tout de suite que je suis une des personnes qui ont participé à la création d'Umkhonto we Sizwe et que j'ai joué un rôle éminent dans ses activités jusqu'à mon arrestation en août 1962.
>
> Pour commencer, je tiens à affirmer que l'allégation de l'accusation selon laquelle la lutte en Afrique du Sud est sous l'influence d'étrangers ou de communistes est tout à fait fausse. Tout ce que j'ai fait, en tant qu'individu et en tant que responsable de mon peuple, je l'ai fait en fonction de mon expérience de l'Afrique du Sud, et de mon passé d'Africain dont je suis fier, et non parce que quelque étranger me l'aurait dit.

Dans ma jeunesse au Transkei, j'écoutais les anciens de ma tribu raconter les histoires du passé. Parmi leurs récits, il y avait ceux des guerres menées par nos ancêtres pour défendre la patrie. Les noms de Dingane et de Bambatha, de Hintsa et de Makana, de Squngthi et de Dalasile, de Moshoeshoe et de Sekhukhune étaient célébrés comme l'honneur et la gloire de toute la nation africaine. J'espérais alors que la vie m'offrirait la possibilité de servir mon peuple et d'apporter mon humble contribution à sa lutte de libération. Cela a déterminé tout ce que j'ai fait et qui est en relation avec les accusations portées contre moi dans ce procès.

Après avoir dit cela, je dois aborder maintenant et un peu longuement la question de la violence. Certaines des choses dites devant la cour sont vraies et d'autres fausses. Cependant, je ne nie pas avoir organisé des sabotages. Je ne l'ai pas fait avec témérité ou parce que j'avais un quelconque amour de la violence. Je l'ai fait après avoir analysé calmement et simplement la situation politique qui est apparue après de nombreuses années de tyrannie, d'exploitation et d'oppression de mon peuple par les Blancs.

Je voulais faire comprendre à la cour que nous n'avions pas agi de façon irresponsable, sans penser aux conséquences qu'impliquait le choix de l'action violente. J'insistai particulièrement sur notre volonté de ne causer aucune perte de vie humaine.

Nous, membres de l'ANC, nous avons toujours défendu une démocratie non raciale et nous avons toujours refusé toute action qui pouvait séparer les races plus qu'elles ne l'étaient déjà. Mais la dure réalité, c'est que cinquante années de non-violence n'ont rien apporté d'autre aux Africains qu'une législation plus répressive et de moins en moins de droits. Peut-être n'est-il pas facile pour ce tribunal de comprendre, mais il est vrai que pendant longtemps les gens ont parlé de violence — du jour où ils combattraient l'homme blanc et le vaincraient pour retrouver leur pays — et nous, les responsables de l'ANC, nous les avons toujours convaincus d'éviter la violence et d'employer des moyens pacifiques. Alors que nous parlions de cela en mai et juin 1961, on ne pouvait nier que notre politique visant à créer un Etat non racial par la non-violence n'avait abouti à rien et que nos compagnons commençaient à perdre confiance en cette politique et avaient des idées inquiétantes de terrorisme [...].

Umkhonto a été créé en novembre 1961. Quand nous avons pris cette décision et qu'ensuite nous avons élaboré nos plans, nous conservions toujours l'héritage de non-violence et d'harmonie entre les races de l'ANC. Nous avions l'impression que le pays glissait vers une guerre civile dans laquelle s'affronteraient Blancs et Noirs. Nous considérions la situation avec angoisse. La guerre civile aurait signifié la destruction de ce que l'ANC défendait ; avec la guerre civile, la paix entre les races serait plus que jamais difficile à atteindre un jour. Nous avions déjà des exemples dans l'histoire de l'Afrique du Sud de ce que donne une guerre. Il a fallu plus de cinquante ans pour que disparaissent les cicatrices laissées par la guerre des Boers. Combien faudrait-il de temps pour effacer les cicatrices d'une guerre civile entre races, qui ne pourrait avoir lieu sans des pertes considérables de chaque côté ?

J'ai expliqué que le sabotage offrait le meilleur espoir pour les relations futures entre races. La réaction des dirigeants blancs à nos premières tentatives a été rapide et brutale : ils ont déclaré que le sabotage était un crime passible de la peine de mort. J'ai dit que nous ne voulions pas la guerre civile mais devions nous y préparer.

L'expérience nous a convaincus que la révolte offrirait au gouvernement des occasions infinies pour un massacre aveugle de notre peuple. Mais c'est précisément parce que la terre d'Afrique du Sud est déjà imbibée du sang d'Africains innocents que nous avons senti qu'il était de notre devoir de nous préparer à long terme afin d'utiliser la force pour nous défendre contre la force. Si la guerre était inévitable, nous voulions que le combat soit conduit dans les termes les plus favorables pour notre peuple. Et le combat qui nous offrait les meilleures perspectives et qui comportait le moins de risques pour la vie des deux côtés était la guerre de guérilla. En conséquence, nous avons décidé, en nous préparant pour l'avenir, de prévoir la possibilité de la guerre de guérilla.

Tous les Blancs suivent une formation militaire obligatoire, mais un tel entraînement est refusé aux Africains. Nous considérions comme essentiel de constituer un noyau d'hommes entraînés capables d'assurer la direction qui deviendrait nécessaire si une guerre de guérilla éclatait. Nous devions nous préparer pour une telle situation avant qu'il ne soit trop tard.

J'ai expliqué qu'à ce stade de nos discussions j'avais quitté le pays pour assister à la conférence du PAFMECSA, et suivre un entraînement militaire. J'ai dit que j'avais suivi cet entraînement parce que, s'il devait y avoir une guerre de guérilla, je voulais être capable de lutter à côté de mon peuple. Même ainsi, j'ai cru que les possibilités offertes par le sabotage n'étaient pas du tout épuisées et qu'on devait les poursuivre avec vigueur.

J'ai parlé à la cour de la division entre la ligne de l'ANC et celle de MK, et comment nous avions sincèrement tenté de garder les organisations séparées. Telle était notre politique, mais dans la pratique, ce n'était pas si simple. A cause des interdictions et des emprisonnements, les gens devaient souvent travailler dans les deux organisations. Bien que cette situation ait pu parfois brouiller la distinction, elle ne l'avait pas abolie. J'ai contesté les allégations de l'accusation selon lesquelles les buts et les objectifs de l'ANC et du Parti communiste ne faisaient qu'un.

Le credo idéologique de l'ANC est, et a toujours été, le nationalisme africain. Ce n'est pas la conception du nationalisme africain exprimée dans le cri « Les Blancs à la mer ! ». Le nationalisme africain que défend l'ANC, c'est une conception de liberté et d'accomplissement pour le peuple africain sur sa terre. Le document politique le plus important jamais adopté par l'ANC est la Charte de la liberté. Ce n'est en aucun cas un projet d'Etat socialiste... A aucune période de son histoire l'ANC n'a défendu un changement révolutionnaire dans la structure économique de ce pays et il n'a jamais non plus, autant que je m'en souvienne, condamné la société capitaliste... Contrairement au Parti communiste, l'ANC n'admettait que des Africains parmi ses membres. Son objectif principal était, et est toujours, que le peuple africain obtienne l'unité et des droits politiques entiers. D'autre part, le principal objectif du Parti communiste était de supprimer les capitalistes et de les remplacer par un gouvernement de la classe ouvrière. Le Parti communiste cherchait à renforcer les distinctions de classes alors que l'ANC cherche à les concilier.

Il est vrai qu'il a souvent existé une étroite coopération entre l'ANC et le Parti communiste. Mais la coopération ne prouve qu'un but commun — dans ce cas la fin de la suprématie blanche — et non une entière communauté d'intérêts. L'histoire du monde fourmille d'exemples semblables. L'illustration la plus frappante en est peut-être la coopération entre la Grande-Bretagne, les Etats-Unis d'Amérique et l'Union soviétique dans la lutte contre Hitler. Personne, sauf Hitler, n'aurait osé suggérer qu'une telle coopération faisait de Churchill ou de Roosevelt des communistes ou des instruments des communistes, ni que la Grande-Bretagne et l'Amérique œuvraient pour créer un monde communiste [...].

Il est peut-être difficile pour des Sud-Africains blancs, avec des préjugés bien ancrés contre le communisme, de comprendre pourquoi des hommes politiques africains expérimentés ont accepté d'aussi bon gré les communistes comme amis. Mais pour nous la raison est évidente. Des différences théoriques parmi ceux qui luttent contre l'oppression sont un luxe que nous ne pouvons nous permettre actuellement. Qui plus est, pendant des décennies, les communistes ont formé le seul groupe politique d'Afrique du Sud prêt à traiter les Africains comme des êtres humains et comme leurs égaux ; prêt à manger avec nous ; à parler, à vivre et à travailler avec nous. A cause de cela, il y a aujourd'hui beaucoup d'Africains qui ont tendance à confondre la liberté et le communisme.

J'ai dit à la cour que je n'étais pas communiste et que je m'étais toujours considéré comme un patriote africain. Je n'ai pas nié que l'idée d'une société sans classe me plaisait et que la pensée marxiste m'avait influencé. Cela était vrai de nombreux leaders des nouveaux Etats indépendants d'Afrique, qui acceptaient la nécessité qu'une certaine forme de socialisme permette à leur peuple de rattraper les pays avancés d'Occident.

J'ai retiré de mes lectures de textes marxistes et des conversations avec des marxistes l'impression que les communistes considéraient le système parlementaire d'Occident comme antidémocratique et réactionnaire. Moi, au contraire, j'admire ce système.

La Grande Charte [1], la Pétition des droits [2] et le

---

1. Charte octroyée par le roi Jean d'Angleterre en 1215 et garantissant certaines libertés civiles et politiques. *(N.d.T.)*

Bill of Rights [1] sont des documents que les démocrates du monde entier vénèrent. J'ai le plus grand respect pour les institutions politiques anglaises et pour le système judiciaire de ce pays. Je considère le Parlement britannique comme l'institution la plus démocratique du monde et l'indépendance et l'impartialité de son système judiciaire soulèvent toujours mon admiration. Le Congrès américain, la doctrine de séparation des pouvoirs de ce pays ainsi que l'indépendance de son système judiciaire font naître en moi les mêmes sentiments.

J'ai énuméré les terribles disparités existant entre la vie des Noirs et celle des Blancs en Afrique du Sud. Dans les domaines de l'éducation, de la santé, du revenu, dans chaque aspect de la vie, les Noirs étaient à peine à un niveau de subsistance, alors que les Blancs bénéficiaient du plus haut niveau de vie du monde — et avaient pour objectif que tout reste ainsi. J'ai dit que souvent les Blancs prétendaient que la vie des Africains en Afrique du Sud était bien meilleure que celle des Africains sur le reste du continent. Nous ne nous plaignions pas, ai-je rappelé, d'être pauvres par rapport aux autres peuples d'Afrique mais d'être pauvres en comparaison avec les Blancs de notre pays, et de ce que la législation nous empêchait de rétablir l'équilibre.

L'absence de dignité humaine que connaissent les Africains est le résultat direct de la politique de suprématie blanche. La suprématie blanche implique l'infériorité noire. La législation qui a comme but de protéger la suprématie blanche renforce cette notion. En Afrique du Sud, les tâches inférieures sont invariablement exécutées par des Africains. Quand il faut transporter ou laver quelque chose, l'homme blanc cherche autour de lui un

2. Pétition adressée en 1628 au roi Charles Ier d'Angleterre par le Parlement et qui fut par la suite intégrée à la Constitution. *(N.d.T.)*
1. Loi de 1689 déterminant les droits du citoyen anglais. *(N.d.T.)*

Africain pour qu'il le fasse à sa place, que cet Africain soit ou non son employé [...].

La pauvreté et la destruction de la vie familiale ont des effets secondaires. Les enfants errent dans les rues des townships parce qu'ils n'ont pas d'école où aller, ou pas d'argent pour leur permettre d'aller à l'école, ou pas de parents chez eux pour veiller à ce qu'ils aillent à l'école, parce que leurs deux parents (s'il y en a deux) n'ont pas de travail pour faire vivre leur famille. Cela conduit à un effondrement des valeurs morales, à une augmentation inquiétante de la délinquance et de la violence qui se manifestent dans tous les domaines et pas seulement en politique [...].

Les Africains veulent une part juste de l'Afrique du Sud ; ils veulent la sécurité et un repère dans la société. Et avant tout, nous voulons des droits politiques égaux, parce que sans eux notre impuissance sera permanente. Je sais que cela semble révolutionnaire pour les Blancs de ce pays parce que les Africains constitueront la majorité des électeurs. A cause de cela, l'homme blanc a peur de la démocratie [...].

C'est pour cela que combat l'ANC. Sa lutte est vraiment une lutte nationale. C'est une lutte du peuple africain, qu'inspirent ses souffrances et sa propre expérience. C'est une lutte pour le droit de vivre.

Jusque-là j'avais lu mon texte. Mais à ce moment, j'ai posé mes papiers sur la table de la défense et me suis tourné face au juge. La salle est devenue extrêmement silencieuse. En prononçant de mémoire les dernières phrases, je n'ai pas quitté le juge De Wet des yeux.

Au cours de ma vie, je me suis entièrement consacré à la lutte du peuple africain. J'ai lutté contre la domination blanche et j'ai lutté contre la domination noire. Mon idéal le plus cher a été celui d'une société libre et démocratique dans laquelle tous vivraient en harmonie et avec des chances égales. J'espère vivre assez longtemps pour l'atteindre. Mais si cela est nécessaire, c'est un idéal pour lequel je suis prêt à mourir.

Le silence dans le tribunal était maintenant absolu. A la fin de ma déclaration, je me suis simplement assis. Je ne me suis pas retourné vers le public et pourtant je sentais tous les yeux braqués sur moi. Le silence sembla se prolonger pendant de nombreuses minutes. Mais en réalité, il ne dura sans doute pas plus de trente secondes, et de la salle j'entendis ce qui ressemblait à un profond soupir, suivi par le sanglot d'une femme.

J'avais lu pendant plus de quatre heures. Il était un peu plus de seize heures et normalement la séance aurait dû être suspendue. Mais le juge De Wet, dès que l'ordre fut revenu dans la salle, appela le témoin suivant. Il était déterminé à atténuer l'impact de ma déclaration. Il ne voulait pas que ce soit la dernière et la seule déposition de la journée. Mais rien de ce qu'il put faire n'en affaiblit l'effet. Quand je m'assis après avoir terminé ma déclaration, ce fut la dernière fois que le juge De Wet me regarda dans les yeux.

Mon discours connut une très large publicité dans la presse locale aussi bien qu'internationale et, il fut reproduit pratiquement mot pour mot dans le *Rand Daily Mail*. Cela en dépit du fait qu'il était interdit de publier ce que je disais. Ce discours indiquait notre ligne de défense tout en désarmant l'accusation, qui avait tout préparé dans l'attente de ma déposition comme témoin pour nier le sabotage. Il devenait maintenant évident que nous n'utiliserions pas les subtilités de la procédure et que nous accepterions la responsabilité d'actions que nous avions entreprises avec fierté et préméditation.

Walter Sisulu était l'accusé numéro deux. Il dut soutenir le choc du contre-interrogatoire que Yutar avait préparé pour moi. Il résista à un barrage de questions hostiles et s'éleva au-dessus des manœuvres mesquines pour expliquer notre politique en termes simples et clairs. Il affirma que l'Opération Mayibuye et la politique de guerre de guérilla n'avaient pas été adoptées comme politique de l'ANC. En fait, Walter dit à la cour qu'il s'était personnellement opposé à son adoption parce qu'il jugeait cela prématuré.

Govan suivit Walter à la barre des témoins et raconta fièrement à la cour sa longue appartenance au Parti communiste. Le procureur lui demanda pourquoi, s'il reconnaissait beaucoup des actions de l'acte d'accusation, il ne plaidait pas simplement coupable pour la totalité ? « Tout d'abord, répondit Govan, parce que j'ai senti que je devais expliquer sous serment certaines des raisons qui m'ont amené à rejoindre ces organisations. Pour moi, c'était là une question de devoir moral. Ensuite, pour la simple raison que plaider coupable indiquerait à mon avis un sens de culpabilité morale. Je n'accepte pas qu'on attache une culpabilité morale à mes paroles. »

Comme Govan, Ahmed Kathrada et Rusty Bernstein reconnurent leur appartenance au Parti communiste ainsi qu'à l'ANC. Rusty avait été arrêté à Rivonia au cours de la descente de police, mais la seule preuve directe que l'accusation avait contre lui était l'assistance qu'il avait apportée à la construction de l'émetteur radio à la ferme. Dans un témoignage précis, Kathy nia avoir commis des actes de sabotage ou avoir incité d'autres personnes à en commettre, mais il dit qu'il soutenait de tels actes s'ils faisaient avancer la lutte.

Nous avions tous été surpris quand l'accusé numéro huit, James Kantor, avait été arrêté et mis dans notre groupe. C'était le beau-frère et l'associé de Harold Wolpe, qui réalisait pour nous un certain nombre de transactions dans son cabinet, mais à part cela il n'avait absolument aucun lien avec l'ANC ou MK. Il n'y avait pratiquement aucun élément contre lui et je pensais que l'accusation ne le maintenait en prison que pour intimider les avocats progressistes.

Le jour où le juge De Wet devait traiter le dossier de Jimmy, nous attendions dans les cellules en dessous du tribunal et j'ai dit à Jimmy : « Echangeons nos cravates pour que ça te porte chance. » Quand il a vu la vieille cravate large et démodée que je lui donnais à la place de sa belle cravate en soie, il a sans doute dû penser que j'essayais simplement d'améliorer ma garde-robe. Jimmy était toujours tiré à quatre épingles mais il a porté ma cravate au tribunal et, quand le juge a rejeté les charges qui pesaient contre lui, il a levé la cravate vers moi en guise d'au revoir.

Raymond Mhlaba était un des responsables de l'ANC et de MK dans l'Eastern Cape, mais comme l'accusation n'avait pas beaucoup de preuves contre lui, il nia être membre de MK et connaître quoi que ce soit au sabotage. Nous avons décidé que ni Elias Motsoaledi, l'accusé numéro neuf, ni Andrew Mlangeni, l'accusé numéro dix, ne devaient témoigner. Il s'agissait de membres peu élevés de MK, et ils ne pouvaient pas ajouter grand-chose à ce qui avait déjà été dit. Elias Motsoaledi avait été battu et torturé en prison et pourtant il n'avait rien dit. Andrew Mlangeni, le dernier accusé, fit une déclaration sans prêter serment, dans laquelle il reconnaissait avoir porté des messages pour MK et s'être déguisé en pasteur pour faciliter son travail. Lui aussi informa la cour qu'il avait été battu en prison, et torturé à l'électricité. Andrew était le dernier témoin. La défense en avait fini. Il restait les plaidoiries et le jugement.

Le 20 mai, Yutar transmit à la presse une douzaine d'exemplaires reliés de cuir bleu de sa dernière déclaration, et un seul à la défense. Malgré son élégante couverture, le réquisitoire de Yutar était un résumé tronqué des arguments de l'accusation et n'expliquait pas l'inculpation ni n'évaluait les témoignages. Il était rempli d'insultes *ad hominem*. « La fourberie des accusés est stupéfiante. » « Bien qu'ils représentent à peine 1 % de la population bantoue, ils se permettent de dire au monde que les Africains d'Afrique du Sud sont réprimés, opprimés et déprimés. » Le juge De Wet lui-même sembla dérouté par la déclaration de Yutar et, à un moment, il l'interrompit pour lui dire : « Mr. Yutar, vous reconnaissez donc que vous n'avez pas réussi à prouver que la guerre de guérilla avait été décidée, n'est-ce pas ? »

Yutar en fut abasourdi. Il supposait exactement le contraire. La question du juge nous étonna nous aussi, car elle nous redonnait espoir. Yutar dit en hésitant à la cour qu'on avait bien fait des préparatifs pour la guerre de guérilla.

« Oui, je le sais, répondit De Wet avec impatience, la défense le reconnaît. Mais ils disent qu'avant leur arrestation ils n'avaient pris aucune décision pour s'engager dans la guerre de guérilla. Je note que vous n'avez aucune preuve pour contredire cela et que vous l'acceptez ?

— Comme vous voulez », dit Yutar d'une voix étranglée.

Yutar termina en affirmant qu'il ne s'agissait pas seulement d'une affaire de haute trahison « par excellence », mais aussi de meurtre et de tentative de meurtre — ni l'un ni l'autre n'étaient mentionnés dans l'acte d'accusation. Dans un élan de fureur, il proclama : « J'oserai dire que chaque affirmation de l'acte d'accusation a été prouvée. » Au moment même où il prononçait ces mots, il les savait manifestement faux.

L'avocat-conseil de la défense, Arthur Chaskalson, se leva le premier pour traiter certaines questions légales qu'avait soulevées l'accusation. Il rejeta la déclaration de Yutar selon laquelle le procès avait quelque chose à voir avec le meurtre, et il rappela à la cour que la politique de MK était qu'on devait épargner les vies. Quand Arthur commença à expliquer que d'autres organisations commettaient des actes de sabotage dont on accusait les prévenus, le juge De Wet l'interrompit pour lui dire qu'il avait déjà accepté cela comme un fait. C'était une autre victoire inattendue.

Bram Fischer prit la parole ensuite avec l'intention de s'attaquer aux deux affirmations les plus graves de l'accusation : que nous avions entrepris la guerre de guérilla et que l'ANC et MK formaient une seule et même chose. De Wet avait dit qu'il pensait que la guerre de guérilla n'avait pas encore commencé, mais nous ne voulions pas prendre de risques. Quand Bram se lança dans le premier point, De Wet lui dit d'un ton irrité : « Je pensais avoir été très clair. J'ai accepté qu'aucune décision n'avait été prise ni aucune date fixée pour la guerre de guérilla. »

Quand Bram attaqua le second point, De Wet l'interrompit de nouveau pour lui rappeler qu'il avait aussi accepté le fait que les deux organisations étaient séparées. Bram, toujours prêt à tout entendre, fut surpris par la réponse du juge. Alors il se rassit ; le juge avait accepté ses arguments avant même qu'il les eût exposés. Nous étions fous de joie si toutefois l'on peut dire que des hommes qui risquent la peine de mort sont joyeux. Le jugement fut mis en délibéré, le verdict ne serait rendu que trois semaines plus tard.

57

Le monde entier avait prêté une grande attention au procès de Rivonia. Des veilles avaient lieu des nuits entières dans la cathédrale Saint-Paul à Londres. Les étudiants de l'université de Londres m'élurent président de leur syndicat. Un groupe d'experts des Nations unies réclama une convention nationale en Afrique du Sud qui conduirait à un parlement vraiment représentatif, et recommanda l'amnistie de tous les opposants à l'apartheid. Deux jours avant la décision du juge De Wet, le Conseil de sécurité des Nations unies demanda au gouvernement sud-africain (avec quatre abstentions dont la Grande-Bretagne et les Etats-Unis) de mettre fin au procès et d'amnistier les accusés.

Quelques jours avant la reprise du procès, j'ai rédigé des devoirs pour un examen de l'université londonienne afin de passer mon doctorat. Cela pouvait sembler bizarre que je passe un examen de droit quelques jours avant le verdict. Cela parut sans aucun doute étrange à mes gardes, qui me dirent que là où j'allais, je n'aurais pas besoin d'un diplôme de droit. Mais j'avais poursuivi mes études tout au long du procès et je voulais passer l'examen. Je n'avais que cela en tête et, plus tard, je me suis rendu compte que c'était une façon de ne pas avoir de pensées négatives. Je savais que je n'exercerais pas de sitôt mais je ne voulais pas y penser. J'ai été reçu à mon examen.

Le jeudi 11 juin 1964, on nous rassembla au palais de justice pour entendre la lecture du verdict. Nous savions que pour au moins six d'entre nous, nous ne pouvions qu'être reconnus coupables. Le problème, c'était la sentence.

De Wet ne perdit pas de temps. Il parla d'une voix basse et rapide : « J'ai noté les raisons qui m'ont amené à ces conclusions. Je ne propose pas de les lire.

« L'accusé numéro un est reconnu coupable des quatre chefs d'accusation. L'accusé numéro deux est reconnu coupable des quatre chefs d'accusation. L'accusé numéro trois est reconnu coupable des quatre chefs d'accusation... »

De Wet déclara chacun des principaux accusés coupable de tous les chefs d'accusation. Kathy ne fut reconnu coupable que d'un seul, et Rusty Bernstein ne fut reconnu coupable d'aucun et acquitté.

« Je ne me propose pas d'aborder la question de la sentence aujourd'hui, dit De Wet. L'accusation et la défense auront l'occasion de présenter toute plaidoirie qu'elles souhaiteront demain matin à 10 heures. » L'audience fut levée.

Nous avions espéré que Kathy et Mhlaba échapperaient à la condamnation mais c'était un signe supplémentaire, s'il en était besoin, de la dureté du gouvernement. Si l'on pouvait reconnaître Mhlaba coupable des quatre chefs d'accusation avec si peu de preuves, ceux contre qui les preuves étaient accablantes pouvaient-ils échapper à la peine de mort ?

Ce soir-là, après en avoir parlé entre nous, Walter, Govan et moi avons informé nos avocats que, quelle que soit la sentence, même la peine de mort, nous ne ferions pas appel. Notre décision les stupéfia. Nous pensions tous trois qu'un appel affaiblirait la position morale que nous avions prise. Dès le début, nous avions affirmé que ce que nous avions fait, nous l'avions fait fièrement, et pour des raisons morales. Nous n'allions pas maintenant laisser penser autre chose en faisant appel. Si l'on prononçait des condamnations à mort, nous ne voulions pas entraver la campagne de masse qui commencerait certainement. A la lumière de la ligne de témérité et de défi que nous avions suivie, faire appel aurait semblé contradictoire et même décevant. Nous voulions dire ainsi qu'aucun sacrifice n'était assez grand dans la lutte de libération.

Notre décision déplaisait à nos avocats, et ils voulaient absolument qu'on revienne dessus. Mais Walter, Govan et moi voulions parler de la procédure du lendemain. Si nous étions condamnés à mort, que se passerait-il ? On nous dit que, lorsque De Wet aurait prononcé la sentence, il me demanderait, en tant qu'accusé numéro un : « Avez-vous une raison à présenter selon laquelle la sentence de mort ne devrait pas être prononcée ? » J'expliquai à Bram, à Joel et à Vernon que, dans ce cas-là, j'aurais beaucoup de choses à dire. J'exposerais à De Wet que j'étais prêt à mourir parce que je savais que ma mort inspirerait la cause pour laquelle je donnais ma vie. Ma mort — nos morts — ne serait pas vaine ; nous servirions encore plus notre cause dans la mort, comme martyrs, que nous ne pouvions la servir dans la vie. Nos avocats nous dirent que ce genre de discours ne nous serait pas très utile pour faire appel, et je réaffirmai que nous ne ferions pas appel.

Même si — en particulier si — nous n'étions pas condamnés à mort, il y avait des raisons pratiques pour ne pas faire appel. Tout d'abord, nous pouvions perdre. Une cour d'appel pouvait décider que De Wet avait été trop indulgent et que nous méritions la peine de mort.

Un appel couperait l'herbe sous le pied à la pression internationale qui demanderait notre libération.

Pour l'accusation, une condamnation à mort serait la sentence la plus pratique. Nous avions appris que le ministre de la Justice, John Vorster, avait dit à des amis que la plus grande gaffe du Premier ministre Smuts pendant la Seconde Guerre mondiale avait été de ne pas l'avoir pendu pour haute trahison. Les nationalistes, avait-il ajouté, ne commettraient pas la même erreur.

J'étais prêt à subir la peine de mort. Pour être effectivement prêt à quelque chose, on doit s'y attendre vraiment. On ne peut être prêt à quelque chose si l'on ne croit pas secrètement que cela arrivera. Nous étions tous prêts à la mort, non pas parce que nous étions courageux mais parce que nous étions réalistes. J'ai pensé à ce vers de Shakespeare : « Soyez résolu devant la mort ; et la mort et la vie vous seront plus douces [1]. »

*58

Le vendredi 12 juin 1964, nous sommes entrés dans le tribunal pour la dernière fois. Près d'un an avait passé depuis les arrestations fatales de Rivonia. Les mesures de sécurité étaient extrêmes. Notre convoi parcourut les rues toutes sirènes hurlantes. Les voies qui menaient au tribunal avaient été fermées à la circulation. La police contrôlait l'identité de tous ceux qui tentaient de s'approcher du palais de justice. Elle avait installé des points de contrôle aux arrêts de bus et dans les gares. Malgré les mesures d'intimidation, pas moins de deux mille personnes s'étaient rassemblées devant le tribunal en brandissant des banderoles et des panneaux où l'on pouvait lire : « Nous soutenons nos responsables. » A l'intérieur, la

---

1. *Mesure pour mesure*, acte III, scène I. *(N.d.T.)*

salle était comble et il ne restait de la place que pour la presse nationale et internationale.

J'ai fait un signe à Winnie et à ma mère. C'était réconfortant de les voir ; ma mère avait fait le voyage depuis le Transkei. Venir dans un tribunal pour savoir si son fils sera ou non condamné à mort doit créer une sensation étrange. Je soupçonnais ma mère de ne pas comprendre tout ce qui se passait, cependant son soutien ne m'a jamais manqué. Winnie était tout aussi déterminée, et je puisais dans sa force.

Le greffier appela : « Procès de Mandela et autres. » Avant l'énoncé de la sentence, il y avait deux demandes d'indulgence, la première par Harold Hanson et l'autre par l'écrivain Alan Paton, qui était également président du Parti libéral. Hanson parla avec éloquence, en disant qu'on ne pouvait étouffer les doléances d'une nation, que les peuples trouvent toujours le moyen de les exprimer. « Ce ne sont pas leurs buts qui les ont rendus criminels, dit Hanson, ce sont seulement les moyens auxquels ils ont eu recours. » Hanson dit que le juge ferait bien de se rappeler que son propre peuple, les Afrikaners, avait utilisé l'action violente pour sa liberté.

Bien que Paton ne soutînt pas la violence, il dit que les accusés n'avaient eu qu'une alternative : « Courber la tête et se soumettre, ou résister par la force. » Il dit qu'on devait faire preuve de clémence envers les accusés, sinon l'avenir de l'Afrique du Sud serait compromis.

Mais De Wet ne semblait pas les écouter. Il ne leva pas les yeux et ne prit pas de notes pendant qu'ils parlaient. Il avait l'air perdu dans ses pensées. A l'évidence, sa décision était déjà prise ; il attendait seulement le moment de l'annoncer.

Il nous fit un signe de tête pour que nous nous levions. J'essayai de croiser son regard mais il ne regardait même pas dans notre direction. Il fixait un point à mi-distance. Il avait le visage très pâle, et il respirait de façon haletante. Nous nous sommes regardés et nous savions : ce serait la mort, sinon pourquoi cet homme habituellement calme aurait-il été si nerveux ? Et il prit la parole.

J'ai entendu beaucoup de choses au cours de ce procès, à propos des souffrances de la population non européenne. Les avocats ainsi que les accusés, qui sont tous des leaders de la population non européenne, m'ont dit qu'ils n'avaient eu comme motivation que de soulager ces souffrances. Je ne suis absolument pas convaincu que les motivations des accusés aient été aussi altruistes qu'ils voudraient le faire croire à la cour. En général, ceux qui organisent une révolution ont pour objectif de prendre le pouvoir et on ne peut écarter le rôle de l'ambition personnelle.

Il s'est arrêté un instant comme pour reprendre son souffle. La voix de De Wet, étouffée jusque-là, devint à peine audible.

La fonction de ce tribunal, comme celle de tout tribunal dans n'importe quel pays, est d'appliquer les lois de l'Etat dans lequel il exerce. Le crime dont les accusés ont été reconnus coupables, le crime principal, celui de conspiration, est par essence un crime de haute trahison. Ce n'est pas sous cette forme que l'accusation a décidé de poursuivre ce crime. Me souvenant de ce point et apportant à cette question la plus grande attention, j'ai décidé de ne pas prononcer de peine capitale qui, dans un cas comme celui-ci, serait la peine adaptée au crime. Mais conscient de mon devoir, je ne puis aller au-delà de cette attitude indulgente. Pour tous les accusés, la sentence sera l'emprisonnement à vie.

Nous nous sommes regardés en souriant. Il y avait eu un grand mouvement de surprise dans le tribunal quand De Wet avait annoncé qu'il ne nous condamnerait pas à mort. Mais il y eut beaucoup de consternation parmi l'assistance parce que certains spectateurs n'avaient pas pu entendre la sentence de De Wet. La femme de Dennis Goldberg lui cria : « Dennis, qu'est-ce que c'est ?

— La vie, lui cria-t-il en souriant. La vie. Vivre ! »

Je me suis tourné et j'ai fait un large sourire au public en cherchant le visage de Winnie et celui de ma mère, mais il y avait une grande confusion dans le tribunal, tous les gens criaient et la police poussait la foule dans tous les sens. Je ne les voyais pas. J'ai fait le salut de l'ANC en levant le pouce, alors que beaucoup de spectateurs se précipitaient à l'extérieur pour aller communiquer la sentence à la foule. Nos gardes ont commencé à nous pousser vers la porte qui conduisait au sous-sol, et j'ai eu beau chercher le visage de Winnie, je n'ai pas pu l'apercevoir avant de passer la porte.

On nous a mis les menottes et on nous a enfermés dans les cellules du sous-sol. Les gens à l'extérieur rendaient la police extrêmement nerveuse. On nous a laissés là pendant plus d'une demi-heure en espérant que la foule se disperserait. Puis on nous a conduits à l'arrière du bâtiment et nous sommes montés dans un fourgon noir. Nous entendions les motos de l'escorte, dont les moteurs s'emballaient à côté. Pour éviter la foule, le fourgon a pris un autre itinéraire mais nous entendions quand même les cris « *Amandla* » et les rythmes lents et beaux de *Nkosi sikelel' iAfrika*. Nous avons tendu le poing à travers les barreaux de la fenêtre en espérant que la foule nous verrait mais sans en être sûrs.

Maintenant, nous étions tous des condamnés. On nous a séparés de Dennis Goldberg parce qu'il était blanc et on l'a emmené dans un autre bâtiment. Nous, on nous a enfermés dans une seule cellule à Pretoria Local, loin des autres prisonniers. Au lieu de cris et de chants, nous n'entendions plus que le claquement des portes et des grilles.

Cette nuit-là, allongé sur le sol de ma cellule, j'ai passé en revue les raisons de la décision de De Wet. Les manifestations dans toute l'Afrique du Sud et les pressions internationales avaient sans aucun doute pesé dans son esprit. Les syndicats du monde entier avaient protesté contre le procès. Les syndicats de dockers avaient menacé de ne plus charger les marchandises pour l'Afrique du Sud. Le Premier ministre russe, Léonide Brejnev, avait écrit au Dr. Verwoerd pour lui demander son indulgence. Des membres du Congrès des Etats-Unis avaient élevé une protestation. Cinquante membres du Parlement britannique avaient organisé une marche dans Londres. On disait qu'Alex Douglas-Home, le ministre des Affaires étrangères britannique, travaillait en coulisses pour nous aider. Adlai Stevenson, le représentant des USA aux Nations unies, écrivit une lettre disant que son gouvernement ferait tout pour empêcher une condamnation à mort. Je pensais qu'après avoir accepté le fait que nous n'avions pas encore commencé la guerre de guérilla et que l'ANC et MK étaient des entités séparées, il aurait été difficile pour De Wet de nous condamner à mort ; cela aurait semblé excessif.

Verwoerd déclara devant le Parlement que les protestations et les télégrammes reçus du monde entier n'avaient en rien influencé le jugement. Il se vanta d'avoir jeté au panier les télégrammes venant des pays socialistes.

Vers la fin du procès, le juge De Wet avait dit en passant à Bram Fischer que la défense avait déclenché une immense propagande dans le monde entier. C'était peut-être sa façon de reconnaître les pressions. Il savait que si nous étions exécutés, l'immense majorité du peuple le considérerait comme un tueur.

Pourtant, la pression des siens était encore plus grande. C'était un Afrikaner blanc, un produit de la culture et du système sud-africains. Il n'avait aucune envie d'aller contre l'ensemble de croyances qui l'avait formé. Il avait succombé à ces pressions en nous condamnant à la prison à vie et il leur avait résisté en ne nous condamnant pas à mort.

J'étais surpris et mécontent des sentences que De Wet avait infligées à Kathrada, Motsoaledi et Mlangeni. Je m'attendais à ce qu'il acquitte Kathy et donne des peines légères à Elias et à Andrew. Ces deux derniers étaient des membres relativement récents de MK, et les infractions combinées des trois ne pouvaient pas se comparer à celles des autres. Mais en ne faisant pas appel, nous avions sans aucun doute pénalisé Kathy, Andrew et Elias : une cour d'appel aurait pu alléger leur condamnation.

Chaque soir, à Pretoria Local, avant l'extinction des feux, la prison résonnait des chants de liberté que chantaient les détenus. Nous participions nous aussi à ce chœur immense. Mais, chaque soir, quelques secondes avant que les lumières ne s'éteignent, comme pour obéir à un ordre muet, le bourdonnement des voix s'arrêtait, et toute la prison retombait dans le silence. Alors d'une dizaine d'endroits des hommes criaient « *Amandla !* ». Des centaines d'autres voix leur répondaient « *Ngawethu !* ». Souvent nous lancions le premier cri nous-mêmes, mais ce soir-là, d'autres prisonniers anonymes prirent l'initiative et les voix dans toute la prison semblèrent particulièrement fortes, comme si elles voulaient nous armer de courage pour ce qui nous attendait.

HUITIÈME PARTIE

Robben Island
Les années sombres

59

A minuit, je ne dormais pas et je contemplais le plafond — les images du procès me couraient encore dans la tête — quand j'ai entendu des pas dans le couloir. J'étais seul dans ma cellule, séparé des autres. On frappa à ma porte et je vis le visage du colonel Aucamp entre les barreaux. « Mandela, me dit-il d'une voix rauque, tu es réveillé ? » Je lui répondis que oui. « Tu as de la chance. On t'emmène dans un endroit où tu seras libre. Tu pourras te déplacer à ta guise ; tu verras l'océan et le ciel, pas seulement des murs gris. »

Il ne se moquait pas mais je savais bien que l'endroit dont il me parlait ne m'offrirait pas la liberté dont je rêvais.

Puis il fit une remarque assez sibylline : « Tant que tu ne feras pas de problèmes, tu auras tout ce que tu voudras. »

Aucamp réveilla les autres, qui se trouvaient tous dans la même cellule, et il leur ordonna de préparer leurs affaires. Un quart d'heure plus tard, nous traversions le labyrinthe de fer de Pretoria Central, avec sa suite de portes métalliques bruyantes qui résonnaient dans nos oreilles.

A l'extérieur, on nous a mis les menottes à tous les sept — Walter, Raymond, Govan, Kathy, Andrew, Elias et moi — et on nous a entassés à l'arrière d'un fourgon cellulaire. Il était plus de minuit, mais nous n'étions pas fatigués, et l'ambiance n'était pas triste. Nous étions assis sur le plancher poussiéreux, chantant et nous rappelant les derniers moments du procès. Les gardiens nous ont donné des sandwiches et des boissons glacées et le lieutenant Van Wyck a grimpé à l'arrière avec nous. C'était un compagnon agréable qui, pendant une pause, nous a donné de lui-même son opinion sur l'avenir. « Vous, les gars, vous n'allez pas rester en prison très longtemps. La demande pour votre libération est trop forte. Dans un an ou deux, vous sortirez et vous reviendrez en héros nationaux. Les foules vous acclameront, tout le monde voudra être votre ami, les femmes voudront aller avec vous. Ag, vous avez réussi, les gars. » Nous l'avons écouté sans rien dire, mais j'avoue que ses commentaires m'ont redonné beaucoup de courage. Malheureusement, il se trompait de près de trois décennies.

Nous sommes partis discrètement, secrètement, avec une impressionnante escorte policière, au milieu de la nuit et, moins d'une demi-heure plus tard, nous nous sommes retrouvés sur un petit aérodrome de l'armée à l'extérieur de la ville. On nous a fait monter dans un Dakota, un gros avion de transport militaire qui n'était plus de la première jeunesse. Il n'y avait pas de chauffage et nous grelottions. Certains parmi nous n'avaient jamais pris l'avion et le voyage semblait plus les angoisser que la destination ; la perspective d'être ballotté dans tous les sens à quinze mille pieds leur semblait plus périlleuse que celle d'être enfermé dans une cellule derrière de hauts murs.

Après environ une heure de vol, l'aube a éclairé la terre en dessous. L'avion avait des hublots et dès qu'on a pu voir quelque chose dans la faible lumière, mes camarades ont pressé leur visage contre la vitre. Nous volions en direction du sud-est, au-dessus des étendues plates et desséchées de l'Etat libre d'Orange puis de la péninsule verdoyante du Cap. Je regardais moi aussi le paysage, pas en touriste mais à la recherche de régions où une armée de guérilla pouvait se cacher.

Depuis la fondation de MK, on avait discuté pour savoir si la campagne sud-africaine pouvait abriter une armée de guérilla. La majorité du Haut Commandement pensait que c'était impossible. Quand nous avons survolé une région montagneuse et boisée, le Matroosberg, dans la province du Cap, j'ai crié à mes compagnons que c'était le terrain idéal pour nous battre. Ils sont devenus tout excités en tendant le cou pour mieux voir et, effectivement, la forêt très dense semblait bien pouvoir abriter une force de guérilla naissante.

Quelques minutes plus tard, nous nous trouvions aux abords du Cap. Bientôt, nous avons vu les maisons boîtes d'allumettes des Cape Flats, les tours illuminées du centre ville et le sommet horizontal de la montagne de la Table. Puis, au milieu de la baie de la Table, dans les eaux d'un bleu profond de l'Atlantique, nous avons distingué les contours brumeux de Robben Island.

Nous nous sommes posés sur un terrain d'aviation à une extrémité de l'île. C'était un jour sombre et couvert et, quand je suis sorti de l'avion, le vent d'hiver très froid m'a cinglé à travers mon uniforme de prisonnier. Des gardes avec des armes automatiques nous attendaient ; l'atmosphère était tendue mais calme, contrairement à la réception violente que j'avais connue lors de mon arrivée sur l'île, deux ans auparavant.

On nous a conduits vers la vieille prison, une bâtisse de pierre isolée, où on nous a donné l'ordre de nous déshabiller alors que nous étions encore à l'extérieur. C'est une des humiliations rituelles de la vie carcérale : quand on est transféré d'une prison dans une autre, on change d'abord la tenue de l'ancien établissement pour celle du nouveau. Quand nous avons été déshabillés, on nous a jeté l'uniforme kaki de Robben Island.

Les règlements de l'apartheid s'étendaient jusqu'aux tenues des prisonniers. Nous avons tous reçu un short, un pull très léger et une veste de toile. Kathy, le seul Indien, a reçu un pantalon long. Normalement les Africains avaient des sandales avec une semelle faite d'un morceau de pneu, mais on nous a donné des chaussures. Kathy a été le seul à avoir des chaussettes. Les shorts devaient rappeler aux Africains qu'ils étaient des « boys ». Ce jour-là, j'ai mis mon short mais je me suis juré que je ne le porterais pas longtemps.

Les gardiens nous indiquaient avec leurs armes où ils voulaient qu'on aille et ils aboyaient leurs ordres à l'aide d'un seul mot : « Avancez ! », « Silence ! », « Halte ! ». Ils ne nous menaçaient pas en faisant les fanfarons comme lors de mon précédent séjour, et ne manifestaient aucune émotion.

Notre séjour dans la vieille prison n'était que temporaire. Les autorités terminaient un ensemble séparé avec une sécurité maximale pour les prisonniers politiques. Nous n'avions pas le droit de sortir ni d'avoir de contacts avec les autres détenus.

Le matin du quatrième jour, on nous a mis les menottes et on nous a emmenés en camion couvert dans une prison à l'intérieur de la prison. Le nouveau bâtiment était une forteresse en pierre, de plain-pied et rectangulaire, avec au centre une cour au sol de ciment d'environ trente mètres sur trente. Il y avait des cellules sur trois côtés. Le quatrième était un mur de trois mètres de haut avec une passerelle sur laquelle patrouillaient des gardes accompagnés de bergers allemands.

Les trois côtés de cellules s'appelaient sections A, B, et C, et l'on nous a mis dans la section B, sur le côté est. On nous a donné des cellules individuelles situées de part et d'autre d'un long couloir, la moitié d'entre elles donnant sur la cour intérieure. Il y avait en tout une trentaine de cellules. Le nombre total de prisonniers en cellules individuelles était en général de vingt-quatre. Chaque cellule avait une fenêtre de trente centimètres de côté, avec des barreaux métalliques, et une double porte : à l'intérieur, une porte métallique ou une grille avec des barreaux de fer et, à l'extérieur, une épaisse porte de bois. Pendant la journée, seule la porte métallique était fermée ; la nuit, on fermait aussi la porte de bois.

On avait construit les cellules à la hâte et les murs étaient perpétuellement humides. Quand j'en parlai à l'officier qui commandait la prison, il me répondit que nos corps allaient absorber l'humidité. On nous avait donné trois couvertures si légères et si usées qu'on voyait pratiquement à travers. Notre literie se composait d'une natte de sisal ou de paille. Plus tard, on nous a donné un matelas de feutre qu'on plaçait sur la natte de sisal pour avoir un peu plus de confort. A cette époque de l'année, il faisait si froid dans les cellules et les couvertures procuraient si peu de chaleur que nous dormions toujours tout habillés.

Ma cellule était la première du couloir. Elle donnait sur la cour centrale et avait une petite fenêtre à hauteur du regard. J'en parcourais la longueur en trois pas. Quand je m'allongeais, je sentais le mur avec mes pieds et ma tête touchait le ciment de l'autre côté. Elle mesurait environ 1,80 mètre de large et les murs avaient au moins 60 centimètres d'épaisseur. A l'extérieur de chaque cellule, il y avait un carton blanc avec le nom du détenu et son numéro de prisonnier. Sur mon carton, on pouvait lire « N. Mandela 466/64 », ce qui voulait dire que j'étais le 466e prisonnier arrivé sur l'île en 1964. J'avais quarante-six ans, j'étais condamné à la prison à vie et je vivrais dans ce petit espace pendant je ne savais combien de temps.

Un certain nombre de prisonniers nous ont bientôt rejoints. Ils avaient été détenus dans la section générale, un bâtiment de brique assez bas, peu éloigné de la section B. La prison générale, qu'on appelait sections F et G, abritait un millier de prisonniers la plupart de droit commun. Un quart d'entre eux étaient des politiques et c'est quelques-uns choisis parmi ces derniers qui nous ont rejoints en section B. Nous étions isolés des autres prisonniers pour deux raisons : on nous considérait comme dangereux sur le plan de la sécurité mais encore plus sur le plan politique. Les autorités craignaient que nos idées ne « contaminent » les autres prisonniers.

Parmi ceux qui nous ont rejoints, il y avait George Peake, un des fondateurs de la SACPO (South African Coloured People's Organization, Organisation des métis d'Afrique du Sud), accusé au procès de trahison et membre récent du Conseil municipal du Cap. On l'avait condamné pour avoir posé des bombes devant une prison du Cap. Dennis Brutus, un autre militant métis, poète et écrivain de Port Elizabeth, avait été emprisonné pour avoir violé son ordre d'interdiction. Il y avait également Billy Nair, qui avait appartenu au Congrès indien du Natal, condamné pour sabotage comme membre de MK.

En quelques jours nous eûmes un peu plus de compagnie, y compris Neville Alexander, un intellectuel métis de premier plan, membre du Mouvement de l'unité non européenne, qui avait formé un minuscule groupe extrémiste au Cap, le Yu Chi Chan Club, qui étudiait les possibilités de la guerre de guérilla. Neville avait une licence de l'université du Cap et un doctorat de littérature allemande de l'université de Tübingen en Allemagne. Avec lui se trouvaient Fikile Bam, un étudiant en droit de l'université du Cap et membre du Yu Chi Chan Club, et Zephania Mothopeng, membre de la direction nationale du PAC. Zeph avait été instituteur à Orlando où il avait violemment combattu l'éducation bantoue ; c'était un des principaux responsables du PAC. Trois vieux paysans du Transkei, condamnés pour avoir voulu assassiner K.D. Matanzima, maintenant Premier ministre du Transkei « autonome », étaient aussi emprisonnés avec nous.

Cela forma un groupe central d'une vingtaine de prisonniers. J'en connaissais certains, j'avais entendu parler de certains autres et il y en avait que je ne connaissais pas du tout. Normalement, en prison, un des rares moments agréables, c'est de voir de vieux amis et de nouveaux visages, mais l'atmosphère de ces premières semaines nous sembla si oppressante que nous ne fûmes même pas capables de nous saluer. Il y avait autant de gardes que de prisonniers, et ils renforçaient les règlements par la menace et l'intimidation.

Pendant la première semaine, nous avons commencé le travail qui allait nous occuper pendant les mois suivants. Chaque matin, un camion déposait un chargement de pierres près de la porte d'entrée, chacune de la taille d'un ballon. Avec des brouettes, nous les transportions jusqu'au centre de la cour. On nous donnait un marteau de deux ou de sept kilos. Notre travail consistait à casser les pierres pour en faire du gravier. Nous étions assis sur le sol, les jambes croisées, répartis en quatre rangées à environ 1,50 mètre l'une de l'autre. On nous donnait un cercle épais en caoutchouc de pneu pour y poser les pierres. Il était censé en arrêter les éclats mais ne servait pas à grand-chose. Nous portions des masques de fortune en fil de fer pour nous protéger les yeux.

Les gardiens marchaient parmi nous pour imposer le silence. Pendant les premières semaines, des gardiens d'autres sections et même d'autres prisons venaient nous voir comme si nous avions été des animaux rares mis en cage. Le travail était pénible et difficile ; il ne demandait pas suffisamment d'activité pour nous réchauffer mais assez pour que nous ayons des courbatures.

Juin et juillet étaient les mois les plus durs sur Robben Island. On sentait l'hiver approcher et il commençait à pleuvoir. La température ne semblait jamais monter au-dessus de 5°. Même au soleil, je grelottais dans ma fine chemise kaki. J'ai vraiment compris ce que voulait dire l'expression « avoir froid jusqu'aux os ». A midi, nous faisions la pause pour le déjeuner. Pendant la première semaine, on ne nous a donné que de la soupe qui puait horriblement. L'après-midi, nous avions le droit de faire de l'exercice pendant une demi-heure sous une surveillance sévère. Sur une seule file, nous faisions le tour de la cour à un pas rapide.

Un des premiers jours où nous cassions des cailloux, un gardien a donné l'ordre à Kathy de porter une brouette chargée de gravier jusqu'au camion garé à l'entrée. Kathy, qui était grand et mince, n'avait pas l'habitude du travail physique pénible. Il n'a pas pu soulever la brouette. Le gardien a hurlé : « *Laat daardie kruiwa loop !* »(Soulève-moi cette brouette !) Kathy a réussi à avancer mais la brouette penchait comme si elle allait se renverser et les gardiens ont commencé à rire. Je voyais bien que Kathy était fermement décidé à ne pas leur donner l'occasion de se moquer de lui. Je savais me servir d'une brouette et je me suis précipité pour l'aider. Avant qu'on m'ait donné l'ordre de me rasseoir, j'ai réussi à lui dire de rouler lentement, que c'était une question d'équilibre et non de force. Il m'a fait signe qu'il avait compris et a traversé la cour prudemment. Les gardiens ont cessé de rire.

Le lendemain matin, les autorités ont fait placer une énorme benne dans la cour et on nous a annoncé qu'elle devait être à moitié pleine à la fin de la semaine. Nous avons travaillé dur et nous avons réussi. La semaine suivante, le gardien a annoncé que nous devions maintenant la remplir aux trois quarts. Nous avons à nouveau travaillé très dur et nous avons réussi. La semaine suivante, on nous a donné l'ordre de remplir entièrement la benne. Nous savions que nous ne pouvions pas tolérer cela plus longtemps mais nous n'avons rien dit. Nous avons quand même réussi à remplir la benne, mais les gardiens nous avaient provoqués. En chuchotant à la dérobée, nous avons décidé d'une politique : pas de quotas. La semaine suivante, nous avons fait notre première grève de lenteur sur l'île : nous avons travaillé deux fois moins vite qu'auparavant pour protester contre les demandes injustes et excessives. Les gardiens s'en sont aperçus tout de suite et nous ont menacés mais nous n'avons pas changé d'allure, et nous avons continué cette grève de lenteur tant que nous avons travaillé dans la cour.

Robben Island avait changé depuis que j'y avais passé une quinzaine de jours en 1962. A l'époque, il y avait peu de prisonniers ; l'île ressemblait plus à une prison expérimentale. Deux ans plus tard, elle était devenue l'avant-poste le plus dur et à la direction la plus brutale du système pénitentiaire sud-africain. C'était un endroit éprouvant, pas seulement pour les prisonniers mais aussi pour le personnel. Les gardiens métis qui nous donnaient des cigarettes et de l'amitié avaient disparu. Les gardiens étaient blancs, essentiellement de langue afrikaans et ils exigeaient une relation maître-serviteur. Nous avions l'ordre de les appeler *baas*, ce que nous refusions de faire. Sur Robben Island, la division raciale était absolue : il n'y avait pas de gardiens noirs et pas de prisonniers blancs.

Passer d'une prison à une autre demande toujours une période d'adaptation. Mais aller à Robben Island équivalait à passer dans un autre pays. L'isolement de l'île n'en faisait pas seulement une autre prison, mais un monde à part, éloigné de celui d'où nous venions. L'atmosphère sévère qui y régnait avait tué notre bonne humeur au moment de notre départ de Pretoria ; nous nous rendions compte que notre vie serait irrémédiablement sinistre. A Pretoria, nous nous sentions en relation avec nos partisans et nos familles ; sur l'île, nous étions coupés de tout. Nous n'avions que la consolation d'être ensemble. Le sentiment qu'un combat nouveau et différent venait de commencer a rapidement remplacé ma consternation.

Dès le premier jour, j'avais protesté contre l'obligation de porter un short. J'ai demandé à voir le directeur de la prison et présenté une liste de doléances. Les gardiens ont ignoré mes protestations mais à la fin de la deuxième semaine j'ai trouvé un vieux pantalon long jeté négligemment sur le sol de ma cellule. Aucun costume rayé trois-pièces ne m'a jamais fait autant de plaisir. Avant de le mettre, j'ai vérifié que l'on en avait donné à mes camarades.

Ils n'en avaient pas et j'ai demandé au gardien de reprendre le mien. J'ai insisté pour que tous les prisonniers africains aient des pantalons. Le gardien a marmonné : « Mandela, tu dis que tu veux un pantalon et quand on t'en donne un, tu n'en veux plus. » Il n'a pas voulu toucher à un pantalon qu'avait porté un Noir et finalement l'officier commandant la prison est venu en personne dans ma cellule pour le prendre. « Très bien, Mandela, m'a-t-il dit. Tu auras les mêmes vêtements que tout le monde. » Je lui ai demandé pourquoi il ne donnait pas des pantalons à tout le monde s'il voulait bien m'en donner à moi. Il ne m'a pas répondu.

60

Au bout de quinze jours sur l'île, on nous a informés que nos avocats Bram Fischer et Joel Joffe allaient nous rendre visite le lendemain. Quand ils sont arrivés, on nous a escortés jusqu'au parloir pour que je les rencontre. Leur visite avait un double but : voir comment nous étions installés et vérifier si nous refusions toujours de faire appel. Je ne les avais pas vus depuis seulement quelques semaines mais cela m'a paru une éternité. Ils ressemblaient à des visiteurs venus d'un autre monde.

Nous nous sommes assis dans une pièce vide et, à l'extérieur, un commandant surveillait notre entretien. J'ai eu envie de les prendre dans mes bras mais la présence du commandant m'en a empêché. Je leur ai dit que nous allions bien et je leur ai expliqué que nous refusions toujours de faire appel pour les raisons que nous avions déjà énoncées, y compris le fait que nous ne voulions pas que notre appel interfère avec le procès d'autres membres de l'ANC. Bram et Joel semblaient résignés à cette idée, mais je savais que Bram pensait que nous avions tort.

Alors que nous terminions notre entretien, j'ai demandé à Bram des nouvelles de sa femme, Molly. Dès que j'ai prononcé son nom, Bram s'est levé et est sorti brusquement. Il est revenu quelques minutes plus tard, s'étant repris ; nous avons continué à parler mais il n'a pas répondu à ma question.

La visite s'est achevée et, alors que nous revenions dans nos cellules avec le commandant, il m'a demandé : « Mandela, tu as été frappé par le comportement de Bram Fischer ? » J'ai acquiescé. Il m'a alors expliqué que Molly était morte dans un accident de voiture, la semaine précédente. Bram qui conduisait, avait fait un écart pour éviter un animal et la voiture avait basculé dans une rivière. Molly s'était noyée.

La nouvelle nous a entièrement brisés. Molly était une femme merveilleuse, d'une générosité et d'une abnégation incomparables, et absolument sans préjugés raciaux. Elle avait soutenu Bram plus qu'on ne pouvait l'imaginer. C'était une épouse, une collègue et une camarade. Bram avait déjà connu un malheur dans sa vie : son fils diabétique était mort adolescent.

Sa façon de quitter la pièce quand je lui avais demandé des nouvelles de sa femme était typique de son caractère. C'était un homme stoïque, qui n'avait jamais fait porter à ses amis le fardeau de son malheur et de ses problèmes. En tant qu'Afrikaner, forcé par sa conscience à renier son propre héritage et à être rejeté par les siens, il montrait un courage et un sens du sacrifice exceptionnels. Je luttais contre l'injustice, pas contre les miens.

J'ai dit au commandant que j'avais l'intention d'écrire une lettre de condoléances à Bram et il m'a répondu que je pouvais le faire. Les règles concernant la correspondance étaient extrêmement strictes. Nous n'avions que le droit d'écrire à notre famille proche et seulement une lettre de cinq cents mots tous les six mois. La réponse du commandant m'a donc surpris et rendu heureux. Mais il n'a pas tenu sa promesse. J'ai écrit une lettre, je la lui ai donnée mais elle n'a jamais été postée.

Au bout de quelques mois, notre vie avait trouvé son rythme. La vie en prison se répète à l'infini : chaque jour est semblable à la veille ; chaque semaine ressemble à la précédente, et les mois et les années finissent par se mélanger. Chaque chose qui sort de l'ordinaire trouble les autorités, car la répétition est le signe d'une prison bien tenue.

Ce train-train est aussi réconfortant pour le prisonnier, et c'est pourquoi cela peut devenir un piège. La routine peut être une maîtresse agréable à qui il est difficile de résister, car elle fait passer le temps plus vite. Les montres et les pendules de toute sorte étaient interdites sur Robben Island, et nous ne savions jamais exactement l'heure. Nous dépendions des cloches, des sifflets et des cris des gardiens. Comme chaque semaine ressemblait à la précédente, il fallait faire un effort pour se souvenir du jour et du mois. Une des premières choses que j'ai faites a été de tracer un calendrier sur le mur de ma cellule. Perdre le sens du temps est une façon aisée de perdre toute prise sur la réalité et même de perdre l'esprit.

Le temps passe lentement en prison ; les jours semblent sans fin. On associe en général le temps qui passe lentement avec l'oisiveté. Mais ce n'était pas le cas à Robben Island. Nous étions occupés presque en permanence, avec le travail, les études et les différends à résoudre. Pourtant, le temps n'en filait pas moins de façon glaciale, cela tenant en partie au fait que ce qui prend quelques heures ou quelques jours à l'extérieur exige des mois voire des années en prison. On peut attendre six mois ou un an pour obtenir une réponse à une demande de brosse à dents neuve. Ahmed Kathrada a dit une fois qu'en prison les minutes peuvent sembler des années, mais les années filent comme des minutes. Un après-midi passé à casser des cailloux dans la cour peut sembler durer une éternité, mais brusquement c'est la fin de l'année et on ne sait pas où sont passés tous les mois écoulés.

Pour chaque prisonnier, en particulier pour chaque prisonnier politique, le défi est de réussir à survivre intact à la prison, d'en sortir en étant resté le même, de conserver et même de renforcer ses convictions. La première tâche c'est d'apprendre exactement ce qu'il faut faire pour survivre. D'abord, il faut connaître le but de l'ennemi avant d'adopter une stratégie pour lui faire échec. La prison est destinée à briser l'esprit et à détruire toute volonté. Pour y arriver, les autorités essaient d'exploiter chaque faiblesse, de tuer toute initiative, de nier tout signe d'individualité — tout cela avec l'idée d'écraser cette étincelle qui fait de chacun de nous un être humain et de chacun un être à part.

Pour survivre, nous devions comprendre ce que les autorités essayaient de nous faire et partager cette compréhension avec les autres. Il est très difficile, voire impossible, de résister seul. Je ne sais pas ce que j'aurais fait dans une telle éventualité. Mais les autorités ayant fait la grande erreur de nous mettre ensemble, notre détermination s'en trouva renforcée. Nous nous soutenions mutuellement et chacun donnait sa force à l'autre. Tout ce que nous savions, tout ce que nous apprenions, nous le partagions, et ce partage multipliait le courage qui restait à chacun. Cela ne veut pas dire que nous répondions de façon semblable aux épreuves que nous subissions. Les hommes possèdent des capacités diverses et réagissent différemment aux tensions. Mais les plus forts élèvent les autres et tous deviennent ainsi plus forts. En fin de compte, nous avons dû créer notre vie en prison. Les autorités elles-mêmes durent reconnaître que l'ordre carcéral était maintenu non pas par les gardiens mais par nous-mêmes.

En tant que responsable, on doit parfois prendre des décisions qui ne sont pas populaires ou dont on ne connaîtra les résultats que des années plus tard. Il est des victoires dont la gloire réside dans le fait qu'elles ne sont connues que par ceux qui les ont remportées. Cela est particulièrement vrai de la prison, où l'on doit trouver une consolation dans la fidélité à son idéal, même si personne ne le sait.

J'étais maintenant hors de course, mais je savais que je n'abandonnerais pas la lutte. Je me trouvais dans une arène différente et plus petite, une arène dans laquelle le seul public se composait de nous-mêmes et de nos oppresseurs. Nous considérions la lutte en prison comme une version réduite de la lutte dans le monde. Nous allions combattre à l'intérieur comme nous avions combattu à l'extérieur. Le racisme et la répression

étaient les mêmes ; je devrais simplement me battre dans
des termes différents.

La prison et les autorités conspirent pour dépouiller
chacun de sa dignité. Cela en soi m'a permis de survivre :
tout homme ou toute institution qui essaie de me
dépouiller de ma dignité a perdu d'avance parce que c'est
une chose dont je ne me départirai à aucun prix et sous
aucun prétexte. Je n'ai jamais envisagé sérieusement la
possibilité de ne pas sortir de prison un jour. Je n'ai
jamais pensé qu'une condamnation à vie signifiait vraiment toute la vie et que je mourrais derrière les barreaux.
Je niais peut-être cette possibilité parce qu'elle était trop
désagréable à imaginer. Mais j'ai toujours su qu'un jour
je sentirais à nouveau l'herbe sous mes pieds et que je
marcherais dans le soleil comme un homme libre.

Je suis fondamentalement optimiste. Je ne sais si cela
vient de ma nature ou de ma culture. Etre optimiste c'est
en partie avoir la tête dirigée vers le soleil et les pieds qui
continuent à avancer. Il y eut beaucoup de moments
sombres quand ma foi dans l'humanité était mise à rude
épreuve, mais je ne voulais ni ne pouvais me laisser aller
au désespoir. Cette voie mène à la défaite et à la mort.

61

Le gardien de nuit nous réveillait tous les matins à
5 h 30 ; il agitait une cloche de cuivre au bout de notre
couloir en criant « *Word wakker ! Staan op !* » (Réveillez-
vous ! Debout !) Je me suis toujours levé de bonne heure
et ça ne me coûtait pas. Si on nous réveillait à 5 h 30, on
ne nous laissait pas sortir avant 6 h 45 ; nous devions
avoir nettoyé notre cellule et roulé nos couvertures et nos
matelas. Il n'y avait pas d'eau courante dans les cellules
et, comme toilettes, nous avions un seau hygiénique en
fer de trente centimètres de diamètre avec un couvercle
de porcelaine concave qui pouvait contenir de l'eau.

C'était avec cette eau que nous devions nous raser et nous laver les mains et le visage.

A 6 h 45, quand nous sortions de nos cellules, nous allions d'abord vider nos seaux. Nous devions les nettoyer soigneusement dans les lavabos qui se trouvaient au bout du couloir, sinon ils puaient. La seule chose agréable du nettoyage des seaux, c'était qu'au début il s'agissait du seul moment où nous pouvions échanger quelques mots. Les gardiens n'aimaient pas rester là au moment du nettoyage et on saisissait l'occasion pour parler à voix basse.

Au cours des premiers mois, des prisonniers de la section générale venaient nous apporter le petit déjeuner dans nos cellules. Il se composait de bouillie de maïs que les prisonniers versaient dans un bol qu'ils nous passaient entre les barreaux de la porte. Il fallait beaucoup d'adresse pour ne pas en renverser.

Au bout de quelques mois, le petit déjeuner nous fut apporté dans la cour, dans d'anciens bidons d'huile en métal. Nous devions nous servir nous-mêmes avec des bols en fer. On nous donnait une tasse de ce qu'on appelait du café, mais qui n'était en fait que du maïs moulu, cuit jusqu'à ce qu'il soit noir, et qu'on laissait infuser dans de l'eau chaude. Plus tard, quand nous avons pu aller dans la cour pour nous servir nous-mêmes, je courais autour de la cour en attendant l'arrivée du petit déjeuner.

Comme toute chose en prison, la nourriture était discriminatoire.

En général, les métis et les Indiens recevaient des repas légèrement meilleurs que ceux des Africains, mais la différence était faible. Les autorités aimaient dire que nous avions un régime alimentaire équilibré et il l'était effectivement — du désagréable à l'immangeable. La nourriture était à la base de quantité de nos protestations mais, à cette époque, les gardiens nous disaient : « Ag, vous les kaffirs, vous mangez mieux en prison que chez vous. »

Au milieu du petit déjeuner, les gardiens hurlaient :
« *Val in ! Val in !* »(Rassemblement ! Rassemblement !)
et nous sortions de notre cellule pour l'inspection. Les
trois boutons de notre veste kaki devaient être correctement boutonnés. Chacun devait ôter sa casquette au
passage du gardien. Si nos boutons étaient défaits, si
nous gardions notre casquette ou si notre cellule n'était
pas en ordre, nous étions accusés de violation du règlement de la prison et condamnés à l'isolement ou à la
privation de repas.

Après l'inspection, nous allions casser des pierres dans
la cour jusqu'à midi. Il n'y avait pas de pause ; si nous
ralentissions l'allure, les gardiens nous hurlaient d'accélérer. A midi, la cloche du repas sonnait et l'on apportait
dans la cour un tonneau en fer plein de nourriture. Le
déjeuner des Africains se composait de *mealies* bouilli,
c'est-à-dire d'épis de gros maïs. Les Indiens et les métis
avaient du gruau ou du maïs écrasé dans un mélange qui
ressemblait à de la soupe. Parfois, il y avait des légumes
dans le gruau, mais jamais dans notre bouillie.

On nous donnait souvent de la *phuzamandla*, ce qui
veut dire « boisson de force », une poudre faite de maïs
et d'un peu de levure. On doit la délayer dans de l'eau ou
du lait et, quand le mélange a épaissi, cela peut être assez
bon, mais on nous donnait si peu de poudre que l'eau
s'en trouvait à peine colorée. En général, j'essayais de
garder un peu de poudre pendant plusieurs jours jusqu'à
ce que j'en aie assez pour me préparer un bon mélange,
mais si les autorités découvraient que vous mettiez de la
nourriture de côté elles la confisquaient et elles vous
punissaient.

Après le déjeuner, nous travaillions jusqu'à 16 heures ;
les gardes sifflaient et nous nous mettions à nouveau en
rang pour être comptés et inspectés. On nous accordait
alors une demi-heure pour nous laver. La salle de bains
au bout de notre couloir avait deux douches d'eau de
mer, un robinet d'eau salée, et trois grands baquets de
tôle galvanisée qui nous servaient de baignoires. Nous
nous y tenions debout ou accroupis, en nous savonnant
dans l'eau saumâtre pour enlever la poussière de la jour-

née. Se laver à l'eau froide quand il fait froid dehors n'est pas agréable, mais nous nous en accommodions. Parfois, nous chantions en nous lavant, et l'eau nous semblait moins glacée. Dans les débuts, c'était un des seuls moments où nous pouvions parler.

A 16 h 30 précises, on frappait violemment à la porte de bois, au bout de notre couloir, ce qui voulait dire qu'on avait apporté le souper. Les prisonniers de droit commun nous donnaient une assiette de nourriture et nous allions manger dans notre cellule. Nous avions de nouveau de la bouillie de maïs, parfois avec une carotte solitaire, ou un morceau de chou ou de betterave — mais en général nous devions le chercher pour le trouver. Si nous avions un légume, en général nous en avions pendant des semaines, jusqu'à ce que les carottes ou les choux soient moisis et que nous en soyons écœurés. Tous les deux jours, on nous donnait un petit morceau de viande avec notre bouillie. La plupart du temps c'était du cartilage.

Pour le souper, les prisonniers métis et indiens avaient droit à un quart de miche de pain (qu'on appelait *katkop*, c'est-à-dire « tête de chat », à cause de la forme du pain) et une tranche de margarine. On supposait que les Africains n'aimaient pas le pain car il s'agissait d'une nourriture « européenne ».

Systématiquement, on réduisait encore les maigres portions stipulées par les règlements, parce que les cuisines faisaient du trafic. Les cuisiniers — tous des prisonniers de droit commun — gardaient la meilleure nourriture pour eux et leurs amis. Souvent, ils réservaient les meilleurs morceaux pour les gardiens en échange de traitements de faveur.

A 20 heures, le gardien de nuit s'enfermait dans le couloir avec nous et passait la clef à l'extérieur à un autre gardien par un petit trou de la porte. Ensuite, il descendait et remontait le couloir en nous donnant l'ordre d'aller nous coucher. A Robben Island, on ne criait pas « extinction des feux » parce que dans nos cellules, les ampoules protégées par un grillage restaient allumées toute la nuit. Plus tard, ceux qui faisaient des études pour passer un examen ont été autorisés à lire jusqu'à 10 ou 11 heures.

Le couloir avait une très bonne acoustique et nous essayions de bavarder un petit peu avant de nous endormir. Mais si nous entendions clairement un chuchotement, le gardien l'entendait aussi et il hurlait : « *Stilte in die gang !* »(Silence dans le couloir !). Il faisait plusieurs aller et retour pour s'assurer que nous n'étions pas en train de lire ou d'écrire. Au bout de quelques mois, nous jetions une poignée de sable dans le couloir afin d'entendre ses pas et nous avions le temps de nous arrêter de parler ou de cacher tout objet interdit. Quand nous étions calmes, il allait s'asseoir dans le petit bureau au bout du couloir où il sommeillait vaguement jusqu'au matin.

62

Un matin, plusieurs jours après la visite de Bram et de Joel, on nous a conduits dans les bureaux de la direction. Ce n'était qu'une bâtisse de pierre qui ressemblait à la nôtre et qui se trouvait à cinq cents mètres. Une fois arrivés, on nous a mis sur une ligne et on a pris nos empreintes digitales, ce qui était quelque chose d'habituel en prison. Mais tandis que nous attendions, j'ai remarqué un gardien avec un appareil photo. Quand la prise d'empreintes a été terminée, le gardien en chef nous a donné l'ordre de nous remettre en file pour la photo. J'ai fait signe à mes camarades de ne pas bouger et j'ai demandé au gardien : « J'aimerais que vous me montriez le document du commissaire des prisons qui vous autorise à nous photographier. » Cette autorisation était nécessaire.

Connaître les règlements avait une grande importance parce que nos geôliers eux-mêmes les ignoraient souvent et pouvaient se laisser intimider par la connaissance supérieure de quelqu'un. Ma question a pris le gardien au dépourvu et il a été incapable de me fournir une explication ou de me présenter un document écrit du commissaire des prisons. Il nous a menacés d'un rapport si nous n'acceptions pas de nous laisser photographier, mais j'ai dit que s'il n'avait pas d'autorisation il n'y aurait pas de photos, et les choses en sont restées là.

Nous avions comme règle de refuser d'être photographiés parce que, en général, être vu en tenue de prisonnier est dégradant. Mais j'ai accepté une photo, la seule pendant mon séjour à Robben Island.

Un matin, quelques semaines plus tard, au lieu de nous donner comme d'habitude des marteaux pour travailler dans la cour, le gardien-chef nous a donné à chacun des aiguilles et du fil, ainsi qu'un tas de vieux pull-overs de prison. Nous devions les réparer mais nous avons découvert que la plupart étaient trop usés. Cette tâche curieuse nous a étonnés et nous nous sommes demandé ce qui avait déterminé ce changement. Un peu plus tard, vers onze heures, la porte d'entrée s'est ouverte et le commandant de la prison est apparu, accompagné de deux hommes en civil. Le commandant nous a annoncé qu'il s'agissait d'un journaliste et d'un photographe du *Daily Telegraph* de Londres. Il a dit cela comme si nous recevions régulièrement la visite de la presse internationale.

Ces hommes avaient beau être nos premiers visiteurs, nous les avons regardés d'un œil sceptique. Tout d'abord, ils venaient sous les auspices du gouvernement, et ensuite nous n'ignorions pas que le *Telegraph* était un journal conservateur et peu favorable à notre cause. Nous savions qu'à l'extérieur on s'inquiétait beaucoup de notre situation et que le gouvernement avait intérêt à montrer que nous n'étions pas maltraités.

Les deux journalistes ont fait lentement le tour de la cour en nous observant. Nous gardions la tête baissée en nous concentrant sur notre travail. Ensuite, un des gardiens m'a tiré par l'épaule en me disant : « Viens, Mandela, tu vas leur parler. » Au début, j'étais souvent le porte-parole des autres prisonniers. Le règlement de la prison disait clairement que chaque prisonnier ne pouvait parler qu'en son nom propre, ceci pour nier le pouvoir de toute organisation et pour neutraliser notre force collective. Nous n'étions pas d'accord mais cela ne changeait pas grand-chose. Nous n'avions même pas le droit de dire *nous* dans nos déclarations. Mais au cours des premières années, les autorités ont eu besoin qu'un prisonnier s'exprime au nom des autres et c'était moi.

J'ai parlé au journaliste qui s'appelait Mr. Newman, pendant une trentaine de minutes ; il ne connaissait rien aux prisons ni au procès de Rivonia. C'était un homme agréable et, à la fin de l'entretien, il m'a dit qu'il aimerait qu'on me photographie. Je n'en avais pas très envie mais j'ai accepté parce que je savais que la photo ne serait publiée qu'à l'étranger et qu'elle pourrait servir notre cause si l'article était un tout petit peu généreux à notre égard. Je lui ai dit que j'acceptais à condition que Mr. Sisulu se joigne à moi. La photo nous montre en train de parler dans la cour, mais je ne me souviens plus de quoi. Je n'ai jamais vu l'article et je n'en ai jamais entendu parler. Les journalistes avaient à peine disparu que les gardiens nous ont repris les aiguilles et les vêtements et nous ont donné des marteaux.

Ces journalistes du *Telegraph* ont été les premiers d'un petit nombre de gens qui nous ont rendu visite au cours des premiers mois. Le procès de Rivonia disait encore quelque chose aux gens et le gouvernement voulait montrer à la communauté internationale que nous étions bien traités. Les journaux se faisaient l'écho des conditions de vie inhumaines sur l'île, de la façon dont nous étions battus et torturés. Ces allégations embarrassaient le gouvernement qui fit venir toute une suite de personnes extérieures afin de les réfuter.

Nous avons ainsi reçu la visite rapide d'un avocat anglais qui avait défendu l'indépendance de la Namibie devant la Cour internationale de justice, ensuite on nous a informés qu'un certain Mr. Hynning, représentant de l'Association des avocats américains, allait venir nous voir. A ce moment-là, les Américains représentaient quelque chose de nouveau en Afrique du Sud, et j'étais curieux de rencontrer le représentant d'une organisation de juristes aussi auguste.

Le jour de la visite de Mr. Hynning, on nous a rassemblés dans la cour. L'Américain est arrivé en compagnie du général Steyn, le commissaire général des prisons, qui venait rarement sur l'île. C'était un homme poli et cultivé, chose rare dans le service des prisons. Il portait toujours des costumes de qualité, coupés à la dernière mode. Il se montrait aimable et nous appelait « messieurs » en ôtant souvent son chapeau devant nous, chose que personne de la prison ne faisait jamais. Mais il nous opprimait moins par ses ordres que par omission : il fermait les yeux sur ce qui se passait dans l'île et son absence habituelle enhardissait les membres du personnel les plus brutaux en leur donnant carte blanche. Avec son amabilité habituelle, le général nous présenta notre visiteur et nous dit : « Messieurs, veuillez s'il vous plaît choisir un porte-parole. » Un certain nombre de prisonniers ont donné mon nom.

Le général Steyn m'a fait signe et je me suis levé. Pour sa part, Mr. Hynning était un homme gros et négligé. Je l'ai remercié de venir nous rendre visite et je lui ai dit que nous étions honorés de sa présence. Puis je lui ai fait un résumé de nos revendications, en commençant par la plus importante : nous étions des prisonniers politiques, non des criminels, et nous devions être traités comme tels. Je lui ai énuméré nos plaintes concernant la nourriture, nos conditions de vie et notre travail. Mais Mr. Hynning m'interrompait tout le temps. Quand j'ai expliqué les longues heures passées à accomplir un travail sans intérêt, il a déclaré qu'en tant que prisonniers nous devions travailler et que, par-dessus le marché, nous étions sans doute paresseux.

Quand j'ai expliqué les problèmes de nos cellules, il est intervenu pour dire que les conditions de vie dans certaines prisons aux Etats-Unis étaient bien pires que celles de Robben Island, qui en comparaison ressemblait à un paradis. Il a ajouté qu'on nous avait condamnés en toute justice et que nous avions eu la chance de ne pas avoir été condamnés à mort, ce que nous méritions sans aucun doute.

Mr. Hynning transpirait beaucoup et certains parmi nous pensaient que la sobriété n'était pas son fort. Il avait ce que j'imaginais être un accent américain du Sud, et il crachotait en parlant, ce qu'aucun d'entre nous n'avait jamais vu.

Finalement, j'en ai eu assez et je l'ai interrompu : « Non, monsieur, vous ne comprenez pas ce que je dis. » Hynning a été choqué que je puisse le contredire et le général Steyn regardait et écoutait sans rien dire. Les hommes avaient du mal à garder leur calme car les remarques de Mr. Hynning les mettaient en colère. Ils supportaient mal qu'on l'ait autorisé à venir nous voir. D'habitude, les visites nous plaisaient, mais rencontrer quelqu'un qui manifestait un tel parti pris et si peu de compréhension nous décourageait. C'était peut-être le but recherché. Finalement, Hynning a tourné les talons et s'en est allé sans même nous dire au revoir. Nous n'étions pas mécontents de le voir partir.

Par la suite, nous avons parlé pendant des années de Mr. Hynning et beaucoup s'amusaient à imiter sa façon de s'exprimer. Nous n'avons jamais eu de ses nouvelles et, grâce à lui, l'Association des avocats américains ne s'est pas fait d'amis à Robben Island.

63

En prison, tous les condamnés sont répartis par les autorités en quatre catégories : A, B, C et D. La catégorie A est la plus élevée et donne le plus de privilèges ; D est la plus basse et elle en donne le moins. Tous les prisonniers politiques, ou ce que les autorités appellent « prisonniers de sécurité », sont automatiquement mis dans la catégorie D lors de leur arrivée. Les privilèges comprennent les visites et les lettres, les études et la possibilité d'acheter un peu d'épicerie — autant de choses vitales en prison. Normalement, il faut des années pour qu'un prisonnier politique s'élève de la catégorie D à la catégorie C.

Nous méprisions ce système de classification, corrupteur et dégradant, et nous le considérions comme une façon supplémentaire de réprimer les prisonniers en général et les politiques en particulier. Nous demandions qu'on mette tous les prisonniers politiques dans une seule catégorie. Mais tout en le critiquant, nous ne pouvions l'ignorer : le système de classification était une caractéristique intangible de la vie en prison. Si l'on protestait parce qu'en tant que prisonnier de la catégorie D on ne pouvait recevoir qu'une lettre tous les six mois, les autorités répondaient : améliorez votre comportement, passez dans la catégorie C et vous pourrez recevoir deux lettres tous les six mois. Si l'on se plaignait de ne pas avoir assez à manger, les autorités rappelaient que, dans la catégorie A, on pouvait recevoir des mandats et acheter de quoi manger à l'annexe de la cantine. Même un combattant de la liberté pouvait bénéficier de la possibilité d'acheter de la nourriture et des livres.

En général, les classifications accompagnaient la longueur de la peine. Si l'on était condamné à huit ans, on était classé en catégorie D pendant les deux premières années, en C pendant les deux suivantes, puis en B pour deux ans et enfin en A. Mais les autorités se servaient du système de classification comme d'une arme contre les prisonniers politiques et nous menaçaient de nous faire redescendre du rang durement gagné afin de contrôler notre conduite.

J'avais déjà passé près de deux ans en prison avant Robben Island, mais on m'a quand même placé en catégorie D à mon arrivée. Tout en désirant les privilèges qui accompagnaient les plus hautes qualifications, je refusais de compromettre ma conduite. La façon la plus rapide de passer dans la catégorie supérieure consistait à se montrer docile et à ne pas se plaindre. « Ag, Mandela, tu es un agitateur, me disaient les gardiens, tu vas rester en D jusqu'à la fin de tes jours. »

Tous les six mois, les prisonniers étaient convoqués devant la direction de la prison pour l'évaluation de leur classification. La direction devait juger leur conduite en fonction des règlements, mais nous avons découvert qu'elle préférait se comporter comme un tribunal politique. Lors de ma première comparution devant le conseil, on m'a posé des questions sur l'ANC et sur mes convictions. Cela n'avait rien à voir avec le système de classification, mais j'ai été assez orgueilleux pour répondre en pensant que je pouvais les convaincre. Ce fut une des rares occasions où l'on nous a traités en êtres humains. Plus tard, nous nous sommes aperçus que, pour les autorités, il s'agissait simplement d'une technique ayant pour but de glaner des informations et j'étais tombé dans le piège. Tout de suite après, nous nous sommes mis d'accord pour ne plus parler de politique avec la direction de la prison.

En tant que prisonnier du groupe D, je n'avais droit à recevoir qu'une seule visite et à écrire qu'une seule lettre tous les six mois. Je trouvais qu'il s'agissait d'une des restrictions les plus inhumaines du système carcéral. La communication avec sa famille est un des droits de l'homme. Les classifications artificielles du système ne devraient pas pouvoir y porter atteinte. Mais il s'agissait d'un des éléments de la vie en prison.

Les visites et les lettres étaient limitées aux parents de « premier degré ». Nous ne trouvions pas cette restriction seulement pénible mais aussi raciste. Le sens africain de la famille proche est très différent de celui qu'en ont les Européens et les Occidentaux. Pour nous, les structures familiales sont plus vastes et plus inclusives ; toute personne qui prétend descendre d'un ancêtre commun est considérée comme appartenant à la même famille.

En prison, il y a pis que les mauvaises nouvelles de sa famille, c'est l'absence totale de nouvelles. Il est toujours plus difficile d'affronter les malheurs et les tragédies qu'on imagine que la réalité même menaçante ou désagréable.

Mais les autorités aggravaient encore cette restriction misérable. L'attente du courrier était écrasante. Il pouvait en arriver une fois chaque mois pendant une certaine période, puis ne plus y en avoir pendant six mois. Avoir droit à une lettre tous les six mois et ne pas la recevoir est un coup terrible. On s'interroge : qu'est-il arrivé à ma femme et à mes enfants, à ma mère et à mes sœurs ? Quand je ne recevais pas de lettre, je me sentais sec et aride comme le désert du Grand Karoo. Souvent les autorités retenaient le courrier par malveillance. Je me souviens de gardiens disant : « Mandela, on a reçu une lettre pour toi, mais on ne peut pas te la donner. » On ne me fournissait aucune explication. Il fallait alors avoir une très grande maîtrise de soi pour ne pas exploser. Ensuite, je protestais par la voie officielle et, parfois, j'obtenais gain de cause.

On chérissait les lettres qui arrivaient. C'était comme la pluie d'été qui fait refleurir le désert. Quand on me donnait une lettre, je ne me précipitais pas pour m'en emparer comme j'en avais envie ; je la prenais avec négligence. Je brûlais d'en déchirer l'enveloppe pour la lire tout de suite, mais je ne donnais pas aux autorités la satisfaction de contempler mon désir, et je rentrais calmement dans ma cellule comme si j'avais beaucoup de choses à faire avant d'ouvrir une lettre de ma famille.

Au cours des premiers mois, j'ai reçu une lettre de Winnie, mais la censure avait eu la main si lourde qu'il ne restait guère autre chose que les salutations. Les censeurs de l'île rayaient à l'encre tous les passages qu'ils jugeaient interdits, mais ils ont changé leur façon de faire après s'être rendu compte que nous lavions l'encre pour lire ce qu'il y avait en dessous. Ils ont utilisé un rasoir pour couper des paragraphes entiers. Comme beaucoup de lettres étaient écrites recto verso, tout ce qui se trouvait de l'autre côté disparaissait aussi. Ils semblaient prendre plaisir à ne donner que des lambeaux de lettres. La censure retardait la distribution du courrier, parce que les gardiens qui en étaient chargés et qui en général connaissaient mal l'anglais mettaient un mois pour censurer une lettre. Celles que nous écrivions étaient censurées elles aussi et souvent tout aussi découpées que celles que nous recevions.

Fin août, alors que je me trouvais sur l'île depuis moins de trois mois, les autorités m'ont informé que j'allais recevoir une visite le lendemain. On ne m'a pas dit de qui il s'agissait. Walter lui aussi devait en avoir une et je pensais, j'espérais, je désirais, je croyais que ce serait Winnie et Albertina.

Dès que Winnie avait appris qu'on nous avait transférés sur l'île, elle avait essayé d'obtenir une visite. Comme elle se trouvait sous le coup d'une interdiction, elle devait recevoir une autorisation spéciale du ministère de la Justice car, techniquement, elle n'avait pas le droit de communiquer avec moi.

Même avec l'aide des autorités, aller en visite à Robben Island n'était pas chose facile. Les visites duraient un maximum de trente minutes et les prisonniers politiques n'avaient pas le droit d'avoir de visites-contacts, au cours desquelles le prisonnier et son visiteur restent dans la même pièce.

Les autorités ne semblaient pas prévoir les visites. Un jour, elles prenaient contact avec votre femme et lui disaient : « Vous avez l'autorisation de rendre visite à votre mari demain. » C'était extrêmement malcommode et souvent cela rendait la visite impossible. Si un membre de la famille pouvait organiser une visite longtemps à l'avance, les autorités semblaient parfois retarder volontairement la délivrance de l'autorisation jusqu'après le départ de l'avion. Comme la plupart des familles habitaient loin du Cap et avaient peu d'argent, elles n'avaient souvent pas les moyens de venir. Certains qui étaient très pauvres ne voyaient pas leur femme pendant plusieurs années de suite, et parfois jamais. J'ai connu des hommes qui ont passé dix ans et plus à Robben Island sans recevoir une seule visite.

Les visites sans contact avaient lieu dans une petite salle sans fenêtres. Côté prisonniers, il y avait cinq petites cabines avec une vitre carrée qui donnait sur des cabines semblables situées de l'autre côté. On s'asseyait sur une chaise et on regardait à travers la vitre épaisse dans laquelle on avait percé quelques petits trous pour permettre la conversation. Il fallait parler très fort pour se faire entendre. Plus tard, les autorités ont installé des micros et des haut-parleurs ; une légère amélioration.

Walter et moi avons été convoqués au parloir en fin de matinée et nous sommes assis au bout de la pièce. J'attendais avec une certaine angoisse et, brusquement, remplissant entièrement l'autre côté de la vitre, il y eut le beau visage de Winnie. Elle s'habillait toujours spécialement pour les visites en prison et essayait de porter des vêtements nouveaux et élégants. J'ai éprouvé une frustration épouvantable de ne pas pouvoir toucher ma femme, de ne pas pouvoir lui parler tendrement, de ne pas avoir un moment d'intimité avec elle. Nous avons dû avoir une relation lointaine, sous le regard de gens que nous méprisions.

Je me suis rendu compte tout de suite que Winnie était terriblement tendue. Me voir dans de telles circonstances devait être éprouvant. Le simple fait d'atteindre l'île représentait une difficulté à laquelle s'ajoutaient les rituels atroces de la prison, ainsi que les indignités des gardiens et l'aspect impersonnel de notre contact.

J'ai découvert plus tard que Winnie venait de se voir infliger une deuxième interdiction et qu'elle avait dû quitter son travail au service de la protection infantile. La police avait perquisitionné son bureau avant qu'on ne la renvoie. Les autorités avaient la conviction qu'elle était en communication secrète avec moi. Elle aimait son travail d'assistante sociale. C'était la continuation de la lutte : placer des enfants chez des parents adoptifs, trouver du travail aux chômeurs et une aide médicale à ceux qui n'avaient pas d'assurance. Les interdictions et le harcèlement contre ma femme m'inquiétaient beaucoup : je ne pouvais pas veiller sur elle et sur les enfants et l'Etat lui rendait la tâche encore plus difficile. Mon impuissance me rongeait.

Au début, notre conversation a été maladroite, et la présence de deux gardiens derrière elle et de trois derrière moi n'arrangeait pas les choses. Ils avaient pour rôle non seulement de nous surveiller mais aussi de nous intimider. Le règlement exigeait que la conversation ait lieu en anglais ou en afrikaans — les langues africaines étaient interdites — et elle ne pouvait concerner que des questions familiales. Toute parole qui s'écartait de la famille et qui abordait des questions politiques pouvait entraîner la fin brutale de la visite. Si l'on mentionnait un nom inconnu des gardiens, ils interrompaient la conversation et demandaient de qui il s'agissait et quelle était la nature de la relation. Cela arrivait souvent car les gardiens connaissaient mal la variété et la nature des noms africains. J'étais mécontent de perdre de précieuses minutes à expliquer à un gardien les différentes branches de la famille. Mais leur ignorance travaillait aussi en notre faveur : cela nous permettait d'inventer des noms de code pour les gens dont nous voulions parler comme s'il s'agissait de membres de la famille.

Cette première visite fut importante car j'appris que Winnie s'inquiétait pour ma santé : on lui avait raconté que nous étions maltraités physiquement. Je lui ai rapidement dit que j'allais bien et elle pouvait se rendre compte que j'étais en forme, bien qu'un peu plus mince qu'avant. Elle aussi avait maigri, ce que j'attribuais à la tension. Après une visite où le visage de Winnie m'apparaissait tiré ou tendu, je lui demandais de reprendre un peu de poids. Elle suivait toujours un régime et je lui demandais de ne pas le faire. Je l'ai interrogée sur chacun des enfants, sur ma mère et mes sœurs et sur sa famille.

Soudain, j'ai entendu le gardien derrière moi qui disait : « C'est l'heure ! C'est l'heure ! » Je l'ai regardé, incrédule. Il n'était pas possible qu'une demi-heure se fût écoulée. Mais il avait raison ; les visites semblaient toujours filer en un clin d'œil. Pendant toutes les années où je suis resté en prison, j'ai toujours été surpris quand le gardien criait « C'est l'heure ! ». On nous a bousculés de nos chaises et nous nous sommes fait un petit au revoir de la main. J'ai toujours eu envie de m'attarder un peu après le départ de Winnie simplement pour garder la sensation de sa présence, mais je n'ai jamais laissé paraître une telle émotion devant les gardiens. En revenant dans ma cellule, j'ai repassé dans ma tête tout ce dont nous avions parlé. Pendant les jours, les semaines et les mois suivants, je me suis souvent remémoré cette visite. Je savais que je ne pourrais pas revoir ma femme avant au moins six mois. Mais en fait, Winnie n'a pas pu me rendre visite pendant deux ans.

65

Début janvier, un matin, alors que nous nous alignions pour qu'on nous compte avant d'aller travailler dans la cour, on nous a conduits à l'extérieur et fait monter dans un camion bâché. C'était la première fois que nous quittions notre prison. Personne ne nous a dit où nous allions, mais je m'en doutais un peu. Quelques minutes plus tard, nous sommes descendus du camion dans un endroit que j'avais déjà vu lors de mon premier séjour sur l'île : la carrière de pierre à chaux.

Cela ressemblait à un énorme cratère blanc taillé sur le versant d'une colline pierreuse. Les à-pics et le pied de la colline étaient d'une blancheur aveuglante. Au sommet de la carrière, il y avait de l'herbe et des palmiers, et en bas, une clairière, avec quelques vieux hangars en tôle.

Un officier, le colonel Wessels, nous attendait ; un type assez terne qui ne s'occupait que du respect très strict des règlements. Nous sommes restés au garde-à-vous pendant qu'il nous expliquait que nous ferions ce travail pendant six mois et qu'ensuite on nous donnerait une tâche plus facile jusqu'à la fin de notre détention. Son calcul était particulièrement faux. Nous sommes restés dans la carrière pendant les treize années suivantes.

Après le discours du colonel, on nous a donné des pioches et des pelles et quelques instructions sur l'extraction de la chaux. Il s'agit d'un travail compliqué. Le premier jour, nous étions maladroits avec nos outils et nous n'en avons pas extrait beaucoup. La chaux elle-même est le résidu calcifié et tendre de coquillages et de coraux, enterrés sous des couches de rocher. On devait casser la pierre avec une pioche pour atteindre la chaux et l'extraire avec une pelle. Il s'agissait d'un travail beaucoup plus pénible que celui de la cour et, les premières journées à la carrière, nous nous endormions tout de suite après le souper, à 16 h 30. Nous nous réveillions le lendemain matin encore fatigués et les muscles douloureux.

Les autorités ne nous ont jamais expliqué pourquoi elles nous avaient transférés de la cour dans la carrière. Elles avaient peut-être besoin de chaux pour les routes de l'île. Mais quand, plus tard, nous en avons discuté, nous avons pensé que c'était une autre façon de durcir la discipline, de nous montrer que nous ne différions pas des autres prisonniers — qui travaillaient dans une carrière de pierre de l'île — et que, comme eux, nous devions payer pour nos crimes. Les autorités voulaient briser notre volonté.

Mais les premières semaines à la carrière eurent sur nous l'effet inverse. Malgré nos mains couvertes d'ampoules et de plaies, nous nous sentions revigorés. Je préférais de beaucoup travailler à l'extérieur, dans la nature, voir de l'herbe et des arbres, observer les oiseaux qui volaient dans le ciel, sentir le vent de la mer. C'était agréable de se servir de ses muscles, avec le soleil sur le dos, et le fait d'entasser des tas de pierres et de chaux avait quelque chose de gratifiant.

Quelques jours plus tard, nous sommes allés à la carrière à pied, plutôt qu'en camion, et cela aussi nous remontait. Pendant les vingt minutes de marche vers la carrière, nous avions un meilleur sens de l'île, nous voyions les buissons très denses et les grands arbres, nous sentions les parfums des eucalyptus, nous apercevions parfois un springbok ou un koudou en train de brouter au loin. Contrairement à certains, cette marche ne m'a jamais paru pénible.

Notre travail à la carrière avait pour but de nous montrer que nous n'étions pas différents des autres prisonniers, mais les autorités nous traitaient toujours comme les lépreux qui autrefois avaient peuplé l'île. Parfois, nous voyions un groupe de prisonniers de droit commun qui travaillaient sur le bord de la route et leurs gardiens leur ordonnaient de s'éloigner dans les buissons pour qu'ils ne nous voient pas passer. On aurait dit que le simple fait de nous voir pouvait d'une façon quelconque affecter leur discipline. Parfois, nous apercevions du coin de l'œil un prisonnier qui levait le poing pour faire le salut de l'ANC.

Près de la carrière, la route de terre s'éloignait, et les prisonniers de droit commun tournaient à droite vers la carrière de pierre. Ce croisement deviendrait plus tard un point important de communication avec eux. A l'embranchement, nous pouvions voir au loin dans les buissons la petite maison où vivait Robert Sobukwe. Cette maison avait été construite des années plus tôt pour un gardien noir, et aujourd'hui Sobukwe y vivait seul. La maison se trouvait sur un tout petit terrain, mal entretenu et envahi par la végétation, et sans le gardien qui se tenait devant, on n'aurait jamais deviné que quelqu'un habitait là.

La condamnation de Sobukwe s'était terminée en 1963 mais, d'après ce qu'on appelait la clause Sobukwe de la General Law Amendment Act (Amendement à la loi générale) de 1963, le ministre de la Justice pouvait détenir indéfiniment des prisonniers politiques sans accusation. C'est précisément ce qu'il a fait avec Bob. Pendant six ans, il a mené une sorte de demi-vie sur l'île ; c'était un homme libre à qui on refusait la liberté. Parfois nous l'apercevions dans son jardin, mais pas plus.

Quand nous arrivions le matin, nous allions prendre nos pioches, nos pelles, nos marteaux et nos brouettes dans un hangar en tôle au sommet de la carrière. Puis nous nous rassemblions par groupes de trois ou quatre. Les gardiens, équipés d'armes automatiques, nous surveillaient depuis des plates-formes. Des gardiens sans armes marchaient parmi nous et hurlaient pour que nous travaillions plus vite. « *Gaan aan ! Gaan aan !* » (Allez ! Allez !) criaient-ils comme si nous étions des bœufs.

A 11 heures, quand le soleil était haut dans le ciel, nous commencions à ralentir. A ce moment-là, j'étais trempé de sueur. Les gardiens hurlaient encore plus fort. « *Nee, man ! Kom aan ! Kom aan !* » (Non ! Allez ! Allez !) Juste avant midi, l'heure du déjeuner, nous transportions des brouettes de blocs de chaux jusqu'au camion qui les emportait.

A midi pile, à un coup de sifflet, on se dirigeait au pied de la colline et l'on s'asseyait sur des sièges de fortune derrière un hangar de tôle qui nous protégeait du soleil. Les gardiens mangeaient dans un hangar plus grand avec des tables et des bancs. On nous apportait des fûts métalliques de bouillie de maïs. Des centaines de mouettes volaient en cercle autour de nous et se laissaient tomber en poussant des cris, et parfois une fiente venait gâcher le repas d'un prisonnier.

Nous reprenions le travail jusqu'à 16 heures et nous transportions à nouveau la chaux jusqu'au camion. A la fin de la journée, nous avions le visage et le corps recouverts d'une couche de poussière blanche. Nous ressemblions à des fantômes, sauf là où la sueur avait lavé la chaux. Quand nous revenions à nos cellules, nous nous récurions dans l'eau froide, qui ne nous semblait jamais enlever toute la poussière.

A la carrière, la lumière était pire que la chaleur. Nos chemises nous protégeaient le dos du soleil mais la chaux renvoyait les rayons de la lumière et nous blessait les yeux et, à cause de la poussière, nous avions du mal à voir. Nos yeux pleuraient et nos visages se figeaient dans une grimace permanente. Après la journée de travail, il nous fallait un long moment pour accommoder notre regard à la lumière déclinante.

Au bout de quelques jours, nous avons demandé officiellement des lunettes de soleil. Les autorités ont refusé. Nous nous y attendions puisqu'on nous refusait même des lunettes pour lire. J'avais déjà fait remarquer au commandant que ça n'avait pas de sens de nous autoriser à lire des livres si on ne nous autorisait pas à avoir des lunettes pour les lire.

Au cours des semaines et des mois suivants, nous n'avons cessé de réclamer ces fameuses lunettes de soleil. Mais nous avons dû attendre trois ans pour les avoir, et seulement après qu'un médecin qui nous était favorable eut reconnu que nous en avions besoin pour nous protéger la vue. Mais nous avons dû les acheter nous-mêmes.

Pour nous, de telles luttes — pour des lunettes de soleil, des pantalons, les études, la même nourriture pour tous — étaient la suite de la lutte que nous avions menée à l'extérieur. La campagne pour améliorer les conditions de vie en prison faisait partie de la lutte contre l'apartheid. En ce sens, c'était la même chose ; nous combattions l'injustice là où nous la rencontrions, et peu importait qu'elle fût grande ou limitée, et nous la combattions pour préserver notre humanité.

Peu de temps après avoir commencé à travailler à la carrière, un certain nombre de prisonniers politiques importants nous ont rejoints dans la section B. Plusieurs membres de MK qui avaient été arrêtés en juillet 1964 et condamnés pour plus de cinquante actes de sabotages au cours de ce qu'on a appelé le « petit procès de Rivonia ». Ce groupe comprenait Mac Maharaj, membre du SACPO et un des esprits les plus subtils de la lutte ; Laloo Chiba, également membre du Haut Commandement de MK, un combattant résolu qui se révéla un élément très positif en prison ; et Wilton Mkwayi, l'accusé du procès de trahison qu'on avait laissé partir par erreur pendant un moment de confusion quand l'état d'urgence avait été proclamé en 1960. Il avait quitté l'Afrique du Sud clandestinement, avait suivi un entraînement militaire et était devenu commandant en chef après le procès de Rivonia. Il y avait également Eddie Daniels, un métis, membre du Parti libéral, condamné pour des opérations de sabotage entreprises par le Mouvement de résistance africain. En prison, Eddie deviendrait un de mes meilleurs amis.

Pour contrebalancer l'effet de ces nouveaux alliés politiques, les autorités mirent aussi un certain nombre de prisonniers de droit commun dans notre section. Il s'agissait de criminels endurcis, condamnés pour meurtre, pour viol et vol à main armée. Ils appartenaient aux gangs criminels les plus célèbres de l'île, les Big Five ou les Twenty-Eight (les Cinq Durs ou les Vingt-Huit), qui terrorisaient les autres prisonniers. Ils étaient costauds et hargneux, et avaient le visage couvert de cicatrices à la suite de bagarres au couteau, très communes parmi les membres des gangs. Ils avaient comme tâche de nous provoquer et ils essayaient de nous bousculer, de prendre notre nourriture et d'empêcher toute discussion politique. Un de ces types s'appelait Bogart, à l'imitation de l'acteur de cinéma américain spécialisé dans les rôles de durs. Il avait une cellule en face de celle de Walter ; Walter se plaignait parce que Bogart lui demandait son petit déjeuner tous les matins et il avait trop peur pour refuser.

A la carrière, les membres du gang formaient une équipe de travail séparée. Un jour, ils entonnèrent ce qui ressemblait à une chanson de travail. Mais s'il s'agissait bien d'une chanson de travail, ils avaient leurs propres paroles : « *Benifunani eRivonia ?* » c'est-à-dire : « Que vouliez-vous à Rivonia ? » Le vers suivant disait à peu près : « Est-ce que vous pensiez que vous alliez devenir le gouvernement ? » Ils chantaient avec exubérance et sur un ton de moquerie. A l'évidence, les gardiens les avaient encouragés en espérant que la chanson nous énerverait.

Les plus emportés d'entre nous voulaient les affronter, mais nous avons décidé de combattre le feu avec le feu. Nous avions de meilleurs chanteurs qu'eux et en plus grand nombre, et nous nous sommes réunis pour mettre notre réplique au point. Quelques minutes plus tard, nous entonnions *Stimela,* un chant entraînant sur un train descendant de Rhodésie du Sud. *Stimela* n'est pas une chanson politique, mais dans ce contexte, elle le devint car elle impliquait que le train transportait des guérilleros venant combattre l'armée sud-africaine.

Pendant plusieurs semaines, les deux groupes ont chanté en travaillant, en multipliant les chansons et en changeant les paroles. Notre répertoire s'est agrandi et, bientôt, nous avons chanté des chansons ouvertement politiques, telles que *Amajoni* sur des guérilleros, le titre venant du terme d'argot anglais *Johnny*, voulant dire soldat ; et *Tshotsholaza* qui compare la lutte au mouvement d'un train qui s'approche. (Si l'on répète le titre, cela ressemble au bruit d'un train.) Nous avions une chanson sur la Charte de la liberté, et une autre sur le Transkei dont les paroles disaient : « Il y a deux routes, l'une est celle de Matanzima, l'autre celle de Mandela, laquelle vas-tu prendre ? »

Chanter rendait le travail plus léger. Quelques compagnons avaient des voix extraordinaires et souvent j'avais envie de poser ma pioche pour les écouter. Les droit commun n'étaient pas des rivaux sérieux ; ils se turent bientôt, alors que nous continuions à chanter. Mais un des gardiens parlait très bien le xhosa et comprenait les paroles de nos chansons et on nous donna l'ordre de ne plus chanter. (Il était aussi interdit de siffler.) A partir de ce jour, nous avons travaillé en silence.

Je ne considérais pas les droit commun comme des rivaux, mais comme des individus à l'état brut qu'on pouvait convaincre. Parmi nous, il y avait un non-politique qui portait comme surnom Joe My Baby, et qui plus tard rejoignit l'ANC ; il nous apporta une aide inestimable pour faire entrer et sortir en fraude des choses de prison.

Un jour, nous avons appris qu'un gardien avait sauvagement frappé Bogart dans la carrière. Je n'ai pas vu l'agression mais j'en ai vu les résultats. Le visage entaillé et meurtri, Bogart est venu me voir dans le couloir et m'a demandé mon aide. J'ai immédiatement accepté.

Nous recherchions toujours des moyens pour tenir tête aux autorités et des coups représentaient le genre d'incident que nous pouvions porter jusqu'au bureau du directeur. Peu avant, nous avions appris qu'un homme du PAC, un certain Ganya, avait été frappé par un gardien. En tant qu'avocat, j'avais écrit au commissaire des prisons pour protester au nom de Ganya. On m'avait conduit au bureau du directeur où j'avais été confronté aux responsables de l'établissement. D'une même voix, ils avaient nié les coups et avaient voulu savoir comment j'en avais entendu parler. J'avais insisté pour que le gardien qui avait frappé Ganya quitte l'île. Ils avaient refusé en disant qu'il n'existait aucune preuve contre lui. Mais peu de temps après, le gardien en question avait été muté.

Cette affaire m'avait enhardi et, quand Bogart vint chercher de l'aide, je demandai aussitôt à voir le commandant. Le lendemain, il m'a convoqué dans son bureau et m'a informé aimablement qu'il avait fait une enquête et que l'affaire était close. « C'est une violation du règlement, dis-je. L'affaire doit être jugée.

— Non, répondit-il. Nous avons essayé d'interroger le soi-disant plaignant et il nie avoir été frappé.

— C'est impossible, dis-je. Je lui ai parlé hier seulement. » Le commandant fit un signe à un lieutenant. « Alors, voyez vous-même. » Le lieutenant fit entrer Bogart. Il avait le visage couvert de pansements. Le commandant lui demanda si oui ou non quelqu'un l'avait battu. « Non, *baas*, répondit-il calmement en évitant de me regarder. Personne ne m'a frappé. » Puis on le renvoya.

« Voilà, Mandela, conclut le commandant. L'affaire est close. » Il avait réussi à m'humilier. Manifestement, il avait acheté Bogart avec de la nourriture ou du tabac supplémentaire pour qu'il renonce à son accusation. A partir de ce jour, je demandai une déclaration écrite et signée par le prisonnier avant d'accepter de m'occuper de son affaire.

65

Un jour, pendant l'été 1965, nous avons découvert de la graisse qui brillait sur notre bouillie du petit déjeuner et, le soir, des morceaux de pain avec notre gruau. Le lendemain, certains ont reçu des chemises neuves. Les gardes de la carrière et les gardiens de notre section nous ont semblé un peu plus polis. Nous restions méfiants ; en prison, aucune amélioration n'a lieu sans raison. Le lendemain, on nous a informés que des représentants de la Croix-Rouge internationale arriveraient le jour suivant.

C'était l'occasion que nous attendions. La Croix-Rouge était responsable et indépendante, un organisme international auquel les puissances occidentales et les Nations unies accordaient une grande attention. Les autorités de la prison la respectaient, c'est-à-dire qu'elles la craignaient. Le service des prisons se méfiait de toutes les organisations succeptibles de toucher l'opinion mondiale et il ne les considérait pas comme des enquêteurs légitimes avec lesquels il fallait jouer franc jeu mais comme des intrus qui se mêlaient de ce qui ne les regardait pas. L'objectif principal des autorités consistait à éviter les condamnations internationales.

A cette époque, la Croix-Rouge internationale était la seule organisation qui écoutait nos plaintes et qui y répondait. Cela était vital car les autorités nous ignoraient. Les règlements stipulaient qu'elles devaient nous permettre d'accéder à une procédure officielle pour faire connaître nos revendications. Elles le faisaient, mais uniquement de façon formelle. Chaque samedi matin, le gardien-chef venait dans notre section et criait : « *Klagtes and Versoekes ! Klagtes and Versoekes !* » (Plaintes et demandes ! Plaintes et demandes !). Ceux qui avaient une « Klagte » et une « Versoeke » — à peu près personne — s'alignaient. L'un après l'autre, ils se plaignaient de la nourriture, ou des vêtements ou des visites. Devant chacun, le gardien-chef hochait la tête et disait simplement : « *Ja, ja* », puis « Au suivant ! ». Il ne notait même pas ce que nous disions. Si nous tentions de parler de nos organisations, il hurlait : « Pas d'ANC ni de PAC ici ! *Verstaan ?* »(Compris ?)

Peu de temps avant la visite de la Croix-Rouge, nous avions soumis une liste de réclamations au commissaire des prisons. A ce moment-là, nous n'avions le droit d'avoir du papier et un crayon que pour écrire des lettres. Nous nous étions consultés secrètement à la carrière et aux lavabos et nous avions établi une liste. Nous l'avions soumise à notre gardien-chef qui avait refusé de la prendre en nous accusant d'avoir violé le règlement en la rédigeant. Une de nos plaintes à la Croix-Rouge serait que les autorités n'écoutaient pas nos plaintes.

Le jour de la visite, on m'a accompagné au bureau du directeur pour que je rencontre le représentant de la Croix-Rouge. Cette année-là et les deux années suivantes, ce fut un certain Mr. Senn, ancien directeur de prison dans sa Suède natale qui avait émigré en Rhodésie. C'était un homme calme, un peu inquiet, dans la cinquantaine et qui n'avait pas l'air à l'aise dans ce décor.

La rencontre n'était pas surveillée, ce qui faisait une énorme différence. Il me demanda quelles étaient nos plaintes et nos revendications et m'écouta attentivement en prenant beaucoup de notes. Il se montra extrêmement poli et me remercia pour ce que je lui avais dit. Mais même ainsi, cette première visite resta très tendue. Aucun de nous deux ne savait quoi attendre de l'autre.

Je me plaignis violemment des vêtements, en lui affirmant que nous refusions de porter des shorts et que nous voulions des vêtements corrects, y compris des chaussettes et des sous-vêtements qu'on ne nous donnait pas alors. Je fis la liste de nos doléances concernant la nourriture, les visites, les lettres, les études, l'exercice physique, le travail forcé et le comportement des gardiens. Je présentai quelques revendications que les autorités n'accepteraient jamais, comme notre désir d'être transférés dans une prison plus proche de chez nous.

Ensuite, Mr. Senn rencontra le commissaire des prisons et son équipe tandis que j'attendais. Je supposais qu'il allait transmettre nos demandes aux autorités, en indiquant celles qu'il trouvait les plus raisonnables. Peu après la visite de Senn, nos vêtements se sont améliorés et on nous a donné des pantalons. Mais Senn n'était pas du tout progressiste ; au cours des années passées en Rhodésie, il semblait s'être acclimaté au racisme. Avant de revenir dans ma cellule, je lui ai rappelé que les prisonniers africains se plaignaient de ne pas avoir de pain. Mr. Senn a paru embarrassé et il a jeté un coup d'œil au colonel qui dirigeait la prison. « Le pain est très mauvais pour vos dents, vous savez, Mr. Mandela, a dit Mr. Senn. Le maïs est beaucoup mieux pour vous. Ça vous donne des dents saines. »

Plus tard, la Croix-Rouge internationale envoya des hommes plus ouverts qui luttaient sincèrement pour obtenir des améliorations. L'organisation joua aussi un rôle crucial dans un domaine moins évident mais tout aussi important pour nous. Elle donnait souvent de l'argent à nos épouses et à nos familles qui, sans cela, n'auraient jamais pu nous rendre visite sur l'île.

Quand on nous a envoyés à Robben Island, nos partisans se sont inquiétés en pensant qu'on ne nous permettrait pas de faire des études. Dans les mois qui ont suivi notre arrivée, les autorités nous ont informés que ceux qui voulaient étudier pouvaient en faire la demande. La plupart le firent, même ceux qui appartenaient au groupe D, et on l'accorda à tous. Après le procès de Rivonia, l'Etat avait repris confiance et pensait que nous donner ce privilège ne prêtait pas à conséquence. Il le regretta plus tard. Il n'autorisait pas les études post-universitaires mais fit une exception pour moi parce que j'avais créé un précédent quand j'étais à Pretoria.

Dans notre section, rares étaient ceux qui avaient une licence, et beaucoup s'inscrivirent à des cours universitaires. Très peu n'étaient pas allés au lycée et ils finirent leurs études secondaires. Quelques-uns avaient déjà un bon niveau, comme Govan Mbeki et Neville Alexander, mais d'autres n'avaient pas dépassé la troisième. En l'espace de quelques mois, presque tout le monde étudiait. Le soir, nos cellules ressemblaient plus à des salles de cours qu'à des cellules de prison.

Mais le privilège de faire des études s'accompagnait d'une multitude de conditions. Certains sujets, comme la politique ou l'histoire militaire, étaient interdits. Pendant des années, nous n'avons pu recevoir d'argent que de nos familles et les prisonniers pauvres avaient rarement de quoi acheter des livres ou des cours. La possibilité d'étudier devenait signe de richesse. Nous n'avions pas non plus l'autorisation de prêter des livres aux autres prisonniers, ce qui aurait permis aux plus pauvres d'étudier.

Il y avait toujours des discussions pour savoir si nous devions ou non accepter le privilège de faire des études. Au début, certains membres du Mouvement de l'unité avaient l'impression que nous acceptions une aumône du gouvernement et que cela compromettait notre intégrité. Ils soutenaient que ce n'aurait pas dû être un privilège sous conditions mais un droit absolu. Je partageais ce point de vue, mais je ne pouvais accepter qu'en conséquence on renonce aux études. En tant que combattants de la liberté et prisonniers politiques, nous avions l'obligation de progresser et de nous améliorer, et les études étaient une des rares possibilités que nous avions de le faire.

Les prisonniers avaient le droit de s'inscrire soit à l'université d'Afrique du Sud (UNISA), soit au Rapid Results College (cours de formation accélérée), réservé à ceux qui terminaient le lycée. Dans mon cas, faire des études sous les auspices de l'université de Londres n'était qu'un demi-privilège. D'une part, j'avais accès à des livres très riches que je n'aurais pas trouvés sur une liste sud-africaine ; mais, d'autre part, les autorités considéraient beaucoup d'entre eux comme inopportuns et les interdisaient.

Le simple fait de recevoir des livres était souvent un exploit. On pouvait commander un livre à une bibliothèque sud-africaine. La demande était transmise et on recevait le livre par la poste. Mais à cause des caprices du système du courrier, de l'éloignement de l'île et de la lenteur souvent délibérée des censeurs, le livre arrivait après la date où il fallait le rendre. Dans ce cas-là, les gardiens renvoyaient le livre sans même le dire. Etant donné la nature du système, on pouvait recevoir une amende pour retard sans jamais avoir eu l'ouvrage.

En plus des livres, nous avions le droit de commander des publications nécessaires à nos études. Les autorités se montraient très strictes à ce sujet et les seules publications acceptées étaient des revues trimestrielles de comptabilité. Mais un jour, Mac Maharaj dit à un camarade qui faisait des études d'économie de demander la revue *The Economist*. Cela nous a fait rire parce que nous pouvions aussi bien demander le *Time*. En effet, *The Economist* était aussi un hebdomadaire politique. Mais Mac sourit et dit que les autorités n'en savaient rien ; ils jugeaient un livre d'après son titre. Un mois plus tard, nous avons reçu *The Economist* et nous avons lu les nouvelles qui nous manquaient tellement. Mais les autorités ont vite découvert leur erreur et ont mis fin à l'abonnement.

Quand la plupart ont commencé à faire des études, nous nous sommes plaints de ne pas avoir les installations minimales, comme des bureaux et des chaises. J'ai présenté cette revendication à la Croix-Rouge internationale. Finalement, les autorités ont fait installer dans chaque cellule une sorte de bureau où l'on ne pouvait être que debout, une planche fixée au mur à la hauteur de la poitrine.

Ce n'était pas exactement ce que nous avions imaginé. Après une dure journée à la carrière, on n'avait guère envie de travailler debout à un bureau. Beaucoup se plaignaient et Kathy était le plus violent. Il informa le commandant que c'était non seulement une punition mais que ces planches penchaient tellement que les livres tombaient. Le commandant fit une visite surprise dans la cellule de Kathy, demanda un livre et le lança sur son bureau. Le livre ne bougea pas. Il en demanda un autre et le posa sur le premier ; toujours rien. Finalement, après avoir empilé quatre livres, il se tourna vers Kathy penaud et lui dit : « Ag, ils sont très bien ces bureaux », et il s'en alla. Mais six mois plus tard, les autorités se laissèrent attendrir ; on nous fournit des tabourets de bois à trois pieds et on abaissa les bureaux.

J'ai aussi fait part à la Croix-Rouge internationale d'une plainte sur la façon arbitraire dont les gardiens nous donnaient un « rapport ». Avoir un « rapport » signifiait qu'un gardien prétendait qu'un prisonnier avait violé un règlement précis, et cela pouvait être puni par l'isolement, ou la perte de repas et de privilèges. En général, les gardiens ne faisaient pas cela à la légère parce que si un prisonnier avait un rapport, il avait droit à une audition judiciaire et, selon la gravité de l'accusation, un juge venait du Cap. A l'époque, les autorités refusaient d'accorder ces auditions. Quand je m'en plaignis à la Croix-Rouge internationale, je ne connaissais pas encore le problème personnellement. Mais on y remédia vite.

La première année sur l'île, pendant les week-ends, hormis une demi-heure de promenade nous restions toute la journée dans notre cellule. Un samedi, en rentrant de la cour, j'ai remarqué qu'un gardien avait laissé un journal sur un banc au bout du couloir. Il était devenu assez gentil avec nous et j'ai pensé qu'il n'avait pas fait cela par hasard.

Pour les prisonniers politiques, les journaux avaient plus de valeur que l'or ou les diamants, ils en avaient une faim plus grande que de nourriture ou de tabac ; c'étaient les marchandises de contrebande les plus précieuses de Robben Island. Les journaux représentaient le matériau intellectuel de base de la lutte. Nous n'y avions absolument pas droit malgré notre désir. Cette privation semblait encore plus pénible à Walter qu'à moi. Les autorités essayaient de nous imposer un black-out total ; elles ne voulaient pas qu'on apprenne quelque chose qui puisse nous redonner le moral ni qu'on sache qu'on pensait encore à nous à l'extérieur.

Nous considérions comme un devoir de nous tenir au courant de la politique du pays, et nous nous sommes battus longtemps et durement pour avoir le droit de recevoir des journaux. Au cours des années, nous avons mis au point quantité de moyens pour nous en procurer, mais à ce moment-là nous n'étions pas aussi habiles. Un des avantages du travail à la carrière, c'était que les gardiens enveloppaient leurs sandwiches dans des feuilles de papier journal qu'ils jetaient souvent à la poubelle où nous allions les chercher. Nous détournions l'attention des gardiens, nous sortions les feuilles des ordures et nous les glissions sous nos chemises.

Un des moyens les plus sûrs pour obtenir des journaux consistait à acheter des gardiens, et c'était le seul domaine où je tolérais les moyens souvent immoraux qui permettaient d'obtenir des informations. Les gardiens semblaient avoir toujours besoin d'argent et leur pauvreté était notre chance.

Quand nous avions un journal, il était trop risqué de le faire circuler. Sa possession constituait une faute grave. Alors, un seul prisonnier le lisait, en général Kathy ou, plus tard, Mac Maharaj. Kathy était responsable des communications et il avait mis au point un système ingénieux pour faire circuler l'information. D'abord il lisait le journal, y découpait ce qu'il jugeait intéressant et nous le distribuait secrètement. Chacun rédigeait ensuite un résumé de ce qu'on lui avait donné ; puis on faisait circuler ces résumés entre nous, avant de les passer en fraude à la section générale. Quand les autorités se montraient particulièrement vigilantes, Kathy ou Mac Maharaj rédigeaient eux-mêmes le résumé du journal ; ils le détruisaient ensuite en le déchirant en tous petits morceaux avant de les jeter dans leur seau hygiénique, que les gardiens n'inspectaient jamais.

Quand j'ai remarqué le journal sur le banc, j'ai rapidement quitté ma cellule, je suis allé au bout du couloir, j'ai regardé autour de moi, puis j'ai ramassé le journal et je l'ai glissé sous ma chemise. Normalement, j'aurais dû le cacher quelque part pour ne le sortir qu'à l'heure du coucher. Mais comme un enfant qui mange ses bonbons avant le repas, j'avais tellement envie de nouvelles que je l'ai ouvert immédiatement en arrivant dans ma cellule.

Je ne sais pas combien de temps j'ai lu ; j'étais tellement absorbé que je n'ai même pas entendu le bruit de pas. Brusquement, un officier et deux gardiens sont apparus avant que j'aie eu le temps de glisser le journal sous mon lit. J'étais pris sur le fait : « Mandela, a dit l'officier, nous te faisons un rapport pour possession d'objet de contrebande et tu vas le payer. » Les deux gardiens ont commencé à fouiller ma cellule pour voir s'ils ne pouvaient pas découvrir autre chose.

Un jour ou deux plus tard, un juge est venu du Cap et l'on m'a conduit dans la salle du quartier général qui, sur l'île, servait de tribunal. Les autorités avaient fait venir un juge parce qu'elles savaient que l'affaire était évidente. Je n'ai pas cherché à me défendre et on m'a condamné à trois jours d'isolement et de privation de nourriture.

Contrairement à certains, je ne pense pas que le gardien m'avait piégé en laissant le journal sur le banc. A l'audience, les autorités m'ont cuisiné pour savoir comment je me l'étais procuré et j'ai refusé de répondre. Si j'étais tombé dans un piège, les autorités l'auraient su.

Les cellules d'isolement se trouvaient dans le même bâtiment, mais dans une autre aile. Bien qu'elles fussent de l'autre côté de la cour, elles semblaient très loin. En isolement, on était privé de compagnie, d'exercice et même de nourriture : on ne recevait que de l'eau de riz trois fois par jour. (Simplement de l'eau dans laquelle on a fait cuire du riz.) En comparaison, notre ration normale de bouillie ressemblait à un festin.

Le premier jour était le plus pénible. On s'habitue à manger régulièrement et le corps ne supporte pas la privation de nourriture. Le deuxième jour, je m'étais plus ou moins fait à l'absence de nourriture et le troisième jour est passé sans que j'y pense. De telles privations étaient courantes dans la vie quotidienne des Africains : moi-même je n'avais pas mangé tous les jours à mon arrivée à Johannesburg.

Comme je l'ai déjà dit, j'ai trouvé que l'isolement était l'aspect le plus désagréable de la vie en prison. Il n'y a ni début ni fin ; on est seul avec son esprit, qui peut vous jouer des tours. Est-ce un rêve ou cela a-t-il vraiment lieu ? On commence à s'interroger sur tout. Ai-je pris la bonne décision, mon sacrifice en valait-il la peine ? Dans la solitude, rien ne vous détourne de ces questions obsédantes.

Mais le corps humain a une faculté extraordinaire d'adaptation. J'ai découvert qu'on pouvait supporter l'insupportable si l'on gardait le moral, même quand le corps souffrait. De fortes convictions sont le secret de la survie ; on peut avoir l'esprit plein même si l'on a le ventre vide.

Dans les premières années, l'isolement est devenu une habitude. Pour les plus petites infractions, nous avions un « rapport » et on nous condamnait à l'isolement. Un homme pouvait être privé de repas pour un regard ou être condamné pour ne pas s'être levé à l'entrée d'un gardien. Certains prisonniers du PAC, qui se moquaient des règlements simplement pour le plaisir, passèrent beaucoup de temps en isolement. Les autorités pensaient ainsi nous soigner de nos tendances à la provocation et à la révolte.

J'ai été condamné une seconde fois à l'isolement peu de temps après. Ainsi que je l'ai signalé, nous avions beaucoup de mal à faire entendre nos réclamations. A cause de l'éloignement de la prison, les autorités avaient l'impression de pouvoir nous ignorer en toute impunité. Elles pensaient que si elles faisaient la sourde oreille, nous abandonnerions et qu'on nous oublierait à l'extérieur.

Un jour où nous travaillions à la carrière de chaux, le commandant est venu nous voir, accompagné d'un homme que tout d'abord nous n'avons pas reconnu. Un des prisonniers m'a murmuré qu'il s'agissait du général Aucamp, de la direction des prisons, le supérieur de notre commandant. (A ne pas confondre avec le lieutenant Aucamp de la prison Pretoria Central, qui s'occupait de nous pendant le procès de Rivonia.) Ils se tenaient à quelque distance et nous observaient.

Le général Aucamp, petit et trapu, portait plus volontiers un costume qu'un uniforme militaire. Il venait sur l'île deux fois par an en inspection. Dans ce cas-là, on nous donnait l'ordre de nous mettre au garde-à-vous devant la grille de notre cellule et de lui tendre notre carte de prisonnier.

J'ai décidé que le passage inattendu d'Aucamp était une excellente occasion pour présenter nos réclamations à l'homme qui avait le pouvoir d'y répondre. J'ai posé ma pelle et me suis dirigé vers eux. Immédiatement, les gardiens se sont avancés vers moi. Je savais que je violais le règlement mais j'espérais que les gardiens seraient tellement surpris par mon acte qu'ils ne tenteraient pas de m'arrêter. C'est ce qui se passa.

Quand j'arrivai près des deux hommes, le commandant me dit brutalement : « Mandela, retourne à ta place. On ne t'a pas appelé. » Je n'ai pas fait attention à lui et je me suis adressé à Aucamp, en lui disant que je commettais cet acte anormal parce qu'on ignorait nos réclamations. Le commandant m'a interrompu : « Mandela, je te donne l'ordre de retourner à ta place. » Je me suis tourné vers lui et je lui ai répondu d'une voix mesurée : « Je suis ici, je ne partirai pas. » J'espérais qu'Aucamp accepterait de m'écouter mais il m'a regardé froidement, puis il a dit calmement aux gardiens : « Faites-lui un rapport. »

J'ai continué à parler tandis que les gardes m'entraînaient. « Ramenez-le à sa cellule », a dit le commandant. On a donc fait un rapport et de nouveau je ne me suis pas défendu. Cette fois, la punition a été quatre jours d'isolement. Il y avait une leçon à tirer de ce que j'avais fait, une leçon que je connaissais déjà, mais que je n'avais pas suivie, par désespoir. Personne, encore moins un responsable de prison, n'aime qu'on défie son autorité en public. Pour me répondre, Aucamp aurait dû humilier son subordonné. En prison, les responsables préfèrent répondre à des demandes faites en privé. Pour obtenir des changements à Robben Island, il ne fallait pas essayer d'influencer les responsables publiquement. On me critiquait parfois parce que j'apparaissais trop accommodant, mais j'acceptais les critiques en échange des améliorations obtenues.

66

Dans la vie de tout prisonnier, la personne la plus importante n'est pas le ministre de la Justice, ni le commissaire des prisons, ni même le directeur de l'établissement, mais le gardien de sa section. Si vous avez froid et si vous voulez une couverture de plus, vous pouvez toujours adresser une requête au ministre de la Justice, vous n'obtiendrez pas de réponse. Si vous allez voir le commissaire des prisons, il vous dira : « Désolé, c'est contre le règlement. » Le directeur ajoutera : « Si je vous donne une couverture de plus, il faudra que j'en donne à tout le monde. » Mais si vous êtes en bons termes avec le gardien de votre couloir, il ira simplement en chercher une à la réserve sur votre demande.

J'ai toujours essayé d'être correct avec les gardiens de ma section ; l'hostilité était destructrice. Il n'y avait aucune raison d'avoir un ennemi permanent parmi eux. La politique de l'ANC consistait à éduquer tout le monde, même nos ennemis : nous pensions que tous les hommes étaient susceptibles de changer et nous faisions tout notre possible pour les faire basculer.

En général nous nous conduisions avec les gardiens comme ils se conduisaient avec nous. Si l'un d'eux était gentil, nous l'étions aussi. Tous n'étaient pas des ogres. Dès le début, nous avons remarqué qu'il y en avait qui croyaient en l'équité. Cependant, devenir l'ami d'un gardien n'était pas chose facile car en général ils trouvaient répugnant de se conduire poliment avec un Noir. Comme il était utile d'avoir des gardiens bien disposés à notre égard, je demandais souvent à des prisonniers de prendre l'initiative avec certains d'entre eux bien choisis. Personne n'aimait se charger d'une telle tâche.

A la carrière, nous en avions un qui semblait particulièrement hostile à notre égard. C'était ennuyeux parce que nous parlions, et un gardien qui nous empêchait de le faire devenait un obstacle majeur. J'ai demandé à un camarade de devenir son ami pour qu'il nous laisse discuter. Malgré sa brutalité, le gardien a bientôt commencé à se montrer plus gentil avec ce prisonnier en particulier. Un jour, il lui a demandé sa veste pour la poser sur l'herbe et s'asseoir dessus. Je savais que ça déplaisait au camarade, mais je lui ai fait signe d'accepter.

Quelques jours plus tard, nous déjeunions sous le hangar quand le gardien est passé. Il avait un sandwich de trop qu'il a jeté sur l'herbe en disant : « Tenez. » C'était sa façon de manifester son amitié.

Cela nous posait un problème. D'un côté, il nous traitait comme des animaux à qui il jetait de la nourriture et je sentais que prendre le sandwich remettait en cause notre dignité. D'un autre côté, nous avions faim, et refuser entièrement son cadeau humilierait le gardien qui essayait d'être aimable. Je voyais bien que le prisonnier avait envie de sandwich et je lui ai fait signe de le prendre.

Cette stratégie a fonctionné, car le gardien nous a moins surveillés. Il a commencé à nous poser des questions sur l'ANC. Par définition, si un homme travaillait dans l'administration pénitentiaire, la propagande gouvernementale lui avait lavé le cerveau. Il avait dû croire que nous étions des terroristes et des communistes et que nous voulions rejeter les Blancs à la mer. Mais quand nous lui avons calmement expliqué notre refus du racisme, notre lutte pour l'égalité des droits et nos projets de redistribution de la richesse, il s'est gratté la tête et a dit : « Ça a l'air vachement plus sensé que les nats ! »

Avoir des gardiens bien disposés facilitait une de nos tâches les plus vitales sur Robben Island : la communication. Nous considérions de notre devoir de rester en contact avec nos hommes enfermés avec les droit commun en F et en G. En tant que politiques, nous tentions de renforcer notre organisation en prison comme nous l'avions fait à l'extérieur. La communication était essentielle si nous devions coordonner nos revendications et nos plaintes. A cause du plus grand nombre de prisonniers qui entraient et sortaient en section générale, les hommes en F et en G avaient souvent des informations récentes non seulement sur ce qui se passait dans le mouvement, mais aussi sur nos amis et nos familles.

La communication entre les sections constituait une grave violation des règlements. Nous trouvions quantité de moyens efficaces pour contourner l'interdiction. Les hommes qui venaient nous apporter les fûts de nourriture appartenaient à la section générale et dans les premiers mois, nous avons réussi à avoir des conversations à voix basse dans lesquelles nous faisions passer de brefs messages. Nous avons formé un comité clandestin chargé de la communication, composé de Kathy, Mac Maharaj, Laloo Chiba et plusieurs autres ; leur travail consistait à mettre au point ces techniques.

Une des premières fut inventée par Kathy et Mac, qui avaient remarqué que sur le chemin de la clairière les gardiens jetaient souvent des boîtes d'allumettes vides. Ils commencèrent à les collectionner et Mac eut l'idée de fabriquer un double fond à une boîte pour y placer un message écrit très petit. Laloo Chiba, qui avait fait un apprentissage de tailleur, recopiait des messages codés avec une écriture minuscule pour les placer dans la boîte. Joe Gqabi, un autre soldat de MK qui se trouvait avec nous, transportait les boîtes d'allumettes à la carrière et les laissait tomber à un croisement stratégique où nous savions que passaient les prisonniers de la section générale. On expliqua le plan dans des conversations chuchotées lors de la livraison des repas. Des prisonniers de F et de G désignés à l'avance ramassaient les boîtes et nous avions les réponses par le même moyen. C'était loin d'être parfait et quelque chose d'aussi banal que la pluie pouvait tout faire échouer. Bientôt, nous avons mis au point des méthodes plus efficaces.

Nous guettions les moments d'inattention des gardiens, en général pendant et après les repas. Nous nous servions nous-mêmes à manger et nous avons imaginé que des camarades de la section générale qui travaillaient aux cuisines placeraient des lettres et des notes enveloppées dans du plastique au fond des fûts de nourriture. Nous adresserions les réponses de la même façon, en enveloppant des notes dans le morceau de plastique et en les dissimulant en bas des piles d'assiettes qu'on rapportait aux cuisines. Nous nous efforcions à ce que ce soit bien sale en étalant de la nourriture sur les assiettes. Les gardiens se plaignaient du désordre mais ils n'ont jamais pensé à aller voir de plus près.

Les toilettes et les douches étaient contiguës à la section d'isolement, à laquelle étaient souvent condamnés des prisonniers de la section générale qui utilisaient les mêmes toilettes que nous, mais à des heures différentes. Mac mit au point une méthode pour envelopper des notes dans des morceaux de plastique qu'il fixait sous le rebord de la cuvette des toilettes. Nous encouragions nos camarades de la section générale à se faire condamner à l'isolement afin qu'ils puissent trouver nos messages et envoyer des réponses. Les gardiens n'ont jamais regardé à cet endroit.

Afin que les autorités ne puissent pas comprendre nos notes si elles les trouvaient, nous utilisions des méthodes qui ne permettaient pas qu'on voie ou qu'on déchiffre facilement l'écriture. L'une d'elles consistait à écrire avec du lait. Le lait séchait presque immédiatement et le papier semblait vierge. Mais quand on étalait sur le lait séché un peu du désinfectant qu'on nous donnait pour nettoyer nos cellules, l'écriture réapparaissait. Malheureusement, on ne nous donnait pas de lait de façon régulière. Mais quand on diagnostiqua un ulcère chez l'un d'entre nous, nous avons utilisé son lait.

Une autre technique consistait à utiliser une écriture minuscule et codée sur du papier hygiénique. Ce papier était si fin et si facile à dissimuler que c'est devenu une façon courante de faire passer des messages. Quand les autorités découvrirent un certain nombre de ceux-ci, elles prirent des mesures extraordinaires de rationnement du papier toilette. A ce moment-là, Govan était malade et n'allait pas à la carrière et on lui donna comme tâche de compter huit feuilles de papier pour chaque prisonnier par jour.

Mais de toutes ces méthodes ingénieuses, l'une des plus efficaces était aussi la plus simple : se faire envoyer à l'hôpital de la prison. Il y avait un hôpital sur l'île et, quand nous nous y trouvions, il était difficile de nous séparer des autres prisonniers. Parfois des hommes venant de sections différentes partageaient la même salle, et des prisonniers de la section B et d'autres de F ou de G étaient mélangés et pouvaient échanger des informations sur les organisations politiques, sur les grèves et sur toutes les questions de la prison.

Nous réussissions à communiquer avec l'extérieur de deux façons : par des prisonniers qui avaient achevé leur peine et qui quittaient l'île, et par des contacts avec les visiteurs. Les prisonniers qui s'en allaient sortaient nos lettres en fraude dans leurs vêtements ou leurs bagages. Avec les visiteurs, la situation était encore plus dangereuse parce que le visiteur lui-même prenait un risque. Les gardiens n'avaient pas le droit de rester dans la pièce quand nos avocats venaient nous voir et parfois nous en profitions pour leur passer une lettre. On ne fouillait pas les avocats. Dans ces rencontres, nous communiquions aussi par écrit comme nous l'avions fait pendant le procès de Rivonia. Comme la pièce était truffée de micros, nous disions : « Veuillez transmettre à... », nous nous arrêtions pour écrire « O.T. », ce qui voulait dire Oliver Tambo, sur un morceau de papier, « ... que nous approuvons son projet de réduire la taille de... » et nous écrivions « la direction nationale ».

En juillet 1966, par une note enveloppée dans du plastique et dissimulée au fond d'un fût de nourriture, nous avons appris que les hommes de la section générale avaient entamé une grève de la faim pour protester contre leurs conditions de détention. La note manquait de précision, et nous ne savions pas exactement si la grève avait commencé ni quelle en était exactement la raison. Mais nous soutenions toute grève de prisonniers quelle qu'en soit la raison. Nous avons passé le mot d'ordre entre nous et nous avons décidé d'une grève de soutien qui commencerait au repas suivant. Une grève de la faim consiste en une seule chose : ne pas manger.

A cause du décalage entre les communications, les prisonniers de la section générale n'ont sans doute appris notre participation à leur mouvement qu'un jour ou deux plus tard. Mais nous savions que la nouvelle les encouragerait. Les autorités leur disaient que nous ne prenions pas part à la grève et que nous étions en train de nous empiffrer de repas de gourmets. C'était classique : en cas de crise, les autorités lançaient à chaque fois une campagne de désinformation pour jouer d'une section contre une autre. Dans ce cas précis, l'ANC soutenait la grève à l'unanimité, contrairement à certains membres du PAC de la section générale.

Pendant notre premier jour de grève, on nous a servi des rations normales auxquelles nous avons refusé de toucher. Le deuxième jour, nous avons remarqué que les portions étaient plus importantes et qu'un peu de légumes accompagnaient notre gruau de maïs. Le troisième jour, au souper, on nous a donné des morceaux de viande juteuse. Le quatrième jour, la bouillie brillait de graisse et de gros morceaux de viande et des légumes fumaient dessus. Nous en avions littéralement l'eau à la bouche. Les gardiens souriaient quand nous refusions la nourriture. Malgré la tentation nous résistions, même si on nous faisait travailler dur à la carrière. Nous avons appris que dans la section principale des prisonniers s'évanouissaient et qu'on les transportait dans des brouettes.

On m'a convoqué dans le bureau du directeur pour un entretien avec le colonel Wessels. De telles rencontres étaient délicates car mes compagnons savaient que les autorités essaieraient de m'influencer pour que j'appelle à la fin de la grève. Wessels était un homme direct et il exigea de savoir pourquoi nous faisions une grève de la faim. Je lui expliquai qu'en tant que prisonniers politiques nous voulions changer nos conditions de détention, en prolongation de la lutte anti-apartheid. « Mais vous ne savez même pas pourquoi F et G font la grève », me dit-il. Je lui répondis que cela n'avait pas d'importance, que les hommes de F et de G étaient nos frères, et que notre lutte était indivisible. Il eut un mouvement d'impatience et me renvoya.

Le lendemain nous avons appris que les événements avaient pris un tour extraordinaire : les gardiens boycottaient eux aussi leur nourriture et refusaient d'aller dans leur cafétéria. Ils ne faisaient pas la grève pour nous soutenir, mais ils avaient décidé que si nous la faisions, pourquoi pas eux aussi ? Ils exigeaient une meilleure nourriture et de meilleures conditions d'existence. L'addition des deux grèves dépassait les autorités. Elles se mirent d'accord avec les gardiens et, un jour ou deux plus tard, nous avons appris qu'elles avaient demandé trois représentants de la section générale afin de négocier des changements. Les prisonniers crièrent à la victoire et arrêtèrent la grève de la faim. Nous avons fait de même le lendemain.

Ce fut la première grève de la faim sur l'île et celle qui remporta le plus grand succès. En tant que forme de protestation ce genre de grèves ne réussissait pas souvent et ce qui les animait me semblait un peu donquichottesque. Pour qu'une telle grève réussisse, il faut que le monde extérieur soit au courant. Sinon les prisonniers meurent simplement de faim sans que personne le sache. Faire sortir la nouvelle incitait les journaux à en parler, ce qui entraînait des pressions de la part de groupes de défense. Pendant les premières années, il était à peu près impossible d'alerter les gens à l'extérieur sur le fait que nous entamions une grève de la faim.

Pour moi, ce genre de manifestation était beaucoup trop passif. Nous qui souffrions déjà, nous mettions notre santé en danger et nous risquions même la mort. J'ai toujours préféré un mode de protestation beaucoup plus actif, comme les arrêts de travail, les grèves de lenteur, ou le refus de nettoyer ; des actions qui pénalisaient les autorités et non pas nous-mêmes. Elles voulaient du gravier, nous n'en produisions pas. Elles vou-

laient que la cour de la prison soit propre, elle était sale.
Ce genre de comportement les désolait et les exaspérait,
mais je pensais qu'elles n'étaient pas mécontentes de
nous voir affamés.

Mais au moment de prendre une décision, j'étais souvent mis en minorité. Mes camarades se moquaient
même de moi en disant que je ne voulais pas manquer un
repas. Les défenseurs de la grève de la faim soutenaient
qu'il s'agissait d'une forme de protestation traditionnellement acceptée et qui avait été utilisée dans le monde
entier par des responsables de premier plan comme le
Mahatma Gandhi. Mais quand la décision était prise, je
la soutenais aussi sincèrement que ceux qui l'avaient
défendue. En fait, au cours des grèves, j'étais souvent
obligé de sermonner certains camarades qui ne voulaient pas respecter notre décision. Je me souviens d'un
homme qui me disait : « Madiba, je veux manger. Je ne
vois pas pourquoi je devrais jeûner. Ça fait tellement
d'années que je suis dans la lutte. »

Certains camarades mangeaient souvent en cachette.
Nous le savions pour une raison simple : à partir du
deuxième jour d'une grève de la faim, personne n'a plus
besoin d'aller aux toilettes. Pourtant, le matin on pouvait
y trouver un camarade. Nous avions notre service de
renseignements parce que nous savions que certains
étaient faibles sur le chapitre de la nourriture.

67

Au milieu de la grève de la faim de juillet 1966, je reçus
la seconde visite de ma femme. C'était presque deux ans
après sa première visite, et elle faillit ne pas avoir lieu.
Depuis 1964, Winnie avait été harcelée en permanence.
La police persécutait ses sœurs et son frère et les autorités essayaient d'interdire à tous les membres de sa
famille de vivre avec elle. J'appris cela par bribes à l'épo-

que et j'en découvris l'essentiel plus tard. J'étais au courant des choses les plus désagréables parce qu'en rentrant de la carrière je trouvais souvent sur mon lit des articles sur Winnie, très bien découpés, que des gardiens avaient posés là anonymement.

Par des méthodes mesquines et méchantes, les autorités faisaient tout pour rendre les voyages de Winnie très désagréables. Au cours des deux années précédentes, à cause de magistrats locaux et d'interdictions répétées qui l'empêchaient de voyager, elle n'avait pas pu me rendre visite. J'avais appris récemment par un avocat que la police avait informé Winnie qu'elle ne pourrait venir me voir que si elle avait un *pass*. Winnie, qui s'opposait depuis 1950 à la politique du gouvernement sur le *pass* des femmes, avait refusé carrément d'avoir ce document qu'elle exécrait. Les autorités essayaient manifestement de nous humilier elle et moi. Mais je pensais qu'il était plus important que l'on essaie de se voir, plutôt que de résister aux manœuvres mesquines du pouvoir, et Winnie accepta le *pass*. Elle me manquait vraiment beaucoup et j'avais besoin de sa présence pour me rassurer ; en outre, nous devions parler de questions familiales essentielles.

Les règlements que devait respecter Winnie à chaque visite étaient nombreux et compliqués. Elle ne pouvait pas venir en train ou en voiture, seulement en avion, ce qui rendait le voyage beaucoup plus coûteux. Elle devait emprunter le chemin le plus court pour aller de l'aéroport à Caledon Square, le commissariat de police de la ville, pour y signer un certain nombre de documents. Elle devait y repasser au retour pour signer d'autres papiers.

J'avais aussi appris par une coupure de presse qu'un officier de la Special Branch avait pénétré chez nous, à Orlando, alors que Winnie était en train de s'habiller ; elle s'était mise en colère et avait chassé le policier de la chambre. Il l'avait accusée de l'avoir frappé et j'avais demandé à mon collègue et ami George Bizos de la défendre, ce qu'il avait fait. Nous avions lu cela dans les journaux et certains se moquaient de moi à cause du caractère belliqueux de Winnie. « Tu n'es pas le seul boxeur de la famille, Madiba », me disaient-ils.

Cette seconde visite devait durer une demi-heure et nous avions beaucoup de choses à discuter. Winnie était un peu troublée par la façon dont on l'avait traitée au Cap et par le fait que, comme toujours, elle avait dû voyager dans la cellule du ferry, où la fumée du moteur la rendait malade. Elle avait mis beaucoup de soin à s'habiller pour moi, mais elle me sembla maigre et fatiguée.

Nous avons parlé de la scolarité des enfants, de la santé de ma mère, qui n'allait pas très bien, et de nos finances. La scolarité de Zeni et de Zindzi posait un grave problème. Winnie les avait inscrites dans une école destinée aux Indiens, et les autorités harcelaient le directeur sous prétexte que l'école violait la loi en acceptant des élèves africaines. Nous avons pris la décision difficile d'envoyer les filles dans un pensionnat au Swaziland. C'était dur pour Winnie, qui trouvait en elles son plus grand réconfort. Le fait qu'elles auraient ainsi une meilleure formation me consolait un peu mais je m'inquiétais pour Winnie. Elle se retrouverait seule et serait la proie facile de gens qui cherchaient à la décourager en se faisant passer pour des amis. Winnie avait tendance à faire confiance aux gens.

Afin de contourner l'interdiction de parler de questions non familiales, nous utilisions des noms dont les gardiens ignoraient la signification. Si je voulais savoir comment allait vraiment Winnie, je lui demandais : « As-tu eu des nouvelles récentes de Ngutyana ; elle va bien ? » Ngutyana est un des noms de clan de Winnie, mais les autorités ne le savaient pas. Alors elle me disait comment allait Ngutyana. Si le gardien nous demandait qui était Ngutyana, elle disait qu'il s'agissait d'une cousine. Si je voulais savoir comment se déroulait la mission extérieure de l'ANC, je lui demandais : « Comment va l'église ? » Winnie me parlait de « l'église » en termes appropriés et je lui demandais : « Comment vont les prêtres ? Est-ce qu'ils ont de nouveaux sermons ? » Nous improvisions et nous réussissions ainsi à échanger beaucoup d'informations.

Comme toujours, quand le gardien criait : « C'est l'heure ! », je croyais qu'il ne s'était passé que quelques minutes. Je voulais embrasser la vitre pour lui dire au revoir mais je me contenais. J'ai toujours préféré que Winnie s'en aille la première pour qu'elle ne voie pas les gardiens qui m'emmenaient et je la regardais me murmurer un adieu en dissimulant sa douleur.

Après la visite, je repassai tous les détails dans ma tête : comment elle était habillée, ce qu'elle avait dit, ce que j'avais dit. Puis je lui écrivis une lettre pour revenir sur certains détails de notre discussion et lui rappeler à quel point je l'aimais, à quel point elle était courageuse et le lien qui nous unissait était fort. Je considérais mes lettres à la fois comme des lettres d'amour et comme la seule façon de lui donner le soutien affectif dont elle avait besoin.

Peu de temps après sa visite, j'ai appris que Winnie était accusée de ne pas être repassée au commissariat à son retour au Cap et d'avoir refusé de fournir son adresse quand elle était partie. Elle l'avait déjà donnée au ferry et on la lui avait redemandée au moment du départ ; elle avait refusé en disant qu'elle venait de le faire.

Winnie fut arrêtée et libérée sous caution. Elle fut jugée et condamnée à un an de prison ; elle bénéficia d'un sursis sauf pour quatre jours. En conséquence, elle fut licenciée de son deuxième emploi d'assistante sociale et perdit ainsi son principal revenu.

Les autorités faisaient tout leur possible pour me harceler par des moyens auxquels elles me croyaient incapable de résister. Vers la fin de l'année 1966, l'ordre des avocats du Transvaal, à l'instigation du ministre de la Justice, tenta de me radier à cause de ma condamnation dans le procès de Rivonia. Apparemment, la précédente tentative qui avait suivi ma condamnation dans la Campagne de défi ne les avait pas découragés.

Je découvris cette tentative alors que l'action était déjà entamée. L'ordre des avocats du Transvaal était une

organisation extrêmement conservatrice et ses responsables essayaient de me frapper à un moment où ils me
croyaient incapable de réagir. Bien qu'il ne fût pas facile
pour un prisonnier de Robben Island de se défendre
devant un tribunal, c'est précisément ce que j'avais
l'intention de faire.

J'ai averti les autorités que je me proposais de contester la démarche de l'Ordre et que j'assurerais moi-même
ma défense. J'ai dit aux responsables de la prison qu'afin
de me préparer on devait me dispenser d'aller à la carrière ; j'avais besoin également d'une vraie table, d'une
chaise et d'une lampe pour travailler. J'ai demandé un
accès libre à une bibliothèque de droit et j'ai exigé qu'on
me transfère à Pretoria.

Ma stratégie consistait à déborder les autorités pénitentiaires et les tribunaux de demandes légitimes qu'ils
auraient, j'en étais sûr, beaucoup de mal à satisfaire. Les
autorités redoutaient que je veuille me défendre parce
que cela s'accompagnait d'une publicité qui montrait
que je luttais toujours pour les mêmes valeurs.

Leur première réponse fut : « Mandela, pourquoi ne
prenez-vous pas un avocat ? Il pourra traiter l'affaire
comme il faut. Pourquoi vous donner tant de mal ? » Je
me suis entêté et me suis adressé au greffe de la Cour
suprême pour des dossiers, des documents et des livres
dont j'aurais besoin. J'ai aussi demandé la liste des
témoins de l'accusation et les résumés de leurs témoignages prévus.

J'ai reçu une lettre me disant qu'avant de répondre à
mes demandes on voulait connaître la nature de ma
défense. C'était extraordinaire. Demander à un avocat la
nature de sa défense avant le procès ? On ne peut l'exiger
d'aucun défenseur avant qu'il soit au tribunal. J'ai
répondu pour leur dire que la nature de ma défense leur
deviendrait claire quand j'aurais rempli mon dossier —
et pas avant.

Ce fut le début d'une correspondance animée avec le
greffier ainsi qu'avec l'avocat qui représentait l'Ordre. Je
n'ai renoncé à aucune de mes demandes. Les autorités
montraient la même intransigeance : elles ne pouvaient

me dispenser de carrière, elles ne pouvaient me donner une table et une chaise, et en aucune circonstance je ne pourrais aller à Pretoria pour utiliser la bibliothèque.

J'ai continué à accabler l'ordre des avocats et le greffe de la Cour suprême de demandes qu'ils ont continué à rejeter. Finalement, après de nombreux mois et de nombreuses lettres, sans tambour ni trompette, ils m'ont brièvement informé qu'ils abandonnaient. L'affaire avait pris des proportions qu'ils n'avaient pas envisagées. Ils avaient cru que je n'avais ni la possibilité ni les moyens d'assurer ma propre défense ; ils s'étaient trompés.

Je pus lire en détail les réactions officielles à mon opposition à l'action entreprise par l'ordre des avocats, parce que nous recevions un quotidien exactement comme si on nous l'avait glissé sous notre porte. En fait, il l'était.

Le gardien qui nous surveillait la nuit était un homme calme, d'un certain âge, un témoin de Jéhovah, dont Mac Maharaj était devenu l'ami. Un soir, il passa devant la porte de Mac et lui dit qu'il voulait participer au concours d'un journal mais qu'il fallait rédiger un texte. Est-ce que Mac accepterait de l'aider ? Le vieux gardien laissa entendre que si Mac acceptait il aurait une récompense. Mac accepta et rédigea le texte. Quinze jours plus tard, le vieil homme vint trouver Mac tout content. Il était finaliste du concours ; est-ce que Mac lui rédigerait un autre texte ? En retour, le gardien lui promit un poulet. Mac lui répondit qu'il allait y réfléchir.

Le lendemain, Mac vint nous trouver, Walter et moi, pour nous expliquer la situation. Walter l'encouragea à accepter le poulet et j'appréciai son hésitation, parce que cela semblait vouloir dire qu'il bénéficiait d'un traitement de faveur. Ce soir-là, il dit au gardien qu'il rédigerait le texte en échange d'un paquet de cigarettes. Le gardien accepta et le lendemain soir, il lui en offrit un qu'il venait d'acheter.

Le lendemain, Mac nous a expliqué qu'il avait maintenant un moyen de pression sur le gardien. Comment ? lui avons-nous demandé. « Parce qu'il y a ses empreintes sur le paquet de cigarettes, a dit Mac, et je vais le faire chanter. » Walter s'est écrié que c'était immoral. Je n'ai pas critiqué Mac, mais je lui ai demandé ce qu'il demanderait au gardien. Mac a levé les sourcils. « Des journaux », a-t-il dit. Walter et moi, nous nous sommes regardés. Je pense que Walter était le seul homme sur Robben Island qui aimait les journaux autant que moi. Mac avait déjà discuté de son plan avec le comité de communication et, malgré nos réserves sur les méthodes de Mac, nous ne l'avons pas arrêté.

Cette nuit-là, Mac a dit au vieux gardien qu'il avait ses empreintes sur le paquet de cigarettes et que s'il ne collaborait pas, il le montrerait au commandant. De peur de perdre son emploi et sa retraite, le gardien a accepté tout ce que lui a demandé Mac. Pendant les six mois suivants, jusqu'à ce qu'il soit transféré, il a apporté en fraude le journal du jour à Mac. Ce dernier faisait un résumé des nouvelles qu'il rédigeait sur une petite feuille de papier et faisait circuler ensuite parmi nous. En outre, le malheureux gardien n'a pas gagné le concours.

A la carrière, il serait difficile de dire ce qui nous occupait le plus : le travail ou la discussion. A partir de 1966, les gardiens adoptèrent une attitude de laisser-faire : nous pouvions parler autant que nous le voulions dans la mesure où nous travaillions. Nous nous réunissions en petits groupes, quatre ou cinq en cercle, et nous parlions toute la journée, de n'importe quoi. Nous menions une conversation permanente sur les sujets les plus graves et les plus futiles.

La prison n'offre absolument rien d'agréable — sauf une chose : on a le temps de penser. Dans le tourbillon de la lutte, quand on réagit continuellement à des situations changeantes, on a rarement l'occasion de réfléchir attentivement à toutes les conséquences de ses décisions ou de sa politique. La prison donne du temps — plus qu'il n'en faut — pour réfléchir à ce qu'on a fait et à ce qu'on n'a pas fait.

Nous étions plongés en permanence dans des débats politiques. Certains trouvaient leur solution en une journée, d'autres duraient des années. J'ai toujours aimé les débats et j'y participais volontiers. Une de nos plus anciennes et de nos plus longues discussions concernait les relations entre l'ANC et le Parti communiste. Certains, en particulier les soldats de MK qui avaient suivi un entraînement dans les pays socialistes, croyaient que les deux organisations n'en formaient qu'une. Certains anciens membres de l'ANC comme Govan Mbeki et Harry Gwala le pensaient eux-mêmes.

A Robben Island, le Parti communiste n'existait pas en tant qu'entité séparée. En prison, il n'était pas nécessaire de marquer la même différence entre l'ANC et le SACPO qu'à l'extérieur. Mes conceptions sur le sujet n'avaient pas changé depuis des années. L'ANC était un mouvement de libération de masse qui accueillait tous ceux qui avaient les mêmes objectifs.

Au fil des années, ce débat s'envenima. Un certain nombre d'entre nous proposèrent un moyen pour trouver une solution : écrire à l'ANC en exil à Lusaka. Nous avons mis au point un document secret de vingt-deux pages, avec une lettre de présentation que j'ai écrite, pour l'envoyer à Lusaka. Préparer et faire sortir en fraude un tel document était une manœuvre risquée. A la fin, Lusaka confirma la séparation de l'ANC et du Parti communiste et la discussion s'épuisa.

Un autre débat politique revenait sans cesse : la direction de l'ANC devait-elle ou non être exclusivement issue de la classe ouvrière ? Certains soutenaient que puisque l'ANC était une organisation de masse constituée principalement de simples ouvriers, la direction devait sortir des mêmes rangs. Je considérais comme tout aussi antidémocratique de spécifier que les responsables devaient être issus de la classe ouvrière que d'affirmer qu'ils devaient être des intellectuels bourgeois. Si le mouvement avait mis en pratique une telle règle, la plupart de ses responsables, des hommes comme le chef Luthuli, Moses Kotane ou le Dr. Dadoo, n'auraient pas été éligibles. Les révolutionnaires sont issus de toutes les classes.

Tous les débats n'étaient pas politiques. La circoncision par exemple entraînait de longues discussions. Certains parmi nous soutenaient que ce rituel pratiqué par les Xhosas et d'autres tribus était non seulement une mutilation inutile mais en plus un retour au tribalisme que l'ANC cherchait à anéantir. L'argument ne manquait pas de pertinence, mais la conception dominante avec laquelle j'étais d'accord présentait la circoncision comme un rituel culturel qui n'offrait pas seulement un avantage de santé mais aussi un important effet psychologique. Il s'agissait d'un rite qui renforçait l'identification du groupe et qui inculquait des valeurs positives.

Un certain nombre d'hommes se prononçaient sans détour en sa faveur et le débat se poursuivit pendant des années. Un prisonnier qui travaillait à l'hôpital et qui avait exercé comme *ingcibi* organisa une école secrète de circoncision et beaucoup de jeunes prisonniers y furent circoncis. Ensuite, nous organisions une petite fête avec du thé et des biscuits pour les hommes et, pendant un jour ou deux, ils marchaient enveloppés dans une couverture comme le voulait la coutume.

Nous revenions sans cesse sur la question de savoir s'il y avait des tigres en Afrique. Certains prétendaient que, en dépit de la croyance populaire, c'était un mythe car ils étaient originaires d'Asie et du sous-continent indien. En Afrique, il y avait des léopards en abondance mais pas de tigres. Les autres soutenaient que les tigres étaient originaires d'Afrique et qu'il y en avait encore. Certains prétendaient avoir vu de leurs propres yeux ces chats, les plus puissants et les plus beaux des jungles d'Afrique.

J'expliquais que si l'on ne pouvait pas trouver de tigres dans l'Afrique contemporaine, il existait un mot xhosa pour dire tigre, différent du terme qui désignait le léopard, et que si ce mot existait dans notre langue, l'animal avait dû exister lui aussi en Afrique autrefois. Sinon, pourquoi y aurait-il eu un mot pour le désigner ? Ce débat continuait ainsi et je me souviens de Mac répondant que, plusieurs centaines d'années plus tôt, un terme hindi désignait un appareil qui volait dans l'air bien

avant qu'on ait inventé l'aéroplane : cela ne voulait pas
dire pour autant que les aéroplanes existaient dans l'Inde
ancienne.

68

« Zithulele », le Tranquille, c'était ainsi que nous appelions le gardien tolérant et poli qui nous surveillait à la
carrière. Il se tenait ordinairement très loin de nous
pendant que nous travaillions, ne semblait pas s'occuper
de ce que nous faisions tant que nous restions tranquil-
les, et ne nous disait jamais rien quand il nous trouvait
appuyés sur nos pelles en train de parler.

Nous nous conduisions de la même façon avec lui. Un
jour, en 1966, il vint nous dire : « Messieurs, la pluie a
effacé toutes les lignes sur les routes, et nous avons
besoin de vingt kilos de chaux aujourd'hui. Est-ce que
vous pouvez m'aider ? » Nous travaillions très peu à
l'époque, mais il s'était adressé à nous comme à des êtres
humains et nous avons accepté de l'aider.

Au cours de ce printemps-là, nous avions ressenti un
certain assouplissement de la part des autorités, un relâ-
chement dans la discipline de fer qui avait prévalu
jusqu'ici sur l'île. La tension entre prisonniers et gardiens s'apaisait un peu.

Mais cette accalmie fut de courte durée et cessa brusquement un matin de septembre. Nous venions de reposer nos pioches et nos pelles dans la clairière et nous
dirigions vers le hangar pour déjeuner. Un des prisonniers de la section générale qui nous apportait un fût de
nourriture dans une brouette nous murmura :
« Verwoerd est mort. » C'est tout. La nouvelle fit rapidement le tour de notre groupe. Nous nous regardions,
incrédules, et nous observions les gardiens qui semblaient ne pas être au courant qu'une chose très importante venait de se passer.

Nous ne savions pas comment était mort le Premier ministre. Plus tard, nous avons entendu parler de cet obscur coursier parlementaire blanc qui avait poignardé Verwoerd et nous sommes interrogés sur ses motivations. Bien que Verwoerd pensât que les Africains étaient inférieurs aux animaux, sa mort ne nous a procuré aucun plaisir. L'assassinat politique n'est pas une chose que l'ANC ou moi ayons jamais soutenue.

Verwoerd s'était révélé à la fois comme le maître à penser et l'architecte du grand apartheid. Il avait soutenu la création des bantoustans et de l'éducation bantoue. Peu de temps avant sa mort, il avait dirigé les nationalistes aux élections de 1966, au cours desquelles le parti de l'apartheid avait augmenté sa majorité, en remportant 126 sièges contre 39 à l'United Party et un seul au Progressive Party.

Comme cela se passait souvent sur l'île, nous avions appris une nouvelle politique importante avant les gardiens. Mais le lendemain, il fut évident qu'ils savaient, car ils retournèrent leur colère contre nous. La tension qui avait mis des mois à se calmer remonta brusquement. Les autorités prirent immédiatement des mesures sévères contre les prisonniers politiques, comme si nous avions tenu le couteau qui avait tué Verwoerd.

Les autorités imaginaient toujours que nous étions en relations secrètes avec toutes sortes de forces puissantes à l'étranger. La succession des attaques victorieuses de la guérilla contre les forces de police sud-africaines en Namibie par la SWAPO (South-West African People's Organization, Organisation du peuple du Sud-Ouest africain) — un allié de l'ANC — leur faisait également perdre leur calme. Je suppose que nous aurions dû nous sentir flattés de voir que le gouvernement considérait notre capacité militaire naissante comme suffisamment développée pour réussir à éliminer le chef de l'Etat. Mais leurs soupçons reflétaient seulement les craintes d'hommes aux conceptions étroites qui accusaient de leurs problèmes non pas leur politique absurde mais un ennemi qui s'appelait l'ANC.

La punition n'a jamais été énoncée comme une politique officielle, mais ce fut le retour de l'atmosphère très dure qui avait régné avant notre arrivée sur l'île. Le Tranquille a été remplacé par un pète-sec méchant. Il s'appelait Van Rensburg et on l'avait envoyé sur l'île par avion vingt-quatre heures après l'assassinat. Sa réputation le précédait et, parmi les prisonniers, son nom était synonyme de brutalité.

Van Rensburg était un type énorme, disgracieux, brutal, qui ne parlait pas mais hurlait. Pendant sa première journée de service, nous avons remarqué un petit swastika tatoué sur son avant-bras. Mais il n'avait pas besoin de ce symbole répugnant pour montrer sa cruauté. Son travail consistait à nous rendre la vie impossible, ce qu'il faisait avec enthousiasme.

Au cours des premiers mois, Van Rensburg fit chaque jour un rapport sur l'un d'entre nous pour insubordination ou paresse. Chaque matin, avec les autres gardiens, il choisissait le prisonnier qui aurait un rapport dans l'après-midi. C'était une politique d'intimidation sélective, et le choix du prisonnier ne tenait absolument pas compte de son travail. Quand nous revenions d'un pas lourd vers nos cellules, Van Rensburg lisait sur une liste : « Mandela (ou Sisulu ou Kathrada), je veux vous voir immédiatement chez le directeur. »

Le tribunal administratif de l'île se mit à faire des heures supplémentaires. En réponse, nous avons constitué un comité juridique composé de moi-même, de Fikile Bam et de Mac Maharaj. Mac avait fait des études de droit et était expert pour mettre les autorités sur la défensive. Fiks préparait une licence de droit ; c'était un homme brillant et habile qu'on avait choisi comme responsable du comité des prisonniers dans notre section. Le travail de ce comité consistait à conseiller nos camarades sur la façon de se comporter devant le tribunal administratif de l'île.

Van Rensburg n'était pas très intelligent, et s'il pouvait nous dominer à la carrière, nous réussissions à déjouer ses manœuvres devant le tribunal. Nous avions comme stratégie de ne pas discuter avec lui sur le terrain, mais de contester les accusations de son rapport devant le tribunal, où nous avions une chance de nous défendre devant des officiers un peu plus éclairés. Au tribunal administratif, le magistrat qui présidait lisait l'accusation. « Paresse à la carrière », disait-il et Van Rensburg prenait un air avantageux. Après la lecture du chef d'accusation, je conseillais toujours aux camarades de faire une chose et une seule : demander au tribunal des « détails circonstanciés ». C'était le droit d'un défenseur et, malgré la régularité de cette demande, Van Rensburg était presque toujours pris de court. On devait ajourner l'audience pour lui donner le temps de réunir des « détails circonstanciés ».

Van Rensburg se montrait agressif de toutes les manières possibles : quand notre repas arrivait à la carrière et que nous nous asseyions pour manger — nous avions maintenant une simple table de bois —, il choisissait invariablement ce moment-là pour venir uriner à côté de notre nourriture. Je pense que nous aurions dû lui être reconnaissants de ne pas le faire directement dans le fût, mais nous avons quand même protesté.

Un des rares moyens qu'ont les prisonniers de se venger des gardiens, c'est l'humour, et Van Rensburg devint la cible de quantité de plaisanteries. Entre nous, nous l'appelions « Valise ». La boîte dans laquelle les gardiens portaient leur repas s'appelait une « valise » et en général ils la donnaient à porter à un prisonnier, très souvent un de leurs préférés, qu'ils récompensaient d'un demi-sandwich. Mais nous avons toujours refusé de porter la « valise » de Van Rensburg, d'où son surnom. C'était humiliant pour un gardien de porter lui-même son déjeuner.

Un jour, sans faire attention, Wilton Mkwayi parla de « Valise » à côté de Van Rensburg. « Qui c'est, Valise ? » beugla-t-il. Wilton s'arrêta un instant et laissa échapper : « C'est toi ! »

— Pourquoi est-ce que tu m'appelles Valise ? » lui demanda Van Rensburg. Wilton resta muet. « Allez, insista Van Rensburg.

— Parce que tu portes ta valise toi-même, lui répondit Wilton en hésitant. Les prisonniers portent la valise de leurs gardiens mais nous ne portons pas la tienne, alors nous t'appelons "Valise". »

Van Rensburg réfléchit quelques instants et, au lieu de se mettre en colère, il déclara : « Je ne m'appelle pas Valise, je m'appelle Dik Nek. » Il y eut un moment de silence et nous avons éclaté de rire. En afrikaans, *Dik Nek* signifie littéralement « Cou Epais » ; cela fait penser à quelqu'un de têtu et d'obstiné. Je pense que Valise était trop épais pour comprendre qu'il avait été insulté.

Un jour, à la carrière, nous avons repris la discussion sur les tigres en Afrique. Nous ne pouvions plus parler aussi librement avec Van Rensburg mais c'était encore possible quand nous travaillions.

Le principal avocat de ceux qui soutenaient que le tigre n'était pas originaire d'Afrique était Andrew Masondo, un responsable de l'ANC du Cap et ancien maître de conférences à Fort Hare. Masondo pouvait être très gai et il affirmait avec véhémence qu'on n'avait jamais trouvé de tigres en Afrique. La discussion battait son plein et les hommes avaient posé leurs pioches et leurs pelles. Cela attira l'attention des gardiens qui nous crièrent de reprendre le travail. Mais nous étions tellement pris par notre débat que nous les avons ignorés. Quelques gardiens peu gradés nous ont donné l'ordre de nous mettre au travail mais nous n'en avons rien fait. Finalement, Valise s'est avancé et nous a hurlé en anglais, une langue qu'il ne possédait pas bien : « Vous parlez beaucoup trop et vous travaillez trop pas assez ! »

Les hommes n'ont pas repris leur outil parce qu'ils étaient pliés en deux de rire. Tout le monde trouvait la faute de grammaire de Valise extrêmement comique mais lui pas du tout. Il envoya chercher immédiatement le capitaine Kellerman, l'officier responsable.

Ce dernier arriva quelques minutes plus tard et nous trouva dans le même état. Il était relativement nouveau sur l'île et voulut prendre le ton qui convenait. Un des gardiens lui dit alors qu'Andrew Masondo et moi avions refusé de travailler, et nous fûmes immédiatement accusés de paresse et d'insubordination. Sous l'autorité de Kellerman, on nous mit les menottes et on nous conduisit en isolement.

A partir de cet instant, Valise sembla me garder une rancune particulière. Un jour qu'il nous surveillait à la carrière, je travaillais à côté de Fikile Bam. Nous étions seuls, de l'autre côté du chantier. Nous travaillions avec application mais comme, à l'époque, nous suivions tous les deux des études de droit, nous parlions de ce que nous avions lu la veille au soir. A la fin de la journée, Van Rensburg s'arrêta devant nous et nous dit : « Fikile Bam et Nelson Mandela, je veux que vous alliez chez le directeur. »

On nous a conduits chez le lieutenant et Van Rensburg a déclaré : « Ces deux hommes n'ont pas travaillé de la journée. Je les accuse d'avoir désobéi aux ordres. » Le lieutenant nous a demandé si nous avions quelque chose à dire. J'ai pris la parole : « Mon lieutenant, nous contestons l'accusation. Nous avons travaillé et, en fait, nous pouvons prouver que nous avons travaillé et c'est essentiel pour notre défense. » Cela fit rire le lieutenant. « Vous travaillez tous au même endroit, dit-il. Comment pouvez-vous avoir des preuves ? » Je lui ai alors expliqué que Fiks et moi nous avions travaillé loin des autres et que nous pouvions montrer exactement ce que nous avions fait. Valise a confirmé naïvement que nous étions restés seuls et le lieutenant a accepté d'aller voir sur place. Nous sommes donc revenus à la carrière.

En arrivant, nous sommes allés à l'endroit où nous avions travaillé. J'ai montré l'énorme tas de rochers et de chaux que nous avions élevé et j'ai dit : « Voilà ce que nous avons fait aujourd'hui. » Valise n'avait jamais pris la peine d'examiner notre travail et il a été étonné. « Non, a-t-il dit au lieutenant, c'est le résultat d'une semaine de travail. » Le lieutenant était sceptique. « Très bien, a-t-il dit à Valise, montrez-moi le petit tas que Mandela et Bam ont fait ensemble aujourd'hui. » Valise n'a pas su quoi répondre, et le lieutenant a fait quelque chose que j'ai rarement vu faire à un supérieur : il a repris son subordonné devant les prisonniers. « Vous racontez des mensonges », lui a-t-il dit, et il a immédiatement annulé l'accusation.

Un matin, en 1967, nous nous préparions à partir pour la carrière quand Valise nous a informés qu'un ordre du capitaine Kellerman nous interdisait de parler. Non seulement nous n'avions plus le droit de parler en marchant mais aucune conversation n'était plus autorisée à la carrière. « A partir de maintenant, silence ! » a-t-il hurlé.

L'ordre fut accueilli avec consternation et indignation. Parler et débattre de diverses questions étaient les seules choses qui rendaient supportable le travail à la carrière. Evidemment, nous n'avons pas pu en parler en chemin puisque nous avions l'ordre de nous taire, mais pendant la pause du déjeuner, la direction de l'ANC et les responsables des autres groupes politiques ont réussi à préparer un plan.

Alors que nous en parlions en cachette, le capitaine Kellerman est apparu en personne et il est entré dans le hangar où nous mangions. C'était tout à fait exceptionnel ; nous n'avions jamais vu un visiteur si haut gradé dans notre humble hangar. Il toussa, gêné, et déclara que son ordre avait été une erreur et que nous pouvions de nouveau parler à la carrière dans la mesure où nous ne faisions pas trop de bruit. Puis il nous dit de continuer, tourna les talons et s'en alla. Nous étions heureux que l'ordre ait été rapporté, mais nous nous demandions pourquoi.

Pendant le reste de la journée on ne nous obligea pas à travailler trop dur. Valise fit de son mieux pour paraître gentil, et nous dit qu'en signe de bonne volonté il avait décidé de retirer tous les rapports.

Cet après-midi-là, j'ai découvert qu'on avait déménagé ma cellule du numéro 4, près de l'entrée du couloir, au numéro 18, à l'arrière. On avait entassé toutes mes affaires au milieu de la nouvelle cellule. Comme d'habitude, il n'y eut aucune explication.

Nous pensions que nous allions avoir un visiteur et qu'on m'avait changé de cellule parce que les autorités ne voulaient pas que je sois le premier prisonnier à parler à celui qui allait venir. Si les prisonniers exprimaient leurs doléances chacun à son tour, les autorités pouvaient crier : « C'est l'heure », avant que le visiteur ait atteint la cellule 18. Nous avons décidé que, dans l'intérêt de l'unité, chaque prisonnier du couloir informerait le visiteur que si chacun avait des réclamations individuelles à formuler, le prisonnier du numéro 18 parlerait au nom de tous.

Le lendemain matin, après le petit déjeuner, Valise nous informa que nous n'allions pas à la carrière. Puis le capitaine Kellerman apparut pour nous dire que Mrs. Helen Suzman, le seul membre du Parti progressiste au Parlement où elle était la seule voix d'une véritable opposition aux nationalistes, allait bientôt arriver. Quinze minutes plus tard, Mrs. Suzman — 1,55 mètre — entra dans notre couloir, accompagnée du général Steyn, le commissaire des prisons. Tandis qu'on la présentait aux prisonniers, elle demandait à chacun d'eux s'il avait des doléances à formuler. Chacun répondait de la même façon : « J'en ai beaucoup, mais notre porte-parole est Mr. Nelson Mandela au bout du couloir. » A la grande consternation du général Steyn, Mrs. Suzman fut bientôt devant ma cellule. Elle me serra fermement la main et se présenta cordialement.

Contrairement aux juges et aux magistrats, qui avaient automatiquement le droit d'entrer dans les prisons, les membres du Parlement devaient demander une autorisation. Mrs. Suzman était un des rares députés, sinon le seul, à s'intéresser à la condition des prisonniers politiques. Beaucoup d'histoires circulaient sur Robben Island et elle était venue se rendre compte par elle-même.

Comme il s'agissait de sa première visite sur l'île, j'ai essayé de la mettre à l'aise. Mais elle semblait très assurée et pas du tout troublée par l'environnement, et elle m'a proposé d'entrer tout de suite dans le vif du sujet. Le général Steyn et le commandant se tenaient à côté d'elle mais je n'ai pas mâché mes mots. Je lui ai parlé de notre désir d'avoir une nourriture meilleure et qui fût la même pour tous, de meilleurs vêtements ; de quoi étudier ; de notre droit à l'information avec des journaux ; et de beaucoup d'autres choses. Je lui ai parlé de la dureté des gardiens en citant en particulier Van Rensburg. Je lui ai dit qu'il avait un swastika tatoué sur l'avant-bras. Helen a réagi comme un avocat. « Mr. Mandela, m'a-t-elle dit, nous ne devons pas y attacher trop d'importance parce que nous ne savons pas quand ce swastika a été fait. Ce sont peut-être ses parents qui le lui ont fait tatouer. » Je lui ai assuré que ce n'était pas le cas.

Normalement, je n'aurais pas dû me plaindre d'un gardien en particulier. En prison, on apprend qu'il vaut mieux lutter pour des principes généraux. Quelle que soit l'insensibilité d'un gardien, il ne fait qu'appliquer la politique directoriale. Mais Van Rensburg représentait un cas à part et nous pensions que s'il s'en allait cela ferait une énorme différence pour nous.

Mrs. Suzman m'écouta attentivement en notant ce que je disais dans un petit carnet, et elle me promit d'en parler au ministre de la Justice. Puis elle inspecta nos cellules et parla un peu avec certains prisonniers. C'était un spectacle étrange et merveilleux que de voir cette femme courageuse visitant nos cellules et marchant dans notre cour. Elle fut la seule et unique femme à honorer nos cellules de sa présence.

Van Rensburg se montra extrêmement inquiet pendant la visite de Mrs. Suzman. D'après Kathy, pendant que je parlais avec elle, il s'excusa de ce qu'il avait fait. Mais sa contrition ne dura pas longtemps ; le lendemain il nous informa qu'il maintenait toutes les accusations de ses rapports. Nous apprîmes plus tard que Mrs. Suzman avait porté notre affaire devant le Parlement, et quelques semaines après sa visite, Valise fut transféré hors de l'île.

Je n'avais jamais imaginé que la lutte serait courte ou facile. Pendant les premières années sur l'île, il y eut des moments pénibles pour l'organisation à l'extérieur et pour ceux qui se trouvaient en prison. Après Rivonia, presque tout l'appareil clandestin du mouvement fut détruit. On avait découvert et anéanti nos structures ; ceux qui n'avaient pas été arrêtés se sauvaient pour garder une tête d'avance sur l'ennemi. Virtuellement, chaque responsable important de l'ANC était en prison ou en fuite.

Dans les années qui ont suivi Rivonia, la mission extérieure de l'ANC, responsable de la collecte de fonds, de la diplomatie et de la mise sur pied d'un programme d'entraînement militaire, prit la direction de la totalité de l'organisation. La mission extérieure ne devait pas seulement créer une organisation en exil, elle avait aussi la tâche incroyable de redonner vie à l'ANC clandestin à l'intérieur de l'Afrique du Sud.

Le pouvoir s'était renforcé. La police était plus puissante, ses méthodes plus brutales, et ses techniques plus élaborées. Les forces de défense sud-africaines se développaient. L'économie était stable, l'électorat blanc rassuré. Le gouvernement sud-africain avait de puissants alliés en Grande-Bretagne et aux Etats-Unis qui étaient satisfaits de maintenir le statu quo.

Mais partout ailleurs, la lutte contre l'impérialisme était en marche. Dans la seconde moitié des années 60, la lutte armée s'étendit à toute l'Afrique australe. En Namibie (à l'époque le Sud-Ouest africain), la SWAPO faisait ses premières incursions dans la bande de Caprivi ; au Mozambique et en Angola, le mouvement de guérilla prenait de l'ampleur. Au Zimbabwe (à l'époque la Rhodésie du Sud), la lutte contre la loi de la minorité blanche faisait des progrès. Le gouvernement blanc de Ian Smith était soutenu par les forces de défense sud-africaines et l'ANC considérait la bataille au Zimbabwe comme une extension de notre lutte en Afrique du Sud. En 1967, nous avons appris que l'ANC avait conclu une alliance avec la ZAPU (Zimbabwe African People's Union, Union du peuple africain du Zimbabwe), formée par Joshua Nkomo.

Cette année-là, un groupe de soldats de MK qui s'étaient entraînés en Tanzanie et en Zambie franchirent le Zambèze et entrèrent en Rhodésie avec l'intention d'aller jusqu'en Afrique du Sud. Le premier groupe de combattants de MK, baptisé « détachement Luthuli », fut le fer de lance de la lutte armée. En août, alors que ce détachement, accompagné de soldats de la ZAPU, se dirigeait vers le sud, il fut repéré par l'armée rhodésienne. Au cours des semaines suivantes de violents affrontements eurent lieu, entraînant des pertes de chaque côté. Finalement, nos soldats furent écrasés par les troupes rhodésiennes supérieures en nombre. Certains furent capturés, d'autres battirent en retraite au Bechuanaland, devenu le Botswana indépendant. Au début de 1968, un détachement plus important de l'ANC entra en Rhodésie et combattit non seulement l'armée rhodésienne mais aussi des policiers sud-africains postés en Rhodésie.

Nous avons appris tout cela des mois plus tard, par la rumeur, et nous n'avons pas su toute l'histoire avant que certains hommes qui avaient combattu là-bas soient emprisonnés avec nous. Nos forces n'avaient pas été victorieuses mais nous avons célébré en silence le fait que les cadres de MK aient pris l'initiative du combat contre l'ennemi. C'était un tournant dans la lutte. Le « juge » Panza, un des commandants du détachement Luthuli, fut plus tard emprisonné avec nous. Il nous parla de l'entraînement militaire du détachement, de son éducation politique et de sa valeur sur le terrain. En tant qu'ancien commandant en chef de MK, je me sentis très fier de nos soldats.

Avant de recevoir des nouvelles des batailles de MK à l'étranger, nous avons aussi appris le décès du chef Luthuli, chez lui, en juillet 1967. Les circonstances de sa mort étaient curieuses : un train l'avait heurté près de la

ferme où je m'étais souvent promené. On m'a donné
l'autorisation d'écrire à sa femme. La mort de Luthuli
laissait un vide immense dans l'organisation ; le chef
était lauréat du prix Nobel de la paix, un personnage
internationalement connu, un homme qui imposait le
respect aussi bien aux Noirs qu'aux Blancs. Pour toutes
ces raisons, il était irremplaçable. Pourtant, avec Oliver
Tambo, qui exerçait la fonction de président adjoint de
l'ANC, l'organisation trouva un homme à la hauteur.
Comme Luthuli, il était présent mais modeste, confiant
mais humble. Il faisait sien le précepte du chef Luthuli :
« Que ton courage grandisse avec le danger. »

Nous avons organisé un petit service à la mémoire du
chef dans la section B et tous ceux qui l'ont voulu ont pu
prendre la parole. Ce fut calme et respectueux, avec une
seule fausse note. Quand Neville Alexander, du Mouvement de l'unité, se leva pour parler, il fut évident qu'il
n'avait pas l'intention de faire l'éloge du chef mais de
l'enterrer. Sans même exprimer de regrets de pure forme
devant sa mort, il accusa Luthuli d'avoir été une marion-
nette de l'homme blanc, principalement parce que le
chef avait accepté le prix Nobel de la paix.

En dehors de cette erreur de jugement, l'intervention
de Neville allait exactement à contre-courant du climat
de coopération entre les organisations que nous
essayions de créer sur l'île. A partir du moment où je suis
arrivé à Robben Island, j'ai considéré que ma mission
consistait à rechercher une sorte d'entente avec nos
rivaux dans la lutte. J'ai vu l'île comme l'occasion de
trouver une solution aux différends souvent anciens et
amers entre le PAC et l'ANC. Si nous pouvions y unir les
deux organisations, cela créerait un précédent pour les
associer dans la lutte de libération en général.

Cependant, depuis le début, les relations avec le PAC
avaient été plus fondées sur la compétition que sur la
coopération. Certains hommes du PAC déjà emprisonnés sur l'île avaient vu notre arrivée comme un empiétement sur leur territoire. Certains de nos hommes nous
ont appris que les plus anciens prisonniers du PAC
avaient regretté que nous n'ayons pas été pendus.

En 1962, lors de mon premier séjour sur l'île, les hommes du PAC étaient beaucoup plus nombreux que ceux de l'ANC. En 1967, c'était l'inverse. Pourtant, cela semblait durcir leurs positions. Ils étaient cyniquement anti-communistes et anti-indiens. Au cours des premières années, j'ai eu des discussions avec Zeph Mothopeng, qui avait appartenu au Comité de direction du PAC. Il soutenait que son organisation était plus militante que l'ANC. Le PAC affirmait que les négociations avec les autorités étaient une trahison, ce qui ne l'empêchait pas de profiter des bénéfices retirés des négociations. En 1967, j'ai parlé avec Selby Ngendane de la question de l'unité. A l'extérieur de la prison, Ngendane s'était violemment opposé à la Charte de la liberté, mais en prison, en particulier quand on l'envoya dans notre section, il évolua. Nous avons finalement écrit chacun une lettre à nos organisations séparées dans la section générale pour défendre l'idée de l'unité. L'ANC travaillait aussi avec Clarence Makwetu, qui devint plus tard président du PAC. Makwetu, qui avait appartenu autrefois à la Ligue de la jeunesse de l'ANC, se trouvait dans notre section ; c'était un homme équilibré et raisonnable. Nous eûmes de nombreuses discussions fructueuses sur l'unité de nos organisations mais, après sa libération et son remplacement à la direction du PAC à Robben Island par John Pokela, les discussions s'embourbèrent.

Le manque d'assurance du PAC avait parfois des résultats comiques. Une fois, un ordre arriva de Pretoria selon lequel je devais être isolé de tous les autres prisonniers à la carrière. Je travaillais séparément, je mangeais séparément et j'avais mon propre garde. Nous avons remarqué que ce nouveau règlement créait une certaine agitation parmi les membres du PAC. Quelques jours plus tard, ils décidèrent que leur leader, Zeph Mothopeng, serait aussi isolé, et de leur propre initiative ils le firent travailler et manger séparé de tout le monde, comme moi.

Le PAC refusait souvent de participer à des réunions dans lesquelles il n'y avait pas un rapport très net à un parti. Quand nous nous réunissions pour parler de nos revendications et plus tard pour discuter de ce que nous avions lu dans le journal, le PAC boycottait ces séances. Je trouvais cela très irritant. Nous avions appris que les membres du PAC ignoraient les changements importants intervenus dans leur propre organisation à l'extérieur. A l'époque, ils refusaient de nous croire quand nous affirmions que le PAC en exil avait ouvert ses portes aux Blancs et aux Indiens. C'était pour eux une hérésie. Cependant, nous avions lu dans le journal que Patrick Duncan, le militant blanc, était devenu membre de la direction du PAC. Ceux qui se trouvaient dans l'île se moquaient de nous en disant qu'il s'agissait là de propagande de l'ANC.

L'ANC forma sa propre organisation interne sur l'île. Connue sous le nom de Haut Commandement ou, plus officiellement, de Haut Organisme, elle se composait des responsables de l'ANC les plus élevés sur l'île, ceux qui avaient appartenu au Comité national de direction : Walter Sisulu, Govan Mbeki, Raymond Mhlaba et moi. J'en étais le responsable.

Dès le début, nous avons décidé que le Haut Organisme n'essaierait pas d'influencer la politique de l'ANC à l'extérieur. N'ayant pas de moyen sûr pour évaluer la situation dans le pays, nous en avons conclu qu'il ne serait ni juste ni sage pour nous d'indiquer des directions. En revanche, nous prenions des décisions sur des questions comme les réclamations des prisonniers, leurs grèves, le courrier, la nourriture — tout ce qui concernait la vie quotidienne de la prison. Quand cela était possible, nous réunissions l'ensemble des membres de l'ANC, ce que nous considérions comme vital pour la bonne santé de l'organisation. Mais comme cela était très dangereux et par conséquent très rare, le Haut Commandement prenait souvent des décisions qui étaient ensuite communiquées à tous les autres membres. Le Haut Commandement fonctionnait aussi avec un système de cellules, dont chacune était composée de trois membres.

Pendant les premières années sur l'île, le Haut Commandement joua aussi le rôle de comité de représentation pour tous les prisonniers politiques de notre section. En 1967, nous avons lancé une pétition exigeant un meilleur traitement qui fut signée par presque tout le monde y compris les membres du PAC, le Mouvement de l'unité et le Parti libéral représenté par Eddie Daniels. Cette organisation fut acceptable jusqu'à ce que Neville Alexander accuse le Haut Commandement de n'être ni démocratique ni vraiment représentatif et qu'on soit obligé de créer un autre organisme.

La suggestion originale de Neville devint finalement un comité de prisonniers composé de membres de tous les partis politiques. Les autres organisations craignaient que l'ANC n'essaie de le dominer, et ses règles de fonctionnement étaient telles que ses pouvoirs n'étaient que consultatifs et ses décisions non obligatoires. Mais même ainsi, nous avions du mal à nous mettre d'accord sur une approche commune des problèmes. Nous proposâmes que Fikile Bam, membre du Yu Chi Chan Club, préside les réunions. Plus tard, nous eûmes une présidence tournante. Finalement, le comité prit le nom d'Ulundi et joua le rôle d'un comité de discipline parmi les prisonniers politiques.

Le Haut Commandement était une source de controverses à cause de sa composition ethnique : les quatre membres permanents avaient une origine xhosa. Il s'agissait d'une simple coïncidence ; il se trouvait que les membres de la direction de l'ANC sur l'île, les plus élevés dans la hiérarchie, les seuls ayant appartenu au Comité national de direction, étaient xhosas. Il n'aurait pas été normal de prendre un camarade d'un rang moins élevé pour le mettre dans le Haut Commandement parce qu'il n'aurait pas été xhosa. Mais la domination des Xhosas me gênait parce que cela semblait renforcer une conception fausse selon laquelle l'ANC était une organisation xhosa.

J'avais toujours trouvé ces critiques déplaisantes et fondées à la fois sur l'ignorance de l'histoire de l'ANC et sur la malveillance. Je les réfutais en faisant remarquer que les présidents de l'ANC avaient été zoulous, mosothos, pedis et tswanas et que la direction avait toujours été un mélange de groupes tribaux. Je me souviens d'un après-midi ensoleillé où je travaillais dans la cour ; des hommes de la section générale réparaient la toiture au-dessus de moi. Ils m'ont crié « *Mdala* (vieil homme), pourquoi est-ce que tu ne parles qu'aux Xhosas ? » L'accusation m'a touché. J'ai levé les yeux et j'ai répondu : « Comment pouvez-vous m'accuser de discrimination ? Nous ne formons qu'un seul peuple. » Cela a eu l'air de les satisfaire mais je n'ai pas oublié ce qu'ils m'avaient dit. A partir de ce jour-là, à chaque fois que je croisais quelqu'un de la section générale j'essayais de parler avec Kathy ou Eddie Daniels, ou quelqu'un qui n'était pas xhosa.

Par la suite, nous avons décidé qu'il y aurait un cinquième membre tournant dans le Haut Commandement. En général, nous ne choisissions pas un Xhosa ; Kathy, par exemple, appartint au Haut Commandement pendant plus de cinq ans, ou Laloo Chiba. A la fin, la critique mourut de sa belle mort.

Je ne dominais absolument pas le Haut Commandement, et en fait un certain nombre de propositions auxquelles je tenais beaucoup furent rejetées. C'était normal, mais parfois cela m'énervait. Il est ainsi deux questions concernant les autorités sur lesquelles je n'ai jamais réussi à convaincre mes collègues. Le règlement de la prison spécifiait que les prisonniers devaient se lever en présence d'un officier. Je soutenais que nous aurions dû pouvoir rester assis car c'était humiliant de devoir reconnaître l'ennemi alors qu'il ne nous reconnaissait pas en tant que prisonniers politiques. Mes camarades pensaient qu'il s'agissait d'une question sans importance et que les conséquences négatives d'une résistance auraient dépassé de loin les bénéfices éventuels.

Le Haut Commandement rejeta ma seconde proposition pour des raisons analogues. Les gardiens nous appelaient par nos noms ou nos prénoms chrétiens. Je ressentais cela comme dégradant et je pensais que nous aurions dû insister pour qu'on nous appelle « Monsieur ». Je revins à la charge pendant des années, sans succès. Plus tard, cela devint même une sorte de plaisanterie et mes camarades m'appelaient parfois « Monsieur » Mandela.

70

Le temps pouvait sembler s'être arrêté pour nous mais pas pour ceux qui se trouvaient à l'extérieur. Je m'en suis souvenu quand ma mère m'a rendu visite au printemps 1968. Je ne l'avais pas vue depuis la fin du procès de Rivonia. Le changement se produit de façon régulière et par accumulation et, quand on vit dans sa famille, on remarque rarement les différences. Mais quand on ne voit pas les siens pendant de nombreuses années, la transformation peut être frappante. Brusquement, ma mère me sembla très vieille.

Elle avait fait le voyage depuis le Transkei accompagnée par mon fils Makgatho, ma fille Makaziwe et ma sœur Mabel. Comme mes quatre visiteurs venaient de très loin, les autorités étendirent les trente minutes de la visite à quarante-cinq.

Je n'avais pas vu mon fils et ma fille depuis le procès et ils étaient devenus des adultes et avaient grandi sans moi. Je les regardais avec stupéfaction et orgueil. Mais ils avaient beau être devenus adultes, j'ai peur de les avoir plus ou moins traités comme les enfants qu'ils étaient encore à mon entrée en prison. Ils avaient peut-être changé mais pas moi.

Ma mère avait beaucoup maigri et avait un visage décharné. Seule ma sœur Mabel semblait ne pas avoir changé. J'étais très heureux de les voir et de parler de la famille avec eux mais l'état de santé de ma mère m'inquiétait.

J'expliquai à Makgatho et à Maki mon désir de les voir poursuivre leurs études et j'interrogeai Mabel sur nos parents du Transkei. Le temps passa trop vite. Le plus grand plaisir d'une visite, on l'éprouve quand on s'en souvient ; mais je m'inquiétais pour ma mère. J'avais peur de l'avoir vue pour la dernière fois.

Quelques semaines plus tard, en rentrant de la carrière, on m'a dit d'aller chercher un télégramme au bureau du directeur. Makgatho m'informait que ma mère était morte d'une crise cardiaque. J'ai immédiatement déposé une demande pour pouvoir assister à l'enterrement, mais le commandant l'a rejetée. « Mandela, m'a-t-il dit, je sais que vous êtes un homme de parole et que vous n'essaierez pas de vous enfuir, mais je n'ai pas confiance dans vos partisans et nous avons peur qu'ils cherchent à vous enlever. » Le fait que je ne puisse pas enterrer ma mère, ce dont j'étais responsable en tant qu'aîné et seul garçon, ne fit qu'ajouter à mon chagrin.

Au cours des mois suivants, j'ai beaucoup pensé à ma mère. Elle n'avait pas eu une vie facile. J'avais pu l'aider quand j'avais exercé comme avocat, mais plus après qu'on m'eut mis en prison. Je n'avais pas été suffisamment attentif.

La mort de sa mère amène chaque homme à se retourner sur son passé et à faire le bilan de sa vie. Les difficultés et la pauvreté qu'avait connues ma mère m'amenèrent à me demander une nouvelle fois si j'avais pris le bon chemin. Toujours la même question : avais-je bien choisi en plaçant le bien-être du peuple avant celui de ma propre famille ? Pendant longtemps, ma mère n'avait pas compris mon engagement dans la lutte. Bien que ma famille n'eût pas voulu y être entraînée, mon engagement l'avait pénalisée.

Je suis revenu à la même réponse. En Afrique du Sud, il est difficile pour un homme d'ignorer les besoins du peuple, même aux dépens de sa famille. J'avais choisi et, à la fin, elle m'avait soutenu. Mais cela ne diminuait pas la tristesse que je ressentais d'avoir été incapable de l'aider ni la douleur de ne pas avoir pu l'accompagner à sa dernière demeure.

Le 12 mai 1969, au petit matin, la police de sécurité a réveillé Winnie chez nous, à Orlando, pour l'interner sans accusation, d'après la loi sur le terrorisme de 1967 qui donnait au gouvernement des pouvoirs sans précédent d'arrestation et de détention sans jugement. J'ai appris plus tard que cela faisait partie d'une rafle nationale au cours de laquelle des dizaines de personnes, dont la sœur de Winnie, furent arrêtées. Les policiers emmenèrent Winnie alors que Zeni et Zindzi s'accrochaient à ses jupes. On la plaça en isolement à Pretoria, où on lui refusa une libération sous caution et toute visite ; au cours des semaines et des mois suivants, la police l'interrogea en permanence et avec brutalité.

Quand — six mois plus tard — Winnie fut finalement inculpée, je réussis à faire passer un message pour que Joel Carlson, un avocat anti-apartheid de longue date, la défende. Winnie et vingt-deux autres personnes étaient accusées, d'après la loi sur l'interdiction du communisme, d'avoir tenté de réorganiser l'ANC. Plus tard, George Bizos et Arthur Chaskalson, tous deux membres de l'équipe des défenseurs du procès de Rivonia, rejoignirent la défense. En octobre, dix-sept mois après son arrestation, le gouvernement retira l'accusation sans explication et Winnie fut libérée. Dans les quinze jours qui suivirent, elle se trouva sous le coup d'une nouvelle interdiction et assignée à résidence. Elle déposa immédiatement une demande de visite à Robben Island que les autorités rejetèrent.

Il n'y avait rien de plus angoissant que de savoir Winnie elle aussi en prison. J'essayais de faire bonne figure, mais intérieurement j'étais très troublé et très inquiet. Rien ne menaça plus mon équilibre que l'époque où Winnie se trouva en isolement. J'avais beau pousser les autres à ne pas s'inquiéter pour ce qu'ils ne pouvaient pas contrôler, j'étais incapable de suivre mes propres conseils. Je passais beaucoup de nuits blanches. Qu'est-ce que la police faisait à ma femme ? Comment supportait-elle cela ? Qui s'occupait de nos filles ? Qui allait payer ? Etre en permanence harcelé par ce genre de questions sans avoir les moyens d'y répondre est une forme de torture morale.

Le général Aucamp m'autorisa à écrire à Winnie et je

reçus une ou deux lettres d'elle. En général, les prisonniers en attente de jugement n'ont pas droit au courrier, mais le général Aucamp l'autorisa comme une faveur. Je lui en étais reconnaissant mais je savais que les autorités ne m'accordaient pas cela par altruisme : elles lisaient nos lettres en espérant y glaner quelques informations qui les aideraient contre Winnie.

Durant la même période, j'ai connu un autre deuil douloureux. Un froid matin de juillet 1969, trois mois après avoir appris l'incarcération de Winnie, on m'appela chez le directeur où l'on me remit un télégramme. Il venait de mon plus jeune fils, Makgatho, et ne contenait qu'une seule phrase. Son frère aîné, Madiba Thembekile, que nous appelions Thembi, avait été tué dans un accident de voiture au Transkei. Thembi avait vingt-cinq ans et deux jeunes enfants.

Que peut-on dire devant une telle tragédie ? J'étais déjà angoissé à propos de ma femme, je souffrais encore de la mort de ma mère, et maintenant apprendre une telle nouvelle... Je n'avais pas de mots pour exprimer la douleur ou la perte que je ressentais. Elle m'a laissé un vide immense dans le cœur que rien ne pourra jamais combler.

Je suis retourné dans ma cellule pour m'allonger sur mon lit pendant je ne sais combien de temps ; je ne suis pas allé dîner. Certains ont jeté un coup d'œil dans ma cellule. Finalement, Walter est venu me voir et s'est agenouillé près de mon lit ; je lui ai tendu le télégramme. Il n'a rien dit, il m'a simplement pris la main. Dans un tel moment, un homme ne peut rien dire à un autre.

J'ai demandé l'autorisation d'assister à l'enterrement. En tant que père, j'avais la responsabilité de m'assurer que l'esprit de mon fils reposerait en paix. J'ai dit aux autorités qu'elles pouvaient envoyer une escorte de sécurité avec moi et que je leur donnais ma parole que je reviendrais. Elles ont refusé. J'ai simplement eu le droit d'écrire à la mère de Thembi, Evelyn ; j'ai essayé de la consoler en lui disant que je partageais sa souffrance.

J'ai repensé à un après-midi, alors que Thembi n'était

qu'un enfant ; il était venu me voir dans une planque à Cyrildene que j'utilisais pour un travail de l'ANC. Entre mes activités clandestines et mon travail d'avocat, je n'avais pas pu le voir depuis un certain temps. Je l'avais surpris portant une de mes vieilles vestes qui lui descendait jusqu'aux genoux. Il devait trouver une consolation et une certaine fierté à mettre les vêtements de son père, comme je l'avais fait autrefois avec ceux de son grand-père. Au moment où j'allais lui dire au revoir, il s'était levé et, comme un grand, il m'avait dit : « Je m'occuperai de la famille quand tu seras parti. »

NEUVIÈME PARTIE

Robben Island
Le début de l'espoir

71

La courbe de l'amélioration de la vie en prison n'était jamais stable. Les progrès s'arrêtaient et s'accompagnaient régulièrement de retours en arrière. La moindre avancée pouvait prendre des années et être annulée en une journée. Nous faisions rouler le rocher en haut de la colline simplement pour le voir redescendre. Mais les conditions s'amélioraient cependant. Nous avions remporté une foule de petites victoires qui, additionnées, entraînaient un changement d'atmosphère dans l'île. Nous ne dirigions pas le pénitencier mais les autorités ne pouvaient pas le diriger sans nous et, après le départ de Van Rensburg, notre vie devint plus tolérable.

Au bout de trois ans passés sur l'île, on nous a donné des pantalons. En 1969, nous avons reçu des uniformes personnels de prisonniers, au lieu d'avoir des vêtements différents chaque semaine. Ces uniformes nous allaient bien et nous avions le droit de les laver nous-mêmes. Pendant le week-end, nous pouvions sortir dans la cour à n'importe quelle heure. Nous n'avions pas toujours une nourriture égale, mais les prisonniers africains recevaient parfois du pain le matin. De toute façon, nous avions le droit de mettre notre nourriture en commun, si bien que les différences ne comptaient plus. On nous avait donné des échiquiers, des damiers et des cartes et nous jouions le samedi et le dimanche. A la carrière, nous parlions presque tout le temps. Si le commandant venait, les gardiens sifflaient pour nous avertir de reprendre nos pioches et nos pelles. Nous avions neutralisé les pires des gardiens et nous étions amis avec les plus raisonnables, même si les autorités s'en apercevaient et les faisaient tourner chaque mois.

Nous pouvions nous retrouver ensemble à peu près quand nous le voulions. Les réunions du Haut Commandement, les assemblées générales, les rencontres d'Ulundi n'étaient en général pas interrompues sauf quand elles manquaient par trop de discrétion. Les détenus, et non les autorités, semblaient diriger la prison.

Sévères et élevés dans la crainte de Dieu, les Afrikaners prennent leur religion au sérieux. L'événement de la semaine était le service religieux du dimanche matin. Pour les autorités, il était obligatoire qu'on y assiste. On avait l'impression que leur âme mortelle aurait été en péril s'ils ne nous avaient pas fait profiter du culte dominical.

Ainsi, chaque dimanche matin, le pasteur d'une Eglise différente venait prononcer un sermon devant nous ; un anglican, puis un pasteur de l'Eglise réformée hollandaise, ou un méthodiste. Ils étaient recrutés par les services de la prison qui leur donnaient comme consigne de ne parler que de questions religieuses. Des gardiens étaient présents à tous les services et, si le prêtre s'éloignait de la religion, on ne le revoyait plus.

Pendant les deux premières années sur l'île, nous n'avions même pas le droit de quitter nos cellules pour le service du dimanche. Le pasteur prêchait au bout du couloir. Pendant la troisième année, les services avaient lieu dans la cour, ce que nous préférions. A cette époque, c'était le seul moment où nous avions le droit de sortir le dimanche, en dehors d'une demi-heure d'exercice. Peu d'entre nous avaient des sentiments religieux, mais personne ne se plaignait des longs sermons ; nous aimions nous trouver à l'extérieur.

Quand les services se sont tenus dans la cour, on nous a donné le choix d'y assister ou non. Certains ne suivaient que les services de leur Eglise. Bien que méthodiste, j'y allais tous les dimanches.

Un des premiers pasteurs fut un anglican, le père Hughes, un Gallois bourru et costaud, qui avait servi comme aumônier dans un corps de sous-mariniers au cours de la Seconde Guerre mondiale. La première fois qu'il vint, l'obligation de prêcher dans le couloir le troubla, il trouva cela contraire à la contemplation de Dieu. Au lieu de nous faire un sermon, il lut d'une belle voix de baryton des passages des messages radio de Winston Churchill de l'époque de la guerre : « Nous nous battrons sur les plages, nous nous battrons sur les terrains d'atterrissage, nous nous battrons dans les champs et dans les rues, nous nous battrons dans les collines ; nous ne nous rendrons jamais. »

Le père Hughes officia bientôt dans la cour et nous trouvions ses sermons remarquables. Il s'efforçait aussi d'y insérer de petits éléments extérieurs, que nous appréciions beaucoup. Par exemple, il pouvait dire que, comme le pharaon d'Egypte, le Premier ministre d'Afrique du Sud levait une armée.

Nous chantions des cantiques à la fin du service et je pense que le père Hughes nous rendait visite pour le plaisir de nous entendre chanter. Il apportait un petit orgue et jouait pour nous. Il aimait beaucoup notre façon de chanter et nous disait qu'on pouvait la comparer à celle de son pays de Galles natal.

Le pasteur méthodiste était le révérend Jones, un homme sombre et inquiet qui se trouvait au Congo pendant la révolution. Cette expérience semblait être la source de sa mélancolie. Dans ses sermons, il ne cessait de nous parler de l'importance de la réconciliation — ce qui impliquait que nous devions nous réconcilier avec les Blancs.

Un dimanche, pendant le sermon partisan du révérend Jones, j'ai remarqué qu'Eddie Daniels semblait mal à l'aise. A la fin, il n'a pas pu se retenir : « Ce n'est pas à nous qu'il faut prêcher la réconciliation, a crié Eddie. Cela fait soixante-quinze ans que nous la recherchons. » Ce fut trop pour le révérend, et nous ne l'avons jamais revu.

Eddie n'a pas chassé que le révérend Jones. Nous recevions aussi la visite d'un pasteur métis, le frère September. Un dimanche, un prisonnier du nom d'Hennie Ferris, un bon orateur, accepta de diriger la prière. Le frère September était content de rencontrer une telle dévotion. Hennie commença à parler à voix haute puis il demanda à l'assemblée de fermer les yeux et de prier. Tout le monde, y compris frère September, obéit. Alors Eddie alla jusqu'au premier rang sur la pointe des pieds, ouvrit la serviette du père September et y prit le *Sunday Times* du jour. Personne ne s'aperçut de rien, mais le pasteur ne rapporta jamais de journal.

Le révérend André Scheffer était pasteur de l'Eglise réformée hollandaise, à laquelle appartenaient presque tous les Afrikaners. L'église de la mission ne s'adressait qu'aux Africains. Le révérend Scheffer était un conservateur brutal qui ne faisait de prêches qu'aux prisonniers de la section générale. Un dimanche, il s'aventura dans notre section et nous lui demandâmes pourquoi il ne venait jamais chez nous. « Vous vous prenez pour des combattants de la liberté, répondit-il d'un ton méprisant. Vous deviez être saouls d'alcool ou défoncés par la *dagga* (marijuana) quand on vous a arrêtés. Combattants de la liberté, mon œil ! » Mais nous l'avons mis au défi de venir prêcher dans notre section et il a finalement accepté à la fin des années 60.

Il avait quelque chose de peu orthodoxe : une approche scientifique de la religion. Je trouvais cela très attirant. Beaucoup utilisaient la science pour démystifier la religion, mais lui s'en servait pour étayer ses convictions. Je me souviens d'un de ses sermons sur les Rois mages d'Orient qui ont suivi une étoile jusqu'à Bethléem. « Ce n'est ni une superstition ni un mythe », dit-il et il cita des astronomes qui avaient montré qu'à l'époque une comète avait suivi la voie indiquée par la Bible.

En nous connaissant mieux, le révérend Scheffer devint plus sympathique. C'était un pince-sans-rire et il aimait plaisanter avec nous. « Vous savez, nous a-t-il dit un jour, dans ce pays, l'homme blanc a une tâche plus difficile que l'homme noir. A chaque fois qu'il y a un problème, nous devons trouver une solution. Mais à chaque fois que vous avez un problème, vous les Noirs, vous avez une excuse. Vous dites simplement *Ingabilungu.* » Nous avons éclaté de rire, pas seulement à cause de sa prononciation volontairement comique mais aussi à cause de l'idée. « *Ngabelungu* » est une expression xhosa qui veut dire « C'est les Blancs ». Il voulait en fait nous dire que nous devions aussi regarder en nous-mêmes et devenir responsables de nos actes — sentiments que je partageais de tout cœur.

Ce que le dimanche représentait pour le reste de la semaine, Noël le représentait pour le reste de l'année. C'était le seul jour où les autorités manifestaient un peu de bienveillance à notre égard. Ce jour-là, nous n'allions pas à la carrière et nous avions le droit d'acheter quelques douceurs. Nous n'avions pas de repas traditionnel de Noël mais on nous donnait une tasse de café supplémentaire au souper.

Nous avions le droit d'organiser un concert, de faire des concours sportifs et de monter une pièce. Le concert représentait le clou de la soirée. Selby Ngendane du PAC dirigeait la chorale. Il avait appartenu à la Ligue de la jeunesse de l'ANC avant de passer au PAC. Il avait le sens du comique, une belle voix et beaucoup d'oreille.

Il choisissait les chansons, faisait les harmonisations, sélectionnait les solistes et dirigeait l'exécution. Le concert avait lieu le matin de Noël dans la cour. Nous mêlions les chansons traditionnelles anglaises et africaines, et nous y ajoutions quelques chants de lutte — les autorités ne semblaient pas s'en émouvoir, ou peut-être ne faisaient-elles pas la différence. Nous avions un public de gardiens et ils aimaient autant nos chants que nous les aimions nous-mêmes.

Avant d'entrer en prison, on considérait Ngendane comme un peu léger sur le plan politique. Mais en prison, il montra son courage. Quand on est détenu, on aime bien se retrouver avec des gens joyeux comme Selby.

La prison était une sorte de creuset qui mettait le caractère à l'épreuve. Sous la pression de l'incarcération, certains faisaient preuve d'un vrai courage, tandis que d'autres apparaissaient très en dessous de ce qu'ils avaient semblé.

En plus des concerts, nous organisions un tournoi d'échecs, de dames, de scrabble ou de bridge. Chaque année je participais au tournoi de dames, et parfois je remportais le premier prix, en général un sucre d'orge. J'avais un style de jeu lent et réfléchi, une stratégie conservatrice. Je réfléchissais avec attention aux conséquences de chaque coup possible et je prenais beaucoup de temps chaque fois. Je me méfie des analogies, mais c'est ma façon préférée d'opérer non seulement aux dames mais aussi en politique.

La plupart de mes adversaires étaient plus rapides et ma façon de jouer les énervait. J'affrontais souvent Don Davis. Membre du Non-European Unity Movement (Mouvement de l'unité non européenne), il avait été élevé dans la région des mines de diamant de Kimberley et c'était un type rude, intrépide et exalté. Il jouait très bien aux dames mais son style contrastait avec le mien. Quand Don jouait, la sueur lui ruisselait sur le visage. Il était tendu et nerveux, et jouait rapidement comme si la vitesse rapportait des points. Nous nous sommes retrouvés plusieurs fois en finale du tournoi annuel.

Don m'appelait Qhipu à cause d'une de mes habitudes au jeu de dames. J'étudiais chaque possibilité et au moment de jouer, je criais « *Qhipu !* » — c'est-à-dire « Je frappe ! » — et bougeais mon pion. Don trouvait cela énervant ; il m'appelait Qhipu plus par irritation que par amitié.

Don et moi faisions beaucoup de tournois et, même quand il avait gagné, il revenait quelques minutes plus tard me proposer une nouvelle partie. Il voulait toujours jouer et ne semblait satisfait que si j'avais accepté. Bientôt, je passais tellement de temps à jouer avec Don que mes autres activités en souffraient. Une fois, je ratai un examen et quand des compagnons me demandèrent pourquoi, je leur répondis en riant : « Don Davis ! »

Notre petite compagnie de théâtre amateur jouait à Noël. Ma carrière d'acteur, en sommeil depuis mon interprétation de John Wilkes Booth à Fort Hare, connut un réveil modeste à Robben Island. Nos spectacles étaient ce que nous pourrions appeler aujourd'hui minimalistes : pas de scène, pas de décor, pas de costumes. Nous n'avions que le texte.

Je n'ai joué que rarement, mais j'ai tenu un rôle mémorable : celui de Créon, le roi de Thèbes dans l'*Antigone* de Sophocle. En prison, j'avais lu quelques pièces grecques que j'avais trouvées particulièrement exaltantes. J'en avais retenu que le caractère se mesurait dans les situations difficiles et qu'un héros ne pliait pas, même dans les circonstances les plus dures.

Quand on a choisi *Antigone*, j'ai proposé mes services, et j'ai demandé à jouer Créon, le vieux roi qui mène une guerre civile pour le trône de sa chère cité-Etat. Au début de la pièce, Créon est sincère et patriote, et ses premiers discours sont remplis de sagesse quand il suggère que l'expérience est le fondement du pouvoir et que les obligations envers le peuple l'emportent sur la loyauté envers un individu.

« Mais comment pourrait-on juger l'âme d'un homme, ses sentiments, ses intentions, tant qu'il n'a pas connu l'épreuve du pouvoir ni édicté des lois [1]. »

Or Créon traite ses ennemis sans pitié. Il a décrété que le corps de Polynice, le frère d'Antigone, qui s'est révolté contre la cité, ne mérite pas de sépulture. Antigone se révolte, parce qu'il existe une loi plus élevée que celle de

---

1. Sophocle, *Antigone*, traduction de Jacques Lacarrière (N.d.T.).

l'Etat. Créon n'écoutera pas Antigone, comme il n'écoute personne sauf ses démons intérieurs. Son inflexibilité et son aveuglement ne conviennent pas à un chef, qui doit tempérer la justice avec la pitié. Antigone symbolisait notre lutte ; en fait, elle représentait à sa façon un combattant de la liberté : elle défiait la loi parce qu'elle était injuste.

72

Certains gardiens commencèrent à engager la conversation avec nous. Je n'ai jamais fait le premier pas, mais s'ils m'interrogeaient, j'essayais de leur répondre. Il est plus facile d'éduquer un homme quand il veut apprendre. Généralement, ils posaient leurs questions avec une sorte d'exaspération : « D'accord, Mandela, qu'est-ce que tu veux exactement ? » Ou : « Ecoute, tu as un toit au-dessus de la tête, tu as de quoi manger, pourquoi est-ce que tu fais autant d'histoires ? » Alors je leur expliquais notre politique. Je voulais démythifier l'ANC, détruire leurs préjugés.

En 1969 arriva un jeune gardien qui semblait vouloir me connaître. J'avais appris par la rumeur que les nôtres à l'extérieur préparaient mon évasion et qu'ils avaient infiltré un gardien dans l'île pour m'aider. Petit à petit, ce jeune homme me fit comprendre son intention.

Par bribes, il m'expliqua son plan : un soir, il droguerait les gardiens de service au phare pour permettre à un bateau de s'approcher de la plage. Il me donnerait une clef pour sortir de notre section et rejoindre le bateau. Là, on me fournirait une tenue de plongée, afin que je puisse gagner le port du Cap à la nage. Du Cap, on me conduirait jusqu'à l'aéroport, d'où je sortirais du pays.

Je l'ai écouté patiemment, sans lui dire à quel point je trouvais ce plan irréalisable et peu sûr. J'en ai parlé à Walter et nous sommes convenus de ne pas faire confiance à ce type. Je ne lui ai jamais dit que je ne bougerais pas, mais je n'ai accompli aucune des phases de mise en application du plan. Il dut comprendre, car on le transféra bientôt.

Il apparut que ma méfiance était justifiée, car plus tard nous apprîmes que ce gardien était un agent du BOSS (Bureau of State Security), l'agence de renseignements sud-africaine. Le plan prévoyait que je sorte de l'île mais que je sois tué à l'aéroport au cours d'une fusillade spectaculaire au moment où je me serais apprêté à quitter le pays. Tout avait été imaginé par le BOSS, même les rumeurs qui m'informaient de l'intention de l'ANC de me faire évader. Ce ne fut pas la seule fois où l'on essaya de m'éliminer.

En général, un commandant ne restait pas plus de trois ans et, en 1970, nous en avions déjà connu plusieurs. Cette année-là, le commandant de Robben Island était le colonel Van Aarde, un homme aimable et sans méchanceté, qui nous laissait la bride sur le cou. Mais à la fin de l'année, les autorités décidèrent qu'il fallait reprendre les choses en main et elles nommèrent comme nouveau commandant de Robben Island le colonel Piet Badenhorst.

Il s'agissait d'un changement de mauvais augure, il avait la réputation d'être l'officier le plus brutal et le plus autoritaire de tout le service des prisons. Badenhorst avait pour tâche de nous faire regretter l'époque de Valise.

A chaque fois qu'un nouveau commandant était nommé, je demandais à le rencontrer, à la fois pour l'impressionner par le sérieux de notre cause et pour le jauger. Je demandai donc un rendez-vous au colonel Badenhorst qui refusa. C'était le premier commandant à le faire.

Nous avons ressenti les effets de son régime avant même de l'avoir vu. Un certain nombre de règles concernant les études et le temps libre furent supprimées. Il avait manifestement l'intention de revenir sur les privilèges acquis au cours des années. Les anciens gardiens furent mutés hors de l'île et remplacés par des hommes choisis par Badenhorst, on fouilla nos cellules, on confisqua nos livres et nos papiers, on nous supprima des repas sans avertissement et on nous bouscula sur le chemin de la carrière.

Badenhorst essaya d'en revenir à ce qui se passait sur l'île au début des années 60. A chaque question, on nous répondait toujours non. Les prisonniers qui demandaient à voir leur avocat étaient mis en isolement. On ignorait totalement nos plaintes. Les visites étaient supprimées sans explication. La nourriture se détériorait. La censure se renforçait.

Un matin, une semaine environ après l'arrivée de Badenhorst, nous travaillions dans la carrière quand, sans avertissement, il arriva en voiture, conduit par son chauffeur. Il descendit et nous observa de loin. Nous nous arrêtâmes pour regarder notre nouveau commandant. Il me regarda à son tour et me cria : « Mandela, *Jy moet jou vinger uit jou gat trek.* » (Mandela, retire ton doigt de ton cul.) Je n'y pris pas garde et, sans réfléchir, je m'avançai vers lui. Il se trouvait un peu plus loin et, avant que je sois arrivé près de lui, il remonta en voiture et s'en alla.

Depuis sa voiture, il donna un ordre et quelques minutes plus tard un camion arriva et l'on nous ramena à la section B. On nous demanda de nous taire et de nous mettre au garde-à-vous dans la cour. Badenhorst apparut et commença à marcher de long en large. Il semblait incapable de prononcer une phrase sans proférer un juron ou une grossièreté. « *Jou ma se moer* » était son expression préférée. « Ta mère est une *moer* » — *moer* étant le terme vulgaire qui désigne une partie intime de l'anatomie de la femme.

De sa voix gutturale, il nous expliqua qu'il était scandalisé par notre paresse à la carrière. En conséquence, il nous faisait tous descendre d'une catégorie. Nous méprisions le système de classification, mais à ce moment-là, la plupart des hommes avaient au moins atteint le niveau C, ce qui permettait de faire des études. On n'y avait pas droit au niveau D. Les autorités regrettaient de nous avoir accordé ce privilège, et Badenhorst était bien décidé à rectifier cette erreur.

Plus tard, quand ma colère est retombée, je me suis rendu compte que la remarque grossière de Badenhorst à la carrière était calculée. On l'avait nommé à Robben Island pour remettre de l'ordre, et il avait choisi celui qu'il considérait comme la source du désordre. Comme un professeur qui reprend une classe de chahuteurs, et qui cherche à mater le meneur.

73

Fin mai 1971, un certain nombre d'hommes de la SWAPO (Organisation du peuple du Sud-Ouest africain), un allié de l'ANC qui luttait pour l'indépendance de la Namibie, furent mis en isolement. Ils avaient à leur tête Andimba Toivo Ja Toivo, un des fondateurs de la SWAPO et un extraordinaire combattant de la liberté. Ayant appris qu'ils avaient commencé une grève de la faim pour protester contre l'isolement, nous avons immédiatement décidé de nous joindre à eux. Cela mit Badenhorst hors de lui car, comme les autorités, il considérait qu'il s'agissait d'une insubordination intolérable.

Dans la nuit du 28 mai, nous avons été réveillés par des cris et des coups violents frappés contre la porte de nos cellules. « Debout ! Debout ! » hurlaient les gardiens. On nous a donné l'ordre de nous déshabiller et de nous aligner le long du mur de la cour. Les gardiens étaient saouls et criaient en se moquant de nous. Ils avaient à leur tête un type sadique du nom de Fourie qu'entre nous nous appelions Gangster.

Il faisait très froid et pendant une heure nous sommes restés nus et au garde-à-vous, à grelotter, tandis qu'on fouillait nos cellules une par une. Les gardiens ne cessaient de nous injurier. Au bout d'une heure, Govan eut de violentes douleurs dans la poitrine et s'évanouit. Fourie prit peur et nous donna l'ordre de rentrer.

Les gardiens passèrent nos cellules au peigne fin sans rien trouver. Mais la fouille ne semblait qu'une excuse pour les instincts sadiques de Fourie. Plus tard, nous apprîmes qu'il avait molesté des prisonniers dans la section générale. Le lendemain, nous avons découvert que les gardiens y avaient sauvagement frappé quelques détenus avant de venir nous voir et qu'ensuite ils avaient tabassé Toivo Ja Toivo, qui s'était défendu et avait assommé le gardien qui le frappait. Toivo fut sévèrement puni.

Nous avons adressé une plainte officielle, qui fut ignorée. Je me souviens bien de cet incident, mais il ne fut pas unique ; sous le commandement de Badenhorst, ce genre de chose était la règle.

Nous étions résolus à ce que les conditions ne se détériorent pas plus. Nous avons fait passer des messages aux nôtres à l'extérieur pour qu'ils réclament le renvoi de Badenhorst. En même temps, nous avons décidé de former une délégation qui irait le voir. Nous en avons parlé pendant des mois et nous l'avons constituée petit à petit ; Walter et moi, nous en faisions partie pour l'ANC, et tous les autres partis étaient représentés.

Badenhorst a accepté de nous recevoir et nous l'avons menacé d'arrêt de travail, de grèves de lenteur et de grèves de la faim — les armes à notre disposition — s'il ne changeait pas de méthodes et s'il ne rétablissait pas la plupart des privilèges qu'il nous avait supprimés. Il nous a simplement répondu qu'il allait réfléchir à nos revendications. Nous avons considéré cette confrontation comme une victoire, car il se méfiait de nous et savait que nous avions alerté des gens à l'extérieur. Ces efforts produisirent rapidement des effets.

Quelques semaines plus tard, nous avons su qu'une importante visite était imminente parce que, quand il plut ce jour-là à la carrière, on nous autorisa à nous mettre à l'abri au lieu de continuer à travailler. Le lendemain, on nous informa qu'une troïka de juges allait venir sur l'île. Les autorités nous demandèrent de désigner un porte-parole pour exprimer nos doléances, et l'on me choisit.

Alors que je préparais ma rencontre avec les juges, j'appris par une source sûre qu'un prisonnier de la section générale venait d'être brutalement frappé par un gardien. Les trois magistrats étaient les juges Jan Steyn, M.E. Theron et Michael Corbett de la division provinciale de la Cour suprême. Ils étaient accompagnés du commissaire des prisons, le général Steyn et du colonel Badenhorst. Je les ai rencontrés le jour même, là où nous travaillions.

Le général Steyn me présenta aux juges et leur expliqua que j'avais été désigné pour représenter les autres prisonniers. Les juges dirent alors que, bien sûr, ils s'entretiendraient avec moi en privé. Je répondis que je n'avais rien à cacher et qu'en fait la présence du général et celle du colonel étaient bienvenues. J'ai vu qu'ils étaient surpris par ce que je venais de dire et j'ai ajouté qu'il serait normal qu'ils aient l'occasion de répondre à mes accusations. Les juges ont accepté à contrecœur.

J'ai commencé à rendre compte du tabassage récent dans la section générale. Je leur ai fait part des détails qu'on m'avait rapportés, de la violence des coups et de la dissimulation du crime. J'ai remarqué que Badenhorst était mal à l'aise et qu'il s'agitait. Quand j'eus terminé de décrire l'incident, il est intervenu de façon bourrue et agressive : « Avez-vous vraiment été témoin de ce tabassage ? » Je lui ai répondu calmement que non, mais que je faisais confiance à ceux qui me l'avaient raconté. Il a grogné et m'a secoué un doigt sous le nez. « Attention, Mandela, a-t-il dit. Si vous parlez de choses que vous n'avez pas vues, vous allez vous attirer des ennuis. Vous voyez ce que je veux dire. »

J'ai ignoré les remarques de Badenhorst et je me suis adressé aux juges : « Messieurs, vous voyez par vous-mêmes le type d'homme à qui nous avons à faire comme commandant. S'il peut me menacer ici, en votre présence, vous pouvez imaginer ce qu'il fait quand il n'y a personne. » Le juge Corbett s'est tourné vers les autres et leur a dit : « Le prisonnier a raison. »

Pendant le reste de l'entretien, j'ai énuméré nos plaintes à propos de la nourriture, du travail et des études. Badenhorst devait bouillir intérieurement, mais il n'en laissait rien paraître. A la fin, les juges m'ont remercié et je leur ai dit au revoir.

Je ne sais absolument pas ce qu'ils ont dit ou fait, mais dans les mois qui ont suivi, Badenhorst sembla avoir les mains liées. La rigueur diminua, et trois mois après la visite des juges, nous avons appris qu'il allait être muté.

Quelques jours avant son départ, on m'a convoqué. Le général Steyn visitait l'île et voulait savoir si nous avions des plaintes à formuler. Badenhorst se trouvait là quand j'ai énuméré une liste de réclamations. A la fin, il m'a parlé directement. Il m'a dit qu'il quittait l'île et il a ajouté : « Je veux simplement vous souhaiter bonne chance, à vous et à vos camarades. » Je ne sais pas ce qu'exprimait mon visage mais j'étais ahuri. Il avait parlé comme un être humain, en montrant un aspect de lui-même que je n'avais jamais vu. Je l'ai remercié pour ses bons vœux et je lui ai souhaité bonne chance dans ses entreprises.

Par la suite, j'ai souvent pensé à cet instant. Badenhorst avait peut-être été le commandant le plus dur et le plus barbare que nous avions eu sur l'île. Mais ce jour-là, dans le bureau, il avait montré un autre aspect de sa personnalité, un aspect qu'il avait dissimulé mais qui existait néanmoins. C'était un rappel utile que tous les hommes, même ceux qui semblent les plus insensibles, ont un fond d'honnêteté et qu'ils peuvent changer si on sait les toucher. En définitive, Badenhorst n'était pas méchant ; son inhumanité s'était développée en lui à cause d'un système inhumain. Il se conduisait comme une brute parce qu'on récompensait son comportement de brute.

74

On annonça que le colonel Willemse succéderait au colonel Badenhorst comme commandant. A sa nomination, je lui demandai un rendez-vous et j'allai le voir tout de suite après son arrivée. Ce n'était manifestement pas un progressiste mais, contrairement à son prédécesseur, il était poli et raisonnable. Nous espérions que l'administration de Badenhorst ne serait qu'un recul momentané de l'amélioration régulière de nos conditions.

Les jeunes gardiens agressifs s'en sont allés avec Badenhorst et nous avons vite repris nos habitudes à la carrière et dans la section. Willemse était peut-être un homme raisonnable, mais il a été scandalisé en constatant qu'à la carrière nous passions plus de temps à parler qu'à travailler.

Il n'était sur l'île que depuis une semaine qu'il m'a convoqué à son bureau. « Mandela, m'a-t-il dit franchement, il faut que vous m'aidiez. » Je lui ai demandé comment. « Vos hommes ne travaillent pas. Ils n'écoutent pas les ordres. Ils ne font que ce qui leur plaît. C'est une prison ici. Il doit y avoir de la discipline. Ce n'est pas bon seulement pour nous, mais aussi pour vous. Nous devons avoir de l'ordre, sinon ils vont nommer quelqu'un comme l'ancien directeur. »

Ce que disait le colonel me semblait sensé. Je l'ai écouté et je lui ai dit que sa demande était légitime, mais qu'avant de lui répondre il faudrait que j'en parle avec mes hommes. A cette époque, une réunion de tous les prisonniers dans une seule cellule était une chose formellement interdite. En lui demandant d'autoriser ce genre de réunion, je demandais une extension significative des règlements. Il le savait aussi bien que moi, et il voulut du temps pour y réfléchir.

Quelques jours plus tard, Willemse me fit savoir qu'il était d'accord. Un après-midi, nous nous sommes tous réunis dans la cour, sans gardes pour nous surveiller. J'ai répété aux hommes ce que Willemse m'avait dit, et j'ai ajouté qu'en acceptant un petit compromis maintenant nous pourrions améliorer nos conditions à long terme. Nous avons décidé que nous donnerions au moins l'impression de travailler, mais que nous ne travaillerions qu'à notre rythme. C'est ce que nous avons fait, et le commandant ne s'est plus jamais plaint.

En 1971-1972, pendant la première partie de l'administration de Willemse, il y eut une arrivée régulière de soldats de MK capturés. Ces hommes avaient participé à des combats et étaient bien informés sur l'état du mouvement en exil. Je n'étais jamais très content de voir des membres de l'ANC en prison, mais j'étais impatient de les interroger. Je voulais absolument avoir des nouvelles d'Oliver, des camps d'entraînement, des succès et des échecs de MK.

Ces hommes étaient très militants et supportaient mal la prison. Un des premiers fut Jimmy April, un officier de MK, qui avait suivi un entraînement sous les ordres de Joe Slovo et combattu l'ennemi en Rhodésie. MK avait lentement fait rentrer des hommes dans le pays avec de faux papiers. Jimmy était l'un d'eux et on l'avait arrêté à l'intérieur de l'Afrique du Sud.

Il nous raconta des histoires de guerre, mais je le pris à part pour qu'il m'informe des problèmes de MK. Comme j'en étais le fondateur, Jimmy et ses camarades se montrèrent plus francs avec moi qu'avec les autres. Il me parla du mécontentement dans les camps et des insultes de certains officiers de MK. Je lui demandai de garder cela pour lui et m'arrangeai pour faire sortir une lettre pour Oliver en lui recommandant de procéder à un certain nombre de réformes dans les camps.

Un jour, alors que j'allais rencontrer le colonel Willemse au bureau du commandant, j'ai vu Jimmy devant le bureau d'un autre officier. Il s'est tourné vers moi et m'a dit, inquiet : « Ils refusent de me donner ma lettre.

— Pour quelle raison ? ai-je demandé.

— Ils prétendent qu'elle contient des choses que je n'ai pas le droit de lire », dit-il. Je suis entré dans le bureau pour voir ce qui se passait, mais avant que j'aie pu ouvrir

la bouche, Jimmy s'était précipité à l'intérieur en criant :
« Donnez-la-moi ! » Il m'a écarté pour atteindre le
bureau et s'emparer de la lettre. Mais l'officier s'est réfu-
gié derrière moi comme s'il voulait que je le protège de
Jimmy. La scène aurait pu être comique dans un film
mais, dans cette situation, elle était insupportable. Je me
suis tourné vers Jimmy et je lui ai dit calmement mais
fermement : « Arrête, s'il te plaît. Calme-toi. Je vais
régler cette affaire et tu auras ta lettre. Maintenant, s'il te
plaît, sors. »

Mon petit discours a produit l'effet attendu et Jimmy a
quitté le bureau. Alors je me suis adressé à l'officier, qui
semblait très agité. Pour moi, il y avait quelque chose
d'étrange dans cette situation. Je ne m'opposais pas aux
autorités, mais je servais de médiateur entre les miens et
les hommes que j'avais si longtemps combattus.
L'ardeur militante de ceux qui arrivaient sur l'île me
mettait de plus en plus souvent dans cette position. Leur
extrémisme nous encourageait mais parfois il nous com-
pliquait la vie.

Une semaine plus tard, l'officier me remit la lettre de
Jimmy.

75

Un matin, au lieu d'aller à la carrière, on nous a fait
monter à l'arrière d'un camion. Il est parti dans une
nouvelle direction et, quinze minutes plus tard, on nous
a donné l'ordre de sauter à terre. Devant, étincelant dans
la lumière du matin, nous avons vu l'océan, le rivage
rocheux et, au loin, brillant dans le soleil, les tours de
verre du Cap. Ce n'était sans doute qu'une illusion, mais
la ville et la montagne de la Table semblaient horriblement proches, comme si on avait pu les saisir en tendant
la main.

L'officier nous expliqua qu'on nous avait amenés sur le

rivage pour ramasser du varech. On nous expliqua qu'il fallait ramasser les grands morceaux échoués sur la plage et marcher dans l'eau pour arracher ceux qui étaient attachés aux rochers ou aux coraux. Les feuilles de varech étaient longues, visqueuses et d'une couleur brun-vert. Parfois, un seul morceau mesurait deux mètres cinquante de long et pesait quinze kilos. Après avoir repêché du varech dans les hauts-fonds, nous le mettions en ligne sur la plage. Quand il était sec, nous le chargions à l'arrière du camion. On nous dit qu'on l'expédiait par bateau au Japon, où l'on s'en servait comme engrais.

Ce jour-là, le travail ne nous a pas semblé trop dur, mais, au cours des semaines et des mois suivants, nous l'avons trouvé pénible. Pourtant cela n'avait pas beaucoup d'importance, parce que nous avions le plaisir de contempler un très beau paysage : nous regardions les bateaux qui pêchaient au chalut, les pétroliers imposants qui passaient à l'horizon ; nous contemplions les mouettes qui attrapaient des poissons et les phoques qui jouaient dans les vagues ; les colonies de pingouins, qui ressemblaient à une brigade de soldats maladroits aux pieds plats, nous faisaient rire ; et nous nous émerveillions devant le spectacle quotidien de la montagne de la Table dans le soleil, recouverte d'un nuage mouvant.

L'été, l'eau était merveilleuse, mais en hiver, les courants glacés de Benguela transformaient la marche dans l'eau en torture. Les rochers du rivage étaient déchiquetés et nous nous coupions et nous écorchions souvent les jambes en travaillant. Mais nous préférions la mer à la carrière, bien que nous n'y passions jamais plus de quelques jours à la fois.

L'océan était un vrai coffre au trésor. Je trouvais de très beaux morceaux de corail et des coquillages compliqués que je rapportais parfois dans ma cellule. Une fois, quelqu'un découvrit une bouteille de vin, enfoncée dans le sable, avec le bouchon. On me dit par la suite qu'il avait un goût de vinaigre. Jeff Masemola, un membre du PAC, était un artiste et un sculpteur de talent et il avait le droit de rapporter des bois flottés dans lesquels il sculptait des personnages fantastiques que les gardiens lui achetaient parfois. Il me fabriqua une bibliothèque dont je me suis servi pendant des années. Les autorités disaient aux visiteurs qu'elles me l'avaient fournie.

L'atmosphère sur la côte était plus détendue qu'à la carrière. Nous aimions aussi le bord de mer parce que nous y mangions très bien. Chaque matin, en y allant, nous emportions un grand fût d'eau douce. Plus tard, nous en avons pris un second que nous utilisions pour préparer une sorte de ragoût de fruits de mer de Robben Island avec des palourdes et des moules. Nous attrapions aussi des homards qui se cachaient dans les trous de rocher, mais ce n'était pas facile ; il fallait les saisir fermement entre la tête et la queue, sinon ils se libéraient en se débattant.

Je préférais les ormeaux, ou ce que nous appelions *perlemoen*. Les ormeaux sont des mollusques qui se collent aux rochers et il faut les soulever pour les détacher. C'étaient des créatures entêtées, difficiles à ouvrir et, légèrement trop cuits, on ne pouvait plus les manger.

Nous mettions nos prises dans le second fût. Wilton Mkwayi était le chef cuistot et préparait le ragoût. Quand c'était prêt, les gardiens se joignaient à nous et nous nous asseyions tous ensemble pour une sorte de pique-nique. En 1973, par un journal passé en fraude, nous avons appris le mariage de la princesse Anne et de Mark Phillips, et l'histoire détaillée du repas de noce composé de mets rares et délicats. Dans le menu, il y avait des moules, du homard et des ormeaux, ce qui nous a fait rire ; nous en mangions chaque jour.

Une fois, nous étions sur la plage en train de manger notre ragoût quand le lieutenant Terblanche, qui dirigeait la prison, nous a rendu une visite surprise. Rapidement, nous avons fait semblant de travailler, mais il n'a pas été dupe. Il a vite découvert que le deuxième fût contenait des moules qui bouillaient sur le feu. Le lieutenant a soulevé le couvercle et a regardé à l'intérieur. Il a pris une moule, l'a mangée, et a dit : *Smaaklik*, « Très bon » en afrikaans.

Dans la lutte, on appelait Robben Island « l'Université ». Pas seulement à cause de ce que nous apprenions dans les livres, ni parce que certains prisonniers y étudiaient l'anglais, l'afrikaans, l'art, la géographie et les mathématiques, ni parce que beaucoup des nôtres comme Billy Nair, Ahmed Kathrada, Mike Dingake et Eddie Daniels y passèrent de nombreux examens ; on appelait Robben Island l'Université à cause de ce que nous nous apprenions mutuellement. Nous étions devenus notre propre faculté, avec nos professeurs, nos programmes et nos cours. Nous faisions une distinction entre les études universitaires, qui étaient officielles, et les études politiques, qui ne l'étaient pas.

Notre université se développa en partie par nécessité. Quand les jeunes arrivaient sur l'île, nous nous rendions compte qu'ils savaient très peu de chose sur l'histoire de l'ANC. Walter, peut-être le plus grand historien vivant de l'organisation, commença à leur raconter sa formation et ses débuts. Il donnait un enseignement prudent et bienveillant. Petit à petit, cette histoire informelle s'est transformée en véritable cours, mis au point par le Haut Commandement, et on l'a appelé le Programme A ; cela se composait de deux ans de conférences sur l'ANC et sur la lutte de libération. Le Programme A comprenait aussi un cours assuré par Kathy, « Une histoire de la lutte indienne ». Un autre camarade y ajouta une histoire des métis. Mac, qui avait fait des études en République démocratique allemande, fit un cours sur le marxisme.

Les conditions d'enseignement n'étaient pas idéales. Les groupes d'étude travaillaient ensemble à la carrière et se tenaient en cercle autour du responsable du séminaire. La pédagogie était de nature socratique ; les idées et les théories étaient analysées par questions et réponses.

Le cours de Walter était au centre de toute l'éducation de l'île. Beaucoup de jeunes membres de l'ANC qui arrivaient ne savaient absolument pas que l'organisation existait déjà ne serait-ce que dans les années 30 ou 40. Walter les guidait depuis la fondation en 1912 jusqu'à la période actuelle. Pour beaucoup de ces jeunes gens, c'était la seule éducation qu'ils eussent jamais reçue.

Quand ces cours furent connus dans la section générale, nos hommes qui se trouvaient de l'autre côté nous ont posé des questions. Cela s'est transformé en une sorte de cours par correspondance avec les prisonniers de la section générale. Les professeurs leur faisaient parvenir des cours en fraude et ils répondaient par des questions et des commentaires.

Cela nous était autant profitable qu'à eux. Ces hommes avaient très peu d'éducation formelle mais une grande connaissance des difficultés du monde. Leurs préoccupations étaient plus pratiques que philosophiques. Si une conférence affirmait qu'un des principes du socialisme c'était « De chacun selon ses possibilités, à chacun selon ses besoins », nous recevions en retour la question suivante : « Oui, mais qu'est-ce que ça veut dire en pratique ? Si j'ai de la terre et pas d'argent, et si mon ami a de l'argent et pas de terre, lequel a le plus grand besoin ? » Ce genre de questions avait une grande valeur et nous obligeait à analyser nos propres conceptions.

Pendant de nombreuses années, j'ai enseigné l'économie politique. J'essayais de retracer l'évolution de l'homme depuis l'origine jusqu'à aujourd'hui, en esquissant le chemin qui mène des anciennes sociétés au féodalisme, au capitalisme et au socialisme. Je ne suis pas du tout un savant et encore moins un professeur et, en général, j'aimais mieux répondre à des questions que faire un cours. Mon approche n'était pas idéologique mais j'avais une préférence pour le socialisme, que je considérais comme le stade le plus avancé de la vie économique développé alors par l'homme.

En plus de mes études officieuses, je poursuivais mon travail d'avocat. Parfois, je pensais même à mettre une plaque sur la porte de ma cellule parce que je passais de nombreuses heures chaque semaine à préparer le procès en appel d'autres prisonniers bien que cela fût interdit par le règlement. Des prisonniers de toute tendance politique venaient solliciter mon aide.

La loi sud-africaine ne garantit pas à un inculpé l'assistance d'un avocat. Peu d'Africains en avaient les moyens et la plupart ne pouvaient qu'accepter le verdict du tribunal quel qu'il fût. Beaucoup d'hommes de la section générale avaient été condamnés dans ces conditions et beaucoup venaient me voir pour faire appel. C'était la première fois qu'ils parlaient à un avocat.

On me passait en fraude une note d'un prisonnier de F ou de G. Je lui demandais les éléments du dossier, l'accusation, les preuves et les témoignages. A cause de la nature clandestine de ces échanges, l'information arrivait lentement et par bribes. Une consultation qui n'aurait pas pris plus d'une demi-heure dans mon ancien bureau « Mandela et Tambo » pouvait durer un an et plus sur l'île.

Je conseillais à mes « clients » d'écrire une lettre au greffe de la Cour suprême pour demander leur dossier. Je disais au prisonnier d'informer le greffe qu'il disposait de fonds limités, et qu'il aimerait obtenir ce dossier sans frais. Parfois les greffiers se montraient assez aimables pour les fournir gratuitement.

Quand on me donnait le dossier je pouvais organiser l'appel, en me fondant sur des irrégularités juridiques telles que préventions, erreurs de procédure ou manque de preuves. Je rédigeais une lettre au juge et je l'envoyais à l'autre partie. Comme le règlement m'interdisait de préparer un dossier, je demandais au prisonnier de recopier le document de sa main. S'il ne savait pas écrire, comme tant de détenus, je lui disais de trouver quelqu'un pour le faire à sa place.

J'aimais continuer à exercer mes activités professionnelles, et j'ai réussi à faire annuler des condamnations ou à réduire des peines. Ces victoires me récompensaient ; la prison est conçue pour qu'on se sente impuissant, et c'était un des rares moyens de lutter contre le système. Souvent, je ne rencontrais jamais ceux pour qui je travaillais, et parfois, brusquement, un homme qui servait la bouillie de maïs pour le déjeuner me murmurait un merci pour le travail que j'avais fait pour lui.

77

L'oppression exercée contre ma femme ne diminuait pas. En 1972, des policiers de la sécurité enfoncèrent la porte du 8115, Orlando West. On jeta des briques par la fenêtre. On tira des coups de feu dans la porte. En 1974, Winnie fut accusée d'avoir violé l'ordre d'interdiction, qui l'empêchait de recevoir quelqu'un chez elle, hormis ses enfants et son médecin. A l'époque, elle travaillait dans un cabinet d'avocats et une amie amena Zeni et Zindzi pour la voir pendant l'heure du déjeuner. Pour cela, on la condamna à six mois de prison. Elle fut détenue à Kroonstad, dans l'Etat libre d'Orange, mais son séjour ne fut pas aussi horrible que le précédent à Pretoria. Winnie m'écrivit que cette fois elle se sentait libérée en prison et que cela l'aidait à réaffirmer son engagement dans la lutte. Les autorités permettaient à Zindzi et à Zeni de venir la voir le dimanche.

Quand Winnie eut retrouvé la liberté, en 1975, nous avons réussi, par des lettres et des messages passés par nos avocats, à mettre au point un plan pour que je puisse voir Zindzi. Le règlement de la prison stipulait que les enfants entre deux et seize ans ne pouvaient pas rendre visite à un prisonnier. Quand je suis entré à Robben Island, tous mes enfants se trouvaient dans cette prison légale des restrictions de l'âge. Derrière l'interdiction, il y avait un raisonnement assez sain : le législateur avait supposé qu'une visite en prison affecterait de façon négative le psychisme sensible des enfants. Mais les conséquences sur les prisonniers étaient sans doute aussi négatives. Ne pas pouvoir voir ses enfants est une source de profonde tristesse.

En 1975, Zindzi eut quinze ans. Le plan consistait à ce

que sa mère falsifie ses papiers pour faire croire qu'elle venait d'avoir seize ans et pas quinze. Pour les Africains, les registres d'état civil n'étaient pas tenus de façon très précise et Winnie n'eut pas de difficultés à prouver que Zindzi était née une année plus tôt. Elle demanda une autorisation de visite qu'on lui accorda.

Quelques semaines avant sa visite, en décembre, j'en avais arrangé une autre avec la mère de Winnie. Quand je fus assis devant elle, je lui dis : « Vous savez, maman, je suis très heureux parce que je vais voir Zindzi. » Ma belle-mère, une ancienne institutrice, me regarda étonnée et me répondit avec un peu d'énervement : « Non, Zindzi ne peut pas venir te voir parce qu'elle n'a pas encore seize ans. »

Je me rendis compte brusquement que personne ne l'avait mise au courant. Un gardien se tenait derrière chacun de nous et j'ai décidé d'ignorer simplement ce qu'elle avait dit. « Très bien, maman, ce n'est rien. »

Mais ma belle-mère est une personne têtue et elle ne laissa pas les choses se passer ainsi. « Eh bien, Mkonyanisi — un terme affectueux pour dire gendre en xhosa, qu'elle employait toujours pour moi —, tu as fait une grave erreur, parce que Zindzi n'a que quinze ans. »

Je lui ai fait les gros yeux pour la prévenir et elle a dû saisir le message parce qu'elle n'en a plus reparlé.

Je n'avais pas revu Zindzi depuis qu'elle avait trois ans. Elle connaissait son père grâce à de vieilles photos et non par ses souvenirs. Ce matin-là, j'ai mis une chemise propre et j'ai apporté plus de soin que d'habitude à ma toilette : c'était un peu de l'orgueil, mais je ne voulais pas apparaître comme un vieil homme aux yeux de ma plus jeune fille.

Je n'avais pas vu Winnie depuis plus d'un an, et j'ai été heureux de me rendre compte qu'elle allait bien. Mais c'est avec un immense plaisir que j'ai constaté que ma fille était devenue une belle jeune femme et qu'elle ressemblait à sa mère, également belle.

Au début, Zindzi s'est montrée timide et hésitante. Je

suis sûr que ce ne devait pas être facile pour elle de voir un père qu'elle n'avait jamais vraiment connu, un père qui ne pouvait l'aimer que de loin, qui semblait appartenir au peuple et non à elle-même. Dans son for intérieur, elle devait avoir nourri de la rancune et de la colère envers un père absent pendant son enfance et son adolescence. Je me rendais compte que c'était une jeune femme forte et fière, comme l'avait été sa mère à son âge.

Je me doutais bien qu'elle se sentirait mal à l'aise et je fis tout mon possible pour détendre l'atmosphère. Quand elle arriva, je lui dis : « Tu as vu ma garde d'honneur ? » en montrant les gardiens qui me suivaient partout. Je lui posai des questions sur sa vie, ses études et ses amis, puis j'essayai de lui rappeler le passé qu'elle avait à peu près oublié. Je lui dis que je me souvenais des dimanches matin à la maison où je la faisais sauter sur mes genoux pendant que sa mère préparait un rôti dans la cuisine. Je me rappelais de petits incidents à Orlando quand elle n'était qu'un bébé et je lui dis qu'elle pleurait rarement. A travers la glace, je la voyais qui retenait ses larmes.

Il n'y eut qu'une note tragique pendant cette visite : Winnie m'apprit que Bram Fischer était mort d'un cancer peu de temps après sa sortie de prison. La mort de Bram me bouleversa. Le gouvernement n'en était en rien responsable, mais il n'en restait pas moins que le harcèlement incessant dont il avait été l'objet avait permis à la maladie d'avoir le dessus. L'Etat le poursuivit même après sa mort — il confisqua ses cendres après la crémation.

Bram était un puriste et, après le procès de Rivonia, il pensa qu'il servirait mieux la lutte en passant dans la clandestinité et en menant la vie d'un proscrit. Il était accablé de voir que les hommes qu'il défendait au tribunal allaient en prison alors qu'il continuait à vivre librement. Pendant le procès, je lui avais conseillé de ne pas prendre ce chemin, en insistant sur le fait qu'il servait mieux la lutte au tribunal, où les gens pouvaient voir un Afrikaner, fils d'un président de tribunal, se battre pour les droits des plus faibles. Mais il ne pouvait laisser les autres souffrir en restant libre. Comme le général qui combat au front à côté de ses soldats, Bram ne voulait pas demander aux autres un sacrifice qu'il n'était pas disposé à faire.

Il était passé dans la clandestinité alors qu'il se trouvait en liberté sous caution et, en 1965, on l'avait arrêté et condamné à la prison à vie pour conspiration en vue de commettre des sabotages. J'avais essayé de lui écrire en prison, mais les règlements interdisaient toute communication entre détenus. Quand on eut diagnostiqué un cancer, une campagne de presse réclamant sa libération pour raisons humanitaires avait influencé le gouvernement. On l'avait libéré mais assigné à résidence chez son frère à Bloemfontein. Il était mort quelques semaines plus tard.

A bien des égards, Bram Fischer, petit-fils d'un Premier ministre de la colonie du fleuve Orange, avait fait le plus grand sacrifice. Quelles que fussent les souffrances que j'avais endurées dans ma lutte pour la liberté, j'avais toujours puisé des forces dans le fait que je luttais avec et pour mon peuple. Bram avait combattu en homme libre contre son propre peuple afin d'assurer la liberté des autres.

Un mois après cette visite, je reçus une lettre de Winnie m'apprenant que les autorités avaient rejeté sa dernière demande de visite sous le prétexte absurde que je ne voulais pas la voir. Je demandai immédiatement un rendez-vous au lieutenant Prins, le directeur de la prison, pour élever une protestation.

Prins n'était pas ce qu'on peut appeler un intellectuel. Je lui expliquai la situation d'un ton calme et sans animosité, mais je lui dis que je trouvais cela inacceptable et qu'on devait autoriser ma femme à venir me voir.

Prins semblait ne pas m'écouter et, quand j'eus fini, il me dit : « Ag, Mandela, votre femme ne cherche qu'à se faire de la publicité. » Je lui répondis que je n'aimais pas sa remarque et il m'interrompit d'une remarque tellement grossière et injurieuse sur ma femme que je me mis en colère.

Je me levai et je fis le tour du bureau. Prins battit en retraite, mais je me repris. Au lieu de le frapper avec mes poings, comme j'avais envie de le faire, je le rossai avec des mots. En général, je n'approuve pas les insultes ou les injures, mais ce jour-là, j'ai violé mes principes. J'ai fini par lui dire qu'il était méprisable et sans honneur, et que si jamais il répétait ce qu'il venait de dire je ne me retiendrais pas.

Puis je suis sorti de son bureau en claquant la porte. En m'en allant, j'ai vu Kathy et Eddie Daniels ; je ne les ai même pas salués et je suis retourné dans ma cellule. J'avais réduit Prins au silence, mais il m'avait fait perdre mon calme et je considérais cela comme une défaite vis-à-vis de mes adversaires.

Le lendemain matin, après le petit déjeuner, deux gardes sont entrés dans ma cellule et m'ont dit que je devais me rendre chez le directeur. En arrivant, une demi-douzaine de gardes armés m'ont entouré. D'un côté, il y avait le lieutenant Prins et, au centre du cercle, un officier, le procureur de la prison. L'atmosphère était tendue.

« Eh bien, Mandela, dit le procureur, j'ai appris que vous vous étiez bien amusé hier, mais aujourd'hui, ça ne sera pas aussi agréable. Je vous inculpe pour insultes et menaces envers le directeur de la prison. C'est une accusation grave. » Puis il me tendit le mandat.

« Avez-vous quelque chose à dire ? demanda-t-il.

— Non, répondis-je. Vous pouvez vous adresser à mon avocat. » J'ai demandé qu'on me ramène dans ma cellule. Prins n'avait pas dit un mot.

J'ai su immédiatement ce que j'allais faire : préparer une contre-accusation de tout le monde, depuis le lieutenant Prins jusqu'au ministre de la Justice, pour inconduite. Je voulais mettre en accusation tout le système des prisons en tant qu'institution raciste cherchant à perpétuer la domination blanche. Je ferais de ce procès une cause célèbre et ils regretteraient de m'avoir inculpé les premiers.

J'ai demandé à George Bizos de me représenter et nous avons mis au point un rendez-vous. Avant la visite de George, j'ai informé les autorités que je lui donnerais des instructions écrites. On m'a demandé pourquoi et j'ai répondu franchement que je supposais que la salle était truffée de micros. Les autorités ont refusé ; je ne pouvais avoir qu'une consultation orale. J'ai répondu qu'elles n'en avaient pas le droit, et cela n'a fait que confirmer mes soupçons.

La vérité, c'est que les autorités avaient peur que George ne transmette ma déclaration écrite à la presse. Cela faisait effectivement partie de notre stratégie. Elles craignaient aussi que je n'utilise George pour communiquer avec Oliver à Lusaka, et elles supposaient que ma déclaration écrite contiendrait des informations sensibles. J'avais déjà utilisé George pour quelque chose d'analogue, mais ce n'était pas le cas avec le document en question.

On a fixé une date pour l'audience du tribunal disciplinaire et un juge du Cap a été nommé. La veille, on m'a dit que mon avocat arriverait le lendemain et que je pourrais lui donner une déclaration écrite. J'ai rencontré George le matin, dans le bureau du directeur, et nous nous sommes consultés brièvement avant l'audience. Mais à l'ouverture, le procureur a déclaré que la prison retirait sa plainte. Le juge a décidé de clore les débats et a quitté brusquement la pièce. George et moi nous sommes regardés surpris, en nous félicitant de cette victoire apparente. Je rangeais mes papiers quand un autre officier s'est avancé et m'a dit en me montrant ma déclaration écrite : « Donnez-moi ce dossier. »

J'ai refusé en lui disant que c'était confidentiel et que ça ne concernait que mon avocat et moi. J'ai crié au procureur : « Veuillez informer cet homme que ces documents sont protégés par le secret professionnel avocat-client et que je n'ai pas à les lui donner. » Le procureur m'a répondu qu'ils l'avaient été, mais que l'affaire était close, que le tribunal ne siégeait plus, et que, dans cette pièce, la seule autorité était cet officier. Ce dernier ramassa le document sur la table. Je ne pouvais l'en empêcher. Je crois que les autorités ont retiré leur plainte simplement pour s'emparer de ce document — qui, comme elles le découvrirent, ne contenait rien qu'elles ne connussent déjà.

Aussi invraisemblable que cela puisse paraître, j'ai toujours pensé à m'évader. Mac Maharaj et Eddie Daniels, deux hommes courageux et ingénieux, discutaient toujours des différentes possibilités et concoctaient des plans. La plupart étaient bien trop dangereux mais cela ne nous arrêtait pas.

Nous avions fait quelques progrès. Jeff Masemola, notre maître sculpteur, avait réussi à fabriquer un passe-partout qui ouvrait presque toutes les portes dans et autour de notre section. Un jour, un gardien avait laissé sa clef sur le bureau au bout du couloir. Jeff en avait pris l'empreinte avec un morceau de savon. Il avait limé un bout de métal pour lui donner la forme de la clef. Ce passe-partout nous donnait accès à des réserves derrière nos cellules ainsi qu'au quartier d'isolement. Mais nous ne l'avons jamais utilisé pour quitter notre section. Car le problème, c'était la mer qui formait un fossé infranchissable autour de Robben Island.

En 1974, Mac eut une idée pour la franchir. On l'avait récemment conduit au Cap chez le dentiste, et il avait découvert que ce dernier était parent d'un prisonnier politique bien connu. Il était sympathique ; il avait refusé de le soigner tant qu'on ne lui aurait pas retiré les fers qu'il avait aux pieds. Mac avait aussi remarqué que la fenêtre de la salle d'attente au premier étage donnait sur une petite rue par laquelle on pouvait se sauver.

Quand Mac revint, il nous supplia de prendre rendez-vous chez le dentiste. C'est ce que nous fîmes et nous avons appris qu'un jour avait été fixé pour que Mac, Wilton Mkwayi et moi, ainsi qu'un autre prisonnier, puissions aller au Cap. Tous les trois, nous voulions tenter le coup, mais Mac a contacté le quatrième homme, qui a refusé. Nous avions des doutes sur sa loyauté et j'étais inquiet de savoir qu'il était au courant de nos plans.

Sous bonne garde, on nous a emmenés au Cap en bateau puis chez le dentiste. Nous avions suivi un entraînement militaire et nous avions toutes les chances de réussir une évasion. Mac avait aussi un couteau sur lui et il était prêt à s'en servir. Dans le cabinet du dentiste, les gardes ont d'abord fait partir tous les autres patients. Nous avons demandé qu'on nous retire nos fers, soutenus par le dentiste, et les gardes l'ont fait.

Mac nous a conduits jusqu'à la fenêtre et nous a montré la rue qui était la voie de l'évasion. Mais quelque chose l'a alors inquiété : nous étions au centre du Cap en milieu de journée et pourtant la rue était vide. La fois précédente, il y avait beaucoup de circulation. « C'est un coup monté », m'a-t-il murmuré. J'avais moi aussi le sentiment que quelque chose n'était pas normal, et j'ai trouvé que Mac avait raison. Wilton, dont le taux d'adrénaline était très élevé, l'a accusé de dire n'importe quoi. « Madiba, tu as le trac. » Mais j'étais d'accord avec Mac et nous nous sommes simplement fait soigner les dents. Le dentiste s'est demandé pourquoi j'étais venu le voir, parce que j'avais des dents saines.

Alors que Mac étudiait les plans d'évasion les plus pratiques, Eddie Daniels inventait les plus imaginatifs. Au début de notre séjour à Robben Island, les avions n'avaient pas le droit de survoler l'île. Mais au milieu des années 70, nous avons remarqué que non seulement des avions mais aussi des hélicoptères passaient au-dessus de nos têtes, en faisant l'aller et retour entre les pétroliers et la côte. Eddie me proposa un plan d'évasion dans lequel l'organisation utiliserait un hélicoptère, peint aux couleurs de l'armée sud-africaine, qui viendrait me prendre dans l'île pour me déposer sur le toit d'une ambassade amie du Cap, où je demanderais le droit d'asile. Ce n'était pas un mauvais plan et je dis à Eddie de faire passer l'idée en fraude à Oliver à Lusaka. Eddie réussit effectivement à joindre Lusaka, mais nous n'avons jamais reçu de réponse.

78

Sur l'île, les anniversaires étaient d'une grande simplicité. Au lieu de gâteaux ou de cadeaux, nous mettions notre nourriture en commun et nous offrions une tranche de pain supplémentaire et une tasse de café à l'homme du jour. Fikile Bam et moi étions tous deux nés un 18 juillet, et je mettais de côté quelques friandises que j'achetais à Noël pour que nous les partagions le jour de notre anniversaire. En 1968, mes cinquante ans étaient passés sans qu'on y attache beaucoup d'importance, mais en 1975, quand j'ai eu cinquante-sept ans, Walter et Kathy sont venus me voir avec un plan à long terme pour que mon soixantième anniversaire soit plus mémorable.

Une des questions qui ne nous quittaient pas, c'était l'idée de la lutte devant le peuple. Pendant les dix années précédentes, le gouvernement avait réduit au silence l'essentiel de la presse de gauche et on n'avait toujours pas le droit de publier les déclarations ou la photo de toute personne emprisonnée ou sous le coup d'une interdiction. Un rédacteur en chef pouvait aller en prison et son journal être fermé pour avoir publié une photo de moi ou d'un de mes compagnons.

Un jour, alors que nous parlions dans la cour, Kathy et Walter m'ont dit que je devrais écrire mes mémoires. Kathy ajouta que le meilleur moment pour faire paraître un tel livre serait mon soixantième anniversaire. Walter dit que si je parlais avec vérité et honnêteté, ce livre servirait à rappeler au peuple pour quoi nous avions lutté et pour quoi nous luttions encore. Il ajouta que cela pourrait devenir une source d'inspiration pour les jeunes combattants de la liberté. L'idée me plut et, au cours d'une autre discussion, j'acceptai de m'y mettre.

Quand je décide de faire quelque chose, j'aime m'y lancer tout de suite. J'ai adopté un plan de travail pas du tout orthodoxe : j'écrivais la nuit et je dormais le jour. Pendant une semaine ou deux, je fis un somme après le souper, me réveillai à vingt-deux heures et écrivis jusqu'au petit déjeuner. Au bout de quelques semaines, j'ai signalé aux autorités que je ne me sentais pas bien et que je n'irais plus à la carrière. Elles n'ont pas eu l'air d'y attacher d'importance et, à partir de cette date, j'ai pu dormir toute la journée.

Nous avons mis sur pied toute une organisation pour travailler sur le manuscrit. Chaque jour, je passais ce que j'avais écrit à Kathy, qui le revoyait et le lisait à Walter. Puis Kathy notait leurs commentaires en marge. Ils n'avaient jamais hésité à me critiquer et je prenais leurs suggestions au sérieux, en incorporant souvent les changement demandés. On donnait ensuite ce manuscrit revu et corrigé à Laloo Chiba, qui passait la nuit suivante à le recopier de son écriture presque microscopique, en réduisant dix pages grand format à une seule petite feuille. La tâche de Mac consistait à faire sortir le manuscrit en fraude.

Les gardiens ont eu la puce à l'oreille. Ils ont demandé à Mac : « Qu'est-ce qu'il fait, Mandela ? Pourquoi est-ce qu'il travaille si tard la nuit ? » Mais Mac s'est contenté de hausser les épaules en disant qu'il n'en savait rien. J'écrivais rapidement, et j'ai terminé un avant-projet en quatre mois. Je n'hésitais pas sur le choix d'un mot ou d'une phrase. J'ai couvert la période allant de ma naissance au procès de Rivonia, et j'ai terminé avec quelques notes sur Robben Island.

Je revivais mes expériences en les racontant. Ces nuits-là, alors que j'écrivais en silence, je retrouvais les spectacles et les bruits de ma jeunesse à Qunu et à Mqhekezweni ; la joie et la peur lors de mon arrivée à Johannesburg ; les tempêtes de la Ligue de la jeunesse ; l'attente sans fin du procès de trahison ; le drame de Rivonia. C'était comme un rêve éveillé et j'essayais de le transférer sur le papier aussi simplement et aussi fidèlement que je le pouvais.

Mac dissimulait ingénieusement la copie du manuscrit à l'intérieur de la reliure de carnets de notes qu'il utilisait pour ses études. De cette façon, il put sauver la totalité du texte et réussit à le sortir en fraude quand on le libéra en 1976. L'accord voulait que Mac nous indique secrètement quand le manuscrit serait en sûreté à l'extérieur du pays ; nous ne détruirions l'original qu'à ce moment-là. En attendant, nous devions en cacher les cinq cents pages. Nous fîmes la seule chose possible : nous l'avons enterré dans le jardin de la cour. La surveillance était relâchée et sporadique. En général, les gardiens restaient assis dans un bureau de la partie nord et parlaient entre eux. Depuis ce bureau, ils ne pouvaient pas voir la partie sud près du quartier d'isolement où il y avait un petit jardin. J'avais inspecté ce coin sans en avoir l'air, en faisant ma promenade matinale, et j'avais décidé d'y enterrer le manuscrit.

Afin de ne pas avoir à creuser un trou trop profond, nous avons décidé d'enterrer le texte en trois endroits séparés. Nous l'avons divisé en deux petits paquets et un plus gros, chacun enveloppé dans du plastique, et placé dans une boîte de Coca-Cola vide. Il fallait faire vite et j'ai demandé à Jeff Masemola de nous fabriquer quelques outils pour creuser. Quelques jours plus tard, j'avais plusieurs piquets de métal pointus.

Un matin, après le petit déjeuner, Kathy, Walter, Eddie Daniels et moi nous sommes éloignés lentement vers la partie sud de la cour comme pour avoir une discussion politique. Trois d'entre nous avaient un morceau du manuscrit sous leur chemise. A un signal, nous nous sommes baissés et nous avons creusé. J'ai fait un trou près du regard d'une canalisation. Quand j'ai atteint le tuyau, j'ai dégagé un espace en dessous et j'y ai placé le plus gros des trois paquets. Les autres ont creusé deux trous moins profonds.

Nous avons terminé juste à temps pour nous mettre en rang et partir à la carrière. Ce matin-là, en marchant, je me sentais soulagé de savoir que le manuscrit était en sûreté. Et je n'y ai plus pensé.

Quelques semaines plus tard, juste après le premier appel, j'ai entendu dans la cour un bruit qui m'a inquiété : celui de pelles et de pioches dans la terre. Quand nous avons pu sortir de nos cellules pour aller nous laver, je suis allé au bout du couloir et j'ai réussi à regarder à l'extérieur. Là-bas, dans la partie sud de la cour, il y avait une équipe d'ouvriers de la section générale. J'ai eu peur parce qu'ils creusaient à l'endroit où nous avions caché le manuscrit.

Les autorités avaient décidé de construire un mur devant le quartier d'isolement car elles avaient découvert que les prisonniers qui s'y trouvaient pouvaient communiquer avec nous dans la cour. L'équipe creusait une tranchée pour les fondations.

Pendant la toilette, j'ai réussi à prévenir Walter et Kathy. D'après Kathy, la plus grosse partie du manuscrit que j'avais enterrée sous la canalisation était sans doute en sécurité, mais les deux autres étaient plus menacées. Quand on a apporté les fûts du petit déjeuner, les gardiens qui surveillaient l'équipe d'ouvriers leur ont donné l'ordre de sortir de la cour, afin d'empêcher toute fraternisation avec les prisonniers politiques.

Avec notre bol de bouillie à la main, j'ai emmené Walter et Kathy vers la partie sud de la cour, comme si je voulais leur dire quelque chose en privé. La tranchée était alors déjà très proche des deux plus petits paquets. Eddie Daniels nous a rejoints et a compris tout de suite le problème.

Il n'y avait qu'une chose à faire : aussi discrètement que possible, nous nous sommes mis à creuser tous les quatre, là où devaient se trouver les deux petits paquets. Nous avons réussi à les déterrer assez rapidement, et nous avons rebouché les trous. Sauver le troisième paquet aurait demandé plus de temps, mais nous étions sûrs qu'ils ne le trouveraient pas parce qu'ils ne déplaceraient pas la canalisation pour construire le mur.

Eddie n'allait pas à la carrière ce jour-là et nous lui avons confié les deux paquets en lui demandant de les détruire le plus vite possible. Eddie a accepté en prenant un très grand risque. Je me suis senti soulagé de savoir ce problème réglé et j'ai essayé de ne pas penser à la troisième partie en travaillant.

Quand nous sommes revenus de la carrière cet après-midi-là, au lieu de me laver comme je le faisais d'habitude, je suis allé au bout de la cour. J'essayais d'avoir l'air détendu mais j'ai été effrayé par ce que j'ai vu. Les prisonniers avaient creusé une tranchée parallèle au mur du quartier d'isolement et ils avaient sorti la canalisation. Ils ne pouvaient pas ne pas avoir trouvé le manuscrit.

J'ai dû reculer ou réagir d'une façon facile à remarquer. Sans que je le sache, des gardiens m'observaient, et plus tard, ils ont dit que ma réaction confirmait que je savais que le manuscrit s'était trouvé là. Je suis revenu dans le couloir pour me laver et j'ai dit à Walter et à Kathy qu'ils avaient tout découvert. Eddie avait réussi à détruire les deux autres paquets.

De bonne heure, le lendemain, le commandant m'a convoqué à son bureau. Un haut fonctionnaire du service des prisons qui venait d'arriver de Pretoria se tenait à côté de lui. Sans du tout me saluer, le commandant a déclaré : « Mandela, nous avons trouvé votre manuscrit. »

Je n'ai pas répondu. Alors le commandant a sorti de son bureau une liasse de papiers.

« C'est votre écriture, n'est-ce pas ? » m'a-t-il demandé. Je suis resté silencieux.

« Mandela, a dit le commandant en s'énervant un peu. Nous savons que ce manuscrit est à vous.

— Alors, ai-je répondu, vous devez le prouver. » Cela les a fait rire, et ils m'ont dit qu'ils savaient que les notations en marge étaient de Walter Sisulu et d'Ahmed Kathrada. J'ai répété qu'ils devaient le prouver s'ils avaient l'intention de nous sanctionner.

« Nous n'avons pas besoin de preuves, a dit le commandant. Nous l'avons, la preuve. »

On ne nous a pas donné de sanction ce jour-là mais, quelque temps plus tard, Walter, Kathy et moi avons comparu devant le général Rue, le commissaire adjoint des prisons, qui nous a dit que nous avions abusé du privilège de faire des études pour écrire illégalement ce manuscrit. En conséquence, on nous retirait définitivement ce privilège. En fait, cela a duré quatre ans.

Quand Mac a été libéré en décembre, il a envoyé les carnets en Angleterre. Il a passé les six mois suivants assigné à résidence avant de quitter clandestinement le pays pour aller voir Oliver à Lusaka et se rendre ensuite à Londres. Il y est resté six mois ; avec une dactylo il a reconstitué le manuscrit. Puis il est revenu à Lusaka pour en donner un exemplaire à Oliver.

A partir de là, on en perd la trace. Lusaka ne m'a pas parlé du manuscrit et je ne sais pas exactement ce qu'Oliver en a fait. Il n'a pas été publié pendant mon séjour en prison, mais c'est cette première version qui forme la base du présent texte.

79

En 1976, j'ai reçu une visite extraordinaire : Jimmy Kruger, le ministre des Prisons, un membre important du gouvernement. Il n'avait pas seulement une grande influence sur la politique des prisons, mais était également très critique sur la façon dont le gouvernement traitait le problème de la lutte de libération.

J'avais une idée de la raison de sa visite. Le gouvernement venait d'engager un effort capital pour réussir sa politique de développement séparé et de homelands « quasi indépendants ». La pièce maîtresse de cette politique était le Transkei, dirigé par mon neveu et ancien bienfaiteur, K.D. Matanzima, qui avait écrasé presque toute opposition. Je me souvenais que le commandant m'avait dit récemment, sur le ton de la plaisanterie : « Mandela, vous devriez partir en retraite au Transkei et prendre un long repos. »

C'est précisément ce que me proposa Jimmy Kruger. Cet homme costaud, un peu brutal, était moins poli qu'on n'aurait pu s'y attendre de la part d'un membre du gouvernement. Je considérai cette rencontre comme une nouvelle occasion de présenter nos revendications et au début il a semblé content de m'écouter. J'ai commencé en lui rappelant la lettre que nous lui avions adressée en 1969, et à laquelle il n'avait pas répondu. Il s'est contenté de hausser les épaules. Puis je lui ai décrit les conditions lamentables d'existence sur l'île en lui rappelant une nouvelle fois que nous étions des prisonniers politiques, pas des criminels, et que nous espérions être traités comme tels. Mais Kruger a ricané en disant : « Vous êtes tous des communistes violents. »

Alors j'ai entrepris de lui parler un peu de l'histoire de notre organisation et de lui expliquer pourquoi nous nous étions tournés vers la violence. Il était clair qu'il ne savait presque rien de l'ANC et ce qu'il connaissait, il l'avait glané dans la propagande de la presse d'extrême droite. Quand je lui ai rappelé que l'ANC était une organisation beaucoup plus ancienne que le Parti national, il est resté ébahi. Je lui ai dit que s'il nous considérait comme des communistes, il devrait relire la Charte de la liberté. Il m'a regardé sans comprendre. Il n'en avait jamais entendu parler. J'ai trouvé extraordinaire qu'un ministre soit si peu informé. Pourtant, cela n'aurait pas dû m'étonner ; les hommes politiques nationalistes condamnaient par habitude ce qu'ils ne comprenaient pas.

Je lui ai posé la question de notre libération en lui rappelant le cas des rebelles afrikaners de 1914, qui avaient eu recours à la violence malgré leur représentation au Parlement, la possibilité de tenir des réunions publiques et le droit de vote. Le général De Wet et le commandant Kemp avaient pris la tête d'une force de douze mille hommes et occupé des villes en causant de nombreux morts, et ils avaient vite été libérés après leur condamnation pour haute trahison. J'ai cité le cas de Robey Leibbrandt, qui avait créé une organisation clandestine pendant la Seconde Guerre mondiale pour s'opposer au soutien de l'Afrique du Sud aux Alliés ; on l'avait condamné à la prison à vie mais on l'avait vite gracié. Kruger semblait ignorer tout autant ces événements, qui avaient marqué l'histoire de son propre peuple, que la Charte de la liberté. Il est difficile de négocier avec des gens qui n'ont pas les mêmes références.

Kruger a écarté tout cela d'un geste. « C'est de l'histoire ancienne », a-t-il dit. Il avait une proposition concrète. Il ne l'a pas exposée avec sa brusquerie habituelle. Il a dit les choses simplement : si je reconnaissais la légitimité du gouvernement du Transkei et si j'acceptais de m'y installer, ma détention serait considérablement réduite.

Je l'ai écouté avec respect, attendant qu'il ait fini. Tout d'abord, lui ai-je répondu, je rejetais entièrement la politique des bantoustans, et je ne ferais rien pour la soutenir ; ensuite, j'étais de Johannesburg, et je voulais retourner à Johannesburg. Kruger a protesté, mais en vain. Un mois plus tard, il est revenu avec la même proposition et j'ai de nouveau refusé. Seul un renégat aurait pu accepter.

80

Malgré toute notre attention à réunir les nouvelles et les informations, nous ne connaissions les événements courants que de façon très imparfaite. Ce qui se passait dans le monde extérieur ne nous parvenait qu'atténué et par la rumeur ; ce n'est que plus tard qu'un article de journal ou un visiteur le confirmait.

En juin 1976, nous avons commencé à entendre parler d'un grand soulèvement dans le pays. Il s'agissait de récits fantaisistes et improbables : la jeunesse de Soweto avait vaincu l'armée et les soldats avaient jeté leur armes et s'étaient enfuis. Ce n'est qu'en août, quand les jeunes impliqués dans le soulèvement du 16 juin ont commencé à arriver à Robben Island, que nous avons appris ce qui s'était réellement passé.

Le 16 juin 1976, quinze mille écoliers se réunirent à Soweto pour protester contre la décision du gouvernement selon laquelle la moitié des classes de l'enseignement secondaire devraient désormais avoir lieu en afrikaans. Les élèves ne voulaient pas étudier et les professeurs ne voulaient pas enseigner dans cette langue qui était celle de l'oppresseur. Les demandes et les pétitions des parents et des enseignants n'avaient pas été entendues. Un détachement de la police affronta cette armée d'écoliers et ouvrit le feu sans sommations en tuant un enfant de treize ans, Hector Pieterson, et beaucoup d'autres. Les enfants se battirent avec des bâtons et des pierres et cela déclencha un immense chaos, avec des centaines d'enfants blessés et deux Blancs lapidés.

Ces événements se répercutèrent dans chaque ville et chaque township d'Afrique du Sud. Le soulèvement déclencha des émeutes et des violences dans tout le pays. Les enterrements des victimes devinrent des lieux de rassemblement. Brusquement, la jeunesse d'Afrique du Sud s'enflamma avec un esprit de protestation et de révolte. Les élèves boycottèrent les écoles. Les responsables de l'ANC se joignirent aux enfants pour les soutenir activement. L'éducation bantoue revenait hanter ses promoteurs car cette jeunesse en colère et audacieuse en était le produit.

En septembre, le quartier d'isolement se remplit de jeunes gens arrêtés à la suite du soulèvement. Grâce à des conversations chuchotées dans l'allée contiguë, nous avons appris ce qui s'était passé par les témoins directs. Mes camarades et moi avons repris courage ; l'esprit de protestation de masse qui était resté endormi pendant les années 60 semblait se réveiller au milieu des années 70. Beaucoup de ces jeunes hommes avaient fui le pays pour rejoindre notre armée, puis ils étaient rentrés clandestinement. Des milliers d'entre eux avaient suivi un entraînement militaire en Tanzanie, en Angola et au Mozambique. En prison, rien n'est plus réconfortant que d'apprendre qu'à l'extérieur des gens soutiennent la cause pour laquelle vous êtes enfermé.

Ces jeunes étaient différents de tous ceux que nous avions vus jusqu'ici. Ils se montraient courageux, hostiles et agressifs, ils refusaient d'obéir aux ordres et criaient *Amandla !* à chaque occasion. Les autorités ne savaient pas comment s'y prendre avec eux, et ils mettaient l'île sens dessus dessous. Pendant le procès de Rivonia, j'avais dit à un homme de la police de sécurité que si le gouvernement n'accomplissait pas lui-même les réformes, un jour, les combattants de la liberté qui nous remplaceraient feraient que les autorités nous regretteraient. Ce jour-là était arrivé à Robben Island.

Dans ces jeunes gens, nous sentions l'esprit de colère révolutionnaire de l'époque que j'avais pressenti. Lors d'une visite, quelques mois plus tôt, Winnie avait réussi à me dire dans notre conversation codée qu'une génération de jeunes très mécontents était en train de monter. Ils étaient militants et africanistes. Elle m'avait dit qu'ils changeaient la nature de la lutte et que je devais prendre conscience de leur existence.

Les nouveaux prisonniers étaient consternés par les conditions de vie sur l'île, qu'ils jugeaient barbares, et ils disaient qu'ils n'arrivaient pas à comprendre comment nous pouvions vivre ainsi. Nous leur disions qu'ils auraient dû voir l'île en 1964. Mais, devant nous, ils étaient aussi sceptiques que devant les autorités. Ils choisirent d'ignorer nos appels à la discipline, considérant nos conseils comme des signes de faiblesse et de timidité.

Manifestement, ils nous jugeaient, nous les condamnés de Rivonia, comme des modérés. Après tant d'années pendant lesquelles on nous avait taxés de révolutionnaires extrémistes, être vus comme des modérés était un sentiment nouveau et pas très agréable. Je savais que j'avais deux façons possibles de réagir : je pouvais les gronder pour leur impertinence ou écouter ce qu'ils avaient à dire. J'ai choisi la deuxième solution.

Quand certains d'entre eux, comme Strini Moodley de la South African Student's Organization (Organisation des étudiants sud-africains) et Saths Cooper de la Black People's Convention (Convention du peuple noir), sont venus dans notre section, je leur ai demandé de nous parler de leur mouvement et de sa philosophie. Je voulais savoir ce qui les avait amenés à la lutte, ce qui les motivait, quelles étaient leurs idées pour l'avenir.

Peu après leur arrivée sur l'île, le commandant est venu me demander, comme une faveur, de parler à ces jeunes. Il voulait que je leur dise de se contenir, de reconnaître le fait qu'ils étaient en prison et d'accepter la discipline de la vie de détenu. Je lui ai dit que je refusais. Dans les circonstances présentes, ils m'auraient accusé de collaborer avec les oppresseurs.

Ils refusaient de se conformer aux règles les plus élémentaires de la prison. Un jour, je parlais avec le commandant dans son bureau. En sortant avec lui, nous avons vu un jeune prisonnier qu'interrogeait un officier. Le jeune homme, qui n'avait pas plus de dix-huit ans, portait sa casquette de prison en présence d'officiers, une violation des règlements. Il ne s'est pas levé quand le commandant est entré, autre violation.

Le commandant le regarda et lui dit : « S'il vous plaît, enlevez votre casquette. » Le prisonnier l'ignora. Alors, d'une voix où perçait la colère, il lui répéta : « Enlevez votre casquette. » Le prisonnier se retourna, regarda le commandant et lui dit : « Pour quoi faire ? »

Je n'en croyais pas mes oreilles. C'était une question révolutionnaire : pour quoi faire ? Le commandant avait l'air démonté mais il réussit à répondre : « C'est contre le règlement. » Le jeune homme lui dit : « Pourquoi est-ce qu'il y a ce règlement ? Ça sert à quoi ? » Ces questions de la part d'un prisonnier étaient trop pour le commandant et il sortit de la pièce en disant : « Mandela, parlez-lui. » Mais je ne voulais pas intervenir à sa place et j'ai fait un petit signe de tête au jeune prisonnier pour lui dire que j'étais de son côté.

C'était notre premier contact avec le Mouvement de la conscience noire (Black Consciousness Movement). Après l'interdiction de l'ANC, du PAC et du Parti communiste, le Mouvement de la conscience noire remplissait un vide dans la jeunesse. La Conscience noire était moins un mouvement qu'une philosophie et s'était développée sur l'idée que les Noirs devaient se libérer du sentiment d'infériorité psychologique créé par trois siècles de domination blanche. A ce moment-là les gens pourraient se redresser en toute confiance et se libérer de l'oppression. Le Mouvement de la conscience noire défendait le principe d'une société non raciale mais il excluait l'idée que les Blancs puissent jouer un rôle dans ce processus.

Ces concepts ne m'étaient pas inconnus : ils reflétaient précisément les idées que j'avais moi-même défendues à l'époque de la fondation de la Ligue de la jeunesse de l'ANC, un quart de siècle plus tôt. Nous aussi, nous étions africanistes ; nous aussi, nous insistions sur la fierté ethnique et la confiance en soi ; nous aussi, nous rejetions l'aide des Blancs dans la lutte. A bien des égards, la Conscience noire proposait la même réponse à un problème qui n'avait toujours pas reçu de solution.

Mais tout comme nous avions dépassé les conceptions de la Ligue de la jeunesse, j'étais sûr que ces jeunes transcenderaient certaines limitations de la Conscience noire. J'encourageais leur ardeur militante, mais en même temps je me disais que leur philosophie, entièrement centrée sur l'identité noire, impliquait l'exclusion, et représentait une conception intermédiaire pas encore arrivée à maturité. Je considérais mon rôle comme celui d'un aîné en politique qui pouvait les aider à évoluer vers les idées plus larges du Mouvement du Congrès. Je savais aussi qu'au bout du compte ces jeunes gens seraient frustrés parce que la Conscience noire n'offrait aucun programme d'action, aucune issue à leur protestation.

Nous considérions les rangs du Mouvement de la conscience noire comme une pépinière pour l'ANC mais nous n'avons pas essayé de les recruter. Nous savions que cela nous les aliénerait de même que les autres groupes présents sur l'île. Notre politique consistait à avoir des relations amicales, à nous intéresser, à les féliciter pour ce qu'ils réalisaient, mais pas à faire de prosélytisme. S'ils venaient nous demander : « Quelle est la position de l'ANC sur les bantoustans ? », « Que dit la Charte de la liberté sur les nationalisations ? », nous leur répondions — et beaucoup venaient nous poser des questions.

Moi-même, j'en contactais certains en leur faisant passer des messages. Je parlais avec d'autres originaires du Transkei et je les interrogeais sur mon pays. Certains de ceux qui arrivaient étaient déjà connus dans la lutte. On m'avait parlé du courage de Patrick « Terreur » Lekota, un des responsables de l'Association des étudiants sud-africains, et je lui ai envoyé un mot pour l'accueillir à Robben Island.

Son surnom de « Terreur » venait de ses prouesses au football, mais il était aussi bon dans les débats. Il n'était pas d'accord avec certains de ses camarades sur la question raciale et se rapprochait des idées de l'ANC. Une fois sur l'île, Terreur décida de nous rejoindre, mais nous l'en avons dissuadé — non pas parce que nous ne voulions pas de lui mais parce que nous pensions que cela créerait des tensions dans la section générale.

Terreur s'obstina et annonça publiquement son adhésion à l'ANC. Un jour, peu de temps après, des membres de la Conscience noire, mécontents, l'ont agressé avec une fourche. On l'a soigné, et les autorités ont inculpé les agresseurs avec l'intention de les juger. Mais, dans l'intérêt de l'harmonie, nous avons conseillé à Terreur de ne pas porter plainte. Il accepta, et refusa de témoigner contre ceux qui l'avaient blessé. L'affaire en resta là. Je sentais qu'un tel procès ne ferait que servir les intérêts des autorités. Je voulais que ces jeunes voient que l'ANC était un vaste mouvement qui pouvait abriter beaucoup de conceptions et de sensibilités différentes.

Cet incident sembla ouvrir les portes et des dizaines de membres de la Conscience noire décidèrent de rejoindre l'ANC, y compris certains de ceux qui avaient organisé l'agression de Terreur. Dans la section générale, Terreur s'éleva au sommet de la hiérarchie de l'ANC et bientôt il enseignait la politique de l'ANC aux autres prisonniers. Le courage et la vision politique d'hommes comme Lekota nous confirmaient dans l'idée que nos conceptions avaient gardé leur puissance et représentaient toujours le meilleur espoir d'unification de la lutte de libération dans son ensemble.

Les querelles politiques se poursuivaient en F et en G. Nous avons appris qu'une échauffourée avait opposé des membres de l'ANC, du PAC et de la Conscience noire, dans la section générale. Des gens de l'ANC avaient été tabassés. Les autorités inculpèrent d'autres membres de l'ANC et un procès fut organisé au tribunal administratif de l'île. Les accusés firent appel à un avocat extérieur. Je n'avais pas assisté à la bagarre mais on me demanda d'être témoin de personnalité. Cette perspective m'inquiétait. J'étais tout à fait d'accord pour témoigner en faveur de mes camarades, mais je ne voulais pas renforcer les rancœurs qui opposaient l'ANC, le PAC et la Conscience noire.

Je ne considérais pas mon rôle en prison comme seulement celui d'un responsable de l'ANC, mais aussi comme celui d'un défenseur de l'unité, d'un conciliateur honnête, un médiateur, et dans cette dispute je refusais de choisir un camp, même celui de ma propre organisation. Si je témoignais au nom de l'ANC, je mettrais en danger mes chances de réconcilier les différents groupes. Si je prêchais l'unité, je devais agir comme un unificateur, même au risque de m'aliéner certains de mes camarades.

Je décidai de ne pas témoigner. Cela en déçut certains, mais je considérais cette question comme suffisamment grave pour prendre le risque de leur déplaire. Il était plus important de montrer aux jeunes de la Conscience noire que la lutte était indivisible et que nous n'avions qu'un ennemi.

81

Les autorités désiraient tant régler le problème de ces jeunes lions qu'elles nous laissèrent plus ou moins nous débrouiller tout seuls. Nous étions dans la seconde année de grève de lenteur à la carrière pour demander la fin du travail manuel. Nous réclamions le droit d'occuper nos journées à quelque chose d'utile, étudier ou apprendre un métier. A la carrière, nous ne faisions même plus les gestes du travail ; nous parlions entre nous. Au début de 1977, les autorités annoncèrent la fin du travail manuel. A la place, elles nous laissèrent dans notre section avec des choses à faire, mais ce n'était qu'une façon de dissimuler leur capitulation.

Cette victoire était le résultat combiné de nos protestations incessantes et d'une question très simple de logistique. D'une façon générale, les autorités préféraient avoir un gardien pour trois prisonniers. Même avant l'arrivée des prisonniers de la période qui a suivi Soweto, il n'y avait pas assez de gardiens, et les jeunes révoltés exigeaient une surveillance plus grande. Ils étaient si audacieux qu'il fallait un gardien derrière chacun d'eux. En restant dans notre section, nous avions moins besoin de surveillance.

La fin du travail manuel fut une libération. Je pouvais passer toute la journée à lire, à écrire des lettres, à discuter avec mes camarades ou à rédiger la défense d'un détenu. Ce temps libre me permettait aussi de me consacrer à mes deux passe-temps favoris : le jardinage et le tennis.

Survivre en prison implique qu'on doit trouver le moyen de tirer un plaisir de la vie quotidienne. On peut se sentir satisfait en lavant ses vêtements pour qu'ils soient particulièrement propres, en balayant un couloir pour qu'il n'y reste pas un grain de poussière, en organisant sa cellule afin d'avoir le plus d'espace possible. La fierté que procurent les tâches importantes à l'extérieur, on peut la trouver en prison dans de petites choses.

Dès mon arrivée à Robben Island, j'avais demandé qu'on m'accorde le droit d'avoir un jardin dans la cour. Pendant des années, on me l'avait refusé sans me donner de raisons. Mais les autorités se sont finalement laissé fléchir, et elles nous ont permis de délimiter un petit jardin sur une bande de terre étroite le long du mur le plus éloigné.

Dans la cour, la terre était sèche et pierreuse. On l'avait construite sur une ancienne décharge et, avant de commencer mon jardin, j'avais dû enlever un très grand nombre de pierres pour que les plantes puissent pousser. A l'époque, certains de mes camarades se moquaient de moi, en disant que j'avais une âme de mineur, parce que je passais mes journées à la carrière et mon temps libre dans la cour à retourner la terre.

Les autorités m'ont fourni des semences. J'ai commencé avec des tomates, du piment et des oignons — des plantes résistantes qui ne réclamaient pas une terre riche ni des soins constants. Les premières récoltes furent maigres, mais elles s'améliorèrent bientôt. Les autorités n'ont pas regretté de m'avoir accordé cette permission, parce que, quand le jardin a commencé à donner vraiment, j'ai souvent offert des tomates et des oignons aux gardiens.

J'avais toujours aimé le jardinage, mais ce n'est que derrière les barreaux que j'ai eu assez de temps pour m'occuper de mon propre jardin. J'avais eu ma première expérience à Fort Hare où, au cours du travail manuel obligatoire, j'avais travaillé dans le jardin d'un de mes professeurs, et le contact avec la terre m'avait plu comme antidote au travail intellectuel. A l'époque où j'étudiais et travaillais à Johannesburg, je n'avais ni le temps ni la place de cultiver un jardin.

J'ai commandé des livres de jardinage et d'horticulture. J'ai étudié différentes techniques et différentes sortes d'engrais. Je n'avais pas, loin de là, tout le matériel dont parlaient mes livres, mais je procédais par la méthode des essais et des erreurs. Pendant un certain temps, j'ai essayé de cultiver de l'arachide en utilisant différents types de sols et d'engrais, mais j'ai fini par y renoncer. Ce fut un de mes seuls échecs.

En prison, un jardin est une des rares choses qu'on puisse maîtriser. Semer une graine, la regarder pousser, la soigner et en récolter les fruits procure une satisfaction simple mais durable. Le sentiment d'être le gardien de cette petite étendue de terre donne un petit goût de liberté.

Sous certains aspects, je voyais mon jardin comme une métaphore de ma vie. Un dirigeant doit aussi cultiver son jardin : lui aussi sème des graines, les surveille, les soigne et en récolte le produit. Comme un jardinier, un dirigeant politique est responsable de ce qu'il cultive ; il doit faire attention à son travail, il doit essayer de repousser les mauvaises herbes, garder ce qui peut l'être et éliminer ce qui ne peut réussir.

J'écrivis deux lettres à Winnie sur un pied de tomate particulièrement beau. J'avais protégé une pousse fragile pour qu'elle devienne une plante robuste qui donnait des fruits d'un rouge profond, mais, à cause d'une erreur ou d'un manque de soins, le pied de tomate commença à se flétrir et à se dessécher, et je n'ai rien pu faire pour le sauver. Quand il est mort, j'ai déterré les racines, je les ai lavées et je les ai enterrées dans un coin du jardin. J'ai raconté longuement cette petite histoire. Je ne sais pas ce que Winnie y a compris, mais en l'écrivant j'éprouvais des sentiments mêlés ; je ne voulais pas que notre couple connaisse le sort de cette plante, et pourtant je sentais que j'avais été incapable d'entretenir la plupart des relations les plus importantes de ma vie. Parfois on ne peut rien faire pour sauver ce qui doit mourir.

Un des résultats inattendus de la fin du travail manuel fut que j'ai commencé à prendre du poids. A la carrière, nous ne travaillions pas au point d'attraper une suée, mais l'aller et retour à pied suffisait à me maintenir en forme.

J'ai toujours pensé que l'exercice physique est la clef non seulement de la santé du corps mais aussi de la paix de l'esprit. Avant, plusieurs fois par jour, je libérais ma colère et ma frustration en tapant dans un sac de sable plutôt que de me défouler sur un camarade ou un policier. L'exercice physique dissipe la tension, laquelle est l'ennemie de la sérénité. Je travaillais mieux et j'avais l'esprit plus clair quand j'étais en bonne condition physique, et l'entraînement est devenu une des disciplines constantes de ma vie. En prison, avoir un exutoire pour ses frustrations était une chose absolument essentielle.

Même sur l'île, j'essayais de suivre mon ancien entraînement de boxeur en faisant du jogging et de la musculation du lundi au jeudi et en me reposant les trois jours suivants. Du lundi au jeudi, je courais sur place dans ma cellule le matin, pendant quarante-cinq minutes. Je faisais aussi cent tractions, deux cents assouplissements assis, cinquante flexions des genoux et différents mouvements de gymnastique.

Dans mes lettres à mes enfants, je leur conseillais vivement la pratique du sport, de jouer à des jeux de rapidité comme le basket-ball, le football et le tennis pour qu'ils se vident l'esprit de tout ce qui pouvait les tracasser. Si je ne réussissais pas toujours avec mes enfants, j'influençais certains de mes compagnons sédentaires. La gymnastique était une chose inhabituelle pour des Africains de ma génération. Après quelque temps, même Walter fit quelques tours de jogging le matin dans la cour. Je sais que certains jeunes camarades me regardaient et se disaient : « Si un homme âgé comme lui peut le faire, pourquoi pas moi ? » Et eux aussi se mettaient à la pratique du sport.

Dès les premières rencontres avec des visiteurs de l'extérieur et la Croix-Rouge internationale, j'avais insisté sur l'importance du fait de disposer de temps et d'installations pour faire correctement du sport. Ce n'est qu'au milieu des années 70, sous les auspices de la Croix-Rouge internationale, que nous avons commencé à recevoir du matériel, comme un équipement de volley-ball et une table de ping-pong.

A peu près à l'époque où nous avons cessé de travailler à la carrière, un des gardiens a eu l'idée de transformer notre cour centrale en court de tennis. Les dimensions étaient parfaites. Les prisonniers de la section générale ont peint la surface de ciment en vert et ont tracé les lignes blanches. Quelques jours plus tard, on a installé un filet et, tout d'un coup, nous avions Wimbledon sous nos fenêtres.

J'avais un peu joué au tennis à Fort Hare, mais je n'étais pas du tout un spécialiste. J'avais un assez bon coup droit et un mauvais revers. Mais je jouais pour l'exercice, pas pour le style ; c'était la seule chose qui remplaçait en mieux les aller et retour à la carrière. Dans la section, je faisais partie des plus assidus. J'étais un joueur de fond de court et je ne montais au filet que si j'avais un coup facile.

Quand le travail a cessé, j'eus beaucoup plus de temps pour lire, mais la reliure des livres que j'avais utilisés était cassée. Au moment où l'on m'avait interdit de poursuivre mes études, je préparais un doctorat à l'université de Londres. J'avais commencé pendant le procès de Rivonia et l'arrêt de mes études pendant quatre ans me permettrait sans aucun doute de battre le record de durée pour l'obtention de ce diplôme.

Mais cet arrêt eut un effet bénéfique inattendu : je commençai à lire des livres que, sans cela, je n'aurais jamais lus. Au lieu de passer mon temps dans des volumes sur le droit des contrats, je me plongeais maintenant dans les romans.

A Robben Island, je n'avais pas une bibliothèque illimitée pour y choisir mes livres. Nous avions accès à des quantités de romans policiers et de mystère, et aux œuvres complètes de Daphné du Maurier, mais guère plus. Les livres politiques étaient interdits. Tout livre sur le socialisme ou le communisme était rigoureusement exclu. Toute demande de livre qui contenait le mot *rouge*, même s'il s'agissait du *Petit Chaperon rouge*, était rejetée par les censeurs. *La Guerre des mondes* de H.G. Wells, un livre de science-fiction, était interdit pour la simple raison que son titre comportait le mot *guerre*.

Dès le début, j'ai essayé de lire des livres sur l'Afrique

du Sud ou écrits par des écrivains sud-africains. J'ai lu tous les romans non interdits de Nadine Gordimer et ai ainsi beaucoup appris sur la sensibilité des Blancs libéraux. J'ai lu des quantités de romans américains et je me souviens en particulier des *Raisins de la colère* de John Steinbeck, dans lequel j'ai trouvé beaucoup de similitudes entre la condition des travailleurs migrants du roman et celle des travailleurs et ouvriers agricoles de chez nous.

J'ai relu plusieurs fois le chef-d'œuvre de Tolstoï, *Guerre et Paix* (le titre contenait le mot « guerre » mais le livre était quand même autorisé). Le portrait du général Koutouzov, que tout le monde sous-estimait à la cour du tsar, m'a particulièrement frappé. Koutouzov a vaincu Napoléon précisément parce qu'il n'était pas influencé par les valeurs superficielles de la cour et parce qu'il prenait ses décisions à partir d'une compréhension viscérale de ses hommes et de son peuple. Cela m'a rappelé une nouvelle fois que pour bien conduire son peuple, il faut le connaître parfaitement.

82

A la suite du soulèvement étudiant de Soweto, j'ai appris que Winnie ainsi que mon vieil ami et médecin, le Dr. Ntatho Motlana, s'étaient engagés dans la Black Parents Association (Association des parents noirs), organisation qui réunissait des professionnels locaux et les responsables religieux et jouait un rôle de guide et d'intermédiaire pour les élèves. Les autorités semblaient se méfier autant de l'association des parents que des jeunes rebelles. En août 1976, moins de deux mois après la révolte des étudiants, Winnie fut arrêtée en vertu de l'Internal Security Act (Loi sur la sécurité intérieure) et emprisonnée sans inculpation, au Fort à Johannesburg, là où elle avait déjà passé cinq mois. Pendant cette période j'ai pu lui écrire, ainsi qu'à mes filles qui se trouvaient en pension au Swaziland, pour leur dire mon soutien et ma solidarité. Son emprisonnement me rendait triste, bien que cette fois elle ne fût pas maltraitée. Elle est sortie de prison en décembre, plus résolue encore à poursuivre son engagement dans la lutte.

Bien que sous le coup d'une interdiction, Winnie recommença à militer de plus belle et sa popularité auprès des jeunes radicaux de Soweto effrayait les autorités. Elles étaient déterminées à diminuer son influence et elles le firent d'une façon cynique et impudente : elles l'envoyèrent en exil intérieur. Pendant la nuit du 16 mai 1977, des voitures et un camion de la police s'arrêtèrent devant la maison à Orlando West, et les policiers commencèrent à charger les meubles et les vêtements. Cette fois, Winnie ne fut pas arrêtée, ni détenue ni interrogée ; elle était bannie dans un township éloigné de l'Etat libre d'Orange, appelé Brandfort. Je l'appris par Kathy à qui un brahmane avait donné le renseignement.

Brandfort se trouve à trois cent soixante-quinze kilomètres au sud-ouest de Johannesburg, juste au nord de Bloemfontein, dans l'Etat libre. Après un voyage long et pénible, Winnie, Zindzi et les policiers ont déchargé toutes leurs possessions devant une cabane de trois pièces au toit de tôle dans le township sinistre de Brandfort, un endroit misérable et arriéré où les gens étaient sous la poigne des fermiers blancs locaux. On regardait Winnie avec crainte. On parlait le sesotho, langue que Winnie ne connaissait pas.

Sa nouvelle situation m'attristait et me mettait en colère. Au moins, quand elle était à Soweto, je pouvais l'imaginer préparant les repas dans la cuisine ou lisant dans le salon, je la voyais se réveillant dans la maison que je connaissais si bien. Cela me réconfortait. A Soweto, même si elle se trouvait sous le coup d'une interdiction, il y avait des amis et de la famille tout près. A Brandfort, elle et Zindzi seraient seules.

J'avais traversé ce township autrefois en allant à Bloemfontein et je ne m'en souvenais plus. Il n'avait rien de mémorable dans sa pauvreté et sa désolation trop banales. Je ne savais pas alors à quel point l'adresse — maison numéro 802, Brandfort — me deviendrait familière. De nouveau, j'avais l'impression que Winnie et moi étions en prison ensemble.

Les lettres de Winnie m'apprenaient à quel point la vie à Brandfort était dure. La maison n'avait ni chauffage, ni toilettes, ni eau courante. Il n'y avait pas de boutiques dans le township et, en ville, les commerçants se montraient hostiles aux clients africains. La plupart des Blancs parlaient l'afrikaans et étaient profondément conservateurs.

Winnie et Zindzi étaient sous la surveillance constante de la police, qui les harcelait à tout bout de champ. En quelques mois, Zindzi — qui n'était pas sous le coup d'une interdiction — a été perturbée par les manœuvres d'intimidation de la police de sécurité. En septembre, avec l'aide des avocats de Winnie, j'ai déposé une demande d'interdiction contre la police de sécurité de Brandfort, pour qu'elle cesse de harceler ma fille. Des dépositions faites devant le juge décrivaient les policiers entrant dans la maison et menaçant Zindzi. Le juge décida qu'elle pouvait recevoir des visites en paix.

Winnie a du ressort et, en assez peu de temps, elle avait conquis les gens du township, y compris certains Blancs sympathiques du voisinage. Elle fournissait de la nourriture dans le township avec l'aide de l'Operation Hunger (Opération Faim), elle ouvrit une crèche pour les jeunes enfants et réunit des fonds pour créer une clinique là où peu de gens avaient vu un médecin.

En 1978, Zeni, la seconde de mes filles et l'aînée des enfants issus de mon second mariage, épousa le prince Thumbumuzi, un fils du roi Sobhuza du Swaziland. Ils s'étaient rencontrés pendant que Zeni allait à l'école là-bas. Me trouvant en prison, je n'ai pas pu remplir mes devoirs traditionnels de père. Dans notre culture, le père de la jeune mariée doit parler avec son futur mari et l'interroger sur ses projets. Il doit aussi déterminer la *lobola*, la dot que le fiancé paie à la famille de la jeune fille. Le jour du mariage lui-même, le père donne sa fille. Je n'avais aucun doute sur ce jeune homme, pourtant j'ai chargé mon ami et avocat George Bizos de me représenter. J'ai indiqué à George de demander au prince comment il avait l'intention de s'occuper de ma fille.

George rencontra le prince dans son bureau puis il demanda à venir me voir à Robben Island. Zeni n'ayant pas encore vingt et un ans, je devais lui donner mon consentement. J'ai vu George dans la salle de consultation et il a été étonné de découvrir qu'un gardien se trouvait avec nous. Je lui ai expliqué que c'était le règlement parce que cette visite était considérée comme familiale et non légale. J'ai rassuré George en plaisantant, lui affirmant que je n'avais aucun secret pour mes gardes.

George m'a dit à quel point les deux jeunes gens semblaient s'aimer et les brillantes perspectives de mon futur gendre. Son père, le roi Sobhuza, était un chef traditionnel éclairé et membre de l'ANC. George m'a fait part de certaines conditions proposées par la famille du jeune homme, en se donnant beaucoup de mal pour me faire remarquer que le garçon était un prince swazi. Je lui ai demandé de dire au jeune homme qu'il épousait une princesse thembu.

Pour Zeni, devenir membre de la famille royale swazi représentait un immense avantage : elle bénéficia immédiatement des privilèges diplomatiques et put venir me voir pratiquement quand elle le voulait. Elle épousa Thumbumuzi pendant l'hiver, puis ils vinrent me voir, avec leur petite fille nouveau-née. Grâce au statut du prince, nous avons eu le droit de nous rencontrer dans la salle de consultation, au lieu du parloir normal des visites dans lequel on était séparé de sa famille par des murs épais et des vitres. Je les ai attendus avec un peu d'inquiétude.

Quand ils sont entrés dans la pièce, ce fut un instant prodigieux. Je me suis levé et, quand Zeni m'a vu, elle a pratiquement lancé sa petite fille à son mari pour venir se jeter dans mes bras. Je n'avais pas serré ma fille dans mes bras depuis qu'elle avait l'âge de sa propre fille. C'était quelque chose d'étourdissant que de serrer contre soi son enfant devenu adulte. On aurait cru que le temps avait filé, comme dans un roman de science-fiction. Puis j'ai pris mon nouveau fils dans mes bras et il m'a tendu ma petite-fille, que j'ai gardée pendant toute la visite. Tenir un nouveau-né, si vulnérable et si tendre, dans mes mains calleuses, des mains qui pendant trop longtemps n'avaient tenu que des pelles et des pioches, me remplissait d'une joie profonde. Je ne pense pas qu'un homme ait jamais été plus heureux de tenir un nouveau-né dans ses bras.

La visite avait aussi un but plus officiel, et je devais choisir un nom à l'enfant. D'après la coutume, cette tâche revient au grand-père et j'ai choisi Zaziwe — qui veut dire « Espoir ». Pour moi, ce nom avait une signification particulière car, pendant toutes mes années de prison, l'espoir ne m'avait jamais quitté — et maintenant il ne me quitterait plus. J'avais la conviction que cet enfant appartiendrait à la nouvelle génération de Sud-Africains pour qui l'apartheid ne serait qu'un lointain souvenir — tel était mon rêve.

83

Je ne sais pas si c'est le bouleversement à l'intérieur de la prison qui a suivi le soulèvement de Soweto, ou le bouleversement dans la vie de ma famille à l'extérieur de la prison, mais pendant un an ou deux, après 1976, je suis resté dans un état d'esprit rêveur et nostalgique. En prison, on a le temps de revoir le passé, et la mémoire devient tout à la fois un ami et un ennemi. Ma mémoire me ramenait à des moments de grande joie et de tristesse. Dans mes rêves, la vie devenait très riche et j'avais l'impression de passer des nuits entières à revivre les moments heureux ou malheureux du passé.

Je faisais souvent le même cauchemar. Je venais d'être

libéré de prison — ce n'était pas Robben Island mais une prison à Johannesburg. Je passais les portes et personne ne m'attendait. En fait, il n'y avait absolument personne, pas de voitures, pas de taxis. Alors je partais à pied vers Soweto. Je marchais pendant des heures avant d'arriver à Orlando West et je tournais dans la rue vers le 8115. Je voyais enfin ma maison, mais elle était vide, une maison hantée, toutes portes et fenêtres ouvertes, mais sans personne à l'intérieur.

Tous mes rêves de libération n'étaient pas si sombres. En 1976, j'écrivis à Winnie pour lui raconter une vision heureuse.

Dans la nuit du 24 février, j'ai rêvé que j'arrivais au 8115 et que je trouvais la maison pleine de jeunes qui dansaient un mélange de jazz et d'infiba. Je les ai surpris en entrant sans prévenir. Certains m'ont salué tandis que d'autres ont disparu timidement. La chambre était pleine de parents et d'amis. Tu te reposais dans le lit avec Kgatho [mon fils Makgatho], tu avais l'air jeune et tu dormais du côté du mur.

Peut-être que dans ce rêve je me suis souvenu des deux semaines de décembre 1956, quand il avait six ans et que j'ai laissé Makhulu [la mère d'Evelyn] seule à la maison. Il vivait alors avec sa mère à O.E. [Orlando East] et, quelques jours seulement avant mon retour, il est allé rejoindre Makhulu et a dormi dans mon lit. Je lui manquais beaucoup, et coucher dans mon lit devait un peu soulager son envie.

Si j'étais heureux de m'attarder sur les bons moments, je regrettais souvent la peine que j'avais causée à ma famille à cause de mon absence. Voici une autre lettre de 1976.

En me réveillant, le matin du 25 février, vous me manquiez beaucoup, toi et les enfants, comme toujours. Ces derniers temps, j'ai beaucoup pensé à toi comme *dadewethu* [sœur], mère, camarade et mentor. Ce que tu ignores peut-être, c'est que je pense souvent à toi et que je vois vraiment dans mon esprit tout ce que tu es physiquement et mentalement — les tendres remarques que tu faisais chaque jour et la façon que tu avais de fermer les yeux sur les nombreux sujets d'irritation qui auraient énervé une autre femme... Je me souviens même d'un jour, quand tu étais enceinte de Zindzi et que tu essayais de te couper les ongles. Je me souviens aujourd'hui de ces incidents avec un sentiment de honte. J'aurais pu le faire pour toi. Je ne sais pas si j'en étais conscient ou non, mais mon attitude était : j'ai fait mon devoir, un deuxième gosse est en route, tes problèmes à cause de ta condition physique te regardent. Ma seule consolation, c'est de savoir qu'à l'époque je menais une vie dans laquelle j'avais à peine le temps de penser. Mais je me demande comment ce sera quand je rentrerai...

Ta magnifique photo est toujours à quelques centimètres de mon épaule gauche tandis que je t'écris. Je l'essuie soigneusement chaque matin et ainsi j'ai la sensation agréable que je te caresse comme autrefois. Je touche même ton nez pour retrouver le courant électrique qui me passait dans le sang quand je le faisais. Nolitha se tient sur la table devant moi. Comment pourrais-je perdre courage alors que je suis entouré des tendres attentions d'aussi jolies dames ?

Nolitha était la seule personne qui n'appartenait pas à la famille et dont je gardais la photo. J'ai révélé le secret de son identité à ma fille Zindzi, dans une autre lettre de 1976.

A propos, est-ce que maman t'a parlé de Nolitha, l'autre dame de ma cellule, qui vient des îles Adaman ? Elle vous tient compagnie, à toi, à Zeni, Ndindi, Nandi, Mandla [les trois derniers étant mes petits-enfants], Maki et maman. C'est une question sur laquelle les commentaires de maman sont étonnamment rares. Elle considère cette beauté pygmée comme une sorte de rivale et me soupçonne de ne pas avoir trouvé sa photo dans le *National Geographic*.

Je pensais en permanence au jour où je marcherais librement. Je ne cessais d'imaginer ce que j'aimerais faire alors. C'était une des façons les plus agréables de passer le temps. De nouveau, en 1976, je mettais mes rêves éveillés sur le papier.

J'aimerais t'emmener en voiture pour un long, long voyage, comme le 12 juin 1958, avec comme différence que cette fois je préférerais que nous soyons seuls. Je suis si loin de toi depuis si longtemps que la première chose que j'aimerais faire à mon retour ce serait de t'emmener loin de cette atmosphère étouffante, de conduire prudemment pour que tu puisses respirer un air frais et propre, en regardant les beaux paysages d'Afrique du Sud, les prairies et les arbres verts, les fleurs sauvages éclatantes, les cours d'eau étincelants, les animaux en train de paître dans le Veld, et que tu puisses parler aux gens simples que nous rencontrerions en route. Notre première étape serait l'endroit où reposent Ma Radebe et CK [la mère et le père de Winnie]. J'espère qu'ils sont côte à côte. Je pourrais ainsi rendre hommage à ceux qui m'ont permis d'être aussi heureux et libre que je le suis en ce moment. Peut-être, les histoires que j'ai tant voulu te raconter pendant toutes ces années commenceront-elles là. L'atmosphère aiguisera sans doute ton oreille et m'obligera à me concentrer sur les aspects élégants, édifiants et constructifs. Ensuite, nous recommencerons près de Mphakanyiswa et de Nosekeni (mes parents), où l'environnement sera le même. Je pense qu'alors nous serons régénérés et solides pour revenir au 8115.

Quand les autorités nous ont autorisés à recevoir des photos des membres de notre famille proche, au début des années 70, Winnie m'a envoyé un album. A chaque fois que je recevais des photos de Winnie, des enfants ou des petits-enfants, je les collais soigneusement dedans. Je gardais jalousement mon album ; grâce à lui je pouvais voir ceux que j'aimais quand je le voulais.

Mais en prison, il n'existe pas de privilège sans entraves. J'avais le droit de recevoir des photos et d'avoir un album, mais les gardiens fouillaient souvent ma cellule et confisquaient mes photos de Winnie. Pourtant, cette habitude de prendre les photos cessa, et je me constituai un album plein à craquer des photos de toute ma famille.

Je ne sais plus qui m'a demandé le premier de me l'emprunter, sans aucun doute quelqu'un de la section. Je le lui ai prêté volontiers, puis un autre me l'a demandé, et encore un autre. Bientôt, tout le monde a su que je possédais un album de photos, à tel point que je recevais des demandes des sections F et G.

Ces derniers recevaient rarement des visites et des lettres et il aurait été mesquin de leur refuser cette fenêtre ouverte sur le monde. Mais bientôt, j'ai découvert que mon précieux album était en lambeaux et que nombre de mes irremplaçables photos avaient disparu. Ces hommes éprouvaient le besoin désespéré de posséder quelque chose de personnel dans leur cellule et ils ne pouvaient s'empêcher de prendre des photos. A chaque fois que cela arrivait, je reconstituais mon album.

Parfois, certains me demandaient une photo plutôt que l'album tout entier. Je me souviens d'un jeune de la Conscience noire, en section générale, qui nous apportait à manger. Il m'a pris à part et m'a dit : « Madiba, j'aimerais une photo. » Je lui ai dit d'accord, je lui en enverrais une. « Quand ? » m'a-t-il demandé un peu brusquement. Je lui ai répondu que j'essaierais de le faire pendant le week-end. Il a eu l'air satisfait et s'est éloigné, puis soudain il s'est retourné : « Ecoute, ne m'envoie pas une photo de la vieille dame. Envoie-moi plutôt une photo d'une des jeunes filles, Zindzi ou Zeni — rappelle-toi, pas la vieille dame ! »

84

En 1978, après quinze années de lutte pour obtenir le droit de recevoir des journaux, les autorités nous ont proposé un compromis. Au lieu de nous permettre de lire la presse ou d'écouter la radio, elles ont mis sur pied leur propre service d'informations radio, qui se composait d'un résumé quotidien et banal des nouvelles, lu sur le système de communication intérieure de la prison.

Les émissions n'étaient ni objectives ni complètes. Plusieurs censeurs de l'île faisaient un résumé succinct d'informations diffusées par d'autres radios. Les nouvelles étaient bonnes pour le gouvernement et mauvaises pour ses adversaires.

Le premier bulletin d'information s'ouvrit sur la mort de Robert Sobukwe. Ensuite, on parlait des victoires remportées par les troupes de Ian Smith en Rhodésie et de la détention d'adversaires du gouvernement en Afrique du Sud. Malgré l'aspect tendancieux de ces nouvelles, nous étions heureux de les avoir et nous vantions de lire entre les lignes et de faire des suppositions solides fondées sur les omissions.

C'est par la radio intérieure que nous avons appris cette année-là que P.W. Botha avait succédé à John Vorster au poste de Premier ministre. Ce que les gardiens ne nous dirent pas, c'est que Vorster avait démissionné à la suite des révélations de la presse sur le détournement de fonds gouvernementaux par le ministère de l'Information. Je ne connaissais pas grand-chose sur Botha sinon qu'il avait commencé comme un ministre de la Défense agressif et qu'il avait soutenu une offensive militaire en Angola en 1975. Nous ne pensions pas qu'il pourrait réformer quoi que ce soit.

J'avais lu récemment une biographie autorisée de Vorster (un des livres que possédait la bibliothèque de la prison) et découvert que c'était un homme prêt à payer pour ses convictions ; il était allé en prison pour son soutien à l'Allemagne pendant la Seconde Guerre mondiale. Nous n'étions pas tristes de le voir s'en aller. Il avait élevé la répression de la liberté à des hauteurs encore jamais vues.

Mais malgré nos nouvelles radiophoniques expurgées, nous avions appris ce que les autorités voulaient qu'on ignore. Nous connaissions les succès des guerres de libération au Mozambique et en Angola en 1975 et la naissance de ces pays comme Etats indépendants avec des gouvernements révolutionnaires. La marée tournait dans notre sens.

Dans l'ouverture générale de la vie sur l'île, nous avions maintenant notre cinéma. Presque chaque semaine nous regardions un film projeté sur un drap, dans une grande pièce, à côté de notre couloir. Plus tard, nous avons eu un véritable écran. Les films offraient une extraordinaire diversion, la possibilité de s'évader de la tristesse de la prison.

Nous avons d'abord vu des films d'action ou des westerns d'Hollywood, muets, en noir et blanc, qui dataient d'avant ma jeunesse. Je me souviens qu'un des premiers s'appelait *La Marque de Zorro*, avec le bravache Douglas Fairbanks, un film de 1920. Les autorités semblaient avoir un faible pour les films historiques, en particulier ceux qui étaient porteurs d'une morale sévère. Parmi les premiers que nous avons vus — maintenant parlants et en couleurs —, il y avait *Les Dix Commandements* avec Charlton Heston dans le rôle de Moïse, *Le Roi et moi* avec Yul Brynner et *Cléopâtre* avec Richard Burton et Elizabeth Taylor.

Nous avons été très intéressés par *Le Roi et moi* qui, pour nous, décrivait le heurt entre les valeurs de l'Orient et celles de l'Occident, et qui nous semblait laisser entendre que l'Occident avait beaucoup de choses à apprendre de l'Orient. *Cléopâtre* prêtait à controverse ; beaucoup de mes camarades s'offusquaient que la reine d'Egypte fût représentée par une actrice américaine aux cheveux noir de jais et aux yeux violets, même s'ils la trouvaient belle. Les détracteurs affirmaient que ce film était un exemple de la propagande occidentale qui cherchait à dissimuler le fait que Cléopâtre était une Africaine. Je racontai que pendant mon voyage en Egypte, j'avais vu une splendide sculpture d'une Cléopâtre jeune à la peau d'un noir d'ébène.

Ensuite, nous avons vu des films sud-africains avec des vedettes noires que nous connaissions toutes d'autrefois. Ces soirs-là, notre petit cinéma de fortune résonnait des cris, des sifflets et des rires qui saluaient l'apparition d'un vieil ami sur l'écran. Plus tard, on nous a autorisés à choisir des documentaires — le genre de films que je préférais — et j'ai commencé à ne plus voir les films de fiction. (Mais pour rien au monde je n'aurais raté un film avec Sophia Loren.) Les documentaires venaient de la bibliothèque, et c'était Ahmed Kathrada, notre bibliothécaire, qui les choisissait. J'ai été particulièrement touché par un film sur les grandes batailles navales de la Seconde Guerre mondiale, qui montrait un document d'actualité sur le naufrage du *H.M.S. Prince of Wales* par les Japonais. Ce qui m'a le plus ému, c'est une brève image de Winston Churchill en train de pleurer après avoir appris la perte du navire britannique. J'ai gardé cette image en mémoire pendant longtemps : elle m'a enseigné qu'un responsable peut parfois montrer son chagrin en public et que cela ne le diminue pas aux yeux de son peuple.

Un des documentaires que nous avons vus avait trait à un groupe de motards très controversé, les Hell's Angels. Ce film montrait les Hell's Angels casse-cou, violents et antisociaux et la police correcte, intègre et digne de confiance. Dès la fin du film, nous avons commencé à discuter de sa signification. Presque sans exception, les détenus critiquaient les Hell's Angels pour leur conduite anarchique. Mais Strini Moodley, jeune et brillant membre de la Conscience noire, s'est levé et a accusé le groupe d'avoir perdu contact avec la réalité, parce que, selon lui, les motards représentaient l'équivalent des étudiants de Soweto de 1976, qui s'étaient révoltés contre les autorités. Il nous a reproché d'être de vieux intellectuels bourgeois qui s'identifiaient aux autorités de droite du film et non aux motards.

Les accusations de Strini ont déclenché un mouvement de colère et beaucoup se sont levés pour lui répondre, en disant que les Hell's Angels étaient indéfendables et que c'était une insulte que de comparer notre lutte avec cette bande d'asociaux immoraux. Mais j'ai réfléchi à ce qu'avait dit Strini et, tout en n'étant pas d'accord avec lui, j'ai pris sa défense. Même si l'on ne trouvait pas les Hell's Angels sympathiques, ils n'en restaient pas moins des rebelles devant les autorités.

Les Hell's Angels ne m'intéressaient pas, mais la question plus vaste qui me concernait c'était de savoir si, comme l'avait dit Strini, notre pensée n'était plus révolutionnaire. Nous nous trouvions en prison depuis plus de quinze ans ; moi-même depuis près de dix-huit ans. Le monde que nous avions quitté n'existait plus depuis longtemps. Le danger, c'était que nos idées se soient figées. La prison est un point fixe dans un monde qui tourne et, en prison, il est très facile de rester à la même place pendant que le monde continue à bouger.

J'avais toujours essayé de rester ouvert aux idées nouvelles, de ne pas rejeter une position parce que je la trouvais différente. Pendant nos années passées sur l'île, nous avions entretenu un dialogue permanent sur nos convictions et nos conceptions ; nous en débattions, nous les remettions en question et, par conséquent, nous les affirmions. Je ne pensais pas que nous étions restés à la même place ; je croyais que nous avions évolué.

Si Robben Island devenait plus ouverte, il n'y avait toujours aucun signe que l'Etat changeait de point de vue. Mais je ne doutais pas qu'un jour je retrouverais la liberté. Nous avions beau être enfermés dans un certain endroit, je savais que le monde bougeait autour de nous, et qu'il ne s'éloignait pas. Ce film m'a rappelé que le jour où je sortirais de prison, je ne voulais pas apparaître comme un fossile politique venu d'un lointain passé.

Cela prit quinze ans, mais en 1979, les autorités annoncèrent par la radio intérieure que désormais les Africains, les métis et les Indiens auraient la même nourriture. Or une justice retardée est une justice niée, et cette réforme méritait à peine d'être saluée.

Le matin, tous les prisonniers devaient recevoir la même quantité de sucre : une cuillerée et demie. Mais au lieu d'augmenter la ration des Africains, les autorités réduisirent la quantité de sucre que recevaient les métis et les Indiens d'une demi-cuillerée qu'ils donnèrent aux prisonniers africains. Quelque temps auparavant, les prisonniers africains avaient commencé à recevoir du pain le matin, mais cela ne changeait pas grand-chose. Nous mettions le pain en commun depuis des années.

La nourriture s'était déjà améliorée au cours des deux années précédentes, mais pas du fait des autorités. A la suite du soulèvement de Soweto, elles avaient décidé que l'île deviendrait le lieu exclusif des « prisonniers de sécurité » d'Afrique du Sud. Le nombre des détenus dans la section générale s'était réduit de façon drastique. En conséquence, pour la première fois, on avait recruté des politiques pour travailler aux cuisines. A partir de ce moment-là, notre nourriture s'était spectaculairement améliorée. Non pas parce qu'il s'agissait de meilleurs cuistots mais parce que le coulage avait immédiatement stoppé. Au lieu de détourner de la nourriture pour eux-mêmes ou pour acheter les gardiens, les nouveaux cuisiniers utilisaient tout ce qui nous était destiné. Les légumes sont devenus plus abondants et des morceaux de viande ont commencé à apparaître dans notre soupe et nos ragoûts. A ce moment-là seulement, nous nous sommes rendu compte que nous aurions dû manger cela depuis des années.

85

Pendant l'été 1979, je jouais au tennis dans la cour et mon adversaire m'a placé une balle croisée difficile à reprendre. Alors que je courais, j'ai ressenti une douleur si intense dans le talon droit que j'ai dû arrêter de jouer. Pendant les jours suivants, j'ai marché en boitant.

Un médecin de l'île m'a examiné et a décidé que je devais aller voir un spécialiste au Cap. Les autorités se préoccupaient plus de notre santé car elles avaient peur, si nous mourions en prison, d'être condamnées par la communauté internationale.

Même si en temps ordinaire une visite au Cap nous aurait plu, y aller comme prisonnier était tout à fait différent. J'avais des menottes et j'étais tenu dans un coin du bateau entouré de cinq gardes armés. Ce jour-là, la mer était mauvaise et le bateau vibrait sous chaque vague. A mi-chemin, entre l'île et Le Cap, j'ai pensé que nous allions chavirer. J'ai vu un gilet de sauvetage derrière deux gardiens assez jeunes pour être mes petits-fils. Je me suis dit : « Si le bateau coule, je commets mon dernier péché sur cette terre : je renverse ces deux garçons et j'attrape le gilet. » Mais, au bout du compte, cela n'a pas été nécessaire.

Sur le quai, d'autres gardes en armes nous attendaient, ainsi qu'une petite foule. Il y a quelque chose d'humiliant à voir la peur et le dégoût sur le visage de citoyens ordinaires qui regardent passer un détenu. J'avais envie de me baisser et de me cacher, mais je ne pouvais pas le faire.

Un jeune chirurgien m'a examiné et m'a demandé si j'avais déjà été blessé au talon. Je m'étais effectivement blessé à Fort Hare. Un après-midi, en jouant au football, j'avais essayé de récupérer la balle. A ce moment-là j'avais ressenti une brûlure au talon. On m'avait conduit à l'hôpital local ; c'était la première fois de ma vie que j'y allais et que je voyais un médecin. Là où j'ai grandi, il n'y avait pas de médecin africain et on n'avait jamais entendu dire que quelqu'un était allé voir un médecin blanc.

Le médecin de Fort Hare m'avait examiné le talon et conclu qu'il fallait m'opérer. Ce diagnostic m'avait fait peur et j'avais refusé qu'il me touche. A cet âge-là, je considérais qu'aller voir un médecin n'était pas digne d'un homme et que se faire soigner était encore pire.

« Comme vous voudrez, m'avait-il répondu. Mais quand vous serez vieux, cela vous causera des problèmes. »

Le médecin du Cap me fit une radio du talon et découvrit des fragments d'os qui se trouvaient probablement là depuis Fort Hare. Il me dit qu'il pouvait les enlever avec une intervention qui n'exigeait qu'une anesthésie locale, dans son cabinet. J'ai aussitôt accepté.

L'opération s'est bien déroulée, et quand tout a été fini, le médecin m'a expliqué comment me soigner le talon. Le gardien-chef l'a brusquement interrompu en lui disant que je devais rentrer tout de suite à Robben Island. Le chirurgien s'est mis en colère et, de la façon la plus autoritaire, lui a dit que Mr. Mandela passerait la nuit à l'hôpital et qu'il ne me laisserait partir en aucune circonstance. Le gardien, impressionné, a accepté.

J'ai trouvé cette première nuit que je passais dans un hôpital très agréable. Les infirmières étaient aux petits soins pour moi. J'ai très bien dormi et, le matin, elles sont venues me dire que je pouvais garder le pyjama et la robe de chambre qu'on m'avait donnés. Je les ai remerciées et leur ai dit que tous mes camarades allaient m'envier.

Ce voyage m'a aussi semblé instructif parce qu'à l'hôpital j'ai cru ressentir un dégel dans les relations entre Noirs et Blancs. Le médecin et les infirmières m'avaient traité avec naturel comme si, pendant toute leur vie, ils s'étaient comportés avec les Noirs sur un pied d'égalité. Pour moi, c'était quelque chose de nouveau et de différent, et cela représentait un signe encourageant. J'y trouvais réaffirmé mon vieux principe selon lequel l'éducation était l'ennemi des préjugés. Ceux-là étaient des hommes et des femmes de science et, dans la science, le racisme n'avait pas de place.

Mon seul regret a été de ne pas avoir pu contacter Winnie avant d'aller à l'hôpital. La presse faisait état de rumeurs selon lesquelles j'étais à l'article de la mort et elle était très inquiète. Mais quand je suis rentré, je lui ai écrit pour dissiper ses craintes.

En 1980, on nous a permis d'acheter des journaux. C'était une victoire mais qui, comme chaque nouveau privilège, contenait une limitation. Si le nouveau règlement autorisait les prisonniers du groupe A à acheter chaque jour un journal en langue anglaise et un journal en langue afrikaans, il y avait une mise en garde fâcheuse : tout prisonnier du groupe A trouvé en train de partager son journal avec un prisonnier d'un autre groupe perdait son privilège. Nous avons protesté contre cette restriction, mais en vain.

Nous recevions deux quotidiens : le *Cape Times* et *Die Burger*. Deux journaux conservateurs, surtout le dernier. Mais cela n'empêchait pas les censeurs de la prison de lire chacun d'eux avec des ciseaux et de découper les articles qu'ils jugeaient dangereux. Quand nous recevions nos journaux, il ne restait plus que des trous. Bientôt, nous avons pu compléter avec le *Star* et le *Rand Daily Mail* et, le dimanche, le *Times*, mais ces journaux étaient encore plus censurés.

Il y a quelque chose que je n'ai pas pu lire dans le *Johannesburg Sunday Post* en mars 1980. Le titre disait : « LIBÉREZ MANDELA ! » A l'intérieur, il y avait une pétition que les gens pouvaient signer pour demander ma libération et celle de mes compagnons. Alors que les journaux n'avaient toujours pas le droit de publier ma photo ni aucune de mes déclarations orales ou écrites, la campagne du *Post* lança un grand débat public sur notre libération.

C'était Oliver et l'ANC qui avaient conçu l'idée de cette campagne à Lusaka, et elle représentait la pierre angulaire d'une nouvelle stratégie ayant pour but de mettre notre cause au premier plan des préoccupations des gens. L'ANC avait décidé de personnaliser l'action entreprise pour notre libération en centrant la campagne sur une seule personne. Il est évident que les millions de gens qui par la suite l'ont soutenue ne savaient absolument pas qui était Nelson Mandela. (On m'a dit que lorsque les affiches « *Free Mandela* » [Libérez Mandela] sont apparues à Londres, la plupart des jeunes ont cru que mon prénom était « Free ».) Sur l'île, quelques voix se sont élevées contre la personnalisation de la campagne car certains pensaient que c'était une trahison de l'esprit collectif de l'organisation, mais le plus grand nombre des prisonniers se rendaient compte qu'il s'agissait d'une technique pour réveiller les gens.

L'année précédente, j'avais reçu le prix des Droits de l'homme Jawaharlal Nehru, en Inde, autre preuve de la résurgence de la lutte. On m'avait bien sûr refusé l'autorisation d'assister à la cérémonie, ainsi qu'à Winnie, mais Oliver reçut le prix en mon absence. Nous avions le sentiment d'une renaissance de l'ANC. Umkhonto we Sizwe intensifiait sa campagne de sabotages, devenus plus élaborés. En juin, MK fit sauter des bombes dans la grande raffinerie de Sasolburg, au sud de Johannesburg. MK organisait un attentat chaque semaine dans un site stratégique. Des bombes explosèrent dans des centrales électriques à l'est du Transvaal, dans les commissariats de police de Germiston, Daveyton, New Brighton et d'ailleurs, et dans la base militaire de Voortrekkerhoogte, près de Pretoria. A chaque fois, il s'agissait d'endroits stratégiques très significatifs, ce qui attirait l'attention et inquiétait l'Etat. Le ministre de la Défense, le général Magnus Malan, soutenu par P.W. Botha, inaugura une politique d'« assaut général » *(total onslaught)*, qui se résumait à une militarisation du pays pour s'opposer à la lutte de libération.

La campagne pour la libération de Mandela avait aussi un aspect plus agréable. En 1981, j'ai appris que les étudiants de l'université de Londres m'avaient désigné comme candidat au poste honorifique de chancelier de l'université. Il s'agissait assurément d'un très grand honneur, les autres candidats étant la princesse Anne et le syndicaliste Jack Jones. J'ai recueilli 7 199 suffrages, mais ai été battu par la fille de la reine. J'ai écrit à Winnie, à Brandfort, pour lui dire que j'espérais que ce scrutin avait transformé pendant un instant son humble logis en château et que ses pièces minuscules étaient devenues aussi grandes que la salle de bal de Windsor.

La campagne ranima nos espoirs. Pendant la dure période du début des années 70, quand l'ANC semblait disparaître dans l'ombre, nous avions dû nous forcer pour ne pas nous laisser aller au désespoir. Nous avions fait beaucoup d'erreurs ; nous avions pensé que, dans les années 70, nous connaîtrions une Afrique du Sud démocratique et non raciale. Pourtant, en entrant dans la décennie suivante, mes espoirs reprenaient vigueur. Certains matins, je sortais dans la cour et toutes les créatures vivantes, les mouettes et les bergeronnettes, les petits arbres et même les brins d'herbe semblaient sourire et briller dans le soleil. C'est dans de tels moments, quand je percevais la beauté de ce petit recoin de l'univers, que j'étais persuadé qu'un jour mon peuple et moi serions libres.

86

Comme mon père avant moi, j'avais été formé pour devenir le conseiller du roi des Thembus. J'avais choisi une autre voie, mais j'essayais quand même, à ma façon, d'assumer les responsabilités qui m'étaient échues. Depuis la prison, je faisais tout mon possible pour rester en contact avec le roi et je le conseillais du mieux que je pouvais. En vieillissant, je pensais de plus en plus aux vertes collines du Transkei. Je n'y retournerais jamais sous les auspices du gouvernement, mais je rêvais qu'un jour je rentrerais dans un Transkei libre. Aussi est-ce avec une véritable consternation que j'appris, en 1980, que le roi, Sabata Dalindyebo, le chef suzerain des Thembus, avait été déposé par mon neveu K.D. Matanzima, Premier ministre du Transkei.

Des chefs thembus demandèrent à me voir de toute urgence, ce qui leur fut accordé par les autorités, qui en général acceptaient volontiers les visites des chefs traditionnels — pensant que plus je m'engagerais dans les affaires tribales et celles du Transkei en particulier, moins je m'occuperais de la lutte.

Le gouvernement favorisait le pouvoir des chefs traditionnels pour contrecarrer l'ANC. Beaucoup de camarades de l'ANC pensaient que nous devions les désavouer mais j'avais envie de leur tendre la main. Il n'existe pas de contradiction entre le fait d'être chef traditionnel et membre de l'ANC. Cette question entretenait un des débats les plus longs et les plus délicats que nous avions sur l'île : l'ANC devait-il oui ou non participer aux institutions soutenues par le gouvernement ? Beaucoup considéraient cela comme une attitude de collaboration. De nouveau, je pensais qu'il fallait faire la distinction entre les principes et la tactique. Pour moi, la question essentielle était tactique : notre organisation sortirait-elle renforcée d'une participation à ces organisations ou de leur boycott ? La première proposition de cette alternative me semblait constituer le bon choix.

J'ai rencontré les chefs dans une grande salle du quartier des visites, et ils m'ont exposé leur dilemme. Leur cœur penchait vers Sabata, mais ils craignaient Matanzima. Après les avoir écoutés, je leur ai conseillé de soutenir Sabata contre Matanzima, qui usurpait illégalement et honteusement le pouvoir du roi. Leur situation me touchait, mais je ne pouvais excuser Matanzima. Je leur ai demandé de transmettre mon soutien à Sabata et ma désapprobation à Matanzima.

Matanzima m'avait proposé de venir me voir lui aussi pour parler de Sabata et des questions familiales. Comme il était mon neveu, il me demandait cette visite depuis des années. Il disait vouloir aborder les problèmes familiaux, mais sa visite ne manquerait pas d'avoir des conséquences politiques. Dès le début, j'en avais référé au Haut Commandement et aux membres de l'ANC de notre section. Certains avaient haussé les épaules en disant : « C'est ton neveu ; il a le droit de venir te voir. » Cependant, Raymond, Govan et Kathy avaient insisté sur le fait que si une telle visite pouvait s'expliquer par les liens familiaux, beaucoup de gens à l'intérieur et à l'extérieur l'interpréteraient comme un signe d'approbation de l'homme et de sa politique. C'était pour cela que Matanzima voulait me rendre visite et c'était pour cela que sa visite était inacceptable.

Je comprenais et, en grande partie, partageais leurs arguments, mais je voulais rencontrer mon neveu. J'ai peut-être toujours trop accordé d'importance aux rencontres face à face et à mes capacités, lors de telles rencontres, à amener mes interlocuteurs à changer de point de vue. J'espérais pouvoir convaincre Matanzima de modifier sa politique.

Finalement, les membres de l'ANC ont accepté de ne pas s'opposer à sa visite. Dans l'intérêt de la démocratie, nous avons consulté nos hommes des sections F et G, qui, eux, se sont montrés farouchement contre. Steve Tshwete, un des responsables de l'ANC dans la section générale, a dit qu'une telle visite aiderait Matanzima sur le plan politique et que par conséquent elle était hors de question. Beaucoup d'autres ont fait remarquer que Matanzima avait déjà essayé d'obtenir mon appui en nommant le père de Winnie, Columbus Madikizela, ministre de l'Agriculture de son gouvernement. Cela suffisait, disaient-ils, et il n'était pas nécessaire qu'en plus Madiba accepte de le voir. Je me suis incliné devant la décision des membres de l'ANC de la section générale et, à regret, j'ai informé les autorités que je n'acceptais pas de recevoir mon neveu.

En mars 1982, la direction de la prison m'a informé que ma femme avait eu un accident de voiture et qu'elle se trouvait à l'hôpital. On avait très peu d'éléments et je ne savais rien de son état. J'ai accusé les autorités de faire de là rétention d'information et demandé une visite urgente de mon avocat. La direction se servait de l'information comme d'une arme efficace. L'état de ma femme m'a préoccupé jusqu'au 31 mars, date à laquelle j'ai reçu la visite de l'avocat de Winnie, mon ami Dullah Omar.

Il m'a tout de suite rassuré. La voiture s'était retournée, mais Winnie allait très bien et, tandis qu'on me raccompagnait en section B, je pensais toujours à elle ; mon impuissance et mon incapacité à l'aider m'affligeaient.

Je venais d'arriver dans ma cellule quand j'ai reçu la visite du commandant et d'autres responsables de la prison. C'était tout à fait inhabituel ; en général, l'homme qui dirigeait Robben Island ne venait pas voir les prisonniers dans leur cellule. Je me suis levé et il est vraiment entré. Il y avait à peine de la place pour deux.

« Mandela, m'a-t-il dit, je veux que vous rangiez vos affaires.

— Pourquoi ?

— Nous vous transférons, a-t-il répondu simplement.

— Où ?

— Je ne peux pas le dire. »

Je lui ai demandé pourquoi. Il m'a expliqué qu'il venait de recevoir des instructions de Pretoria et qu'on devait me faire quitter l'île immédiatement. Le commandant sortit et alla voir successivement dans leurs cellules Walter, Raymond Mhlaba et Andrew Mlangeni, pour leur donner le même ordre.

J'étais troublé et inquiet. Qu'est-ce que cela voulait dire ? Où allions-nous ? En prison on ne peut remettre en cause un ordre et y résister que jusqu'à un certain point, ensuite on doit s'y plier. Nous n'avions été ni avertis ni préparés. J'avais passé dix-huit ans sur l'île et je devais m'en aller aussi brusquement ?

On nous a donné à chacun plusieurs grands cartons pour y mettre nos affaires. Tout ce que j'avais accumulé pendant près de deux décennies tenait en quelques caisses. Nous avons fait nos paquets en un peu plus d'une demi-heure.

Il y eut de l'agitation dans le couloir quand les autres ont appris que nous partions, mais nous n'avons pas eu le temps de dire vraiment au revoir à ces camarades de tant d'années. C'est encore une des indignités de la prison. Les liens d'amitié et de loyauté avec les autres prisonniers ne comptent pas pour les autorités.

Quelques minutes plus tard, nous étions dans le ferry en route pour Le Cap. J'ai regardé, derrière moi, l'île dans la lumière qui faiblissait, sans savoir si je la reverrais. Un homme peut s'habituer à tout, et je m'étais habitué à Robben Island. J'y avais vécu pendant près de vingt ans, mais, si je n'y avais jamais été chez moi — chez moi, c'était Johannesburg —, j'avais fini par m'y sentir bien. Les changements m'avaient toujours paru difficiles, et le fait de quitter Robben Island, même si ces lieux avaient pu être sinistres, ne fit pas exception. Je n'avais aucune idée de ce qui m'attendait.

Sur les quais, entourés de gardes en armes, on nous a entassés dans un camion sans fenêtres. Nous sommes restés debout dans l'obscurité tandis que le camion roulait pendant ce qui nous a semblé durer beaucoup plus qu'une heure. Nous avons franchi plusieurs points de contrôle, puis nous nous sommes arrêtés. Les portes arrière se sont ouvertes, nous avons monté quelques marches de ciment dans la nuit, et franchi des portes métalliques pour entrer dans des locaux de sécurité. J'ai réussi à demander à un garde où nous étions.

« La prison de Pollsmoor », m'a-t-il répondu.

DIXIÈME PARTIE

Parler avec l'ennemi

87

Pollsmoor, la prison de sécurité maximale, est située à la limite de Tokai, une banlieue blanche et riche, avec des pelouses vertes et des maisons confortables, à quelques kilomètres au sud-est du Cap. La prison elle-même se trouve au milieu du décor admirable de la baie du Cap, entre les montagnes de Constantiaberge au nord et les centaines d'hectares de vignobles au sud. Mais cette beauté naturelle nous restait invisible, derrière les hauts murs de Pollsmoor. C'est là que j'ai compris pour la première fois le vers obsédant d'Oscar Wilde sur la « tente bleue » — c'est ainsi que les prisonniers désignent le ciel.

Pollsmoor a un visage moderne mais un cœur primitif. Les bâtiments, en particulier ceux du personnel de la prison, étaient propres et récents ; mais les logements des prisonniers vieux et sales. En dehors de nous, il n'y avait que des prisonniers de droit commun, que l'on traitait de façon archaïque. Nous étions séparés d'eux et nos conditions étaient différentes.

Ce n'est que le lendemain matin que nous avons vraiment vu notre environnement. Nous étions logés tous les quatre dans une pièce spacieuse construite sous le toit du troisième et dernier étage de la prison ; les seuls prisonniers à ce niveau. La pièce principale était propre, moderne et mesurait environ quinze mètres sur dix et il y avait une partie séparée avec des toilettes, un miroir, deux lavabos et deux douches. Il y avait quatre lits convenables, avec des draps, des serviettes, un luxe incomparable pour des hommes qui, depuis dix-huit ans, dormaient sur une natte posée par terre. Après Robben Island, nous nous trouvions dans un hôtel cinq étoiles.

Nous avions aussi notre terrasse en plein air, en forme de L, longue comme la moitié d'un terrain de football, et nous avions le droit d'y aller pendant la journée. Il y avait tout autour des murs blancs en ciment de 3,50 mètres de haut, si bien que nous ne pouvions voir que le ciel, sauf à un angle où nous apercevions les crêtes des Constantiaberge, en particulier une partie qu'on appelle l'Œil de l'Éléphant. Parfois, je pensais que ce morceau de montagne était la partie émergée de l'iceberg du reste du monde.

Etre transplanté aussi brusquement et sans explications était très perturbant. En prison, on doit se préparer aux changements précipités, mais on ne s'y habitue jamais. Nous étions maintenant sur le continent, mais nous nous sentions bien plus isolés. Pour nous, l'île était devenue le centre de la lutte. Nous trouvions une consolation dans la compagnie des autres, et nous avons passé les premières semaines à nous demander pourquoi on nous avait transférés. Nous savions que depuis longtemps les autorités n'aimaient pas, et même redoutaient, l'influence que nous avions sur les prisonniers plus jeunes. Mais la raison semblait plus stratégique : nous pensions qu'elles cherchaient à décapiter l'ANC sur l'île en en transférant la direction. Robben Island était devenu un mythe qui renforçait la lutte et elles voulaient lui ôter de sa signification en nous déplaçant. Walter, Raymond et moi étions membres du Haut Commandement, mais ce qui ne collait pas, c'était la présence de Mlangeni. Andrew n'appartenait pas au Haut Commandement et n'avait pas fait partie des responsables de premier plan

sur l'île, même si nous pensions que les autorités l'ignoraient. Leurs renseignements sur l'organisation se révé-
laient souvent inexacts.

Une de nos hypothèses a semblé se confirmer quelques
mois plus tard quand Kathy nous a rejoints. Il était bien
membre du Haut Commandement. Plus important,
Kathy avait été responsable des communications et
c'était grâce à son travail que nous avions pu communiquer avec les jeunes prisonniers qui arrivaient.

Quelques semaines après l'arrivée de Kathy, nous
avons été rejoints par un homme que nous ne connaissions pas et qui ne venait même pas de Robben Island.
Patrick Maqubela était un jeune avocat membre de
l'ANC dans l'Eastern Cape. Il avait été stagiaire dans le
cabinet de Griffiths Mxenge, un avocat très respecté qui
avait défendu beaucoup de membres de l'ANC et qu'on
avait assassiné l'année précédente, à côté de Durban.
Maqubela était condamné à vingt ans de prison pour
haute trahison et on l'avait transféré de Diepkloof à
Johannesburg, où il avait causé quelques troubles en
organisant les prisonniers.

Au début, nous avons eu des doutes et nous sommes
demandé si ce n'était pas un homme de la sécurité infiltré
par les autorités. Mais nous avons vite compris qu'il n'en
était rien. Patrick était un homme brillant, aimable et
sans peur, avec qui nous nous entendions très bien. Cela
n'avait pas dû être facile pour lui de venir s'installer avec
un groupe d'hommes âgés qui, après avoir passé vingt
ans ensemble, avaient leurs habitudes.

Nous nous trouvions maintenant dans un monde de
ciment. La beauté naturelle de Robben Island me manquait. Mais nous avions beaucoup de consolations. Tout
d'abord, à Pollsmoor, la nourriture était bien supérieure.
Après des années pendant lesquelles nous n'avions
mangé que du gruau de maïs trois fois par jour, les repas
de viande et de légumes ressemblaient à des festins.
Nous avions le droit de recevoir un large éventail de
journaux et de magazines, ainsi que des publications
autrefois de contrebande comme *Time* et le *Guardian*

hebdomadaire de Londres. Cela nous ouvrait une fenêtre sur le monde. Nous avions aussi une radio mais elle ne recevait que les stations locales et pas ce que nous voulions : le service international de la BBC. Nous avions le droit de passer toute la journée sur la terrasse, sauf entre midi et deux heures quand les gardiens prenaient leur repas. Nous n'avions même pas besoin de faire semblant de travailler. J'avais une petite cellule à côté de la grande qui me servait de bureau, avec une table, une chaise et des étagères où je pouvais lire et écrire pendant toute la journée.

A Robben Island, je faisais ma gymnastique dans ma cellule encombrée, mais à Pollsmoor, j'avais de la place. Je me réveillais à cinq heures du matin et faisais une heure et demie d'exercice dans la cellule commune : course sur place, corde à sauter, assouplissements et tractions. Mes camarades n'étaient pas des lève-tôt, aussi mes activités m'ont-elles vite rendu impopulaire.

Winnie est venue me rendre visite peu après mon arrivée à Pollsmoor et j'ai eu le plaisir de découvrir que les parloirs étaient beaucoup plus modernes qu'à Robben Island. Nous étions séparés par une grande vitre qui permettait de voir le visiteur jusqu'à la taille et, les micros marchant beaucoup mieux, nous pouvions nous entendre sans effort. Cette baie vitrée donnait au moins l'illusion d'une plus grande intimité et, en prison, l'illusion peut apporter un réconfort.

Pour ma femme et ma famille, il était beaucoup plus facile de venir à Pollsmoor qu'à Robben Island. La surveillance des visites devint elle aussi plus humaine. Souvent, les visites de Winnie étaient surveillées par l'adjudant James Gregory, un ancien censeur de Robben Island. Je ne l'avais pas bien connu, mais lui nous connaissait parfaitement, parce qu'il avait lu notre courrier au départ et à l'arrivée.

A Pollsmoor, je l'ai trouvé très différent des gardiens typiques. Il parlait poliment et s'adressait à Winnie avec courtoisie et déférence. Au lieu de hurler : « C'est l'heure ! » il disait : « Mrs. Mandela, il vous reste encore cinq minutes. »

La Bible nous dit que le jardin précède le jardinier, mais ce n'était pas le cas à Pollsmoor, où j'ai cultivé un jardin qui est devenu l'un de mes plus heureux divertissements. C'était ma façon personnelle de fuir l'univers de ciment qui nous entourait. Après avoir contemplé pendant quelques semaines l'espace vide de la terrasse que nous avions sur notre toit et la façon dont le soleil le baignait toute la journée, j'ai décidé de faire un jardin, et le commandant m'en a donné l'autorisation. J'ai demandé aux services de la prison seize fûts à huile de deux cents litres que j'ai fait scier en deux. Les autorités les ont remplis de terre riche et humide, et j'ai obtenu ainsi trente-deux pots de fleurs géants.

J'y faisais pousser des oignons, des aubergines, des choux-fleurs, des carottes, des concombres, des brocolis, des betteraves, des laitues, des tomates, des poivriers, des fraises et beaucoup d'autres choses. J'ai fini par avoir une sorte de petite ferme avec près de neuf cents plantes ; un jardin bien plus grand que celui de Robben Island.

J'achetais certaines semences, mais d'autres — comme celles de brocolis et de carottes — m'étaient fournies par le commandant, le général Munro, qui les aimait beaucoup. Les gardiens me passaient aussi des graines des légumes qu'ils aimaient et on me donnait un excellent fumier comme engrais.

Chaque matin, je mettais un chapeau de soleil et des gants épais, et je travaillais au jardin pendant deux heures. Le dimanche, je fournissais des légumes à la cuisine afin qu'on puisse préparer quelque chose de spécial aux prisonniers de droit commun. Je donnais aussi une bonne partie de ma récolte aux gardiens, qui apportaient des sacs afin de pouvoir transporter les légumes frais.

A Pollsmoor, nous avions moins de problèmes qu'à Robben Island. Le général Munro était un homme correct et serviable qui s'efforçait de nous donner ce que nous voulions. Cependant, de petites difficultés prenaient parfois des proportions considérables. En 1983, pendant une visite de Winnie et de Zindzi, j'ai dit à ma femme qu'on m'avait donné des chaussures trop petites

qui me serraient le gros orteil. Winnie s'inquiéta, et bientôt j'ai appris que la presse disait qu'on m'avait amputé
d'un doigt de pied. A cause des difficultés de communication, l'information émanant de la prison était souvent
exagérée à l'extérieur. Si j'avais pu tout simplement téléphoner pour lui dire que mon pied allait très bien, un tel
malentendu n'aurait jamais existé. Un peu plus tard,
Helen Suzman a pu venir me voir et elle m'a posé des
questions sur mon orteil. J'ai pensé que rien ne valait une
démonstration : j'ai enlevé mes chaussettes, levé mes
pieds nus devant la vitre et fait bouger mes doigts.

Nous nous plaignions de l'humidité de notre cellule, à
cause de laquelle nous attrapions des rhumes. Plus tard,
j'ai appris que des journaux sud-africains disaient que
notre cellule était inondée. Nous souhaitions avoir des
contacts avec les autres prisonniers et en général nous
formulions toujours la même demande : être traités
comme des prisonniers politiques.

En mai 1984, j'ai eu une consolation qui a semblé
compenser tous les chagrins. Lors d'une visite de Winnie
et de Zeni accompagnée de sa petite fille, le sergent
Gregory m'a conduit au parloir, mais au lieu de m'installer au même endroit que d'habitude, il m'a fait entrer
dans une petite pièce où il y avait une table et aucune
séparation. Il m'a dit très doucement que les autorités
avaient introduit un changement. Ce jour-là commencèrent ce qu'on appelait les visites « contacts ».

Il est sorti chercher ma femme et ma fille et a demandé
à Winnie de lui parler en privé. Elle a eu très peur quand
Gregory l'a prise à part, parce qu'elle a pensé que j'étais
malade. Mais Gregory lui a fait franchir une porte et,
avant que nous le sachions, nous étions dans la même
pièce et dans les bras l'un de l'autre. J'embrassais et je
serrais ma femme contre moi pour la première fois
depuis tant d'années. C'était un instant dont j'avais rêvé
un millier de fois. J'avais l'impression de rêver encore. Je
l'ai gardée dans mes bras pendant ce qui m'a paru une
éternité. Nous étions immobiles et silencieux et l'on
n'entendait que le bruit de nos cœurs. Je ne voulais pas la

laisser partir, mais j'ai ouvert les bras pour embrasser ma fille et j'ai pris son enfant sur mes genoux. Il y avait vingt et un ans que je n'avais pas touché la main de ma femme.

88

A Pollsmoor, nous étions plus en relation avec les événements du monde extérieur. Nous savions que la lutte s'intensifiait ainsi que les efforts de l'ennemi. En 1981, les forces de défense sud-africaines lancèrent un raid sur les bureaux de l'ANC à Maputo, au Mozambique, tuant treize personnes de chez nous, dont des femmes et des enfants. En décembre 1982, MK fit exploser la centrale nucléaire inachevée de Koeberg près du Cap, et posa des bombes sur des objectifs militaires et de l'apartheid dans tout le pays. Le même mois, l'armée sud-africaine attaqua un avant-poste de l'ANC à Maseru au Lesotho, tuant quarante-deux personnes dont une dizaine de femmes et d'enfants.

En août 1982, Ruth First, qui vivait en exil à Maputo, fut tuée par une lettre piégée en ouvrant son courrier. Ruth, la femme de Joe Slovo, était une militante anti-apartheid courageuse qui avait passé de nombreux mois en prison. C'était une femme énergique et attachante que j'avais rencontrée quand j'étais étudiant à Wits et sa mort révélait la cruauté de l'Etat dans son engagement contre notre lutte.

Le premier attentat à la voiture piégée organisé par MK eut lieu en mai 1983 ; il visait un bureau des renseignements militaires en plein cœur de Pretoria. C'était une réponse aux attaques délibérées que l'armée avait lancées contre l'ANC à Maseru et ailleurs, et cela marquait une escalade dans la lutte armée. Dix-neuf personnes furent tuées et plus de deux cents autres blessées.

La mort des civils était un accident tragique qui m'a causé une horreur profonde. Mais aussi bouleversé que je pouvais l'être par ces victimes, je savais que de tels accidents étaient les conséquences inévitables de la décision prise de se lancer dans la lutte armée. L'erreur humaine est toujours un élément de la guerre, et le prix à payer est toujours élevé. C'était précisément parce que nous savions que de tels accidents se produiraient que nous avions pris à contrecœur la grave décision d'avoir recours aux armes. Mais comme le dit Oliver à l'époque de l'attentat, la lutte armée nous avait été imposée par la violence du régime d'apartheid.

Le gouvernement et l'ANC suivaient deux voies : la voie militaire et la voie politique. Sur le plan politique, le gouvernement poursuivait sa stratégie habituelle du diviser-pour-régner en essayant de séparer les Africains des métis et des Indiens. En novembre 1983, lors d'un référendum, la majorité électorale blanche accepta le projet de Peter Willem Botha de créer un pseudo-parlement tricaméral avec des chambres indienne et métisse en plus du parlement blanc. C'était une tentative pour attirer les Indiens et les métis dans le système et les séparer des Africains. Mais cette offre n'était qu'un hochet, car toutes les décisions parlementaires des Indiens et des métis étaient sujettes au veto des Blancs. C'était aussi une façon de tromper le monde extérieur en lui faisant croire que le gouvernement réformait l'apartheid. La ruse de Botha n'a trompé personne, car plus de 80 % des électeurs indiens et métis boycottèrent les élections pour les nouvelles chambres en 1984.

De puissants mouvements politiques se constituaient dans le pays qui possédaient des liens solides avec l'ANC ; le principal était l'United Democratic Front (UDF), qui me choisit comme parrain. L'UDF fut créé pour coordonner les protestations contre la nouvelle constitution d'apartheid de 1983 et les premières élections au Parlement tricaméral de 1984. Ce front devint bientôt un puissant mouvement qui réunissait plus de six cents organisations anti-apartheid — des syndicats, des groupes communautaires, des associations d'étudiants.

L'ANC connaissait une nouvelle popularité. Les sondages d'opinion montraient que le Congrès était encore et de loin la plus populaire des organisations politiques parmi les Africains même après un quart de siècle d'interdiction. La lutte anti-apartheid dans son ensemble avait mobilisé l'attention du monde ; en 1984, l'archevêque Desmond Tutu recevait le prix Nobel de la paix. (Les autorités refusèrent d'envoyer ma lettre de félicitations à l'archevêque.) Le gouvernement sud-africain subissait une pression internationale de plus en plus forte, à une heure où les nations du globe commençaient à imposer des sanctions économiques à Pretoria.

Au cours des années, le gouvernement m'avait envoyé des « éclaireurs », à commencer par le ministre Kruger, qui avait essayé de me persuader d'aller m'installer au Transkei. Il ne s'agissait pas d'offres de négociations mais de tentatives pour m'isoler de mon organisation. En plusieurs autres occasions, Kruger me dit : « Mandela, nous pouvons travailler avec vous, mais pas avec vos collègues. Soyez raisonnable. » Je ne répondais pas à ces ouvertures, tout en considérant le simple fait que le gouvernement me parle plutôt que de m'attaquer comme le prélude à des négociations.

Le gouvernement tâtait le terrain. Fin 1984 et début 1985, je reçus la visite de deux hommes politiques occidentaux importants, Lord Nicholas Bethell, membre de la Chambre des lords britannique et du Parlement européen ; et Samuel Dash, professeur de droit à la Georgetown Université et ancien conseiller du comité du Sénat américain sur le Watergate. Ces deux visites furent autorisées par le nouveau ministre de la Justice, Kobie Coetsee, qui semblait appartenir à une nouvelle espèce de responsables afrikaners.

J'ai rencontré Lord Bethell dans le bureau du commandant de la prison, que dominait une immense photo du président Botha. Bethell était un homme jovial et assez gros et, la première fois que je l'ai vu, je l'ai taquiné sur son embonpoint. « On dirait que vous êtes un parent de Winston Churchill », lui ai-je dit en lui serrant la main ; cela l'a fait rire.

Lord Bethell voulait connaître nos conditions de vie à Pollsmoor. Nous avons aussi parlé de la lutte armée et je lui ai expliqué que ce n'était pas à nous d'arrêter la violence, mais au gouvernement. J'ai réaffirmé que nous visions des cibles militaires, pas la population. « Par exemple, je ne voudrais pas que nos hommes assassinent le major ici présent », ai-je dit en montrant le major Fritz Van Sittert, qui surveillait l'entretien. Van Sittert avait bon caractère et ne parlait pas beaucoup, mais il a tressailli en m'entendant.

Pendant la visite du professeur Dash, qui a suivi de très près celle de Lord Bethell, j'ai exposé ce qui me semblait le minimum pour une future Afrique du Sud non raciale ; un Etat unitaire sans homelands ; des élections non raciales pour un parlement national ; et le principe « une personne, un vote ». Le professeur Dash m'a demandé si je trouvais encourageantes les déclarations du gouvernement sur l'abrogation de la loi interdisant les mariages mixtes et certaines autres dispositions de l'apartheid. « C'est une piqûre d'épingle, lui ai-je répondu. Mon ambition n'est pas d'épouser une Blanche ni de nager dans une piscine pour Blancs. Ce que nous voulons, c'est l'égalité politique. » J'ai dit très sincèrement à Dash qu'en l'état des choses nous ne pouvions pas vaincre militairement le gouvernement mais que nous pouvions lui rendre très difficile l'exercice du pouvoir.

Je reçus aussi la visite moins agréable de deux Américains, rédacteurs du *Washington Post,* un journal conservateur. Découvrir mes conceptions semblait moins les intéresser que le fait de me prouver que j'étais un communiste et un terroriste. Toutes leurs questions n'avaient pas d'autre but et, quand je répétai que je n'étais ni l'un ni l'autre, ils essayèrent de me montrer que je n'étais pas non plus un chrétien en affirmant que le révérend Martin Luther King n'avait jamais eu recours à la violence. Je leur dis que Martin Luther King avait lutté dans des conditions totalement différentes ; les Etats-Unis étaient une démocratie, avec des garanties constitutionnelles et l'égalité des droits qui protégeaient les manifestations non violentes (même s'il y avait encore des préjugés contre les Noirs) ; l'Afrique du Sud était un Etat policier avec une constitution fondée sur l'inégalité et une armée qui répondait à la non-violence par la force. Je leur dis que j'étais chrétien et que je l'avais toujours été. Même le Christ, leur dis-je, quand il n'avait plus eu d'autre alternative, avait utilisé la force pour chasser les marchands du Temple. Ce n'était pas un partisan de la violence, mais il n'avait pas eu d'autre choix que de l'utiliser contre le mal. Je ne pense pas les avoir persuadés.

Affronté à des troubles intérieurs et à une forte pression extérieure, P.W. Botha offrit une demi-mesure timide. Le 31 janvier 1985, lors du débat au Parlement, le président proposa de me libérer si « je rejetais de façon inconditionnelle la violence comme instrument politique ». Cette offre s'étendait à tous les prisonniers politiques. Puis, comme s'il me lançait un défi public, il ajouta : « Par conséquent, ce n'est plus le gouvernement sud-africain qui s'oppose à la libération de Mr. Mandela. C'est lui-même. »

Les autorités m'avaient averti que le gouvernement allait faire une proposition concernant ma libération, mais je ne m'attendais pas qu'elle soit faite au Parlement par le président. Si je ne me trompais pas, c'était la sixième offre de libération conditionnelle du gouvernement au cours des dix dernières années. Après avoir écouté le discours à la radio, j'ai demandé au commandant de la prison de voir de toute urgence ma femme et mon avocat, Ismail Ayob, afin de leur dicter ma réponse à l'offre du président.

Pendant une semaine, on refusa cette autorisation de visite à Winnie et à Ismail, et en attendant j'écrivis une lettre au ministre des Affaires étrangères, Pik Botha, dans laquelle je rejetais les conditions mises à ma libération, tout en préparant parallèlement une réponse publique. J'avais l'intention d'y préciser un certain nombre de choses parce que l'offre de Botha était une tentative pour créer une brèche entre moi et mes camarades en me proposant d'accepter une politique que l'ANC rejetait. Je voulais assurer à l'ANC en général et à Oliver en particulier que ma loyauté envers l'organisation restait la même. Je voulais aussi envoyer un message au gouvernement pour lui dire que si je rejetais son offre à cause des conditions qui y étaient attachées, je n'en pensais pas moins que la négociation et non la guerre était la voie qui menait à la solution.

Botha voulait se décharger sur mes épaules de la responsabilité de la violence, et je voulais moi réaffirmer devant le monde que nous ne faisions que répondre à la violence dirigée contre nous. Je voulais qu'il soit bien clair que, si je sortais de prison dans les mêmes circonstances que lors de mon arrestation, je serais obligé de reprendre les mêmes activités pour lesquelles on m'avait arrêté.

J'ai vu Winnie et Ismail un vendredi ; le dimanche, un rassemblement de l'UDF devait se tenir au stade Jabulani de Soweto, où ma réponse serait rendue publique. Des gardes que je ne connaissais pas surveillaient la visite et quand nous avons commencé à parler de ma réponse au président, l'un d'eux, assez jeune, m'a interrompu pour me dire que nous ne pouvions aborder que des questions familiales. Je l'ai ignoré et il est revenu quelques minutes plus tard avec un gardien-chef que je connaissais à peine. Ce dernier m'a dit que je devais cesser de parler de politique et je lui ai répondu que je traitais d'une question d'importance nationale dans laquelle le président lui-même était impliqué. Je l'ai averti que s'il voulait mettre un terme à notre discussion, il devait avoir un ordre du président. « Si vous n'avez pas envie de téléphoner au président de la République pour obtenir cet ordre, lui ai-je dit froidement, alors ayez l'amabilité de ne pas nous interrompre. » Il ne nous a plus interrompus.

J'ai donné à Winnie et à Ismail le discours que j'avais préparé. En plus de la réponse au gouvernement, je tenais à remercier publiquement l'UDF pour son excellent travail et féliciter l'archevêque Tutu pour son prix, en ajoutant que cette récompense appartenait au peuple tout entier. Le dimanche 10 février 1985, ma fille Zindzi lut ma réponse à une foule enthousiaste qui n'avait pu entendre légalement une seule de mes paroles, nulle part en Afrique du Sud, depuis plus de vingt ans.

Zindzi était une oratrice énergique, comme sa mère, et elle dit que son père aurait dû se trouver lui-même au stade. J'étais fier de savoir que c'était elle qui prononçait mon discours.

> Je suis membre du Congrès national africain. J'ai toujours été membre du Congrès national africain et je resterai membre du Congrès national africain jusqu'au jour de ma mort. Oliver Tambo est plus qu'un frère pour moi. C'est mon meilleur ami et mon meilleur camarade depuis près de cinquante ans. S'il y a quelqu'un parmi vous qui chérit ma liberté, Oliver Tambo la chérit plus encore et je sais qu'il donnerait sa vie pour me voir libre [...].
>
> Je suis étonné des conditions que le gouvernement veut m'imposer. Je ne suis pas un homme violent [...]. Ce n'est que lorsque toutes les autres formes de résistance nous ont été interdites que nous nous sommes tournés vers la lutte armée. Que Botha montre qu'il est différent de Malan, de Strijdom et de Verwoerd. Qu'il renonce, lui, à la violence. Qu'il dise qu'il va démanteler l'apartheid. Qu'il lève l'interdiction qui pèse sur l'organisation du peuple, le Congrès national africain. Qu'il libère tous ceux qui ont été emprisonnés, assignés à résidence, ou exilés à cause de leur opposition à l'apartheid. Qu'il garantisse une libre activité politique pour que le peuple choisisse qui le gouvernera.
>
> Je chéris ma liberté, mais j'attache encore plus d'importance à votre liberté. Trop de gens sont morts depuis que je suis entré en prison. Trop de gens ont souffert à cause de leur amour de la liberté. Je le dois à leurs épouses et à leurs enfants orphelins, à leurs mères et à leurs pères qui les ont pleurés. Je ne suis pas le seul à avoir souffert pendant ces longues années solitaires et gâchées. Je n'aime pas moins la vie que vous. Mais je ne peux vendre mon droit de naissance, et je ne suis pas

prêt à vendre le droit de naissance du peuple pour être libre [...].

Quelle liberté m'offre-t-on si l'organisation du peuple reste interdite ? Quelle liberté m'offre-t-on si je peux être arrêté pour violation à la loi sur le *pass* ? Quelle liberté m'offre-t-on de vivre avec ma famille si ma chère femme reste assignée à résidence à Brandfort ? Quelle liberté m'offre-t-on si je dois demander l'autorisation de vivre dans une zone urbaine ? [...] Quelle liberté m'offre-t-on si l'on ne respecte pas mes concitoyens sud-africains ?

Seul un homme libre peut négocier. Les prisonniers ne peuvent établir de contrats. [...] Je ne peux m'engager à rien tant que vous, le peuple, et moi, nous ne sommes pas libres. Votre liberté et la mienne ne peuvent être séparées. Je reviendrai.

89

En 1985, à la suite d'une visite médicale de routine avec le médecin de la prison, on m'a envoyé consulter un urologue qui a diagnostiqué une hypertrophie de la prostate et a recommandé une opération. Il a dit qu'il s'agissait d'une intervention banale. J'en ai parlé à ma famille et j'ai décidé de me faire opérer.

J'ai été admis au Volks Hospital du Cap, avec d'imposantes mesures de sécurité. Winnie est venue en avion et a pu me voir avant l'opération. Mais j'ai reçu un autre visiteur, étonnant et inattendu : Kobie Coetsee, le ministre de la Justice. Peu de temps auparavant, je lui avais écrit pour solliciter une rencontre afin de discuter des pourparlers entre l'ANC et le gouvernement. Il ne m'avait pas répondu. Mais ce matin-là, le ministre est arrivé à l'hôpital sans se faire annoncer, comme s'il venait rendre visite à un vieil ami alité quelques jours. Il s'est montré aimable et de bonne humeur et pour l'essentiel nous avons échangé des plaisanteries. Tout en me conduisant comme s'il s'agissait de la chose la plus normale du monde, j'étais stupéfait. Le gouvernement, de façon lente et hésitante, reconnaissait qu'il devait en arriver à une sorte de compromis avec l'ANC. La visite de Coetsee était un rameau d'olivier.

Bien que nous n'ayons pas parlé politique, j'ai soulevé une question délicate : le statut de ma femme. En août, juste avant mon entrée à l'hôpital, Winnie était allée à Johannesburg pour se faire soigner. Elle n'avait le droit de quitter Brandfort que pour rendre visite à son mari ou à son médecin. Alors qu'elle se trouvait à Johannesburg, sa maison de Brandfort et la clinique située derrière avaient brûlé à la suite d'un attentat à la bombe. Winnie n'avait plus d'endroit où aller et elle avait décidé de rester à Johannesburg, bien que la ville lui fût interdite. Il ne s'était rien passé pendant quelques semaines, puis la police de sécurité lui avait écrit pour l'informer qu'on avait réparé sa maison de Brandfort et qu'elle devait y retourner. Elle avait refusé. J'ai demandé à Coetsee d'autoriser Winnie à rester à Johannesburg et de ne pas l'obliger à rentrer à Brandfort. Il m'a répondu qu'il ne pouvait rien me promettre mais qu'il allait étudier le dossier. Je l'ai remercié.

J'ai passé plusieurs jours de convalescence à l'hôpital, à la suite de l'opération. Quand j'ai pu sortir, le général Munro est venu me chercher. D'habitude, les officiers supérieurs ne se dérangeaient pas pour raccompagner un prisonnier, aussi cela a-t-il éveillé mes soupçons.

Au cours du voyage de retour, le général Munro m'a dit sur le ton de la conversation courante : « Mandela, nous ne vous ramenons pas avec vos camarades. » Je lui ai demandé ce qu'il voulait dire. « A partir de maintenant, vous allez être seul. » Je lui ai demandé de nouveau pourquoi. Il a secoué la tête. « Je ne sais pas. Je viens de recevoir des instructions du quartier général. » Une nouvelle fois, il n'y avait ni avertissement ni explication.

Quand je suis arrivé à Pollsmoor, on m'a conduit dans

une cellule du rez-de-chaussée, trois étages plus bas, et dans une autre aile. On m'a donné trois pièces et une salle de bains indépendante ; une chambre, une pièce pour travailler et une pour faire mes exercices. Un vrai palais, d'après les critères de la prison, mais l'appartement humide sentait le moisi et recevait très peu de lumière du jour. Je n'ai rien dit au général, parce que je savais que ce n'était pas lui qui avait pris la décision. J'avais besoin de temps pour réfléchir aux conséquences de ce déménagement. Pourquoi le gouvernement avait-il fait ce pas ?

Ce serait trop fort d'appeler cela une révélation, mais au cours des jours et des semaines qui ont suivi, j'ai pris conscience de ma nouvelle situation. J'ai décidé que ce changement n'était pas une contrainte mais une nouvelle possibilité. J'étais triste d'être séparé de mes camarades et je regrettais mon jardin et la terrasse ensoleillée du troisième étage. Mais ma solitude me donnait une certaine liberté et j'ai résolu de la consacrer à une chose à laquelle je réfléchissais depuis longtemps : entamer des discussions avec le gouvernement. J'en étais arrivé à la conclusion que maintenant la lutte pourrait mieux progresser par les négociations. Si nous n'engagions pas rapidement le dialogue, les deux parties seraient bientôt plongées dans la nuit de l'oppression, de la violence et de la guerre. Ma solitude me donnerait l'occasion de faire les premiers pas dans cette direction, sans ce genre d'examen minutieux qui peut détruire de telles tentatives.

Nous avions lutté contre la loi de la minorité blanche pendant trois quarts de siècle. Nous étions engagés dans la lutte armée depuis plus de vingt ans. Des deux côtés, beaucoup étaient morts. L'ennemi était fort et décidé. Mais malgré tous ses bombardiers et ses chars, il devait se rendre compte qu'il se trouvait du mauvais côté de l'histoire. Nous avions le droit pour nous, mais pas encore la force. Pour moi, il était évident qu'une victoire militaire représentait un rêve lointain et peut-être inaccessible. Cela n'avait aucun sens pour les deux parties de perdre des milliers, voire des millions, de vies dans un conflit inutile. Le gouvernement devait le savoir lui aussi. L'heure des pourparlers était venue.

Ce serait extrêmement délicat. Les deux adversaires considéraient toute discussion comme un signe de faiblesse et une trahison. Aucun des deux n'accepterait de venir s'asseoir à une table tant que l'autre n'aurait pas fait d'importantes concessions. Le gouvernement ne cessait d'affirmer que nous étions une organisation de communistes et qu'il ne parlerait jamais à des terroristes et à des communistes. Tel était le dogme du Parti national. L'ANC ne cessait d'affirmer que le gouvernement était fasciste et raciste et qu'il n'était pas question de discuter tant qu'il n'aurait pas levé l'interdiction de l'ANC, libéré sans condition tous les prisonniers politiques, et retiré l'armée des townships.

La décision de parler avec le gouvernement était d'une telle importance qu'elle ne pouvait être prise qu'à Lusaka. Mais je sentais que le processus avait besoin de démarrer et je n'avais ni le temps ni les moyens de communiquer avec Oliver. Quelqu'un de notre côté devait faire le premier pas ; or ma solitude nouvelle m'en donnait la liberté ainsi que l'assurance, au moins pendant quelque temps, que mes tentatives resteraient confidentielles.

Je me trouvais maintenant dans une sorte de splendide isolement. Mes camarades n'étaient que trois étages au-dessus de moi, mais ils auraient pu aussi bien être à Johannesburg. Pour les voir, je devais déposer une demande officielle de visite auprès de la direction des prisons à Pretoria et attendre l'accord de celle-ci. Cela prenait souvent des semaines pour obtenir une réponse. Si on me l'accordait, je devais les voir au parloir. C'était vraiment nouveau : mes camarades codétenus devenaient maintenant des visiteurs. Pendant des années, nous avions pu parler des heures chaque jour ; maintenant, nous devions déposer une demande officielle et fixer une date, et l'on surveillait nos conversations.

Après avoir passé quelques jours dans ma nouvelle cellule, j'ai demandé au commandant d'organiser une telle rencontre. C'est ce qu'il a fait, et nous avons parlé tous les quatre du problème de mon transfert. Walter, Kathy et Ray étaient mécontents qu'on nous ait séparés. Ils voulaient élever une protestation ferme exigeant que nous soyons réunis. Ils ne s'attendaient pas à ma réponse. « Ecoutez, les amis, je ne pense pas que nous devrions nous opposer à cette décision. » J'ai signalé que mon nouveau logement était très supérieur à l'ancien et que cela allait peut-être créer un précédent pour tous les prisonniers politiques. Puis j'ai ajouté de façon un peu ambiguë : « Il en sortira peut-être quelque chose de positif. Je me trouve maintenant dans une situation qui permet au gouvernement de prendre contact avec nous. » Comme je m'y attendais, ils n'ont pas fait très attention à cette remarque.

J'ai décidé de ne parler à personne de ce que j'avais l'intention de faire. Ni à mes camarades du troisième étage ni à ceux de Lusaka. L'ANC est une organisation collective mais, dans ce cas, le gouvernement avait rendu impossible cet aspect collectif. Je n'avais ni la sécurité ni le temps nécessaires pour discuter de ces questions avec mon organisation. Je savais que mes camarades du troisième étage condamneraient ma proposition et qu'ils tueraient mon initiative dans l'œuf. Il y a des moments où un responsable doit marcher en avant du troupeau, partir dans une nouvelle direction, en se fiant à lui-même pour s'assurer qu'il mène son peuple sur le bon chemin. En fin de compte, mon isolement fournissait une excuse à mon organisation au cas où les choses tourneraient mal : le vieux était seul complètement coupé de tout, et ce qu'il avait fait, il l'avait fait seul, en tant qu'individu, pas en tant que représentant de l'ANC.

90

Quelques semaines après mon déménagement, j'ai écrit à Kobie Coetsee pour lui proposer des pourparlers à propos des pourparlers. Comme d'habitude, je n'ai pas reçu de réponse. Je lui ai écrit de nouveau, toujours en vain. J'ai trouvé cela bizarre et démoralisant, et j'ai compris que je devais saisir une occasion propice pour être entendu. Elle se présenta au début de 1986.

Lors d'une réunion du Commonwealth à Nassau, en octobre 1985, les chefs d'Etat n'ont pu parvenir à un accord sur le problème des sanctions contre l'Afrique du Sud. Principalement parce que le Premier ministre britannique, Margaret Thatcher, y était farouchement opposé. Pour sortir de l'impasse, les différentes nations réunies ont décidé qu'une délégation de « personnalités éminentes » se rendrait en Afrique du Sud pour savoir si les sanctions économiques étaient un outil adapté pour aider à mettre fin à l'apartheid. Au début de 1986, le groupe des sept personnalités éminentes, conduit par le général Olusegun Obasanjo, l'ancien chef militaire du Nigeria, et Malcolm Fraser, l'ancien Premier ministre australien, est arrivé en Afrique du Sud pour sa mission d'enquête.

En février, le général Obasanjo m'a rendu visite pour discuter avec moi du rapport de la délégation. Il tenait absolument à ce que je rencontre le reste du groupe. Cette réunion a été fixée en mai avec l'autorisation du gouvernement. Le groupe parlerait avec le gouvernement après m'avoir vu et j'ai pensé que c'était une occasion de soulever le problème des négociations.

Le gouvernement considérait ma rencontre avec le groupe comme quelque chose d'extraordinaire. Deux jours avant, le général Munro m'a rendu visite. Il était accompagné d'un tailleur. « Mandela, m'a-t-il dit, nous voulons que vous rencontriez ces gens sur un pied d'égalité. Pas question que vous portiez la tenue de la prison, aussi ce tailleur va prendre vos mesures et vous faire des vêtements convenables. » Ce tailleur devait être un magi-

cien parce que, le lendemain même, j'ai essayé un cos-
tumé rayé qui m'allait comme un gant. On m'a donné
une chemise, une cravate, des chaussures, des chaussettes et des sous-vêtements. Le commandant m'a admiré
dans ma nouvelle tenue. « Mandela, vous ressemblez à
un Premier ministre, pas à un prisonnier », a-t-il conclu
en souriant.

Lors de la rencontre avec le groupe de personnalités
éminentes, deux observateurs importants nous ont
rejoints : Kobie Coetsee et le général W.H. Willemse,
commissaire des prisons. Comme le tailleur, ces deux
hommes venaient prendre ma mesure. Mais, curieusement, ils sont partis peu de temps après le début de la
réunion. J'ai insisté pour qu'ils restent, en disant que je
n'avais rien à cacher, mais ils sont quand même partis.
Avant, je leur ai déclaré que c'était l'heure des négociations et non plus celle des combats, et que le gouvernement et l'ANC devaient s'asseoir autour d'une table pour
discuter.

Le groupe de personnalités avait préparé beaucoup de
questions sur le problème de la violence, les négociations
et les sanctions internationales. Dès le début, j'ai défini
les règles de base pour des négociations. « Je ne suis pas
le chef du mouvement, leur ai-je dit. Le chef du mouvement est Oliver Tambo à Lusaka. Il faut que vous alliez le
voir. Vous pouvez lui dire quelles sont mes conceptions,
mais ce ne sont que des conceptions personnelles. Cela
ne représente même pas le point de vue de mes camarades, en prison, ici. Cela étant dit, je suis pour que l'ANC
entame des négociations avec le gouvernement. »

Différents membres du groupe s'inquiétaient à propos
de mon idéologie et ils se demandaient à quoi pourrait
bien ressembler une Afrique du Sud dirigée par l'ANC. Je
leur ai expliqué que j'étais un nationaliste sud-africain,
non un communiste, que les nationalistes étaient de
toute teinte et de toute couleur et que j'étais le partisan
résolu d'une société non raciale. Je croyais à la Charte de
la liberté, pour moi cette charte incarnait les principes
de la démocratie et des droits de l'homme et ce n'était en

aucun cas un projet de société socialiste. Je souhaitais que la minorité blanche se sente en sécurité dans la nouvelle Afrique du Sud. Je pensais que beaucoup de nos problèmes venaient d'un manque de communication entre le gouvernement et l'ANC, et certains d'entre eux pouvaient trouver une solution dans de vrais pourparlers.

Ils m'ont beaucoup interrogé sur le problème de la violence ; je n'étais pas disposé à abandonner la violence sur-le-champ, mais je leur ai affirmé de la façon la plus nette que la violence ne pourrait jamais être la solution définitive à la situation en Afrique du Sud, et que, par leur nature même, les hommes et les femmes exigeaient une sorte de compréhension négociée. Tout en répétant qu'il s'agissait là d'un point de vue personnel et non de celui de l'ANC, j'ai suggéré que si le gouvernement retirait l'armée et la police des townships, l'ANC accepterait peut-être une trêve de la lutte armée comme prélude aux pourparlers. Je leur ai dit que ma libération seule n'endiguerait pas la violence dans le pays et ne ferait pas avancer les négociations.

Le groupe devait rencontrer ensuite Oliver à Lusaka et le gouvernement à Pretoria. Dans mes remarques, j'avais envoyé des messages aux deux endroits. Je voulais que le gouvernement comprenne que dans de bonnes conditions nous accepterions de discuter, et je voulais aussi qu'Oliver sache que ma position et la sienne étaient les mêmes.

En mai, les personnalités éminentes devaient me revoir une dernière fois. J'étais optimiste parce qu'elles s'étaient rendues à Lusaka et à Pretoria, et j'espérais que la graine des négociations avait germé. Mais, la veille de notre rencontre, le gouvernement sud-africain franchit une étape qui anéantit toute la bonne volonté créée par les visiteurs du Commonwealth. Le jour où le groupe devait rencontrer le gouvernement, les forces de défense sud-africaines, sur l'ordre du président Botha, lancèrent des attaques aériennes et de commando contre les bases de l'ANC au Botswana, en Zambie et au Zimbabwe. Cela liquida complètement l'idée de négociations et le groupe de personnalités quitta immédiatement l'Afrique du Sud. Je m'aperçus qu'une nouvelle fois, mes tentatives pour lancer des négociations avaient été réduites à néant.

Oliver Tambo et l'ANC avaient appelé le peuple d'Afrique du Sud à rendre le pays ingouvernable et le peuple répondit à l'appel. Les troubles et les violences politiques s'amplifièrent encore. Rien ne pouvait plus contenir la colère des masses ; les townships étaient en état de soulèvement, et les pressions internationales s'accentuaient chaque jour. Le 12 juin 1986, le gouvernement imposa l'état d'urgence afin d'étouffer les protestations sous un couvercle. Le moment semblait peu propice à des négociations. Mais souvent les périodes les plus décourageantes sont précisément celles où l'on doit prendre une initiative. C'est alors que les gens recherchent un moyen de sortir de l'impasse. Ce mois-là, j'ai écrit une lettre très simple au général Willemse, le commissaire des prisons. J'y disais : « J'aimerais vous voir pour une question d'importance nationale. » J'ai remis la lettre au général Munro un mercredi.

Pendant le week-end, le commandant m'a dit de me tenir prêt à rencontrer le général Willemse, qui arrivait de Pretoria. Cette visite ne se déroula pas comme d'habitude. Au lieu de voir le général au parloir, on m'a conduit à sa résidence, à l'intérieur même de Pollsmoor.

Willemse est un homme direct et nous sommes entrés immédiatement dans le vif du sujet. Je lui ai dit que je voulais voir Kobie Coetsee, le ministre de la Justice. Il m'a demandé pourquoi. J'ai hésité un instant, peu disposé à aborder des questions politiques avec un fonctionnaire du service des prisons. Mais je lui ai répondu franchement : « Je veux voir le ministre afin de poser la question des discussions entre le gouvernement et l'ANC. »

Il a réfléchi un instant, puis il a dit : « Mandela, vous le savez, je ne suis pas un homme politique. Je ne peux discuter de ces questions moi-même, car elles sont au-delà de ma compétence. » Il s'est arrêté comme s'il avait pensé à quelque chose. « Il se trouve que le ministre de la Justice est au Cap. Vous pouvez peut-être le rencontrer. Je vais voir. »

Alors le général a téléphoné au ministre, et ils ont parlé quelque temps. Le général a reposé le téléphone, il s'est tourné vers moi : « Le ministre m'a dit : "Amenez-le." » Quelques minutes plus tard, nous quittions la résidence du général Willemse dans sa voiture pour aller chez le ministre au Cap. La sécurité était réduite au minimum ; une seule voiture nous accompagnait. La facilité et la rapidité avec lesquelles cette rencontre a eu lieu m'ont fait soupçonner que le gouvernement avait organisé le rendez-vous. Mais cela n'avait pas d'importance ; c'était l'occasion de faire le premier pas vers les négociations.

Coetsee m'a accueilli chaleureusement dans sa résidence officielle et nous nous sommes installés au salon. Il s'est excusé de ne pas m'avoir laissé le temps de quitter ma tenue de prisonnier. Nous avons parlé pendant trois heures tout au long desquelles j'ai été frappé par son sérieux et sa bonne volonté. Il m'a posé des questions pertinentes qui prouvaient qu'il était bien informé — des questions qui montraient sa familiarité avec les sujets qui opposaient le gouvernement et l'ANC. Il m'a demandé nos conditions pour suspendre la lutte armée ; si je parlais au nom de l'ANC ou non ; si j'envisageais des garanties constitutionnelles pour les minorités dans une nouvelle Afrique du Sud. Ses questions allaient au cœur des problèmes.

Après lui avoir répondu de la même façon qu'au groupe des personnalités éminentes, j'ai eu l'impression que Coetsee voulait une proposition concrète. « Quelle est l'étape suivante ? » m'a-t-il demandé. Je lui ai répondu que je voulais rencontrer le président et le ministre des Affaires étrangères, Pik Botha. Coetsee a noté cela sur un petit bloc qu'il gardait près de lui, et m'a dit qu'il allait transmettre ma demande. Nous nous sommes serré la main et l'on m'a raccompagné dans ma cellule solitaire au rez-de-chaussée de la prison de Pollsmoor.

Je me sentais très encouragé. J'avais l'impression que

le gouvernement voulait sortir le pays de l'impasse où il se trouvait, et que maintenant il avait la conviction qu'il devait abandonner ses anciennes positions. De façon tout à fait imprécise, je voyais se dessiner un compromis.

Je n'ai parlé de ma rencontre à personne. Je voulais que le processus s'engage avant d'en informer qui que ce soit. Parfois, il est nécessaire de présenter à ses camarades une politique qui est déjà un fait accompli. Je savais qu'une fois qu'ils auraient étudié attentivement la situation, mes camarades de Pollsmoor et de Lusaka me soutiendraient. Mais, de nouveau, ce début prometteur ne donna rien. Des semaines et des mois passèrent sans un mot de Coetsee. Un peu découragé, je lui ai écrit une autre lettre.

91

Je n'ai pas obtenu de réponse directe de Kobie Coetsee, pourtant certains signes montraient que le gouvernement me préparait à un autre genre d'existence. La veille de Noël, le lieutenant-colonel Gawie Marx, commandant adjoint de Pollsmoor, passa devant ma cellule après le petit déjeuner et me dit sur le ton le plus naturel : « Mandela, vous aimeriez voir la ville ? » Je ne savais pas bien ce qu'il avait en tête mais j'ai pensé que je pouvais dire oui sans dommage. Très bien, allons-y. Accompagné du colonel, j'ai franchi les quinze portes de métal qui séparaient ma cellule de l'entrée et, quand nous sommes sortis, j'ai vu que sa voiture nous attendait.

Nous sommes allés en ville par la très belle route qui suit la côte. Il n'avait aucune destination précise en tête, il tournait simplement dans les rues sans se presser. C'était absolument fascinant d'observer les activités simples des gens dans le monde extérieur : des hommes âgés assis au soleil, des femmes qui faisaient leurs courses, des gens qui promenaient leur chien. Ce sont précisément ces activités quotidiennes qui manquent le plus en prison. J'avais l'impression d'être un touriste curieux dans un pays étrange et remarquable.

Au bout d'une heure ou deux, le colonel Marx s'est arrêté devant une petite boutique, dans une rue calme. « Vous voulez boire quelque chose de frais ? » m'a-t-il demandé. J'ai fait oui de la tête et il a disparu dans la boutique. J'étais là, tout seul. Pendant quelques instants, je n'ai pas pris conscience de ma situation, mais alors que les secondes s'écoulaient, je me suis senti de plus en plus agité. Pour la première fois depuis vingt-deux ans, j'étais seul dans le monde extérieur sans gardiens. Je me suis vu ouvrir la porte, sauter au-dehors, puis courir, courir, courir jusqu'à ce qu'on ne me voie plus. Quelque chose en moi me poussait à le faire. Je voyais un peu plus loin un parc avec des arbres où j'aurais pu me cacher. J'étais dans une tension extrême et j'ai commencé à transpirer. Où était le colonel ? Mais je me suis repris ; un tel comportement aurait été imprudent et irresponsable, pour ne pas dire dangereux. Tout cela était peut-être organisé de toutes pièces pour me pousser à m'évader, mais je ne pense pas que ç'ait été le cas. J'ai été soulagé quelques instants plus tard quand j'ai vu le colonel qui revenait vers la voiture avec deux boîtes de Coca-Cola.

Il apparut que cette journée dans la ville du Cap était la première de toute une série d'excursions. Au cours des mois suivants, je suis souvent sorti avec le colonel, pas seulement au Cap mais aussi hors de la ville, sur ses plages magnifiques et dans la fraîcheur de ses montagnes. Bientôt, des officiers plus jeunes ont pu m'emmener me promener. Un des endroits où j'allais régulièrement avec eux s'appelait les « jardins », une suite de petites fermes à la limite des terrains de la prison que l'on cultivait pour les cuisines de celle-ci. J'aimais beaucoup me retrouver dans la nature, voir l'horizon et sentir le soleil sur mes épaules.

Un jour, je suis allé aux jardins avec un capitaine et, après avoir marché dans les champs, nous avons poussé jusqu'aux étables. Deux jeunes Blancs en salopette s'occupaient des chevaux. Je me suis avancé vers eux pour leur dire que j'en trouvais un très beau, et j'ai demandé à l'un des garçons : « « Comment s'appelle-t-il ? » Il avait l'air inquiet et ne me regardait pas. Puis il marmonna le nom du cheval, mais au capitaine, pas à moi. J'ai alors demandé à l'autre quel était le nom du cheval, mais il a eu exactement la même réaction.

Tandis que je revenais à la prison avec le capitaine, je lui ai parlé du comportement des deux jeunes gens que je trouvais étrange. Le capitaine a éclaté de rire. « Mandela, vous ne savez pas de qui il s'agit ? » Je ne le savais pas. « Ce sont des prisonniers blancs. Jamais un prisonnier indigène ne leur avait posé de question en présence d'un officier blanc. »

Certains jeunes gardiens m'emmenaient très loin, nous marchions sur une plage et nous nous arrêtions même au café pour boire un thé. J'essayais souvent de voir si les gens me reconnaissaient, mais en vain ; la dernière photo de moi qu'on avait publiée datait de 1962.

Ces excursions étaient instructives à bien des égards. Je voyais comment la vie avait changé pendant que j'avais été enfermé et, comme nous allions surtout dans les zones habitées par des Blancs, je voyais la richesse et le bien-être extraordinaires dans lesquels ils vivaient. L'agitation régnait dans le pays et les townships étaient sur le point de basculer dans la guerre ouverte, mais la vie des Blancs continuait, calme et tranquille. Pour eux, rien n'avait changé. Une fois, l'un des gardiens, un jeune homme très agréable, l'adjudant Brand, m'emmena vraiment chez lui et me présenta à sa femme et à ses enfants. Depuis, je leur envoie chaque année une carte pour Noël.

J'aimais beaucoup ces petites escapades, mais je savais parfaitement que les autorités ne cherchaient pas seulement à me divertir. Je sentais qu'elles voulaient m'acclimater à la vie en Afrique du Sud et peut-être, en même temps, m'habituer aux plaisirs de ces petites libertés pour que j'accepte en fin de compte de me compromettre.

92

En 1987, j'ai repris contact avec Kobie Coetsee. Je l'ai rencontré plusieurs fois en privé, chez lui, et, plus tard dans l'année, le gouvernement a fait sa première proposition concrète. Coetsee m'a dit que le gouvernement aimerait désigner un comité d'officiers supérieurs pour mener des discussions avec moi. Le président était parfaitement au courant. Coetsee lui-même serait à la tête de ce comité qui comprendrait Willemse, le commissaire des prisons ; Fanie Van der Merwe, le directeur du service des prisons ; et le Dr. Niel Barnard, ancien universitaire devenu directeur du service de renseignements. Les trois premiers appartenaient à l'administration des prisons, ce qui fait que, si les conversations échouaient ou s'il y avait des fuites en direction de la presse, les deux parties pourraient dire que les discussions portaient sur les conditions de vie en prison et rien d'autre.

Cependant, la présence du Dr. Barnard me troublait. C'était le directeur de l'équivalent de la CIA sud-africaine et il avait des rapports avec les renseignements militaires. Je pouvais justifier des conversations avec les autres, mais pas avec Barnard. Sa présence rendait les discussions problématiques et laissait supposer un ordre du jour plus large. Je répondis à Coetsee que j'aimerais réfléchir à la proposition jusqu'au lendemain.

Cette nuit-là, j'envisageai toutes les conséquences. Je savais que P.W. Botha avait créé quelque chose qui s'appelait le Conseil de sécurité d'Etat, un vague secrétariat composé de membres des services de renseignements et d'experts de la sécurité. D'après la presse, il avait fait cela pour contourner l'autorité du gouvernement et renforcer son pouvoir personnel. Le Dr. Barnard était un élément clef de ce conseil privé et l'on disait que c'était un protégé du président. Je pensais que si je refusais Barnard, je m'aliénerais Botha et je conclus qu'une telle décision était trop risquée. Si le président ne participait pas au processus, il ne se passerait rien. Le lendemain matin, j'envoyai une lettre à Coetsee pour lui dire que j'acceptais sa proposition.

Je savais qu'il me restait trois choses cruciales à faire ; tout d'abord, je voulais sonder mes camarades du troisième étage avant de m'engager plus avant ; ensuite, je devais absolument informer Oliver, à Lusaka, de ce qui se passait ; enfin, j'avais l'intention de rédiger un mémorandum pour P.W. Botha lui exposant mes conceptions et celles de l'ANC sur les questions vitales pour l'avenir du pays. Ce mémorandum définirait les points sur lesquels porteraient les futures discussions.

Je réclamai une réunion avec mes camarades et, à ma grande surprise, les autorités refusèrent sans donner d'explication. C'était étrange, et je pensai que cela signalait la grande nervosité des autorités devant la perspective des conversations secrètes. Je me plaignis à un échelon supérieur. Finalement, ma demande fut acceptée, à la condition que je voie mes camarades l'un après l'autre et non pas tous ensemble.

Je les rencontrai au parloir. J'avais décidé de passer certains détails sous silence ; je leur demanderais leur avis sur l'idée de discuter avec le gouvernement sans mentionner qu'un comité avait été formé. Je rencontrai Walter le premier. Je lui parlai de ma lettre au commissaire des prisons et de ma rencontre avec Coetsee. Je lui dis que j'avais évoqué avec lui l'idée d'entamer des discussions avec le gouvernement et que ce dernier semblait intéressé. Qu'en pensait-il ?

J'étais resté fidèle à Walter à travers toutes les épreuves. Il était prudent et sage, et personne ne me connaissait aussi bien que lui. C'était l'homme dont l'opinion m'importait le plus. Walter réfléchit à ce que je lui avais dit. Je vis qu'il était mal à l'aise, au mieux, hésitant. « En principe, dit-il, je ne suis pas contre les négociations. Mais j'aurais aimé que le gouvernement nous propose des discussions plutôt que ce soit nous qui les proposions. »

Je lui répondis que s'il n'était pas contre les négociations par principe, qu'importait qui en était à l'origine ? Ce qui comptait, c'était l'endroit où l'on aboutissait, pas celui dont on partait. J'expliquai à Walter que nous devions avancer dans les négociations sans nous inquiéter de savoir qui avait frappé à la porte le premier. Walter vit que j'avais pris ma décision et il me dit qu'il ne m'arrêterait pas, mais qu'il espérait que je savais ce que je faisais.

Je rencontrai ensuite Raymond Mhlaba. Je lui expliquai la situation comme je l'avais fait avec Walter. Ray parlait peu, et il réfléchit à ce que je lui avais dit pendant quelques instants. Puis il me regarda et me dit : « Madiba, qu'est-ce que tu as attendu ? On aurait dû commencer il y a des années. » Andrew Mlangeni eut en gros la même réaction que Ray. Le dernier était Kathy. Sa réponse fut négative ; il se montra résolument contre ce que je suggérais. De façon plus marquée que Walter, il pensait que prendre l'initiative de discussions apparaîtrait comme une capitulation. Comme Walter, il me dit qu'en principe il n'était pas contre les négociations, et je lui répondis exactement comme à Walter. Mais Kathy se montra inflexible, il pensait que je prenais la mauvaise voie. Pourtant, malgré ses craintes, il me dit qu'il ne s'opposerait pas à moi.

Peu de temps après, je reçus une note d'Oliver Tambo qu'un de mes avocats me fit passer. On lui avait dit que j'avais des discussions secrètes avec le gouvernement et il s'inquiétait. Dans sa lettre, il me disait qu'il savait que j'étais seul depuis quelque temps et séparé de mes camarades. Il avait dû se demander : qu'est-ce qu'il arrive à Mandela ? La note d'Oliver était brève et il voulait savoir une chose : est-ce que je discutais avec le gouvernement ? Il n'avait pas pu penser que j'avais trahi, mais avait peut-être cru que j'avais fait une erreur de jugement. C'était en fait ce que suggérait sa note.

Je répondis à Oliver dans une lettre très sèche pour lui dire que je ne parlais avec le gouvernement que d'une seule et unique chose : une rencontre entre le NEC (National Executive Committee, Comité national de direction) de l'ANC et le gouvernement sud-africain. Je ne lui donnais pas tous les détails parce que je ne pouvais me fier à la confidentialité de la communication. Je lui dis simplement que l'heure était venue pour de telles discussions et que je ne compromettrais jamais l'organisation.

L'ANC avait réclamé des pourparlers avec le gouvernement pendant des décennies, mais nous n'avions jamais été confrontés à la perspective de véritables discussions. C'est une chose de les envisager en théorie et une tout autre chose de les engager. Alors que je composais ma réponse à Oliver, je commençai parallèlement à rédiger mon mémorandum pour P.W. Botha. Je voulais m'assurer qu'Oliver en prendrait connaissance lui aussi. Je savais que la lecture de mon mémorandum apaiserait ses craintes et celles du NEC.

93

La première réunion formelle du groupe de travail secret eut lieu en mai 1988, dans un club d'officiers très chic, dans l'enceinte de Pollsmoor. Je connaissais Coetsee et Willemse, mais je n'avais jamais rencontré Van der Merwe et le Dr. Barnard. Van der Merwe était un homme calme et équilibré qui ne parlait que lorsqu'il avait quelque chose d'important à dire. Le Dr. Barnard était dans la trentaine et extrêmement brillant, un homme doué d'une intelligence contrôlée et ayant une grande maîtrise de soi.

La première réunion fut tendue mais, par la suite, nous pûmes parler plus librement et plus directement. Je les rencontrai chaque semaine pendant quelques mois, puis les réunions eurent lieu à des intervalles irréguliers, parfois aucune pendant un mois, puis brusquement une chaque semaine. Elles étaient en général fixées par le gouvernement, mais parfois c'était moi qui en demandais une.

Au cours de nos premières rencontres, je découvris que mes nouveaux collègues, à l'exception du Dr. Barnard, connaissaient très peu de chose de l'ANC. Tous étaient des Afrikaners raffinés, à l'esprit beaucoup plus ouvert que leurs frères. Mais ils étaient victimes d'une telle propagande qu'il me fallait rectifier un certain nombre d'éléments. Même le Dr. Barnard, qui avait réalisé une étude sur l'ANC, avait trouvé l'essentiel de ses informations auprès de la police et dans les dossiers des services secrets, et elles étaient très inexactes et déformées par les préjugés de ceux qui les avaient réunies. Il ne pouvait pas ne pas être influencé par les mêmes préventions.

Au début, j'ai passé un certain temps à évoquer l'histoire de l'ANC et à expliquer notre position sur les points principaux qui divisaient l'organisation et le gouvernement. Après ces préliminaires, nous nous sommes concentrés sur les questions critiques : la lutte armée, l'alliance de l'ANC avec le Parti communiste, l'objectif de la loi de la majorité et l'idée de réconciliation entre les races.

Le problème de loin le plus central était celui de la lutte armée. Nous avons passé plusieurs mois à en parler. Ils insistaient sur le fait que l'ANC devait renoncer à la violence et abandonner la lutte armée avant que le gouvernement accepte des négociations — et avant que je puisse rencontrer le président Botha. Ils affirmaient que la violence n'était rien d'autre qu'un comportement criminel que l'Etat ne pouvait tolérer.

Je répondais que l'Etat était responsable de la violence et que c'est toujours l'oppresseur, non l'opprimé, qui détermine la forme de la lutte. Si l'oppresseur utilise la violence, l'opprimé n'a pas d'autre choix que de répondre par la violence. Dans notre cas, ce n'était qu'une forme de légitime défense. Je me hasardais à dire que si l'Etat employait des méthodes pacifiques, l'ANC emploierait les mêmes méthodes. « C'est à vous, disais-je, pas à nous, de renoncer à la violence. »

Je pense avoir fait avancer leurs conceptions sur ce point mais la question passa du plan philosophique au plan pratique. Comme le firent remarquer le ministre Coetsee et le Dr. Barnard, le Parti national n'avait cessé de répéter qu'il ne négocierait jamais avec une organisation qui défendait la violence : par conséquent, comment pouvait-il annoncer soudain des pourparlers avec l'ANC sans perdre sa crédibilité ? Afin que nous puissions commencer les discussions, disaient-ils, l'ANC devait accepter un compromis pour que le gouvernement ne perde pas la face devant son propre peuple.

C'était une vraie question que je pouvais parfaitement comprendre, mais je ne leur offris aucune réponse : « Messieurs, leur dis-je, ce n'est pas ma tâche de résoudre votre dilemme à votre place. » Je leur dis qu'ils devaient expliquer à leur peuple qu'il ne pouvait y avoir de paix ni de solution à la situation en Afrique du Sud sans discuter avec l'ANC. Le peuple comprendra, leur dis-je.

L'alliance de l'ANC avec le Parti communiste semblait les inquiéter autant que la lutte armée. Le Parti national faisait siennes les idées les plus étroites de l'idéologie de la guerre froide des années 50 ; il considérait l'Union soviétique comme l'empire du mal et le communisme comme l'œuvre du démon. Il était impossible de les faire changer d'avis. Ils maintenaient que le Parti communiste dominait et contrôlait l'ANC et que, pour entamer des négociations, nous devions rompre avec le Parti.

Tout d'abord, dis-je, aucun combattant de la liberté qui se respecte n'acceptera jamais d'obéir aux ordres du gouvernement qu'il combat, ni ne rejettera jamais un très ancien allié afin de plaire à un adversaire. Je leur expliquai alors longuement que le Parti et l'ANC étaient des organisations distinctes et séparées, qui partageaient les mêmes objectifs à court terme, le renversement de l'oppression raciale et la naissance d'une Afrique du Sud non raciale, mais que nos intérêts à long terme n'étaient pas les mêmes.

La discussion dura des mois. A l'instar de la plupart des Afrikaners, ils pensaient que, comme beaucoup de communistes de l'ANC étaient blancs et indiens, ils contrôlaient les Noirs de l'ANC. Je citais de nombreux exemples où l'ANC et le PC avaient eu des divergences politiques et où l'ANC l'avait emporté, mais cela ne semblait pas les impressionner. Finalement, exaspéré, je leur dis : « Vous pensez que vous êtes intelligents, messieurs, n'est-ce pas ? Vous vous trouvez énergiques et persuasifs, n'est-ce pas ? Et bien, vous êtes quatre et je suis seul, et vous ne pouvez me contrôler ni me faire changer d'idée. Pourquoi pensez-vous que les communistes pourraient réussir là où vous avez échoué ? »

Ils étaient aussi inquiets à propos des nationalisations, soulignant que l'ANC et la Charte de la liberté soutenaient la nationalisation de l'économie sud-africaine. Je leur expliquai que nous étions pour une meilleure redistribution des fruits de certaines industries, des industries qui étaient déjà dans une situation de monopole, et que la nationalisation pouvait avoir lieu dans certains secteurs. Mais je les renvoyai à un article que j'avais écrit en 1966 pour *Liberation*, et dans lequel je disais que la Charte de la liberté n'était pas un projet pour un socialisme mais pour un capitalisme de type africain. Je leur dis que je n'avais pas changé d'avis.

L'autre grande question était celle de la loi de la majorité. Ils pensaient que si la loi de la majorité s'imposait, les droits des minorités seraient foulés aux pieds. Ils voulaient savoir comment l'ANC protégerait la minorité blanche ? Je leur dis que dans toute l'histoire de l'Afrique du Sud, on ne pouvait comparer aucune organisation à l'ANC, pour ce qui était d'unir tous les peuples et toutes les races du pays. Je les renvoyai au préambule de la Charte de la liberté : « L'Afrique du Sud appartient à tous ceux qui y vivent, Noirs et Blancs. » Je leur dis que les Blancs étaient eux aussi des Africains et que, quelle que soit l'organisation de l'avenir, la majorité aurait besoin de la minorité. « Nous ne voulons pas vous rejeter à la mer », leur dis-je.

94

Ces rencontres eurent un effet positif : au cours de l'hiver 1988, on me dit que le président Botha avait l'intention de me rencontrer fin août. Le pays était toujours en état de trouble. Le gouvernement avait imposé un nouvel état d'urgence à la fois en 1987 et 1988. La pression internationale s'accentuait. De plus en plus de sociétés quittaient l'Afrique du Sud. Le Congrès américain venait de voter des sanctions importantes.

En 1987, l'ANC avait fêté le soixante-quinzième anniversaire de sa création, et avait tenu en Tanzanie, à la fin de l'année, une conférence à laquelle avaient assisté des délégués de plus de cinquante nations. Oliver y déclara que la lutte armée s'intensifierait jusqu'à ce que le gouvernement soit disposé à négocier l'abolition de l'apartheid. Deux ans plus tôt, à la conférence de l'ANC à Kabwe, en Zambie, qui marquait le trentième anniversaire de la Charte de la liberté, des membres d'autres races avaient été élus pour la première fois au Comité national de direction qui s'était engagé à ce qu'aucune discussion avec le gouvernement n'ait lieu tant que les responsables de l'ANC ne seraient pas libérés de prison.

La violence faisait toujours rage, mais le Parti national n'avait jamais été aussi fort. Aux élections blanches de mai 1987, les nationalistes obtinrent une majorité écrasante. Pis encore, le Progressive Federal Party (Parti progressiste fédéral) avait été remplacé comme opposant officiel par le Conservative Party, l'aile droite des nationalistes, et il affirmait que le gouvernement était trop indulgent avec l'opposition noire.

Malgré mon optimisme à propos des conversations secrètes, l'époque paraissait difficile. Récemment, j'avais reçu la visite de Winnie, et j'avais appris qu'un incendie criminel avait ravagé le 8115, Orlando West, la maison dans laquelle nous nous étions mariés et que je considérais comme mon chez-moi. Nous avions perdu des objets, des photos et des souvenirs de famille inestimables — même la tranche de notre gâteau de mariage que

Winnie gardait pour ma libération. J'avais toujours pensé qu'un jour, quand je quitterais la prison, je pourrais retrouver le passé en regardant ces photos et ces lettres, et maintenant tout avait disparu. La prison m'avait volé ma liberté mais pas mes souvenirs, et, aujourd'hui, les ennemis de la lutte avaient essayé de me déposséder même de cela.

J'avais aussi un mauvais rhume dont je ne semblais pas pouvoir me débarrasser et je me sentais souvent trop faible pour faire mes exercices. Je continuais à me plaindre de l'humidité de ma cellule, mais on n'y faisait rien. Un jour, au cours d'une visite de mon avocat, Ismail Ayob, je me suis senti mal et j'ai vomi. On m'a ramené dans ma cellule, un médecin m'a examiné et je me suis remis rapidement. Mais, quelques jours plus tard, après le dîner, alors que je me trouvais dans ma cellule, des gardiens et un médecin sont arrivés. Ce dernier m'a examiné et un des gardiens m'a demandé de m'habiller. « Nous vous emmenons à l'hôpital au Cap », m'a-t-il dit. La sécurité était renforcée ; nous sommes partis avec un convoi de voitures et de véhicules militaires, accompagnés d'une bonne dizaine de gardiens.

On m'a conduit au Tygerberg Hospital, sur le campus de l'université de Stellenbosch, dans une région riche et verdoyante du Cap. Comme je l'ai découvert plus tard, les autorités avaient failli choisir des locaux différents parce qu'elles craignaient que je n'attire la sympathie dans un hôpital universitaire. Les gardiens sont entrés les premiers pour évacuer le hall. Ensuite, ils m'ont escorté jusqu'à un étage entièrement vide dans l'entrée duquel se tenaient une douzaine de gardes en armes.

Alors que j'étais assis sur une table dans la salle d'auscultation, un jeune médecin très aimable, professeur à la faculté de médecine, m'a examiné. Il a regardé ma gorge, m'a tapé sur la poitrine, et a déclaré que j'allais très bien. « Vous êtes en parfaite santé, a-t-il déclaré avec un sourire. Nous devrions pouvoir vous libérer demain. » J'avais eu peur de ne plus pouvoir continuer les discussions avec le gouvernement, aussi accueillis-je son diagnostic avec soulagement.

Après l'examen, le médecin m'a demandé si je voulais du thé. J'ai accepté et quelques minutes plus tard, une infirmière métisse, grande et jeune, est entrée avec un plateau. La présence de tous ces gardes et gardiens en armes lui a fait tellement peur qu'elle a laissé tomber son plateau sur mon lit, en renversant le thé, avant de s'enfuir.

J'ai passé la nuit dans une pièce vide, sous haute surveillance. Le lendemain, avant même le petit déjeuner, j'ai d'abord reçu la visite d'un médecin plus âgé, qui était le directeur de l'internat. C'était un homme très sérieux avec un comportement beaucoup moins agréable que le jeune médecin de la veille. Sans préliminaires, il m'a tapé brutalement sur la poitrine et m'a dit d'un ton bourru : « Vous avez de l'eau dans le poumon. » Je lui ai répondu que le médecin qui m'avait ausculté la veille m'avait trouvé en parfaite santé. Un peu ennuyé, il m'a dit : « Mandela, regardez votre poitrine. » Il m'a montré qu'un côté était plus gros que l'autre et il m'a dit qu'il était sans doute plein d'eau.

Il a demandé à une infirmière de lui apporter une seringue et sans plus de façons il me l'a enfoncée dans la poitrine et a ressorti un liquide brunâtre. « Vous avez pris un petit déjeuner ? m'a-t-il demandé. — Non, ai-je répondu. — Très bien, nous allons vous emmener tout de suite au bloc opératoire. » Il m'a dit que j'avais une grande quantité d'eau dans le poumon et qu'il voulait me l'enlever immédiatement.

En salle d'opération, on m'a anesthésié, et la première chose dont je me souviens ensuite, c'est de m'être réveillé dans une chambre avec le médecin à côté de moi. Je me sentais un peu faible mais je me suis concentré sur ce qu'il disait : il m'avait enlevé deux litres d'eau de la poitrine et en analysant le liquide on y avait trouvé le bacille de la tuberculose. Il me dit que la maladie en était au tout premier stade et que le poumon n'avait pas été touché. Alors qu'il fallait normalement six mois pour soigner une tuberculose déclarée, deux mois suffiraient à ma guérison. Le docteur reconnut que l'humidité de ma cellule était peut-être à l'origine de ma maladie.

J'ai passé les six mois suivants au Tygerberg Hospital, où l'on me soignait et où je me remettais. En décembre, on m'a conduit à la clinique de Constantiaberge, un établissement luxueux près de Pollsmoor qui n'avait jamais accueilli de patient noir. Le matin où je suis arrivé, j'ai reçu la visite de Kobie Coetsee, accompagné du général Marais, un commandant adjoint chargé de veiller sur moi. Nous venions de nous saluer quand un infirmier m'a apporté mon petit déjeuner.

A cause de ma récente maladie et de mes problèmes de tension artérielle, on m'avait mis à un régime sévère anticholestérol. Apparemment, la consigne n'était pas encore arrivée jusqu'à la cuisine de la clinique, car le plateau contenait des œufs brouillés, trois tranches de bacon et plusieurs toasts beurrés. Je ne me rappelais pas quand j'avais mangé du bacon et des œufs pour la dernière fois et cela m'a donné une faim de loup. J'étais sur le point d'avaler une délicieuse bouchée d'œuf quand le général Marais s'est écrié : « Non, Mandela, c'est contraire aux ordres de votre médecin. » Il a voulu prendre le plateau, mais je le tenais solidement, et je lui ai dit : « Désolé, mon général. Si ce petit déjeuner doit me tuer, alors je suis prêt à mourir. »

Quand j'ai été douillettement installé à Constantiaberge, j'ai rencontré de nouveau Kobie Coetsee et le comité secret. Avant même que je sois sorti, Coetsee m'a déclaré qu'il voulait me mettre dans une situation à mi-chemin entre l'emprisonnement et la liberté. Il ne m'a pas expliqué ce que cela signifiait mais j'avais une idée de ce dont il parlait et j'ai simplement approuvé d'un signe de tête. Si je n'avais pas la naïveté de considérer sa proposition comme la liberté, je savais qu'il avait franchi une étape dans cette direction.

La clinique était très confortable et pour la première fois j'appréciais une convalescence à l'hôpital. Les infirmières — blanches et métisses, les noires n'étaient pas admises — me gâtaient ; elles me donnaient des desserts et des oreillers en supplément et me rendaient tout le temps visite, même en dehors de leurs heures de service.

Un jour, l'une d'elles est venue me dire : « Mr. Mandela, nous faisons une petite fête ce soir et nous aimerions que vous vous joigniez à nous. » Je lui ai répondu que je serais honoré d'y assister mais que les autorités y trouveraient sans doute à redire. Les responsables de la prison m'ont refusé la permission d'y aller, et les infirmières, irritées, ont décidé que leur fête aurait lieu dans ma chambre, disant que cela ne pouvait se passer sans moi.

Le soir, une douzaine de jeunes femmes en robe de fête sont entrées avec des gâteaux, du punch et des cadeaux. Les gardiens ne savaient plus où ils en étaient mais ils ne pouvaient pas considérer ces jeunes filles joyeuses comme un danger pour la sécurité. En fait, quand l'un d'eux a essayé d'en empêcher une d'entrer, je me suis moqué de lui en l'accusant d'être jaloux d'un vieil homme que tant de jeunes et jolies femmes entouraient de leurs soins.

95

Début décembre 1988, ma sécurité a été renforcée et les officiers de service se sont montrés plus attentifs que d'habitude. Des changements étaient imminents. Le 9 décembre au soir, le général Marais est entré dans ma chambre et m'a dit de me préparer à partir. Pour aller où ? lui ai-je demandé. Il ne pouvait rien me dire. J'ai rangé mes affaires et cherché mes gentilles infirmières ; j'ai été déçu de ne pouvoir les remercier et leur dire au revoir.

Nous sommes partis tout de suite et, après environ une heure de route, nous sommes entrés dans une prison dont j'ai reconnu le nom : Victor Verster. Située près de

Paarl, une jolie ville de style hollandais du Cap, Victor Verster se trouve à une cinquantaine de kilomètres au nord-est de la ville du Cap, dans la région vinicole de la province. L'établissement avait la réputation d'être une prison modèle. Nous avons traversé l'enceinte sur toute sa longueur, longé une route boueuse et sinueuse dans une zone boisée, puis nous sommes arrivés devant une maison isolée, de plain-pied, blanchie à la chaux, située derrière un mur de ciment, à l'ombre de très hauts sapins.

Le général m'a fait entrer dans la maison où j'ai trouvé un vaste salon à côté d'une grande cuisine, et une chambre encore plus grande à l'arrière. L'ensemble était peu mais confortablement meublé. On ne l'avait ni lavé ni balayé avant mon arrivée, et la chambre et le salon grouillaient d'insectes exotiques de toutes sortes, mille-pattes, araignées et ainsi de suite, dont certains que je n'avais jamais vus. Le soir, j'ai chassé les insectes de mon lit et de l'appui de fenêtre, et j'ai très bien dormi dans ce qui était ma nouvelle maison.

Le lendemain matin, j'ai visité les lieux et découvert une piscine dans le jardin derrière et deux autres chambres plus petites. Je me suis promené en admirant les arbres dont l'ombre apportait de la fraîcheur à la maison. L'endroit semblait éloigné et isolé. Seuls les barbelés au sommet des murs et les gardes à l'entrée de la maison gâchaient ce tableau idyllique. Mais c'était quand même une situation et un endroit merveilleux — une maison à mi-chemin entre la liberté et la prison.

L'après-midi, j'ai reçu la visite de Kobie Coetsee, qui m'apportait une caisse de vin du Cap comme cadeau pour la pendaison de la crémaillère. Nous étions tous deux conscients de l'ironie qui accompagnait un tel présent offert par le geôlier à son prisonnier. Il se montra extrêmement prévenant et, voulant s'assurer que j'aimais ma nouvelle demeure, inspecta la maison et recommanda qu'on surélève les murs pour préserver mon intimité, dit-il. Il me confia que cette maison de Victor Verster serait la dernière avant que je redevienne un homme libre. Ce déménagement me permettrait d'avoir un endroit pour poursuivre mes discussions en privé et avec un certain confort.

La maison donnait effectivement une impression de liberté. Je pouvais me coucher et me réveiller quand je le voulais, nager quand j'en avais envie, manger quand j'avais faim — autant d'impressions délicieuses. Pouvoir simplement sortir pendant la journée et faire une promenade si je le désirais était un moment de gloire personnelle. Il n'y avait pas de barreaux aux fenêtres, pas de tintements de clefs, pas de portes à ouvrir et à fermer à clef. C'était très agréable, mais je n'ai jamais oublié que je me trouvais dans une cage dorée.

La prison me donna un cuisinier, l'adjudant Swart, un grand Afrikaner très calme, qui avait été gardien à Robben Island. Je ne me souvenais pas de lui mais il me dit qu'il nous accompagnait parfois à la carrière et qu'il roulait délibérément dans les trous pour nous secouer. « Je vous ai fait ça », me dit-il l'air penaud, et je ris. C'était un homme aimable et de bon caractère, sans aucun préjugé, et il est devenu pour moi comme un jeune frère.

Il arrivait le matin à sept heures et repartait à seize heures, et me préparait le petit déjeuner, le déjeuner et le dîner. Comme j'avais un régime défini par mon médecin, il suivait ses indications. C'était un merveilleux cuisinier. Quand il rentrait chez lui l'après-midi, il me laissait mon dîner pour que je le réchauffe au micro-ondes, un appareil nouveau pour moi.

L'adjudant Swart faisait du pain, de la boisson au gingembre et des petits plats. Quand j'avais des visiteurs, ce qui arrivait de plus en plus souvent, il préparait des repas de gourmets. Mes invités en faisaient l'éloge, et j'ose dire qu'on me l'enviait. Quand les autorités ont commencé à permettre à certains camarades de l'ANC et à des membres de l'United Democratic Front et du Mass Democratic Movement (Mouvement démocratique de masse, MDM) de venir me voir, je les accusai de ne le faire que pour ma table.

Un jour, après un délicieux repas préparé par Swart, je

suis allé dans la cuisine pour faire la vaisselle. « Non, m'a-t-il dit, c'est mon travail. Vous devez retourner dans le salon. » J'ai insisté en disant que je devais faire quelque chose, que s'il préparait la cuisine, il était juste que je fasse la vaisselle. Mr. Swart a protesté mais a fini par céder. Il refusait aussi que je fasse mon lit le matin en disant que cela lui revenait. Mais j'avais accompli cette tâche pendant si longtemps que c'était devenu un réflexe.

Nous avons aussi établi un autre compromis. Comme beaucoup de gardiens de langue afrikaans, il avait envie d'améliorer son anglais. Je voulais améliorer mon afrikaans. Nous avons conclu un accord : il me parlerait en anglais et je lui répondrais en afrikaans ; ainsi nous pratiquerions tous deux la langue dans laquelle chacun était le plus faible.

Parfois, je lui demandais de me préparer certains plats, par exemple le gruau de maïs et les haricots que je mangeais enfant. Un jour, je lui ai dit : « Vous savez, j'aimerais que vous me prépariez du riz brun. » A mon grand étonnement, il m'a demandé : « Qu'est-ce que c'est, du riz brun ? » Swart était jeune, et je lui ai expliqué qu'il s'agissait de riz complet que nous mangions pendant la guerre lorsqu'il était impossible d'avoir du riz blanc. J'ai ajouté que c'était beaucoup plus sain que le riz blanc. Il se montrait sceptique ; pourtant il a réussi à m'en trouver, me l'a préparé et cela m'a beaucoup plu. Mais Mr. Swart n'en supportait pas le goût et il m'a juré que, si j'en voulais de nouveau, je n'aurais qu'à me le préparer moi-même.

Je ne buvais pas, mais je voulais être un hôte convenable et servir du vin à mes invités. Parfois j'en prenais une gorgée pour que tout le monde soit à l'aise, mais je ne digérais qu'un vin sud-africain demi-sec qui était en réalité très doux.

Avant l'arrivée de mes invités, je demandais à Mr. Swart un vin de Nederburg. Un jour, j'attendais mes avocats et amis Dullah Omar, George Bizos et Ismail Ayob, et j'ai demandé à Mr. Swart d'acheter du Nederburg, car George Bizos, qui n'était pas musulman, buvait du vin à table. J'ai remarqué qu'il faisait la grimace et je lui ai demandé ce qui n'allait pas.

« Mr. Mandela, m'a-t-il répondu, je vous achète toujours ce vin-là parce que vous me le demandez, mais c'est un vin bon marché et pas excellent. » Je lui ai rappelé qu'il n'aimait pas les vins secs et j'étais sûr que George ne verrait pas la différence. Mr. Swart a souri et m'a proposé un compromis : il achèterait deux bouteilles, un vin sec et mon Nederburg, puis il demanderait à George lequel il préférait. « D'accord, ai-je dit, faisons l'expérience. »

Quand nous avons été installés tous les quatre, Swart est arrivé en tenant les deux bouteilles et a demandé à George : « Lequel préférez-vous, monsieur ? » Sans même me regarder, George a montré le vin sec. L'adjudant Swart s'est contenté de sourire.

96

Les réunions du comité secret se poursuivaient et nous butions constamment sur ces questions qui depuis toujours nous avaient empêchés d'avancer : la lutte armée, le Parti communiste et le gouvernement de la majorité. J'insistais toujours auprès de Coetsee pour obtenir une rencontre avec P.W. Botha. A cette époque, les autorités me permettaient d'avoir des communications rudimentaires avec mes camarades à Pollsmoor et à Robben Island, ainsi qu'avec l'ANC à Lusaka. Sachant que j'étais en avance sur mes camarades, je ne voulais pas aller trop vite et me retrouver seul.

En janvier 1989, j'ai reçu la visite de mes quatre camarades de Pollsmoor et nous avons discuté du mémorandum que j'avais l'intention d'adresser au président. J'y rappelais les points importants soulevés dans les discussions du comité secret, mais je voulais être sûr que le président les entende exprimés directement par moi. Il verrait que nous n'étions pas des terroristes fanatiques mais des hommes raisonnables.

Dans le mémorandum que j'envoyai en mars à Mr. Botha, j'écrivais : « Comme tant d'autres Sud-Africains, je suis effrayé par le spectre d'une Afrique du Sud divisée en deux camps hostiles — les Noirs d'un côté... les Blancs de l'autre, se massacrant mutuellement. » Pour prévenir cela et préparer le terrain à des négociations, je lui proposais d'aborder les trois demandes faites par le gouvernement à l'ANC comme un préalable aux négociations : renoncer à la violence, rompre avec le Parti communiste et abandonner le principe d'un gouvernement majoritaire.

Sur le premier point, j'écrivais que le refus de l'ANC de renoncer à la violence n'était pas le problème. « La vérité, c'est que le gouvernement n'est pas encore prêt à partager le pouvoir avec les Noirs. » J'expliquais notre refus de rejeter le Parti communiste et je réaffirmais que nous n'étions pas sous son contrôle. « Quel homme d'honneur, écrivais-je, fuirait un ami de toujours à la demande de leur adversaire commun en conservant une quelconque crédibilité aux yeux des siens ? » Je disais que le rejet de la loi de la majorité par le gouvernement n'était qu'une pauvre tentative pour conserver le pouvoir. Je lui suggérais de voir la réalité en face : « Le gouvernement de la majorité et la paix intérieure sont comme les deux faces d'une même pièce et l'Afrique du Sud blanche doit simplement accepter l'idée qu'il n'y aura jamais ni paix ni stabilité dans ce pays tant que ce principe ne sera pas pleinement appliqué. »

A la fin de la lettre, je lui proposais un cadre très général pour les négociations.

> Deux questions essentielles devront être discutées ; premièrement, la formation d'un gouvernement de la majorité dans un Etat unitaire ; deuxièmement, la position des Blancs sur cette formation ainsi que leur insistance sur des garanties structurelles afin que le gouvernement de la majorité ne signifie pas la domination de la minorité blanche

par la majorité noire. Les tâches fondamentales qui attendent le gouvernement et l'ANC seront de concilier ces deux positions.

Je proposais qu'on procède en deux étapes : tout d'abord une discussion pour créer les conditions favorables à une négociation ; ensuite les négociations elles-mêmes. « Je dois vous signaler que l'initiative que j'ai prise vous offre l'occasion de sortir de l'impasse actuelle et de normaliser la situation politique du pays. J'espère que vous la saisirez sans attendre. »

Mais il fallut attendre. En janvier, Botha fut victime d'une congestion cérébrale. Si cela ne l'empêcha pas d'exercer sa fonction de président, il fut affaibli et, d'après ses ministres, cela le rendit encore plus irascible. En février, sans qu'on s'y attende, il démissionna de la direction du Parti national mais conserva son poste de président de la République, une situation sans précédent dans l'histoire du pays : dans le système parlementaire sud-africain, le chef du parti majoritaire devient chef de l'Etat. Le président Botha était maintenant chef de l'Etat mais pas de son propre parti. Certains considéraient cela comme un développement positif : Botha voulait être « au-dessus des partis politiques » pour apporter de vrais changements en Afrique du Sud.

La violence politique et les pressions internationales continuaient à s'intensifier. Dans tout le pays, les détenus politiques avaient observé une grève de la faim obligeant le ministre de la Loi et de l'Ordre [1] à libérer neuf cents d'entre eux. En 1989, l'UDF forma une alliance avec le Congress of South African Trade Unions (COSATU, Congrès des syndicats sud-africains) pour créer le Mouvement démocratique de masse (MDM), qui commença à organiser une campagne nationale de désobéissance civile afin de lutter contre les institutions de l'apartheid. Sur le front international, Oliver avait des conversations avec les gouvernements de Grande-Bretagne et d'Union

---

1. Ministre de l'Intérieur. *(N.d.T.)*

soviétique, et, en janvier 1987, il rencontra le secrétaire d'Etat américain, George Shultz, à Washington. Les Américains reconnaissaient l'ANC comme un élément indispensable pour toute solution en Afrique du Sud. Les sanctions contre l'Afrique du Sud étaient poursuivies et même renforcées.

La violence politique avait aussi son côté tragique. A cause de l'augmentation de la violence à Soweto, ma femme autorisa un groupe de jeunes hommes à lui servir de gardes du corps quand elle se déplaçait dans le township. Ces jeunes gens indisciplinés et sans formation furent impliqués dans des activités incompatibles avec la lutte de libération. En conséquence, Winnie se retrouva entraînée dans le procès d'un de ses gardes du corps, accusé du meurtre d'un jeune camarade. Cette situation était pour moi très troublante car un tel scandale ne servait qu'à diviser le mouvement au moment précis où l'unité était essentielle. Je soutins entièrement ma femme, qui avait manqué de jugement mais était innocente de toute accusation grave.

En juillet, pour mon soixante et onzième anniversaire, je reçus la visite de presque toute ma famille dans ma maison de Victor Verster. C'était la première fois que je voyais en même temps ma femme, mes enfants et mes petits-enfants, et ce fut une journée merveilleuse et heureuse. L'adjudant Swart se surpassa en préparant un véritable festin, et il ne se formalisa même pas quand je permis à certains de mes petits-enfants de manger le dessert avant le plat principal. Après le repas, mes petits-enfants allèrent dans ma chambre regarder un film d'horreur en vidéo pendant que les adultes bavardaient dans le salon. Avoir toute ma famille autour de moi me procurait un bonheur très profond ; mon seul regret était de savoir que j'en avais été privé pendant tant d'années.

Le 4 juillet 1989, je reçus la visite du général Willemse, qui m'informa que j'allais voir le président Botha le lendemain. Il me décrivit la rencontre comme une « visite de courtoisie » et me demanda de me tenir prêt à 5 h 30 du matin. Je dis au général que si j'étais heureux de cette rencontre, je pensais qu'il serait bien que j'aie un costume et une cravate pour voir Mr. Botha. (Le costume de la visite du groupe de personnalités éminentes avait disparu depuis longtemps.) Le général accepta et, un peu plus tard, un tailleur apparut pour prendre mes mesures. L'après-midi, on me livra un nouveau costume, une chemise, une cravate et des chaussures. Avant de partir, le général me demanda mon groupe sanguin, au cas où quelque chose de malencontreux se passerait le lendemain.

Je me préparai du mieux que je le pus pour cette rencontre. Je relus mon mémorandum et mes notes. Je consultai tous les journaux et les publications que j'avais, afin d'être au fait. A la suite de la démission du président Botha, le Parti national avait élu F.W. De Klerk pour le remplacer et l'on disait qu'une lutte sournoise opposait les deux hommes. Certains interprétaient la volonté de Botha de me rencontrer comme le désir de couper l'herbe sous le pied à son rival, mais cela ne me concernait pas. Je répétai les arguments que m'avancerait le président et ceux que je lui retournerais. Dans chaque rencontre avec un adversaire, on doit s'assurer qu'on donne exactement l'impression qu'on a l'intention de donner.

J'étais un peu tendu à la perspective de rencontrer Mr. Botha. On l'appelait *die Groot Krokodil* — le Grand Crocodile — et on m'avait beaucoup parlé de son caractère féroce. J'avais l'impression que c'était le modèle même de l'Afrikaner d'autrefois, intraitable et obstiné, qui ne discutait pas avec les responsables noirs mais leur dictait sa volonté. Sa récente attaque cérébrale n'avait fait qu'exacerber cette tendance. Je décidai que s'il se comportait avec moi de façon paternaliste, je l'informerais que je trouvais cela inacceptable et me lèverais pour mettre fin à la rencontre.

A 5 h 30 précises, le général Marais, le commandant de Victor Verster, se présenta chez moi. Il entra dans le salon et je me tins devant lui dans mon costume neuf pour une inspection. Il tourna autour de moi puis secoua la tête et me dit : « Non, Mandela, votre cravate. » On ne met pas souvent de cravate en prison et, ce matin, en mettant la mienne, je m'étais rendu compte que je ne savais plus faire un nœud. Je m'en était tiré tant bien que mal en espérant que personne ne le remarquerait. Le général Marais déboutonna mon col, m'enleva ma cravate et, debout derrière moi, il me fit un double nœud Windsor. Puis il admira son œuvre. « C'est beaucoup mieux », conclut-il.

Nous allâmes en voiture de Victor Verster à Pollsmoor, la résidence du général Willemse, où la femme du général nous servit un petit déjeuner. Ensuite nous nous dirigeâmes en petit convoi vers Tuynhuys, la résidence officielle du président, où la voiture descendit dans un garage souterrain. Tuynhuys est un bâtiment élégant de style hollandais du Cap qui date du XIXe siècle, mais ce jour-là je ne le vis pas bien. En fait, on me fit passer en fraude dans l'appartement présidentiel.

Nous prîmes un ascenseur qui nous laissa au rez-de-chaussée dans une immense entrée, devant le bureau du président. Kobie Coetsee et Niel Barnard nous attendaient, entourés d'une suite de hauts fonctionnaires du service des prisons. J'avais beaucoup parlé de cette rencontre avec Coetsee et Barnard et ils m'avaient toujours conseillé d'éviter les questions sujettes à controverse avec le président. Pendant que nous attendions, le Dr. Barnard baissa les yeux et s'aperçut que mes lacets n'étaient pas correctement noués. Il s'agenouilla aussitôt pour y remédier. Je me rendis compte de leur nervosité et cela ne m'aidait pas à me calmer. La porte s'ouvrit. J'entrai en m'attendant au pire.

Le président Botha contourna son bureau et s'avança vers moi. Il avait parfaitement calculé les distances, car nous nous retrouvâmes exactement au centre. Il tendait la main et arborait un large sourire et, en fait, à partir du premier instant, il m'a complètement désarmé. Il se montra extrêmement poli, déférent et amical.

Nous posâmes pour un photographe, en train de nous serrer la main, puis Kobie Coetsee, le général Willemse et le Dr. Barnard nous rejoignirent autour d'une grande table. On nous servit le thé et nous commençâmes à parler. Dès le début, nous n'eûmes pas l'impression d'être engagés dans une discussion politique tendue, mais dans un cours vivant et intéressant. Nous parlâmes moins de questions précises que de culture sud-africaine et d'histoire. Je mentionnai que j'avais lu récemment un article dans un magazine de langue afrikaans sur la révolte des Afrikaners de 1944, et je rappelai qu'ils avaient alors occupé des villes dans l'Etat libre d'Orange. Je dis qu'à mon avis notre lutte était parallèle à cette révolte célèbre, et nous parlâmes de cet épisode historique pendant quelque temps. Evidemment, l'histoire sud-africaine apparaît très différente à des Noirs et à des Blancs. Eux voyaient la révolte comme une querelle entre frères et ma lutte comme une révolution. Je dis qu'on pouvait aussi la considérer comme une lutte entre frères qui se trouvaient être de couleur différente.

La rencontre durait depuis à peine une demi-heure et avait été jusque-là amicale et cordiale. C'est alors que je posai une grave question. Je demandai à Mr. Botha de libérer inconditionnellement tous les prisonniers politiques, moi-même compris. Ce fut le seul moment de tension de la rencontre ; Mr. Botha dit qu'il avait peur de ne pouvoir le faire.

Il y eut alors une brève discussion pour savoir ce que nous dirions en cas de fuite sur cette rencontre. Nous rédigeâmes rapidement une déclaration disant que nous avions pris le thé pour promouvoir la cause de la paix dans le pays. Quand nous fûmes d'accord, Mr. Botha se leva et me serra la main en me disant que cela avait été un plaisir. Ça l'avait été en effet. Je le remerciai et repris le chemin par lequel nous étions venus.

Si cette rencontre n'avait pas marqué une avancée en

termes de négociation, c'en fut une dans un autre sens. Mr. Botha avait longuement parlé de la nécessité de franchir le Rubicon, mais il ne l'avait jamais fait avant ce matin à Tuynhuys. Maintenant, je sentais qu'il n'y aurait pas de retour en arrière.

Un peu plus d'un mois plus tard, en août 1989, P.W. Botha annonça à la télévision sa démission en tant que chef de l'Etat. Dans un message d'adieu curieusement décousu, il accusa les membres du gouvernement de manquer de confiance, de l'ignorer et d'être aux mains du Congrès national africain. Le lendemain, F.W. De Klerk prêta serment comme président, et confirma son engagement vers le changement et les réformes.

Pour nous, Mr. De Klerk ne représentait rien. Quand il devint chef du Parti national, il semblait être la quintessence de l'homme d'appareil, rien de plus, rien de moins. Rien dans son passé ne semblait indiquer l'ombre d'un esprit de réforme. En tant que ministre de l'Education, il s'était efforcé de maintenir les étudiants noirs hors des universités blanches. Mais dès qu'il prit la direction du Parti national, je commençai à le suivre attentivement. Je lus tous ses discours, j'écoutai ce qu'il disait, et je compris qu'il représentait une rupture totale avec son prédécesseur. Ce n'était pas un idéologue mais un pragmatique, un homme qui considérait le changement comme nécessaire et inévitable. Le jour de sa prestation de serment, je lui écrivis une lettre pour lui demander un rendez-vous.

Dans son discours inaugural, Mr. De Klerk déclara que son gouvernement était attaché à la paix, et qu'il négocierait avec tout autre groupe attaché à la paix. Mais il ne prouva vraiment son attachement à un nouvel ordre qu'après sa nomination, lorsqu'une marche fut organisée au Cap pour protester contre les brutalités policières. L'archevêque Tutu et Allan Boesak devaient être en tête. A l'époque du président Botha, cette marche aurait été interdite, les manifestants auraient défié l'interdiction, et il en aurait résulté des actes de violence. Le nouveau président respecta sa promesse de limiter les restrictions sur les rassemblements politiques et autorisa la manifestation, en demandant seulement aux manifestants de rester calmes. Une main nouvelle et différente tenait la barre.

98

Même quand De Klerk devint président, je continuai à rencontrer le comité secret de négociation. Nous fûmes rejoints par Gerrit Viljoen, le ministre du Développement constitutionnel, homme brillant, docteur ès lettres classiques, dont le rôle consistait à faire entrer nos conversations dans un cadre constitutionnel. Je pressai le gouvernement de montrer des preuves de sa bonne volonté en libérant mes camarades prisonniers politiques à Pollsmoor et à Robben Island. Je dis au comité que mes camarades devaient être libérés sans condition, et parallèlement j'affirmai que le gouvernement pouvait attendre un comportement discipliné de leur part après leur libération. Govan Mbeki, qu'on avait libéré inconditionnellement fin 1987, en était la preuve.

Le 10 octobre 1989, le président De Klerk annonça que Walter Sisulu et sept de mes anciens camarades de Robben Island, Raymond Mhlaba, Ahmed Kathrada, Andrew Mlangeni, Elias Motsoaledi, Jeff Masemola, Wilton Mkwayi et Oscar Mpetha, allaient être libérés. Ce matin-là, je reçus la visite de Walter, Kathy, Ray et Andrew qui se trouvaient toujours à Pollsmoor et j'ai pu leur dire au revoir. Ce fut un moment émouvant, mais je savais que je n'aurais plus longtemps à attendre. Ils furent libérés cinq jours plus tard de la prison de Johannesburg. Cet acte valut à Mr. De Klerk des félicitations de l'intérieur et de l'extérieur, et je lui transmis les miennes.

Mais ma gratitude était peu de chose comparée à ma joie absolue de voir Walter et les autres libres. C'était un jour que nous avions désiré et pour lequel nous avions combattu pendant de nombreuses années. De Klerk avait tenu sa promesse et ils furent libérés sans aucune restriction ; ils pouvaient parler au nom de l'ANC. Il était clair que l'interdiction qui pesait sur l'organisation avait expiré dans les faits, une revendication liée à notre très longue lutte et à notre fidélité sans faille à nos principes.

De Klerk commença à démanteler beaucoup de forteresses de l'apartheid. Il ouvrit les plages d'Afrique du Sud aux gens de toutes couleurs, et annonça que la Reservation of Separate Amenities Act serait bientôt abrogée. Depuis 1953, cette loi avait organisé ce qu'on appelait l'« apartheid mesquin » *(petty apartheid)* en imposant la ségrégation des jardins publics, des théâtres, des restaurants, des autobus, des bibliothèques, des toilettes et autres installations publiques, en fonction de la race. En novembre, il annonça que le National Security Management System (Système national de direction de la sécurité), une structure secrète créée sous P.W. Botha pour combattre les forces anti-apartheid, serait dissous.

Au début de décembre, on m'informa que je devais rencontrer De Klerk le 12 du mois. A cette époque, je pouvais consulter mes camarades nouveaux et anciens et j'eus plusieurs réunions avec ces derniers et les responsables du MDM et de l'UDF. Je reçus des membres de l'ANC et des délégués de l'UDF et du COSATU de toutes les régions. Parmi ces jeunes hommes se trouvait Cyril Ramaphosa, le secrétaire général du Syndicat national des mineurs et l'un des plus brillants responsables de sa génération. Je reçus aussi la visite de camarades de Robben Island, tels Terror Lekota et Tokyo Sexwale, qui restèrent pour déjeuner. Tous deux ont bon appétit et l'adjudant Swart fut le seul à se plaindre d'eux ; il dit : « Ces garçons vont tout nous manger jusqu'au dernier sou ! »

Avec l'aide d'un certain nombre de camarades, je rédigeai une lettre pour De Klerk pas très différente de celle que j'avais envoyée à P.W. Botha. Elle concernait les discussions entre le gouvernement et l'ANC. Je disais au président que le conflit en cours ruinait l'Afrique du Sud et que des pourparlers étaient la seule solution. L'ANC n'accepterait aucune condition préalable, et en particulier celle à laquelle tenait le gouvernement : la suspension de la lutte armée. Le gouvernement demandait un « attachement sincère à la paix » et je lui faisais remarquer que notre volonté de négocier était exactement cela.

Je disais à Mr. De Klerk que j'étais impressionné par la façon dont il avait insisté sur la réconciliation nationale dans son discours inaugural. Ses paroles avaient redonné à des millions de gens dans notre pays et dans le reste du monde l'espoir qu'une nouvelle Afrique du Sud allait bientôt naître. La première étape sur la voie de la réconciliation, disais-je, était le démantèlement complet de l'apartheid et de toutes les mesures qui l'imposaient.

Mais j'ajoutais que l'esprit de ce discours ne s'était pas manifesté dernièrement. Beaucoup percevaient la politique du gouvernement comme la continuation de l'apartheid par d'autres moyens. Le gouvernement, disais-je, avait passé trop de temps à discuter avec les responsables des homelands et autres, cooptés par le système ; j'affirmais que ces hommes étaient les représentants d'un passé d'oppression que rejetait l'immense majorité des Noirs d'Afrique du Sud.

Je renouvelais ma proposition selon laquelle ces discussions devaient se dérouler en deux étapes. J'affirmais soutenir pleinement la ligne politique adoptée par l'ANC dans la déclaration de Harare, de 1989, qui donnait au gouvernement la responsabilité d'éliminer les obstacles à la négociation que l'Etat avait lui-même créés. Ces exigences comprenaient la libération de tous les prisonniers politiques, la levée de toutes les interdictions pesant sur des organisations ou des personnes, la fin de l'état d'urgence et le retrait de tous les soldats des townships. J'insistai sur le fait qu'un accord de cessez-le-feu mettant fin aux hostilités devait être le premier point de l'ordre du jour, sans quoi rien ne pourrait être conclu. Mr. De Klerk reçut ma lettre la veille de notre rencontre.

Le matin du 13 décembre, on me conduisit de nouveau à Tuynhuys. Je rencontrai De Klerk dans le même bureau où j'avais autrefois pris le thé avec son prédécesseur. Mr. De Klerk était accompagné de Kobie Coetsee, du général Willemse, du Dr. Barnard et de son collègue Mike Louw. Je félicitai Mr. De Klerk d'être devenu président et exprimai l'espoir que nous pourrions travailler ensemble. Il se montra extrêmement cordial, affichant les mêmes sentiments.

D'abord, je me rendis compte que Mr. De Klerk écoutait ce que j'avais à dire.

C'était une expérience nouvelle. En général, dans les conversations avec les responsables noirs, les dirigeants du Parti national n'entendaient que ce qu'ils voulaient bien écouter, mais Mr. De Klerk semblait faire un effort pour vraiment comprendre.

Une des questions sur lesquelles j'insistai ce jour-là fut le plan de cinq ans récemment adopté et qui contenait le concept de « droits des minorités » ; ce qui signifiait qu'aucun groupe racial ou ethnique ne pouvait prendre le pas sur un autre. Les nationalistes affirmaient que c'était une façon de protéger la liberté des minorités dans une nouvelle Afrique du Sud, mais en réalité leur proposition cherchait seulement à préserver la domination blanche. Je dis à Mr. De Klerk que c'était inacceptable pour l'ANC.

J'ajoutai que le fait de retenir ce concept ne servirait pas ses intérêts, donnant l'impression qu'il voulait moderniser l'apartheid sans l'abandonner ; cela portait atteinte à son image et à celle du Parti national aux yeux des forces de progrès dans le pays et le monde. Je lui dis qu'on ne pouvait pas réformer un système oppressif, on ne pouvait que le rejeter entièrement. Je citai un article que j'avais lu récemment dans *Die Burger*, l'organe officieux du Parti national au Cap, dans lequel on laissait entendre que les droits des minorités étaient une tentative de faire revenir l'apartheid par la petite porte. Je dis à Mr. De Klerk que si le journal de son parti lui-même percevait ainsi les droits des minorités, comment pensait-il que nous les considérions ? J'ajoutai que l'ANC n'avait pas lutté contre l'apartheid pendant soixante-quinze ans pour céder devant une forme déguisée d'apartheid et que, si son intention véritable consistait à préserver le système grâce au cheval de Troie des droits des minorités, alors il ne croyait pas vraiment à la fin de l'apartheid.

Mr. De Klerk, je le vis ce jour-là, ne réagissait pas rapidement aux choses. Il écoutait ce que j'avais à dire et ne s'opposait pas à moi. « Vous savez, me dit-il, mon but n'est pas différent du vôtre. Dans le mémorandum que vous avez adressé à P.W. Botha, vous dites que l'ANC et le gouvernement devraient travailler ensemble pour résoudre le problème de la peur des Blancs devant la domination noire, et l'idée des "droits des minorités" est la solution que nous proposons. » Sa réponse m'impressionna mais je lui dis que l'idée des « droits des minorités » faisait plus pour augmenter la peur des Noirs que pour apaiser celle des Blancs. Alors De Klerk me dit : « Si c'est ainsi, nous devrons en changer. »

Puis je soulevai le problème de ma libération et je lui déclarai que s'il espérait me mettre à la retraite après m'avoir fait sortir de prison, il se trompait tout à fait. Je réaffirmai que si on me libérait dans les mêmes conditions que celles dans lesquelles on m'avait arrêté, je referais exactement les mêmes choses pour lesquelles on m'avait arrêté. Je lui expliquai que la meilleure façon d'avancer était de lever l'interdiction de l'ANC et de toutes les autres organisations politiques, de mettre fin à l'état d'urgence, de libérer les prisonniers politiques et de permettre le retour des exilés. Si le gouvernement n'autorisait pas l'ANC, dès que je sortirais de prison je travaillerais pour une organisation illégale. « Alors, dis-je, vous n'aurez plus qu'à m'arrêter une nouvelle fois dès que j'aurai franchi ces portes. »

Il écouta ce que j'avais à dire. Mes propositions ne devaient sans doute pas l'étonner. Il me répondit qu'il allait prendre en considération tout ce que j'avais expliqué, mais qu'il ne me ferait aucune promesse. Cette réunion était exploratoire et je compris qu'on ne résoudrait rien ce jour-là. Mais ce fut extrêmement utile car j'avais pris la mesure de Mr. De Klerk comme je le faisais avec les nouveaux commandants de la prison lorsque j'étais à Robben Island. Je pus écrire à Lusaka que Mr. De Klerk semblait représenter une vraie rupture par rapport aux hommes politiques du Parti national d'autrefois. Mr. De Klerk me faisait penser à la description que Mrs. Thatcher donnait de Mr. Gorbatchev : un homme avec lequel on pouvait faire des affaires.

99

Le 2 février 1990, F.W. De Klerk se présenta devant le Parlement pour prononcer le traditionnel discours d'ouverture et il fit quelque chose qu'aucun autre chef d'Etat sud-africain n'avait jamais fait : il commença véritablement à démanteler le système d'apartheid et prépara le terrain pour une Afrique du Sud démocratique. De façon spectaculaire, Mr. De Klerk annonça la levée de l'interdiction de l'ANC, du PAC, du Parti communiste sud-africain et de trente et une autres organisations illégales ; la libération des prisonniers politiques incarcérés pour des activités non violentes ; la suspension de la peine capitale ; et la levée de différentes restrictions imposées par l'état d'urgence. « L'heure de la négociation est arrivée », déclara-t-il.

Ce fut un moment ahurissant car en une seule action radicale il avait presque normalisé la situation en Afrique du Sud. Après quarante années de persécution et d'interdiction, l'ANC redevenait une organisation légale. Mes camarades et moi, nous ne serions plus arrêtés pour le simple fait d'appartenir à l'ANC, de porter son drapeau vert, jaune et noir, de parler en son nom, et tous mes camarades interdits pouvaient apparaître librement dans les journaux sud-africains. La communauté internationale applaudit à l'action audacieuse de De Klerk. Cependant, au milieu de toutes ces bonnes nouvelles, l'ANC fit remarquer que le président n'avait pas complètement levé l'état de siège et n'avait pas donné à l'armée l'ordre de quitter les townships.

Le 9 février, sept jours après le discours de Mr. De Klerk devant le Parlement, on m'informa que je retournais à Tuynhuys. J'arrivai à 18 heures. Je retrouvai dans son bureau un Mr. De Klerk souriant et nous nous serrâmes la main, puis il m'informa qu'il allait me libérer le lendemain. La presse sud-africaine et celle du monde entier spéculaient depuis des semaines sur ma libération imminente, cependant la déclaration de Mr. De Klerk me prit par surprise. On ne m'avait pas dit qu'il voulait me voir pour m'annoncer qu'il faisait de moi un homme libre.

Je sentis un conflit entre mon cœur et ma raison. Je voulais profondément quitter la prison le plus vite possible, mais le faire aussi rapidement n'aurait pas été sage. Je remerciai Mr. De Klerk puis je lui dis, au risque de passer pour un ingrat, que je préférais avoir une semaine de délai afin que ma famille et mon organisation puissent se préparer. Sortir de prison le lendemain provoquerait un véritable chaos. Je demandai à Mr. De Klerk de ne me libérer que dans une semaine à partir d'aujourd'hui. Après avoir attendu pendant vingt-sept ans, je pouvais bien attendre huit jours de plus.

Ma réponse laissa De Klerk stupéfait. Mais il ne dit rien et continua à me parler de l'organisation de ma libération. Il me dit que le gouvernement me conduirait en avion à Johannesburg, où je serais officiellement libéré. Avant qu'il n'aille plus loin, je lui dis que j'étais tout à fait opposé à cette idée. Je voulais franchir les portes de Victor Verster à pied pour pouvoir remercier ceux qui avaient veillé sur moi et saluer le peuple du Cap. Si j'étais de Johannesburg, je vivais au Cap depuis bientôt trente ans. Je reviendrais à Johannesburg mais quand je choisirais de le faire, pas quand le gouvernement le voudrait. « Lorsque je serai libre, dis-je, je m'occuperai de moi-même tout seul. »

De Klerk se retrouva de nouveau embarrassé. Cette fois-ci mes objections entraînèrent une réaction de sa part. Il s'excusa et quitta son bureau pour aller consulter les autres. Il revint dix minutes plus tard en faisant grise mine. « Mr. Mandela, dit-il, il est trop tard pour changer de plan maintenant. » Je lui répondis que cela était inacceptable et que je voulais être libéré dans une semaine et à Victor Verster, pas à Johannesburg. Il y eut un instant de tension et, sur le moment, aucun de nous ne vit l'ironie de la situation ; un prisonnier refusait d'être libéré alors que son geôlier voulait le faire sortir.

De Klerk s'excusa une nouvelle fois et sortit. Il revint dix minutes plus tard avec un compromis : oui, je serais libéré à Victor Verster, mais non, on ne pouvait pas retarder la libération. Le gouvernement avait déjà informé la presse étrangère que je serais libéré le lendemain et il ne voulait pas revenir là-dessus. Je sentis que je ne pouvais pas m'y opposer. Finalement, nous nous mîmes d'accord sur ce compromis et Mr. De Klerk remplit deux verres de whisky afin de fêter l'événement. Je levai mon verre pour trinquer mais je fis seulement semblant de boire : de tels alcools sont trop forts pour moi.

En réintégrant ma maison vers minuit, j'envoyai immédiatement un mot à mes camarades du Cap pour leur dire que je serais libéré le lendemain. Je réussis à faire passer un message à Winnie et téléphonai à Walter à Johannesburg. Ils arriveraient le lendemain en avion spécial. Ce soir-là, un certain nombre de membres de l'ANC, le comité national de réception, vinrent chez moi pour rédiger la déclaration que je ferais le lendemain. Ils s'en allèrent au petit matin et, malgré ma nervosité, je n'eus aucun problème à m'endormir.

ONZIÈME PARTIE

La liberté

100

Le jour de ma libération, je me suis réveillé à 4 h 30, après seulement quelques heures de sommeil. Le 11 février était une journée claire de fin d'été au Cap. J'ai exécuté une version raccourcie de mes exercices matinaux, je me suis lavé et j'ai pris mon petit déjeuner. Puis j'ai téléphoné à un certain nombre de personnes de l'ANC et de l'UDF au Cap afin qu'elles viennent préparer ma libération et travailler sur mon discours. Le médecin de la prison est arrivé pour m'examiner rapidement. Je ne me suis pas attardé sur ma proche libération mais sur tout ce que je devais faire auparavant. Comme cela arrive si souvent dans la vie, l'importance capitale d'une situation se perd dans la confusion d'un millier de détails.

Nous avions de très nombreuses choses à discuter et à résoudre dans le laps de temps très court qui nous restait. Beaucoup de camarades du comité de réception, y compris Cyril Ramaphosa et Trevor Manuel, arrivèrent très tôt à la maison. A l'origine, je voulais m'adresser aux habitants de Paarl, qui s'étaient montrés très gentils pendant mon incarcération, mais le comité de réception resta intransigeant en affirmant que ce n'était pas une bonne idée : il serait étrange que je fasse mon premier discours aux riches bourgeois blancs de Paarl. Je parlerais à la place à la population du Cap, sur la place de la Parade.

Une des questions urgentes à résoudre était de savoir où je passerais ma première nuit de liberté. J'avais envie de la passer à Cape Flats, les townships noir et métis très animés du Cap, afin de manifester ma solidarité. Mais mes camarades et, plus tard, ma femme m'ont expliqué que pour des raisons de sécurité je devais aller chez l'archevêque Desmond Tutu, à Bishop's Court, un quartier luxueux dans une banlieue blanche. Je n'aurais pas eu le droit d'y vivre avant d'entrer en prison, et je trouvais que passer ma première nuit de liberté dans une banlieue blanche et chic était une façon d'envoyer un mauvais message. Mais les membres du comité m'ont expliqué que Bishop's Court était devenu multiracial grâce à Tutu et que le quartier symbolisait un refus ouvert et généreux du racisme.

L'administration de la prison m'a fourni des cartons et des caisses pour emballer mes affaires. Au cours de mes vingt premières années de prison je n'avais pas accumulé grand-chose, mais pendant les derniers temps je m'étais rattrapé — surtout en livres et en journaux. J'ai rempli une douzaine de caisses et de cartons.

Ma libération était prévue à 15 heures mais Walter, Winnie et les autres passagers de l'avion spécial en provenance de Johannesburg ne sont arrivés qu'après 14 heures. Il y avait déjà des dizaines de personnes dans les rues et la ville entière avait un air de fête. L'adjudant Swart nous a préparé un dernier repas et je l'ai remercié non seulement pour sa cuisine pendant les deux dernières années mais aussi pour sa compagnie. L'adjudant James Gregory se trouvait là lui aussi et je l'ai chaleureusement serré dans mes bras. Pendant les années où il s'était occupé de moi à Pollsmoor et à Victor Verster, nous n'avions jamais parlé de politique, mais notre lien n'avait pas besoin de paroles. Sa présence apaisante allait me manquer. Des hommes comme

Swart, Gregory et l'adjudant Brand renforçaient ma croyance dans l'humanité fondamentale de ceux-là mêmes qui m'avaient enfermé derrière des barreaux pendant les vingt-sept années précédentes.

Nous n'avions pas le temps de nous faire de longs adieux. Il était prévu qu'une voiture nous emmènerait, Winnie et moi, jusqu'aux portes de la prison. J'avais fait savoir aux autorités que je voulais pouvoir dire au revoir aux gardiens qui m'avaient surveillé, et j'avais demandé qu'ils m'attendent avec leur famille à la porte, où je pourrais les remercier individuellement.

Quelques minutes après 15 heures, un journaliste célèbre de la SABC m'a téléphoné pour me demander de descendre de voiture quelques centaines de mètres avant les portes de la prison afin qu'on puisse me filmer en train de marcher vers la liberté. Cela m'a semblé sensé et j'ai accepté. Pour la première fois, j'ai soupçonné que les choses pouvaient ne pas se passer aussi calmement que je l'avais imaginé.

A 15 h 30, j'ai commencé à me sentir nerveux car nous étions déjà en retard sur l'horaire prévu. J'ai dit aux membres du comité de réception que les miens m'attendaient depuis plus de vingt-sept ans et que je ne voulais pas les faire attendre plus longtemps. Un peu avant 16 heures nous avons quitté la maison en petit convoi. A quatre cents mètres des portes, la voiture s'est arrêtée ; Winnie et moi sommes descendus et partis à pied vers la sortie.

Tout d'abord, je n'ai pas compris ce qui se passait devant nous, mais à une cinquantaine de mètres, j'ai vu une énorme agitation et une foule immense : des centaines de photographes, des caméras de télévision, des journalistes et des milliers de gens. J'étais abasourdi et un peu inquiet. Je ne m'étais absolument pas attendu à une telle scène ; j'avais pensé qu'il y aurait tout au plus quelques dizaines de personnes, principalement les gardiens et leurs familles. Mais ce n'était que le commencement ; je me suis rendu compte que nous n'avions absolument pas prévu ce qui allait se passer.

A cinquante mètres de la porte, les caméras se sont

mises à ronronner avec un bruit qui ressemblait à celui d'un essaim d'insectes métalliques. Les journalistes ont crié des questions ; les reporters de télévision se sont attroupés ; les partisans de l'ANC poussaient des hourras. C'était un chaos joyeux mais un peu troublant. Quand une équipe de télévision a lancé vers moi un objet long et velu, j'ai eu un mouvement de recul en me demandant si l'on n'avait pas inventé une arme dernier cri pendant que j'étais en prison. Winnie m'a dit qu'il s'agissait d'un micro.

Quand je me suis retrouvé au milieu de la foule, j'ai levé le poing droit et il y a eu une clameur. Je n'avais pas pu faire cela depuis vingt-sept ans et j'en ai éprouvé une sensation de joie et de force. Nous ne sommes restés que quelques minutes au milieu de la foule avant de remonter en voiture pour aller au Cap. Tout en étant très heureux d'avoir reçu un tel accueil, j'étais irrité de ne pas avoir pu dire au revoir au personnel de la prison. Quand, enfin, j'ai franchi les portes pour monter en voiture de l'autre côté, j'ai senti — même à soixante et onze ans — que ma vie recommençait. Mes dix mille jours d'emprisonnement avaient pris fin.

Le Cap se trouve à cinquante kilomètres au sud-ouest de Paarl, mais à cause de la foule inattendue rassemblée à la porte de la prison, le chauffeur a décidé de prendre une autre route. Nous avons contourné la prison et notre convoi a pris des petites routes et des chemins détournés pour rejoindre Le Cap. Nous avons traversé de beaux vignobles et des fermes soignées. Ce paysage me plaisait beaucoup.

La campagne était verdoyante et bien entretenue, mais ce qui m'a surpris, c'est le nombre de familles blanches qui se tenaient au bord de la route pour regarder passer notre convoi. Les gens avaient entendu à la radio que nous avions pris un autre itinéraire. Certains, peut-être une dizaine, levaient le poing droit pour faire ce qui était devenu le salut de l'ANC. Cela m'a étonné ; ces quelques personnes audacieuses qui exprimaient leur solidarité dans une région conservatrice renforçaient mon courage. A un endroit, j'ai fait arrêter la voiture et suis descendu pour saluer et remercier des familles blanches ; je leur ai dit combien leur soutien me donnait confiance. Cela me laissait penser que l'Afrique du Sud dans laquelle je revenais était bien différente de celle que j'avais quittée.

Quand nous sommes entrés dans la banlieue du Cap, j'ai vu que tout le monde se dirigeait vers le centre. Le comité de réception avait organisé un rassemblement sur l'immense place de la Parade qui s'étend devant l'hôtel de ville. Je devais parler depuis le balcon qui domine la place. On nous a dit qu'une véritable marée humaine attendait là depuis le matin. Notre convoi devait éviter la foule et se diriger vers l'arrière de l'hôtel de ville, par où je pourrais entrer calmement dans le bâtiment.

Le voyage jusqu'au Cap a duré quarante-cinq minutes ; en approchant de la place de la Parade, nous avons vu qu'elle était envahie par une foule immense. Le chauffeur devait tourner à droite pour l'éviter mais, sans qu'on sache pourquoi, il s'est engagé dans la marée humaine. Immédiatement, la foule s'est avancée et a entouré la voiture. Nous avons continué à avancer très lentement, et bientôt nous avons dû nous arrêter à cause de la pression des corps. Les gens se sont mis à frapper sur les vitres de la voiture puis sur le toit et sur le capot. A l'intérieur, cela ressemblait à une averse de grêle. Dans leur excitation, certains ont sauté sur la voiture. D'autres se sont mis à la secouer et à ce moment-là j'ai commencé à m'inquiéter. J'avais l'impression que la foule pouvait aussi bien nous tuer avec son amour.

Le chauffeur était encore plus angoissé que Winnie et moi, et il criait aux gens de descendre. Je lui ai demandé de rester calme et de ne pas sortir : les voitures qui se trouvaient derrière allaient venir à notre secours. Allan Boesak et d'autres ont commencé à dégager une voie pour notre véhicule et tenté de faire descendre les gens de la voiture, mais sans grand succès. Nous sommes restés à l'intérieur — il aurait été absolument inutile d'essayer d'ouvrir les portières, à cause des gens qui s'écrasaient contre elles — pendant je ne sais combien de temps, emprisonnés par des milliers de partisans. L'heure prévue pour le discours était passée depuis long-temps.

Quelques dizaines de policiers sont finalement venus à notre secours et ont réussi à dégager lentement une issue. Quand nous nous sommes libérés, le chauffeur est parti à toute vitesse dans la direction opposée à l'hôtel de ville. « Qu'est-ce que vous faites ? » lui ai-je demandé, un peu énervé. « Je ne sais pas ! m'a-t-il répondu, la voix chargée d'angoisse. Je n'ai jamais vécu quelque chose comme ça ! » et il a continué à foncer sans savoir où il allait.

Puis il s'est calmé et je lui ai indiqué le chemin à prendre pour aller chez mon avocat et ami Dullah Omar, qui habitait dans le quartier indien près de la ville. Nous pourrions nous y reposer quelques minutes. Cela lui a plu. Par chance, Dullah et sa famille étaient là, mais ils ont été plus qu'étonnés de nous voir. J'étais libre pour la première fois depuis vingt-sept ans, mais au lieu de m'accueillir à bras ouverts, ils m'ont dit un peu inquiets : « Tu ne devrais pas être place de la Parade ? »

Nous avons pu boire quelque chose de frais mais nous n'étions là que depuis quelques minutes quand l'arche-vêque Tutu a téléphoné. J'ignore comment il savait où nous étions. Il était effondré et m'a dit : « Nelson, il faut que vous reveniez tout de suite place de la Parade. La foule commence à s'énerver. Si vous ne revenez pas immédiatement, je ne réponds pas de ce qui peut arriver. Je pense qu'il va y avoir une émeute ! » Je lui ai dit que j'arrivais.

Le problème, c'était le chauffeur : il ne voulait absolu-ment pas retourner place de la Parade. Mais je l'ai ser-monné et bientôt nous sommes repartis. La foule entou-rait l'hôtel de ville de tous côtés, mais il y avait moins de monde à l'arrière et le chauffeur a réussi à se frayer un chemin. La nuit tombait presque quand on m'a conduit au dernier étage de ce bâtiment imposant dont les salles n'avaient bruit que du pas traînant des fonctionnaires blancs. Je me suis avancé sur le balcon et j'ai vu une mer infinie de gens qui criaient, qui levaient des drapeaux et des banderoles, qui applaudissaient et qui riaient.

J'ai levé le poing et la foule a répondu par une immense clameur. Ces acclamations ont ranimé en moi l'esprit de la lutte. J'ai crié : « *Amandla !* » « *Ngawethu !* » a répondu la foule. « *iAfrika !* » « *Mayibuye !* » Enfin, quand la foule s'est un peu calmée, j'ai sorti mon discours et cherché mes lunettes dans la poche de mon gilet. Elles n'y étaient pas ; je les avais laissées à Victor Verster. Je savais que Winnie avait les mêmes, je les lui ai empruntées.

> Amis, camarades, compagnons sud-africains. Je vous salue tous au nom de la paix, de la démocratie et de la liberté pour tous ! Je me présente devant vous, non comme un prophète mais comme votre humble serviteur, vous, le peuple. Vos sacrifices infatigables et héroïques m'ont permis d'être ici aujourd'hui. Et je place les années qui me restent à vivre entre vos mains.

Mes paroles venaient du cœur. Je voulais avant tout dire au peuple que je n'étais pas un messie mais un homme ordinaire qui n'était devenu un leader qu'en raison de circonstances extraordinaires. Je voulais immédiatement remercier les gens qui, dans le monde entier, avaient fait campagne pour ma libération. J'ai remercié les habitants du Cap et salué Oliver Tambo, le Congrès national africain, Umkhonto we Sizwe, le Parti communiste sud-africain, l'UDF, le Congrès de la jeunesse sud-africaine, le COSATU, le Mouvement démocratique de masse, le Syndicat national des étudiants d'Afrique du Sud (NUSAS) et le Black Sash, un groupe de femmes qui était depuis longtemps une voix de la conscience. J'ai aussi exprimé publiquement ma gratitude à ma femme et à ma famille, en disant : « Je suis convaincu que [leur] douleur et [leurs] souffrances ont été bien plus grandes que les miennes. »

J'ai annoncé à la foule en termes clairs que l'apartheid n'avait plus d'avenir en Afrique du Sud et que le peuple ne devait pas diminuer ses campagnes d'action de masse. « La perspective de la liberté qui se dessine à l'horizon doit nous encourager à redoubler d'efforts. » Je sentais qu'il était important d'expliquer publiquement la nature de mes discussions avec le gouvernement. « Aujourd'hui, ai-je dit, je veux vous dire que mes discussions avec le gouvernement ont eu pour but de normaliser la situation politique du pays. Je veux insister sur le fait qu'à aucun moment je n'ai entamé de négociations sur l'avenir de notre pays, sauf pour réclamer une rencontre entre l'ANC et le gouvernement. »

J'ai dit que j'espérais qu'on pourrait bientôt créer un climat menant à des négociations qui mettraient fin à la nécessité de la lutte armée. Les étapes pour y parvenir étaient contenues dans la déclaration d'Harare de 1989. Comme condition à toute négociation, ai-je dit, le gouvernement devait mettre immédiatement fin à l'état de siège et libérer tous les prisonniers politiques.

J'ai dit à la foule que De Klerk était allé plus loin que n'importe quel autre dirigeant afrikaner pour normaliser la situation et, dans des termes qui sont revenus me hanter, j'ai appelé Mr. De Klerk « un homme d'intégrité ». On m'a rappelé ces mots de nombreuses fois quand Mr. De Klerk semblait ne pas les respecter.

Il était vital pour moi de montrer à mon peuple et au gouvernement que je n'étais ni vaincu ni soumis et que pour moi la lutte n'était pas terminée mais recommençait sous une forme différente. J'ai affirmé que je restais « un membre loyal et discipliné du Congrès national africain ». J'ai encouragé les gens à retourner aux barricades, à intensifier la lutte : nous parcourrions la dernière étape ensemble.

Le soir était tombé quand j'ai terminé mon discours, et l'on nous a poussés dans des voitures pour nous conduire à Bishop's Court. Lorsque nous sommes entrés dans ce quartier immaculé, j'ai vu des centaines de visages noirs qui m'attendaient pour me saluer. Quand ils m'ont aperçu, les gens se sont mis à chanter. J'ai serré l'archevêque Tutu dans mes bras ; avec ses paroles et son courage, cet homme avait redonné confiance à toute une nation, il avait réveillé l'espoir pendant la période la plus sombre. On nous a conduits à l'intérieur de la maison, où nous avons retrouvé des parents et des amis, mais pour moi l'instant le plus merveilleux a été quand on m'a dit qu'on m'appelait de Stockholm. J'ai immédiatement su de qui il s'agissait. Si Oliver avait une voix faible, on ne pouvait s'y tromper, et l'entendre après toutes ces années m'a rempli d'une grande joie. Oliver se trouvait en Suède où il récupérait après une congestion cérébrale dont il avait été victime en août 1989. Nous nous sommes mis d'accord pour nous retrouver le plus vite possible.

J'avais rêvé d'aller dans le Transkei après ma libération, pour revoir le lieu de ma naissance, les collines et les rivières où j'avais joué enfant, et pour me recueillir sur la tombe de ma mère, que je n'avais jamais vue. Mais j'ai dû reporter mon rêve, car on m'a bientôt mis au courant des vastes projets que l'ANC avait pour moi — et aucune journée de détente au Transkei n'y figurait.

101

Je devais tenir une conférence de presse le lendemain de ma libération, dans l'après-midi ; le matin, j'eus une réunion avec quelques collègues de l'ANC pour parler de mon programme et de la stratégie. Une petite montagne de télégrammes et de messages de félicitations étaient arrivés et j'ai essayé d'en lire le plus possible. Les télégrammes venaient du monde entier, des présidents et des Premiers ministres, mais je me souviens de l'un d'eux en particulier, envoyé par une ménagère blanche du Cap, qui m'a beaucoup amusé. Elle disait : « Je suis très heureuse que vous soyez libre et que vous ayez retrouvé vos amis et votre famille, mais votre discours d'hier était très ennuyeux. »

Avant d'aller en prison, je n'avais jamais tenu ce genre

de conférence de presse. Autrefois, il n'y avait pas de caméras de télévision et la plupart des conférences de presse de l'ANC se tenaient clandestinement. Cet après-midi-là, il y avait tant de journalistes, de tant de pays différents, que je ne savais plus à qui parler. Je fus heureux de voir une grande proportion de journalistes noirs dans la foule. Je tenais à réaffirmer un certain nombre de thèmes : tout d'abord, j'étais un membre loyal et discipliné de l'ANC. J'avais conscience du fait que la plupart des responsables de l'ANC verraient ma libération depuis l'étranger et qu'ils essaieraient de juger ma fidélité de loin. Je savais qu'ils avaient entendu des rumeurs selon lesquelles je m'étais éloigné de l'organisation, que je m'étais compromis, aussi à chaque phrase cherchais-je à les rassurer. Quand on m'a demandé quel rôle je pourrais jouer dans l'organisation, j'ai répondu aux journalistes que je jouerais le rôle que m'assignerait l'ANC.

J'ai dit à la presse qu'il n'y avait aucune contradiction entre mon soutien à la lutte armée et ma demande de négociations. C'était la réalité et la menace de la lutte armée qui avaient amené le gouvernement au seuil des négociations. J'ai ajouté que, quand l'Etat cesserait d'imposer la violence à l'ANC, l'ANC répondrait par la paix. Interrogé sur les sanctions, j'ai dit que l'ANC ne pouvait pas encore en demander la levée, parce que la situation qui les avait entraînées au départ — l'absence de droits politiques pour les Noirs — était toujours la même. J'avais certes quitté la prison, mais je n'étais pas encore libre.

On m'a aussi interrogé sur les peurs des Blancs. Je savais que les gens s'attendaient à ce que je manifeste de la colère envers eux, or je n'en avais aucune. En prison, ma colère envers les Blancs s'était apaisée mais ma haine envers le système s'était accrue. Je voulais que l'Afrique du Sud voie que j'aimais jusqu'à mes ennemis tout en haïssant le système qui avait fait naître notre affrontement.

Je voulais que les journalistes comprennent bien le rôle essentiel des Blancs dans tout nouveau système.

J'avais toujours essayé de ne pas perdre cela de vue. Nous ne voulions pas détruire le pays avant de l'avoir libéré, et chasser les Blancs aurait ruiné la nation. J'ai dit qu'il y avait un juste milieu entre les peurs des Blancs et les espoirs des Noirs, et nous, à l'ANC, nous le cherchions. « Les Blancs sont des compagnons sud-africains, ai-je dit, et nous voulons qu'ils se sentent en sécurité et qu'ils sachent que nous apprécions à sa juste valeur leur contribution au développement de ce pays. » Tout homme ou femme qui abandonne l'apartheid sera englobé dans notre lutte pour une Afrique du Sud démocratique et non raciale ; nous devons tout faire pour persuader nos compatriotes blancs qu'une nouvelle Afrique du Sud non raciale sera un meilleur endroit pour tous.

Dès la première conférence de presse, j'ai remarqué que les journalistes avaient autant envie de connaître mes sentiments personnels et mes relations que mes conceptions politiques. Cela était nouveau pour moi ; quand j'étais entré en prison, aucun journaliste n'aurait pensé à me poser des questions sur mon épouse, ma famille, mes émotions et mes moments les plus intimes. Même s'il était compréhensible que la presse puisse s'intéresser à ce genre de choses, je n'en éprouvais pas moins de la difficulté à y répondre. Je ne suis pas et n'ai jamais été un homme pour qui il est facile de parler de ses sentiments en public. On me demandait souvent ce qu'on ressentait en retrouvant la liberté ; je faisais de mon mieux pour décrire l'indescriptible sans vraiment y parvenir.

Après la conférence de presse, la femme de l'archevêque Tutu nous téléphona de Johannesburg pour nous dire que nous devions prendre l'avion et arriver tout de suite. Winnie et moi avions espéré passer quelques jours de détente au Cap, or le message nous disait que les gens commençaient à s'agiter et que si je ne revenais pas directement ce serait le chaos. Nous sommes allés à Johannesburg le soir même, mais on m'a informé que des milliers de personnes entouraient ma maison, 8115 Orlando West, qu'on avait reconstruite, et qu'il ne serait pas prudent d'y aller. Je désirais passer ma seconde nuit de liberté sous mon toit. A la place, avec Winnie, nous avons dormi dans la banlieue nord, chez un partisan de l'ANC.

Le lendemain matin, nous nous sommes rendus en hélicoptère au stade de la First National Bank, à Soweto. Nous avons survolé la métropole grouillante de maisons « boîtes d'allumettes », de bidonvilles, de routes boueuses, la cité mère des Noirs d'Afrique du Sud, le seul endroit où je m'étais senti un homme avant d'aller en prison. Soweto s'était agrandi et, dans certains endroits, était devenu prospère, mais l'écrasante majorité de la population continuait à vivre dans une pauvreté effrayante, sans eau ni électricité, en menant une existence qui était une honte dans une nation aussi riche que l'Afrique du Sud. Dans beaucoup d'endroits, la pauvreté était bien pire que lors de mon entrée en prison.

Nous avons tourné au-dessus du stade, survolant quelque 120 000 personnes, et avons atterri au centre. Le stade était archicomble, avec des gens assis ou debout partout — on aurait cru qu'il allait éclater. J'ai dit à ceux qui étaient venus m'écouter ma joie de me retrouver parmi eux, mais je les ai aussi réprimandés à propos de certains problèmes de la vie des Noirs de la ville. Les écoliers devaient retourner à l'école. Le crime devait être contrôlé. J'ai dit que j'avais entendu parler de criminels qui se faisaient passer pour des combattants de la liberté, qui agressaient des gens innocents et mettaient le feu à des voitures ; ces escrocs n'avaient pas leur place dans la lutte. La liberté sans le civisme, la liberté sans la capacité de vivre en paix, n'était absolument pas la vraie liberté.

Aujourd'hui, mon retour à Soweto me remplit le cœur de joie. En même temps, je reviens avec un profond sentiment de tristesse. Tristesse d'apprendre que vous souffrez toujours sous un système inhumain. Le manque de logements, la crise scolaire, le chômage et le taux de criminalité restent des problèmes cruciaux. [...] Tout en étant fier d'appartenir à la communauté de Soweto, j'ai été profondément troublé par les statistiques de la criminalité que j'ai lues dans les journaux. Je comprends les privations dont souffre notre peuple mais je dois dire clairement que le taux élevé de criminalité dans le township est malsain et doit être éliminé de toute urgence.

J'ai fini en ouvrant les bras à tous les Sud-Africains de bonne volonté et doués de bonnes intentions en disant qu'« aucun homme ni aucune femme qui a abandonné l'apartheid ne sera exclu de notre marche vers une Afrique du Sud non raciale, unie et démocratique, fondée sur le principe "une personne, un vote", et les mêmes listes électorales ». C'était la mission de l'ANC, le but que j'avais gardé devant moi pendant mes années solitaires de prison, le but vers lequel je travaillerais pendant les années qui me restaient à vivre. C'était le rêve qui m'était cher quand j'étais entré en prison à l'âge de quarante-quatre ans, mais je n'étais plus un homme jeune, j'avais soixante et onze ans et je ne pouvais me permettre de perdre du temps.

Ce soir-là, je suis rentré avec Winnie au 8115, Orlando West. Ce n'est qu'à ce moment-là que j'ai su au plus profond de moi que j'avais quitté la prison. Pour moi, le 8115 était le centre de mon univers, l'endroit marqué d'une croix dans ma géographie mentale. La maison, de quatre pièces, avait été bien reconstruite après l'incendie. Quand j'y suis entré, j'ai été surpris de voir qu'elle était beaucoup plus petite et modeste que dans mon souvenir. Comparée à ma maison de Victor Verster, le numéro 8115 aurait pu être le bâtiment des domestiques, à l'arrière. Mais toute maison dans laquelle un homme est libre est un château même à côté de la plus belle prison.

Cette nuit-là, heureux comme je l'étais de me retrouver chez moi, j'avais le sentiment que ce que j'avais le plus désiré et le plus attendu allait m'être refusé. Je désirais retrouver une vie normale et ordinaire, reprendre certains fils de mon ancienne vie d'homme jeune, pouvoir retourner à mon bureau le matin et revenir vers ma famille le soir, être capable de sortir pour acheter du dentifrice à la pharmacie, de rendre visite le soir à de vieux amis. Ce sont ces choses simples qui manquent le plus en prison et on rêve de les faire dès qu'on sera libre. Mais je me suis vite rendu compte que cela ne serait pas possible. Cette nuit-là, et chaque nuit pendant les semaines et les mois suivants, des centaines de partisans ont entouré la maison. Les gens chantaient, dansaient, criaient et leur joie était contagieuse. C'était mon peuple et je n'avais ni le droit ni le désir de me refuser à lui. Mais en m'abandonnant à mon peuple, je voyais bien qu'une nouvelle fois je m'éloignais de ma famille.

Nous n'avons pas beaucoup dormi cette première nuit, car les chansons ont continué jusqu'au petit matin, jusqu'à ce que les membres de l'ANC et de l'UDF qui gardaient la maison aient demandé à la foule de faire silence et de nous laisser nous reposer. Beaucoup, à l'ANC, me conseillaient de déménager à quelques rues de là, à Diepkloof, dans la maison que Winnie avait fait construire pendant que j'étais en prison. C'était une grande maison d'après les critères de Soweto, mais pour moi, elle n'avait ni signification ni attrait lié aux souvenirs. En outre, à cause de sa taille et de son coût, elle semblait peu adaptée à un responsable du peuple. J'ai rejeté ces conseils aussi longtemps que j'ai pu. Je ne voulais pas seulement vivre parmi mon peuple, mais comme lui.

102

Ma première responsabilité consista à faire un compte rendu à la direction de l'ANC, et le 27 février, alors que j'avais quitté la prison depuis plus de quinze jours, je suis allé à Lusaka à une réunion du Comité national de direction. Ce fut merveilleux de retrouver de vieux camarades que je n'avais pas revus depuis des décennies. Un certain nombre de chefs d'Etat africains y assistaient également et j'eus quelques brefs entretiens avec Robert Mugabe du Zimbabwe, Kenneth Kaunda de Zambie, José Eduardo dos Santos d'Angola, Quett Masire du Botswana, Joaquim Chissano du Mozambique et Yoweri Musaveni d'Ouganda.

Si les membres du NEC étaient heureux de ma libération, ils voulaient aussi jauger l'homme qui sortait de prison. Je pouvais lire la question dans leurs yeux. Mandela était-il le même que celui qu'on avait emprisonné vingt-sept années plus tôt, ou était-ce un Mandela différent, assagi ? Avait-il survécu ou avait-il été brisé ? On leur avait parlé de mes conversations avec le gouvernement et ils étaient inquiets à juste titre. Non seulement je n'avais pas eu de contacts avec la situation sur le terrain, mais depuis 1984 je n'avais même pas pu communiquer avec mes camarades en prison.

J'ai expliqué avec soin et précision la nature de mes discussions avec le gouvernement. J'ai décrit mes exigences et les progrès accomplis. Ils avaient vu le mémorandum que j'avais adressé à Botha et à De Klerk, et compris que ce document suivait la ligne politique de l'ANC. Je savais qu'au cours des dernières années certains prisonniers libérés étaient venus à Lusaka et avaient déclaré : « Mandela s'est assagi. Les autorités l'ont acheté. Il porte un costume trois-pièces, boit du vin et mange de la bonne cuisine. » Je connaissais ces rumeurs mais je les réfutais. Je savais que pour les réduire à néant il me suffisait de dire honnêtement et directement ce que j'avais fait.

Lors de cette réunion du NEC, on m'a élu vice-président de l'organisation, et Alfred Nzo, secrétaire général, a été nommé président par intérim pendant la convalescence d'Oliver. Au cours de la conférence de presse qui a suivi la réunion, on m'a interrogé sur une suggestion du Dr. Kaunda, très ancien soutien de l'organisation, selon laquelle l'ANC aurait dû suspendre les opérations armées à l'intérieur de l'Afrique du Sud maintenant que les autorités m'avaient libéré. J'ai répondu que si j'appréciais le jugement et le soutien du Dr. Kaunda, il était trop tôt pour suspendre la lutte armée car nous n'avions pas encore atteint l'objectif pour lequel le peuple avait pris les armes ; j'ai dit que la tâche de l'ANC ne consistait pas à aider Mr. De Klerk à apaiser ses partisans de droite.

Ensuite, j'ai entrepris un voyage dans de nombreux pays. Dans les six premiers mois qui ont suivi ma libération, j'ai passé plus de temps à l'étranger qu'en Afrique du Sud. Presque partout où je suis allé des foules enthousiastes m'attendaient, à tel point que malgré ma fatigue les gens m'encourageaient. A Dar es-Salaam, on a estimé la foule à un demi-million de personnes.

Mes voyages me plaisaient énormément. Je voulais voir de nouveaux — et d'anciens — paysages, goûter d'autres nourritures, parler avec des gens de toutes sortes. J'ai dû m'acclimater très vite à un monde radicalement différent de celui que je venais de quitter. A cause des changements dans les voyages, les communications et les mass media, le monde s'était accéléré ; les choses arrivaient maintenant si vite qu'il était parfois difficile de ne pas être dépassé. Winnie essayait de me faire ralentir mais il y avait trop de travail ; l'organisation voulait tirer tout le bénéfice de l'euphorie qu'avait créée ma libération.

Au Caire, le lendemain d'une rencontre privée avec le président égyptien Hosni Moubarak, je devais m'adresser à un grand meeting dans une salle. Quand je suis arrivé, la foule semblait déborder du bâtiment et la sécurité était insuffisante. J'ai signalé à un policier qu'il avait besoin de renforts, mais il a simplement haussé les épaules. Winnie et moi avons attendu dans une pièce derrière la salle et, à l'heure prévue, un policier m'a fait signe d'entrer. Je lui ai demandé d'escorter d'abord les membres de ma délégation parce que je craignais que mon entrée ne déclenche un désordre indescriptible et qu'ils ne soient séparés. Mais le policier a voulu que j'entre d'abord et, comme je l'avais prévu, quand je suis arrivé dans la salle, la foule s'est avancée et a franchi le cordon de police. Dans l'enthousiasme, j'ai été bousculé et un peu secoué, et j'ai perdu une chaussure dans la mêlée. Quand les choses ont commencé à se calmer, quelques minutes plus tard, je me suis rendu compte que je ne retrouvais ni ma chaussure ni ma femme. Finalement, au bout d'une demi-heure, on a conduit Winnie sur la scène à côté de moi, très mécontente de s'être perdue. Je n'ai même pas pu parler parce que la foule hurlait : « Mandela ! Mandela ! » avec une fureur incroyable et, finalement, je suis parti sans ma chaussure et avec une épouse anormalement silencieuse.

Au Caire, j'ai aussi donné une conférence de presse au cours de laquelle j'ai dit que l'ANC était « prêt à envisager une cessation des hostilités ». C'était un signal pour le gouvernement. L'ANC et le gouvernement s'étaient engagés tous deux à créer un climat favorable à des négociations. Si l'ANC exigeait que le gouvernement normalise la situation dans le pays en mettant fin à l'état d'urgence, en libérant tous les prisonniers politiques et en abrogeant toutes les lois d'apartheid, le gouvernement voulait d'abord persuader l'ANC de suspendre la lutte armée. Si nous n'étions pas encore prêts à annoncer cette suspension, nous voulions fournir à Mr. De Klerk un encouragement suffisant pour qu'il poursuive sa stratégie réformiste. Nous savions que nous finirions par suspendre la lutte armée, en partie pour faciliter des négociations plus sérieuses, et en partie pour permettre à Mr. De Klerk de s'adresser aux électeurs blancs d'Afrique du Sud et de leur dire : « Regardez, voici les fruits de ma politique. »

Après ma dernière étape en Afrique, je suis allé à Stockholm rendre visite à Oliver. Voir mon vieil ami et mon associé du cabinet d'avocats était ce qui m'importait le plus. Il n'allait pas bien, mais quand nous nous sommes retrouvés nous fûmes comme deux jeunes garçons dans le veld et l'amour que nous nous portions nous a redonné des forces. Nous avons commencé à parler du passé, mais quand on nous a laissés seuls, il a immédiatement posé la question de la direction de l'organisation. « Nelson, m'a-t-il dit, il faut que tu deviennes président de l'ANC. Je t'ai simplement gardé la place au chaud. » J'ai refusé, lui disant qu'il avait dirigé l'organisation en exil beaucoup mieux que je ne l'aurais fait. Il n'était ni juste ni démocratique qu'un transfert ait lieu de cette façon. « Tu as été élu président de l'organisation, lui ai-je dit. Attendons la prochaine élection ; à ce moment-là, on pourra choisir. » Oliver a protesté, mais je n'ai pas cédé. Le fait de vouloir me nommer président était le signe de son humilité et de son altruisme, mais ce n'était pas en accord avec les principes de l'ANC.

En avril 1990, je suis allé à Londres pour assister à un concert donné en mon honneur à Wembley. Beaucoup d'artistes internationaux, dont je n'avais jamais entendu parler pour la plupart, se produisaient et la télévision retransmettait le programme. J'ai saisi l'occasion pour remercier les forces anti-apartheid du monde pour le travail fantastique qu'elles avaient accompli dans le but de faire imposer des sanctions et d'obtenir ma libération et celle des autres prisonniers politiques ; je les ai aussi remerciées du soutien et de la solidarité qu'elles avaient manifestés envers mon peuple opprimé.

103

Quand je suis sorti de prison, le chef Mangosuthu Buthelezi, dirigeant du parti Inkatha pour la liberté, et Premier ministre du KwaZulu, était un des premiers acteurs de la scène politique sud-africaine. Mais, dans l'ANC, ce n'était pas du tout un personnage populaire. Le chef Buthelezi descendait du grand roi zoulou Cetywayo, qui avait vaincu les Britanniques à la bataille d'Isandhlwana en 1879. Autrefois, il avait été étudiant à Fort Hare et avait rejoint la Ligue de la jeunesse de l'ANC. Je l'avais considéré comme un des jeunes responsables montants du mouvement. Il était devenu Premier ministre du homeland du KwaZulu avec le soutien tacite de

l'ANC et l'organisation ne s'était pas opposée au lancement de l'Inkatha, mouvement de culture zouloue. Mais
au cours des années, le chef Buthelezi s'éloigna de l'ANC.
S'il s'opposait résolument à l'apartheid et refusait que le
KwaZulu devienne un homeland « indépendant »,
comme le souhaitait le gouvernement, il n'en était pas
moins une épine dans le flanc du mouvement de libération. Il s'opposait à la lutte armée. Il critiquait le soulèvement de Soweto de 1976. Il faisait campagne contre les
sanctions internationales. Il refusait l'idée d'une Afrique
du Sud unitaire. Il n'en avait pas moins réclamé continuellement ma libération en repoussant toute négociation avec le gouvernement tant que les prisonniers politiques, dont moi-même, seraient en prison.

Le chef Buthelezi est l'une des premières personnes à
qui j'ai téléphoné après ma libération pour le remercier
de son soutien constant. J'avais envie de le rencontrer le
plus vite possible afin d'essayer de résoudre nos divergences. J'en ai fait la proposition au cours de mon premier voyage à Lusaka, et un vote m'a donné tort. Quand
j'étais à Victor Verster, Walter avait été invité par le roi
zoulou Goodwill Zwelithini, à Ulundi, capitale du Kwa-
Zulu, et je l'avais poussé à accepter. Je pensais que c'était
une excellente occasion d'influencer le chef d'une des
familles royales les plus respectées et les plus puissantes
du pays. Le NEC avait approuvé la visite en hésitant, à
condition que Walter aille au palais du roi à Nongoma ;
on pensait que se rendre à Ulundi équivaudrait à une
reconnaissance de l'autorité du homeland.

Quand je suis revenu de Lusaka, j'ai téléphoné au chef
Buthelezi et au roi, et je leur ai expliqué que Walter
viendrait voir le roi à Nongoma et non à Ulundi. Le roi
m'a répondu qu'il n'accepterait pas que Walter vienne le
voir ailleurs que dans sa capitale. « Je suis le roi, a-t-il dit.
Je l'ai invité à venir me voir à Ulundi et il n'a pas le droit
de dire : je vous verrai ailleurs. — Votre Majesté, lui ai-je
répondu, nos adhérents ne veulent absolument pas que
Mr. Sisulu aille au KwaZulu. Nous avons essayé de faire
approuver ce compromis, vous pouvez bien vous y sou-

mettre vous aussi. » Mais il ne le pouvait pas et il a refusé de voir Walter.

Ensuite, les relations se sont détériorées et, en mai, j'ai persuadé l'ANC de la nécessité pour moi de rendre visite au roi et à Buthelezi. Le roi a approuvé, mais une semaine environ avant la date prévue pour ma visite il m'a envoyé une lettre me disant de venir seul. Ce fut la goutte d'eau qui a fait déborder le vase, et le NEC a refusé d'accepter une telle exigence. J'ai dit au roi que je ne viendrais pas si je n'étais pas accompagné de mes collègues ; le roi a considéré cela comme un nouvel affront et a annulé la visite.

J'avais comme but d'établir une relation indépendante avec le roi, séparée de ma relation avec le chef Buthelezi. Le roi était le véritable dirigeant héréditaire des Zoulous, qui l'aimaient et le respectaient. La fidélité au roi était un sentiment beaucoup plus répandu au KwaZulu que l'allégeance à l'Inkatha.

En attendant, on s'entre-tuait au Natal. Les partisans de l'Inkatha, armés jusqu'aux dents, avaient déclaré une véritable guerre aux forteresses de l'ANC dans les régions du centre du Natal et autour de Pietermaritzburg. Des villages entiers étaient incendiés, des dizaines de personnes tuées, des centaines blessées et des milliers devenaient des réfugiés. Rien qu'en mars 1990, 230 personnes perdirent la vie dans cette violence meurtrière. Au Natal, les Zoulous massacraient les Zoulous, car les membres de l'Inkatha et les partisans de l'ANC étaient zoulous. En février, deux semaines seulement après ma libération, je suis allé à Durban pour m'adresser à une foule de plus de 100 000 personnes à King's Park ; presque toutes étaient zouloues. Je leur ai demandé de déposer les armes et de se serrer la main pour faire la paix : « Jetez vos fusils, vos couteaux et vos pangas dans la mer ! Fermez vos usines de mort ! Arrêtez cette guerre tout de suite ! » Mais mon appel n'a pas été entendu. Les combats et les massacres ont continué.

La situation me préoccupait tant que j'étais prêt à aller très loin pour rencontrer le chef Buthelezi. En mars, après un déchaînement de violence particulièrement horrible, j'ai annoncé seul que je rencontrerais le chef Buthelezi dans un hameau de montagne près de Pietermaritzburg. Sur le plan personnel, nous avions des relations proches et respectueuses, et j'espérais qu'elles me serviraient. Mais j'ai découvert qu'une telle visite était comme une malédiction pour les responsables de l'ANC du Natal. Ils la considéraient comme dangereuse et ils y ont opposé leur veto. Je suis allé à Pietermariztburg, où j'ai vu les dépouilles fumantes de partisans de l'ANC ; j'ai essayé de consoler leurs familles, mais je n'ai pas rencontré le chef Buthelezi.

104

En mars, après de longues négociations dans les deux camps, nous avons fixé notre première rencontre avec Mr. De Klerk et le gouvernement. Il y aurait des « pourparlers sur les pourparlers » et les réunions devaient commencer début avril. Mais le 26 mars, dans le township de Sebokeng, à une quarantaine de kilomètres au sud de Johannesburg, la police a ouvert le feu sans sommations sur une foule de manifestants de l'ANC, tuant douze personnes et en blessant des centaines. La police avait tiré à balles réelles contre des manifestants, ce qui était intolérable. En outre, les policiers affirmaient que leur vie était en danger, alors que beaucoup de manifestants avaient été touchés dans le dos et n'avaient pas d'armes. On ne peut pas être menacé par un homme sans armes qui se sauve. Le droit de se réunir et de manifester pour soutenir de justes revendications n'était pas une faveur accordée par le gouvernement. Ce genre d'action avait la vertu de me mettre en colère et j'ai dit à la presse que chaque policier blanc d'Afrique du Sud considérait chaque Noir comme une cible militaire. Après avoir consulté le NEC, j'ai annoncé la suspension des pourparlers et averti Mr. De Klerk qu'il ne pouvait pas « parler de négociations d'un côté et tuer notre peuple de l'autre ».

Pourtant, malgré la suspension des pourparlers officiels, avec l'approbation de la direction de l'ANC, j'ai rencontré secrètement Mr. De Klerk au Cap afin de relancer le processus de négociations. Nos discussions ont porté essentiellement sur une nouvelle date et nous nous sommes mis d'accord sur début mai. J'ai posé la question du comportement inadmissible de la police à Sebokeng et du traitement inégal des Noirs et des Blancs ; la police tirait à balles réelles sur les manifestants noirs alors qu'elle n'utilisait jamais de fusils contre les manifestants blancs de droite.

Le gouvernement n'était pas du tout pressé d'entamer des négociations ; il attendait que retombe l'euphorie qui avait accompagné ma libération. Il voulait que le temps me fasse faire des faux pas et montre que l'ancien prisonnier salué comme un sauveur était un homme hautement faillible qui avait perdu tout contact avec la situation présente.

Malgré ses actions positives, Mr. De Klerk n'était absolument pas un émancipateur, mais un pragmatiste prudent. En réalisant ses réformes, il n'avait absolument pas l'intention de quitter le pouvoir. C'était même tout à fait l'inverse : il voulait assurer le pouvoir des Afrikaners dans un autre type d'organisation. Il n'était pas encore prêt à négocier la fin de la domination blanche.

Il avait comme objectif de créer un système de partage du pouvoir fondé sur les droits des minorités qui préserverait une forme de pouvoir minoritaire en Afrique du Sud. Il était résolument opposé à la loi de la majorité, ou le « simple majoritarisme » comme il l'appelait parfois, parce que cela aurait mis brutalement fin à la domination blanche. Nous avons su dès le début que le gouvernement était farouchement contre un système parlementaire majoritaire à l'anglaise dans lequel « le vainqueur exerce tout le pouvoir », et il défendait à la place un système de représentation proportionnelle avec des garanties structurelles pour la minorité blanche. Tout en étant disposé à permettre à la majorité noire de voter et de légiférer, il voulait garder un droit de veto pour la minorité. Dès le début, il avait refusé de transiger sur ce plan. Je disais à Mr. De Klerk que c'était l'apartheid sous un nouveau déguisement, un système dans lequel « le perdant exerce tout le pouvoir ».

La stratégie à long terme des nationalistes consistait à dominer notre force en constituant une alliance avec l'Inkatha et à attirer les métis du Cap de langue afrikaans dans un nouveau Parti national. A partir de ma libération, les nationalistes ont commencé à faire la cour à la fois à Buthelezi et aux électeurs métis du Cap. Le gouvernement essayait d'effrayer la population en lui faisant croire que l'ANC lui était opposé. Il soutenait la volonté du chef Buthelezi de garder le pouvoir et l'identité zoulous dans une nouvelle Afrique du Sud en lui prêchant la doctrine des droits des minorités et du fédéralisme.

La première séance de pourparlers avec le gouvernement, début mai, dura trois jours. Notre délégation se composait de Walter Sisulu, Joe Slovo, Alfred Nzo, Thabo Mbeki, Ahmed Kathrada, Joe Modise, Ruth Mompati, Archie Gumede, du révérend Beyers Naudé, de Cheryl Carolus et de moi-même. Elle eut lieu à Groote Schuur, la demeure de style hollandais du Cap qui avait été la résidence des premiers gouverneurs coloniaux du Cap, dont Cecil Rhodes. Certains d'entre nous plaisantaient en disant que nous allions tomber dans une embuscade en terrain ennemi.

Mais, contrairement à toute attente, les pourparlers furent conduits avec sérieux et bonne humeur. Les ennemis historiques qui se combattaient depuis des siècles se rencontraient et se serraient la main. Beaucoup se demandèrent à voix haute pourquoi de telles négociations n'avaient pas eu lieu bien plus tôt. Le gouvernement avait accordé une amnistie à Joe Slovo, le secrétaire général du Parti communiste, et à Joe Modise, le commandant en chef de MK, et voir ces deux hommes serrer la main des dirigeants du Parti national qui les avaient diabolisés pendant des décennies avait quelque chose d'extraordinaire. Comme le dit par la suite Thabo

Mbeki à des journalistes, chaque camp avait découvert que les membres de l'autre n'avaient pas de cornes.

Le fait même que les pourparlers eussent lieu était un jalon significatif de l'histoire de notre pays ; comme je le fis remarquer, la rencontre n'était pas seulement ce que l'ANC avait demandé pendant tant d'années, mais elle marquait la fin de la relation maître/esclave qui caractérisait les rapports entre Noirs et Blancs en Afrique du Sud. Nous ne venions pas à cette réunion en suppliants ou en solliciteurs, mais en tant que compatriotes sud-africains qui avaient droit à une place égale autour de la table.

Le premier jour se résuma plus ou moins à une leçon d'histoire. J'expliquai à nos interlocuteurs que, dès sa création en 1912, l'ANC avait toujours cherché à ouvrir des négociations avec le pouvoir. Mr. De Klerk, pour sa part, dit que le système de développement séparé avait été conçu comme une idée positive mais que cela n'avait pas marché dans la pratique. Il ajouta qu'il en était désolé, et qu'il espérait que les négociations aboutiraient à des réformes. Il ne présentait pas d'excuses à cause de l'apartheid, mais il allait plus loin qu'aucun autre responsable du Parti national avant lui.

La première question dont on discuta fut la définition des prisonniers et des exilés politiques. Le gouvernement était partisan d'une définition étroite et voulait limiter le nombre de personnes pouvant bénéficier d'une amnistie. Nous défendions la définition la plus large possible et disions que toute personne condamnée pour un délit politiquement motivé devrait en bénéficier. Nous n'avons pu nous mettre d'accord sur une définition satisfaisante pour tous du crime « politiquement motivé », et cette question devait nous harceler pendant un certain temps.

A la fin de la séance de trois jours, nous avons adopté ce qu'on a appelé l'Accord de Groote Schuur, par lequel les deux parties s'engageaient dans un processus pacifique de négociations et le gouvernement acceptait la levée de l'état d'urgence — ce qu'il fit peu de temps après, sauf dans la province du Natal, ravagée par la violence.

D'un commun accord, nous mîmes sur pied un groupe de travail pour résoudre les nombreux obstacles qui étaient encore devant nous.

Quand nous en arrivâmes aux questions constitutionnelles, nous dîmes au gouvernement que nous exigions l'élection d'une assemblée constituante qui rédigerait une nouvelle constitution ; nous pensions que les hommes et les femmes qui définiraient la constitution devaient être choisis par le peuple lui-même. Mais avant l'élection de cette assemblée, il était nécessaire d'avoir un gouvernement intérimaire qui pourrait superviser la transition jusqu'à l'élection d'un nouveau gouvernement. Le gouvernement ne pouvait être juge et partie comme il l'était alors. Nous soutenions la création d'une conférence de négociations multipartites pour désigner le nouveau gouvernement et définir les principes généraux de fonctionnement de l'assemblée constituante.

105

J'avais désiré aller à Qunu immédiatement après ma sortie de prison mais je n'ai pu m'y rendre qu'en avril. Je ne pouvais partir quand je le voulais ; il fallait régler les problèmes de sécurité et préparer les discours pour les organisations locales. En avril, l'ANC et le général Bantu Holomisa, chef militaire du Transkei et partisan de l'ANC, avaient mis au point une visite. Mais je pensais avant tout aller me recueillir sur la tombe de ma mère.

Je me suis d'abord arrêté à Qunu, où elle était enterrée. La tombe était simple et sans ornement, recouverte de quelques pierres et de quelques briques, semblable à toutes les tombes de Qunu. Il m'est difficile de décrire ce que j'ai ressenti : le regret de n'avoir pu être avec elle au moment de sa mort, le remords de n'avoir pu m'occuper correctement d'elle pendant sa vie, et la nostalgie de ce qu'aurait été la vie si j'avais choisi un autre chemin.

En revoyant mon village après tant d'années, j'ai été frappé par ce qui avait changé et ce qui était resté semblable. Dans ma jeunesse, les gens n'étaient absolument pas politisés ; ils n'avaient pas du tout conscience de la lutte pour les droits des Africains. Ils acceptaient la vie telle qu'elle était et n'imaginaient pas qu'on pût la changer. Mais à mon retour, j'ai entendu des écoliers chanter des chansons sur Oliver Tambo et sur Umkhonto we Sizwe, et je me suis émerveillé de voir qu'on connaissait la lutte dans les coins les plus reculés d'Afrique du Sud.

Ce qui n'avait pas changé, c'était la chaleur et la simplicité de la communauté, qui m'ont ramené à mon enfance. Mais ce qui m'a troublé, c'est que les villageois semblaient toujours aussi pauvres. La plupart des gens vivaient encore dans de simples huttes au sol de terre battue, sans électricité ni eau courante. Dans mon enfance, le village était très propre, l'eau claire et l'herbe verte et immaculée à perte de vue. Les kraals étaient balayés, la terre végétale entretenue et les champs nettement délimités. Mais le village était maintenant négligé, l'eau polluée, et des sacs et des emballages de plastique souillaient les champs. Pendant mon enfance, nous ne connaissions pas le plastique et, s'il a amélioré la vie de bien des façons, sa présence à Qunu m'a fait penser à une sorte de maladie. La communauté semblait avoir perdu sa fierté.

Au cours du même mois, j'ai fait un autre voyage vers le passé : je suis retourné à Robben Island afin de persuader les vingt-cinq prisonniers politiques de MK qui s'y trouvaient d'accepter l'offre d'amnistie du gouvernement et de quitter l'île. J'en étais parti huit ans plus tôt, mais j'avais encore des souvenirs très précis, sans aucune ombre de nostalgie. Après toutes ces années pendant lesquelles j'avais reçu la visite des autres, me retrouver moi-même visiteur à Robben Island me procurait une sensation étrange.

Mais ce jour-là, je n'ai pas eu l'occasion de faire du tourisme car j'ai immédiatement rencontré les hommes qui refusaient l'offre d'amnistie du gouvernement. Ils ont maintenu qu'ils ne s'en iraient qu'après une victoire sur le terrain et non à la table des négociations. Ils étaient farouchement opposés à ce règlement particulier qui exigeait qu'ils donnent la liste de leurs crimes avant d'être amnistiés. Ils accusaient l'ANC de renier la déclaration de Harare qui exigeait une amnistie générale et sans conditions pour les prisonniers et les exilés politiques. L'un d'eux me dit : « Madiba, j'ai combattu le gouvernement toute ma vie, et maintenant je devrais lui demander pardon ? »

Je comprenais leurs arguments, mais ils manquaient de réalisme. Chaque soldat aimerait vaincre son ennemi sur le champ de bataille mais, dans ce cas précis, une telle victoire était inaccessible. La lutte avait lieu maintenant autour de la table des négociations. Je leur ai affirmé qu'ils ne faisaient pas avancer la cause en restant en prison. Ils pouvaient rendre de plus grands services à l'extérieur. A la fin, ils ont décidé d'accepter l'offre du gouvernement.

Début juin, je devais faire un voyage de six semaines en Europe et en Amérique du Nord. Avant de partir, j'ai rencontré Mr. De Klerk, qui voulait me parler de la question des sanctions. En me rappelant les changements qu'il avait accomplis en Afrique du Sud, il m'a demandé de ne plus appeler à une continuation des sanctions économiques. Nous avions conscience de ce qu'avait réalisé Mr. De Klerk mais, pour nous, les sanctions restaient le meilleur levier pour l'obliger à faire plus. Je savais que la Communauté européenne et les Etats-Unis étaient enclins à les adoucir à cause des réformes de Mr. De Klerk. Je lui ai expliqué que nous ne pouvions pas demander à ceux qui nous soutenaient de diminuer les sanctions tant qu'il n'aurait pas entièrement démantelé l'apartheid et qu'un gouvernement de transition ne serait pas en place. Si ma réponse l'a déçu, elle ne l'a pas surprise.

La première étape de notre voyage nous a conduits, Winnie et moi, à Paris, où nous avons été reçus de façon somptueuse par François Mitterrand et sa charmante femme, Danielle, qui soutenait l'ANC depuis longtemps.

Quoique ce ne fût pas mon premier voyage en Europe, les beautés du vieux continent m'ont de nouveau ravi. Je ne veux pas sous-évaluer les charmes de la Ville Lumière mais l'événement le plus important de mon séjour à Paris a été l'annonce par le gouvernement de la levée de l'état d'urgence. J'en étais heureux tout en sachant parfaitement que cette décision avait été prise pendant que je me trouvais en Europe afin de me couper l'herbe sous le pied au moment où j'allais demander la poursuite des sanctions.

Après des arrêts en Suisse, en Italie et aux Pays-Bas, je suis allé en Angleterre, où j'ai passé deux jours avec Oliver et Adelaide Tambo. L'étape suivante était les Etats-Unis, mais je devais revenir en Angleterre avant de rentrer en Afrique du Sud pour rencontrer Mrs. Thatcher. Cependant, par courtoisie, je lui ai téléphoné avant de partir, et elle m'a semoncé sévèrement mais avec les meilleures intentions du monde : elle m'a dit qu'elle avait suivi mes voyages et noté toutes les manifestations auxquelles j'avais assisté. « Mr. Mandela, avant que nous discutions de quoi que ce soit, je dois vous avertir que votre emploi du temps est trop chargé. Vous devez le diviser par deux. Même un homme qui n'aurait que la moitié de votre âge éprouverait des difficultés à répondre à autant de demandes. Si vous continuez ainsi, vous ne reviendrez pas vivant d'Amérique. C'est le conseil que je voulais vous donner. »

Depuis ma jeunesse, j'avais lu des choses sur New York, et finalement contempler la ville du fond de ces immenses canyons de verre et de béton, tandis que des millions de morceaux de papier tombaient du ciel, fut une expérience qui me coupa le souffle. On me dit qu'un million de personnes avaient assisté à notre passage dans les rues, et la vue de leur soutien à la lutte anti-apartheid et de leur enthousiasme me rendit humble. J'avais toujours entendu dire que New York était un endroit impitoyable, mais en cette première journée, j'ai ressenti le contraire.

Le lendemain, je suis allé à Harlem, quartier légendaire dans mon esprit depuis les années 50, où j'avais vu, à Soweto, les jeunes gens imiter la mode des élégants de Harlem. Comme le dit ma femme, c'est le Soweto de l'Amérique. M'adressant à une foule immense au Yankee Stadium, j'ai dit qu'un cordon ombilical impossible à couper reliait les Noirs d'Afrique du Sud et les Noirs d'Amérique, car nous étions tous des enfants d'Afrique. J'ai dit qu'ils appartenaient à la famille à laquelle de grands Américains comme W.E.B. Du Bois, Marcus Garvey et Martin Luther King avaient redonné l'espoir. Quand j'étais jeune, j'idolâtrais la « Bombe brune », Joe Louis, qui battait ses adversaires sur le ring et les racistes à l'extérieur. En prison, j'avais suivi la lutte des Noirs d'Amérique contre le racisme, la discrimination et l'inégalité économique. Pour nous, Harlem symbolisait la force de la résistance, la beauté et la fierté noires. Je me le suis rappelé en voyant un jeune homme qui portait un T-shirt où l'on pouvait lire « Noir par nature, fier par choix ». J'ai dit que nous étions liés par la nature et fiers les uns des autres par choix.

Après un voyage à Memphis et à Boston, je suis allé à Washington, où je me suis adressé au Congrès et ai rencontré le président Bush. J'ai remercié le Congrès des Etats-Unis pour sa législation anti-apartheid et déclaré que la nouvelle Afrique du Sud espérait se montrer digne des valeurs que ces deux chambres avaient créées. J'ai dit qu'en tant que combattant de la liberté nous ne pouvions pas connaître des hommes comme George Washington, Abraham Lincoln et Thomas Jefferson « et ne pas avoir envie d'agir comme eux ». J'ai aussi délivré un message très clair sur les sanctions, car je savais que l'administration Bush pensait qu'il était temps de les lever. J'ai pressé le Congrès de ne pas le faire.

Avant même de rencontrer Mr. Bush j'avais une impression positive, car il avait été le premier grand chef d'Etat du monde à m'avoir téléphoné après ma sortie de prison. A partir de ce moment-là, il m'avait mis dans sa liste de responsables internationaux à qui il écrivait sur les questions importantes. Il était aussi chaleureux et attentionné que je l'avais imaginé, même si nous différions nettement sur le problème de la lutte armée et celui des sanctions. Avec lui, on pouvait être en désaccord et se serrer la main.

Après les Etats-Unis, je suis allé au Canada où j'ai rencontré le Premier ministre Mulroney et où je me suis aussi adressé au Parlement. Notre étape suivante était l'Irlande et, avant de traverser l'Atlantique, notre petit avion à réaction s'est arrêté pour faire le plein de carburant à Goose Bay, un endroit éloigné au-dessus du cercle polaire. J'ai eu envie de faire quelques pas dans l'air vif. Tandis que je me promenais sur le tarmac, j'ai remarqué des gens debout près de la clôture de l'aéroport. J'ai demandé à un Canadien qui ils étaient. Des Esquimaux, m'a-t-il dit.

Au cours de mes soixante et onze années passées sur terre, je n'avais jamais rencontré d'Inuit et je ne pensais pas que cela arriverait. Je me suis dirigé vers la clôture et j'ai vu une douzaine de jeunes d'à peine vingt ans, venus à l'aéroport parce qu'ils avaient appris que notre avion y ferait escale. Enfant, j'avais entendu parler des Inuits (ce sont les colonisateurs qui leur ont donné le nom d'« Esquimaux »), et d'après les textes racistes des colonisateurs j'avais gardé l'impression d'une civilisation arriérée.

Mais en parlant avec ces jeunes gens intelligents, j'ai appris qu'ils avaient suivi ma libération à la télévision et qu'ils connaissaient les événements d'Afrique du Sud. « Vive l'ANC ! » a crié l'un d'eux. Les Inuits forment un peuple aborigène historiquement maltraité par les colons blancs ; il existait des parallèles entre la situation des Noirs d'Afrique du Sud et le peuple des Inuits. J'ai été frappé de voir à quel point la planète s'était rétrécie pendant mes années de prison ; qu'un Inuit vivant sur le sommet du monde puisse regarder la libération d'un prisonnier politique à l'extrémité méridionale de l'Afrique me stupéfiait. La télévision avait rétréci le monde en devenant dans le même temps une arme efficace pour extirper l'ignorance et promouvoir la démocratie.

Après Dublin, je suis allé à Londres, où j'ai eu un entretien de trois heures avec Mrs. Thatcher. J'avais pris froid en parlant avec les Inuits. Il pleuvait le jour où j'ai vu Mrs. Thatcher et, au moment où je partais, Winnie m'a conseillé de prendre mon imperméable. Comme nous étions déjà dans le hall d'entrée de l'hôtel, je me serais mis en retard en retournant le chercher. Je suis très strict sur les questions de ponctualité, non seulement parce que je pense qu'il s'agit d'une marque de respect envers la personne que vous allez voir mais aussi pour lutter contre le stéréotype occidental selon lequel les Africains seraient toujours en retard. J'ai dit à Winnie que je n'avais pas le temps et suis sorti sous la pluie pour signer des autographes à des enfants. Quand je suis arrivé chez Mrs. Thatcher, je ne me sentais pas bien et plus tard on a découvert que j'avais contracté une forme bénigne de pneumonie.

Cela n'a pas contrarié notre rencontre, mais elle m'a grondé comme une maîtresse d'école parce que je n'avais pas suivi son conseil et que je n'avais pas réduit mon programme. Mrs. Thatcher était tout à fait opposée à l'ANC sur beaucoup de questions, comme celle des sanctions, par exemple, mais elle s'est toujours montrée franche et intéressée. Cependant, ce jour-là, au cours de notre entretien, je n'ai absolument pas pu la faire changer d'avis sur la question des sanctions.

106

Quand je suis rentré en Afrique du Sud, en juillet, après de brefs arrêts en Ouganda, au Kenya et au Mozambique, j'ai demandé à rencontrer Mr. De Klerk. La violence empirait dans le pays ; il y avait déjà eu plus de mille cinq cents morts en 1990, chiffre supérieur au nombre total de tués pour raisons politiques au cours de l'année précédente. Après en avoir discuté avec mes camarades, j'ai senti qu'il était nécessaire d'accélérer le processus de normalisation. Notre pays était en train de mourir et nous devions avancer plus vite.

La levée de l'état d'urgence en juin semblait permettre une reprise des pourparlers mais, en juillet, les forces de l'ordre arrêtèrent une quarantaine de membres de l'ANC, dont Mac Maharaj, Pravin Gordhan, Siphiwe Nyanda et Billy Nair, en prétendant qu'ils faisaient partie d'un complot communiste, l'Opération Vula, visant à renverser le gouvernement. De Klerk demanda à me voir de toute urgence et me lut des documents qui, prétendait-il, avaient été confisqués pendant la rafle. Je fus pris au dépourvu parce que je n'étais au courant de rien.

Après cette rencontre, j'ai voulu avoir une explication et, pour ce faire, j'ai téléphoné à Joe Slovo. Il m'a dit que les passages que m'avait lus De Klerk étaient retirés de leur contexte et que Vula était une opération morte depuis longtemps. Mais le gouvernement voulait utiliser cette découverte pour tenter de séparer l'ANC et le SACPO et pour empêcher Joe Slovo de participer aux négociations. Je suis retourné voir Mr. De Klerk ; je lui ai dit qu'il avait été trompé par sa police et que nous n'avions nullement l'intention de nous séparer du Parti communiste ni d'écarter Joe Slovo de l'équipe des négociateurs.

A la mi-juillet, juste avant une réunion du NEC, Joe Slovo est venu me voir secrètement avec une proposition. Il me suggérait de suspendre volontairement la lutte armée afin de créer un climat propice pour relancer le processus de négociation. Mr. De Klerk, me dit-il, avait besoin de montrer à ses partisans que sa politique avait entraîné des bénéfices pour le pays. Ma première réaction fut négative ; je ne pensais pas que l'heure était venue.

Mais plus j'y pensais et plus je me rendais compte que nous devions prendre l'initiative. J'ai aussi compris que Joe, dont l'engagement radical ne se discutait pas, était la personne tout indiquée pour faire cette proposition. On ne pouvait l'accuser d'être la dupe du gouvernement ni de s'être adouci. Le lendemain, je lui ai dit que, s'il soulevait la question lors de la réunion du Comité national de direction, je le soutiendrais.

Lorsque Joe lança l'idée le lendemain, certains s'y opposèrent résolument, affirmant que nous donnions une récompense aux partisans de De Klerk et non à notre lutte. Mais je défendis sa proposition, et rappelai que l'objectif de la lutte armée avait toujours été d'amener le gouvernement à la table des négociations, ce que nous avions réussi à faire. Je soutins que la suspension pouvait toujours être rapportée mais que nous devions prouver notre bonne foi. Au bout de plusieurs heures de discussion, notre conception prévalut.

Ce fut un changement contesté dans l'ANC. MK n'était pas actif, mais l'aura de la lutte armée avait une grande signification pour des quantités de gens. Même quand on n'en parlait que comme d'un moyen théorique, la lutte armée était le signe que nous combattions activement l'ennemi. Elle avait donc une popularité hors de proportions avec les résultats obtenus sur le terrain.

Le 6 août, à Pretoria, l'ANC et le gouvernement signèrent ce qui est connu comme l'Accord de Pretoria, dans lequel nous acceptions de suspendre la lutte armée. Comme je devais le dire et le redire à nos partisans : nous suspendions la lutte armée, nous ne l'arrêtions pas. L'accord fixait aussi des dates pour la libération des prisonniers politiques et la garantie d'un certain nombre d'amnisties. Il était également prévu que le processus d'amnistie serait achevé en mai 1991 et le gouvernement acceptait également de revoir l'Internal Security Act.

Parmi toutes les questions qui s'opposaient au processus de paix, aucune n'était plus destructrice ni plus décourageante que celle de l'escalade de la violence dans le pays. Nous avions tous espéré que la violence diminuerait quand les négociations seraient engagées. Mais, en réalité, il se passait l'inverse. La police et les forces de sécurité arrêtaient très peu de gens. Les habitants des townships les accusaient d'aider et d'encourager la violence. J'étais de plus en plus persuadé de la complicité des forces de sécurité. Beaucoup d'incidents montraient que la police, loin de réprimer la violence, la suscitait.

Au cours des mois suivants, j'ai visité les townships dans le triangle du Vaal ravagé par la violence, au sud de Johannesburg, pour réconforter les blessés et les familles malheureuses. Partout, on me racontait la même histoire : la police et les forces de défense déstabilisaient la région. On me disait comment, un jour, la police confisquait les armes, et comment, le lendemain, les forces de l'Inkatha attaquaient les gens avec les mêmes armes. On nous racontait des histoires de policiers escortant des membres de l'Inkatha lors de meetings ou d'attaques.

En septembre, je fis un discours dans lequel j'affirmai que quelque chose se cachait derrière la violence et où je laissai entendre qu'il existait une mystérieuse « Troisième Force », composée de renégats des forces de sécurité qui essayaient de faire échouer les négociations. Je ne pouvais pas dire qui étaient les membres de cette Troisième Force car je ne les connaissais pas personnellement, mais j'avais la certitude qu'ils existaient et qu'ils avaient une efficacité meurtrière contre l'ANC et la lutte de libération.

J'en étais arrivé à cette conclusion après avoir été entraîné dans deux incidents particuliers. En juillet 1990, l'ANC reçut des informations selon lesquelles les résidents d'un *hostel* (foyer pour célibataires dans les townships noirs) appartenant à l'Inkatha projetaient une attaque d'envergure contre des membres de l'ANC dans le triangle du Vaal, le 22 juillet. Par l'intermédiaire de nos avocats, nous en avons averti le ministre de la Loi et de l'Ordre, le préfet de police et le préfet de région, les informant des agressions imminentes et leur demandant de prendre les mesures nécessaires. Nous avons demandé à la police d'empêcher les membres armés de l'Inkatha d'entrer dans le township pour assister au rassemblement.

Le 22 juillet, des autocars chargés d'hommes de l'Inkatha armés, escortés par des véhicules de police, entrèrent à Sebokeng en plein jour. Un rassemblement eut lieu à la suite duquel les hommes armés se livrèrent à des actes de violence et tuèrent une trentaine de personnes de façon brutale et effrayante. J'ai visité le quartier le lendemain et assisté à des scènes que je n'avais jamais vues et que j'espère ne jamais revoir. A la morgue, il y avait les corps de gens tués à coups de hache ; on avait coupé les seins d'une femme à la machette. Ces criminels ne pouvaient être que des animaux.

J'ai demandé à rencontrer Mr. De Klerk le lendemain. Quand je l'ai vu, je lui ai lancé d'un ton coléreux : « Vous étiez averti et vous n'avez rien fait. Pourquoi ? Pourquoi n'y a-t-il eu aucune arrestation ? Pourquoi la police est-elle restée les bras croisés ? » Puis je lui ai dit que dans toute autre nation où se déroulait une tragédie de cette ampleur, quand plus de trente personnes étaient massacrées, le chef de l'Etat présentait ses condoléances ; or lui n'avait pas encore prononcé un mot. Il n'a rien su me répondre. Je lui ai demandé de me fournir une explication, il ne l'a jamais fait.

Le second événement eut lieu en novembre quand des membres de l'Inkatha entrèrent dans un camp de squatters appelé Zonkizizwe (en zoulou, « l'endroit où toutes les nations sont les bienvenues ») près de la ville de Germiston, à l'est de Johannesburg ; ils en chassèrent des membres de l'ANC et en tuèrent certains. Puis les agresseurs occupèrent les cabanes, confisquant tout ce qui s'y trouvait. Les habitants de l'endroit déclarèrent que des policiers accompagnaient les agresseurs.

A la suite de cette tragédie, la police et le gouvernement ne bougèrent toujours pas. En Afrique du Sud, la vie des Noirs n'avait jamais valu si peu cher.

J'ai de nouveau rencontré Mr. De Klerk et son ministre de la Loi et de l'Ordre, Adriaan Vlok. J'ai de nouveau demandé à Mr. De Klerk pourquoi la police n'avait rien entrepris à la suite de ces crimes. J'ai affirmé qu'on pouvait facilement trouver les assassins parce qu'ils occupaient maintenant les cabanes de ceux qu'ils avaient tués. Mr. De Klerk a demandé une explication à Mr. Vlok et ce dernier, d'un ton plutôt brutal, m'a

demandé sur quelle propriété étaient situées ces cabanes, voulant dire par là que ces gens étaient des squatters
et n'avaient par conséquent aucun droit. Je lui ai
répondu qu'en réalité les terrains avaient été mis à la
disposition de ces gens par les autorités locales. Il avait la
même attitude que beaucoup d'Afrikaners, qui croyaient
simplement que les tribus noires s'entre-tuaient depuis
des temps immémoriaux. Mr. De Klerk m'assura une
nouvelle fois qu'il ferait une enquête et qu'il me répondrait. Il ne l'a jamais fait.

Au même moment, le gouvernement prit une décision
qui jeta de l'huile sur le feu. Il promulga un décret autorisant les Zoulous à porter des armes prétendument traditionnelles dans les rassemblements politiques au Natal
et ailleurs. Ces armes, des sagaies et des knobkerries, des
bâtons avec une grosse extrémité, sont de vraies armes,
avec lesquelles les membres de l'Inkatha tuaient des
membres de l'ANC. Cela me donna des doutes sur les
intentions pacifiques de Mr. De Klerk.

Ceux qui s'opposaient aux négociations tiraient profit
de la violence, qui semblait toujours exploser quand le
gouvernement et l'ANC se dirigeaient vers un accord. Ces
forces cherchaient à allumer la guerre entre l'ANC et
l'Inkatha et je crois que de nombreux membres de l'Inkatha étaient de connivence. Beaucoup de ministres, y
compris Mr. De Klerk lui-même, choisissaient de fermer
les yeux ou d'ignorer ce qui se passait sous leur nez. Nous
étions persuadés qu'aux plus hauts échelons de la police
et des forces de sécurité des hommes aidaient la Troisième Force. Ces soupçons ont été confirmés plus tard
par des journaux qui révélèrent que la police sud-
africaine avait secrètement financé l'Inkatha.

Alors que la violence continuait à s'étendre, je réfléchis
à la suspension de la lutte armée. Beaucoup, à l'ANC,
restaient mécontents et, en septembre, dans une conférence de presse, je dis que la continuation de la violence
pouvait nous amener à reprendre les armes. La situation
semblait extrêmement menaçante et tout accord avec le
gouvernement paraissait maintenant annulé.

107

En décembre 1990, Oliver est revenu en Afrique du Sud après trente ans d'exil. C'était merveilleux de l'avoir ici. Il est rentré pour une conférence consultative à Johannesburg, à laquelle assistaient plus de quinze cents délégués venus de quarante-cinq régions à l'intérieur, et de l'étranger. J'ai rendu hommage à Oliver, qui avait dirigé l'ANC pendant les heures les plus sombres et n'avait jamais laissé s'éteindre la flamme. Il nous avait conduits vers un avenir qui semblait lumineux et plein d'espoir. Pendant les vingt-sept années que j'avais passées en prison, c'était Oliver qui avait sauvé l'ANC et qui en avait fait une organisation internationale puissante et influente. Il avait repris les rênes quand la plupart des dirigeants étaient en prison ou en exil. C'était un soldat, un diplomate, un homme d'Etat.

Je critiquai le gouvernement pour l'organisation de sa campagne d'activités contre-révolutionnaires, mais c'est Oliver qui déclencha une tempête. Il ouvrit la réunion avec un discours controversé dans lequel il demandait qu'on revoie notre politique de sanctions. L'ANC, affirma-t-il, allait être confronté à une « marginalisation internationale » si nous ne prenions pas l'initiative d'une diminution des sanctions. La Communauté européenne avait déjà commencé à les diminuer. Les pays occidentaux, en particulier le Royaume-Uni et les Etats-Unis, voulaient récompenser Mr. De Klerk pour ses réformes en pensant que cela l'encouragerait à aller plus loin. Nous sentions que c'était une mauvaise stratégie mais devions reconnaître les réalités internationales.

Le discours d'Oliver avait été discuté et approuvé par le NEC, mais sa proposition souleva l'indignation des militants de l'ANC, qui refusaient qu'on touche aux sanctions. La conférence décida de maintenir la politique de sanctions telle qu'elle était.

Je fus moi-même l'objet de critiques de la part de ceux qui accusaient les négociateurs d'avoir perdu le contact avec le terrain et de passer plus de temps avec les responsables du Parti national qu'avec nos membres. A la conférence, on me critiqua aussi pour m'être engagé dans une « diplomatie personnelle » et ne pas avoir tenu la base informée. En tant que responsable d'une organisation de masse, je devais écouter tout le monde ; je reconnus que nous avions été négligents en ne tenant pas informée la totalité de l'organisation du cours des négociations, mais je savais aussi que nos pourparlers avec le gouvernement étaient délicats ; nous étions parvenus à des accords en partie grâce à leur confidentialité. J'acceptai la critique, tout en pensant que nous n'avions pas d'autre choix que de continuer dans la même voie. Je savais que je devais prendre plus de choses en compte et informer plus de gens de nos progrès, et continuai dans cet esprit.

Chaque jour, chaque week-end, les journaux étaient remplis de reportages sur de nouvelles violences meurtrières dans nos communautés et nos townships. A l'évidence, la violence constituait le problème numéro un du pays. Dans de nombreuses communautés du Natal et du Reef autour de Johannesburg, un mélange mortel de crimes, de rivalités politiques, de brutalités policières et d'escadrons de la mort rendait la vie impossible. Tant qu'on ne viendrait pas à bout de la violence, les progrès vers une nouvelle Afrique du Sud resteraient hésitants et incertains.

Pour tenter d'arrêter la spirale de la violence, je contactai le chef Buthelezi et lui proposai une entrevue. Nous nous rencontrâmes au Royal Hotel de Durban, en janvier. Le chef Buthelezi parla tout d'abord aux délégués et aux journalistes, et il raviva les vieilles blessures plutôt que de les soigner. Il fit la liste des attaques verbales proférées contre lui par l'ANC, dont il critiqua les exigences dans les négociations. Quand ce fut à mon tour de parler, je décidai de ne pas répondre à ses remarques mais de le remercier des efforts qu'il avait déployés au long des années pour ma libération. Je rappelai notre longue relation et insistai sur tout ce qui unissait nos organisations plutôt que sur ce qui nous divisait.

Nous fîmes des progrès pendant notre entretien privé, signant entre autres un accord qui contenait un code de bonne conduite pour nos deux organisations. C'était un accord honnête et je pense que, si on l'avait appliqué, il aurait aidé à arrêter le bain de sang. Mais, pour autant que je le sache, l'Inkatha n'a jamais fait aucun effort pour le mettre en application, et il y eut également des violations de notre part.

La violence continua entre nos deux organisations. Chaque mois des centaines de personnes mouraient. En mars, des membres de l'Inkatha lancèrent une attaque contre le township d'Alexandra, au nord de Johannesburg, au cours de laquelle quarante-cinq personnes furent tuées en trois jours de combats. Une nouvelle fois, il n'y eut aucune arrestation.

Ne pouvant rester sans rien faire, je cherchai à avoir une nouvelle rencontre avec le chef Buthelezi. En avril je redescendis à Durban où nous fîmes de nouveau de fortes déclarations et signâmes un nouvel accord. Mais l'encre n'avait pas encore séché qu'il était déjà trempé de sang. J'étais plus convaincu que jamais que le gouvernement se trouvait derrière l'essentiel de la violence et que celle-ci faisait obstacle aux négociations. L'absence de réponse de Mr. De Klerk remettait en cause nos relations.

En avril, lors d'une réunion de deux jours du NEC, j'ai exposé mes doutes à propos de Mr. De Klerk. Le NEC croyait que le gouvernement était derrière la violence et que la violence pourrissait le climat des négociations. Dans une lettre ouverte au gouvernement, nous avons demandé la démission de Magnus Malan, le ministre de la Défense, et d'Adriaan Vlok, le ministre de la Loi et de l'Ordre ; l'interdiction du port d'armes traditionnelles en public ; l'élimination progressive des *hostels* pour travailleurs migrants dans lesquels vivaient tant de membres de l'Inkatha, dans les townships autour de Johannesburg ; le démantèlement des unités secrètes gouvernementales anti-émeutes ; et la nomination d'une commission indépendante pour enquêter sur les plaintes concernant la mauvaise conduite des forces de sécurité.

Nous avons donné au gouvernement jusqu'en mai pour nous répondre. Mr. De Klerk nous répondit en convoquant une conférence multipartite sur la violence en mai, mais je lui répliquai que c'était inutile car le gouvernement savait précisément ce qu'il fallait faire pour mettre fin à la violence. En mai, nous avons annoncé la suspension des pourparlers.

En juillet 1991, l'ANC tint sa première conférence annuelle à l'intérieur de l'Afrique du Sud depuis trente ans. Y assistaient 2 244 délégués élus démocratiquement par les branches de l'ANC à l'intérieur et à l'étranger. A la conférence, je fus élu président de l'ANC, sans opposition. Cyril Ramaphosa fut élu secrétaire général, preuve qu'une génération d'anciens responsables passait le flambeau à la nouvelle génération. Cyril, que je n'avais rencontré qu'à ma sortie de prison, était un successeur digne de toute une lignée de remarquables responsables. Il s'agissait sans doute du meilleur négociateur dans les rangs de l'ANC, qualité qu'il avait affinée en tant que secrétaire général du Syndicat national des mineurs (NUMW).

Dans mon discours, je dis à quel point j'étais sensible au grand honneur qu'on me faisait et à quel point il serait difficile de suivre les pas de mon prédécesseur, Oliver Tambo. Malgré notre désaccord actuel avec le gouvernement, je dis que les négociations en elles-mêmes constituaient une victoire. Le simple fait que le gouvernement eût engagé des négociations était le signe qu'il n'avait plus la force de maintenir l'apartheid. Je réaffirmai que le processus ne serait pas simple puisque les négociations avaient lieu avec des gens qui ne voulaient pas envisager leur départ du pouvoir. « Ce qu'il faut bien comprendre, c'est que la lutte n'est pas finie, que les négociations elles-mêmes sont le théâtre d'une lutte, et qu'elles sont susceptibles d'avancer ou de reculer comme toute autre forme de lutte. »

Mais les négociations ne pouvaient attendre. La prolongation de l'agonie de l'apartheid ne servait pas nos intérêts. Je déclarai qu'il était nécessaire de créer le plus vite possible un gouvernement de transition.

La conférence mit l'accent sur l'une des tâches les plus importantes et les plus exigeantes qui attendaient l'ANC : la transformation d'un mouvement de libération illégal et clandestin en un parti politique légal de masse. Pendant trente ans, l'ANC avait fonctionné clandestinement en Afrique du Sud ; ses habitudes et ses techniques étaient profondément enracinées. Nous devions reconstruire toute l'organisation, depuis les plus petites branches locales jusqu'à la direction nationale. Et nous devions le faire en quelques mois, pendant une période d'extraordinaire transformation.

Une grande partie des responsables du Parti communiste et de l'ANC avaient vécu en exil. La plupart d'entre eux étaient revenus pour la conférence en juillet. L'Afrique du Sud actuelle ne leur était pas familière ; c'était une terre nouvellement découverte, pour eux aussi bien que pour moi. Cependant, il y avait une nouvelle et extraordinaire génération de jeunes responsables venus de l'UDF et du COSATU, qui étaient restés dans le pays et connaissaient bien mieux que nous la situation politique. Ces organisations avaient dans une certaine mesure remplacé l'ANC à l'intérieur du pays au cours des années 80. L'ANC devait aussi intégrer ces hommes et ces femmes dans ses rangs.

Nous étions confrontés non seulement à des problèmes logistiques mais aussi à des problèmes philosophiques. Quand on combat un ennemi commun, maintenir la cohésion d'un mouvement est relativement simple. Mais créer une politique quand cet ennemi se trouve de l'autre côté de la table des négociations est une autre paire de manches. Dans le nouvel ANC, nous devions non seulement intégrer de nombreux groupes différents, mais aussi beaucoup de conceptions différentes. Nous avions besoin d'unir l'organisation autour de l'idée des négociations.

Au cours des dix-sept premiers mois d'activité légale, l'ANC avait recruté 700 000 membres. Il s'agissait d'un chiffre impressionnant, mais il n'y avait pas de place

pour l'autosatisfaction. Un nombre proportionnellement bas d'entre eux venaient des régions rurales, là où
historiquement l'ANC avait toujours été le plus faible.
Dans le même temps, le Parti national ouvrait en grand
ses portes aux non-Blancs et recrutait activement des
métis et des Indiens mécontents.

Depuis ma libération, l'Etat avait continué sa campagne pour discréditer ma femme. Après le prétendu enlèvement de quatre jeunes qui se trouvaient dans la maison de Diepkloof et la mort de l'un d'eux, Winnie avait
d'abord été diffamée par une campagne de rumeurs, puis
on avait retenu contre elle quatre chefs d'accusation
pour enlèvement et un pour voies de fait. Ces calomnies
permanentes étaient telles qu'elle et moi souhaitions
qu'elle aille au tribunal pour prouver son innocence.

Le procès de ma femme commença en février, à la
Cour suprême du Rand à Johannesburg. J'assistai au
premier jour du procès, comme beaucoup de responsables de l'ANC, et je continuai à y assister aussi souvent
que je le pouvais. Je fis cela à la fois pour soutenir ma
femme et pour montrer que j'étais convaincu de son
innocence. Elle fut défendue avec compétence par
George Bizos, qui s'efforça de démontrer que Winnie
n'avait rien à voir ni avec les enlèvements ni avec les
coups.

Au bout de trois mois et demi, le tribunal la déclara
coupable d'enlèvement et de complicité de voies de fait.
Cependant, le juge reconnut qu'elle n'avait pas donné
elle-même de coups. Elle fut condamnée à six ans de
prison mais libérée sous caution dans l'attente du procès
en appel. En ce qui me concernait, avec ou sans condamnation, je n'avais aucun doute sur son innocence.

108

Le 20 décembre 1991, après plus d'un an et demi de pourparlers sur les pourparlers, les discussions reprirent : la CODESA — Convention for a Democratic South Africa (Convention pour une Afrique du Sud démocratique) — représenta le premier forum de négociations entre le gouvernement et l'ANC et d'autres partis sud-africains. Toutes nos discussions bilatérales précédentes avaient permis de préparer le terrain pour ces pourparlers qui eurent lieu au World Trade Center, un centre moderne d'exposition près de l'aéroport Jan Smuts, à Johannesburg. La CODESA comptait dix-huit délégations couvrant tout l'éventail politique sud-africain, plus des observateurs des Nations unies, du Commonwealth, de la Communauté européenne et de l'Organisation de l'unité africaine ; la plus grande représentation de groupes politiques jamais réunie au même endroit en Afrique du Sud.

L'ouverture de tels pourparlers était un événement historique, sans doute la plus grande convention constitutionnelle depuis 1909, date à laquelle les anciennes colonies du Cap et du Natal et les républiques boers du Transvaal et de l'Etat libre d'Orange s'étaient mises d'accord pour former une seule union. Bien sûr, cette convention n'avait pas été un hommage à la démocratie mais plutôt une trahison de celle-ci, car aucun des représentants présents ce jour-là n'était noir. En 1991, la majorité l'était.

Notre délégation, conduite par Cyril Ramaphosa et comprenant Joe Slovo et Valli Moosa, avait eu des discussions hebdomadaires avec le gouvernement sur le problème des élections, la constitution, une assemblée constituante et un gouvernement de transition. Les délégués de vingt partis différents, y compris les gouvernements des homelands, avaient accepté les règles de base de la convention.

A l'ouverture, l'optimisme ne put être tempéré par quelques mauvais coucheurs. Le PAC décida de boycotter les pourparlers, accusant l'ANC et le Parti national de conspirer ensemble pour installer un gouvernement multiracial — cela malgré la formation, un mois plus tard, du Front patriotique, l'alliance de l'ANC, du PAC et de l'Azanian People's Organization (Organisation du peuple d'Azanie [1]) autour d'une déclaration d'objectifs communs. Les responsables du PAC redoutaient des élections démocratiques parce qu'ils savaient qu'un tel vote révélerait leur maigre soutien populaire. Le chef Buthelezi boycottait lui aussi les pourparlers parce qu'on ne lui avait pas permis d'avoir trois délégations : une pour l'Inkatha, une pour le gouvernement du Kwa-Zulu et une pour le roi Zwelithini. Nous soutenions que le roi devait être au-dessus de la politique et que, si on devait l'admettre, alors chaque tribu d'Afrique du Sud devrait être autorisée à envoyer son chef suzerain.

Ce qui dominait au World Center n'était pas seulement le sentiment de l'histoire mais aussi celui de la confiance. Contrairement aux négociations précédant les nouvelles structures politiques dans des Etats africains tels que le Zimbabwe et l'Angola, qui nécessitaient des médiateurs extérieurs, en Afrique du Sud nous réglions nos différends entre nous. Mr. De Klerk parla de la nécessité d'un gouvernement de transition avec « partage du pouvoir » sur une base démocratique. Le chef de la délégation du Parti national aux pourparlers, Dawie De Villiers, présenta même des excuses pour l'apartheid.

Dans mes remarques d'ouverture, je dis qu'avec la naissance de la CODESA les progrès en Afrique du Sud étaient devenus irréversibles. J'expliquai que les gouvernements tiraient leur autorité et leur légitimité du consentement des gouvernés et que nous nous étions réunis pour créer une telle autorité légitime. Je dis que la CODESA marquait le début de la route qui conduisait à une assemblée élue qui rédigerait une nouvelle constitution et je ne voyais aucune raison pour que l'élection d'une telle assemblée constituante n'ait pas lieu en 1992.

---

1. Azanie, nom donné à l'Afrique du Sud par les milieux révolutionnaires d'extrême gauche. *(N.d.T.)*

Je demandai au gouvernement de nommer un gouvernement intérimaire d'unité nationale pour superviser cette élection, contrôler les médias d'Etat et l'armée et superviser de façon générale la transition vers une nouvelle Afrique du Sud non raciale et démocratique.

Le premier jour de la convention, la plus grande partie des participants, dont le Parti national et l'ANC, signèrent une déclaration d'intention qui engageait toutes les parties à soutenir une Afrique du Sud unitaire dont la loi suprême serait une constitution garantie par un système judiciaire indépendant. Le système légal du pays garantirait l'égalité devant la loi, et une déclaration des droits serait rédigée pour protéger les libertés civiles. En bref, il y aurait une démocratie multiparti fondée sur le suffrage universel des adultes inscrits sur la même liste électorale. En ce qui nous concernait, c'était le seuil constitutionnel minimal acceptable pour une nouvelle Afrique du Sud. L'Inkatha refusa de signer parce que l'expression « une Afrique du Sud unitaire » impliquait que le système fédéral était rejeté.

La convention créa cinq groupes de travail qui se réuniraient début 1992 afin de préparer la voie à la seconde séance de la CODESA, prévue pour mai 1992. Les groupes étudieraient la question de la création d'un climat politique de liberté, la politique des homelands, la restructuration de la South African Broadcasting Corporation, l'examen des différents principes constitutionnels tels que le fédéralisme, et la création et l'installation d'un gouvernement intérimaire. Les différents partis acceptèrent que les décisions soient prises par un « consensus suffisant » qui ne fut jamais défini mais qui, en pratique, signifiait un accord entre le gouvernement, l'ANC et une majorité des autres partis.

La première journée de la CODESA 1 se déroula sans problèmes, jusqu'à sa clôture. La veille de la convention, j'avais négocié avec Mr. De Klerk au téléphone jusqu'à plus de 8 heures du soir. Mr. De Klerk m'avait demandé si j'acceptais de lui permettre d'être le dernier orateur du lendemain. C'était moi qui devais faire les remarques de conclusion et je lui dis que j'étudierais la question avec le

NEC. Je le dis le soir même et, malgré les craintes de mes camarades, je les persuadai d'autoriser Mr. De Klerk à avoir le dernier mot. Je ne considérais pas la question comme vitale, et j'étais disposé à lui accorder cette faveur.

A la fin de la session, tout semblait bien aller ; je parlai de l'importance des pourparlers et je fus suivi par Mr. De Klerk. Il souligna la signification historique de l'événement et la nécessité de dépasser notre méfiance mutuelle. Mais alors il fit une chose curieuse. Il commença à reprocher à l'ANC de n'avoir pas adhéré aux accords passés avec le gouvernement. Il se mit à nous parler comme un maître d'école qui gronde un mauvais élève. Il réprimanda l'ANC, qui n'avait pas pu découvrir de caches d'armes et lui reprocha de garder une « armée privée », Umkhonto we Sizwe, en violation de l'Accord national de paix de septembre 1991.

Dans un langage peu mesuré, il demanda si l'ANC était suffisamment honorable pour respecter les accords qu'il signait.

C'était plus que je ne pouvais tolérer et il n'était pas question que je le laisse avoir le dernier mot. Quand il eut fini, le meeting devait s'achever. Mais la salle était devenue très calme ; au lieu de laisser la séance se terminer, j'allai à la tribune. Je ne pouvais pas ne pas répondre à ses remarques. Ma voix trahissait ma colère.

> Je suis très préoccupé par le comportement de Mr. De Klerk aujourd'hui. Il a attaqué l'ANC et, ce faisant, manqué de franchise. Même le chef d'une minorité illégitime et discréditée comme celle à laquelle il appartient doit respecter certains critères moraux. Le simple fait qu'il soit le chef de ce régime discrédité ne lui donne aucune excuse pour ne pas respecter ces critères moraux [...]. Si un homme peut venir à une conférence de cette nature et avoir le comportement qui a été le sien, peu de gens accepteront de traiter avec lui.
>
> Les membres du gouvernement nous ont persuadés de le laisser parler en dernier. Ils tenaient abso-

lument à avoir le dernier mot. Maintenant, la raison en est claire. Il a abusé de sa position parce qu'il espérait que je ne répondrais pas. Il se trompait lourdement. Je vais lui répondre.

J'ai dit qu'il était inacceptable que Mr. De Klerk utilise un tel langage. J'ai répété que c'était l'ANC, et non le gouvernement, qui avait pris l'initiative des pourparlers de paix et que c'était le gouvernement, et non l'ANC, qui se montrait incapable de respecter ses engagements. J'avais déjà dit à Mr. De Klerk qu'il ne servait à rien d'attaquer l'ANC publiquement, pourtant il continuait à le faire. Je remarquai que nous avions suspendu la lutte armée pour manifester notre engagement envers la paix, mais le gouvernement était le complice des fauteurs de guerre. Nous lui avions dit que nous ne rendrions nos armes que lorsque nous ferions partie du gouvernement qui ramasserait ces armes.

J'ajoutai qu'il devenait clair que le gouvernement tenait un double langage. Il utilisait les négociations non pas pour arriver à la paix mais pour augmenter ses médiocres gains politiques. Tout en négociant, il finançait secrètement des organisations qui utilisaient la violence contre nous. Je citai les révélations récentes sur le demi-million de rands payé à l'Inkatha, fait que Mr. De Klerk prétendait ignorer. Je déclarai que si un homme dans sa position « ne sait pas de telles choses, alors il n'est pas apte à être le chef du gouvernement ».

Je savais que j'avais été très dur et je ne voulais pas faire chavirer le bateau des négociations, aussi terminai-je sur une note plus positive.

> Je lui demande de jouer cartes sur table. Travaillons ensemble au grand jour. N'ayons pas de plan secret. Qu'il ne nous persuade pas d'être le dernier orateur parce qu'il veut abuser de ce privilège et nous attaquer en espérant que nous ne répondrons pas. Malgré toutes ses fautes, je suis prêt à travailler avec lui.

La dernière séance de la CODESA avait lieu le lendemain et Mr. De Klerk et moi nous efforçâmes de montrer que rien d'irréparable ne s'était produit. Au début de la séance, nous nous serrâmes publiquement la main en disant que nous allions travailler ensemble. Mais une grande partie de la confiance avait été perdue, et les négociations se retrouvaient dans la plus grande incertitude.

Six semaines après l'ouverture de la CODESA 1, le Parti national présenta un candidat à une importante élection partielle à Potchefstroom, une ville universitaire conservatrice du Transvaal, forteresse traditionnelle des nationalistes. Dans un renversement spectaculaire, le Parti national fut battu par le candidat de droite du Parti conservateur. Ce dernier s'opposait farouchement aux négociations du gouvernement avec l'ANC, et se composait principalement d'Afrikaners qui avaient l'impression Mr. De Klerk bradait le pays. Le résultat de l'élection semblait jeter un doute sur la politique de réformes et de négociations. Le Parti national s'inquiéta ; ses propres électeurs dans sa forteresse rejetaient sa politique.

Mr. De Klerk décida de jouer son va-tout. Il annonça qu'à la suite de l'élection partielle de Potchefstroom il organiserait un référendum national le 17 mars pour que le peuple d'Afrique du Sud puisse se prononcer sur sa politique de réformes et de négociations avec l'ANC. Il déclara que si le non l'emportait, il démissionnerait. On posait une question claire et directe : « Soutenez-vous la poursuite du processus de réformes engagé par le président De Klerk le 2 février 1990 et dont le but est la mise en œuvre d'une nouvelle constitution par la négociation ? »

L'ANC s'opposa au référendum parce qu'il excluait les non-Blancs. En même temps, nous étions réalistes : nous ne tenions absolument pas à ce que les électeurs blancs rejettent les efforts de De Klerk pour poursuivre les négociations. Tout en méprisant le principe du vote, nous encouragions les Blancs à voter oui. Nous considérions ce référendum comme un signe de soutien aux négociations et pas nécessairement à Mr. De Klerk.

Nous avons regardé sa campagne avec intérêt et un peu de consternation. Avec le Parti national, il menait une campagne coûteuse à l'américaine, accompagnée d'encarts publicitaires dans les journaux et de spots télévisés, d'autocollants et de meetings hauts en couleur. Nous voyions cela comme une répétition générale de la campagne que Mr. De Klerk mènerait contre nous.

A la fin, 69 % des électeurs blancs se prononcèrent pour les négociations et donnèrent une éclatante victoire à Mr. De Klerk. Il se sentit soutenu ; je pense que son avance lui monta même un peu à la tête. Les nationalistes durcirent leur position dans les négociations. C'était une stratégie dangereuse.

109

Le 13 avril 1992, lors d'une conférence de presse à Johannesburg, accompagné de mes deux plus anciens camarades, Walter et Oliver, j'ai annoncé que je me séparais de ma femme. La situation était devenue si difficile que je pensais que cela valait mieux dans l'intérêt de tous — l'ANC, la famille, Winnie. Bien que j'en eusse parlé avec l'organisation, cette séparation avait des raisons personnelles.

J'ai lu la déclaration suivante.

> Les relations entre ma femme, la camarade Nomzamo Winnie Mandela, et moi sont devenues l'objet de spéculations dans la presse. Je fais cette déclaration pour clarifier la situation et dans l'espoir que cela mettra fin aux rumeurs.

> La camarade Nomzamo et moi-même nous sommes mariés à une période critique de la lutte de libération dans notre pays. A cause des pressions

dues à notre engagement commun dans l'ANC et la lutte pour mettre fin à l'apartheid, nous n'avons pas pu mener une vie de famille normale. Malgré ces pressions, notre amour réciproque et l'attachement que nous portions à notre couple se sont intensifiés. [...]

Pendant les vingt années que j'ai passées à Robben Island, elle a été le pilier indispensable qui m'a soutenu et réconforté. [...] La camarade Nomzamo a accepté de porter un lourd fardeau en élevant seule nos enfants. [...] Elle a supporté les persécutions innombrables du gouvernement avec un courage exemplaire et n'a jamais hésité dans sa lutte pour la liberté. Sa ténacité a renforcé le respect, l'amour et l'affection que j'avais pour elle. Elle a aussi attiré l'admiration du monde. Mon amour pour elle reste inchangé.

Cependant, compte tenu des tensions apparues entre nous au cours des derniers mois, nées de divergences sur un certain nombre de questions, nous nous sommes mis d'accord pour reconnaître qu'une séparation serait la meilleure solution pour chacun de nous. Je n'ai pas pris ma décision à la suite des allégations de la presse. [...] La camarade Nomzamo peut compter sur mon soutien indéfectible dans ces moments éprouvants pour elle.

Personnellement, je ne regretterai jamais la vie que la camarade Nomzamo et moi-même avons essayé de partager. Mais des circonstances hors de notre pouvoir en ont décidé autrement. Je me sépare de ma femme sans récriminations. Je la serre dans mes bras avec tout l'amour et toute l'affection que j'ai toujours éprouvés pour elle, à l'intérieur et à l'extérieur de la prison, depuis la première fois où je l'ai vue. Mesdames et messieurs, j'espère que vous comprendrez ma douleur.

J'étais peut-être aveuglé par le chagrin de ne pas avoir été capable de remplir mon rôle de mari envers ma femme et de père envers mes enfants. Mais tout comme je suis persuadé que la vie de ma femme a été plus difficile que la mienne pendant mon emprisonnement, mon retour a lui aussi été plus difficile pour elle que pour moi. Elle avait épousé un homme qui devait la quitter bientôt ; cet homme était devenu un mythe ; puis ce mythe était revenu chez lui et s'était révélé n'être qu'un homme.

Comme je l'ai dit plus tard au mariage de ma fille Zindzi, il semble que le destin des combattants de la liberté soit d'avoir des vies personnelles instables. Quand votre vie est la lutte, comme l'a été la mienne, il reste peu de place pour la famille. Cela a toujours été mon plus grand regret et l'aspect le plus douloureux de la vie que j'ai choisie.

« Nous avons vu nos enfants grandir sans que nous soyons là pour les guider, ai-je dit au mariage, et quand nous sommes sortis [de prison], mes enfants m'ont dit : "Nous pensions que nous avions un père et qu'un jour il reviendrait. Mais à notre grande consternation, notre père est revenu et il nous a laissés seuls parce qu'il était devenu le père de la nation." » Etre le père de la nation est un grand honneur, mais être le père d'une famille est une joie plus grande. C'est une joie que j'ai trop peu connue.

110

En mai 1992, après quatre mois d'interruption, la conférence multipartite a tenu sa seconde séance plénière au World Trade Center, sous le nom de CODESA 2. Les pourparlers avaient été préparés lors des réunions secrètes de négociateurs de l'ANC et du gouvernement, d'une part, et des discussions entre l'ANC et les autres partis, d'autre part. Ces réunions avaient abouti à une rencontre finale entre Mr. De Klerk et moi la veille de l'ouverture de CODESA 2 — la première fois que nous nous revoyions depuis CODESA 1.

Quelques jours seulement avant le début de CODESA 2, le gouvernement fut touché par deux scandales. Le premier révélait une corruption générale des services de l'aide au développement, responsables de l'amélioration de la vie des Noirs dans les townships, et le second était l'implication de hauts responsables des services de sécurité dans l'assassinat en 1985 de quatre militants de l'UDF, dont le plus connu était Matthew Goniwe. Ces révélations s'ajoutaient aux récentes implications de la police dans des meurtres au Natal et aux faits qui laissaient soupçonner que les renseignements militaires menaient des opérations clandestines contre l'ANC. Ces deux scandales, éclatant ensemble, sapaient la crédibilité du gouvernement et nous renforçaient.

Au cours des mois précédents, le gouvernement avait fait de nombreuses propositions, oubliées en chemin, comme l'idée d'une présidence tournante. Il cherchait en fait à conserver son pouvoir. Mais au cours de ces mêmes mois, les négociations entre les représentants de l'ANC et ceux du gouvernement avaient permis d'aboutir à une proposition d'accord impliquant une période de transition en deux étapes pour une Afrique du Sud pleinement démocratique. Tout d'abord, un « conseil de direction de transition » multiparti serait choisi au sein des délégations à la CODESA pour agir comme gouvernement temporaire afin de « niveler le terrain » pour tous les partis et de rédiger une constitution d'intérim. Ensuite, des élections générales auraient lieu pour désigner une assemblée constituante et législative, dans lesquelles tous les partis politiques qui auraient obtenu au moins 5 % des suffrages pourraient participer au gouvernement. La moitié des membres de l'assemblée seraient élus sur une base nationale et l'autre moitié sur une base régionale, et l'assemblée aurait à la fois le pouvoir de rédiger une constitution et de légiférer. Une commission indépendante présiderait les élections et s'assurerait de leur caractère libre et honnête.

Cependant, il restait beaucoup de questions sur lesquelles l'ANC et le gouvernement n'avaient pu parvenir à un accord, comme le pourcentage de votes nécessaire à l'assemblée pour décider des questions constitutionnelles et se mettre d'accord sur une charte des droits. Quelques jours seulement avant CODESA 2, le gouvernement proposa une deuxième chambre, un sénat, composé de représentants régionaux, afin d'assurer un droit de vote à la minorité. Il proposa aussi qu'auparavant CODESA 2 approuve une constitution d'intérim, qu'il faudrait des mois à écrire.

Tous ces marchandages avaient lieu en coulisses et à l'ouverture de CODESA 2, le 15 mai 1992, les possibilités d'accord semblaient bien minces. Les points sur lesquels nous étions en désaccord menaçaient tout ce sur quoi nous nous étions entendus. Mr. De Klerk et moi n'avions pas réussi à trouver de consensus sur les questions les plus importantes. Le gouvernement semblait prêt à attendre indéfiniment ; il pensait que plus nous attendions et plus notre soutien s'affaiblirait.

La convention aboutit à une impasse à la fin de la première journée. Les deux juges qui présidaient la séance nous demandèrent, à Mr. De Klerk et moi, de nous rencontrer le soir même pour rechercher un compromis. Nous ne réussîmes pas à trouver un moyen de sortir de l'impasse, mais nous nous mîmes d'accord pour penser que les négociations ne devaient pas échouer. Je déclarai à Mr. De Klerk : « L'Afrique du Sud et le monde entier nous regardent, vous et moi. Sauvons le processus de paix. Arrivons à un accord quelconque. Fixons au moins une date pour les prochains pourparlers. » Nous décidâmes que, le lendemain, nous parlerions tous deux dans un esprit de compromis positif.

Le lendemain après-midi, nous parlâmes dans l'ordre inverse de CODESA 1 : Mr. De Klerk en premier, moi à la fin. Dans ses remarques, il insista sur le fait que le Parti national ne cherchait pas à obtenir « un droit de veto pour la minorité » mais qu'il voulait un système de « contrôle et d'équilibre » afin que la majorité ne puisse pas « faire mauvais usage de son pouvoir ». Cela me semblait en opposition totale avec l'idée de la loi de la majorité, mais quand je pris la parole après Mr. De Klerk, je dis simplement que nous devions travailler de façon constructive et apaiser les tensions qui entouraient les négociations.

En dépit de nos tentatives pour présenter un visage positif, au deuxième jour de la convention nous n'étions pas sortis de l'impasse. D'après moi, c'était à cause du peu d'empressement du Parti national à soumettre son destin à la volonté de la majorité. Il n'arrivait pas à franchir le pas.

Finalement, CODESA 2 échoua sur quatre questions essentielles : l'insistance du gouvernement sur un pourcentage inacceptable de votes à l'assemblée pour approuver la constitution (un veto déguisé) ; des pouvoirs régionaux renforcés qui auraient limité la future constitution ; un sénat non démocratique et non élu avec un droit de veto sur la législation de la chambre principale ; et la volonté de préparer une constitution intérimaire négociée par la convention qui deviendrait la convention définitive.

Il s'agissait de questions difficiles mais pas insolubles, et j'étais bien décidé à ne pas laisser CODESA 2 échouer, ce qui aurait ruiné le processus de négociation. Le gouvernement et l'ANC acceptèrent de poursuivre leurs conversations bilatérales pour essayer de trouver une solution. Mais d'autres problèmes apparurent qui rendirent cette éventualité impossible.

Les négociations étant bloquées, l'ANC et ses alliés se mirent d'accord sur une politique d'« action de masse », qui montrerait au gouvernement l'étendue du soutien dont nous pouvions bénéficier dans le pays et qui ferait voir que le peuple sud-africain n'était pas disposé à attendre éternellement sa libération. L'action de masse comprenait des grèves, des manifestations et des boycotts. Pour démarrer le mouvement, on choisit le 12 juin 1992, date anniversaire de la révolte de Soweto en 1976, et la campagne devait atteindre son maximum les 3 et 4 août, lors d'une grève de deux jours.

Mais avant cela, il se passa d'autres événements qui éloignèrent encore davantage l'ANC du gouvernement. Dans la nuit du 17 juin 1992, un groupe de l'Inkatha très bien armé fit une descente dans le township du Vaal, à Boipatong, et tua quarante-six personnes, pour la plupart des femmes et des enfants. C'était le quatrième massacre de membres de l'ANC de la semaine. Dans tout le pays, les gens étaient horrifiés par la violence et accusaient le gouvernement de complicité. La police ne fit rien pour empêcher les criminels d'agir ni pour les retrouver ; il n'y eut ni arrestations ni enquête. Mr. De Klerk ne dit rien. Pour moi, c'en était trop ; ma patience était à bout. Le gouvernement bloquait les négociations et, en même temps, il menait une guerre déguisée contre notre peuple. Dans ces conditions, pourquoi continuer à parler avec lui ?

Quatre jours après les meurtres, je pris la parole devant une foule de vingt mille partisans de l'ANC en colère et je leur dis que j'avais demandé au secrétaire général de l'ANC, Cyril Ramaphosa, de suspendre les discussions directes avec le gouvernement. J'annonçai aussi une réunion d'urgence du Comité national de direction (NEC) pour étudier nos possibilités. J'avais l'impression d'être revenu à la période sombre de Sharpeville. Je comparai le comportement du Parti national aux nazis allemands et avertis publiquement De Klerk que, s'il cherchait à nous imposer de nouvelles mesures pour limiter le droit de manifester ou la libre expression, l'ANC lancerait une campagne nationale de défi avec moi-même comme premier volontaire.

A ce rassemblement, on pouvait lire sur des pancartes : « Mandela, donne-nous des fusils » et « La victoire par le combat, pas par les pourparlers ». Je comprenais de tels sentiments ; les gens étaient excédés. Ils ne voyaient rien de positif sortir des négociations. Ils commençaient à penser qu'on ne pourrait renverser l'apartheid qu'en faisant parler la poudre. Après Boipatong, certains membres du NEC disaient : « Pourquoi avons-nous abandonné la lutte armée ? Nous aurions dû abandonner les négociations à la place ; elles ne nous permettront jamais d'atteindre notre but. » Au début, je me suis senti en accord avec ce groupe extrémiste, mais je me suis bientôt rendu compte qu'il n'y avait pas d'alternative. C'était ce que j'avais défendu pendant tant d'années, et je ne tournerais pas le dos aux négociations. Pourtant, il fallait calmer les choses. Dans cette situation, l'action de masse était un moyen terme entre la lutte armée et les négociations. Le peuple devait pouvoir exprimer sa colère et sa frustration et une telle campagne était la meilleure façon de canaliser ses sentiments.

Quand nous avons informé le gouvernement que nous suspendions les pourparlers, nous avons adressé à Mr. De Klerk un mémorandum dans lequel nous exposions les raisons de notre retrait. En outre, afin de sortir CODESA 2 de l'impasse sur le problème de la constitution, nous exigions qu'on recherche les responsables des actes de violence afin de les traduire en justice, et qu'on mette au point certains mécanismes pour isoler les *hostels*, lieux propices à la violence. Mr. De Klerk nous a répondu pour me demander une rencontre, ce que nous avons refusé. Je sentais que cela laisserait entendre qu'il y avait quelque chose à discuter et, en ce moment, il ne restait rien.

La campagne d'action de masse culmina dans une grève générale les 3 et 4 août, pour approuver la demande de négociations de l'ANC et protester contre le soutien apporté par le gouvernement à la violence. Plus de quatre millions de travailleurs restèrent chez eux au cours de la plus grande grève de l'histoire de l'Afrique du Sud. Le centre de la grève fut une marche de cent mille personnes sur l'Union Building à Pretoria, imposant siège du gouvernement sud-africain, et un énorme rassemblement eut lieu sur les pelouses. Je dis à la foule qu'un jour nous occuperions ce bâtiment en tant que premier gouvernement démocratiquement élu d'Afrique du Sud.

Devant cette action de masse, Mr. De Klerk déclara que si l'ANC rendait le pays ingouvernable, le gouvernement pourrait être amené à faire des choix désagréables. J'avertis Mr. De Klerk que toute action antidémocratique aurait de graves répercussions. Je lui dis que c'était à cause de telles menaces qu'il devenait urgent de mettre en place un gouvernement de transition.

Prenant exemple sur le succès de l'action de masse, un groupe de l'ANC décida d'une marche sur Bisho, la capitale du homeland du Ciskei, dans l'Eastern Cape, un bantoustan dirigé par le général Oupa Gqozo. Le Ciskei réprimait l'ANC depuis longtemps et, en 1991, le général Gqozo avait déclaré l'état d'urgence pour lutter contre ce qu'il appelait le terrorisme soutenu par l'ANC. Le matin du 7 septembre 1992, une marche de soixante-dix mille manifestants partit en direction du stade de Bisho. Quand un groupe essaya de passer par une brèche dans une clôture afin de prendre un chemin différent pour aller en ville, les soldats mal entraînés du homeland ouvrirent le feu sur les manifestants, tuant vingt-neuf personnes et en blessant plus de deux cents. Bisho rejoignit Boipatong comme synonyme de brutalité.

Un vieux proverbe dit que l'heure la plus sombre précède l'aube. De la même façon, la tragédie du Ciskei mena à la réouverture des négociations. Je rencontrai Mr. De Klerk pour trouver un terrain d'entente et éviter la répétition de Bisho. Nos négociateurs respectifs se réunirent régulièrement. Les deux côtés faisaient des efforts sincères pour que les négociations restent sur les rails et, le 28 septembre, Mr. De Klerk et moi nous retrouvâmes pour une rencontre au sommet.

Ce jour-là, nous avons signé un protocole d'accord définissant le cadre de toutes les négociations qui allaient suivre. Il créait un organisme indépendant pour contrôler les actions de la police et un mécanisme pour isoler les *hostels*, et interdisait le port d'« armes traditionnelles » dans les rassemblements. Mais la véritable importance du protocole d'accord résidait dans le fait qu'il sortait CODESA 2 de l'impasse. Finalement, le gouvernement acceptait une seule assemblée constituante élue qui adopterait une nouvelle constitution et servirait d'assemblée législative de transition pour le nouveau gouvernement. Il ne restait à négocier que la date de l'élection de l'assemblée et le pourcentage de la majorité pour prendre des décisions. Nous nous inscrivions maintenant dans le cadre qui menait le pays vers un avenir démocratique.

Le protocole d'accord demandait à l'Inkatha d'annoncer son retrait de toute négociation dans laquelle se trouvaient le gouvernement et l'ANC. L'accord rendit furieux le chef Buthelezi, qui rompit avec le Parti national et forma une alliance avec un groupe de responsables de homelands discrédités et de partis blancs de droite qui n'avaient comme seul souci que d'obtenir un homeland blanc. Le chef Buthelezi demanda l'abolition du protocole d'accord, la fin de la CODESA et la dissolution d'Umkhonto we Sizwe.

Tout comme il avait pris l'initiative sur la suspension de la lutte armée, Joe Slovo fit une nouvelle proposition controversée : un gouvernement d'unité nationale. En octobre, il publia un article dans lequel il écrivait que les négociations avec le gouvernement n'étaient pas des pourparlers d'armistice dans lesquels nous pouvions dicter nos conditions à un ennemi vaincu. Il faudrait sans doute des années à l'ANC pour contrôler les leviers du gouvernement, même après les élections. Un gouvernement de l'ANC aurait toujours besoin des fonctionnaires en poste pour diriger le pays. Joe proposait une « clause crépuscule » prévoyant un gouvernement d'unité nationale qui inclurait un partage du pouvoir avec le Parti national pendant une période précise, une amnistie pour les officiers de sécurité, et le respect des contrats des fonctionnaires. Le « partage du pouvoir » était un débat éculé dans l'ANC, où l'on considérait l'expression comme une phrase codée signifiant le droit de veto de la minorité recherché par le gouvernement. Mais dans ce contexte cela signifiait seulement que le Parti national participerait à tout gouvernement issu du suffrage populaire, à condition qu'il obtienne assez de voix.

Après de longues discussions, je soutins la proposition de Joe, qui fut acceptée par le NEC le 18 novembre. Le NEC soutenait le principe du partage du pouvoir à la condition que la minorité n'ait pas un droit de veto. En décembre, nous commençâmes une nouvelle série de discussions secrètes avec le gouvernement. Elles eurent lieu pendant cinq jours, dans un pavillon de chasse du bush. Les pourparlers se révélèrent fondamentaux car ils construisirent sur les fondations définies dans le protocole d'accord. Dans ces rencontres du bush, nous nous mîmes d'accord sur le principe d'un gouvernement d'unité nationale, pour une période de cinq ans, dans lequel tous les partis ayant obtenu plus de 5 % aux élections seraient représentés proportionnellement. Au bout de cinq ans, le gouvernement d'unité nationale deviendrait un simple gouvernement majoritaire. En février, l'ANC et le gouvernement annoncèrent un accord de principe sur un gouvernement d'union nationale de cinq ans multiparti et la création d'un conseil de direction de transition. Les élections auraient lieu début 1993.

111

J'ai toujours pensé qu'un homme devait habiter à un endroit d'où il peut voir sa maison natale. Après avoir été libéré de prison, j'ai envisagé de me faire construire une maison à Qunu. Elle a été terminée en automne 1993. Le plan reprenait celui de la maison dans laquelle j'avais vécu à Victor Verster. Les gens posaient souvent des questions à ce sujet, mais la réponse était simple : c'était la première maison spacieuse et confortable dans laquelle j'avais habité et je l'aimais beaucoup. J'en connaissais les dimensions : ainsi, à Qunu, la nuit, je n'aurais pas à errer à la recherche de la cuisine.

En avril, j'étais dans ma maison du Transkei, pour de courtes vacances. Le matin du 10 avril, je venais de sortir pour saluer quelques membres de l'équipe de rugby de la police du Transkei quand ma gouvernante est venue me dire qu'on m'appelait au téléphone. Elle pleurait. Je me suis excusé auprès des jeunes gens et un camarade m'a appris que Chris Hani, le secrétaire général du Parti communiste sud-africain, ancien chef d'état-major de MK, un des personnages les plus populaires de l'ANC, avait été abattu à bout portant devant chez lui à Boksburg, près de Johannesburg, une banlieue ouvrière blanche dans laquelle Chris cherchait à s'intégrer.

La mort de Chris a été un choc à la fois pour moi personnellement et pour le mouvement. C'était un soldat et un patriote pour qui aucune tâche n'était secondaire ; un héros parmi les jeunes d'Afrique du Sud ; un homme qui parlait leur langue et qu'ils écoutaient. Si quelqu'un pouvait mobiliser une jeunesse rebelle derrière la solution de la négociation, c'était Chris. L'Afrique du Sud avait perdu un de ses meilleurs fils.

Le pays était fragile. On avait peur que la mort d'Hani ne déclenche une guerre raciale, les jeunes décidant que leur héros devait devenir un martyr pour qui ils allaient sacrifier leur vie. Je suis allé en hélicoptère présenter mes respects au père de Chris, âgé de quatre-vingt-deux ans, à Sabalele, ville minuscule et poussiéreuse dans le district de Cofimvaba, dans le Transkei, un endroit que je connaissais bien parce que c'était la région d'origine de la famille Matanzima. En arrivant dans ce village sans eau courante ni électricité, je me suis émerveillé qu'un endroit aussi pauvre ait pu produire un homme comme Chris Hani, qui avait soulevé toute une nation par sa passion et ses compétences. L'intérêt qu'il portait aux pauvres de la campagne lui venait de son enfance à Sabalele, car il n'avait pas perdu ses racines profondes. Le père de Chris me parla de sa peine devant la perte de son fils, mais aussi de sa satisfaction de savoir qu'il était mort dans la lutte.

A mon retour à Johannesburg, j'ai appris que la police avait arrêté un membre de l'organisation d'extrême droite Afrikaner Weerstands-beweging (AWB), un immigré polonais capturé après qu'une courageuse Afrikaner eut téléphoné à la police le numéro d'immatriculation de la voiture de l'assassin. Le meurtre était un acte désespéré et fou, une tentative pour faire échouer les négociations. Le soir, on m'a demandé de m'adresser à la nation, à la radio et à la télévision. Ce fut l'ANC et non le gouvernement qui chercha à calmer la nation.

J'ai dit qu'on ne pouvait pas arrêter le processus de paix et les négociations. Avec toute l'autorité dont je disposais, j'ai déclaré : « J'appelle notre peuple à faire preuve de calme et à honorer la mémoire de Chris Hani en restant une force disciplinée pour la paix. »

> Ce soir, je parle à chaque Sud-Africain, noir ou blanc, du plus profond de mon être. Un Blanc, rempli de préjugés et de haine, est venu dans notre pays et a commis un acte si repoussant que toute notre nation hésite au bord du désastre. Une femme blanche, d'origine afrikaner, a risqué sa vie pour que nous puissions connaître l'assassin et le traduire en justice. [...] Maintenant, l'heure est venue pour tous les Sud-Africains de se regrouper contre ceux qui, d'où qu'ils viennent, veulent détruire ce pour quoi Chris Hani a donné sa vie — la liberté pour tous.

L'assassinat de Chris Hani était une tentative de la part des tenants de la suprématie blanche pour arrêter l'inévitable. Ils préféraient voir le pays sombrer dans la guerre civile plutôt que d'arriver à la loi de la majorité par des moyens pacifiques.

Nous avons adopté une stratégie dirigée vers les membres de l'ANC. Afin de devancer les explosions de violence et les représailles, nous avons organisé toute une semaine de rassemblements et de manifestations sur l'ensemble du pays. Cela donnerait aux gens un moyen d'exprimer leur colère sans avoir recours à la violence. Mr. De Klerk et moi nous sommes entretenus et mis d'accord pour reconnaître que l'assassinat d'Hani ne devait pas faire échouer les négociations.

Quelques jours plus tard, nous avons appris qu'on avait arrêté un membre du Parti conservateur, Clive Derby-Lewis, en relation avec l'enquête sur le meurtre — confirmation supplémentaire de l'existence d'une Troisième Force. Chris avait signalé un vol récent d'armes dans une base de l'armée de l'air ; les premiers rapports de police laissaient entendre que l'arme qui l'avait tué provenait de ce stock.

Deux semaines exactement plus tard, il y eut une autre mort. Celle-ci ne toucha pas la nation comme celle de Chris, mais moi, elle me bouleversa. Oliver n'était pas bien depuis longtemps, mais l'attaque qui l'emporta eut lieu brusquement et sans prévenir. Sa femme, Adelaide, me téléphona tôt le matin et je me précipitai au chevet d'Oliver. Je n'ai pas pu lui dire adieu car il était déjà mort.

Dans son allégorie des métaux, Platon classe les hommes en groupes d'or, d'argent et de plomb. Oliver était de l'or pur ; il y avait de l'or dans sa brillante intelligence, de l'or dans sa chaleur et son humanité, de l'or dans sa tolérance et sa générosité, de l'or dans sa loyauté et son abnégation infaillibles. Je le respectais autant comme chef que je l'aimais comme homme.

Nous avions été séparés pendant toutes les années que j'avais passées en prison, et pourtant Oliver n'avait jamais quitté mes pensées. De bien des façons et malgré notre séparation, j'avais entretenu une conversation avec lui pendant toute ma vie. C'est peut-être pourquoi sa mort m'a laissé si seul. Comme je l'ai dit à un camarade, je me suis senti l'homme le plus seul du monde. C'était comme si on me l'avait arraché juste au moment où nous étions de nouveau réunis. En le regardant dans son cercueil, j'eus l'impression qu'une part de moi était morte.

Nous n'étions pas encore au pouvoir, mais j'ai voulu qu'Oliver ait des funérailles nationales et c'est ce que l'ANC lui a organisé. Lors d'un rassemblement au stade de Soweto, des centaines de dignitaires représentant des gouvernements étrangers se réunirent pour rendre hommage à l'homme qui avait gardé l'ANC vivant pendant les années d'exil. Les soldats de MK défilèrent en son honneur et l'on tira une salve devant sa tombe. Oliver avait vécu pour voir la libération des prisonniers et le retour des exilés, mais pas suffisamment longtemps pour voter dans une Afrique du Sud libre et démocratique. C'était ce qu'il restait à accomplir.

112

Peu de gens se souviendront de la date du 3 juin 1993, et pourtant ce fut un tournant dans l'histoire de l'Afrique du Sud. Ce jour-là, après des mois de négociations au World Trade Center, le forum multiparti décida d'une date pour les premières élections nationales, non raciales, « une personne, une voix » : le 27 avril 1994. Pour la première fois dans l'histoire de l'Afrique du Sud, la majorité noire irait aux urnes pour élire ses responsables. D'après les accords, la population élirait quatre cents représentants à l'assemblée constituante, qui rédigerait une nouvelle constitution et jouerait le rôle de parlement. Sa première tâche serait l'élection d'un président.

Les pourparlers avaient repris en avril. Cette fois, les vingt-six partis comprenaient l'Inkatha, le Pan Africanist Congress et le Parti conservateur. Nous pressions le gouvernement depuis des mois pour fixer une date, et il cherchait à gagner du temps. Mais maintenant cette date était gravée dans la pierre.

Un mois plus tard, en juillet, le forum multiparti accepta un premier projet de constitution intérimaire. Il prévoyait un parlement bicaméral, avec une assemblée nationale de quatre cents membres élus à la représentation proportionnelle sur des listes nationales et régionales de partis politiques, et un sénat élu au suffrage indirect par les assemblées régionales. Les assemblées régionales seraient désignées au terme d'élections qui auraient lieu en même temps que les élections nationales, et elles pourraient rédiger leur propre constitution en accord avec la constitution nationale.

Le chef Buthelezi voulait une constitution rédigée avant les élections et il quitta la salle pour protester contre le fait que la date de l'élection était fixée avant l'acceptation d'une constitution. En août, un second projet de constitution intérimaire donnait de plus grands pouvoirs aux régions, mais ceci n'apaisa ni le chef Buthelezi ni le Parti conservateur. Ce dernier décrivait les décisions comme contraires aux intérêts des Afrikaners. Un groupe, l'Afrikaner Volksfront, conduit par le général Constand Viljoen, ancien chef des forces de défense sud-africaines, fut constitué pour unir les organisations blanches conservatrices autour de l'idée de *volkstaat*, un homeland blanc.

Le 18 novembre, à minuit, la constitution intérimaire fut approuvée par la session plénière de la conférence multipartite. Le gouvernement et l'ANC avaient surmonté les derniers obstacles. Le nouveau gouvernement serait composé par ceux qui remporteraient plus de 5 % des suffrages et il prendrait des décisions par consensus, plutôt qu'avec une majorité des deux tiers comme le proposait le gouvernement ; les élections nationales n'auraient pas lieu avant 1999, pour que le gouvernement d'unité nationale puisse diriger le pays pendant cinq ans ; et finalement, sur notre insistance, le gouvernement accepta un seul bulletin de vote pour l'élection plutôt que des bulletins séparés pour les assemblées nationale et régionales. Deux bulletins de vote n'auraient fait que créer la confusion parmi les électeurs, dont la plupart votaient pour la première fois de leur vie. Dans la période précédant l'élection, un Conseil de direction de transition, composé de membres de chaque parti, assurerait un climat favorable pour les élections. Ce conseil servirait également de gouvernement entre le 22 décembre et l'élection du 27 avril. Une commission électorale indépendante, avec de larges pouvoirs, serait responsable de l'organisation des élections. Nous étions vraiment au seuil d'une nouvelle ère.

Je n'ai jamais accordé beaucoup d'attention aux récompenses personnelles. On ne devient pas combattant de la liberté en espérant remporter des récompenses, mais quand on m'a fait savoir qu'on m'avait attribué le prix Nobel de la paix 1993, conjointement avec Mr. De Klerk, j'ai été profondément bouleversé. Pour moi, le prix Nobel avait une signification particulière à cause de son implication dans l'histoire de l'Afrique du Sud.

J'étais le troisième Sud-Africain depuis la fin de la Seconde Guerre mondiale à être honoré par le comité Nobel. Le chef Albert Luthuli l'avait été en 1960. Le deuxième avait été l'archevêque Desmond Tutu, qui avait généreusement combattu les démons du racisme à l'époque la plus dure de l'apartheid.

Cette récompense était un hommage à tous les Sud-Africains et en particulier à ceux qui avaient participé à la lutte ; c'est en leur nom que je l'accepterais. Mais je n'avais jamais pensé au prix Nobel. A Robben Island, pendant les moments les plus tristes, Amnesty International ne faisait pas campagne pour nous parce que nous avions utilisé la lutte armée et cette organisation ne défendait aucune personne qui avait choisi la violence. C'était pour cette raison que je pensais que le comité Nobel ne retiendrait jamais pour le prix de la paix le nom de l'homme qui avait créé Umkhonto we Sizwe.

J'avais un immense respect pour la Suède et la Norvège. Dans les années 50 et 60, quand nous recherchions une contribution pour l'ANC auprès des gouvernements occidentaux, on nous avait tourné le dos. Mais la Norvège et la Suède nous avaient accueillis à bras ouverts et nous avaient donné assistance, bourses d'études et argent pour une défense juridique, ainsi qu'une aide humanitaire pour les prisonniers politiques.

Je profitai de mon discours en Norvège non seulement pour remercier le Comité Nobel et esquisser l'avenir de l'Afrique du Sud, ce qui était juste et équitable, mais pour rendre hommage à mon colauréat, Mr. De Klerk.

> Il a eu le courage d'admettre qu'un tort terrible avait été fait à notre pays et à notre peuple à cause du système d'apartheid. Il a eu la perspicacité de comprendre et d'accepter que tous les habitants d'Afrique du Sud devaient, grâce à des négocia-

tions et en tant que participants égaux, déterminer ensemble ce qu'ils voulaient faire de leur avenir.

On m'a souvent demandé comment j'avais pu accepter une récompense conjointe avec Mr. De Klerk après l'avoir critiqué si sévèrement. Je ne voudrais pas reprendre mes critiques, mais je pourrais dire qu'il avait apporté une contribution authentique et indispensable au processus de paix. Je n'avais jamais cherché à saper les efforts de Mr. De Klerk, pour la raison pratique que plus il était affaibli et plus le processus de paix l'était lui-même. Pour faire la paix avec un ennemi, on doit travailler avec cet ennemi, et cet ennemi devient votre associé.

La campagne officielle pour l'assemblée nationale ne devait pas commencer avant février 1994, cependant, nous nous y sommes lancés avec ardeur dès que la constitution a été ratifiée. Nous n'étions pas les premiers ; le Parti national avait commencé sa campagne le jour où l'on m'avait libéré de prison.

Malgré les sondages qui donnaient une confortable avance à l'ANC, nous n'avons jamais considéré la victoire comme acquise. Je mettais tout le monde en garde contre un excès d'optimisme. Nous avions tous lu des articles sur les partis donnés comme gagnants et qui étaient arrivés seconds. Nous avions devant nous un adversaire expérimenté, bien organisé et disposant de fonds.

Notre campagne était dirigée avec compétence par Popo Molefe, Terror Lekota et Ketso Gordhan, tous anciens militants UDF, spécialistes de la mobilisation de masse. La tâche était immense. Nous estimions à plus de vingt millions le nombre des électeurs, dont la plupart voteraient pour la première fois. Beaucoup étaient illettrés et la simple idée de voter les intimiderait sans doute. D'après la commission électorale indépendante, il y aurait dix mille bureaux de vote sur l'ensemble du pays. Nous voulions former cent mille personnes capables d'aider les électeurs.

La première étape de notre campagne fut les forums du peuple. Les candidats de l'ANC allaient dans tout le pays pour tenir des meetings dans les villes et les villages et enregistrer les peurs et les espoirs, les idées et les plaintes de notre peuple. Les forums étaient semblables aux réunions que tenait Bill Clinton en Amérique dans sa campagne pour la présidence. Il s'agissait de parlements du peuple pas très différents des réunions de chefs à la Grande Demeure quand j'étais enfant.

Ces forums m'amusaient beaucoup. J'ai commencé au Natal en novembre, puis je suis allé dans la région de Pretoria, de Johannesburg, du Nord-Transvaal, et dans l'Etat libre d'Orange. J'assistais à trois ou quatre forums par jour. Les gens aimaient beaucoup cela. Personne n'était jamais venu leur demander leur opinion sur ce qu'on devait faire dans leur pays.

Après avoir assimilé les suggestions des forums, nous sommes allés dans le pays transmettre notre message aux gens. Certains, à l'ANC, voulaient faire de la campagne une simple élection de libération et dire aux gens : votez pour nous parce que nous vous avons libérés. Mais nous avons décidé de leur offrir la vision de l'Afrique du Sud que nous espérions créer. Nous voulions que les gens votent pour l'ANC non seulement parce que nous avions combattu l'apartheid pendant quatre-vingts ans mais parce que nous étions les mieux qualifiés pour faire naître l'Afrique du Sud dans laquelle ils espéraient vivre. Je sentais que notre campagne devait insister sur l'avenir, et non sur le passé.

L'ANC rédigea un document de 150 pages intitulé *Programme de reconstruction et de développement* qui expliquait notre intention de créer des emplois par les travaux publics ; de construire un million de maisons neuves avec l'électricité et des toilettes intérieures ; d'étendre les services de santé et d'assurer dix années de scolarité gratuite pour tous les Sud-Africains ; de redistribuer la terre ; et de supprimer la TVA sur les produits alimentaires. Nous nous engagions aussi à prendre des mesures de développement dans les secteurs public et privé. Ce document fut condensé dans un petit manifeste intitulé :

Une vie meilleure pour tous qui, à son tour, devint le slogan de l'ANC pour la campagne.

Quand nous disions aux gens ce que nous allions faire, je savais que nous devions aussi leur dire ce que nous ne pourrions pas faire. Beaucoup avaient l'impression que la vie allait changer du jour au lendemain après une élection libre et démocratique, mais ce ne serait pas du tout le cas. Souvent, je disais dans les réunions : « Ne vous imaginez pas que le lendemain de l'élection vous allez conduire une Mercedes ou nager dans votre piscine. » Je disais à nos partisans : « La vie ne va pas changer de façon spectaculaire, mais votre amour-propre sera plus grand et vous serez devenus des citoyens dans votre pays. Vous devez être patients. Vous devrez peut-être attendre cinq ans pour voir les résultats. » Je leur lançais des défis ; je refusais d'être paternaliste. Je leur disais : « Si vous voulez continuer à vivre dans la pauvreté sans vêtements ni nourriture, alors allez boire dans les *shebeens*. Mais si vous voulez vivre mieux, vous devez travailler dur. Nous ne pouvons pas le faire à votre place ; vous devez le faire vous-mêmes. »

Je disais aux publics blancs que nous avions besoin d'eux et que nous ne voulions pas qu'ils quittent le pays. Ils étaient sud-africains exactement comme nous et ce pays était aussi le leur. Je ne mâchais pas mes mots sur les horreurs de l'apartheid, mais je répétais sans cesse que nous devions oublier le passé et nous concentrer sur la construction d'un avenir meilleur pour tous.

Chaque rassemblement avait aussi pour but d'apprendre aux gens à voter. Le bulletin lui-même était une longue bande de papier étroite avec la liste des partis classés par ordre descendant sur la gauche, puis le symbole de chaque parti et une photo de son chef sur la droite. Les électeurs devaient mettre une croix dans la case proche du parti de leur choix. Je disais : « Le jour du vote, regardez votre bulletin et, quand vous verrez la photo d'un beau jeune homme, faites une croix à côté. »

113

La route vers la liberté n'était pas égale. Le Conseil de direction de transition commença à fonctionner au début de la nouvelle année, mais certains partis le quittèrent. L'Inkatha refusa toute participation aux élections et s'engagea dans une politique de résistance. Le roi Zwelithini, soutenu par le chef Buthelezi, réclama un KwaZulu autonome et souverain et déconseilla à tous ceux de sa province de voter. La droite blanche accusa l'élection d'être une trahison et réclama un *volkstaat*, sans proposer l'endroit où il serait situé ni en expliquer le fonctionnement. En Afrique du Sud, il n'y avait aucun district dans lequel les Blancs constituaient la majorité des résidents.

Le 12 février 1994 était la date limite pour l'inscription des partis et, ce jour-là, l'Inkatha, le Parti conservateur et l'Afrikaner Volksfront ne s'inscrivirent pas. Le gouvernement du homeland du Bophutatswana refusa aussi de participer aux élections et de réintégrer une Afrique du Sud unie. La décision de ces différents groupes de ne pas participer aux élections m'inquiétait beaucoup. Pour les faire céder, nous avons proposé plusieurs compromis importants : nous avons accepté l'utilisation d'un double bulletin de vote pour le scrutin national et le scrutin régional ; des garanties pour de plus grands pouvoirs aux provinces ; le changement d'appellation de la province du Natal, qui devenait KwaZulu/Natal ; l'affirmation qu'un principe d'autodétermination « interne » serait inclus dans la constitution pour les groupes partageant un héritage culturel et linguistique commun.

J'ai organisé une rencontre avec le chef Buthelezi, à Durban, le 1ᵉʳ mars. « J'irai à genoux supplier ceux qui veulent entraîner notre pays dans un bain de sang », ai-je dit à un meeting avant cette rencontre. Le chef Buthelezi a accepté de s'inscrire provisoirement pour les élections en échange de la promesse que nos divergences sur les questions constitutionnelles seraient soumises à une médiation internationale. J'ai accepté avec plaisir. Avant la date définitive d'inscription, le général Viljoen a aussi inscrit un nouveau parti, le Freedom Front (Front de la liberté).

Lucas Mangope, président du Bophutatswana, avait choisi de laisser son homeland en dehors des élections ; cependant, la marée des événements modifia bientôt la situation. Je lui avais parlé à de nombreuses occasions en insistant pour qu'il laisse son peuple décider, mais en vain. Ceux qui voulaient y participer ont organisé de grandes manifestations de masse et des grèves, qui ont bientôt gagné l'administration du Bophutatswana. La radio et la télévision se sont arrêtées. Dans les rues de Mafikeng, des bagarres ont éclaté entre la police du homeland et les ouvriers et les étudiants en grève. Mangope a demandé une aide militaire à ses alliés blancs d'extrême droite. Ses propres forces l'ont bientôt abandonné et il a été renversé lors d'un coup d'Etat au début de mars. Quelques semaines plus tard, au Ciskei, le général Gqozo a capitulé et demandé à l'Afrique du Sud de reprendre l'administration du homeland.

Au Natal, la violence empirait. Les partisans de l'Inkatha s'opposaient à notre campagne. Quinze membres de l'ANC travaillant pour les élections ont été abattus et tués à coups de hache alors qu'ils collaient des affiches de l'ANC. En mars, le juge Johann Kriegler nous fit savoir, à Mr. De Klerk et à moi, qu'à cause du manque de coopération du gouvernement du KwaZulu, des élections libres ne pourraient avoir lieu sans une intervention politique directe. Pour montrer notre force dans la province, l'ANC organisa une manifestation au centre de Durban. Alors l'Inkatha essaya d'en faire autant à Johannesburg, avec des résultats catastrophiques.

Le 28 mars, des milliers de membres de l'Inkatha, brandissant des lances et des *knobkerries*, défilèrent dans Johannesburg pour se rassembler au centre ville. Au même moment, un groupe armé d'Inkatha essaya d'entrer dans Shell House, le quartier général de l'ANC, mais il fut repoussé par des gardes armés. Des coups de feu furent aussi tirés par des gens non identifiés au centre ville, tuant en tout cinquante-trois personnes. C'était un spectacle épouvantable et il semblait que l'Afrique du Sud était au bord de la guerre civile. L'Inkatha voulait repousser les élections, mais ni Mr. De Klerk ni moi n'avons cédé. La date était sacro-sainte.

J'avais accepté une médiation internationale et, le 13 avril, une délégation arriva, conduite par Lord Carrington, l'ancien ministre britannique des Affaires étrangères, et Henry Kissinger, l'ancien secrétaire d'Etat américain. Mais quand les responsables de l'Inkatha furent informés que la date des élections n'appartenait pas à la médiation, ils refusèrent de rencontrer les médiateurs, ce qui faisait qu'il ne restait personne avec qui parler. Maintenant, le chef Buthelezi savait que les élections auraient lieu quoi qu'il arrive. Le 9 avril, huit jours avant le scrutin, il accepta l'offre d'un rôle constitutionnel pour la monarchie zouloue et fut d'accord pour participer aux élections.

Dix jours avant le scrutin, Mr. De Klerk et moi nous sommes rencontrés pour notre seul débat télévisé. J'avais été un bon débatteur à Fort Hare et, pendant mes premières années dans l'organisation, j'avais participé à de nombreux débats passionnés. A Robben Island, nous avions peaufiné ces qualités en extrayant des morceaux de chaux. J'avais confiance mais, la veille, nous avons organisé un faux débat dans lequel Allister Sparks, journaliste, tenait très bien le rôle de Mr. De Klerk. Trop bien, d'après mes conseillers de campagne, qui m'ont reproché de parler trop lentement et de manquer d'agressivité.

Cependant, à l'heure du vrai débat, j'ai attaqué fermement le Parti national. Je l'ai accusé d'attiser la haine raciale entre les métis et les Africains au Cap en distribuant une bande dessinée incendiaire qui disait que le slogan de l'ANC était : « Tuez un métis, tuez un fermier. » J'ai déclaré : « Dans ce pays, aucune organisation ne sème autant la discorde que le Parti national. » Quand Mr. De Klerk a critiqué le plan de l'ANC qui consistait à dépenser des milliards de dollars pour le logement et les programmes sociaux, je l'ai repris en lui disant qu'il avait peur de nous voir consacrer autant d'argent aux Noirs.

Mais, alors que le débat touchait à sa fin, j'ai senti que je m'étais montré très dur avec celui qui serait mon associé dans un gouvernement d'unité nationale. En résumé, j'ai dit : « Les échanges que nous venons d'avoir avec Mr. De Klerk ne doivent pas masquer un fait important. Je pense que nous sommes pour le monde entier un exemple éclatant, venus de deux groupes raciaux différents, avec la même loyauté et le même amour pour leur pays commun... Malgré les critiques que j'ai adressées à Mr. De Klerk », ai-je dit, puis je l'ai regardé : « Monsieur, vous êtes un de ceux sur qui je compte. Nous allons affronter les problèmes de ce pays ensemble. » A ce moment, je me suis levé pour lui prendre la main et j'ai ajouté : « Je suis fier de vous tenir la main afin que nous puissions avancer ensemble. » Mr. De Klerk a eu l'air étonné mais ravi.

114

J'ai voté le 27 avril, le premier des quatre jours de scrutin. J'avais décidé de voter au Natal pour montrer aux gens que, dans cette province divisée, aller dans les bureaux de vote ne représentait aucun danger. J'ai voté au lycée Ohlange à Inanda, un township dans des collines verdoyantes, au nord de Durban, car c'était là que John Dube, le premier président de l'ANC, était enterré. Ce patriote africain avait participé à la fondation de l'organisation en 1912, et j'ai déposé mon bulletin dans l'urne près de sa tombe, fermant ainsi le cycle historique car la mission qu'il avait entamée quatre-vingt-deux ans plus tôt était sur le point de s'achever.

Debout près de sa tombe, sur une colline au-dessus de la petite école, je ne pensais pas seulement au présent mais au passé. Quand je me suis avancé vers le bureau de vote, j'ai évoqué le souvenir des héros qui étaient tombés afin que je puisse me trouver là, aujourd'hui, ces hommes et ces femmes qui avaient fait le sacrifice suprême pour une cause qui avait finalement triomphé. J'ai pensé à Oliver Tambo et à Chris Hani, au chef Luthuli et à Bram Fischer. J'ai pensé à nos grands héros africains qui s'étaient sacrifiés pour que des millions de Sud-Africains puissent aller voter aujourd'hui ; j'ai pensé à Josiah Gumede, à G.M. Naicker, au Dr. Abdullah Abdurahman, à Lilian Ngoyi, à Helen Joseph, à Yusuf Dadoo, à Moses Kotane. En ce jour du 27 avril 1994, je ne suis pas entré seul dans le bureau de vote ; quand j'ai déposé mon bulletin, ils m'entouraient tous.

Avant d'entrer dans le bureau de vote, un journaliste irrévérencieux m'a crié : « Mr. Mandela, pour qui allez-vous voter ? » J'ai ri. « Vous savez, lui ai-je répondu, j'y ai réfléchi avec angoisse toute la matinée. » J'ai fait une croix dans la case près des lettres ANC et glissé mon bulletin plié dans une simple caisse de bois ; j'avais voté pour la première fois de ma vie.

Les images des Sud-Africains se rendant aux bureaux de vote sont restées gravées dans ma mémoire. De longues files de gens patients qui serpentaient sur des routes boueuses ou dans les rues des villes ; de vieilles femmes qui avaient attendu un demi-siècle pour pouvoir voter, disant que, pour la première fois de leur vie, elles avaient l'impression d'être des êtres humains ; des Blancs, hommes et femmes, affirmant leur fierté de vivre enfin dans un pays libre. Pendant ces trois jours de scrutin, l'atmosphère du pays fut à l'optimisme. La violence et les attentats avaient cessé et nous avions l'impression d'être une nation qui renaissait. Même les difficultés logistiques, les bulletins qui n'étaient pas arrivés, les bureaux de vote pirates, les rumeurs de fraude dans certains endroits, rien ne put ternir la victoire écrasante de la démocratie et de la justice.

Il fallut plusieurs jours pour connaître les résultats. Nous avions obtenu 62,6 % des voix pour les élections nationales, un peu moins des deux tiers nécessaires si nous avions voulu faire passer une constitution finale sans l'aide d'autres partis. Ce résultat nous donnait 252 des 400 sièges de l'Assemblée nationale. L'ANC dominait entièrement le Transvaal nord et est, et l'Etat libre d'Orange. Nous avions obtenu 33 % des suffrages dans le Western Cape, où le Parti national était majoritaire, en ayant obtenu d'excellents résultats auprès des métis. Nous avions remporté 32 % au KwaZulu/Natal, dominé par l'Inkatha. Au Natal, beaucoup d'électeurs n'étaient pas allés voter à cause de la peur des violences et de l'intimidation. Il y avait aussi des accusations de fraude. Mais au bout du compte, cela n'eut aucune importance. Nous avions sous-estimé la force de l'Inkatha dans le KwaZulu et l'organisation l'avait démontré le jour du vote.

A l'ANC, certains étaient déçus que nous n'ayons pas franchi le seuil des deux tiers des suffrages, mais pas moi. En fait, j'étais soulagé ; si nous avions obtenu ces deux tiers et si nous avions rédigé une constitution que personne n'aurait pu modifier, les gens auraient parlé de constitution de l'ANC, et non de constitution de l'Afrique du Sud. Je voulais un vrai gouvernement d'unité nationale.

Le soir du 2 mai, Mr. De Klerk a fait un discours très agréable. Après plus de trois siècles de pouvoir, la minorité blanche reconnaissait sa défaite et transmettait le pouvoir à la majorité noire. Ce soir-là, l'ANC organisait une fête pour célébrer sa victoire dans la salle de bal du Carlton Center au centre de Johannesburg. J'avais la grippe et mes médecins m'ont ordonné de rester chez moi. Mais rien n'aurait pu m'empêcher d'assister à cette fête. Je suis monté sur scène à 21 heures, devant une foule de visages heureux, souriants, qui m'acclamaient.

J'ai expliqué que j'étais enroué à cause d'un rhume et que mon médecin m'avait conseillé de ne pas venir. « J'espère que vous ne lui direz pas que j'ai violé ses instructions », ai-je ajouté. J'ai félicité Mr. De Klerk de ses bons résultats. J'ai remercié tous ceux qui, dans l'ANC et le mouvement démocratique, avaient travaillé dur et pendant si longtemps. Mrs. Coretta Scott King, l'épouse du grand combattant pour la liberté Martin

Luther King, était sur le podium ce soir-là, et je l'ai
regardée en citant les paroles immortelles de son mari.

> C'est un des moments les plus importants de la
> vie de notre pays. Je me tiens devant vous avec une
> fierté et une joie profondes — une fierté devant les
> gens simples et humbles de ce pays. Vous avez
> montré un tel calme, une telle détermination
> patiente pour réclamer votre pays, et maintenant la
> joie de pouvoir crier sur les toits : Libres enfin !
> Libres enfin ! Je me tiens devant vous et votre cou-
> rage me rend modeste ; j'ai le cœur rempli d'amour
> pour vous. Je considère comme le plus grand hon-
> neur qui soit de diriger l'ANC à ce moment de notre
> histoire. Je suis à votre service. [...] Ce qui compte,
> ce ne sont pas les individus mais le collectif. [...]
> L'heure est venue de soigner les vieilles blessures et
> de reconstruire une nouvelle Afrique du Sud.

Dès que les résultats ont été connus et qu'il est devenu
évident que l'ANC allait former le gouvernement, j'ai
considéré que ma mission était la réconciliation. Je
devais panser les blessures, faire naître l'espoir et la
confiance. Je savais que beaucoup de gens, en particulier
les minorités, les Blancs, les métis et les Indiens, étaient
anxieux devant l'avenir, et je voulais qu'ils se sentent en
sécurité. Je ne cessais de rappeler aux gens que la lutte de
libération n'était pas une lutte contre un groupe ou une
couleur, mais un combat contre un système d'oppression. A chaque occasion, je disais que tous les Sud-
Africains devaient maintenant s'unir, se tenir la main et
dire : nous formons un pays, une nation, un peuple, et
nous nous engageons ensemble dans l'avenir.

115

Le 10 mai se leva, brillant et clair. Depuis quelques jours, j'étais agréablement assiégé par des dignitaires et des chefs d'Etat qui venaient me présenter leurs respects avant les cérémonies officielles qui verraient le plus grand rassemblement de responsables du monde entier sur le sol d'Afrique du Sud.

Ces cérémonies eurent lieu dans le bel amphithéâtre de grès de Union Buildings à Pretoria. Pendant des décennies, ce lieu avait été le siège de la suprématie blanche et maintenant un arc-en-ciel de couleurs et de nations s'y réunissait pour l'installation du premier gouvernement démocratique et non racial d'Afrique du Sud.

Ma fille Zenani m'accompagnait par ce beau jour d'automne. Sur le podium, Mr. De Klerk prêta serment comme second vice-président. Puis Thabo Mbeki prêta serment comme premier vice-président. Quand ce fut mon tour, je m'engageai à obéir et à défendre la constitution et à me consacrer au bien-être de la république et de son peuple. Devant les invités réunis et devant le monde qui regardait, je dis :

> Aujourd'hui, nous tous, par notre présence ici [...] nous conférons gloire et espoir à cette liberté qui vient de naître. De l'expérience d'un extraordinaire désastre humain qui a duré trop longtemps doit naître une société dont l'humanité tout entière sera fière.
>
> ... Nous, qui étions des proscrits il y a peu, on nous a accordé le rare privilège d'être les hôtes des nations du monde sur notre propre sol. Nous remercions tous nos distingués invités internationaux d'être venus prendre possession, avec le peuple de notre pays, de ce qui est en fin de compte une victoire commune pour la justice, la paix et la dignité humaine.
>
> Nous avons enfin atteint notre émancipation politique. Nous nous engageons à libérer la totalité

de notre peuple de la servitude, de la pauvreté, des privations, des souffrances, du sexisme et des autres discriminations.

Que jamais, jamais, jamais plus, ce beau pays ne connaisse l'oppression d'un homme par un autre. [...] Le soleil n'a jamais brillé sur une aussi grande réalisation humaine.

Que règne la liberté. Que Dieu bénisse l'Afrique !

Quelques instants plus tard nous avons levé les yeux quand des avions à réaction, des hélicoptères et des transports de troupe de l'armée sud-africaine sont passés dans un ordre parfait au-dessus de Union Buildings. Ce n'était pas une démonstration de haute précision et de force militaire, mais la manifestation de la loyauté de l'armée envers la démocratie, envers un nouveau gouvernement librement et justement élu. Quelques instants plus tôt seulement, les plus importants généraux des forces de défense sud-africaines et de la police, la poitrine chamarrée de rubans et de médailles du passé, m'avaient salué en prêtant serment de leur loyauté. Je n'ignorais pas que, bien des années plus tôt, ils ne m'auraient pas salué, mais arrêté. Pour finir, des avions à réaction volant en chevron ont laissé dans le ciel une traînée noir, rouge, vert, bleu et or, les couleurs du nouveau drapeau sud-africain.

Pour moi, ce jour a été symbolisé par l'exécution de nos deux hymnes nationaux et le spectacle des Blancs chantant *Nkosi Sikelel' iAfrika* et des Noirs chantant *Die Stem*, l'ancien hymne de la république. Aucun des deux groupes ne connaissait les paroles de l'hymne qu'il détestait autrefois, mais ils les connaîtraient bientôt par cœur.

Le jour de l'installation du nouveau gouvernement, j'ai été submergé par le sens de l'histoire. Au cours de la première décennie du XXe siècle, quelques années après la terrible guerre des Boers et avant ma naissance, les Sud-Africains à la peau blanche avaient oublié leurs différences et bâti un système de domination raciale contre les habitants à peau noire de leur propre pays. Les structures qu'ils avaient créées formèrent la base d'une des sociétés les plus dures et les plus inhumaines que le monde ait jamais connues. Maintenant, dans la dernière décennie du XXe siècle, dans ma huitième décennie, ce système avait été renversé pour toujours et remplacé par un autre qui reconnaissait les droits et les libertés de tous sans tenir compte de la couleur de leur peau.

Ce jour était le résultat des incroyables sacrifices de milliers d'hommes et de femmes, de gens dont le courage et les souffrances ne seraient jamais ni comptés ni remboursés. Ce jour-là, comme tant d'autres fois, j'ai ressenti que je n'étais que la somme de tous ces patriotes africains disparus avant moi. Cette longue et noble lignée s'achevait et recommençait avec moi. Je souffrais de ne pouvoir les remercier et de savoir qu'ils ne connaîtraient jamais le fruit de leurs sacrifices.

La politique d'apartheid a créé une blessure profonde et durable dans mon pays et dans mon peuple. Il nous faudra des années, et peut-être des générations, pour guérir de ce mal terrible. Mais les décennies d'oppression et de brutalité ont eu un autre effet, inattendu celui-là, produit par les Oliver Tambo, les Walter Sisulu, les Luthuli, les Yusuf Dadoo, les Bram Fischer, les Robert Sobukwe de notre temps — des hommes d'un tel courage, d'une telle sagesse, d'une telle générosité qu'on ne verrait jamais leurs semblables. Peut-être faut-il ces abîmes d'oppression pour créer une telle grandeur de caractère ? Mon pays est riche en minerais et en pierres précieuses enfouis dans son sol, mais j'ai toujours su que sa plus grande richesse était son peuple, plus fin, plus pur que ses diamants les plus purs.

C'est auprès de ces camarades que j'ai appris, dans la lutte, le sens du courage. Je n'ai cessé de voir des hommes et des femmes risquer et donner leur vie pour une idée. J'ai vu des hommes supporter des brutalités et des tortures sans craquer, en montrant une force et une résistance qui défient l'imagination. J'ai appris que le courage n'est pas l'absence de peur, mais la capacité de la vaincre. Moi aussi, j'ai ressenti la peur plus que je ne peux m'en souvenir, mais je l'ai dissimulée derrière le masque de l'audace.

Je n'ai jamais perdu l'espoir que cette grande transformation aurait lieu. Non seulement grâce aux héros que j'ai cités, mais grâce aux hommes et aux femmes ordinaires de mon pays. J'ai toujours su qu'au plus profond du cœur de l'homme résidaient la miséricorde et la générosité. Personne ne naît en haïssant une autre personne à cause de la couleur de sa peau, ou de son passé, ou de sa religion. Les gens doivent apprendre à haïr, et s'ils peuvent apprendre à haïr, on peut leur enseigner aussi à aimer, car l'amour naît plus naturellement dans le cœur de l'homme que son contraire. Même aux pires moments de la prison, quand mes camarades et moi étions à bout, j'ai toujours aperçu une lueur d'humanité chez un des gardiens, pendant une seconde peut-être, mais cela suffisait à me rassurer et à me permettre de continuer. La bonté de l'homme est une flamme qu'on peut cacher mais qu'on ne peut jamais éteindre.

Nous sommes entrés dans la lutte les yeux ouverts, sans nous faire d'illusions ni croire que le chemin serait facile. Jeune homme, quand j'ai rejoint le Congrès national africain, j'ai vu le prix que mes camarades payaient pour leurs convictions, et il était élevé. En ce qui me concerne, je n'ai jamais regretté mon engagement dans la lutte, et j'ai toujours été prêt à affronter les épreuves qui m'ont touché personnellement. Mais ma famille a payé mon engagement d'un prix terrible, peut-être trop élevé.

Dans la vie, tout homme a des obligations doubles — envers sa famille, ses parents, sa femme et ses enfants, et envers son peuple, sa communauté, son pays. Dans une société civile et humaine, chaque homme a la possibilité de remplir ses obligations en accord avec ses goûts et ses capacités. Mais dans un pays comme l'Afrique du Sud, il était presque impossible pour un homme de ma naissance et de ma couleur de remplir ces obligations. En Afrique du Sud, un homme de couleur qui tentait de vivre comme un être humain était puni et isolé. En Afrique du Sud, un homme qui essayait de remplir son devoir envers son peuple était inévitablement arraché à sa famille et à son foyer, et obligé de vivre à part une existence intermédiaire de secret et de révolte. Au début, je n'ai pas choisi de placer mon peuple au-dessus de ma famille, mais, en essayant de servir mon peuple, j'ai découvert que je ne pouvais plus remplir mes obligations de fils, de frère, de père et de mari.

De cette façon, mon engagement envers mon peuple, envers les milliers de Sud-Africains que je ne connaîtrais ni ne rencontrerais jamais, s'était fait aux dépens des gens que je connaissais et aimais le plus. C'était aussi simple et pourtant incompréhensible que lorsqu'un enfant demande à son père : « Pourquoi est-ce que tu ne peux pas venir avec nous ? » Et le père doit prononcer ces paroles terribles : « Il y a d'autres enfants que toi, des milliers d'autres... » et sa voix se brise.

Je ne suis pas né avec une faim de liberté. Je suis né libre — libre de toutes les façons que je pouvais connaître. Libre de courir dans les champs près de la hutte de ma mère, libre de nager dans le ruisseau clair qui traversait mon village, libre de faire griller du maïs sous les étoiles et de monter sur le dos large des bœufs au pas lent. Tant que j'obéissais à mon père et que je respectais les coutumes de ma tribu, je n'étais pas inquiété par les lois de l'homme ou de Dieu.

Ce n'est que lorsque j'ai appris que la liberté de mon enfance était une illusion et que j'ai découvert, jeune homme, qu'on m'avait déjà pris ma liberté que j'ai commencé à avoir faim d'elle. Au début, en tant qu'étudiant je ne voulais la liberté que pour moi-même, la liberté passagère de rester dehors pendant la nuit, de lire ce qui me plaisait, et d'aller là où je l'avais choisi. Plus tard, en tant que jeune homme, à Johannesburg, j'ai désiré les libertés fondamentales et honorables de réaliser mes possibilités, de gagner ma vie, de me marier et de fonder une famille — la liberté de ne pas être entravé dans une vie injuste.

Mais alors, j'ai lentement découvert que non seulement je n'étais pas libre, mais que mes frères et mes sœurs ne l'étaient pas non plus. J'ai vu qu'il n'y avait pas que ma liberté à être réduite, il y avait aussi celle de tous ceux qui me ressemblaient. C'est alors que j'ai rejoint le Congrès national africain, et c'est alors que ma faim de liberté personnelle est devenue faim de liberté pour mon peuple. C'est ce désir de liberté pour que mon peuple vive sa vie dans la dignité et la fierté qui a transformé un jeune homme effrayé en quelqu'un d'audacieux, qui a conduit cet avocat respectueux des lois à devenir un criminel, qui a transformé un mari aimant sa famille en errant, qui a obligé un homme amoureux de la vie à vivre en moine. Je n'ai pas plus de vertu ni d'abnégation qu'un autre, mais j'ai découvert que je ne pouvais pas profiter des pauvres libertés limitées qu'on m'autorisait, alors que je savais que mon peuple n'était pas libre. La liberté est indivisible ; les chaînes que portait un de mes compatriotes, tous les portaient, les chaînes que tous portaient, je les portais.

C'est au cours de ces longues années solitaires que la faim de liberté pour mon peuple est devenue faim de liberté pour tous, Blancs et Noirs. Je savais parfaitement que l'oppresseur doit être libéré tout comme l'opprimé. Un homme qui prive un autre homme de sa liberté est prisonnier de la haine, il est enfermé derrière les barreaux des préjugés et de l'étroitesse d'esprit. Je ne suis pas vraiment libre si je prive quelqu'un d'autre de sa liberté, tout comme je ne suis pas libre si l'on me prive de ma liberté. L'opprimé et l'oppresseur sont tous deux dépossédés de leur humanité.

Quand j'ai franchi les portes de la prison, telle était ma mission : libérer à la fois l'opprimé et l'oppresseur. Certains disent que ce but est atteint. Mais je sais que ce n'est pas le cas. La vérité, c'est que nous ne sommes pas encore libres ; nous avons seulement atteint la liberté d'être libres, le droit de ne pas être opprimés. Nous n'avons pas encore fait le dernier pas de notre voyage, nous n'avons fait que le premier sur une route plus longue et difficile. Car être libre, ce n'est pas seulement se débarrasser de ses chaînes ; c'est vivre d'une façon qui respecte et renforce la liberté des autres. La véritable épreuve pour notre attachement à la liberté vient de commencer.

J'ai parcouru ce long chemin vers la liberté. J'ai essayé de ne pas hésiter ; j'ai fait beaucoup de faux pas. Mais j'ai découvert ce secret : après avoir gravi une haute colline, tout ce qu'on découvre, c'est qu'il reste beaucoup d'autres collines à gravir. Je me suis arrêté un instant pour me reposer, pour contempler l'admirable paysage qui m'entoure, pour regarder derrière moi la longue route que j'ai parcourue. Mais je ne peux me reposer qu'un instant ; avec la liberté viennent les responsabilités, et je n'ose m'attarder car je ne suis pas arrivé au terme de mon long chemin.

REMERCIEMENTS

Comme le lecteur le découvrira, ce livre a une longue histoire. J'ai commencé à l'écrire clandestinement en 1974, pendant ma détention à Robben Island. Sans le travail inlassable de mes vieux camarades, Walter Sisulu et Ahmed Kathrada qui ont ranimé mes souvenirs, je ne pense pas que j'aurais achevé ce manuscrit. Les autorités de la prison ont découvert et confisqué l'exemplaire que je gardais avec moi. Mais, en plus de leurs talents exceptionnels en calligraphie, mes codétenus Mac Maharaj et Isu Chiba s'étaient assurés que le manuscrit original arriverait à destination. J'ai repris mon travail après ma libération en 1990.

Depuis, j'ai eu un emploi du temps surchargé. J'ai pu heureusement bénéficier de l'aide de collègues, d'amis et de professionnels dévoués qui m'ont permis d'achever enfin mon travail, et j'aimerais leur exprimer toute ma reconnaissance. Merci de nouveau à mon camarade Ahmed Kathrada pour les longues heures qu'il a passées à revoir, à corriger et à apporter des précisions à cette histoire.

Je suis profondément reconnaissant à Richard Stengel qui a collaboré avec moi en m'apportant une aide inestimable dans la révision des premières parties et dans la rédaction des dernières. Je me souviens avec plaisir de nos promenades matinales dans le Transkei et des nombreuses heures d'entretien à Shell House à Johannesburg et chez moi à Houghton. Je dois rendre un hommage spécial à Mary Pfaff qui assistait Richard dans son travail. J'ai aussi bénéficié du soutien et des conseils de Fatima Meer, Peter Magubane, Nadine Gordimer et Ezekiel Mphahlele.

Merci infiniment au personnel de mon bureau à l'ANC qui a patiemment réglé les problèmes de fabrication de ce livre et, en particulier, à Barbara Masekela pour son travail efficace de coordination. De même, Iqbal Meer a consacré de nombreuses heures à surveiller les problèmes commerciaux de ce livre. Je remercie mon éditeur, William Phillips de Little Brown, qui a dirigé ce projet depuis 1990 et qui a revu le texte, ainsi que ses collègues Jordan Pavlin, Steve Schneider, Mike Mattil et Donna Peterson. J'aimerais remercier aussi le professeur Gail Gerhart qui a vérifié les aspects historiques du manuscrit.

Index

Table

Composition réalisée par JOUVE

Achevé d'imprimer en décembre 2013 en France par
CPI BRODARD ET TAUPIN
La Flèche (Sarthe)
N° d'impression : 3003578
Dépôt légal 1re publication : décembre 1996
Édition 24 – décembre 2013
LIBRAIRIE GÉNÉRALE FRANÇAISE
31, rue de Fleurus – 75278 Paris Cedex 06

31/4063/9